중국을 이해하는
중국유학사

중국을 이해하는
중국유학사

김동휘 편역

중국을 바꾸다

인간의 근본을 논한 儒學,

좋은 책 좋은 독자를 만드는—
㈜신원문화사

들어가는 글

유학(儒學)은 중국 전통문화의 주체(主體)라고 말할 수 있다. 여기에 대해서는 유학을 제창하는 사람들이나 반대하는 사람들이나 모두 같은 견해이다. 왜냐하면 이것은 중국 역사상에 존재하는 객관적 사실이기 때문이다.

중국의 유가(儒家) 사상은 예로부터 해외에도 그 영향이 아주 컸는바 일본과 동남아 태평양 지구에는 유교문화권(儒敎文化圈)이 형성되었다. 근래에는 유럽, 미주 등 경제가 발전한 지구의 학자들도 유가의 이론을 이용하여 공업화를 실현한 후에 나타난 여러 가지 사회문제를 조화(調和), 해결하려 하고 있다.

《중국유학사(中國儒學史)》는 중국에서는 물론 세계적으로도 처음으로 유학의 발생, 발전, 변화 역사를 체계적으로 서술한 전문저작이라 할 수 있다. 이 책에서는 춘추전국(春秋戰國)시기 유학의 형성과 발전, 양한(兩漢)시기 유학의 경학화(經學化), 위진시기 유학의 현학화, 송원청(宋元淸)시기 유학의 이학화(理學化), 유학의 점차적 쇠퇴를 5편으로 나누어 서술했다. 그리고 유학의 진화와 역사 형태를 기조(基調)로 하고 문화사를 배경으로 했으며, 특히 학술사를 두드러지게 하고 사학(史學)의 주체와 객체를 통일시키는 방법론을 원칙으로 하여 국내외의 유학연구 최신 성과를 개괄했다.

《중국유학사》는 학술사 저작이다. 학술사의 핵심은 학술사상, 즉 학술사상사이다. 학술사, 학술사상사는 또 넓은 의미에서 말하면 모두 문화사에 속한다. 그러므로 이 책은 유학학술사인 동시에 유학사상사, 유학문화사의 특점을 갖고 있다.

이 책에서는 풍부한 사료로써 유학이 중국 전통문화의 형성과 발전, 공통된 민족 심리구조와 사유방식의 형성 등에 대하여 일으킨 작용을 서술했는데 전통적 관점을 돌파한 곳이 많고 독창적인 견해가 있다.

유학에 대해 흥취를 갖고 있는 역자는 한글로 된 중국 고전, 예를 들면 《사기》·《논어》·《맹자》·《대학》·《순자》 등등을 읽어보았다. 또한 두 번에 걸치는 고국 방문을 통하여 고국에서도 유학에 대한 연구가 깊고 많은 저서들이 나와 있음을 알게 되었다. 그러나 중국의 유학사를 체계적으로 서술한 장편 저서가 눈에 띄지 않았다. 그리하여 중국 무한(武漢)에서 열린 도서전(圖書展)에 갔다가 《중국유학사》를 사다가 읽어본 후 신원문화사의 허락을 받고 번역에 착수했다. 그런데 본인의 지식, 번역 수준 등 여러 가지의 제한으로 인하여 고한문(古漢文)이 많이 섞인 글을 우리 글로 옮기자니 여간 힘들지 않았다. 허심하게 묻고 배우면서 이악스레 달라붙은 결과 번역은 끝냈지만 역문이 서투르고 오류도 적지 않으리라고 생각된다. 그저 이 책이 중국의 유학사를 이해하는 데 조금이라도 도움이 될 수 있다면 최대의 기쁨으로 생각하겠다.

끝으로 이 책의 출판을 정성껏 도와주신 신원문화사 신원영 사장님에게 깊은 사의(謝意)를 표시한다.

제10장 요(遼) · 금(金) · 서하(西夏)의 유학

제11장 원명의 새로운 유학─ 이학의 계속적인 발전과 변화

제12장 송명의 신유학─전통 유학의 철리화

제13장 송명 이학의 쇠락과 해체

제14장 유가 학파의 점차적 쇠락

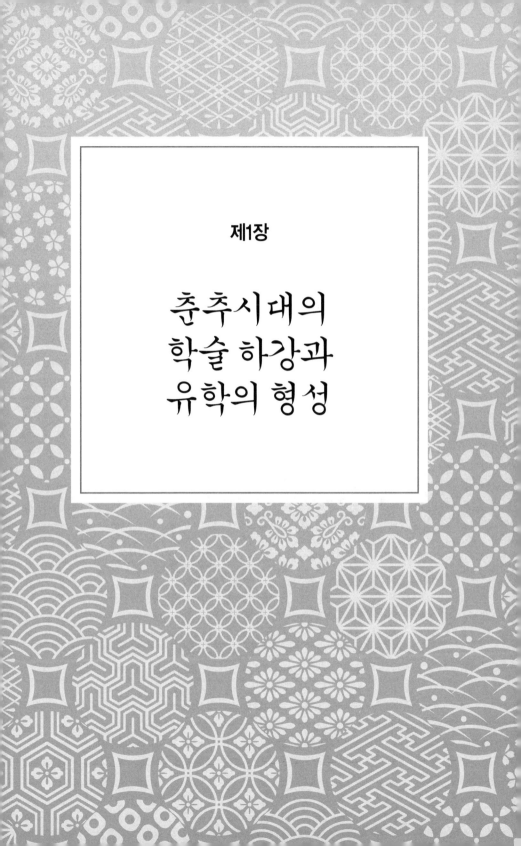

제1장

춘추시대의
학술 하강과
유학의 형성

유가 학설과 유가 학파는 춘추시대 경제·문화·정치의 발전과 더불어 필연적으로 생성된 역사 문화 현상이다. 춘추시대에는 대국들이 서로 싸우고, 사회가 혼란하고, 왕실이 쇠미하고, 예악(禮樂)이 파괴되었다. 사회 생산력과 생산 관계의 새로운 발전과 더불어 낡은 사회 제도는 갈수록 몰락, 와해되고, 새로운 사회 제도가 바야흐로 싹트기 시작했다. 이런 변화는 의식 형태와 문화 영역에서 학술이 점차 아래로 내려가는 것으로 반영되었다. 그리하여 은나라와 주나라 때 관부에서 학술을 배우던 것이 춘추시대에 이르러서는 민간에서 학술을 배우게 되었으며 개인이 학술 강연을 하는 현상이 나타났다.

춘추시대에 사(士) 계층은 이미 문화를 전파하고 학술을 발전시키는 것을 종지로 하고 사회의 역량이 되었다. 그들은 학파를 결성하고 정치 주장, 사상 주장을 내놓아 사회에 영향을 주었으며 제후들을 찾아다니며 유세했다. 그리하여 중국 고대 초기의 학술 발전·유가 학설·유가 학파의 형성에 사회·경제·정치·문화적 배경을 제공했다. 유학은 공자가 창립했지만 공자 제자들이 선전, 전파하여 전국(戰國) 중기에 이르러서야 저명한 학설이 되었다.

춘추시대의 사회 정치 및 경제 '예붕악괴(禮崩樂壞)' 국면의 출현

1. 왕실의 쇠미와 예악의 붕괴

중국의 노예사회는 상(商)·주(周, 西周) 시대에 제일 흥성했다. 주평왕(周平王)이 서울을 동으로 옮긴 후부터 주나라는 쇠퇴하기 시작했다. 《사기》〈주본기(周本記)〉에는 "평왕(平王)의 시대에 주나라 왕실이 쇠미하여, 제후들은 강자가 약자를 삼켰으며, 제(齊)나라·초(楚)나라·진(秦)나라·진(晉)나라가 강대해지기 시작했으며, 모든 정사는 제후들의 수령에 의해 좌우되었다."고 썼다.

진(晉)나라가 한(韓)나라·조(趙)나라·위(魏)나라로 분열된 것은 중국 역사상의 중대한 전환 시기이다. 이 단계의 역사는 대체로 공구(孔丘)가 삭제, 수개한 노(魯)나라 사서(史書) 《춘추》의 처음과 마지막 연대─《춘추》는 노은공(魯隱公) 원년(元年), 즉 주평왕 49년인 기원전 722년부터 기원전 481년까지를 썼음─와 같다. 그러므로 역사상에서는 흔히 이 시기를 춘추시대라고 한다.

춘추시대 사회 발전의 두드러진 특징은 왕실이 쇠미하고, 대국이 쟁패하고, 예의가 붕괴된 것이다. 이것이 사회에 미친 영향은 노예 제도가 몰락 붕괴되고, 새로운 봉건 생산 관계가 나타나고 성장한 것이다.

서주(西周)는 초기에 세력이 강화되었다. 《좌전》〈소공 28년〉에는 "이전에 무왕(武王)은 상나라를 뒤엎고 천하를 차지했다. 그의 형제들 가운데서 나라를 갖고 있는 사람이 15명이고 희(姬)씨 성 가운데서 나라를 갖고 있는 사람이 40명이다."라고 했다. 주무왕(周武王)·주공·성왕(成王)·강왕(康王) 이후 주천자(周天子)가 제후국들이 다 함께 높이 받드는 왕이 되었다.

《시경》〈북산(北山)〉에는 "천하의 넓은 땅 주왕의 것이고, 천하의 만백성 주왕의 신복이라네."라고 씌어 있다. 이때의 왕실과 천자는 천하에 호령을 내리고 제후들을 좌지우지했으므로 천하 종주(天下宗主)의 권위를 갖고 있었다.

유왕(幽王)이 죽은 후 평왕은 서융의 위협을 받아 할 수 없이 기원전 770년에 정(鄭)·진(秦)·진(晋) 등 제후들의 보위 아래 서울을 동쪽에 위치한 낙읍(洛邑)으로 옮기고 동주 왕조를 건립했다. 평왕이 서울을 동으로 옮긴 후 국세(國勢)가 점차 쇠약해지고 왕실, 천자의 지위가 현저하게 변했다.

첫째로, 주천자가 직접 통치하던 왕기(王畿)의 땅이 크게 줄어들었고, 둘째로 제후들이 왕실에 바치는 공물이 뚜렷하게 적어졌으며, 천자가 제후들을 통제하는 권력이 급격히 쇠약해졌다. 이런 형세에서 주천자는 명의상으로는 천하공주(天下共主)의 지위를 보존하고 있었지만 실제로 동주(東周) 왕실은 토지·인구가 갈수록 감소되었고 제후들이 바치는 공물도 없다시피 되었으며 국세가 빈약해지고 왕실도 점차 쇠미해졌다.

왕실의 쇠미는 객관적으로 사회 발전에 두 가지 효과를 조성했다. 하나는 왕실이 쇠미되고 문화와 인재가 외국으로 흘러나가 제후국의 다원(多元) 문화 중심이 형성되었다.

시간이 흐름에 따라 초(楚)나라에서는 노담(老聃)이 도학(道學)을 발전시켜 도가 학파를 창립했고, 노(魯)나라에서는 공구(孔丘)가 인학(仁學)과 예학(禮學)을 발전시켜 유가 학파를 창립했으며, 송(宋)나라에서는 묵적(墨翟)이 유학을 비판하고 묵가 학파를 창립했다.

두 번째로는 왕실이 쇠미했기에 각 제후국들은 존왕(遵王)의 명의를 걸고 각기 자기의 경제·군사 실력을 발전시키고 영토를 확장했으며, 서로 병탄전쟁을 발동했다. 병탄전쟁에서 제항공(齊桓公)·진문공(晋文公)·진목공(秦穆公) 등 5개 패왕들이 우쭐대면서 천하를 호령하는 국면이 나타났다. 이것은 서주의 원래 제도를 파괴했고, 동주 사회의 경제 기초와 상부 구조에 중대한 변화를 가져오게 했다.

공자는 일찍이 서주로부터 동주에 이르기까지의 사회 변화를 참답게 연구한 끝에, 서주 왕실의 '천하가 하나의 임금을 모신' 시대를 정치·문화 및 군사 대권을 천자가 장악한 시대라 하고, 왕실이 쇠퇴하고 제후들이 우쭐대는 동주의 시대를 정치·문화·군사 대권을 제후들이 장악한―《논어》〈계씨(季氏)〉―시대라고 했다.

사마천(司馬遷)은 이 역사의 변화에서 사회제도의 흥망을 연구했다. 그는 "주나라는 왕실이 쇠퇴되고, 예와 악이 없어지고, 《시(詩)》, 《서(書)》도 완전하지 못했다." ―《사기》〈공자세가(孔子世家)〉―고 말했다. 주나라 왕실이 쇠퇴된 결과 예와 악이 사라지고 사회 제도가 근본적으로 변화했다.

이런 변화의 집중적 표현은, 중국 노예 제도의 근본 제도이며 중요한 지표인 정전제(井田制)·분봉제(分封制)·종법제(宗法制)가 부단히 파괴된 것이다.

정전제는 중국 노예 사회의 경제 기초로서 서주시대까지만 해도 계속 발전했다. 그러나 춘추 이후 현저하게 변화하여 와해와 붕괴의 길로 들어섰다.《국어》〈진어(晋語)〉에는 진(晋)나라 때 예농(隸農)이 생겼다고 하는데 예농의 출현은 계급 관계가 새롭게 변화했음을 의미한다. 제일 전형적인 사실은 노나라 선공(宣公) 15년(기원전 594년)에 초세무(初稅畝)를 선포한 것이다.

초세무란 노나라 관청에서 땅의 수에 따라 조세를 받는 것이다. 이 역사적 사실은 개인 소유 토지의 합법적 존재를 승인한 것이 되며, 따라서 노예 사회가 고유(固有)했던 정전제가 파괴되고, 주례(周禮)를 위반한 것이 되었다. 그러므로 공자는 그것을 예에 어긋나는 현상이라고 탄식했다. 정전제가 끊임없이 파괴됨과 동시에 사유 토지가 끊임없이 나타났으며 개인들이 토지를 매매하는 현상까지 나타났다. 이로부터 서주 이래 토지를 팔고 사지 못하던 경제 구조와 역사 태세가 결속되었다. 이것은 경제제도 면에서 주례를 파괴한 중요한 표현이다.

분봉제와 종법제는 정전제 경제를 기초로 형성된 중국 노예 사회의 정치 구조이다. 주천자(周天子)가 봉국(封國)을 건립한 것은 종족 혈연관계를 유대(紐帶)로 하여 건립한, 천하를 통치하는 계통이다. 그러나 춘추시대에 들어선 후 토지 사유제의 발전과 사회 관계의 변화에 따라 분봉제와 종법제도도 파괴되었다. 분봉제가 파괴된 주요한 지표는 군현제(郡縣制)의 출현이다.

《사기》〈진본기(秦本紀)〉의 기재에 의하면 무공(武公) 10년(기원전 688년)에 "규(邽)·기(冀) 두 곳의 융족(戎族)을 들이치고 처음으로 현(縣)을 설립했다."《좌전》〈애공 17년〉에는 초문왕(楚文王)은 팽중상(彭仲爽)을 영윤(令尹)으로 임명하고 "확실히 신(申)나라와 식(息)나라를 멸망시키고 현(縣)으로 고쳤다."고 했으며 《좌전》〈소공 28년〉에는 "기(祁)씨의 땅을 나누어 7개 현을 만들고, 양설(羊舌)씨의 땅을 나누어 3개 현으로 만들었다."고 적혀 있다.

이런 자료들은 진(秦)·초(楚)·진(晋) 등 나라들에 이미 현제(縣制)가 속속 나타났음을 설명한다(초기에는 현이란 이름만 있고 군(郡)이란 이름이 없었다). 군현제가 나타난 것은 원래 존재하던 종족 혈연관계에 충격을 주었다. 왜냐하면 분봉제에 의하면 봉군(封君)을 세습할 수 있고 봉지(封地)에 대해 소유권을 갖고 있지만 군현제는 관리를 중앙에서 임명하고 세습하지 못하기 때문이다. 정전제·분봉제·종법제의 상술한 변화는 춘추 이후 사회 전반 구조에 중대한 변화가 일어났음을 설명한다. 이것은 예와 악이 붕괴된 심각한 사회 현상이다.

소위 예악이 무너졌다는 것은 예제(禮制)의 파괴에서 확실히 나타났다. 주례에는 존비 귀천이 엄하게 구분되었고 월례(越禮)하지 못하게 했다. 그러나 문헌의 기재에 의하면 주제넘게 윗사람 행세를 하는 일이 속속 나타났으며, 주례를 잘 지킨다는 노(魯)나라에서도 신하된 몸으로서 천자의 무악(舞樂)인 팔일무(八佾舞)를 자기 집 사당에서 추게 하는—《논어》〈팔일〉—등급제도를 파괴하는 참월(僭越) 현상이 나타났다. 정(鄭)나라와 진(晋)나라에서 형정(刑鼎)을 주조하여 법을 공포한 것은 존비 등급 제도를 더욱 엄중하게 파괴한 역사 사건으로 평가된다.

《좌전》〈소공 6년〉에는 정나라 주형서(鑄刑書)가 기록되어 있다. 숙향(叔向)은 사람을 띄워 자산(子産)에게 보낸 편지에 이렇게 썼다.

이전에 선왕(先王)은 사실의 경중에 따라 단죄하고 형률을 제정하지 않았다. 그것은 백성들에게 고집을 부리며 맞서려는 생각이 생길까 염려해서였다……백성들이 형률을 알게 되면 윗사람을 공손히 대하지 않고, 고집을 부리며, 형률로 자기를 변호하면서 요행을 바라게 된다. 그러면 그들을 다스릴 수 없게 된다. 하나라 때에 정령(政令)을 방해하는 자들이 우형(禹刑)을 제정했고, 상나라 때에 정령을 반대하는 자들이 탕형(湯刑)을 제정했고, 서주시대에 정형을 반대하는 자들이 구형(九刑)을 제정했다. 이 세 가지 형률은 모두 말세의 쇠퇴기에 나왔다……백성들이 쟁단(爭端)을 알면 예의를 포기하고 형서(刑書)를 증거로 인용하게 되는데, 그들은 새겨놓은 매 구절 매 글자를 따져 가면서 떼를 쓸 것이다. 나쁜 짓을 하고 옥에 갇히는 사람이 늘어나게 되고 뇌물을 주고받는 일이 유행되어 그 세대가 끝나기 전에 나라가 멸망할지 모른다.

23년 후에 진(晉)나라에서도 형정을 주조했다. 공자는 이렇게 말했다.

진(晉)나라는 법도를 잃었으니 멸망하게 됐구나! 진나라는 초기에 당숙(唐叔)이 주나라에서 이어받은 법도를 잘 지켰고 그것으로써 백성을 다스렸다. 경대부(卿大夫)는 관직에 따라 각자가 법도를 지켰으며, 백성들은 그 때문에 나라의 귀인들을 존중했으며, 그 때문에 귀인들도 자기 직업을 잃지 않았다. 귀인과 천인이 다 과분하지 않은 것이 바로 법도이다. 그러므로 진문공(晉文公)이 법도를 세웠다. 그런데 형정을 주조해 내어 백성들이 형정에 의거하게 됐으니 무엇으로 귀인을 존중하고 귀인들의 직업을 보전하겠는가? 귀인과 천인이 순서가 없게 되었으니 무엇으로 나라를 다스린단 말인가?—《좌전》 〈소공 29년〉

위의 글에서 보다시피 숙향의 소위 "예의를 포기하고 형서를 증거로 인용한다."는 것이나 공자가 말한 "백성들이 형정에 의거하게 되었으니 무엇으로 귀인을 존중하고 귀인들의 직업을 보전하겠는가? 귀인과 천인이 순서가 없게 됐으니 무엇으로 나라를 다스린단 말인가?"라고 한 말들은 모두 성문법(成文法)의 공포가 주례(周禮)에 규정된 존비 등급 제도를 파괴하여 사회 질서를 유지하기 어렵게 되었다는 뜻이다.

바야흐로 발생하고 있는 이 사회 대변동은 숙향·공구 등에게 심한 정신적 고통을 가져다주었다. 낡은 제도가 붕괴에 직면하고 새로운 사회와 사상이 바야흐로 싹트고 있었는데 이것이 곧 상부 구조인 사상 문화 영역에 반영된 예와 악이 붕괴된 엄중한 국면이다.

2. 사회의 경제발전은 유학 생성에 사회적 토양을 제공했다

생산력은 사회 발전을 가늠하는 중요한 표준이다. 사회 발전을 연구할 때는 생산력도 보아야 하고 생산 관계도 보아야 한다. 그러나 우선 생산력과 생산력 상황을 보아야 한다. 문헌 기재와 출토 문화재에서 보면 은나라·상나라와 서주시대의 생산 도구는 많이는 돌·뼈·나무·조개껍질로 만든 것이었고 적게는 청동기가 차지했다. 노동 조직 형태는 은나라와 상나라 때에는 협전(協田, 많은 노예들이 집단으로 경작하는 것)이었다.

춘추시대의 생산력 발전은 새롭고 비교적 큰 돌파구가 있었는데 이것이 바로 농업에서 철기를 사용하고, 소로 밭을 간 것이다. 춘추시대의 많은 역사 문헌에는 철에 대한 기록이 있다. 《좌전》〈소공 29년〉에는 "진(晉)나라의 조앙(趙鞅)과 순인(荀寅)은 군사를 거느리고 여수(汝水) 강변에다 성을 쌓는 기회에 진(晉)나라로부터 철 1고(480근)를 군사세로 징수하여 형정(刑鼎)을 주조했는데 거기에는 범선자(范宣子)가 규정한 형서(刑書)가 새겨졌다."고 했다. 이것은 그때 철을 제련하는 기술이 얼마간 발전했음을 설명한다.

《국어》〈제어(齊語)〉에는 미금(美金)으로는 검과 미늘창을 주조하고, 악금(惡金)으로는 호미·도끼 등을 주조했다고 했다. 여기에서 말하는 미금은 청동을 가리키고 악금은 철을 가리킨다. 이것은 제(齊)나라 때 벌써 철로 만든 도구가 있었다는 것을 설명한다. 이와 동시에 소로 밭을 가는 방법이 출현했다. 역사 문헌에서 보면 그때에 우(牛)자와 경(耕)자를 함께 쓴 이름이 있었다.

예를 들면 공자에게는 이름이 염경(冉耕)이고 자가 백우(伯牛)란 제자, 이름이 사마경(司馬耕)이고 자는 자우(子牛)란 제자가 있었다. 또 진(晉)나라에는 힘센 장사 한 사람이 있었는데 성은 우(牛)고 이름은 경이라 했다. 《국어》〈진어〉에는 원래 종묘를 위해 잡아 제물로 쓰던 소를 밭갈이에 쓴다는 말이 기록되어 있다. 이런 것들은 모두 춘추시대에 이미 소로 밭을 갈았다는 것을 설명한다.

이 시기에는 수리 관개도 고르게 발전했다. 농업 생산에서 철로 된 생산 도구와 소를 쓴 것은 농업 생산 능률을 크게 향상시키고 노동력을 해방시키고, 노동 조직을 개선시키고 노동자들의 생산 적극성을 제고시켜 일가 일호의 소농 경제가 존재할 수 있게 했으며, 따라서 대규모의 노예집단 노동의 조직 형식을 파괴하여 생산 체계가 변하게 했다.

농업의 발전은 수공업과 상업의 발전에 유리한 조건을 마련해 주었고, 반대로 수공업과 상업의 발전도 농업의 발전을 가일층 촉진시켰다.

수공업과 상업 활동은 생산·교환 관계의 확대와 함께 생성된 것이다. 상나라와 주나라 때에 수공업이 이미 상당히 발달되었는데 춘추시대에 이르러서는 더욱 발전했다. 이 시기의 제철·청동 제련·방직·칠기·도자기 제조 등의 수공업 기술은 서주시대보다 더욱 발전했다. 이 시기의 철과 청동 제련·도자기 제조·방직·칠기·자염(煮塩) 등 수공업에서는 주로 농업 생산 도구·가정 일용 그릇과 귀족들이 쓰는 공예품이 생산되고 무기도 생산되었다. 이 시기 제철 기술의 발전은 수공업 기술에서 역사적 의의를 갖고 있는 중대한 돌파이다.

춘추 후기에 중국의 선민(先民)들은 탄소 함량이 2퍼센트 이상인 선철을 제련해냈는데 이것은 서방 나라들보다 약 1,800년 앞선 셈이다. 초나라의 칠기는 아주 정교했다. 장사(長沙)에 있는 춘추시대의 초나라 묘에서 출토된 칠관(漆棺)·칠목차(漆木車) 등은 모두 이 시기의 기술 수준이 높은 수공업품이다.

《주례》〈고공기(考工記)〉에는 '정(鄭)나라의 칼, 송(宋)나라의 도끼, 노(魯)나라의 굽은 칼, 오(吳)나라와 월(越)나라의 검'이란 말이 있는데, 이것은 그때의 수공업이 지역성, 전문성을 갖고 발전하는 추세였음을 설명한다.

농업과 수공업의 발전과 더불어 상품의 교환도 춘추시대에 뚜렷이 발전했다. 사마천이 쓴 《사기》〈화식열전(貨殖列傳)〉이 제공한 사료(史料)를 보면 서주시대의 강태공(姜太公)은 상품 교환의 사회적 의의를 알았기에 "부인들에게 천을 짜고 수를 놓고 공예의 기교를 다하게 하며, 물고기와 소금을 다른 곳에 팔게 했다. 그랬더니 다른 나라 사람과 물건이 마치 동전 꾸러미처럼, 수레바퀴의 살처럼 제(齊)나라로 모여들었다."

춘추시대에 이르러 제나라의 관중(管仲)은 상품 경제 발전에 중시를 돌려 "재정을 관리하는 구부(九府)를 설치했는데 환공(桓公)은 그로 인하여 패자(覇子)가 되었으며 여러 번 제후들을 모으고 천하를 바로잡았다."

춘추 후기에 월왕(越王) 구천(句踐)은 오왕(吳王) 부차(夫差)한테 패배한 후 회계산(會稽山)에서 고통을 겪었다. 그러나 범여(范蠡)와 계연(計然)이 빈틈없이 계획을 세우고 10년 동안 휴식하면서 원기를 돋운 결과 나라가 부유해져서 군사들을 후하게 대할 수 있게 되었다. 그리하여 강한 오나라에 보복하고 오패(五覇)의 하나로 호칭되게 되었다.

그들의 기본 경험의 하나는 상품 경제를 발전시키고 농민과 상인이 모두 편리하게 하며 파는 가격을 일정하게 하고 물가를 적당하게 하며, 관시(關市)를 통하여 유통하는 물자를 부족하지 않게 하는 것을 치국(治國)의 길로 간주한 것이다. 여기에서 상품 경제와 사회 발전의 관계를 알 수 있다. 상업의 발전과 더불어 화폐와 고리대 경제도 발전했다.

《좌전》〈소공 3년〉에 실린, 안영(晏嬰)과 숙향(叔向)이 제(齊)나라와 진(晉)나라의 말세(末世)를 담론하는 장면에서 그때에 벌써 쌀을 꾸어주고 물건을 팔고 사는 일이 상당히 활발하게 전개되었으며, 제나라의 진씨(陳氏)는 '자기 집 말로 꾸어주고 나라의 말로 받아들이는' 방법으로 민심을 수매하고 소농 경제의 지지를 받아 나라의 정권을 빼앗았다는 것을 알 수 있다. 수공업을 발전시키고 상품 화폐 교환을 활약시킨 것은 객관적으로 볼 때 소농 경제의 발전을 적극 자극했다는 것을 알 수 있다.

춘추시대 사회의 변화는 왕실이 쇠미되고 예의가 무너지고, 농업 생산에서 철기와 소를 이용하고, 소농 경제가 발전했기에 토지를 국유로 하던 노예사회의 사회 격식이 파괴되었고 노예사회의 경제 구조가 더욱 타격을 받았다. 이것은 주천자(周天子)의 가천하(家天下) 종법 통치 계통을 파괴한 동시에 일가 일호를 사회 기본 단위로 하는 종족 혈연 구조를 보류했다. 그리하여 사회의 조직 구조에 크고 작은 가장제(家長制)가 형성되었다. 가장제와 종법제의 결합은 노예 사회로부터 봉건사회로 넘어가는 춘추 말기 사회 조직 구조의 특징이다.

이상의 사회 경제 구조와 조직 구조의 특징은 사회의 정치 관계와 윤리(倫理) 관계에 반영되어 예의를 중히 여기고 어른을 존중할 것을 강조하면서도 반성하고 수신(修身)하며 극기로써 예를 되찾을 것을 제창함으로써 사람 사이의 관계를 조화시키고 사회 질서를 안정시키려고 했다. 사회 내부에서는 가장(家長)과 족장(族長)이 가정과 종족의 주재(主宰)이면서 사회 부동층 군체의 통치자였다. 그렇기 때문에 효제(孝悌)·윤상(倫常)을 사회적으로 제도화·규범화했다.

공자는 춘추 말기에 사회가 크게 전변하는 역사적 조건하에서 소농경제 농업대국의 토양에 적용하고 시대의 조류에 순응하여 유학 학파를 창립했다. 그는 소농경제를 주체로 하는 종법 혈연 사회의 통치자들이 백성을 널리 사랑할 것을 요구했으며 백성은 나라의 근본이라는 것을 제창했다. 그는 또 충서(忠恕)를 제기했는데 그 목적은 예악이 붕괴되는(禮崩樂壞) 사회 국면을 안정시키려는 데 있었다.

공자는 노예제도가 와해되고, 노예의 인신 자유가 회복되고, 인생의 가치를 강조하는 수요에 적용하여 어진 사람은 남을 사랑해야 한다는 구호를 제기했다. 이것은 소농경제의 발전과 사회 이성(理性) 원칙의 실현에 유리했다. 이밖에 그는 또 효제는 인(仁)의 근본이라는 이론을 제기했는데 이것도 종법 혈연 사회 및 그 기초에서 생성된 존비 등급 구조의 유지에 유리하게 작용했다.

이것이 바로 유학이 탄생될 수 있었던 정치적 배경과 경제적 토양이며, 역시 유학이 소상품 경제를 주체로 하는 농업 사회에서 탄생되었다는 것에 대한 합리적인 해석이다.

유학의 형성 및
조기 유학 사상

1. 유가 창시자인 공자 및 그의 학설

1) 공자의 가세(家世)와 생애, 공자와 6경

공구(孔丘, 기원전 551~기원전 479년)의 자(字)는 중니(仲尼)이고 노(魯)나라 창평향(昌平鄕) 추읍(陬邑, 오늘의 산동성 곡부) 사람이다. 그의 먼 조상은 은(殷)나라 귀족이었는데 성(姓)은 자(子), 씨(氏)는 공(孔)이었다. 지금 보존되어 있는 자료 가운데서 공구의 가세에 관한 믿을 만한 자료는 《세본(世本)》·《좌전》·《예기(禮記)》·《사기(史記)》 등 역사 전적(典籍)을 들 수 있다.

그중 《세본》과 《사기》〈공자세가〉가 제일 체계적이다. 〈공자세가〉에는 "공자는 노나라 창평향 추읍에서 태어났다. 그의 선조는 송(宋)나라 사람으로서 공방숙(孔防叔)이라 불렀다. 방숙은 백하(伯夏)를 낳고 백하는 숙양흘(叔梁紇)을 낳았다. 숙양흘은 안씨(顔氏)와 야합해 공자를 낳았다."고 했다.

이 자료는 비교적 간단하다. 《세본》에 비교적 상세하게 기록되었는데 "송민공(宋湣公)이 불부하(弗父何)를 낳고 불부하가 송부(宋父)를 낳고 송부가 정고부(正考父)를 낳고 정고부가 공부가(孔父嘉)를 낳았는데 그는 송나라 사마(司馬)였다. 공부가는 화독(華督)한테 살해되고 그의 아들 목금부(木金父)는 사(士)로 떨어졌다. 목금부는 기부(祁父)를 낳고 기부가 방숙(防叔)을 낳았는데 방숙은 화씨(華氏)의 핍박에 못 이겨 노나라로 도망가서 방대부(防大夫)로 있었다. 그리하여 방숙이라 불렀다. 방숙은 백하(伯夏)를 낳고 백하는 숙양흘을 낳고 숙양흘은 중니를 낳았다."고 했다.

　공자세가를 기록한 이런 믿음직한 자료에서 우리는 첫째, 공자의 먼 조상은 확실히 송나라 귀족인데 송나라는 은나라의 뒤이므로 공자의 먼 조상은 은나라 귀족임을 알 수 있다. 둘째, 공자의 6대(六代) 조상 공부가는 분명 화독이란 귀족한테 죽고 5대 조상 목금부는 사 계층으로 떨어졌으며 3대 조상 방숙도 화씨 성을 가진 귀족한테 핍박당해 노나라로 가게 되어 공씨 가족이 이미 완전히 몰락했다는 것을 알 수 있다. 셋째, 공자가 태어났을 때까지 그의 부친은 대부(大夫)란 칭호를 갖고 있었지만 실제로는 이미 가정이 보통 가정으로 되었으며, 특히 공자가 태어난 지 얼마 안 지나 부친이 사망하여 가정생활이 필연코 가난했다는 것을 알 수 있다.

　그러므로 《예기》〈단궁〉에는 "공자는 어렸을 때 아버지를 여의었는데 아버지 무덤이 어디 있는지 몰랐다."고 했다. 이것은 그의 가정 형편이 그다지 좋지 않았다는 것을 설명한다. 《논어》〈자한(子罕)〉에서도 공자의 말을 인용했다. "나는 젊었을 때 고생을 하며 살아왔기 때문에 자연 천한 일들을 두루 배우게 되었다." 《맹자》〈만장 하(萬章

下)〉에는 "공자도 일찍이 창고지기를 지낸 적이 있는데 그는 말하기를 '양곡이 들어오고 나가는 계산을 정확하게 했을 따름이다.'라고 하고 또한 일찍이 목장 관리인이 된 적이 있었는데 그는 말하기를 '소와 양이 튼튼하게 자라게 했을 따름이다.'라고 했다."

공자의 가세, 그가 태어난 노나라 곡부(曲阜)의 사회 문화 환경, 젊었을 때 가난하고 비천했다는 사회적 지위, 이 세 가지 정황으로부터 공자의 일생에 중대한 영향을 준 세 가지 문제를 분석해 낼 수 있다.

첫째, 공자는 어려서부터 고대 전장(典章)과 예의 방면에 관한 문화 교육을 제대로 받았다. 왜냐하면 노나라는 서주 초기에 본래는 주공의 맏아들 백금(伯禽)의 제후국이었는데 전하는 바에 의하면 백금은 주나라 서울에서 노나라 왕으로 갈 때 서주의 전장을 많이 갖고 갔다고 한다. 그러므로 노나라는 서주 문화를 잘 보존한 나라로 손꼽힌다. 《좌전》〈소공 2년〉에는 "진평공(晉平公)은 한선자(韓宣子)를 우리나라에 사절로 보냈……한선자는 태사관(太史官)을 통하여 《주역》·《상위(象魏)》(노나라 역대 정령)와 《노춘추(魯春秋)》(노나라의 편년사)를 보고 "주나라의 예의가 모두 노나라에 있구나. 나는 이제야 주공의 덕행과 주나라가 강대해진 원인을 알게 되었다.'라고 말했다."고 기록되어 있다.

공자는 세 살가량 되었을 때 아버지를 잃고 줄곧 어머니 안치재 곁에서 자랐다. 안씨(顏氏) 집안은 그때 곡부에서 큰 가문이었다. 안씨의 딸(치재)은 어렸을 때 집에서 예악 방면에 전통 교육을 받을 수 있었기에 공자를 잘 교육할 수 있는 조건이 구비되었다. 《사기》〈공자세가〉에는 "공자는 어려서 장난할 때 늘 여러 가지 제물을 갖추어 놓고 제를 지내는 놀이를 좋아했다."고 했다. 여기에서 그가 어려서부터 주례의 영향을 받았다는 것을 알 수 있다.

둘째, 공자는 몰락한 은나라 귀족 가문에서 태어났고 은나라와 주나라의 예의에 대해 비교적 익숙했으므로 옛것에 대해 조예가 깊고 낡은 사상, 낡은 문화, 낡은 관념의 영향을 쉽게 받을 수 있었다. 그리하여 주나라의 덕을 찬탄하고 제창했으며 그것을 최고의 덕《논어》〈태백(泰伯)〉—이라고 했다. 공자는 "주나라는 하나라와 상나라의 예의 제도를 거울로 삼았는데 얼마나 풍부하고 다채로운가? 그러므로 나는 주나라를 찬성한다."—《논어》〈팔일〉—고 말했다.

셋째, 공자는 어려서 아버지를 여의고 출신이 비천하여 천한 일을 두루 많이 했으므로 하층에 있는 평민 백성들과 비교적 가까이 지냈다. 기실 공자가 태어난 후 그의 가정은 완전히 평민계급으로 전락했다. 그러므로 공자는 하층의 평민 백성들과 공통적인 사상과 감정을 갖고 있었으며, 또 사회 하층의 고통스러운 생활을 잘 들여다볼 수 있었고 하층 사회의 사상적 영향을 쉽게 받을 수 있었다.

위에서 말한 세 가지는 공자의 사상이 후에 복잡하게 발전한 깊은 근원이 된다. 이것이 바로 우리가 공자세가와 그의 생활환경을 연구하는 근본 의의이다.

공자는 자기 일생의 생장 과정을 이렇게 개괄했다. "나는 열다섯 살에 학문에 뜻을 두게 되었고, 서른에 학업에서 성취하게 되었고, 마흔에 일을 처리함에 있어서 확신을 갖게 되었다. 쉰에 천명의 도리를 알게 되었고, 예순에는 남의 말을 듣고 시비를 가릴 수 있었으며, 일흔에는 무엇이든 하고 싶은 대로 해도 법도에 어긋나는 일이 없게 되었다."—《논어》〈위정〉

공자가 여기에서 말하는 열다섯·서른·마흔 등은 대체적인 숫자이

다. 공자는 약 열다섯 살에 학습의 목적과 방향을 명확히 했다. 예·
악·사·어·서·수 등 육예를 계통적으로 배워야 했으므로 전장·예
법·문물·역사 등 지식을 배워야 했을 뿐만 아니라 예를 집행하고, 음
악을 연주하고, 활을 쏘고, 차를 몰고, 글을 쓰는 재간을 배워야 했다.
이것이 곧 공자가 젊었을 때 배운 고대 문화이며 이것 역시 그가 후
세 제자들에게 가르친 과목이다.

　공자의 일생에서 가장 중요한 것은 서른에 학업에서 성취하게 되
었고, 쉰에 천명의 도리를 알게 되었다는 두 개의 중요한 역사 전환
시기이다. 서른에 학업에서 성취하게 되었다는 것은 그때 사회와 인
생, 예법을 알게 되어 사회에 발붙일 수 있었다는 것이다. 이때부터
공자는 사회에 진출하여 독립적으로 사회 정치 생활에 참가하려 시
도했으며 사숙을 세우고 제자들을 받아들이고 강의했다. 전하는 바
에 의하면 그는 일생 동안 제자 3천 명을 두었는데 그 중에서 성적이
우수한 제자가 72명에 이른다고 한다.

　대체로 그 시기에 공자는 서행(西行)하여 낙읍(지금의 하남성 낙양)
으로 가 그때의 문화 명인 노자(老子)를 찾아 예에 대해 물었다. 《사
기》〈노자·한비자 열전(韓非子列傳)〉에는 이렇게 씌어 있다.

　공자가 주나라에 가서 노자를 찾아 예에 대해 물으니 노자는 이렇
게 대답했다. "당신이 말하는 예를 창도한 사람은 뼈까지 썩어 빠지
고 그의 말만 남았을 뿐이오. 아무튼 군자란 때를 만나게 되면 수레
를 타는 귀한 몸이지만, 때를 만나지 못하면 하잘것없는 몸이 되오.
나는 훌륭한 장사치는 물건을 깊이 간직하여 밖에서 보기에는 아무
것도 없는 것 같고, 군자는 훌륭한 덕(德)을 몸속 깊이 간직하여 어리

석은 것처럼 보인다는 말을 들었소. 당신의 고만(高慢)함과 다욕(多欲)함과 잘난 체하는 것과 지나친 지향(志向)을 모두 버리시오. 그것들은 당신에게 아무런 이득이 없는 것이오. 내가 당신에게 말하고 싶은 것은 단지 이것뿐이오." 공자는 돌아가서 제자들에게 말했다. "새라면 잘 날고 물고기라면 잘 헤엄치며 짐승이라면 잘 달린다는 것을 나는 잘 알고 있다. 달리는 것은 그물을 쳐서 잡고, 헤엄치는 것은 실을 뽑아 낚고, 나는 것은 활을 쏘아 떨어뜨릴 수가 있다. 그러나 용(龍)은 바람과 구름을 타고 하늘에 오른다고 하니 나로서는 어쩔 수가 없다. 나는 오늘 노자를 만났는데, 그가 마치 용 같다고 할까."

공자가 노자한테 예에 대해 물은 이 일은 공자가 인생과 예법을 인식하고 사회에 발붙이며 사회에 진출하는 데 대하여, 또 공자의 평생 사업에 대하여 중요한 작용을 했다. 우리는 공자와 노자의 대화를 통해 공자 및 그가 후에 창립한 유학 이론의 특색을 보다 깊은 차원에서 인식할 수 있다. 물론 공자가 노자한테 예에 대해 물은 것에 대한 문헌 기재가 서로 다르므로 후세 사람들 가운데는 그것을 의심하는 사람들도 있다. 《장자》·《사기》·《예기》 등 여러 가지 문헌의 기재에 의하면 비록 정황이 다르긴 하지만 그런 일이 있었다는 것만은 틀림없는 것 같다.

공자는 쉰에 천명(天命)의 도리를 알게 되었는데 그는 인생과 사회를 완전히 알게 되었을 뿐만 아니라 사회 정세의 동요와 기복에 따라 자기의 운명을 장악할 수 있게 되었다. 공자는 약 51세에 노나라에서 중도(中都)의 재(宰, 중도 지방의 행정장관)가 되었는데 1년 후 각 지방에서는 그의 관리 방법을 따라 배웠다 하여 그는 사공(司空)으

로 승급했고 또 사공으로부터 대사구(大司寇, 法務大臣)로 승급했다. ―《사기》〈공자세가〉

공자는 관리로서 성과가 컸기에 계속 관직이 올라갔다. 56세에는 대사구로부터 상례(相禮) 대리가 되었다. ―(동상서)

공자가 대사구의 신분으로 상례 대리로 있던 기간은 그의 뜻이 노나라에서 펼쳐진 때였으며 그가 나라를 관리하는 기능을 충분히 발휘할 수 있는 좋은 기회였다.

바로 이때 제경공(齊景公)과 노정공(魯定公)이 협곡(夾谷)에서 만나기로 했는데 공자가 노나라 왕의 상례를 담당했다. 그때 제나라는 강하고 노나라는 약했다. 제나라는 이번의 회맹(會盟)을 통해 노나라를 힘으로 굴복시키려 했다. 그러나 공자는 도리를 따지고 외교가의 재능과 담략으로 제나라를 설복시켜 승리를 거두었으며 노나라를 위해 영예를 떨쳤다.

공자는 내정 외교(內政外交)에서도 뛰어난 재능과 원대한 계략을 나타냈다.《사기》에서는 공자를 이렇게 평가했다. "국정에 참여하여 3개월이 지나자 돼지와 새끼양을 파는 장사꾼들이 폭리를 취하지 않게 되었고, 남녀가 길을 따로따로 걸었으며, 길에 물건이 떨어져 있어도 줍는 사람이 없었다. 노나라의 성읍에 관광 온 사람들은 관리들에게 빌면서 뇌물을 주지 않아도 제 집에 온 것처럼 대접을 잘 받았다." ―《사기》〈공자세가〉

공자의 관리하에 백성들의 생활이 안정되고 사회질서가 정연해지고 사회풍조가 건전해졌다. 그러나 나중에 공자는 노나라의 집권자 계환자(季桓子)와 정견(政見)이 맞지 않아 벼슬을 그만두고 여러 나라를 떠돌아다녔다.

공자가 여러 나라를 떠돌아다닌 주요 목적은 도(道)를 행하기 위해서였다. 즉 제후국들에게 자기의 정치 주장(치국지도)을 보급하기 위해서였다. 바로 자로(子路)가 말한 바와 같이 "군자가 벼슬을 하는 것은 군신의 의무를 다하기 위함이었다."—《논어》〈미자(微子)〉

공자의 사상 주장은 제후국들의 요구에 맞지 않았다. 그리하여 그는 가는 곳마다 실패를 했다. 전목(錢穆)의 고증에 의하면 "공자는 정공(定公) 13년 봄에 노나라를 떠났다가 애공(哀公) 11년에 돌아왔는데 전후 14년 동안에 위(衛)나라와 진(陳)나라에서 벼슬을 했고 조(曹)·송(宋)·정(鄭)·채(蔡) 등 여러 나라를 떠돌아다녔다."—《선진저자계년(先秦諸子系年)》상(上)

공자가 여러 나라를 떠돌아다니면서 자기의 염원을 실현하지 못한 것은 실패라 할 수 있다. 그러나 그것이 공자의 평생 사업에 대해서는 중요한 전환점이 된다.

공자가 여러 나라를 주유(周遊)한 것은 그의 시야를 넓혀 주었을 뿐만 아니라 다른 나라의 산천·문화재·민정(民情)을 인식하는 데 유리한 조건을 만들어 주었으며 그로 하여금 중화민족의 전통 정신을 더욱 깊게 이해하고, 고대 문화를 정리하고 문화 교육 사업을 발전시키려는 결심을 내리는 데 도움을 주었다. 노애공(魯哀公) 11년(기원전 484년), 공자는 이미 만년(68세)에 들어서서야 노나라로 돌아왔고 다시는 나가지 않았다.

만년에 노나라로 돌아온 공자는 침식을 잊고 일을 했다. 그는 제자들을 거느리고 6경(六經)을 정리하는 데 정력을 쏟았었다. 공자는 자기 제자 안연을 이렇게 평가했다. "그는 사람됨이 학문을 닦는 데 있어 싫어하는 일이 없고, 남을 가르치는 데 있어 게으름을 피우는 일이 없으며 한번 열중하면 밥 먹는 것도 잊어버리고, 기쁠 때에는 근심마저 잊고, 세월이 흘러도 늙어가는 줄을 모른다." —《사기》〈공자세가〉·《논어》〈술이(述而)〉

공자도 그런 사람이었다. 사마천은 공자가 고대 문헌·전적을 정리한 것에 대해 가장 명확하게 기록한 역사가이다. 그는 다음과 같이 말했다.

공자 시대에 주나라 왕실이 쇠퇴하고 예와 악이 붕괴되었으며 《시(詩)》·《서(書)》가 구전하지 못했다. 공자는 하·상·서주 3대의 예의제도를 탐구하고 《서전(書傳)》의 순서를 배열했는데 당요(唐堯), 우순(虞舜) 때로부터 진목공(秦穆公) 때에 이르기까지의 사실을 전후에 따라 정리했다. 공자는 "하나라의 예의 제도는 내가 말할 수 있다. 그런데 하나라의 후대 기국(杞國)은 이런 제도를 충분히 증명할 수 있는 문헌을 남기지 않았다. 은나라와 상나라의 예의제도도 나는 말할 수 있다. 그런데 은·상나라의 후대 송나라는 이런 제도를 증명할 수 있는 문헌을 많이 남기지 못했다. 만약 기(杞)·송(宋) 두 나라가 남긴 문헌이 많았다면 나는 이런 제도를 증명할 수 있다." 공자는 은나라가 하나라를 계승하여 예의제도에 첨삭한 것을 고찰한 후 이렇게 말했다. "장래 백 세대 후에도 첨삭한 것을 알 수 있었다. 왜냐하면 하나는 화려한 것을 즐기고 하나는 소박한 것을 즐기기 때문이다. 주나라의 예의제도는 하나라와 은나라의 것을 거울로 삼아 제정한 것인데 얼마나 풍부하고 다채로운가! 나는 주나라의 예의제도를 주장한다." 그러므로 《서전》과 《예기》는 모두 공자가 편집한 것이라 할 수 있다.

고대로부터 전해져 온 《시(詩)》는 3천여 편이 있었는데 공자에 이르러 중복된 것을 제거하고 예의에 맞는 것만 취해서 예의 교육에 사용했다……공자는 305편의 시를 노래로 부를 수 있었고 그것들을 소(韶)·무(武)·아(雅)·송(頌) 등의 악곡 음조에 맞춰 넣었다. 선왕(先王)의 예의 제도는 이때로부터 옛 면모를 회복하게 되었다. 왕도(王道)가 완비되었고 공자도 육예라 불리는 《시》·《서》·《예》·《악》·《역》·《춘추》의 편수(編修)가 되었다. 공자는 만년에 《주역》에 흥취를 갖고 연구했다. 그는 〈단사(彖辭)〉·〈상사(象辭)〉·〈설괘(說卦)〉·〈문언(文言)〉 등을 상세하게 해석했다. 공자는 《주역》을 너무나 많이 읽어 그 죽간(竹簡)을 엮은 가죽끈이 여러 번 끊어졌다고 한다.─《사기》〈공자세가〉

사마천의 이 말에 근거하면 공자가 《상서》·《예경》·《시경》·《악경》을 정리했고 《역전》과 《춘추》를 엮었다는 것을 긍정할 수 있다.

그러나 송나라 이후에 일어난, 옛것을 의심하는 풍조와 더불어 어떤 학자들은 공자가 6경을 정리했다는 것을 의심했다. 청나라 때에는 공자와 6경의 관계 문제에서 점차 두 가지 대립되는 의견이 형성되었다.

한 가지는 청나라 말기의 경학가(經學家) 피석서(皮錫瑞)를 대표로 하는 학자들의 의견이다. 그들은 공자 이전에는 경(經)이 없었고 고대 전적이 수두룩했지만 삭제와 정정을 거치지 않았는데 그것들은 모두 공자의 손을 거쳐 경으로 되었다고 했으며 그 5부 경서가 모두 공자의 저작이라고 인정했다. 다른 한 가지는 옛것을 의심하는 학파에 속하는 역사학자 전현동(錢玄同)을 대표로 하는 사람들의 의견이다. 그들은 "공자가 6경을 정리했거나 엮은 일이 없으며, 6경의 최후 완성 시기는 전국시대 말기이다."라고 함으로써 공자가 6경을 정리했다는 문제를 완강히 부정했다.―〈고금 문제를 재차 논함〉을 보라.《고사변(古史辨)》제5책에 실렸음.

주여동은 1979년에 〈6경과 공자의 관계 문제〉(《주여동 경학사 논저 선집》에 실렸음)란 글에서 상술한 두 가지 관점을 비평하면서 공자가 6경을 정리했다는 문제를 비교적 전면적이고 객관적으로 명백히 논술했다. 그는 "지금 보존되어 있는 5경은 한 사람의 손에서, 한 곳에서, 한 시기에 나온 것이 아니다."라고 하면서 이렇게 인정했다. 공자 이전에 많은 고대 문헌과 전적이 보전되었는데 그중의 일부분이 경서에 남아 있었다. 그때 선왕의 진적(陳迹)에 관한 역사 문헌은 지금의 경서보다 수량이 더 많았을 것이며 삭제 정리를 거쳐 만들어진 책도 여러 가지가 있었을 것이다.

공자는 교육의 수요에 따라 여러 가지 고국(故國) 문헌을 수집 정리하여 교과서로 채택했다. 이런 교과서가 전해져 유가 학파의 경전이 된 것이다. 우리는 공자가 6경을 정리했다는 것을 인정하지만 현존의 5부 경서가 모두 공자가 정리한 원저(原著)라고는 말할 수 없다. 왜냐하면 현존의 경서에는 공자가 정리한 내용 외에 공자 이후 역대 유가가 정리하고 첨가한 내용이 들어 있기 때문이다.

공자가 6경을 정리한 것은 중국 고대 문화를 보전하고 전파하는 데 있어서 거대한 공헌이 된다. 공자는 늘 자기는 "술(述)만 하고 작(作)을 하지 않으며, 고대 문화를 믿고 즐긴다."―《논어》〈술이〉―고 말하곤 했다. 고대 서적은 작과 술 두 가지 유형으로 나눈다. 소위 작이라는 것은 작자의 사상과 새로운 뜻이 들어 있는 저작을 말하고 술이란 작자가 옛사람들의 자료를 편집해 책으로 내는 것을 말한다.

공자가 자기는 '술이불작(述而不作)'이라고 한 것은 공손하고 겸손하며 옛것을 즐긴다는 뜻을 나타낸 것이다. 실제로 공자는 6경을 정리하면서 간단하지만 심오하며 큰 뜻을 품은 말들을 많이 주입했기에 그것은 술에 그친 것이 아니라 작의 성격이 더 많다.

사마천은 이렇게 평가했다. "《춘추》를 저술할 때에는 넣을 것은 넣고 뺄 것은 뺀 바 문장력이 뛰어난 자하(子夏) 같은 제자도 한 구절도 가감하지 못했다." 제자들이 《춘추》를 배울 때 공자는 "후세 사람들은 《춘추》 때문에 나를 이해하고 《춘추》 때문에 나를 원망하게 될 것이다."—《사기》〈공자세가〉—라고 말했다. 여기에서 우리는 《춘추》에는 공자의 심오한 사상과 주장이 포함되어 있음을 알 수 있다.

공자가 6경을 산정(刪定)했기에 중화 민족은 고대의 문화유산을 체계적으로 보존할 수 있게 되었고, 우리는 선조들의 생산 활동과 생활 상태를 더욱 구체적으로 깊게 알 수 있게 되었으며, 중국은 인류 역사에서 역사 문헌을 제일 풍부하게 보존한 나라가 된 것이다.

2)《논어》의 형성과 판본의 변화 발전

《논어》는 공자의 사상과 조기 유학을 연구함에 있어서 가장 믿음직한 사료(史料)이다. 그러나 그것은 어록체(語錄體)이고 많은 내용이 대화 형식인데다가 문헌 기재가 명확하지 못한 등의 원인으로 편찬자와 그것이 책으로 된 연대에 대해 고금으로 서로 다른 견해가 있다. 비교적 일찍 구체적으로 《논어》의 편찬자를 서술한 문헌은 《한서(漢書)》〈예문지(藝文誌)〉이다.

이 문헌에는 이렇게 썼다. "《논어》는 공자가 제자나 사회 활동가들과 나눈 말, 제자들이 공자에게서 들은 말을 적은 것이다. 그때 제자들이 적은 것이 서로 달랐다. 공자가 죽은 후 제자들이 모여서 의논하면서 편찬했으므로《논어》라 했다.”

여기에서는 두 가지 사실을 긍정했다.

첫째,《논어》의 내용은 공자와 제자, 사회활동가들의 담화(대화)를 기록한 것이며 그 가운데는 공자가 제자들의 물음에 답한 내용도 포함되어 있다.

둘째,《논어》는 공자가 죽은 후 책으로 나왔으며 편찬자는 공자의 제자들이다. 그런데 편찬자가 어느 제자인가를 밝히지 않았기에 후세 학자들의 의론을 자아냈다. 당(唐)나라 유종원(柳宗元)은《논어》는 공자의 제자들이 기록한 것이 아니며 책으로 내놓은 것은 증씨(曾氏)의 제자들이라고 했다. 즉 증삼(曾參)의 제자들의 저작이라고 인정했다. 청(淸)나라의 최술(崔述)은《논어》는 공자가 죽은 지 수십 년 후에 “70명의 제자들이 스승의 말을 회억(回憶)하여 편집한 것을 후에 유학자들이 책으로 내놓은 것이지 공자의 제자들이 기록 편집한 것이 아니다.”라고 했다.

우리는《논어》의 편찬자가 증삼과 유약(有若)의 제자들이라고 인정한다. 왜냐하면《논어》의 내용을 분석해 보면 그중에 증자(曾子)·유자(有子)의 언행을 서술한 것이 공자와 기타 제자들의 언행을 서술한 것보다 많으며 증삼·유약을 모두 자(子)라고 불렀기 때문이다.

예를 들면〈학이(學而)〉편에는, 증자가 말한 “나는 날마다 여러 번 반성한다.”는 구절이 있으며 유자가 말한 “예를 행하는 데는 화목한 마음이 근본이 되어야 한다.”는 등의 구절이 있다. 이것은《논어》의 편찬자와 증삼·유약은 제자와 스승 관계라는 것을 말해 준다. 만약

《논어》의 편찬자가 과연 공자의 재전(再傳) 제자라면 《논어》가 책으로 나온 연대가 당연히 공자가 죽은 지 30년 내지 50년 후인 전국 초기로부터 중기여야 한다.

이 점에 대해 《논어역주(論語譯註)》의 작가 양백준(楊伯峻)은 "《논어》는 춘추 말기에 시작되어 전국 초기에 책으로 나왔다."고 말했다. 《논어》라는 책이름도 그때의 편찬자가 명명한 것일 수 있는데 그것은 언어의 논찬(論纂)이라는 뜻이다.

《논어》가 한대(漢代)에 유전된 것은 세 가지가 있다. 최초에는 《제론(齊論)》과 《노론(魯論)》밖에 없었는데 후에 한경제(漢景帝) 때 노공왕(魯恭王) 유여(劉余)가 공자의 옛 집 벽 속에서 《고론(古論)》을 발견했다. 그리하여 한대에 세 가지 다른 판본(版本)이 있게 되었다. 《노론》은 20편이고 《제론》은 22편으로서 〈문왕(問王)〉·〈지도(知道)〉 두 편이 더 많았다. 《고론》은 21편인데 〈문왕〉·〈지도〉 두 편이 없지만 〈요왈(堯曰)〉 편의 자장문(子張問)을 둘로 나누어 〈자장〉이 두 편이 되었다. 순서도 《제론》과 《노론》이 서로 달랐고 문자도 조금 구별되었다.

한대 경학(經學) 내부의 분쟁으로 보면 《제론》과 《노론》은 모두 금문학파(今文學派)에 속하고 《고론》, 즉 《고문논어(古文論語)》는 고문학파(古文學派)에 속한다. 《한서》〈예문지〉의 기재에 의하면 한나라 때 《제론》과 《노론》은 이름 있는 스승들이 전수했다고 한다.

《제론》을 전수한 자들로는 창읍(昌邑)의 중위(中尉) 왕길(王吉)·소부(少府) 송기(宋畸)·어사대부(御史大夫) 공우(貢禹)·상서령오(尙書令五) 녹충종(鹿充宗)·교동(皎東)의 용생(庸生)과 이름 있는 학자 왕양(王陽)이었다. 《노론어(魯論語)》를 전수한 자들로는 상산

(常山)의 도위(都尉) 공분(龔奮)·장신(長信)의 소부(少府) 하후생(夏侯生)·승상(丞相) 위현(韋賢)·노부경(魯扶卿)·전임장군 소망지(蕭望之)·안창후(安昌侯) 장우(張禹)와 같은 명인들이다.

장우는 먼저 《노론》을 배우고 후에 《제론》을 배웠으며 그 두 가지를 합쳐 《노론》의 목차에 근거하여 《장후론(張侯論)》이란 책을 정리해 냈다. 그때 장우는 한성제(漢成帝)의 스승이어서 지위가 높았다. 그리하여 《장후론》은 한때 제일 유행하는 책이 되었다.

동한(東漢) 영제(靈帝) 때 희평(熹平) 4년에 채옹(蔡邕)이 쓴 석경(石經)은 《장후론》에 근거한 것이다. 동한 말년에 대훈고학자 정현(鄭玄)은 《장후론》을 기본으로 하고 《고론》·《제론》을 참고하여 《논어주(論語注)》를 썼다. 하안(何晏)의 《논어집해(論語集解)》도 정현의 주해본(注解本)을 근거로 한 것이다. 그러므로 지금까지 전해 내려온 《논어》는 주요하게는 《장후론》이다.

그런데 《고문논어》는 전해 내려오지 못했다. 하안은 《논어집해》의 서언에서 "《고론》은 공안국(孔安國) 박사가 주해를 달았는데 전해 내려오지 못했다."고 했다. 《논어집해》에서도 때로는 공안국의 주해를 인용했다. 그런데 공안국 박사가 《고론》에 주해를 달았는지에 대해 의심하는 사람들이 있으며 《논어집해》에 나타난 공안국에 대한 설(說)이 진짜인가 하는 것도 의심하는 사람들이 있다.

청나라의 최술은 《논어》를 읽을 때 진위를 확인해야 한다고 하며 다음과 같이 말했다.

《논어》의 마지막 다섯 편, 즉 〈계씨(季氏)〉·〈미자(微子)〉·〈초광(楚狂)〉·〈자장(子張)〉·〈양화(陽貨)〉에 제일 문제가 많고 의심스러운 점도 제일 많은데 어쩌면 후세 사람들의 속작(續作)일 수 있다. 왜냐하면 어떤 곳은 문체가 앞부분과 다르고 직접 공자라고 칭호한 곳도 있다. 그리고 〈옹야(雍也)〉편 남자장(南子章)의 사리(事理)도 의심스러운 점이 있고 〈선진(先進)〉편 〈시좌장(侍坐章)〉은 문체가 조금 다르며 장자(莊子)가 한 말과 뜻이 비슷하고 모두 자(子)라 하지 않고 부자(夫子)라 했다. 이것들은 지금의 《논어》는 진위가 있고 문체도 서로 다르므로 바르게 정리해야 함을 설명한다.

주여동도 "《논어》 20편 중에서 앞의 10편과 뒤의 10편은 문체가 같지 않은데 더욱이 마지막의 5편 〈계씨〉·〈양화〉·〈미자〉·〈자장〉·〈요왈〉은 의심되는 점이 매우 많다."고 했다.

앞에서 말했다시피 《논어》는 일찍이 세 가지 판본이 있었는데 2천여 년을 전해 내려오면서 여러 번 정리되는 과정에서 후세 사람들이 써넣은 글이 있다. 그러므로 의연히 과학적인 태도로 조사 확인하여 진위를 가려내야 한다. 이것은 공자의 사상과 조기 유학을 연구하는 데 있어서의 전제 조건이다. 애석하게도 이 방면의 사업은 최술 이후 별로 진전이 없다. 물론 어려운 점이 많겠지만 지금은 응당 그것을 유가 문헌 연구에서 의사일정에 올려놓아야 한다.

중국 유학사에서의 공자의 지위, 공자와 중국의 전통문화

1. 중국 유학사에서의 공자의 지위

　주여동은 1934년에 《공자》라는 책의 맺는말에 이렇게 썼다. "공자는 중국 고대의 인격이 완전무결한 성인이고, 실제적인 교육가이며, 뜻을 이루지 못한 정치 사상가이고, 전문적으로 도덕을 연구한 윤리학자이다. 그는 중국 문화에 거대한 영향을 주었을 뿐만 아니라 일찍이 동남아시아의 기타 나라에까지 영향을 주었다."고 말했다.

　그가 공자와 공자 학설의 역사적 지위에 대해 내린 평가는 실제에 부합된다. 만약 유학 발전의 각도에서 공자의 공헌을 평가한다면 그가 유가 학파의 기업(基業)을 세워 놓았고 유가 학설의 기초를 닦아 놓았다고 말할 수 있다.

1) 공자는 최초로 사학을 꾸려 유학자들을 양성해 낸 중국 고대의 첫 교육가이다

상술한 바와 같이 왕실이 쇠미하고, 예악이 붕괴되고, 관부에서 배우는 춘추시대의 몰락된 귀족 가문에서 태어나 선비가 된 공자는 공개적으로 제자를 받아들이고 강의하여 학술이 민간에 전파되게 함으로써 귀족이 문화를 독점하던 국면을 타파했다.

문화 영역에서 말하면 이것은 혁명적 의의가 있는 것이다. 공자가 학교를 꾸렸기에 전국시대에 개인 강의 선풍이 일어났으며 백가쟁명(百家爭鳴) 국면이 나타났다. 이런 역사 문화 환경에서 선후로 유가·도가(道家)·묵가(墨家)·법가(法家) 등 서로 다른 학파들이 나타나 저들의 주장을 견지하면서 책이나 글을 써서 자기들의 이론을 내세웠다.

교육자 공자는 유학의 전수에만 몰두한 것이 아니라 제자들의 지능 훈련을 몹시 중요시했다. 그의 교수 과목은 역시 6예인데 거기에 역사·문화 지식도 있고 실제 기능의 배양도 있었다.

《논어》에 기록된 자료를 보면 공자의 많은 제자들은 재주가 많고 특장(特長)이 있었다. 《논어》〈선진(先進)〉에는 이렇게 소개했다. "덕행이 좋은 자는 안연·민자건·염백우·중궁이고 변설에 뛰어난 자는 재여와 자공이며, 정치적 수완으로는 염유와 계로이고, 문학에 뛰어난 자는 자유와 자하이다."

공자는 제자들의 재능을 아주 잘 알고 있었다. 그는 자로(子路)는 큰 나라에서 군정(軍政)을 다스릴 만하고, 염유는 천 호를 갖고 있는 현의 현장·대부(大夫), 봉지의 총재 노릇은 충분히 할 수 있다. 공서적은 외교관으로 가장 적임자다.─《논어》〈공야장〉─라고 평가했다.

공자가 양성해 낸 제자들 가운데서 어떤 사람들은 6예에 정통했고, 어떤 사람들은 정사와 외교 등 방면에서 능력을 나타냈다. 이 사회 군체는 유가 학파 초창기의 인재 기초가 되었다. 유학이 계속 발전할 수 있게 된 것은 후에 이런 사람들이 제후국들을 돌아다니면서 선전한 것과 떼어놓을 수 없다.

2) 공자가 정리한 6경은 유가의 가장 기본적인 경전이 되었고, 공자는 중국 고대의 첫 위대한 역사 문헌 학자가 되었다

지금 보면 6경은 공자가 모두 쓴 것이 아니다. 왜냐하면 공자 이전에 이미 6경에 관한 사료가 있었기 때문이다. 그러나 공자의 손을 거친 후 6경이 비교적 완전하고 체계적인 전적으로 되었다는 것은 부정할 수 없는 사실이다.

공자는 6경을 정리하고 수정하는 과정에 진귀한 사료를 수집, 조사했을 뿐만 아니라 간결하고 심오한 말로 큰 뜻을 나타내는 구절을 보충해 넣었다. 그리하여 공자의 손을 거친 6경은 유가 학파의 첫 번째 기본적인 교재가 되었다. 다시 말하면 2천여 년간의 중국 봉건사회에서 유학의 가장 기본적인 경전이 된 것이다. 또 후세의 유가들이 가장 기본적으로 공부하는 경전이 되었다.

후세의 유가들이 유학을 연구할 때는 주로 6경(이 밖에《논어》·《맹자》등의 책도 있다)을 근거로 하고 있다. 한(漢)나라의 유가는 주로 6경에 근거하여 문물을 훈고하고 문자를 주석했다. 송(宋)나라의 유가는 6경(송나라 때에는 이미 13경으로 발전되었음)에 근거하여 그 내용을 가일층 발휘시켰다. 그러므로 공자가 정리하고 수정한 6경은 유가 문화의 보귀한 유산일 뿐만 아니라 조기 유학을 이해하는 데 있어서 없어서는 안 될 사료이다.

3) 공자는 유가 학설의 이론 기초를 닦아 놓았으며, 중국 고대에서 완벽하고 체계적인 이론을 갖춘 위대한 첫 사상가이다

공자 이전에도 위대한 사상가들이 역사무대에서 활약했다. 예를 들면 주공 단(周公旦)·관중(管仲)·자산(子産) 등이 있으며 노담(老聃)도 공자 이전의 사람이라고 할 수 있다. 그러나 그들의 사상에 관한 자료는 제한되어 있고 흩어져 있으며 그 가운데 일부분은 진위를 가려내기 어려워, 모두 공자에 관한 자료보다 계통적이지 못하고 완비되어 있지 못하다. 그러므로 공자만이 중국 고대에서 자기의 저술이 있고, 완벽하고 체계적인 이론을 갖춘 첫 번째 위대한 사상가라 할 수 있다.

그는 중국 고대의 문화유산을 체계적으로 정리하고, 역사가 제기한 문화와 정치 문제를 탐구하고, 인(仁)을 핵심으로 널리 사고하여 중국 유가 학설의 이론 기초를 닦아 놓았을 뿐만 아니라 인류의 문화 발전에 영향을 주는 가장 방대한 이론 체계를 쌓았다. 개괄하여 말하면 이 이론 체계는 다음과 같은 특징을 갖고 있다.

첫째, 인간의 도덕수양을 중시하고, 어진 사람은 남을 사랑한다는 조기 인도주의를 제기하고, 인생의 가치와 인격의 완성·독립을 중시했다.

둘째, 문화전통을 강조하고 인문(人文) 정신을 제창했다. 유생들은 대부분 선생을 했기에 문화 교육 사업의 발전을 강조하고 사회를 위해 나라를 다스리는 인재를 양성해 냈다.

셋째, 어진 정치를 하는 것과 덕으로 나라를 다스리는 것을 주장했다. 덕으로 나라를 다스리는 전제 조건은 백성을 근본으로 하고 백성을 사랑하며 백성들의 생계에 관심을 갖는 것이다. 그러므로 유가 학설은 민주주의의 특색을 갖고 있다.

넷째, 중용지도·사회화애·천인합일(天人合一)의 정신적 경지와 사회이상을 추구했다.

다섯째, 인생에 대하여 이성(理性)적인 조절을 강조했다. 즉 천명도 믿고 인사(人事)도 잘할 것을 강조했다. 다시 말하면 "귀신에 대해서는 경원시하고, 한 번 열중하면 밥 먹는 것도 잊어버리고, 학문을 즐겨 근심마저 잊고, 세월이 흘러가는 것마저 잊었다."는 것이다.

이런 이론은 조기 유학의 기본적인 틀과 유학의 이론적 요소가 되었다. 그 후의 유생들(특히 한나라와 송나라의 유생들)은 모두 자기가 처한 역사 상황과 주체 구조에 의하여 이런 이론을 해석·발휘시키고 재조직하거나 개조했다.

4) 공자는 여러 나라를 돌아다니면서 유학의 종자를 제후국들에 뿌렸다. 그는 맨 처음 문화교류를 광범위하게 진행한 학자이다

공자는 유학을 교실에서 강의하는 데만 그치지 않고 여러 나라를 돌아다니면서 유가 학설을 사회 각지에 전파했다. 그는 이르는 곳마다 민정(民情)·민속과 지방 문화를 조사하는 동시에 여러 제후국들에 유학의 씨앗을 뿌려 놓았다. 《논어》의 많은 자료들은 모두 공자가 여러 나라를 돌아다닐 때 제후국의 임금 또는 사대부들과의 담화 기록이다. 물론 공자가 주유하는 도중에 제자들에게 가르친 내용도 있다.

공자는 대화를 통하여 유가의 사상과 주장을 선전했다. 그리하여 각 나라에서는 유학이 영향을 일으키기 시작했다. 그렇게 했기 때문에 공자가 죽은 후 자로는 위나라에 있고, 자장은 진(陳)나라에 있고,

염대자는 초(超)나라에 있고 자하는 하서에서 위문후(魏文侯)의 스승으로 있게 되는 상황이 생길 수 있었다.

또한 유학이 사회와 결합되고, 나라의 정치와 결합되고, 기타 여러 가지 문화와 융합·삼투되는 형세가 나타나 유학을 발전시키고 중국 문화를 풍부하게 할 수 있게 되었다.

2. 공자와 중국의 전통문화

문화는 한 민족과 나라의 상징이며 한 민족과 나라의 지혜의 결정체이다. 중국의 문화는 인류의 가장 우수한 문화에 속하며 거기에는 세세대대 중국 여러 민족의 용감·근면·지혜가 응결되어 있다.

중국 문화는 갈수록 세계의 여러 나라 사람들에게 알려져 그들의 경모를 받고 있으며 갈수록 인류 문화의 발전에 영향을 주고 있다. 양수명(梁漱溟)은 이렇게 말했다. "중국은 5천 년의 문화를 갖고 있다. 공자는 고대 문화를 받아들였고 또 자기가 죽은 후의 중국 문화에 영향을 주었다. 이런 영향은 중국 역사에서 그 어떤 옛사람도 공자와 비할 수 없다." 공자와 유학은 중국의 전통 문화 교육과 밀접히 관계되며 중국 전통 문화의 창조·형성·발전에 특수한 공헌을 했다.

1) 공자와 도가 학설은 중국 전통 문화의 주체구조를 형성했다

전통 문화란 개별적이고 봉폐된 체계가 아니라 다원(多元), 개방된 통적(動的) 개념이다. 그것은 형성 과정이 필요하고 발전 변화에서도 과정이 필요하다. 과거나 지금이나 일부 사람들은 전통적인 도식에 따라 중국 문화를 유학을 대표로 하는 단일한 문화로 인정한다.

또 일부 사람들은 이 관점을 반대하면서 그 어떤 단일한 문화를 중국 문화의 대표로 하는 것을 주장하지 않으며 중국 문화는 여러 가지 문화로 이루어졌다고 인정한다.

이 두 가지 관점은 각자의 도리를 갖고 있지만 모두 단편적이다. 중국 문화는 여러 가지 문화로 구성되었지만 그것을 다원성만 지적하는 것으로는 부족한 만큼 반드시 주요한 내용을 반영하는 주체 구조를 명확히 해야 중국 문화의 특징을 나타낼 수 있다. 이 주체 구조가 바로 유가 학설과 도가 학설이다.

유학과 도가 학설은 춘추전국 시대의 백가쟁명 가운데 독립적 학파이다. 이 두 가지 학파는 백가쟁명에서 기타 학파, 예를 들면 법가(法家)·묵가(墨家)·명가(名家) 등과 서로 대립되고, 서로 삼투되어 문화 발전에서 여러 방향으로 융합되는 추세를 보였다.

진한(奏漢) 이후 한무제(漢武帝)가 동중서의 건의를 받아들여 백가(百家)를 배척하고 유술(儒述)만 독존하게 되면서부터 중국 문화는 표층구조에서 유학 일원화가 실현되었다. 그때부터 중국의 역대 봉건통치자들은 유학을 정통으로 삼았다. 이것이 일부 사람들이 중국 문화가 유가를 대표로 하는 문화라고 여기는 원인일 것이다.

기실 유가는 전반적으로 중국 문화를 대표할 수 없다. 왜냐하면 전국(戰國)시대로부터 유가 문화는 기타 문화(주요하게는 도가와 법가)와 융통되기 시작했기 때문이다. 그러므로 진한 이후에는 순수한 유학이 존재하지 않는다.

다음으로는 문화·철학·정치·경제·문학·과학기술 등에서 보면 주로 유학과 도학이 영향을 주었다. 예를 들면 유학은 정치·윤리에 대해 영향이 컸고 도학은 철학·문학·과학기술에 영향이 뚜렷했다. 그리고 중화민족의 심리와 성격에 영향을 준 것은 유가도 있고 도가도 있다.

유가는 입사(入仕)를 주장하고 도가는 출세(出世)를 주장하며, 조정에서는 유가이고 재야에서는 도가라는 말은 역사적 흔적이 있다. 그러므로 중국 문화는 유학과 도학이 주체구조가 되어야 한다. "유가와 도가의 학설은 중국 고대 철학의 핵심 부분이며 중국 고유문화의 주요한 사상 기초이다."라고 한 장대년(張岱年)의 말이 바로 그런 뜻이다.

물론 중국 문화의 표층 구조와 대다수 지식층의 감정과 인식을 놓고 보면 유학의 색채가 비교적 농후하다는 것은 의심할 바 없다. 이것은 유학이 장기간 통치적 지위에 있었던 역사 조건에 의해 형성된 것으로서 충분히 이해해야 한다.

2) 공자 학설에서 표현된 정치 이론과 실천 이성은 중국 문화의 기본 특징 중 하나이다

공자 학설의 정치 이론 내용과 실천 이성 정신은 중국 문화의 유형과 방향에 깊은 영향을 주었다. 중국 문화를 서방 문화와 비교하면 유형이 다를 뿐만 아니라 특징과 방향도 다르다. 서방 문화는 추상과 사변(思辨)을 중시하고, 감정 발휘를 잘하고 밖으로 탐색하며, 개체 만족을 추구한다. 그러나 중국 문화는 실천 이성(實踐理性)과 내성 함축성(內省含蓄性)이 강하고, 군체의 화목을 제창하고 인간관계와 도덕 수양을 중시하며, 특히 윤리학설은 농후한 정치 색채를 띤다.

서방 문화는 사람의 개성 자유와 민주정치를 초래하고, 동방 문화는 종법 가정 관계의 상대적 안정과 사회 전체적인 정체(政體)를 초래한다. 서방 문화는 개인주의·자유주의의 발전 및 강렬한 물질적 추구를 자극하고 동방 문화는 따뜻한 감정이 넘쳐흐르는 인류 미덕, 정치 사회와 밀접히 연계되는 정신 문명을 창조한다.

이 모든 것들은 공자 학설의 영향과 밀접하다. 그 중 일부분은 우량한 문화 전통이고 어떤 것은 역사의 찌꺼기이다. 오늘날 볼 때 어떤 것은 중국 현대화 건설에 유리했고 어떤 것은 중국의 현대화를 실현하는 데 사상 장애가 되었다. 그러므로 자세히 분석하고 이지적인 선택을 해야 한다.

무엇 때문에 정치 윤리와 실천 이성을 중국 문화의 기본 특징 중 하나라고 하는가? '정치 윤리와 실천 이성은 유가 문화의 기본 특징'이라는 이 문제에 대한 토론은 실제로 유학이 어찌하여 장기적으로 존재하고 발전할 수 있었는가 하는 문제를 다루는 것이다.

유학은 춘추 말기에 탄생된 때로부터 한 개 계급 혹은 한 개 사회 집단의 이익을 대표했을 뿐만 아니라 그 시대의 문화 현상이 되었다. 그것은 개인 지혜의 발휘이자 역사상 선철(先哲)들의 지혜의 축적이기도 하다. 그것의 어느 한 관점은 그 시기의 사회 귀족의 이익을 대표할 수 있었고 그것의 다른 한 가지 사상은 많은 평민들의 요구를 반영할 수 있었다. 이 점에 대해 명석한 분석을 해야 한다.

서한(西漢) 이후 역대의 통치 계급은 공자 학설 중의 존비 동급 관념과 충효 절의 그리고 "군자는 군자다워야 하고, 신하는 신하다워야 하며, 부친은 부친다워야 하고, 자식은 자식다워야 한다."는 명분 의식을 이용하여 유학을 정통으로 받들고 그것을 봉건 전제 정체를 수호하는 주요한 사상 도구로 삼았다. 사회 통치 계급은 국가 정권 역량을 이용하여 유학을 적극적으로 보급했기에 장기간 통치적 지위를 유지할 수 있었다.

이 밖에 유학의 민본주의(民本主義)·인정(仁政) 주장과 충(忠)·효(孝)·의(義) 등 윤리 도덕도 백성들을 장기간 틀어쥘 수 있는 도구였으며, 역대의 백성들은 통치자들이 인정을 실시하여 백성들과 고락을 같이할 것을 바랐고 '대동(大同) 세계'가 올 것을 꿈꾸었다. 그러므로 역대의 백성들도 유학을 받아들일 수 있었고 나아가서는 유학을 숭배하게 되었다.

사상 심층(深層)으로부터 보면 진한(秦漢) 이후의 유학은 이미 도가·법가·명가·음양가(陰陽家) 등 기타 각 학파의 사상 정수를 흡수하고 용해시켰기에 통치자들의 통치를 위해 복무하는 데 유리하게 되었다. 역사 사실에 의하면 역대 봉건 통치 계급들이 유학을 이용하여 백성들의 사상을 마비시켰을 뿐만 아니라 역대의 백성들도 유학에 대해 일정한 환상과 기대를 품었다.

이 밖에 유학은 본래 중원 지구에서 기원된 한민족(漢民族) 문화이다. 그러나 역사의 발전 변화를 거쳐 그것이 변방의 적지 않은 소수민족에게 흡수, 융합되어 각족 백성들을 단결시키는 사상 문화 유대가 되었다.

소수 민족들이 공인하는 공자 문화는 주로 그것의 윤리 학설과 실천 이성 원칙이다. 이것은 공자 사상 혹은 유학이 중화민족이란 역사 공동체의 수호와 공고에 대해 일으킨 적극적인 역할이며, 중국 문화에 대한 중대한 공헌이다.

3) 공자 학설의 영향을 받아 이루어진 중화민족의 심리 상태와 성격의 특징

민족의 심리 상태와 성격의 특징은 민족 문화의 중요한 표현이면서도 한 민족의 상징이다. 중화민족이 유가 문화의 영향을 받아 이루어진 안정된 심리 상태와 성격 특징은 여러 방면으로 나타난다.

구체적으로 말하면 사람을 너그럽게 대하고, 신의를 지키고, 현실을 중시하고, 노인을 존경하고, 어린아이를 사랑하고, 남을 잘 도와주고, 강직하고, 인내성 있고, 화목하게 지내고, 인(仁)을 위해 목숨마저 아끼지 않는 것 등은 모두 민족성적 심리 상태와 이상적인 성격이다.

이런 민족성을 갖고 있는 중화민족은 세계에서 예의지국이라 불리며 일찍이 숭고한 뜻을 품고 덕성이 있는 적지 않은 사람들을 민족의 생존과 존엄을 위한 투쟁에서 감동적인 역사 편장을 남겼다.

민족 영웅 문천상(文天祥)이 죽기 직전에 외친 "인생은 자고로 뉘 아니 죽으랴만 일편단심 고이 남겨 청사에 빛내리!" 하는 호언장담은 공자 학설의 몸을 죽임으로써 인을 이룩하고 목숨을 바쳐 정의에 복종하는 희생정신을 나타낸 것이다. 그리고 공자가 제창한 '한 번 열중하면 밥 먹는 것마저 잊어버리고, 기뻐서 근심마저 잊고 세월이 흘러가는 것마저 잊는' 인생 태도는 유지 지사들을 고무하여 꾸준히 배우고, 곤경을 극복하고, 낙관적으로 진취하는 공통적인 심리 상태와 이상적인 경지에 이르게 했다. 또 중국 지식층이 공통적으로 갖고 있는, 사회 발전에 대해 근심 걱정하는 의식, 참여하는 의식도 예로부터 공자 학설의 영향을 받은 결과이다.

청나라 초기에 고염무가 한 "나라의 흥망 대사는 보통 백성들에게도 책임이 있다."는 말은 바로 이런 심리 상태의 집중적 표현이다. 노신(魯迅)은 이렇게 말했다. "우리에게는 옛날부터 일에 몰두하는 사람, 목숨을 내걸고 억세게 하는 사람, 백성을 위해 청원하는 사람, 목숨을 바쳐 불교의 도리를 찾는 사람이 있다……비록 제왕과 문신 무장의 가보를 위한 정사(正史)와 같지만 흔히 그들의 빛을 덮어 감출 수 없다. 이것이 바로 중국의 척주이다." 이 척주는 중국 문화의 기본 정신을 구현했고 중화민족이 장기간의 곤경 속에서 독립·영존하게 하는 역할을 했다.

물론 공자 학설의 영향을 받은 민족 문화의 심리 상태와 성격에도 약점과 국한성이 존재한다. 예를 들면 공자 학설은 사람들 사이의 관계를 중시하고 사람과 자연 사이의 관계를 홀시하며, 실천 이성과 직각(直覺) 사유를 강조하고 추상적인 사변(思辨)과 기예(技藝)·자연을 경시했다. 이런 역사 문화 약점은 기타 많은 사회 요소와 서로 작용하여 중국 근대 과학기술이 낙후되게 했다.

공자는 등급 명분을 제창하고, 옛것을 숭상하고, 낡은 것을 고집하고, 군체의 화목 의식을 중시하며 개인이 군체에 복종할 것을 요구했다. 이것은 가장(家長) 제도를 만들게 하고, 자격을 따지고 서열을 중시하게 했다.

그 결과 사람들의 개성·재질의 발휘를 억제하고 게으르고 느린 습관이 생기게 했으며 경쟁 의식·혁신 관념의 수립과 양성에 영향을 끼쳐 인재 양성에 불리하게 작용했다. 부녀를 경시하는 것과 봉건적인 종법 효도는 더욱 시대 정신에 위반된다. 이런 것들은 모두 중국의 현대화 건설에서 사상 장애가 될 수 있으므로 비판해야 한다.

4) 공자 학설은 외래 문화를 흡수하고 개조하여 중국 문화의 내용을 풍부하게 했다

중국 문화는 다원적·개방적인 문화로서 선명한 관용(寬容) 성격을 갖고 있다. 다원적이라고 하는 것은 문화 발원지와 문화 구조상에서 분포 지역과 문화 유형이 단일하지 않고 다종 다양하기 때문이다. 개방적이라고 하는 것은 문화의 발전 노정에서 늘 외래 문화를 부단히 흡수·용해하여 자기를 풍부히 하고 발전시켜 점차 완성되게 했기 때문이다. 중국 문화 또는 유가 문화는 일원적(一元的)이고 봉폐된 문화라는 관점이 있는데 그것은 중국 역사의 실제 정황에 부합되지 않는다.

서한(西漢)시대에 중국에 들어온 인도 불교는 외래 문화가 중국 본토 문화에 준 비교적 큰 충격이었다. 그것이 중국이란 땅덩어리에서 생존하자면 반드시 이 땅에 뿌리박고, 싹트고, 꽃이 피고, 열매를 맺어야 하며, 중국의 토양과 기후 환경에 적응되어야 했다. 구체적으로 말하면 인도의 불교 문화는 오직 중국 문화(주요하게는 유가 문화와 도가 문화)의 영향을 받아들이고 개조되어 중국 불교로 되어야만 장기간 생존할 수 있게 된다는 것이다.

바로 인도 불교가 중국 불교로 될 때―이 역사 과정은 남북조(南北朝)로부터 수(隋)나라와 당(唐)나라까지 역사 시기에 발생했음―그 자신은 중국 문화의 일부분으로 되었다. 불교와 유학은 서로 대립된다. 그것들은 모두 인생을 탐구하는 것에 입각점을 두고 있지만 인생에 대한 태도에서의 선택과 대답은 서로 다르다. 불교는 출세(出世)하고 속세를 벗어날 것을 주장하지만 유가는 입사(入仕)하고 적극적으로 인생에 참여할 것을 주장한다.

동한(東漢) 이후 유교·불교·도교는 서로 배척하고 서로 융합했으며 남북조와 수당(隋唐) 시기를 거쳐 세 교는 융합되어 일치한 방향에로 나아갔다. 북송(北宋)에 이르러서는 새로운 유학 형식, 즉 '이학(理學)'이 나타났다. 이학이 나타난 것은 유교·불교·도교 이 세 교가 기본적으로 융합되었음을 표시하며 이것은 또 유학이 불교 문화를 개조하고, 영향을 주고, 흡수하고, 융합시킨 결과이다. 넓은 의미에서 말하면 이것은 중국 문화와 인도 문화가 서로 충돌하여 나타난 산물이다.

유학이 불교에 영향을 주고 불교가 유학을 이용한 실례는 역사에서 흔히 찾아볼 수 있다. 예를 들면 돈황(敦煌) 유서 S2679(3)호 석이 섭의 《승도(僧徒)들의 요사(寮舍)에 관한 상주문》에는 이렇게 적혀 있다. "……공자가 말했다. '마음이 너그러우면 인심을 얻게 되고 부지런하면 공을 세울 수 있다.' 공자는 동국(東國)의 현인으로서 그렇게 했기 때문에 이섭(利涉)은 다행히 성조(聖朝)에 살면서 성주(聖主)를 섬길 수 있고 초목과 같은 몸이지만 상주문을 올리게 되었으니 황송합니다. 황송합니다."

유교·불교·도교의 3교 합일 현상은 중국 고대 후기 석굴 예술에서 더욱 선명하게 표현되었다. 예를 들면 사천성 대족현 석각묘고산(石刻妙高山) 제26호 구역의 절벽에는 3교합일굴(三教合一窟)이 있는데 중간에는 석가모니, 왼쪽에는 노자, 오른쪽에는 공자의 조각상이 모셔져 있다. 석전산(石篆山) 제6호 구역 절벽에는 송(宋)나라 때에 만든 공자와 그의 제자 10명의 조각상이 있다. 좌측 문설주에는 이런 글이 새겨져 있다. "……제자 엄손(嚴遜)이 발심(發心)하여 이 감(龕)을 조각하여 영원히 모시려고 한다. 공자님께서 영생하여 총명하고 지혜롭기를 바란다."−《대족석각연구(大足石刻研究)》

이런 자료들은, 인도에서 온 불교 문화는 유화(儒化)를 실시하고 자기의 교주인 석가모니를 존봉하는 동시에 중화민족의 거룩한 조상 공자를 존경해야만 중화란 땅덩어리에서 뿌리내리고 꽃이 피고 열매를 맺을 수 있으며, 신민(臣民)들의 신앙을 받게 된다는 것을 자각적으로 인식했음을 설명한다.

위(魏)나라와 진(晋)나라 이후의 많은 사회 통치자·집권자들은 불교를 믿으면서도 유학을 존중했다. 송(宋)·원(元)·명(明)·청(淸)의 많은 유학자들은 불교를 믿었다. 이것은 유교와 불교가 서로 보충하는 데 적극적인 작용을 했다.

유학이 외래 문화에 영향을 주고 그것을 개조한 사실은 중국 전통 문화가 일원적이고 봉폐된 체계가 아니며 유학도 만고 불변의 영원한 사상 모식(模式)이 아니라는 것을 설명한다. 이것은 또 한 민족, 한 나라의 문화의 발전과 완벽은 늘 외래문화와 융해되고 충돌하는 과정에서 실현된다는 것을 설명한다. 이것은 아마 인류 문화가 부단히 발전하고, 부단히 커지자면 반드시 따라야 할 객관적 법칙인 것 같다.

제2장

전국시대의 '백가쟁명'과 유학의 초보적 발전

전국시대 사회의 급격한 변혁과 '백가쟁명'

1. 봉건적 생산 관계의 확립과 사회 변혁

전국시대(기원전 475년~기원전 221년)는 중국 역사상 가장 크게 동요하고 크게 변혁한 시대일 뿐만 아니라 유학 이론 체계가 형성된 중요한 시기이다.

춘추 이래 사회 경제의 발전은 봉건적 생산 관계, 상부 구조 및 그에 적응되는 의식 형태 형성을 촉진하는 근본적인 힘이었다.

춘추전국 시대의 제철업은 국민경제 발전에 관계되는 독립적인 사업이 되었으며, "제철업으로 사업을 성공시켜 왕자(王者)와 부를 필적했다."―《사기》〈화식열전(貨殖列傳)〉―는 경영자들이 수두룩했다. 제철 설비가 구전되어 있는데 가죽 주머니로 된 풀무의 사용은 용광로의 온도를 높여 철의 순도를 높일 수 있었다. 그리하여 노동 도구의 개진에 결정적 의의를 갖고 있었다.

특히 농업에서 철제 도구를 보급하고 소를 보편적으로 이용한 것은 생산력 발전에 넓은 길을 개척했다. 획기적인 이 진보는 농업의 경제적 이익을 크게 높였는데 그때 알곡의 단위면적 생산량은 '조 한 석 반'에 달하여 춘추시대보다 훨씬 높아졌다.

철제 도구를 널리 사용한 것은 수리(水利)와 교통의 발전을 크게 촉진시켰다. 진(秦)나라 때에는 북에는 정국거(鄭國渠)를 빼고 남에 는 도강언(都江堰)을 쌓았으며 '관중(關中, 지금의 섬서성 지역)도 부 유하게' 되었다. 촉(蜀)나라 때에는 "가뭄·장마가 두렵지 않았고 굶 는 일이 없었다." 위(魏)나라에서는 홍구(鴻溝)를 파서 황(黃)·제 (齊)·여(汝)·회(淮) 등 다섯 개의 강을 연결하여 수상 교통을 편리하 게 했다. 게다가 도로를 닦아 놓아 경제·문화 교류를 촉진했다.

사회·경제의 발전은 자연과학 수준을 높게 했다. 전국시대의 과학 기술은 상당한 수준에 이르렀다. 그리하여 수학·의학·천문·지리 등 모든 방면에서 사람을 놀라게 하는 성과를 따냈고 자기 특색을 갖춘 체계를 형성했으며 많은 면에서 서방 나라들을 앞섰다.

사회 생산력의 발전은 낡은 제도의 하부 구조를 짓부수고 새로운 생산 관계를 배태했다. 더욱이 상앙(商鞅) 변법을 거쳐 '정전(井田) 을 부수고 밭길을 냈으며' 백성들이 매매를 할 수 있었다. 그리하여 지주와 농민의 대립을 실제 내용으로 하는 봉건적 생산 관계가 최종 적으로 확립되었다.

하부구조의 변혁은 필연코 상부구조도 그런 변화에 적응될 것을 요구했다. 그리하여 춘추 말기에 '전씨(田氏)가 제나라의 정권을 탈 취하고' '왕실이 세 개로 나누어진 후, 전국(戰國) 초기에 이르러서 는 진(晉)나라가 세 개의 나라로 분열되는' 국면이 나타났다. 이것은 중국 고대 봉건제도의 확립을 나타낸다.

그때 봉건사회 내부에는 두 가지 서로 연관되는 계층적 모순이 존재했다. 한 가지는 신흥 지주계급과 노예주 귀족 사이의 모순이고 다른 한 가지는 지주와 농민 사이의 모순이었다. 신흥 지주계급을 놓고 말하면 어느 모순을 해결하든 간에 봉건적 생산 관계와 상부 구조를 가일층 공고히 하는 것이 그들의 늦출 수 없는 정치 임무였다.

그리하여 기원전 445년에 위(魏)나라의 이회가 변혁을 실시하면서부터 한(韓)나라·조(趙)나라·제(齊)나라·초(楚)나라·연(燕)나라·진(秦)나라 등 봉건 국가들에서는 변법을 실시하고 개혁하는 바람이 불었다.

그 가운데서 비교적 잘 실시된 변법은 진(秦)나라의 상앙(商鞅)변법이다. 이 변법은 토지 제도를 개혁한 외에 정치상 관록세습제도를 폐지했으며 체제상에서 군현(君縣)·향리(鄕里)를 설치하고 중앙집권 나라를 세웠다. 그리고 사상면에서는 법가(法家)의 통일적 지위를 확정하고 "타향에 가서 벼슬하는 것을 금절시켰다." 그리하여 "몇 년 사이에 나라가 부유하고 군사력이 강해져 천하무적이 되었다."—《통전(通典)》권1·《식화(食貨)》1

그때 신흥 지주계급을 놓고 말하면 새로운 제도하에서 피착취자들에 대한 사상통치를 어떻게 강화하고 전쟁과 평화를 어떻게 대하는가 하는 것이 회피할 수 없이 대답해야 할 문제였다.

이것은 상부구조 정치 영역의 임무일 뿐만 아니라 사상문화 영역에서 이론상의 논증이 필요했다. "사상가가 사상가라고 불리는 것은 그가 자발적 운동에 앞장서서 길을 가리켜 주고, 다른 사람보다 운동의 '물리적 요소'가 자발적으로 봉착한 모든 이론적·정치적·책략적·조직적 문제를 더욱 앞서 해결하기 때문이다."—《레닌 전집》제5권전국시대의 첨예하고 복잡한 사회 모순은 먼저 그때의 사상 영역에 심각한 영향을 주었다. 전국 초기로부터 적지 않은 사상가들은 현실문제를 애써 탐색하고 여러 가지 주장을 내놓았으며 자기의 이론을 보급하기 위해 학파들 사이에 격렬한 논쟁을 벌였다. 그리하여 '백가쟁명(百家爭鳴)'의 국면이 형성되었다.

2. 선비층의 분화와 백가쟁명

정치상에서의 제후이정(諸侯異政)과 학술상에서의 백가이설(百家異說), 그리고 대변혁에 의해 나타난 대활약, 대활약에 의해 나타난 대분화는 전국시대 사상문화 영역의 기본 특징이다.

전국시대 사상문화 영역에서의 활약적인 형세를 역사에서 백가쟁명이라 한다. 순자(荀子)는 그때 12개 학파가 있었다고 했으며《비십이자(非十二子)》라는 글을 써서 평론했다.

한(漢)대의 사마담(司馬談)은 그것들을 음양(陰陽)·유(儒)·묵(墨)·명(名)·법(法)·도(道) 6개 학파로 나누었다. 이렇게 나눈 것은 각 학파의 사상 사승(師承) 관계·학술 특징 및 형성과정 중의 지역 분포 등 여러 방면의 요소를 고려한 것으로 후에 그것을 연구하는 데 가치 있는 단서를 제공해 주었다.

제자봉기(諸子蜂起)·백가쟁명의 국면이 형성된 것은 선비 층의 형성과 활약에 직접 관계된다. 그때 여러 나라에서는 선비를 양성하는 바람이 불었다. 위(魏)나라의 신릉군(信陵君), 조(趙)나라의 평원군(平原君), 초(楚)나라의 춘신군(春神君), 제(齊)나라의 맹상군(孟嘗君)은 모두 '손님이 수천 명에 달했다.' 각 나라의 저명한 귀족 지주 및 봉건 군주들은 모두 '점잖은 선비'들을 만나는 것을 자랑으로 삼았다.

선비층의 구성은 아주 복잡했다. 그 가운데는 몰락된 귀족이 있는가 하면 소생산자 출신인 지식층도 있지만 기본 성분은 지주계급 중의 지식분자였다. 춘추전국 시대의 대변혁은 선비들의 활동에 광활한 무대를 제공해 주었다. 그들은 각자가 자기의 주장을 내놓고 제후들을 유세하며, 문장으로 이론을 내세우고, 제자들을 받아들이고 강의했다.

제(齊)나라의 직하(稷下)는 학술 연구 토론 풍조가 제일 농후한 곳이었는데 이곳에서 선비들은 정사를 마음대로 평가하고, 자기의 학술 관점을 수호하기 위해 다른 사람들과 자유롭게 변론을 할 수 있었다. 그리하여 천하의 학자들이 모이는 학술의 중심지가 되었다.

송견·윤문(尹文)·신도(愼到)·전병(田騈)·맹가(孟軻)·추연(鄒衍) 등 저명한 학자들은 일찍이 이곳에서 강의했으며 순자는 세 번을 제주(祭主, 관명)로 추천받아 학자들의 수령이 되었다.

그들은 서로 다른 사회 계급과 계층의 이익을 대표했기에 사상 학술도 서로 달라 서로 다른 학파를 이루었다. 백가의 출현은 선비, 특히 학사(學士)들이 분화된 결과이다. 그 가운데서 사마담이 논한 6개 학파의 영향이 제일 컸다. 후에 같은 학파도 다시 분화되었다.

예를 들면 공자·묵자 이후 유(儒)는 8개 파로, 묵(墨)은 3개 파로 분화되었다. 도가에서도 같은 정황이 나타났다. 직하의 도가와 노자·장자의 사상은 큰 차별이 있었다. 그들은 서로 쟁론하고, 서로 영향을 주어 중국의 학술문화 영역의 번영에 각자 공헌을 했다.

전국시대의 백가쟁명에서 쟁론은 천인(天人)관계·예법명실(禮法

名實)·고금지변(古今之變) 등의 문제를 둘러싸고 진행되었지만 사실상 각 학파는 저마다 자기가 연구하고 밝히려는 중점 사항이 있었다. 후기에 묵가(墨家)는 소생산 계급을 대표하여 당시의 사회문제에 대해 정론(政論)을 발표하는 외에 논리이론과 자연과학의 연구에 비교적 흥취를 느꼈다.

도가의 후학 가운데 일부분은 경세무실(經世務實)의 길을 걸어 '도(道)'에서 '법(法)'으로 전변되어 '황로지학(黃老之學)'을 형성했다. 다른 일부분은 장주(莊周, 장자)를 대표 인물로 하는 학파인데 그들은 비관 염세와 허무주의의 길로 나아갔다.

춘추 말기에 등석(鄧析)이 기초를 닦아놓은 형명(形名) 학설도 변화 발전했는데 송견·윤문 등을 대표로 하는 한 갈래는 나중에 법가로 나아가 법(法)·술(術)·세(勢)를 기본적인 이론구조로 하는 법가 이론 체계를 형성했고, 혜시(惠施)·공손룡(孔孫龍)을 대표로 하는 다른 한 갈래는 명가(名家)로 전변되었다.

"괴상한 학설을 내놓고 기이한 말하기를 좋아하며 그럴 만한 근거가 있고 변론하는 데 있어서 조리가 있다."고 순자는 말했다. 그들의 학설은 후세 사람들의 논리사상을 발전시키는 데 적극적인 작용을 했다.

춘추 이래 비교적 영향력이 있는 유학은 내부의 분열로 인하여 순자(荀子)와 사맹(思孟)이 대립되었다. 그러나 그들은 모두 공자가 창립한 유학을 체계적으로 해석하고 발전시켜 '내성(內聖)'과 '외왕(外王)'의 이론체계를 완성했다. 그리하여 유학이 이론상 좀 더 성숙되고 체계상 규모의 기초를 갖게 했다.

역사 연원으로부터 연구하면 유학의 기본 이론이 전국 시기에 형성된 것은 중국 문명사회의 조숙, 선천 부족과 밀접히 관계된다. 중화민족의 선조는 황하 유역에서 발단했는데 이 특수한 지리적 환경은 중국 문명사회의 조숙을 초래했다.

한편으로, 황하 유역의 비옥한 토지는 농업생산의 발전에 우월한 조건을 만들어 주어 선조들은 철제도구를 사용하기 이전에도 풍부한 잉여 농산물을 갖고 있었다. 또 선진 대열에 속하는 문화를 창조하여 유럽보다 일찍 노예사회로 들어갔다.

다른 한편으로, 황하의 수재(水災)와 인공 관개는 씨족사회와 그후의 가족 공통 경제생활에서 중요한 역할을 하게 했다. 철제 도구가 생산 영역에 이용된 것은 씨족 조직의 유적·유풍의 보류와 연장에 더욱 유리했다.

그러므로 중국은 씨족사회가 가족사회 조직으로 변화된 상황에서 우여곡절의 '유신(維新)'의 길을 거쳐 문명사회로 들어섰다. 즉 '사람은 옛사람, 물건은 새것'인 격이 되었다. 물질적으로는 '새것을 추구하고' 상부 영역에서는 '낡은 것을 추구했는데' 이것은 중국 사회가 노예사회로 들어간 후에도 의연히 농후한 혈연관계를 보전하게 했으며, 후에는 사회와 사람들 사이의 관계를 조절하는 기본 도덕 준칙이 되었다.

인(仁)과 예(禮)를 다 같이 중시하는 공자의 사상과 인과 예를 핵심으로 하는 공자의 일련의 학설은 이런 수요에 적응하기 위해 탄생된 것이다. 그러나 엄격하게 말하면 예는 정치 범주에 속하는데 그 목적은 "예악(禮樂)을 정하고, 출정하여 토벌하는 일을 천자(天子)가 결정하며" "정권이 대부들의 손에 넘어가지 않게 하며" "백성들이 정치를 의논하는 일이 없게" 함으로써 노예제 대통일의 국면을

수호하기 위한 것이다. ─《논어》〈계씨〉

인(仁)은 도덕 범주에 속한다. 공자는 이렇게 말했다. "어진 사람은 남을 사랑해야 하고"─《논어》〈안연〉

"부모에게 효성을 다하고 손윗사람을 존중하는 것이야말로 인애(仁愛)의 근본이라고 할 수 있다."─《논어》〈학이〉

이것은 모두 종족 혈연관계로 그때의 사회 성원들 사이의 관계를 조절하기 위한 것이다. 인과 예는, 하나는 겉이고 하나는 속이며 인은 예를 위해 복무한다. 인·예 학설이 공자 때에는 아주 소박했지만 그것은 유학의 기본적인 이론 기초를 닦아 놓았다.

전국 초기 사회 투쟁의 풍운은 최종적으로 노예제의 하부구조를 동요시켰고 가정을 기본 경영 단위로 하는 봉건 자연 경제는 종족 혈연관계의 보류와 발휘에 토양과 조건을 마련해 주었다.

자사·맹자·순자를 대표로 하는 선진(先秦) 후기의 유가들은 이 점을 민감하게 느끼고 그것을 단단히 틀어쥠으로써 노예제 의식형태를 봉건제 의식형태로 전환시켰다. 맹자는 당시 봉건사회 내부에서 폭로된 대항성 모순을 조절하는 데에 착안점을 두고 공자의 인학에 대해 이론적으로 발휘했다. 그리하여 비교적 완전한 "하나로 통일되어야 안정이 된다."─《맹자》〈양혜왕 상〉─는 정치 목표를 형성했다.

그는 "사람의 본성은 선량하다."는 이론을 기초로 인·의·예·지를 기본 도덕규범으로 하고, "백성은 귀중하고 군자는 가벼운 존재이다." "백성들에게 고정적인 생업(生業)을 제정해 주어야 한다."는 등을 기본 내용으로 하는 인정(認定) 학설을 내놓았으며, 혈연을 유대로 하는 봉건 종법제도로써 착취와 피착취 관계를 확정하고 그것을 합법화하려고 했다.

순자는 예학(禮學)을 기본 사상 내용으로 하고 전국시대 각파의 학설을 총화 비판한 기초에서 착안하여 예(禮)의 기원에 대해 유물주의적 해석을 하고 내용면에서 그것을 더욱 완벽하게 했다. 그리하여 '예의를 존중하고 법을 중시하는' 정치 학설과 "부모를 사랑하고, 벗을 사랑하고, 평범한 사람을 사랑하고, 공로자를 위로하는 것은 인에 의한 차별이며, 귀인을 소중히 여기고 조부모를 존중하고 현명한 사람을 존중하고 노인을 존경하고 연장자를 존중하는 것은 의에 의한 도리이며, 인의를 행하고 예를 지키면 질서가 잡히게 된다."—《순자》〈대략(大略)〉—는 '인친(仁親)'·'의행(義行)'·'예절(禮節)'설을 내놓음으로써 봉건적 종족 관계와 봉건적 등급 제도를 긴밀히 결합시켰다.

이것은 이론의 추상적 정도에서나 논리 추리의 엄밀성에서나 모두 춘추시대 이래 유학 발전의 고봉에 이르렀다.

씨족 혈연관계에 뿌리내린 유가 학설은 그 발전 과정을 놓고 보면 이 유파의 이론 사유 방식의 공통적 특징을 구현했다.

첫째 특징은 내경성(內傾性)이다.

체계면에서 보면 전국시대의 유가는 자기의 일련의 명제(命題)·범주와 원리를 인·예의 이론과 연결시켰다. 특히 맹자는 각기 다른 측면에서 인과 봉건통치의 관계를 아주 세밀하게 분석하고, 사람의 본성은 선량하다는 이론을 기초로 하는 인정(仁政) 학설을 내놓았다. 그러므로 방법면에서 공자가 "양심에 비추어 부끄러울 바가 없다."는 명제를 제출한 후 증자가 "나는 매일 여러 번 반성한다."고 한 말이나 자사가 "자기의 과거를 반성하고 결함을 고치며 남을 원망하지 않는다."고 한 말이나 맹자가 "자기가 성실했는가를 스스로 반성해본다."고 한 말에는 모두 신독(愼獨)·내성(內省)이란 수양 방법이 관통되어 있다. 이것은 유학 이론 사유가 뚜렷하게 갖고 있는 내경성의 특징으로서 그 후의 유학 발전에 직접 영향을 주었다.

두 번째 특징은 질서성이다.

질서성은 그들이 제출한 예와 법, 의(義)와 이(利), '본성이 선량하다'와 '본성이 악하다', 천도(天道)와 인도(人道), 왕도(王道)와 패도(霸道), 군도(君道)와 신도(臣道) 등의 일련의 범주가 그 배열과 조합해서 사상문화 질서를 구현한 데서 표현된다. 그뿐만 아니라 질서성은 더욱이 그들이 제기한 모든 명제와 원리는 모두 "친인을 사랑함에 있어서도 친소(親疎)가 있고 현능(賢能)을 존중함에 있어서도 등급이 있다."는 봉건적인 경제질서·정치질서·도덕질서가 위로는 천리(天理)에 부합되고 아래로는 인륜(人倫)에 부합된다고 논증하려는 데서 표현된다.

세 번째 특징은 윤리성이다.

유가는 사람들 사이의 화목을 강조했는데 공자가 제출한 "친인을 사랑해야 한다."로부터 자사가 제출한 "친인을 사랑하는 것이 근본이고" "현능을 존중하는 것이 근본이다."—《중용》—는 데로 발전했다. 맹자의 "자기 집 어른을 공경하는 마음을 넓혀서 남의 집 어른도 공경하며, 자기 자식을 귀여워하고 보살피는 마음을 넓혀서 남의 자식도 귀여워하고 보살펴 주어야 한다."로부터 순자의 "부모를 사랑하고, 벗을 사랑하고, 공로자를 위로하고, 귀인을 존경하고, 군주를 존중해야 한다."는 등은 군신·부자·형제·부부의 명분을 고정함으로써 '부자간에 사랑이 있고, 군신 사이에 의(義)를 지키고, 부부 사이에 구별이 있고, 손윗사람과 손아랫사람 사이에 순서가 있고, 친구 사이에 신뢰를 지키는' 목적에 도달하려는 것이다.

네 번째 특징은 관통성이다.

유가 학파는 전국시대에 나누어져 철학상 유물주의와 유심주의로 대립되었다. 그러나 이런 대립은 유학의 특징을 반영하지 못한다. 왜냐하면 유학은 공자의 학설에서 기원했는데 이것은 전국시대의 유학이 유물주의 진영에 섰거나 유심주의 진영에 귀속되었거나를 막론하고 그 이론 범주의 사용에서는 일치했기 때문이다. 바로 이런 상호 침투와 관통이 있었기에 유학은 빨리 성숙되었다.

《사기》에는, 맹자는 하·상·주 3대의 덕정(德政)을 주장했기에 '그가 돌아다닌 제후국의 요구에 맞지 않아' 중용되지 못했다고 썼다. 이것은 순황(荀況, 순자)을 포함한 전국시대 모든 유생들의 공통된 조우인 것 같다. 그러나 그렇다고 하여 유학이 봉건사회에서 이론 가치가 없었다는 것이 아니며, 이것은 전국시대 정치가들의 공리성(功利性)과 사상가들의 사유방식 선도성 사이의 모순을 반영했다.

그때 각 나라에서 실시한 변법의 공통된 특징은 토지 매매를 허용하는 것이었다. 이것은 토지 겸병의 조건을 창조해 주었으며 또 봉건 사회의 고유 모순이 드러나게 했다. 정치가들은 모순의 해결에서 "나쁜 짓을 금지시키려면 중한 형벌보다 더 좋은 것이 없다."고 인정했다.

오직 유가만이 변혁의 역사 조류에 순응하여 냉정한 눈길로 봉건 사회의 기본 모순을 관찰하고 봉건 제도하에서의 국치 안민(國治安民)을 실현하기 위해 인례(仁禮)를 핵심으로 하는 의식형태를 창조해 냈다. 이것이 바로 전국시대 유가 이론의 독창적이고 심오한 면이다.

제2절

취사(取捨)가 같지 않은 유가의 8개 학파

공자가 죽은 후 그의 제자들은 흩어져 여러 나라를 돌아다니면서 제자들을 받아들이고 강의하여 공자의 학설을 선전했다. 그런데 각자의 취사(取捨)가 다르고 취지가 다름에 따라 점차 서로 다른 파별로 발전 변화되었다.

《한비자》〈현학(顯學)〉의 기재에 의하면 '자장파(子張派)·자사파(子思派)·안씨파(顔氏派)·칠조씨파(漆雕氏派)·중량씨파(仲良氏派)·손씨파(孫氏派)·낙정씨파(樂正氏派)·맹자파(孟子派)' 등 도합 8개 학파가 있었다.

본절(本節)에서는 주요한 자장파·안씨파·칠조씨파·낙정씨파 4개 파를 분석한다.

그 가운데 낙정씨파를 제외하고는 모두 전해져 내려온 저작이 없고 자료도 적기 때문에 상세하게 말할 수 없어 《논어》 등 전적에서 나오는 내용을 가지고 분석한다.

1. 현명한 사람을 존중하고 많은 사람을 받아들이는 자장파

자장(子張, 기원전 503년 - ?), 성은 전손(顓孫)이고 이름은 사(師)라 했으며 자를 자장이라 했다. 《여씨춘추》〈존사(尊師)〉에는 "자장은 노(魯)나라의 천한 사람이며 죄를 지어 형벌을 받을 사람이다."라고 적혀 있다. 그러나 그는 공자의 제자가 된 후 마음을 집중시켜 공자의 학설을 연구하여 끝내 유생들 가운데서 이름을 떨치게 되었다.

공자가 죽은 후 그는 진(陳)나라에 있으면서 제자들을 가르쳤으며 한 개의 독립 학파가 되었다. 한비자는 자장파를 유가 8개 학파에서 첫자리에 놓았다. 그러니 그 학파가 당시에 얼마나 영향과 세력이 컸는지를 알 수 있다.

자장은 전해져 내려온 저작이 없다. 그러므로 《논어》에 언급된 내용에 근거하여 그의 사상을 탐구해 보기로 하자.

《논어》〈선진(先進)〉에는 자공(子貢)과 공자의 문답이 있다. "사(師, 자장의 이름)와 상(商, 자하의 이름) 중 누가 낫습니까?" "사는 지나친 점이 있고 상은 좀 모자라는 점이 있다." "그렇다면 사가 더 낫다는 말씀이신가요?" "지나치다 함은 모자란다는 것과 마찬가지이니라." 이 대화에서 자장과 자하는 사상 방향이 일치하지 않으며 모두 '중(中)'의 요구에 도달하지 못했음을 알 수 있다.

공자는 '집중(執中)'을 강조했다. '중'이란 실제로 인과 예(禮)를 정확히 장악하는 것이다.

공자는 인·예의 요구에 도달하지 못한 것이나 인·예의 요구를 초과한 것을 모두 반대했다. 자장과 자하는 양극으로 나아갔는데 하나는 지나치고 하나는 모자랐다.

그 구체적인 내용은 둘이 나눈 교제에 대한 담화에서 알 수 있다. "자하의 제자들이 교제에 대해서 자장의 의견을 물었다. 그러자 자장은 도리어 물었다. '자하는 뭐라고 하시던가?' '훌륭한 사람을 골라 사귀고, 달갑지 못한 사람은 가까이하지 말라고 했습니다.' 제자들이 이렇게 대답하자 자장은 '내가 스승한테서 들은 것은 그렇지 않다. 훌륭한 사람에 대해서는 존경하는 마음을 갖는 동시에 모든 사람을 관대하게 대하는 것이 군자의 태도란다. 내가 만일 현명한 사람이라면 왜 누구든 다 포용하지 못하겠느냐? 또 만일 내가 현명하지 못하다면 남이 나를 거절할 텐데 어떻게 남을 마다할 수 있겠는가?'라고 했다."―《논어》〈자장〉

공자도 일찍이 자하가 벗을 사귀는 것에 대해 말했다. "상(商)은 자기보다 나은 사람을 잘 사귄다."―《설원(說苑)》〈잡언(雜言)〉―고 했다. 여기에서 자하는 친구를 사귈 때 자기보다 나은 것을 표준으로 삼는다는 것을 알 수 있다.

공자는 도덕 가치를 추앙하고 현명한 사람을 존경할 것을 주장한 동시에 인도주의 정신을 제창하고 '사람을 사랑하라.'고 강조했다. 공자의 '중도(中道)'에 대해 자장과 자하는 모두 잘 파악하지 못했다.

자장은 "현명한 자를 존경하고, 착한 사람을 찬미할 필요성을 인정하면서 또 사람을 사랑한다는 것을 넓혀 모든 사람을 포용하고, 능력이 없는 사람을 가련하게 여기라."고까지 했다. 심지어는 "우(禹)와 순(舜)의 걸음걸이를 본받아야 한다."―《순자》〈비십이자〉―고 했으며 '시비를 걸어오는 일이 있어도 상대하려 하지 않는' 우와 순의 태도를 모방하여 현명하지 못하고, 착하지 못한 사람들에 대해서도 이전에 품고 있던 원한을 따지지 않고, 원수에게도 은덕을 베풀 것을 주장했다. 이렇게 지나친 너그러움은 사람을 사랑한다는 한도를 벗어났다. 그리하여 "사랑할 사람은 사랑하고, 미워할 사람은 미워하라."는 공자의 주장을 위배했다.

자하는 현명한 사람을 존중하는 것을 강조했다. 이것은 옳다. 그런데 그는 친구를 사귀는 범위를 자기보다 나은 범위로 축소하여 자기보다 못한 사람은 모두 거절했다. 이것은 공자의 사람을 사랑하라는 요구와 더욱 멀었다.

자하와 자장은 각각 지나치고 모자라서 중도를 벗어났는데 이것은 그 후에 두 개 학파로 갈라질 예고인 듯하다. 자하는 "인륜의 기본이 되는 덕에 관해서는 그 한계를 조금이라도 벗어나지 말아야 하고 소소한 덕에 대해서는 조금 어긋나도 별문제가 안 된다."—《논어》〈자장〉—고 주장했다.

즉 큰 문제에서는 공자가 가르친 원칙을 견지하고 작은 문제에서는 융통성이 있을 것을 주장했다. 부단히 융통한 결과 그는 점차 스승의 가르침과 멀어졌으며 나중에는 "세력을 잘 다루는 자는 나쁜 일을 맹아 상태에서 제거해야 한다."는 주장을 내놓았다.

'세력이 있어야 한다'는 설은 완전히 공자의 중도 정신을 떠나 법가(法家)의 사상으로 넘어갔다. 법가의 선구자 오기(吳起)·이회 등은 모두 이 유가 대현(大賢)의 제자이다. 한비(韓非)가 〈현학(顯學)〉에서 자하파를 유가 8개 학파의 밖에 놓은 것이 바로 그 때문이다.

스승의 교시와 어긋나는 자하의 '세력이 있어야 한다'는 설과 선명하게 대비되는 것은 스승의 교시를 어기지 않는 자장의 '덕을 지켜야 한다'는 주장이다. 자장은 덕을 견고히 지키고 신의를 지킬 것을 주장하면서 일부 사람들을 이렇게 나무랐다. "덕을 견고히 지키지 않고 도에 대한 확신을 갖지 못한 사람은 있어도 그만, 없어도 좋은 사람이다."-《논어》〈자장〉

그는 스승의 교시에만 매달리고 변통성이 없는 길로 나아가 사람을 사랑해야 한다를 넓혀 "모든 사람을 포용해야 한다."고 함으로써 다른 한 극단에서 "사랑에도 분별이 있어야 한다."는 유가의 정신을 떠나 모든 것을 똑같이 대하는 겸애(兼愛)사상에 접근했다. 이렇게 되어 유가의 다른 한 논적(論敵)인 묵가(墨家)와 혼동되었다.

그들의 '위급한 일을 당했을 때는 목숨이라도 바치는' 의협심은 묵자의 "끓는 물과 타는 불에 들어가고, 죽어도 뒷걸음질하지 않는다."는 정신과 비슷하다. 《순자》〈유효〉에서는 어떤 유가들은 "그들이 하는 말이 묵자와 구별 없다."고 질책했는데 이는 자장파를 놓고 한 말이다.

그렇지만 자장은 의연히 유가의 현인으로 후세 사람들의 존경을 받았다. 동한(東漢) 이후 역대의 봉건 관부에서는 공자의 제자들에게 제사를 지냈는데 자장도 그 속에 들어 있었다. 그는 진백(陳伯)·완구후(宛邱侯)·진공(陳公)이란 칭호를 받았다. 그의 사상과 언론은 후세에 일정한 영향을 주었다.

2. 스승의 뜻을 굳게 지킨 안씨파

《사기》〈중니제자열전〉의 기록에 의하면 공자의 제자들 가운데서 성이 안(顔)가인 제자가 하나뿐이 아니다. 여기에서 가리키는 것은 안회(顔回)이다. 안회의 덕행과 재능은 안씨 성을 가진 제자들 가운데서뿐만 아니라 전체 공자의 제자들 가운데서도 제일 높다. 그는 생전에 '문인(門人)'이라고 불렸다. 그러므로 안회가 한 개 학파로 되는 것은 당연한 일이었다.

안회(顔回, 기원전 521년~기원전 481년), 자를 자연(子淵)이라고도 하고 안연(顔淵)이라고도 했으며 춘추 말기 노(魯)나라 사람이다. 한평생 공자를 따랐으며 공자가 제일 마음에 들어하는 제자였다. 안회는 전해져 내려온 저작이 없다. 그러므로 그의 사상은《논어》와 기타 사적(史籍)에서 탐구할 수밖에 없다.

만약 자하와 자장이 모두 '지나치고' '모자라서' 중도를 지키지 못했다고 한다면 안연이야말로 중도를 잘 지킨 모범 제자라 할 수 있다. 공자의 제자들 가운데 안연은 공자를 제일 믿고 존경했으며 부지런히 배우고 사유가 빨랐기에 공자의 사상을 가장 깊게 이해하고 확신했다. 그러므로 그의 사상은 곧 공자의 사상이라 할 수 있다.

공자 사상의 특색과 기본 내용은 인을 핵심으로 하는 윤리학설이다. 안회가 일생 동안 신봉하고 몸소 행한 것이 바로 공자의 인학(仁學)이다. 공자는 그를 이렇게 칭찬했다. "안회는 그 마음이 오랫동안 인에서 어긋나는 일이 없지만 그 나머지 사람들은 잠시 동안 그렇게 할 뿐이다." "다른 사람에게 화풀이하는 일이 없고, 똑같은 잘못을 두 번 되풀이하는 일이 없다." ─《논어》〈옹야〉

"나는 그가 잠시도 그칠 줄을 모르고 앞으로 나아가는 것을 보았지 멈추는 것을 보지 못했다." ─《논어》〈자한〉

그러므로 공자는 안연을 덕행이 가장 높은 몇 명 제자들 가운데 첫 자리에 놓았다.

유가는 정신생활을 중시하면서도 도덕가치를 더욱 중시했는데 자신의 도덕 수양과 학업에서의 진보를 인생의 가치를 실현하는 근본 경로로 삼고 각별히 중시했다. 그러나 몸 밖의 물질생활에 대해서는 중시하지 않았다. 유가가 낙으로 느끼는 것은 부귀와 영화가 아니라 도덕과 학업이었다.

공자는 이렇게 말했다. "덕을 쌓기를 게을리하는 일이 없는가, 학문 연구에 있어 부족한 점이 없는가, 옳은 것을 알고도 그것을 실천에 옮기지 못한 일은 없는가, 자신의 잘못을 깨닫고도 고치지 못한 일은 없는가, 나는 이런 것들을 항상 걱정하고 있다." —《논어》〈술이〉

만약 '어진 일을 찾아 어진 일을 했다면' 물질생활이 아무리 궁하여도 달갑게 생각하고 누구를 원망하지 않는다. 그러므로 '인을 실현시키는 것을 자기의 책임으로 간주하는' 군자는 세속의 명예와 이익을 절대 따지지 않고 영원히 마음에 거리낌 없이 활달하게 보내며 가난하다 하여 근심하지 않고 부유하다 하여 기뻐하지 않는다.

"나물밥을 먹고, 물을 마시고, 팔을 베개 삼아 베고 자는 가난한 생활 속에서도 즐거움이 있는 것이다. 옳지 못한 방법으로 재물과 지위를 얻어 호화로운 생활을 하는 따위는, 내가 볼 때 마치 허공에 떠다니는 구름처럼 덧없는 것이다." —《논어》〈술이〉

안회는 공자의 이런 안빈낙도(安貧樂道)의 생활관을 아주 깊이 이해하고 실천에 옮겨 도처에서 인을 실시했고 가난하다 해서 근심에 잠기지 않았다.

공자는 그를 이렇게 칭찬했다. "안회는 참으로 어질다. 밥 한 공기와 국 한 그릇으로 끼니를 이어가며 누추한 뒷골목에 살고 있는 것을 다른 사람들은 못내 고생스럽게 생각하고 있는데, 그는 가난을 잊은 듯이 즐겨하는 학문을 계속 하고 있으니 참으로 훌륭하다." —《논어》

〈옹야〉

이것이 바로 송(宋)나라 유생들이 귀납해 낸 공안낙처(孔顔樂處)의 정신 경지이며 유가가 숭상하는 개체 인격이다. 이것은 후세에 아주 영향이 컸다.

안회의 사회 정치 사상도 공자와 똑같았다. 그는 '덕으로 정치를 해야 한다'는 공자의 사상을 계승했으며 다음과 같이 인정했다. 나라를 다스림에 있어서는 도덕 교육을 꾸준히 하는 것을 원칙으로 삼아야 하고, "군주는 도를 제정하고, 신하는 도덕 교육을 하고 군신이 한마음되고, 내외가 서로 호응해야 하며, 현명하고 능력이 있는 사람을 등용하여 각자 자기의 직책을 다하게 해야 하며, 이렇게 하면 군주는 위에서 시름놓을 수 있고, 신하들은 아래에서 화목할 수 있으며, 팔소매를 늘어뜨리고 팔짱을 끼고 있어도 하는 일이 모두 도에 어긋나지 않게 되고 예의에 맞게 된다."

백성에 대하여서도 안회는 도덕 교육으로 다스릴 것을 주장했다. "백성들에게 도덕 교육을 하고 오랑캐에게도 덕을 베풀어야 한다." 이렇게 하면 "각 나라의 제후들이 모두 의(義)를 따르고 숭상하며, 건강한 자들은 와서 부지런히 일하고 늙은이들은 서로 부축하면서 찾아오게 되며, 천하가 영원히 안정하고 태평무사하게 된다." 그러므로 반드시 덕으로 나라와 백성을 다스리고 전쟁을 피하여 "성곽을 쌓지 않고 성호를 파지 않도록 해야 하며, 인의(仁義)를 논하는 자에게는 상을 주고 전쟁을 논하는 자에게는 죽음을 주어야 한다."─《한시외전(韓詩外傳)》7권·9권─고 했다.

이것은 공자의 덕으로 정치를 한다는 사상에 대한 표현이고 맹자의 "전쟁을 좋아하는 자에게는 엄한 형벌을 주어야 한다." "덕으로 인의를 행하는 자는 천하를 귀복시킬 수 있다."—《맹자》〈공손추상〉—는 왕도(王道) 사상과 일치한다.

안회의 상술한 사상 주장은 안씨파가 신봉하는 기본 사상이다. 이 학파는 스승의 교시를 어기지 않고 공자의 뒤를 바싹 따랐기에 그 사상 학설도 후세에 공자 학설에 대한 선전에서 매몰되었다. 이것이 이 학파가 유학 역사에서 영향이 크지 못한 원인일 수 있다.

그러나 안회의 사상과 품덕, 특히 그의 공자에 대한 신임과 숭배는 한(漢) 이후 역대 봉건 통치 계급의 포양(褒揚)과 추앙을 받았다. 공자묘(孔子廟)에 배향된 여러 제자들 가운데서 안회가 제일 먼저이며, 그는 선사(先師)·연공(兗公) 등의 존호를 가졌다.

명(明)나라 때에는 '복성(復聖)'으로 불렸고 배향(配享)된 4성(四聖) 가운데 제일 첫자리에 놓였으며 그에 따라 영향력도 커져 갔다.

3. 지혜롭고 용맹한 칠조씨파

공자의 제자들 가운데는 칠조씨(漆雕氏)가 세 사람 있었는데 칠조치(漆雕哆)·칠조도부(漆雕徒父)와 칠조개(漆雕開)이다. 그중 칠조개는 전해 내려온 저작이 있으며 후세에 일정한 영향을 주었다. 그러므로 독립적인 파를 형성할 수 있었던 것은 칠조개이다.

칠조개(漆雕開, 기원전 540년-?), 자를 자개(子開)라 했는데 노(魯)나라 사람이다. 《묵자》〈비유(非儒)〉에는 "칠조개는 몸이 불구이다."라고 했는데 이것은 아마 죄를 지어 형벌을 받아 그렇게 된 것 같다. 후에 그는 공자를 스승으로 모시고 유술(儒術)을 배우고 연구했다. 다 배운 뒤에는 제자들을 받아들이고 강의했으며 단독적인 학파를 형성했다.

《한서》〈문예지(文藝誌)〉에는 그의 저작으로는 《칠조자(漆雕子)》 13편이 있다고 했는데 지금은 전해지지 않는다. 그러므로 그의 사상은 《논형(論衡)》 등 책에 기록된 일부 내용을 갖고 분석하고 탐구하는 수밖에 없다.

《논형》에는, 칠조개는 일찍이 복자천(宓子賤)·공손니(公孫尼) 등 여러 사람들과 인간의 본성을 토론할 때, 인간의 본성은 악한 것도 있고 착한 것도 있다 했다고 썼다. 이것도 한 가지 견해이다. 그러나 그것은 공자의 "천성은 누구나가 서로 비슷하지만 관습에 의해 서로 차이가 생기게 된다."는 사상과 어긋나며 맹자와 순자의 인성론과도 다르다.

맹자는 인간의 본성은 선량하다고 했고 순자는 인간의 본성은 악하다고 주장했다. 양자의 취지는 서로 반대되지만 양자는 모두 사람이 태어날 때에는 본성이 비슷한데 착하지 않으면 악하여 모두 평등하다고 했다. 이것은 실제로 공자의 "천성은 서로 비슷하다."에 대한 표현이다. 그러나 칠조개는 인간의 본성은 착한 것도 있고 악한 것도 있어 통일되지 않는다고 했다. 이것은 "천성은 서로 비슷하다."와 "인성은 평등하다."를 부정한 것이다.

인간의 본성에는 선악(善惡)이 모두 있다는 인식에서 출발하면 공자의 사회 정치 사상과 다른 사상이 나올 수 있다. 그러나 지금까지는 충분한 증거가 없으므로 더 한층 고증하고 연구해야 할 바이다.

칠조개는 공자의 제자인 만큼 그의 많은 사상은 당연하게 공자의 학설에 부합된다. 《한비자》〈현학〉에는 이렇게 씌어 있다. "칠조씨는 의론할 때 얼굴에 굴복하는 기색을 띠지 않고 눈에 두려워하는 표정이 없다. 그는 자기가 옳지 않다고 여겼을 때에는 노비한테도 양보하지만 자기의 행위가 옳다고 생각했을 때에는 제후에 대해서도 감히 질책했다." 이것이 바로 공자가 제창하는 지(智)·인(仁)·용(勇)의 구현이다.

증자는 큰 용기(大勇)에 대한 공자의 견해를 이렇게 말했다. "스스로 반성해 보아서 내가 옳지 않을 때에는, 비록 상대가 비천한 사람이라 하더라도 나는 그를 겁주지 않으며, 스스로 반성해 보아서 내가 옳으면, 비록 상대가 천군만마라 하더라도 나는 용감하게 앞으로 나아간다." -《맹자》〈공손추 상〉

칠조개의 용맹한 정신은 여기에서 온 것이다. 유가는 인을 행하기 위해 두려움을 모르는 것은 큰 용기이고, 인을 행위 곡직의 표준으로 삼는 것은 큰 지혜(大智)라고 인정했다. 칠조개는 양자를 다 구비하고 있으므로 용감하고 슬기로운 것이 이 학파의 특징이라 할 수 있다.

공자의 고족제자인 칠조개도 후세 봉건 통치자들의 존중을 받아 공자묘(孔子廟)에 배향되고 칭호를 받았다. 칠조개는 당(唐)대에는 등백(滕伯), 송대에는 여후(輿侯)란 칭호를 받았으며 후세에 일정한 영향이 있었다.

4.《대학》의 도를 밝힌 낙정씨파

양계초(梁啓超)는 낙정씨를 증자(曾子)의 제자 낙정자춘(樂正子春)일 것이라고 의심했고 곽말약(郭末若)은 낙정씨를 맹자의 제자 낙정극(樂正克)이라고 단정했으며《대학》을 낙정씨파의 전적이라고 인정했다.《대학》의 사상 내용을 보면 사맹(思孟) 학파의 학설과 한 계통으로 이어내려 온 것으로서 사맹 후학이 쓴 것 같다. 그러므로 곽말약의 관점을 대체로 믿을 수 있다.

낙정극에 관한 자료는 얼마 없다. 우리는 그저 그가 맹자의 제자라는 것만을 알고 있으며 씨(氏)가 낙정인 것으로 미루어 보아 학관(學官)의 자손으로 짐작된다.

《대학》은 원래 《예기》 중의 한 편인데 후에 주희(朱熹)의 추앙을 받아 《중용》·《논어》·《맹자》와 합편되어 사서(四書)로, 또한 유가의 중요한 경전으로 되었다. 주희의 말에 의하면 《대학》은 '옛날 대학에서 사람을 가르치는 방법'으로서 '사물의 이치를 탐구하고, 마음을 바로잡고, 수신(修身)을 하고, 사람을 다스리는 도'에 속한다.

실제로 《대학》은 유가의 윤리·정치 학설에 귀속되어야 하지만 사맹학파의 사상 체계에 속하며 《중용》·《맹자》의 사상을 개괄하고 밝힌 것이다.

《대학》은 첫머리에 이렇게 밝혔다. "대학의 도리는 천부(天賦)의 덕성을 밝히고 나라를 다스리고 백성을 안정시키며, 사람들로 하여금 선(善)의 최고 경지에 도달하게끔 하는 데 있다." 이 세 가지를 합쳐 《대학》의 3강령이라 한다.

3강령을 둘러싸고 《대학》에서는 8조목을 제기했다.

즉 "예로부터 자기의 광명한 품성을 천하에 나타내려는 사람은 먼저 자기 나라를 잘 다스려야 했고, 자기 나라를 잘 다스리려는 사람은 우선 자기 가정을 잘 꾸려나가야 했고, 자기 가정을 잘 꾸리려는 사람은 우선 자기를 수신하여 품덕을 높여야 했고, 수신하여 자기 품덕을 높이려는 사람은 우선 자기 마음을 바로잡아야 했고, 자기 마음을 바로잡으려는 사람은 우선 자기의 생각을 성실하게 해야 했고, 자기 생각을 성실하게 하려면 우선 일정한 지식이 있어야 했다. 지식을 얻자면 사물의 원리를 알아야 했다. 사물의 원리를 알게 되면 이해를 투철하게 할 수 있고, 이해를 투철하게 해야만 생각이 성실하게 되고, 생각이 성실해야 마음을 바로잡을 수 있고, 마음을 바로잡아야 품덕과 수양을 높일 수 있고, 품덕과 수양이 높아야 가정을 잘 꾸릴 수 있고, 가정을 잘 꾸려야 나라를 다스릴 수 있고, 나라를 잘 다스려야 천하가 태평할 수 있다."

《대학》에서 말한 삼강 팔목(三網八目)은 바로 유가의 내성외왕(內省外王) 사상의 집중적 구현이다.

8조목 가운데서 수신의 앞의 것은 '덕성을 밝히는' 것이니 내성(內聖)에 속하는 것이고, 그 뒤의 것은 '나라를 다스리고 백성을 안정시키는' 것이니 외왕(外王)에 속하는 것이다. 수신은 양자를 연결하는 중심고리이다.

수신은 '사물의 원리를 탐구하여 지식을 얻는' 데로부터 시작된다. 주희는 "사물의 원리를 탐구하여 지식을 얻는다는 것은 내가 알려는 것을 사물에 접촉하여 그 이치를 탐구하는 데서 얻는다는 것이다."라고 했다. 그러나 왕양명(王陽明)은 "내 마음속의 양지(良知)의 천리(天理)가 사물에 미치면 사물은 다 그 이(理)를 얻게 된다."고 인정했다. 실제로 "사물의 원리를 탐구하여 관계되는 지식을 얻는다." 는 것은 《중용》에서 말하는 도문학(道問學)이다. 그 목적은 하늘이 준 착한 본성을 밝히려는 것이다.

사맹 학파는 다음과 같이 인정했다. " '선이 무엇인가를 밝히는 것' 은 '성심성의를 다 하고' '부모의 환심을 사고' '친구의 신임을 얻고' '상급의 신임을 얻음으로써' '백성을 잘 다스리는' 기점이다."─《맹

자》〈이루 상(離婁上)〉·《중용(中庸)》20장

선이 무엇인가를 밝힌 기초에서 성의(誠意)·정심(正心)·수신(修身)을 실행할 수 있다. 성의란 자기를 속이지 않고 표리가 일치하며 홀로 있을 때에도 도리에 어긋나는 일을 하지 않는 것이다. 정심이란 잡념을 없애야 마음을 바로잡는다는 것이다. 마음과 생각은 몸을 주재하므로 생각이 성실하고 마음이 바르면 자연적으로 수신하게 된다. 이 세 가지는 소위 내성의 기본 요구이다. 《중용》에서의 "덕성을 존중한다."와 《맹자》에서의 "선의 싹을 확충시킨다."는 것은 말이 다르지만 내용은 같은바 모두 '공명정대한 품성'을 수신하는 것을 가리킨다.

치인(治人)과 비하면 수신은 근본이 되어야 한다. '천자로부터 서인에 이르기까지 모두 수신을 근본으로 해야 한다.' '가정이 화목하고' '나라가 잘 다스려지고' '천하가 태평한' 것은 수신을 한 필연적 결과로서 말(末)에 속한다. 수신이 끝나면 '백성을 사랑하고' '백성을 다스리는' 사업에 들어갈 수 있다.

치인에 관하여 《대학》에서는 《맹자》〈이루 상〉의 "천하의 기초는 나라에 있고, 나라의 기초는 가정에 있고, 가정의 기초는 각 개인에게 있다."는 사상에 근거하여 가정을 잘 꾸리고, 나라를 다스리고, 천하를 안정시킨다는 세 가지를 제기했다. 여기에서 말하는 가정은 경대부 등 귀족 가정, 즉 맹자가 말하는 거실(巨室)이다. 봉건종법제도 하에서 가정과 나라는 혹은 가깝거나 혹은 먼 혈연관계를 갖고 있다. 그러므로 부모에게 효도하는 것은 군주를 섬기는 것이고, 윗사람을 존중하는 것은 윗사람을 섬기는 것이며, 자녀를 사랑하는 것은 백성을 사랑하는 것이었다.

주희는 "효성·존중·사랑은 수신하는 데 쓰며 가정에서 배운다. 그것은 나라에서 군자를 섬기고, 윗사람을 섬기고, 백성을 사랑하는 것과 마찬가지 도리이다."고 말했다. 그리하여 군자는 집을 떠나지 않고도 온 나라를 가르칠 수 있다.

여기에서 관건은 가장의 모범 작용이다. 종법식 가장제 대가정에서 가장이 진심으로 수신하고 그가 부친·아들·형·동생으로 될 때 모범을 보인다면 백성들도 따라 배우게 되며, 가정의 친인들은 사랑해야 자기 나라의 백성들을 교화(敎化)할 수 있다. 그러므로 군주의 가정이 인애(仁愛)하면 온 나라에서 인애가 성행하게 되고 군주의 가정에서 겸양하면 온 나라에서 겸양이 성행하게 된다. 그 결론은 군주 한 사람이 온 나라를 화평케 한다는 것이다.

치국의 근본은 도덕 교화에 있고, 도덕 교화 작용의 발휘는 종국적으로 또 대가정이나 거실 가장의 수신 정도에 의해 결정된다. 이것은 사랑으로 다스리는 것을 주장하고 도덕 교육을 중시하는 유가의 사상 특색을 선명하게 구현했다.

'천하를 화평케 하는' 문제에서 《대학》에서는 혈구지도(絜矩之道)를 견지할 것을 강조했다. 즉 "당신이 윗사람의 행위가 싫다면 그런 행위로 아랫사람을 대하지 말고, 아랫사람의 행위가 싫다면 그런 행위로 윗사람을 대하지 말아야 하며, 앞사람의 행위가 싫다면 그런 행위로 뒷사람을 대하지 말고, 뒷사람의 행위가 싫다면 그런 행위로 앞사람을 대하지 말며, 오른쪽 사람의 행위가 싫다면 그런 행위로 왼쪽 사람을 대하지 말고, 왼쪽 사람의 행위가 싫다면 그런 행위로 오른쪽 사람을 대하지 말아야 한다. 이것을 군자가 모범을 보여준다는 도리라고 한다(혈구지도라고 한다)."고 했다.

사람과 사람은 꼭 마음이 통하는 점이 있으므로 군자는 자기의 마음으로 남을 재 보아야 하며 "만약 윗사람이 나를 무례하게 대하는 것을 원하지 않는다면 그런 심정으로 아랫사람의 마음을 헤아리고 그런 심정에서 무례하게 대하는 일이 없어야 한다. 만약 아랫사람이 나에게 충성하지 않는 것을 원하지 않는다면 그런 심정으로 윗사람의 마음을 헤아리고, 그런 심정에서 충성하지 않는 일이 없어야 한다……"—주희(朱熹)《대학집주(大學集注)》

이것은 "자기가 원하지 않는 것은 남에게 시키는 일이 없어야 한다."는 서도(恕道)이다. 이 도(道)는 '천하를 화평케 하는 주요한 도'라고 주희는 인정했다.

혈구지도에 따르면 집권자는 반드시 자기의 마음으로 미루어 남을 헤아려야 하며 "백성들이 좋아하는 것을 좋아하고 백성들이 싫어하는 것을 싫어해야 한다." 유가의 입장에서 보면 백성들이 좋아한다는 것이란 덕성으로 정치를 하는 것이며 백성들이 싫어하는 것이란 가혹하게 수탈하는 것이다. 백성들이 좋다는 대로 하고 덕으로 나라를 다스리면 민심을 얻을 수 있고 천하를 안정시킬 수 있다. 그렇지 않고 백성들이 반대하는 것을 그대로 밀고 나간다면 재물을 많이 모을 수 있지만 인간의 본성을 거슬러 재난을 당하게 된다.

그리하여《대학》에서는 천하를 화평하게 하는 데 있어서 많은 모순을 재물을 모으는 것과 민심을 얻는 것 두 가지에 귀결시켰으며 "재물을 모았지만 민심이 흩어지고 재물을 나누어 주었지만 민심을 얻게 된다."고 했다. 민심을 잃는가 얻는가 하는 것은 천하를 안정시키는 관건이며, 민심을 얻자면 덕으로 나라를 다스려야 한다.

"도덕이 있으면 백성이 있게 되고, 백성이 있으면 땅이 있게 되고,

땅이 있으면 재부가 있게 되고, 재부가 있어야 나라에서 그것을 때에 맞게 쓸 수 있다." "도덕은 나라를 세우는 근본이고 재부는 지엽적인 것이다." 그러므로 천하를 화평케 하려면 먼저 본말을 잘 처리해야 하며, 이익을 버리고 의(義)를 찾아야 하며, 치인을 사랑하는 것을 보배로 삼아야 한다. 그리고 원칙을 실시하기 위해 반드시 어진 사람과 현명한 사람을 중용하고, '재물을 많이 모은 신하를 받아들이지 말며' 특히 '나라의 운명을 장악하고 있으면서 재물을 긁어모으는' 소인이 권력을 잡지 못하게 해야 한다.

상술한 사상은 백성들이 좋아하는 일을 하고 백성들이 반대하는 일을 하지 않는 것으로 민심을 얻으며 "어진 사람만이 높은 지위에 있어야 한다." —《맹자》〈이루 상〉— 는 맹자의 인정(仁政)·왕도(王道) 사상과 조금도 구별이 없다. 여기에서《대학》이란 이 책이 사맹(思孟) 후학의 저작이라는 것을 알 수 있다. 실제로《대학》의 전부는 사맹 학파의 성선론(性善論), 윤리관과 인정·왕도 사상을 상세히 밝힌 것이며, 동시에 유가의 내성 외왕 사상을 집중적으로 구현한 것이다.

《대학》의 결론은 "나라를 다스림에 있어서 재물을 이익으로 삼지 말고 인의를 이익으로 삼아야 한다."는 것이다. 즉 나라에 이롭게 하려면 덕을 쌓고 의를 행해야 한다. 그러므로 군자는 반드시 주요한 것과 지엽적인 것을 명확히 하고, 자신의 도덕을 잘 수양하고, 그것으로 백성들을 널리 감화시키고 영향을 주어 나라를 다스리고, 천하를 화평케 하는 정치 목표에 도달해야 한다.

여기에서 주장하는 것은 완전히 안으로부터 겉으로, 개인으로부터 사회로, 내성으로부터 외왕에 도달하는 윤리정치 관념이다. 이것은 소농 자연경제의 토대 위에 건립된 종법사상의 특색을 뚜렷하게 반영했다.

《대학》이 명확하게 서술한 이 사상은 유가의 정치윤리 관념의 기본 내용을 개괄했으며 그것을 체계화·이론화하여 역대 봉건 통치자들이 '치국의 도리'를 창화(唱和)하는 데에 기본 격조를 정해놓았다. 《대학》의 도리는 송(宋)나라 유생들의 발양을 거쳐 지위가 아주 높아지고 영향력이 더욱 커졌다. 그러나 낙정씨파(樂正氏派)는 이름이 세상에 알려지지 않았다. 지금 이 양자 사이의 관계를 똑똑히 밝히고 낙정씨파에게 마땅한 역사적 지위를 회복해 줄 필요가 있다. 《대학》의 저자에 대해 오랫동안 의견 분기가 존재했다. 어떤 사람들은 그것을 증자파(曾子派)가 쓴 것이라고 했고 어떤 사람들은 순자파(荀子派)의 유생들이 쓴 것이라고 했다. 여기에 대해서는 더 한층 연구해 보아야 한다.

제3절

유가 별종(別宗)의 순자 학파

1. 순자의 생애 및《순자》

순자(기원전 약 325년~기원전 약 235년 좌우), 이름은 황(況)이고
자는 경(卿)으로서 손경(孫卿)이라고도 불렀으며 전국시대 조(趙)
나라 사람이다. 그가 정치·학술 활동에 종사한 연대는 주난왕(周赧
王) 17년(기원전 298년)부터 진왕정(秦王政) 6년(기원전 235년) 사이
로 추측된다.

순황의 사적에 관한 역사서의 기재에 의하면 그의 일생은 대체로
3단계로 나눌 수 있다.

1) 조나라에서

순자는 15살 전까지 고향인 조(趙)나라에서 살았다. 그 사이에 다
른 나라에 간 적이 있는지는 알 수 없다.《한비자》〈난삼(難三)〉에는
"연(燕)나라 왕 자쾌는 자지(子之)를 중용하고 순황을 배척했다. 그

리하여 피살당하는 최후를 보게 되었다."고 했다.

연나라 왕 자쾌가 왕위를 자지한테 물려준 것은 기원전 316년의 일이다. 그때 순자는 9세 전후이므로 연나라에서 상당한 지위에 있을 수 없었다. 그러므로 순자가 연나라에 갔다는 증거는 없으며 《한비자》〈난삼〉의 설법은 틀리게 적힌 것일 수 있다.

2) 제나라에서

순자가 제(齊)나라의 직하학궁(稷下學宮)에서 유학했다는 것에 관하여 역사서에는 두 가지 설법이 있다. 《사기》·《맹자》·《순자열전》에는 "손경은 조나라 사람으로서 50세에 처음으로 제나라에 유학했다."고 썼고 후한(後漢) 응소의 《풍속통의》〈궁통(穹通)〉에는 "제나라 위왕(威王)·선왕(宣王) 때에 손경은 수재가 되었다……15세 때 와서 유학했다."고 썼다.

제나라의 직하학궁은 위왕 초년(기원전 357년)에 설립되었는데 선왕 때 다시 흥성했다. 그리하여 학자들이 모여들었는데 순우곤·전병(田騈)·신도(愼到)·환연(環淵) 등 저명한 학자들이 모두 직하학궁에서 학문을 강의했다. 그때 순황은 6세였다.

순황은 15세 때 직하에서 학술 활동이 활발하다는 것과 거기에 유명한 학자들이 모여 있다는 말을 듣고 제나라로 가서 직하에서 유학했다. 이것은 순자의 경력에 비교적 부합된다. 《사기》에 50(五十)세라고 쓴 것은 15(十五)세를 잘못 쓴 것일 수 있다.

순황은 직하학궁을 중심으로 50여 년 활동하다가 70세 전후에 제나라를 떠나 초(楚)나라로 갔다. 그때는 순황의 학술 생애에 있어 가장 중요한 시기이다. 이 기간의 그의 주요 행적은 다음과 같다.

(1) 40세 전후에 제나라에서 초나라로 갔다

기원전 286년, 제민왕(齊閔王)이 송(宋)나라를 병탄하고 우쭐거렸다. 그 바람에 백성들이 참을 수 없게 되었고 여러 유가들이 간언해도 제민왕은 듣지 않았다. 그리하여 유생들은 뿔뿔이 흩어졌다. 신도(愼到)·접자(接子)는 죽고 전병(田駢)은 설(薛)나라로 가고 손경(孫卿)은 초나라로 갔다. ─《염철론(塩鐵論)》〈논유(論儒)〉

손경이 제나라로부터 초나라에 간 때는 기원전 286−285년으로 그가 40세쯤 되었을 때였다.

《순자》〈강국(强國)〉에는 순자와 제나라 상전문(相田文, 즉 맹상군)과의 대화 한 토막이 실려 있다. 순자는 이렇게 말했다.

"남을 이길 만한 세력 있는 지위에 앉아서 남을 이길 수 있는 방법을 실시했는데 세상에 그 일에 대하여 원망하는 사람이 없는 것은 상(商)나라의 탕왕(湯王)과 주(周)나라의 무왕(武王)이었다. 남을 이길 만한 세력 있는 지위에 앉아 있으면서도 남을 이길 수 있는 방법을 쓰지 아니하고, 또 천하를 통치하는 강한 세력을 갖고 있으면서도 나중에는 보통 서민이 되려고 소원했지만 그것마저 이루지 못한 것은 하(夏)나라의 걸왕(桀王)과 상나라의 주왕(紂王)이었다. 이렇게 보면 남을 이길 만한 세력과 지위를 얻는 것은 남을 이길 수 있는 방법을 갖고 있는 것보다 훨씬 못하다."

"지금 우리 제나라 앞에는 거대한 초나라가 버티어 있고, 뒤에는 커다란 연나라가 바싹 다가와 있고, 또 끈질긴 위나라는 우리 제나라 오른쪽 땅을 끌어가려 하고, 서쪽의 땅은 끊어질락말락하는 새끼줄처럼 지극히 위험한 상태에 놓여 있으며, 여기에다가 초나라는 제나라 동쪽에 가까운 양비와 개양의 두 고을을 점유하고 있다. 만일 여기서 어느 한 나라라도 모략을 꾸며 우리 제나라를 공격하기로 한다면, 그 한 나라에 그치고 마는 것이 아니라 초·연·위 세 나라가 한꺼번에 일어나 우리의 피폐한 틈을 타서 밀어닥칠 것이다. 이렇게 되면 제나라는 속절없이 짓밟혀 서너 토막으로 무참히 찢기고 말 것이다. 나라는 마치 임시로 빌려든 도성(都城)처럼 나중에는 타국에 귀속될 것이다. 그렇게 되면 영락없이 천하의 큰 웃음거리가 되고 말 것이다."

제나라에 대한 그의 이 분석은 제민왕 말년의 실정에 맞으며 이 말은 그가 제나라를 떠나기 전에 한 것일 수 있다.

(2) 50세 전후에 그는 제나라의 직하로 돌아왔다

기원전 284년, 연나라 장군 낙의(樂毅)는 진(秦)·위(魏)·한(韓)·조(趙)나라와 연합하여 제나라를 들이쳐 제나라 서울 임치(臨淄)를 함락했고 제민왕은 죽었다. 직하학궁은 학자들이 흩어지고 나라가 멸망하는 바람에 문을 닫았다. 후에 제전단(齊田單)이 연나라 군대에 반격하여 제나라의 성 70여 개를 되찾았으며 제양왕(齊襄王)이 임치로 되돌아가고 직하학궁도 다시 문을 열었다.

50세에 이른 순황은 또 다시 직하로 돌아갔는데 그때 전병의 무리는 제나라 양왕(襄王) 때에 이미 모두 죽었다. 이 가운데 손경이 가장 노선생이었다. —《사기》〈순맹열전〉

그때 직하에서는 학자를 열대부(列大夫)라 했고 그중의 영수를 제주(祭酒)라 불렀다. 순자는 명성이 높고 학식이 깊고 넓었기에 직하에서 세 번이나 제주가 되었다. 순자는 재차 직하에서 약 14, 15년 내지 20년쯤 유학했다.

(3) 65세 전후에 진(奏)나라에서 떠돌아다녔다

순자가 진나라에 거주한 연대에 대해서는 확실한 기록이 없다. 《순자》〈유효(儒效)〉에 기재된, 진소왕(秦昭王)과 순자의 문답, 그리고 《순자》〈강국〉에 기재된 응후범저(應侯范雎)를 만나 뵌 정황으로 미루어 보면 순황이 진나라에 가 있던 기간을 기원전 260-295년 사이로 볼 수 있다.

진나라에서 순자는 진소왕과 함께 나라에 대한 유가의 역할을 토론했으며 "유가는 나라와 백성들에게 무익하다."는 소왕의 견해를 바로잡아 주었다.

순자는, "대유(大儒)는 마음속에 굳은 의지가 있고 조정의 예절을 바로잡아 줄 수 있으며 백관(百官)에 대해 법률과 제도로 엄하게 요구할 수 있고, 백성들에 대해 충(忠)·신(信)·애(愛)·이(利)의 미덕을 베풀 수 있는 품성을 갖고 있고, 선왕을 본받아 예의를 숭상하는 종지를 품고 있기 때문에 남보다 지위가 높으면 왕공(王公)이 될 수 있고 지위가 낮으면 신하로 될 수 있는 나라의 보귀한 재부이며, 조정에서 일하면 정치를 잘할 수 있고, 백성으로 있으면 풍속을 잘 지킬 수 있다."고 말했다.

그는 또 진나라 재상 범저가 "진나라에 오니 어떠한가?" 하고 묻자, 진나라의 형세·민속·관리(官吏)·조정의 우세와 약점에 대한 견해를 밝혔다.

그는 진나라의 객관적 형세는 "진나라의 요새는 견고하고 험요하며, 지세는 방어에 유리하다. 산천은 아름답고 자연물산이 풍부한데 이것은 유리한 형세이다." 풍속은 "백성들이 소박하고, 음란한 음악이 없으며 옷차림이 괴상하지 않고 관리에 대해 존경하고 순종한다."

관리 작풍은 "관리들이 장중하고 엄숙하며, 겸손하고 예절이 바르며, 사리에 어긋나거나 부정한 일을 저지르지 않으며, 나쁜 사람과 친하지 않고 작당하여 사리사욕을 꾀하는 일이 없으며, 도리를 따지고 공정하다." 조정의 정치는 "여러 가지 일을 조리 있게 제때에 처리하며 아무 일도 없었던 듯하다."

한마디로 말하면 진나라는 이미 "바빠 서두르지 않으면서도 잘 다스리며, 요령을 틀어쥐고서도 전반을 돌보며 힘을 빼지 않고도 효과를 얻고 있다. 이것이 바로 나라를 다스리는 최고 이상이다."라고 말했다.

이와 동시에 순자는 진나라의 부족한 점도 지적했다. 그는 진나라에 "유(儒)가 없기에 왕자(王者)의 공적과 명성으로 가늠해 보면 아직 멀다."─《순자》〈강국〉─고 말했다. 순자의 진나라에 대한 평론에서 그가 추구하는 이상적인 정치와 이상적인 통치자가 어떤 것이라는 것을 알 수 있다. 순자는 진나라에서 제나라로 돌아갔다가 70세쯤에 또 제나라를 떠났다.

3) 초나라에서

순황은 만년을 대부분 초나라에서 보냈다. 그는 기원전 약 225년, 70여 세에 제나라에서 초나라로 갔다.

《사기》〈맹순열전〉에는 "제나라 사람 중에 순경을 참언하는 사람이 있었기 때문에 순경은 초나라로 갔다. 초나라의 춘신군(春申君)은 순경을 난릉(蘭陵)의 우두머리로 명했다고 했고《사기》〈춘신군열전〉에는 "춘신군은 재상이 된 지 8년, 초나라를 위해 북벌(北伐)해서 노나라를 멸망시키고 또 순경을 난릉의 태수로 임명했다."고 했다.

《전국책(戰國策)》〈초책(楚策)〉에는 순자가 초나라에서 난릉에 임명되어 간 지 얼마 안 지나 어떤 사람이 춘신군에게, 탕왕은 호(豪)에서, 무왕은 호(鄗)에서 모두 백 리도 안 되는 땅을 갖고 있었지만 후에 천자가 되었는데 오늘의 순경은 현인(賢人)인데 그에게 백 리나 되는 근거지를 주었으니 좋지 않을 것이라고 말했다. 그러자 춘신군은 순경을 면직시켰다.

순황은 초나라를 떠나 조나라에 돌아오자 조나라에서는 그를 상경(上卿)으로 임명했다. 순황은 조나라 효성왕(孝成王) 앞에서 임무군(臨武君)과 군사에 대해 의논했다. 그는 "군사는 반드시 백성을 사랑해야 한다."고 제기했으며 군사를 다스리는 면에서 예의를 군사 건설의 본통(本統)으로 삼을 것을 강조했다. 그는 군사 투쟁에서 우선 정치 책략에 착안하고 군사수단으로 보충해야만 천하를 얻을 수 있다고 했다.—《순자》〈논병(論兵)〉

순자는 조나라에 약 2, 3년 머물러 있었다. 그는 74세에 또 고국을 떠나 초나라로 가서 난릉에 부임되었다.

《전국책》〈초책〉에는 이렇게 적혀 있다. 어떤 사람이 춘신군을 보고 하는 말이 "현인이 있는 나라는 군주가 모두 존귀하고 나라가 모두 번창하다. 이전에 이윤(伊尹)이 하나라를 떠나 상나라로 갔는데 그 결과 상나라가 하나라를 멸망시켰고, 관중(管仲)이 노나라를 떠나 제나라로 갔는데 그 결과 제나라가 노나라보다 더 강해졌다. 순경도 천하의 현인인데 왜 그를 초나라에서 떠나가게 하는가?"

이 말을 듣고 춘신군은 조나라에 사람을 파견하여 순자를 모셔오려 했다. 그때 순황은 춘신군이 자기를 면직시킨 데 대해 몹시 불쾌하게 생각하고 가지 않겠다고 편지를 썼다. 그런데 춘신군이 간곡히

청하자 순자는 "하는 수 없이 돌아가 난릉의 우두머리가 되었다." — 《풍속통의(風俗通義)》〈궁통(穹通)〉

그때부터 연로한 순자는 초나라에서 살다가 별세했다. 그의 난릉 우두머리 직무는 춘신군이 죽은 후 면직되었다. 춘신군은 기원전 238년에 이원(李圓)한테 살해되었다. 그때 순황은 이미 87세의 노령이었다. 《사기》〈맹순열전〉에는 "춘신군이 죽자 관직을 빼앗겼으므로 그는 난릉에 우거했다."고 씌어 있다. 순황은 약 90세쯤에 죽었는데 그때는 기원전 235년경이었다.

《염철론》〈훼학(毁學)〉에는 "이사(李斯)가 진(秦)나라 재상으로 있을 때 진시황은 그를 중용했으며 대신들 가운데서 그를 따를 사람이 없었다. 그러나 순경은 도리어 이것은 불길한 일이라고 여기면서 이사가 생각 밖의 화를 입으리라고 예측했다."고 적혀 있다.

기록에 의하면 이사는 기원전 247년에 초나라를 떠나면서 80세 되는 스승 순자를 찾아와 작별 인사를 할 때 이렇게 말했다고 한다. "나는 기회를 만났기에 더 지체할 수 없습니다. 지금은 강국들이 서로 쟁탈하는 시기여서 유세(遊說)하는 사람들이 대사를 좌지우지할 수 있습니다. 오늘 진나라 왕이 천하를 통일하려 한다는데 진나라에 가서 진(秦)왕을 설복하려 합니다." 이사가 초나라를 떠난 20여 년 후 진시황제는 천하를 통일했다.

이사는 정위(廷尉)로 임명되었다가 수년 후에 겨우 승상이 되었다. 그때 만약 순자가 살아 있다면 110세가 넘었을 것이다. 그러므로 《염철론》에서 순자가 이사가 진나라에 가는 것을 근심했다는 말은 증거가 부족한 것 같다. 그러나 순자가 그때까지 살아 있을 수도 있었으므로 이렇게 덧보태어 서술한다.

순자의 일생을 살펴보면, 제나라·진나라·조나라·초나라 등 여러 나라에 가서 정치·학술 활동에 종사했고 제나라의 직하 학궁에서 오랫동안 강의했으며, 세 번 제주(祭酒)가 되었다. 만년에는 초나라의 난릉에 거주하면서 글을 썼다. 유학(儒學)의 거장 순자의 일생은 바로 학자의 일생이다.

순황의 유학 사상은 《순자》란 책에 응결되었다. 《순자》는 한(漢)나라 때 베껴 쓴 것이 300여 편 유전되었다. 그 가운데 대다수는 중복되었는데 유향(劉向)의 교감을 거쳐 32편으로 되었다. 유향은 〈서록(叙錄)〉에서 "교감하면서 보니 순경의 글이 322편 있었는데 중복된 290편을 빼 버리고 32편으로 책을 묶었다."고 썼다.

유향이 교정(校定)한 《순자》의 32편 글 가운데서 〈대략(大略)〉·〈유좌(宥座)〉·〈자도(子道)〉·〈법행(法行)〉·〈애공(哀公)〉·〈요문(堯問)〉과 같은 여러 편이 순자의 제자들이 기술(記述)한 것이고 나머지 대부분은 순자 본인의 글이라고 당대(唐代)의 양경(楊倞)이 고증했다.

《순자》란 책은 왜 쓰게 된 것인가? 그는 그때 법술(法術)을 중시하고 예의를 경시하는 형세를 참을 수 없어 자기의 유학 주장을 발표하기 위해 글을 썼다.

그의 제자들은 이렇게 말했다. "순자는 혼란한 사회에서 부득이 엄혹한 형벌의 제한을 받아야 했다. 그는 현명한 군주를 만나지 못하고 흉포한 진나라에 몸을 두고 있었기에 예의를 실시할 수 없었고 교화(教化)를 실행할 수 없었다.

이런 시대에는 지혜로운 사람이 정사에 참여하지 못하고 재간 있는 사람이 나라를 다스리는 데 참가할 수 없으며 현명한 사람이 중용되지 못했다.

그러나 순경은 숭고한 지향을 품고 하는 수 없이 광인(狂人)의 신색(神色)을 나타내어 천하 사람들이 자기를 천하의 머저리로 보게했다." 이 한 구절의 말은 《순자》란 책을 쓰게 된 종지를 아주 명확히 표명했다.

다른 한편으로는 그는 당시 학술 사상계의 혼란에 불만을 품고 제자(諸子)에 대한 비판과 총결을 통하여 자기의 유학 입장을 표명하려고 글을 썼다.

《사기》〈맹순열전〉에는 "순경은 탁세(濁世)의 정치와 망국(亡國)의 난군(亂君)이 계속 생겨나서 대도(大道)가 행해지지 않고, 무축(巫祝, 女巫와 男巫)에 미혹되어 길흉화복을 믿고, 되지 못한 선비들이 작은 일에도 얽매이고, 장주(莊周) 같은 이들이 고담방론(高談放論)하여 풍속을 어지럽히는 것을 미워했다. 그래서 유가·묵가와 도가의 성공과 실패를 추구하여 수만 언(數萬言)을 서술했다."고 씌어 있다.

《순자》란 책은 봉건사회에서 오랫동안 중시를 받지 못했다. 당나라 때에 이르러서야 양경(楊倞)이란 사람이 처음으로 《순자》를 주석했다. 그 후 오랜 시간이 지나 청(淸)나라 때에 이르러서야 《순자》를 주석했는데 먼저는 사용(謝墉)·노문초가 《순자편석(荀子篇釋)》을 펴내고 후에는 왕선겸(王先謙)이 《순자집해(荀子集解)》를 펴냈는데 이것은 고훈(古訓)·고정(考訂)과 주석 방면에서 모두 먼저 것보다 완성된 저작이다.

근대에는 또 양계웅(梁啓雄)이 쓴 《순자간석(荀子簡釋)》이 나왔는데 문장의 체제가 간결하고 통속적이어서 초학자들에게 아주 편리하다.

1979년 중화서국(中華書局)에서는 북경대학《순자》주석소조에서 펴낸《순자신주(荀子新注)》를 출판했는데 이 책에는 현존의 32편을 전부 주석했으며 매 편마다 설명과 주석 두 개 부분이 포함되어 있다. 이 책의 뒤에는 부록이 4편 있는데 그것은《순자》를 연구하는 데 있어 아주 편리한 참고자료가 된다.

순자는 전국(戰國) 말기에 활동했다. 그때 각 나라에서는 선후로 봉건제도가 건립되어 제후국 할거의 국면이 결속되었으므로 통일적인 중앙집권을 건립하는 것이 역사 발전의 절박한 과제가 되었다.

신흥 지주계급의 사상가인 순자는 자기의 저작에서 통일된 중앙집권 정치의 실현을 위해 완성된 이론을 내놓았다. 그는 스승인 공자의 유가 사상을 계승하고 유가 사상의 기본 구상에 따라 당시 사회발전의 요구에 적응하여 춘추전국 이래의 각파의 학설을 연구·비판·흡수·총화하여 춘추전국 시대의 유학의 마지막 거장이 되었다.

그때 순자 학설과 맹자 학설은 같이 이름난 지위에 놓였다. 순자의 후학들은 일찍이 "오늘의 학자들이 순경이 남겨놓은 학설을 천하의 준칙과 본보기로 삼을 수 있다."고 말했다. ―《순자》〈요문(堯問)〉

사마천은《사기》에서 순자와 맹자의 전기를 한 편으로 합쳐 놓았는데 이것도 유학사에서의 순자의 지위를 충분히 설명한다.

2. 특색 있는 순자 사상

전국(戰國) 말기 유학의 거장인 순자는 공자와 자궁(子弓)의 학설을 계승하는 것을 자기의 과업으로 삼았다. 춘추전국 시대의 유가 가운데는 자궁이라 불리는 사람이 둘이 있었다. 한 사람은 공자의 제자 중궁(仲弓)인데 성은 염(冉)이고 이름은 옹(雍)이다. 다른 한 사람은 《역(易)》을 전수하는 간비자궁이다.

당나라 사람 양경(楊倞)은, 순자가 말하는 자궁은 공자의 제자 중궁이라고 했다. 근대의 곽말약은 순자가 계승한 자궁은 간비자궁이라고 했다. 많은 학자들은 양경의 말이 옳다고 한다. 그러나 누구를 가리키든 간에 순자의 학술이 유가에 뿌리내려져 있다는 것을 긍정할 수 있다.

유가 학자인 순자의 사상 기점은 의연히 인(仁)·의(義)·예(禮)를 벗어나지 않는다. 그러나 시대의 발전과 전국 말기 각파 학설의 영향으로 말미암아 그의 유학 사상은 공자·맹자와 다른 점이 많다. 특히 순자는 맹자파의 유가 사상에 대해 비판하는 태도를 취했다. 순자는 시대 발전의 요구와 지주계급 이익의 수요로부터 출발하여 유가 입장을 견지하는 전제하에서 도가(道家)와 묵가(墨家)의 사상 요소를 비판적으로 흡수하여 독특한 특색을 가진 자기 사상 체계를 건립했다.

이 사상 체계는 철학·정치·경제·군사·교육·도덕·문예 등 여러 영역에 관계된다. 순자는 상술한 영역에 대해 모두 자기의 견해를 발표했으므로 백과사전식의 유가 사상가로 불리고 있다. 아래에 몇 개 주요한 방면만 서술한다.

1) '하늘과 사람을 구분해야 한다.'는 천인관계설

하늘과 사람 사이의 관계는 유가 철학의 기본 문제로서 공자·맹자·순자는 모두 이 문제를 탐구하고 자기의 견해를 내놓았다. 공자는 천명(天命)은 자연 우주와 인류사회의 필연성이라고 인정했으며 "천명을 두려워해야 하고 천명을 알아야 한다."고 주장했다. 그러나 그도 서주(西周) 이래의 "덕(德)으로 하늘에 배합해야 한다."는 사상을 계승하고 천명에 윤리적 의의를 부여했으며 인사(人事)를 다할 것을 강조하고 "사람은 도(道)를 확장할 수 있다."고 제기했다.

맹자는 공자의 천명 사상을 계승하여 하늘을 인간 세상의 중요한 지배 역량으로 삼았으며, 하늘에 도덕적 속성을 가일층 부여한 동시에 인간의 주관 능동성을 긍정, 심지어는 과장했다. 그는 사람의 마음·성(性)은 원래 하늘(天)과 일체(一體)이며 하늘과 사람은 서로 관통되고 양자는 도덕적 속성에서 하나로 합칠 수 있기 때문에 마음을 다하면 본성(本性)을 알 수 있고 본성을 알면 하늘을 알 수 있다고 여겼다.

여기에서 공자와 맹자는 모두 천도(天道)는 명(命)에 달렸고 인도(人道)는 사람에게 달렸으며 하늘과 사람은 도덕적으로 하나로 합쳐진다고 인정했다. 이것은 유가의 정통적인 천인(天人) 관계에 대한 기본 관점이다.

순자와 맹자의 천인관계설(天人關係說)은 좀 다르다. 순자는 자연계와 인류사회는 각각 자기의 직분(職分)과 법칙을 갖고 있다고 인정했으며 "하늘과 사람의 다른 직능을 명백히 분별할 줄 알아야 한다."─〈천론(天論)〉─고 주장했다. 하늘과 사람을 갈라놓아야 한다는 그의 학설에는 네 가지 요점이 포함되어 있다.

(1) 하늘은 물질성의 자연이며 그것의 운행 법칙은 객관적이다

순자는 하늘에 대해 세 방면으로 규정했다.

첫째는 물질성이다. 그는 이렇게 말했다. "하늘의 뭇 별은 서로 따라 움직이고, 해와 달은 번갈아 빛을 내고 춘하추동은 엇바꾸어 운행하며, 음양의 변화는 만물을 생육하고, 풍우는 만물에 널리 베풀어준다. 만물은 각기 일정한 자연조건의 조화를 얻어 탄생하며 각기 일정한 자연조건의 자양을 받아 성장한다. 그가 하는 일은 보이지 않으나 그가 해놓은 성과는 보이는바 그것을 신(神)이라 한다. 그가 만물을 발생 성장시키는 도리는 누구나 다 아나 흔적이 없이 발생 성장시키는 그 과정은 아는 사람이 없는 바 이것을 천공(天功)이라 한다." ─〈천론〉

"천지가 합쳐 만물을 생육하고 음양이 교접되어 변화가 생긴다." ─〈예론(禮論)〉

이것은 하늘을 운행 변화가 있고 만물을 생육하는 기능을 갖춘 불사(不事) 무형(無形)의 자연물질 세계로 본 것이며, 세계의 모든 현상은 천지와 음양이 변화한 자연적 결과라는 것으로서 공자와 맹자가 도덕화한 천명에 유물주의 해석을 한 것이다.

둘째는 법칙성이다.

순황은 아래와 같이 인정했다.

"하늘은 일정한 운행 법칙을 갖고 있고, 땅은 일정한 생장 법칙을 갖고 있다. 하늘은 일정한 법칙에 의하여 운행한다. 이런 법칙은 현명한 임금 요(堯)가 있었기에 존재하는 것이 아니고 또 폭군 걸(桀)이 나왔기에 소멸되는 것이 아니다." ─〈천론〉

다시 말하면 자연의 하늘은 물질성적인 존재이며 법칙에 따라 운행한다. 이런 법칙은 하늘 자체가 고유한 것으로서 그것은 인간 통치자의 선악에 의하여 개변되는 것이 아니며 또 사회의 안정과 혼란 길흉과는 관계가 없다. 인사(人事)의 길흉은 사람이 자연 법칙을 준수한 여부의 결과로서 하늘에게는 책임이 없다.

순자는 또 자연계의 별똥이 땅에 떨어지고 나무에서 소리가 나며, 일식과 월식이 생기며, 때아닌 바람이 불고 비가 오며, 이상한 별이 우연하게 나타나는 것 등 기괴한 현상은 모두 자연계의 물질성 변화이므로 사람들은 그것을 두려워하지 말고, 놀라지 말아야 하며, 그것은 인간의 정치국세에 해롭지 않고, 이로운 점도 없다고 지적했다.

셋째는 객관성이다.

하늘은 물질성의 자연으로서 법칙에 따라 운행하므로 그것의 존재와 운동은 모두 사람들의 의지에 의해 전이되지 않는다는 것이다. 순자는 "하늘은 사람들이 추위를 싫어한다 하여 결코 겨울을 없애지 않으며, 땅은 사람들이 먼 것을 싫어한다 하여 결코 면적을 줄이지 않는다."-〈천론〉-고 말했다.

천지(天地)의 고유한 속성은 사람들의 선악에 의해 개변되지 않는다는 것은, 자연계의 특징과 법칙성은 모두 객관성이라는 것을 설명한다. 이것은 하늘이 의식적으로 인사를 감응한다는 신학(神學)의 목적론과 계선을 나눈 것이 된다.

상술한 세 가지가 곧 순자의 천도자연관(天道自然觀)의 기본 내용이다.

(2) 사람은 사회 군체성(群體性)과 주관 능동성을 갖고 있으며 자연을 전승할 수 있다

순자는 하늘의 물질성·객관성·법칙성을 인식했을 뿐만 아니라 사람의 군체성과 능동성을 충분히 긍정했다. 그는 사람이 '힘이 소보

다 못하고 걸음이 말보다 빠르지 못하지만 소와 말을 부리는 것'은 사회를 구성할 수 있기 때문이라고 했다.

사람이 군체를 이룰 수 있고 사회를 구성할 수 있는 것은 다른 등급과 다른 사회 분업이 있으며 일정한 도덕으로 이런 등급과 분업을 지키기 때문이다. 인간은 군체·분업·도덕을 통하여 화목한 통일체에 처하여 있기에 강력한 능동성을 발휘하여 자연을 전승할 수 있다. 그러므로 도덕으로 분업을 지키면 화목하고, 화목하면 하나로 뭉칠 수 있고, 뭉치면 힘이 세질 수 있고, 힘이 세면 강해지고, 강하면 자연을 전승할 수 있다. ―〈왕제(王制)〉

순자는 인간의 사회성은 인간이 주체 능동성을 갖게 하는 조건이며, 주체 능동성은 자연을 전승하는 근거라고 인정했다.

순자는 인간의 사회 주체성과 주체 능동성을 충분히 긍정한 기초에서 또 인간의 우주에서의 지위를 심각히 인식했다. 그는 "물과 불에는 기세(氣勢)가 있지만 생명(生)이 없고, 초목에는 생명이 있지만 지혜(智)가 없고 금수(禽獸)에게는 지혜가 있지만 도덕(義)이 없다. 사람에게는 기세가 있고 생명이 있고 지혜가 있으며 또한 도덕도 있으므로 천하에서 사람이 제일 귀중하다." ―〈왕제〉

다시 말하면 사람은 자연계의 일부분이면서도 자연물(自然物)보다 높으며, 사람이 자연물보다 높은 표징은 도덕(義)이다. 도덕은 인류가 군체를 수호하고 사회를 구성하는 도덕 조건이며, 그 때문에 그것은 역시 인간이 주체 능동성을 갖게 되는 중요한 조건이다.

순황이 도덕을 인간 가치의 소재(所在)로 삼은 것과 그가 인간의 주체 능동성을 긍정한 것은 통일된다. 한 마디로 말하면 인간의 사회 군체와 주체 능동성을 긍정하는 것은 순자의 인간에 대한 기본 규정이며 그가 인간의 가치 의식에 대한 충분한 인식이다.

(3) 하늘과 사람은 각기 다른 직능을 갖고 있다

순자는 하늘의 자연물 속성을 규정하고 인간의 주체 능동성을 규정한 기초에서 '천인상분(天人相分)'이란 자기의 사상을 내놓았는데, 하늘과 사람·자연과 사회는 각기 다른 직능을 갖고 있다고 했다. 순자는 이렇게 말했다.

사람이 하지 않아도 성공하게 되며, 사람이 바라지 않아도 얻게 되는 것이 하늘의 직능이다. 이러한 만큼 성인의 생각은 심원하나 그것을 하늘에 강요하지 않으며, 성인의 재능은 유능하나 그것을 하늘에 강요하지 않으며, 성인의 분석은 세밀하나 그것을 하늘에 강요하지 않는바 이것이 하늘과 직능을 다투지 않는 것이라 한다. 하늘에는 4계절의 변화가 있고 땅에는 매장된 재부가 있으며, 사람은 천시(天時)를 장악하고 지리(地利)를 이용하는 방법이 있는데, 이것을 하늘 땅과 잘 배합하는 것이라 한다. 만일 사람이 노력하지 않고 하늘과 땅의 은사를 바란다면 그것은 너무나 얼빠진 것이다. —〈천론〉

하늘은 만물을 생육하지만 사물을 분별하지 못하고, 땅은 사람을 싣고 있지만 사람을 다스리지 못한다. —〈예론〉

하늘의 직능은 '하지 않아도 성공하게 되며, 바라지 않아도 얻게 되는' 무의식적인 자연과정을 통하여 만물을 생성하는 것이고, 사람의 직능은 자연과 사회를 다스리는 것이다. 하늘의 직능에 대해 사람은 강요하지 말아야 한다. 즉 하늘과 직능을 다투지 말아야 한다.

사람은 자기의 직능에 대해서는 포기하지 말아야 한다. 만약 사람이 자기의 직능을 포기하고 일심으로 하늘과 직능을 다툰다면 그것은 노력하지 않고 하늘과 땅의 은사를 바라는 것이 되며, 이것은 하늘과 땅은 직능이 구분된다는 도리를 모르는 얼빠진 표현이다.

순자가 하늘과 땅의 직능을 명확히 구분한 것은 하늘의 자연성과 사람의 능동성에 대한 규정을 전제로 했다. 다시 말하면 "하늘과 땅은 직능이 구분된다."는 그의 천인관계설은 자연에 대한 유물주의 해석과 사람의 주체 능동성에 대한 인식의 기초 위에 건립되었다. 하늘과 땅은 직능이 구분된다는 그의 설(說)은 순자의 천도자연관(天道自然觀)과 인도유위설(人道有爲說)에서 필연적으로 얻게 되는 논리적 결론이다.

순자는 "하늘과 사람은 직능이 구분되어 있다."고 주장하며 사람이 하늘과 직능을 다투는 것을 반대했지만 하늘과 사람의 관계를 절대적으로 갈라놓지는 않았다.

하늘은 사람이 자기의 직능을 발휘하는 데에 자연적·물질적 객관조건을 제공하며, 사람은 자연과 사회를 다스리는 능동성으로 하늘과 배합해야 한다고 했으며, "하늘에는 4계절의 변화가 있고 땅에는 매장된 재부가 있으며, 사람은 천시를 장악하고 지리(地利)를 이용하는 방법이 있는데 이것을 하늘 땅과 잘 배합하는 것이라 한다."고 그는 말했다.

여기에서 우리는 하늘과 사람 관계에 대한 순자의 인식에는 깊은 변증법적 요소가 포함되어 있음을 알 수 있다.

⑷ 사람은 능히, 또는 반드시 자연을 통제하고 자연을 이용하고 자연을 개조함으로써 자기의 진보를 실시해야 한다

하늘과 사람의 다른 직능을 천명한 것이 순자의 천인관계설의 종지와 논리 결점이 아니다. 순자는 인류가 자연계에서 자기의 가치 지위를 부단히 제고하고 자신의 진보와 발전에 넓은 길을 개척하는 데 착안점을 두었다. 그러므로 그는 "하늘의 변화 법칙을 장악하고 이용해야 한다."는 빛나는 사상을 내놓았다. 순자는 다음과 같이 말했다.

하늘을 매우 신성한 것으로 보고 우러러 사모할 바에야 어찌하여 그를 물질로 간주하여 기르고 통제하지 않는가? 하늘에 순종하고 그를 찬양할 바에야 어찌하여 그의 변화 법칙을 장악하여 이용하지 않는가? 천시를 바라보며 앉아서 은사를 기다릴 바에야 어찌하여 때에 따라 알맞게 그를 사역하지 않는가? 물질의 자연적 생장과 증가에 의뢰할 바에야 어찌하여 재간을 부려 그것을 길러 자라게 하지 않는가? 만물을 사용하려고 공상할 바에야 어찌하여 만물을 잘 관리하여 잃어버리지 않도록 하지 않는가? 만물의 생존을 흠모할 바에야 어찌하여 그것의 생활 규율을 장악하여 그것을 성장하도록 도와주지 않는가? 그러므로 사람의 노력을 포기하고 자연의 은사를 바라는 것은 만물의 발생, 성장의 본성에 배치되는 것이다.─〈천론〉

여기에서 순황은 하늘과 자연물을 대하는 두 가지 다른 태도와 관점을 비교했다. 한 가지는 천의(天意)를 사모하고 천덕(天德)을 찬송하며, 천시(天時)를 기다리고 만물의 지배를 받으며, 만물을 생각하

고 만물을 흠모하는 미신적이고 소극적인 태도와 관점이다. 다른 한 가지는 자연을 통제하고 자연을 이용하며, 만물을 변혁시키고, 만물을 다스리는 이지적이고 적극적인 태도와 관점이다.

그는 선명하게 전자를 부정하고 후자를 찬양했다. 또한 전자의 착오는 그 실질이 '사람의 노력을 포기하고 자연의 은사를 바라보아 만물의 발생·성장의 본성에 어긋난' 데 있다고 심각히 제기했다.

순자는 "덕성을 존중하고, 천명을 두려워해야 한다."는 빈 소리는 사람의 능동성의 가치를 부정하는 것으로서 자연계의 속성과 법칙에 위배된다고 했다.

"하늘의 변화법칙을 장악하고 이용해야 한다."는 순자의 사상은 사람의 능동성의 기본 방면을 모두 긍정했다.

거기에는 ① 하늘을 물질로 간주하여 기르고 통제해야 한다. ② 하늘의 변화법칙을 장악하고 이용해야 한다. ③ 때에 맞게 하늘을 사역해야 한다. ④ 재간을 부려 하늘을 길러 자라나게 해야 한다. ⑤ 만물을 잘 관리하여 잃어버리지 않도록 해야 한다. ⑥ 만물이 잘 성장하도록 도와주어야 한다는 여섯 가지가 포함되어 있다.

통제하고 이용하고 순종하고 변혁하고 촉진하는 것은 모두 사람이 자연에 발휘하는 작용이며 모두 사람의 능동성의 표현이다. 그러므로 하늘의 변화법칙을 장악하고 이용해야 한다는 순자의 사상은 사람의 자연에 대한 간단한 이용을 가리키는 것이 아니고, 사람의 자연계에 대한 소극적인 적응을 가리키는 것은 더욱 아니며, 그것은 또 도가(道家)가 제창하는 "사람은 하늘을 따라야 한다."는 소극적인 태도와는 같이 취급할 수 없다.

순황은 사람의 적극적인 능동성을 높이 평가하는 전제하에서 사람은 오직 주체 능동성을 발휘해야만 부단히 진보하고 발전할 수 있다고 지적했다. 그는 "군자는 자신이 할 수 있는 일에 힘을 다하면서 하늘의 은사에 환상을 두지 않으며, 자신이 할 수 있는 일에 힘을 다하면서 하늘의 은사에 환상을 두지 않기 때문에 나날이 진보한다."—〈천론〉—고 말했다.

"자기가 할 수 있는 일에 힘을 다하면 나날이 진보한다."는 것은 상승시기(上昇時期) 지주계급 사상가인 순자의 자신감과 진취 정신을 나타냈으며, 그의 하늘과 사람은 직능이 다르다는 설의 진보적 실질을 충분히 나타냈다.

개괄하여 말하면 하늘과 사람의 관계에 관한 순자의 기본적인 이론 관점은 하늘의 변화는 자연적이고(天道自然), 사람의 변화는 인위적이며(人道有爲), 하늘과 사람은 직능이 다르며(天人相分), 하늘의 변화법칙을 장악하고 이용해야 한다(制天命利用)는 것이다.

이런 천인관계 학설은 공자·맹자의 유가 학설을 계승하여 사람의 능동성의 적극적인 성분을 긍정하고 유가 학설의 "하늘을 존경하고 천명을 알아야 한다."는 관점 중의 소극적인 성분을 극복했으며, 노자·장자 등 도가(道家)가 주장한, 하늘의 변화는 자연적이라는 합리적인 요소를 취하고 '무위(無爲)'라는 소극적인 사상을 자양함으로써 춘추전국 시대의 천인관계설을 새로운 이론 수준으로 끌어올리고 춘추전국 시대 철학 중의 이 기본 문제를 비교적 합리적으로 해결했다.

그러나 순황의 천인관(天人觀)은 고유한 결함을 갖고 있다. 첫째 그는 존천(尊天) 숭명(崇命)의 천명관을 비판하기 위하여 사람이 자연계에 대해 인식하고 탐구하는 필요성을 부정했으며 "성인은 억지로 하늘을 알려고 하지 않는다."—〈천론〉—고 했는데 이것은 너무 지나친 것이다.

둘째로 그는 하늘의 변화법칙을 장악하고 이용하는 사람의 능동성을 성인이 예악(禮樂)을 제정하고 본성을 인위적으로 개변시킨 결과라고 인정함으로써 대중이 자연을 개조하는 실천의 의의를 홀시했다. 그리하여 '하늘의 운행법칙을 장악하는' 정확한 경로를 지적할 수 없게 되었다.

2) '사람의 본성은 인위적 노력에 의해 개변된다.'는 인성론

만약 천도관(天道觀)이 순자 이론의 하나의 초석이라 한다면 인성론은 다른 하나의 초석이라 할 수 있다. 순황의 인성론은 공자와 다르고 맹자와는 반대된다.

공자는 "천성은 누구나가 서로 비슷하다. 그러나 교양과 습관에 의해 서로 차이가 생기게 된다."고 말했고, 맹자는 "사람의 본성은 날 때부터 선량하다."고 똑똑히 말했다. 그러나 순자는 "사람의 본성은 악하다. 선량한 것은 인위적인 노력에 의한 것이다."—〈성악(性惡)〉—라는 명제를 내놓았다.

그는 맹자의 성선설(性善說)을 "사람의 본성을 알지 못하고 또 사람의 선천성과 후에 인위적인 노력에 의해 형성된 후천성을 모르는 것"—〈성악〉—이라고 비판했다. 그러므로 순자의 본성론은 먼저 본성인위(人爲)로부터 착수하여 '사람의 본성은 악하다.'는 특징과 인위적 작용을 가일층 논술했으며, 최후에는 본성을 개변시키기 위해 여러 가지 일을 하면 보통 사람도 우(禹)가 될 수 있다는 결론을 얻었다.

(1) "본성과 인위적인 노력은 구별된다."

순자는 사람의 본성과 사람이 배워서 얻은 품성 능력은 구별된다고 지적했다. 그는 이런 구별은 본성과 인위적인 것의 구별이라고 했다. 그가 볼 때에는 본성과 인위적인 것의 구별은 사람의 본성을 인식하는 전제이며, 맹자는 본성과 인위적인 것의 구분을 모르고 선천적인 본성과 후천적으로 배워서 얻은 것을 혼동했기에 사람의 본성은 선량하다는 다른 결론을 얻은 것이라 했다.

그러면 무엇을 '본성과 인위적인 것의 구별'이라고 하는가? 순황은 이렇게 말했다.

"본성이라는 것은 자연적으로 형성된 것으로서 배워서 생긴 것이 아니고 만들어 낸 것도 아니다. 예의는 성인들이 제정한 것으로서 사람들이 배우면 다 할 수 있고 그대로 하면 효과를 볼 수 있다. 배워 얻은 것이 아니고 만들어 낸 것이 아니라 자연적으로 얻은 것을 본성이라 한다. 배워서 얻고 그대로 하면 효과를 볼 수 있는 인위적으로 만들어 낸 것을 인위라 하는데 이것이 바로 본성과 인위의 구별이다." -〈성악〉

다시 말하면 자연적으로 형성된 것을 본성이라 하고 사람의 노력에 의해 형성된 것이 인위라는 뜻이다.

여기에서 순자가 말하는 인간의 본성은 사람의 자연적인 본능만 가리키고 인간의 사회 속성을 포함하지 않는다는 것을 알 수 있다. 순자는 무릇 인간이 사회 생활 중에서 얻은 속성을 본성이라 하지 않고 인위(人爲)라고 했다. 이런 이해는 맹자가 말한 본성과 함축 의미가 다르다. 맹자는 사람이 학습과 수양을 거쳐 얻은 인의예지 등 도덕 품질을 모두 본성에 귀결시켰다.

이 밖에 순자가 강조한 것의 중점은 본성이 아니라 인위이며 그가 본성과 인위적인 것의 구별을 말하는 의향은, 사람의 후천적인 학습 수양과 주관적 노력이 이상적(理想的)인 인격을 형성하는 데 중요한 의의를 갖고 있다는 것을 설명하기 위해서이다.

그의 이런 관점은 "본성은 누구나가 서로 비슷하지만 교양과 습관에 따라 서로 차이가 생기게 된다."는 설법(說法)과 내재적인 연계가 있다.

(2) "인간의 본성은 악하다."

순자는 본성의 의미를 규정하고 본성과 인위적인 것 사이의 구별을 설명한 기초에서 인간의 본성은 악하다는 문제를 분석하고, 인간의 본성은 선량하다는 맹자의 주장과 반대되는 "인간의 본성은 악하다."는 관점을 명확하게 내놓았다.

순자의 인간의 본성은 악하다는 논단의 근거는 다음과 같다.

"사람은 나면서부터 재물과 이익을 탐내는 성질이 있어, 이것을 그대로 따르면 자연 남과 싸워 빼앗으려는 마음이 생기게 되고 사양하는 마음이 없어지고 마는 것이다. 사람은 나면서부터 남을 질투하고 미워하는 성질이 있어, 이것을 그대로 따르면 자연 남을 해롭게하는 마음이 생기게 되고 성실한 마음이 없어지고 마는 것이다. 또 사람은 나면서부터 아름다운 소리와 고운 색(色)을 좋아하는 이목(耳目) 욕망이 있어, 이것을 그대로 따르면 음란한 행실이 생기게 되고, 예의와 조리가 없어지게 된다. 이리하여 사람의 본성을 그대로 놓아두고 정욕을 그대로 놓아둔다면 필연코 쟁탈이 일어나 사회 질서가 파괴되고 폭동이 일어나게 될 것이다."—〈성악〉

"그러므로 고운 것을 보기 좋아하고, 아름다운 소리를 듣기 좋아하며, 맛있는 것을 먹기 좋아하고 재물과 이익을 탐내며, 편안하게 보내는 것을 좋아하는 것은 모두 사람의 성정(性情)이다."－(동상서)

"사람의 본성은 배고프면 배불리 먹으려 하고 추우면 따뜻하게 입으려 하며, 지치면 쉬려 한다."－(동상서)

상술한 내용에는 사람의 생리적 욕구와 물질적 욕구가 포함되어 있다. 순자는, 이 두 가지 욕구는 "필연코 쟁탈이 일어나게 하여 사회질서를 혼란에 빠뜨리고 폭동이 일어나게 한다."－〈성악〉－고 했다.

그러므로 사람의 본성은 선량한 것이 아니라 악하다고 인정했다. 여기에서 우리는 순자가 봉건적인 예의규범을 선악을 구별하는 표준으로 삼았음을 알 수 있다. 순자가 사람의 모든 생리적 욕구와 물질적 욕구를 '쟁탈이 생기고, 사회질서를 파괴하고, 폭동을 초래하는' 근원으로 삼았기에 사람의 본성이 악하다는 결론을 얻었다.

순자는 사람의 본성이 악한 것은 선천적이므로 당연히 보편적 의의를 가지며, 성인(聖人)과 백성, 군자와 소인의 본성은 다 악하다는 데 대해서도 숨기지 않고 표명했다.

"성인이 보통 사람과 같고 구별 없는 점은 본성이다."－〈성악〉

"요·순·걸·척은 본성이 같고 군자와 소인도 본성이 같다."－(동상서)

순자는 성인과 백성·군자와 소인의 구별은 본성에 있는 것이 아니라 인위적인 노력에 있다고 지적했다. 그는 만약 인간의 본성은 선량하다는 맹자의 관점에 따라 성인과 백성, 군자와 소인을 동일시한다면 성인과 군자의 가치를 높일 수 없고 도리어 낮추게 된다고 인정했으며 "만약 예의(禮義)와 오랜 습관을 사람의 본성으로 친다면 요

(堯)와 우(禹)가 귀한 점이 무엇이고 군자가 귀한 점이 무엇인가?"—(동상서)—고 말했다.

순자는 사람의 본성은 악하다는 것을 논리 전제로 삼아 자기의 본성평등설(本性平等說)을 세우고 나아가서는 인간의 본성은 평등하다는 시점에서 성인·군자의 인격 가치를 높이려 했다. 이것은 순자가 성인·군자를 찬송하는 사상 방법에서 공자·맹자와 크게 다르다는 것을 말한다.

(3) "본성이 변하는 것은 인위적인 노력 때문이다."

선천적으로 부여된 사람의 본성이 악하다면 선한 것은 어떻게 이루어지는가? 선량한 인격을 갖춘 성인·군자는 어떻게 뭇사람들과 구별되는가? 순자는, 선량하게 된 것은 인위적 노력의 결과라고 인정했다. 즉 후천적 환경의 영향을 받고 주관적으로 힘써 배우고 수양하면 악한 본성을 선량하게 고쳐 고상한 도덕 인격을 갖출 수 있는데 이것을 '인위적으로 본성을 개변시킨 것'이라 한다.

순자가 말하는 인위에는 세 가지 내용이 포함된다.

첫째는 습관과 환경의 영향이다.

〈유효(儒效)〉편에는 "습관을 고치는 것은 본성을 고치기 위한 것이다. 습관은 사람의 사상을 고칠 수 있는데 습관이 오래 가면 사람의 본질이 개변될 수 있다."고 쓰어 있다. 서로 다른 문화·사회 환경은 사람의 본성을 개변시키는 데 있어서 중대한 역할을 한다.

그는 이렇게 말했다. "초(楚)나라에서 살면 초나라의 풍속 습관을 지키게 되고, 월(越)나라에서 살면 월나라의 풍속 습관을 지키게 되며, 중원(中原)에서 살면 중원의 풍속 습관을 지키게 된다. 이것은 선

천적인 본성이 아니라 오랫동안 길들여진 결과이다!"-(동상서)

"삼밭에서 자라는 쑥은 막대를 세워주지 않아도 쭉 곧게 자라고 흙물에 떨어진 모래알은 흙처럼 검어진다……."-〈권학(勸學)〉

둘째로는 지식과 경험을 학습하는 것이다.

순자는 "배우면 할 수 있고, 그대로 하면 성공할 수 있으며, 어거지로 만들어 낸 것을 인위라 한다."-〈성악〉-고 말했다. 그는 배우려면 반드시 스승의 가르침을 받아야 하고 지식의 축적을 중시해야 하며 본성을 개조하는 데에 착안점을 두어야 한다고 지적했다.

그리하여 그는 "반드시 스승과 법도의 교화가 있어야 하며"-(동상서)-"스승의 가르침이 있으면 지식을 쌓을 수 있고"-〈유효〉-"지식을 많이 쌓아야 뛰어날 수 있고 완전무결해야 성인이 될 수 있다."-(동상서)-고 말했다.

셋째로는 수양과 생각의 역할이다.

그는 이지적으로 정욕을 통제하고 본성을 절제할 것을 강조했다. 순자는 이렇게 말했다. "욕망은 버릴 수 없으나 욕망에 대한 추구는 절제할 수 있다."-(동상서)

"인위적인 교육을 거치지 않은 것을 본성이라 한다. 이런 본성에서 선량하고, 악하고, 기뻐하고, 노여워하고, 슬퍼하고, 즐기는 것을 감정이라 한다. 이러한 감정을 마음속으로 선택하는 것을 생각이라 한다. 마음속에 생각한 것을 관능(官能)이 그대로 하는 것을 인위라고 한다."-(동상서)

상기한 세 가지 면이 곧 순자가 말하는 인위의 주요 경로이며 이런 것들에 관철된 중심 내용이 바로 봉건 지주계급의 예의 법도이다. 순자는 "풍부한 예절 조목은 인위적인 것이다."-〈예론〉-라고 말했다.

그러면 예의 법도는 누가 만들어 낸 것인가? 순자는 예의를 만들어내고 법도를 제정한 것은 성인들이라고 했다. 그는 이렇게 말했다. "고대 성인들은, 사람은 본성이 악하기에 사악하고 반란을 일으키고 법을 지키지 않는다고 했다. 그리하여 군주의 권세를 세워 사람들을 감시하고 예의를 천명하여 교육했으며, 법을 세워 통치하고 엄한 형벌로 제한함으로써 천하를 다스려 선량한 요구에 부합되게 했다." —〈성악〉

순자는 인위적으로 본성을 개변시키는 주체를 성인들에게 귀결시켰다. 그는 하늘과 사람은 직능이 다르다는 것을 말할 때 일찍이 하늘의 변화법칙을 장악하는 주체가 성인들이라고 했으며, 본성과 인위적인 것의 구별을 논할 때에도 도덕관념과 규범은 성인들의 인위적인 노력에 의해 형성된다고 긍정했다. 이것은 그의 주체 능동성 이론이 유심사관(唯心史觀)의 범위에서 벗어나지 못했음을 설명한다.

(4) "일반 사람도 우(禹)가 될 수 있다."

인위적인 노력으로 본성을 개변시키는 것은 성인들의 직능일 뿐만 아니라 성인이 되는 근본 경로이다. 인위적으로 본성을 개변시키면 보통 사람도 우(禹)와 같은 사람이 될 수 있다. 이것은 순자의 '인위적으로 본성을 개변시키는 것'의 중대한 의의에 대한 기본 인식이다.

순자는 보통 사람과 성인·소인과 군자는 타고난 본성에는 구별이 없으며, 사람이 성인·군자의 경지에 이르려면 절대 본성의 자연적 발전에 의뢰할 수 없으며, 부단히 노력하여 지식과 경험을 쌓고 도덕을 수양해야 하며, 성인과 군자의 고귀한 점은 본성이 일반 사람과 다른 것이 아니라 '인위적으로 본성을 개변시킨 데 있다.'고 인정했다.

순자는 "요(堯)·우(禹)와 군자가 고귀한 점은 그들이 본성을 개변하기 위해 노력하는 것이며, 본성을 개변하기 위해 힘쓰면 예의가 생기게 되며, 그러므로 성인이 예의와 습관을 만들어 낸 것은 도공(陶工)이 흙을 빚어 기와를 만들어 내는 것과 같다."—〈성악〉—고 말했다.

순자는 또 인위적으로 본성을 개변하여 성인·군자가 될 수 있는 가능성은 모든 사람에게 다 존재한다고 하면서 아래와 같이 지적했다. "우(禹)가 우로 될 수 있었던 것은 그가 인의 법도(仁義法度)의 규정대로 했기 때문이다. 인의 법도는 인식할 수 있고 집행할 수 있는 도리를 갖고 있다. 보통 사람은 모두 인의 법도를 인식할 수 있는 소질을 갖고 있을 뿐만 아니라 인의 법도를 집행할 수 있는 조건을 구비하고 있다. 그러기에 보통 사람이 우(禹)가 될 수 있다는 것은 아주 명백한 일이다."—(동상서)

사람들이 누구나 다 인의 법도를 알고 그대로 할 수 있는 소질과 조건을 구비하고 있는 한, 당연히 모두 요(堯)와 우(禹)가 될 수 있다. 문제의 고비는 그가 어떻게 이런 가능성을 잘 이용하고 주체 능동성을 발휘하여 성인·군자의 경지에 이르는가에 있다. 만약 그가 꾸준히 노력한다면 가능성이 현실로 나타나게 할 수 있다.

순자는 "보통 사람일지라도 도술(道術)을 좇아 부지런히 배우고 심사숙고하여 오랫동안 선한 일을 많이 한다면 최고의 경지에 도달하여 하늘과 병립할 수 있게 된다. 그러므로 성인은 곧 보통 사람이 꾸준히 배우고 쌓아서 된 것이다."—(동상서)

꾸준히 배우고 쌓으면 성인이 될 수 있다. 그러나 모든 사람이 이렇게 될 수는 없다. 인위적으로 본성을 개변하면 성인이 될 수 있지만 꼭 성인이 된다고는 할 수 없으며 사람마다 성인이 된다고 말할 수 없다. 이것은 무엇 때문인가? 순자는 "될 수는 있지만 억지로 되게 할 수는 없다."―(동상서)―고 말했다.

왜냐하면 어떤 사람들은 되려 하지 않으며 또 자기의 능동성을 발휘하여 성현(聖賢)이 되는 것을 원하지 않기 때문이다. 그리하여 "보통 사람이 우가 될 가능성은 있지만 우가 된다고는 할 수 없다."―(동상서)

여기에서 순자는 우가 될 수 있는 가능성과 필연성은 갈라놓아야 하며, 가능성과 필연성은 서로 같지 않으며, 필연성이 없다 하여 가능성이 취소되는 것은 아니라고 강조하여 지적했다.

그는 "가능성이 있다 하여 꼭 성공할 수 있는 것이 아니고, 성공할 수 없다 하여 해보지 말라는 것이 아니다. 그러므로 성공의 여부와 가능의 여부는 큰 차이가 있으며, 양자를 서로 바꾸어 놓을 수 없는 것은 아주 뻔한 일이다."―(동상서)―고 말했다.

여기에서 우리는, 순자는 "사람의 본성이 선량한가 악한가?" 하는 문제에서는 맹자의 관점과 반대되지만 "사람은 모두 주관 노력을 거쳐 성인으로 될 수 있다."는 점에서는 맹자와 관점이 같다는 것을 알 수 있다.

맹자가 "사람은 다 요순(堯舜)이 될 수 있다."―《맹자》〈고자 하〉―고 말한 것은 사람에게는 누구나 다 선량한 본성이 있다는 것 외에 도덕 수양 방면의 적극적인 역할에 요점을 두었기 때문이다. 맹자는 일찍이 안연이 한 말 "순(舜) 임금은 어떤 사람이며 나는 어떤 사람인가? 되려고 노력만 한다면 나도 순 임금처럼 될 수 있다."―《맹자》〈등문공 상〉―고 한 말을 인용하여 성현은 배움을 통하여 될 수 있다는 것을 설명했다.

맹자가 볼 때에는 사람이 요와 순으로 되는가 못 되는가 하는 것은 하는가 하지 않는가에 달렸고, 가능한가 가능하지 않은가 하는 문제가 아니었다. 그러므로 사람이 주관 능동성을 발휘하고 꾸준히 배우고 수양하면 성현이 될 수 있다는 것을 긍정하는 것이 유가 학자들이 추구하는 공동 목표이며, 이 역시 유가가 스승을 존중하고 도를 중히 여기고 교육을 제창하는 인식의 기초라는 것을 알 수 있다.

3) '등급을 나누어 사회를 구성해야 한다.'는 사회관

순자는 하늘과 사람을 구별해야 한다(天人之辨)는 천도관(天道觀)과 본성과 인위적인 것을 구분해야 한다(性僞之辨)는 인성론(人性論)으로부터 출발하여 사회관에서는 등급을 나누어 사회를 구성해야 한다(明分使群)는 명제를 내놓았다. 거기에는 아래와 같은 기본 관점이 망라된다.

(1) 군(群)은 인류가 자연을 전승할 수 있는 기본 조건이다

순자는 사람이 금수(禽戰)와 다른 근본 원인은 사회를 구성할 수 있는 데에 있다고 인정했다. 그는 "사람은 힘이 소보다 약하고 걸음이 말보다 빠르지 못하지만 소와 말을 부린다. 이것은 무엇 때문인가? 그것은 사람은 사회를 구성할 수 있으나 소와 말은 사회를 구성할 수 없기 때문이다."―〈왕제(王制)〉―고 말했다.

순자가 여기에서 말하는 사회(群)는 지금 우리가 말하는 사회(社會)와는 좀 다르다. 그러나 여기에는 그의 인간의 사회성에 대한 인식이 반영되었다. 확실히 사람이 하늘의 운행 법칙을 장악하고 이용하는 능동성과 소와 말을 부리는 능력은 모두 사람이 사회 통일체(社會統一體)를 형성할 수 있다는 이 근본 조건을 떠날 수 없다.

사회성은 사람이 동물보다 낫고 또 동물보다 귀중한 근본 지표이다. 순자가 이 점을 느낀 것은 사회 역사관에서의 중대한 공헌이라고 할 수 있다.

(2) 등급(分)은 인류가 사회를 구성하는 근본 법칙이다

순자는 "사람은 한데 뭉칠 수 있는가? 뭉칠 수 있다. 왜냐하면 사람은 등급을 나눌 수 있기 때문이다."―〈왕제〉―라고 말했다. 그가 말하는 등급은 봉건적 등급 명분, 즉 빈(貧)·부(富)·귀(貴)·천(賤) 등을 가리킨다.

순자는 봉건적인 등급 명분은 사람이 사회를 구성함에 있어서 중요한 의의가 있다고 여겼다.

① 쟁탈을 없앨 수 있다.

등급을 나누면 우선 쟁탈을 면하고 없앨 수 있다. 사회에는 수요는 많으나 물건이 적고, 한 사람이 여러 가지 일을 할 수 없으므로 모순이 생기고 쟁탈이 일어나게 되며, 쟁탈이 일어나면 필연코 화가 생기게 된다. 오직 등급을 나누어 사회를 구성해야 화(禍)와 재난을 면할 수 있다.

② 보편적으로 부유해질 수 있다.

등급을 나누는 다른 한 가지 작용은 천하가 부유해질 수 있게 하는 것이다.

그는, 자연과 사회는 각자가 자기의 직분(職分)을 갖고 있는데 사람들의 직분을 명백히 나누고 각자가 자기의 직책을 완수한다면 천하가 부유해질 수 있다고 인정했으며, 밭을 갈고 씨를 뿌리는 것은 농사꾼들이 해야 할 일이고, 사람들이 부지런히 일하도록 독촉하는 것은 지방 관리들이 해야 할 일이며, 백성들을 관리하는 것은 성군(聖君)과 현명한 재상들이 해야 할 일이고, 각 부류의 사람들이 자기 직책을 다하면 천하가 부유해질 수 있기 때문에 천하가 보편적으로 부유해지게 하려면 등급 제도에 따라 사람들의 직책을 똑똑히 나누어야 한다고 지적했다.

③ 세상을 다스릴 수 있다.

등급을 나누는 것의 최대 효과는 천하를 영원히 태평스럽게 할 수 있다는 것이다.

순자는 "현명한 군주가 재부를 넉넉하게 차지하고 있는 것은 등급의 차별을 나타내기 위해서이다. 그것으로 위로는 현량한 인사들을 꾸미며 귀천을 분별하고 아래로는 어른과 아이를 꾸미며 친소를 가리기 위함이다. 조정의 관리들이나 백성들은 다 그가 이렇게 하는 것이 특수화를 만들기 위한 것이 아니라 등급 차별을 명백히 나누고 세상을 영원히 태평스럽게 하려는 것임을 알고 있다." —〈군도〉—고 말했다.

여기에서 보면 등급을 나누는 것은 확실히 인류가 사회를 구성하는 근본 원칙이며 나라를 다스리는 근본 방법이라는 것을 알 수 있다. 그리하여 순자는 "등급과 지위를 나누지 않는 것은 인류의 일대 재난이고, 등급과 지위를 나누는 것은 천하의 근본 이익이다." —〈부국(富國)〉—라고 말했다.

(3) 예의는 등급 직분을 확정하는 표준이다

등급을 나누는 것은 사람들이 사회 군체를 구성하는 데 있어서 아주 중요하며, 그것은 필연코 도덕 규범과 제도 규범에 의거해야 한다.

그리하여 순자는 "예의를 제정하여 등급 계선을 나누어야 한다."-〈예론〉-고 제기했다. 그는 "사람들은 왜 뭉칠 수 있는가? 그것은 등급을 나눌 수 있기 때문이다. 왜 등급을 나눌 수 있는가? 그것은 예의가 있기 때문이다."-〈왕제〉

"등급을 나눔에 있어서는 예의보다 더 중요한 것이 없다."-〈비상(非相)〉-고 말했다.

무엇 때문에 등급을 나누는 것은 예의에 의하여 진행되어야 하는가?

우선 예의의 본질부터 보기로 하자. 순자는 이렇게 인정했다. 의(義)는 사람들이 일상 언행에서 반드시 지켜야 할 도덕 표준이다. 무릇 봉건 지주계급의 이익에 부합되는 것은 합당한 것으로서 그것이 곧 의이다. 예는 봉건 지주계급의 등급 제도, 도덕규범과 예절의식의 총칭이다. 순자는 의를 도덕 방면에서 강조하고 예를 제도 방면에서 강조했다. 양자는 구별이 있지만 실질적으로는 또 통일된다. 예에 맞는 언행은 의이고 의에 부합되는 언행은 필연코 예에 어긋나지 않는다. 또한 넓은 의미에서 보면 예에는 의가 포함되어 있다.

다음으로 예의의 역할을 놓고 보자. 순자는 예의의 중요한 역할은 규범, 표준과 제도 형식으로써 사람들의 등급 계선을 확정하는 것이라고 지적했다. 그는 "예의라고 하는 것은, 귀천(貴賤)에는 등급이 있고, 장유(長幼)에는 차별이 있고 빈부와 존비에는 모두 거기에 알맞은 신분이 있다."-〈악론〉-고 말한다.

"예는 사람들을 상하와 귀천으로 나눈다."─〈악론〉

"귀천에 따라 같지 않게 꾸미는 것을 예의 수식으로 하고 수레와 옷의 다소로써 상하의 구별을 나타낸다."─〈예론〉

"귀인·윗사람·현명한 사람·노인·연장자를 존경하는 것은 의(義)에 위한 도리이다."─〈대략(大略)〉

또 그는 예의의 공통작용은 등급을 구분하고, 직분을 명확히 함으로써 화목하고 안정된 사회질서를 유지하는 것이라고 인정했다.

그리하여 순자는 "예의를 제정하여 그것으로 등급을 나누며, 빈·부·귀·천의 차별을 둠으로써 서로 완전히 제약되게 해야 한다. 이것이야말로 천하를 다스리는 근본 원칙이다."─〈왕제〉─라고 했다.

한마디로 말하면 순자의 사회관의 핵심은 "등급을 나누어 사회를 구성해야 한다."는 것이고 그것의 실질 목표는 봉건적 등급 제도를 세우려는 것이다. 군체성과 등급제의 통일이 바로 순자가 주장하는 이상적이고 화목한 사회구조이다.

그의 이런 사상에는 사람의 사회성을 귀중하게 여기는 깊은 인식이 포함되어 있으며, 또 사회는 등급제를 근본으로 해야 한다고 여기는 국한성도 포함되어 있다. 그러나 역사 발전을 기준으로 삼는다면 그때의 그의 사상은 진보적이라 할 수 있다.

4) '후왕을 본받아야 한다.'는 역사관

역사에서 순자는 맹자의 "선왕(先王)을 본받아야 한다."는 사상에 비추어 "후왕(後王)을 본받아야 한다."는 주장을 내놓았다. 그는 맹자의 선왕을 본받아야 한다는 복고주의는 "선왕의 이름을 빌려 우매한 자를 기만하는 것이다."─〈유효(儒效)〉─라고 비판했다.

그는 "후왕을 떠나 상고의 군주를 담론하는 것은 자기의 군주를 버리고 남의 군주를 섬기는 것과 같다."고 했다.

순자가 말하는 후왕에 대해서는 역사적으로 해석이 같지 않다. 개괄하면 약 네 가지 설이 있다.

첫째는 당(唐)나라 양경(楊倞)의 해석이다. 그는 "후왕이란 지금의 왕이다. 후왕이란 근간의 왕이다."라고 인정했다. 근대의 유사배(劉師培)·양계웅(梁啓雄)의 말도 이와 비슷하다.

둘째는 청나라의 유대공(劉台拱)과 왕염손(王念孫)의 견해인데 "후왕은 주문왕(周文王)·주무왕(周武王)을 가리킨다."고 인정했다.

셋째는 장태염(章態炎)의 관점이다. 그는 "후왕은 공자만 가리킨다."고 인정했다.

넷째는 곽말약(郭沫若)의 견해인데 그는 "순자의 '후왕을 본받아야 한다.'와 맹자의 '선왕을 존중해야 한다.'는 조금도 다른 점이 없다."고 인정했다. 후외로(侯外盧) 등이 쓴《중국사상사》에서도 "그가(순자) 말하는 후왕이 바로 맹자가 말하는 선왕이다."라고 했다.

순자는 후왕이 누구를 가리킨다고 똑똑히 말하지는 않았지만 선왕·후왕에 대한 그의 많은 논술을 놓고 보면 그가 말하는 후왕은 봉건 통일을 실현할 수 있는 지주계급 통치자임을 알 수 있다.

왜냐하면 첫째로, 순자는 "선왕이 나라를 다스리는 근본 원칙이란 요(堯)·순(舜)의 원칙을 가리킨다."—〈대략〉—고 명확히 말했기에 후왕이 요와 순을 가리키지 않는다는 것을 단언할 수 있다.

둘째로, 순자는 "나라를 다스리는 원칙은 하(夏)·상(商)·주(周) 3대에서 그 이전으로 올라가지 말고, 구체적 법도는 후왕을 어기지 말아야 한다. 나라를 다스리는 원칙을 논할 때 3대를 넘으면 너무 오래 전의 것이라 알기 어렵고, 법도를 제정함에 있어서 후왕을 어기면 그른 길로 나아가게 된다."―〈왕제〉―고 했다. 여기에서 그는 후왕과 하·상·주3대를 갈라놓았으므로 후왕이 그때와 가까운 시기의 군주를 가리킨다는 것을 알 수 있다.

셋째로, 순자가 후왕을 본받아야 한다고 한 목적은 제도를 통일하기 위해서였다. 그가 말하는 이상적인 통치자는 "후왕을 본받아 예의를 장악하고, 제도를 통일하고 표면 현상을 통해 깊은 도리를 알고, 오늘을 보고 과거를 알고, 한 가지 일을 통해 만물의 도리를 아는 자"―〈유효〉―였다. 이런 능력을 가진 후왕은 바로 전국(戰國) 이래 몇 개 큰 나라 군주의 형상이다.

넷째로, 순자는 후왕은 반드시 "가까운 것에 근거하여 먼 것을 알고, 천 년 전의 일을 알기 위해 지금을 보며"―〈비상(非相)〉"고대의 일을 말하기 좋아하는 사람은 반드시 현대의 사실로 그것을 검증하는"―〈성악(性惡)〉―정신이 있어야 한다고 거듭 말했다.

이런 역사 현실주의 정신은 주로 당시 신흥 지주계급의 군주의 몸에서 구현되었다. 여기에서 순자가 말하는 후왕이란 당시의 봉건 군주라는 것을 쉽게 알 수 있다.

순자가 후왕을 본받을 것을 주장한 이유는, 그가 볼 때에 역사는 부단히 발전하기에 선왕의 도(道)는 묘망(渺茫)하고 고대의 일은 고찰하기 힘들며, 오직 후왕의 제도와 사적만이 명백하여 본받을 수 있었기 때문이다.

그는 "백대(百代) 전 왕의 나라를 다스리는 원칙을 따르기보다 지금 왕의 원칙을 따라야 한다."―〈불구(不苟)〉

"성왕이 하도 많은데 나는 누구를 본받아야 하는가? 예식(禮式)은 시간이 흐름에 따라 자취를 감추었고, 예의제도는 시간이 흐름에 따라 실전되었으며, 예법을 주관하는 관리도 그것이 오래된 것이라고 포기했다. 그러므로 성왕(聖王)의 업적을 찾아보려면 가장 걸출한 분을 보아야 하는바 그들이 바로 후왕이다."―〈비상〉―라고 했다.

다시 말하면 오직 후왕만이 성왕의 제도를 뚜렷하게 구현할 수 있다는 것이다.

동시에 순황은 또 역사 발전 과정에서는 필연코 새것과 낡은 것 사이의 교체가 있게 되는바 사람들은 응당 현실적 수요에 근거하여 역사를 대해야 하지 고집을 부리거나 복고만 하려 해서는 안 된다고 인정했다. 그는 또 '후왕을 본받으면 형세를 따를 수 있고' 이런 갱신 과정에 적응될 수 있다고 인정했다.

순자는 "옛것을 말하기 좋아하는 자는 반드시 지금의 사실로써 검증해야 한다."―〈성악(性惡)〉

"성왕이 나타난다면 꼭 일부 옛날 이름을 그대로 쓰고 일부 새로운 이름을 만들어 낼 것이다."―〈정명(正名)〉―라고 말했다.

그러므로 순자는 "후왕을 떠나서 옛 군주를 담론하는 것을 반대하고 후왕의 도(道)를 똑똑히 알아야 하며"―〈불구(不苟)〉 "백가의 설이 후왕을 말하지 않았을 때에는 듣지 말아야 한다."―〈유효〉―고 주장했다.

'후왕을 본받아야 한다.'는 그의 주장은 현재의 것을 중시하고 옛것을 경시하는 순자의 진보적 사상을 반영했고 그의 역사 진화론 관점을 표현했다.

순자는 역사가 진화하고 신구(新舊)가 교체되는 현실을 인정하면서 역사의 계승성(繼承性)도 부인하지 않았다. 그는 역사의 변혁 가운데서 의연히 그 어떤 불변의 원칙과 영원한 도리가 존재한다고 인정했다.

그는 "고금(古今)의 도리는 모두 같다. 오직 사물이 서로 대립되지 않는다면 시간이 오래 지나도 도리는 같다."―〈비상〉

"오랫동안 혼란하면 꼭 다스려진다. 이것은 고대로부터 내려온 도리이다."―〈부(賦)〉―라고 말했다.

여기서 출발하여 순자는 고대의 선왕을 부정하지 않았을 뿐만 아니라 아주 숭배했다. 그는 선왕의 인덕(人德)을 칭송했으며 "선왕의 도(道)는 인(仁)에서의 최고 표현이다."―〈유효〉―라고 칭찬했고 선왕의 치세(治世) 재능을 "이전의 군주는 온 천하에서 예의를 베풀었고 일거일동이 못마땅한 바가 없었다."―〈군도〉 "현명한 자를 추천하고 재간 있는 사람을 임용했으며 공로자를 장려하고 죄 지은 자를 책벌했으며……이것은 선왕의 도(道)이다."―〈강국(强國)〉―라고 칭찬했다.

더욱 중요한 것은, 그는 선왕이 예의 법도의 치국(治國) 원칙을 견지했다고 인정했다. 그는 "선왕의 도(道) 가운데서 예(禮)와 악(樂)이 가장 중요하고"―〈악론〉―"선왕은 예를 치(治)와 난(亂)의 계선으로 삼았다."―〈대략〉―고 했다.

"백성들이 누구 말을 들어야 할지 몰라 했다. 그리하여 선왕은 예의를 천명하여 사람들을 통일시키고 화목하게 지내게 했다."―〈부국〉―고 말했다. 이것은 선왕의 치세 원칙이 고금에 모두 부합되며 영원하다는 것을 말한다.

그렇다면 이것이 맹자가 주장하는 "선왕을 본받아야 한다."는 것과 구별이 있는가 없는가? 구별이 있다. 순자가 선왕을 칭송한 것은 선왕의 모든 것을 본받으라는 것이 아니라 선왕의 도 가운데 봉건지주계급 통치와 봉건제도의 강화에 유익한 기본 원칙만 계승하고 선왕의 구체적 경험에 대해서는 분석 총화하며 그것의 성패와 득실을 고찰하라는 것이다.

그는 "선왕이 성공하게 된 원인과 실패하게 된 원인을 잘 알아야 한다."—〈군도〉 "지나간 일을 돌이켜보며 스스로 경각성을 높여야 한다."—〈성상(成相)〉—고 명확히 지적했다. 이것은 "요와 순을 조술(祖述)하고 문왕(文王)과 무왕(武王)을 따라야 한다."는 복고 노선과는 다르다.

상술한 내용을 통하여 후왕을 본받아야 한다는 순자의 역사관 가운데는 혁신을 강조하는 면도 있고 계승을 견지하는 면도 있으며 지난날의 것을 이어받아 앞날을 개척하자는 뜻도 있다는 것을 알 수 있다. 그러나 그의 이런 사상에는 한 가지 불변의 원칙이 관통되어 있는데 그것은 곧 봉건 예의이다.

순자가 선왕을 칭송한 것은 봉건 예의는 예로부터 있고 영원히 존재한다는 것을 설명하기 위해서이며 그가 "후왕을 본받아야 한다." 고 한 것은 예의에 따라 통일된 봉건 제도를 건립하기 위해서였다.

순자는 말했다. "생명은 천지에서 오고, 치국(治國)은 예의에서 오며, 예의는 군자로부터 온다……군신·부자·형제·부부 사이의 예의 관계는 처음부터 끝까지, 끝부터 처음까지 천지와 같은 도리이며 세상과 함께 영원하다. 이것은 최대의 근본이다."

이것은 순자의 역사 현실주의 정신과 혁신 의식은 철저하지 못하며, 봉건적 예의가 '천지와 함께 영원하다'는 형이상학 관점, 그리고 인류 역사는 '끝과 시작이 없이 둥글다'는 순환론(循環論) 색채를 띠었다는 것을 설명한다.

5) 예의를 존중하고 법을 중시하는 정치관

순자는 사회관 방면에서는 예의에 의하여 사회를 구성할 것을 주장하고, 역사관 방면에서는 예의는 상리(常理)라고 인정했다. 이런 관점이 정치관에 관철된 것이 바로 예의를 존중하고 법을 중시해야 한다는 관점이다.

순자는 춘추전국 시대 유학사뿐만 아니라 중국 유학사에서도 처음으로 예치(禮治)를 체계적으로 논술한 사상가이다. 그의 주요한 관점은 아래와 같다.

(1) 예의는 정사를 처리하는 지도 원칙이다

유가 사상 가운데 예는 사회의 등급제도·도덕규범과 예절 의식을 가리킨다. 공자와 맹자는 모두 예치를 강조했다. 그러나 그들이 말하는 예는 낡은 귀족의 세습제도를 벗어나지 못했다.

공자는, 주제넘게 윗사람의 행실을 말하는 것을 반대했고, 맹자는 "주(周)나라 왕실의 작위(爵位)와 봉록(俸祿)"—《맹자》〈만장 하〉—을 제창했는데 이것은 모두 낡은 세습제도를 수호하는 것이다.

순자는 유가 예치의 기본정신을 계승한 동시에 통일된 중앙집권의 봉건제도가 형성되는 추세에 적응하기 위하여 예치 사상을 비교적 크게 개조하고 발전시켰다.

예(禮)의 기원에 관하여 순자는, '수요가 많고 물건이 적은' 사회 모순은 예가 생성된 기본 원인이라고 인정했다.

그는 "사람은 태어나면서부터 욕망이 있고, 욕망이 만족되지 못하면 추구하지 않을 수 없고, 추구하는 데 있어서 일정한 한도가 없으면 쟁탈이 생기지 않을 수 없고, 쟁탈이 생기면 혼란하게 되고, 혼란하게 되면 수습할 수 없게 된다. 선왕은 이런 혼란한 국면을 싫어했다. 그리하여 예의를 제정하여 동급 계선을 나눔으로써 사람들의 욕망과 욕구를 적당히 만족시켰고, 물질이 부족하여 사람들의 욕망을 돌볼 수 없는 일이 절대 없게 했으며, 욕망을 만족시킨다 하여 물질을 다 써버리는 일이 없게 했고, 물질과 욕망이 서로 제약하는 가운데서 늘어나게 했다. 이것이 바로 예의 기원이다."-〈예론(禮論)〉-라고 말했다.

다시 말하면 사람의 욕구의 무한성과 생활 재료의 유한성 사이의 모순을 해결하지 않거나 조절하지 않으면 쟁탈이 일어나 동란과 빈궁이 초래되는데 선왕은 이 모순을 해결하고 동란을 방지하기 위해 예의를 제정했다는 것이다.

순자는 예의 기원에 대한 논술에서 착안점을 사회에 객관적으로 존재하는 기본적 모순에 두었다. 그는 물질과 욕망 사이의 모순으로부터 착수하여 이 모순으로 인하여 생기는 사람들 사이의 모순을 분석했다. 그래서 예라는 이 상부구조의 형성 근원을 사람들의 경제 생활에까지 거슬러 올라가 찾았다. 그 중에는 현실 생활을 중시하는 깊은 견해도 포함되어 있다.

예의 본질에 관하여 순자는 예의란 등급을 구분하고 명분과 직분을 나누는 표준이라고 인정했다. 그는 "예라는 것은 표지(標指)인 것이다."-〈천론(天論)〉 "예는 법도(法度)의 표준이다."-〈치사(致士)〉 "예는 다스리는 데 있어서의 최고 준칙이다."-〈의병(義兵)〉 "예는 군왕이 신하들을 검증하는 척도이고 법도이다."-〈유효(儒

效)〉─라고 말했다.

그는 또 예를 저울·먹줄·규구(規矩)로 비유하면서 "예는 나라를 바로잡는 데 쓰이는데 그것은 마치 저울로 무게를 달고, 먹줄로 굽은 것을 곧게 펴고, 규구로 원과 사각형을 그리는 것과 같다."─〈왕패(王霸)〉─고 말했다.

그는 예는 도덕·제도·의식 등 방면에서 표준으로 관철되며 이런 방면을 통해 사람을 제약하며, 그리하여 사람들로 하여금 사상·언론·행위·활동이 모두 예의 규정에 맞도록 한다고 인정했다.

예의 작용에 관하여 순자는 예의 근본 작용을 "동급을 나누는 것이다."라고 지적했다. 그는 "등급을 나누는 데 가장 중요한 것은 예의 원칙이다."─〈비상〉"예는 사람들을 상하 등급으로 구분한다."─〈악론〉"선왕은 예의를 제정하여 등급을 나누었다."─〈예론〉─고 말했다. 예에 의하여 등급을 나누는 작용은 다음과 같다.

① 재물의 다소에 의해 나눈다.

순자는 사람들의 욕심은 끝이 없지만 사회의 재부는 제한되어 있기에 욕심과 재부 사이의 모순을 잘 처리하여 두 가지가 서로 제약하고 장기적으로 조화되게 하고 사람들의 욕망을 조절하며, 사람들의 욕구를 만족시키자면 반드시 예로써 각 부류의 사람들이 점유하는 물질 재부의 다소를 규정해야 한다고 했다.

그러므로 그는 "예라고 하는 것은, 귀천에는 모두 그에 알맞은 신분이 있는 것을 말한다."─〈부국〉─고 했다. 순자는 경제 관계에서 예의 이런 역할을 '기르는 것(養)'이라고 했다. 그는 "예라는 것은 사람들의 욕망을 알맞게 길러주는 역할을 하는 것이다."─〈예론〉─라고 말했다.

② **귀천에 의해 나눈다.**

경제상에서 물질 생활 수단에 대한 점유의 다소는 정치상의 등급 차별과 긴밀히 연계되어 있다. 순자는 "군자는 예에 의한 양육을 받아야 할 뿐만 아니라 예에 의한 분별에도 주의를 돌려야 한다. 무엇을 분별이라 하는가? 그것은 귀천에는 등급이 있고, 어른과 아이 사이에는 차별이 있으며, 빈부 존비에는 각각 그에 어울리는 신분이 있어야 한다."—〈예론〉 "고귀한 사람을 고귀한 사람으로 대하고, 덕이 높은 분을 덕 높은 분으로 대하고, 노인을 노인으로 대하고, 나이 많은 사람을 나이 많은 사람으로 대하는 것은 의(義)에 의한 도리이고, 그것을 알맞게 실행하는 것이 예에 의한 질서이다."—〈대략〉—라고 말했다.

그는 예로써 사회 등급을 구분하여 귀천의 구별을 해 놓아야 사람들이 본분을 지키게 되고 사회가 태평스럽게 될 수 있다고 인정했다.

③ **항업과 직책에 의해 나눈다.**

순자는, 예의에 의한 분업에는 사람들의 직업 분업도 포함되어 있다고 했다. 즉 농민·병사·노동자·상인이 자기의 직업에 충실하고 육체 노동자와 정신 노동자가 자기의 직책을 다하게 해야 한다고 했다. 그는 한 사람은 여러 가지 기술을 다 장악할 수 없고 여러 가지 일을 겸하여 관리할 수 없기 때문에 반드시 분업 합작을 해야 하며 그렇지 않고 "사람 무리를 떠나서 서로 의존하지 않는다면 속수무책이된다"—〈부국〉—고 했다.

순자가 제기한 직업 분업은 "농민·병사·공장(工匠)·상인"—〈왕제〉—이다. 즉 "농민은 농사를 짓고, 상인은 물건을 팔고, 각 공장(工

匠)들은 부지런히 물건을 만들고, 사대부(士大夫)는 자기 직책을 다해야 한다."-〈왕패〉

이 밖에 군자는 "덕에 의거하고 소인은 힘에 의거하는"-〈부국〉-분업도 있다.

④ 도덕 요구에 의해 나눈다.

경제 생활 중의 빈부 구별과 정치 지위 중 귀천의 구별에 적응하여 순자는 다른 명분·직분의 사람에게 서로 다른 도덕 요구를 제기했다. 이런 요구도 예의 내용에 속한다. 그는 "예라는 것은 존귀한 사람을 존경하고, 노인에 대해 효도하고, 형을 사랑하고, 천한 자에 대해 은혜를 베푸는 것이다."-〈대략〉-라고 말했다.

예의 의한 구분을 순자의 말로 개괄하면 아래와 같다.

"예(禮)에서는 재물을 예를 행하는 비용으로 하고, 귀천에 따라 같지 않게 꾸미는 것을 예의 수식으로 하며, 수레와 옷의 다소를 상하 차별로 하고, 두텁게 하는 것과 얇게 하는 것을 예의 요령으로 하며"-〈예론〉-그것의 적용 대상은 "현명한 사람으로부터 서민에 이르기까지이며"-〈대략〉-그것의 절제 효과는 "장점을 취하여 단점을 보충하고 넘치는 것을 덜어내고 모자라는 것을 보태어 줌으로써 애모와 존경의 뜻을 나타낼 뿐만 아니라 모든 일에서 예의에 맞게 일을 하는 미덕을 길러 주는 것이다."-〈예론〉

그러므로 예의를 숭상하는 것은 나라를 다스리는 데 중대한 의의를 갖고 있다. 그는 "사람은 예의가 없으면 살 수 없고, 나라는 예의가 없으면 태평스럽지 못하며"-〈수신(修身)〉-"예는 정사를 처리하는 지도 원칙이고, 정사를 처리함에 있어서 예에 준하지 않으면 잘 다스려 질 수 없다."-〈대략〉-고 했다.

(2) 법은 나라를 다스리는 근본이다

순자는 예를 숭상했을 뿐만 아니라 법을 중시했다. 순자가 말하는 법에는 통치 경험·사회 제도·국가 정책과 법률 법령 등 여러 가지 의미가 있다. 법률 법령은 그가 법을 중시해야 한다는 주요 내용이다.

순자는, 법은 예와 마찬가지로 나라를 다스리는 데 있어서의 근본이며 시비 곡직을 판단하는 기준이라고 인정했다. 그는 "법은 나라를 다스리는 근본이며, 예의를 특별히 숭상하고 법제를 철저히 실행하면 나라가 질서 잡히게 되며"—〈군도〉—법률과 법령의 역할은 관리들을 관리하고, 백성을 다스리고, 나라를 부강하게 하고, 제후들을 지배하는 것이라고 했다.

그러면 어떻게 법을 중시해야 하는가? 순자는 세 가지 중요한 원칙을 제기했다.

① 법으로 사적인 것을 눌러야 하고 사적인 것에 의해 법을 문란하게 해서는 안 된다.

순자는 법률과 법령이 일단 제정되면 백성들에게 공포하여 그것이 사람들이 준수해야 할 준칙이 되게 해야 한다고 주장했다. 특히 법을 집행하는 사람들이 사적인 이익과 개인 감정으로부터 출발하여 법을 어길 것이 아니라 법으로 사사로운 정을 눌러야 한다고 했다.

그는 "성이 났다 해서 중한 형벌을 안기지 말아야 하고, 마음이 기쁘다 하여 너무 후한 상을 주는 일이 없어야 한다. 이렇게 되면 법도가 사사로운 정을 눌러 이긴 것이 된다."—〈수신〉—고 말했다.

그는 〈성상(成相)〉이라는 글에서 이 원칙을 거듭 서술했다. "임금의 법령이 명백하면, 판단하고 결재하는 데 일정한 규준이 있게 되고, 규준이 있게 되면 백성들이 나아갈 방향을 알게 되고, 신하들의 진퇴에도 일정한 규준이 있어, 사사로이 귀천을 정하는 일이 없게 된다. 그렇다면 어느 누가 임금에게 아첨하려 할 것인가?"

"형벌이 도리에 딱 들어맞으면 모두가 제 분한(分限)을 지키게 되고, 신하들에게 형벌의 권리를 주지 않으면 개인의 권력이 저절로 줄어든다. 죄인을 다스리는 일정한 규준이 있어 아무도 마음대로 형벌을 경감할 수 없게 하면 임금의 권리가 절대 나누어지지 않는다."

"임금의 명령이 나오고 그것을 행하는 데 일정한 제도가 있게 되면 관리들이 법을 어기지 못하고 아무 짓이나 할 수 없게 된다. 그리하여 신하들이 서로 안면을 봐주지 않고 각자가 자기 직책을 다해 임금을 섬기게 되고, 더는 잔재주를 부리지 않게 된다."

순자가 제기한 이런 원칙은 유가의 것이라기보다 법가의 것이라고 하는 편이 나을 것 같다.

② 형벌과 죄행이 합당해야 한다.

순자는 법률을 제정하고 죄를 진 사람에게 형벌을 안기는 것은 폭행을 금지시키고 나쁜 짓을 하는 것을 방지하며 후에 그런 죄를 재차 범하지 않게 하려는 데 목적이 있다고 했다.

그는 또 이런 목적에 도달하려면 지은 죄에 따라 형벌을 가해야 하며 그렇지 않고 "극히 중한 죄에 극히 경한 형벌을 안기거나 사람을 죽여도 사형을 받지 아니하고 사람을 상해하여도 형벌을 받지 않는다고 한다면, 이것은 악한 사람에게 은혜를 베풀어 주고 도둑놈을 용서해 주는 것이 될 뿐 악행을 반대하는 것이 못 된다."―〈정론(正論)〉―고 인정했다.

그리하여 그는 "상(賞)이 그가 세운 공적에 합당하지 아니하고, 형벌이 또한 그가 지은 죄에 맞지 않는다면 이것보다 더 큰 불상사가

없으며, 형벌이 지은 죄에 합당할 때 나라가 잘 다스려지고, 형벌이
지은 죄에 합당하지 않으면 나라는 어지러워진다."—〈정론〉—고 지
적했다.

이 원칙에 근거하여 순자는 죄를 지은 자의 가족을 주런시키는 것
을 극력 반대했다. 그는 한 사람이 죄를 지으면 삼족을 멸하는 것은
어지러운 세상에서 실시하는 폭정이라고 말했다. 순자가 제기한 "형
벌은 지은 죄에 합당해야 한다."는 이 원칙은 그의 귀중한 법제(法
制) 사상의 반영이다.

③ 법의(法義)·법수(法數)·법류(法類) 3자를 다 같이 틀어쥐어야
   한다.

순자는 법을 명백하게 하기 위해 특별히 법의·법수·법류란 세 가
지 개념을 제기하고 3자 사이의 관계를 설명했다. 그는 법의·법수·
법류 3자를 병행시켜야 법치를 실행할 수 있다고 인정했다. 법의란
입법의 지도 원칙을 가리키고, 법수란 구체적인 법률 조문을 가리키
며, 법류란 같은 사정에 관한 법률 규정을 가리킨다.

그는 먼저 입법 원칙을 알아야 법률 조문을 확정할 수 있으며, "법
의의 뜻을 모르고 법률의 조문을 제정한다면 조문이 아무리 많다 하
여도 필연코 혼란해진다."—〈군도〉—고 말했다.

법의 조문이 아무리 많아도 모든 것을 다 포함시킬 수는 없으며 필
연코 어떤 일에 대해서는 구체적 조문 규정이 없을 수 있다. 여기에
대하여 순자는 "법에 있는 것은 법대로 집행하고 법에 없는 것은 유
례(類例)를 따라야 하며, 상을 주거나 형벌을 안기는 것도 유례를 통
해야 알맞게 할 수 있다."—〈대략〉—고 제기했다.

그는 또 법률을 어떻게 운용하겠는가에 대해 의논해야 하는데 만

약 법률의 운용 범위에 대해 잘 의논하지 않는다면 법률에 명확히 규정되어 있지 않은 문제에서 편차가 생길 수 있다고 했다.

그는 "법을 제정하고 그것을 어떻게 집행하겠는가를 의논하지 않는다면 법률에 언급되지 못한 일을 제멋대로 처리하게 된다." -〈왕제〉-고 말했다.

법의·법수·법류를 병렬시키고 법을 의논해야 한다고 한 순자의 관점은 유가 법률사에서 비교적 섬세한 것이다.

(3) 예는 법과 유(類)를 확정하는 강령이다

순자는 예를 숭상하고 법을 중시했다. 그러나 그의 정치론에서 예와 법은 병렬되어 있지 않다. 양자의 관계는, 예는 법의 총강령과 지도 원칙이고, 법(法)과 유(類)는 예(禮)에 속하며, 그것은 예의 원칙에 따라 제정한 구체적 조례이다. 그러므로 예는 법보다 더 중요하다. 순자의 의견에서 예는 법보다 더 높다.

이것은 순자가 유가의 입장에 서서 법가의 일부 사상을 흡수하여 법치 문제를 제기한 것이며, 또한 법치로써 예치(禮治)를 충실히 하고 예치로써 법치를 통괄하는 그의 정치 사상은 전국 말기 이래 지주 계급이 봉건제를 발전시키고 중앙 집권 독재를 건립하는 데 자각적으로 적응한 것이며, 유가의 기본 입장을 계승하고 고수한 자각적인 표현이다.

예가 법을 지배하고 예가 법을 통괄한다는 순자의 주요한 관점은 다음과 같다.

첫째, 예는 법을 제정하는 근거이다. 순자는 "예의가 나타나서 법도를 제정하게 되었다." -〈성악〉-고 말했다.

둘째, 위의 통치자들에 대해서는 주로 예로써 조절하고, 아래의 백성들에 대해서는 법으로 다스려야 한다. 즉 "사(士) 이상의 사람들에 대해서는 예약으로 조절하고 백성들은 반드시 법률의 조문에 의해 다스려야 한다."―〈부국〉

셋째, 위정은 사람에게 달렸으며 인치(人治)가 법치(法治)보다 더 중요하다. "나라를 잘 다스릴 수 있는 사람은 있어도 저절로 다스려질 수 있는 치국법(治國法)은 없다……그러므로 법제는 단독으로 역할을 수행할 수 없고 일반 유례도 스스로 효과를 발휘할 수 없다. 나라를 잘 다스릴 줄 아는 사람이 있으면 법이 존재하고 그런 사람이 없으면 법이 없어지고 만다. 법은 나라를 다스리는 근본이고 군자는 그 법의 원천이다."―〈군도〉

넷째, 법률을 실시하기 전의 예의 교육은 중요한 의의를 갖고 있다. "예의로 교육하고 감화시켜야 백성들의 마음이 일치하게 된다."―〈의병〉

"교육을 하지 않고 주벌(誅罰)하면 형벌의 조목이 많아도 계속 나쁜 일이 발생할 수 있다. 교육만 하고 주벌하지 않으면 나쁜 사람이 징계받지 못하게 된다. 주벌만 하고 장려하지 않으면 부지런한 사람들이 고무받을 수 없다. 상벌이 법률에 맞지 않으면 백성들이 의심을 품게 되고 풍속이 나빠지며 백성들이 어찌할 바를 모른다. 그러므로 선왕은 예의를 천명하여 사람들이 화목하고 통일되게 했으며 충(忠)·신(信)으로 백성들을 사랑했다."―〈부국〉

예치와 법치, 인치와 법치, 교육과 형벌 등의 관계에 대한 순자의 견해는 사상 근원으로부터 볼 때 "위정자가 권력을 배경으로 법률 만능의 정치를 하게 되면, 백성들은 법률에서 빠져나갈 구멍만을 찾는 몰염치한 사람이 되고 만다."–《논어》〈위정〉–는 공자의 관점을 계승했다는 것이 뚜렷하다.

그러나 예를 숭상하는 원칙의 지도하에서 법을 중시하는 작용은 공자의 사상 범위를 훨씬 초과했다. 순자는 유가 학자의 입장이 선명하면서도 법가 사상을 흡취하려는 염원도 강렬했다. 그의 이런 정치 이론의 특색을 알게 되면 전국 말기의 유가 거장인 그가 어떻게 되어 한비……이사(李斯)와 같은 법가 거장을 교육해 낼 수 있었는가를 이해하기 어렵지 않다.

3. 순자의 춘추전국 시대 각 학설에 대한 비판과 종합

춘추 말년 이래의 백가쟁명(百家爭鳴)의 학술운동은 전국 후기까지 발전했으며 새로운 종합적 추세가 나타났다. 이런 종합적 추세는 두 개 방면의 요소에 의하여 형성되었다.

첫째는, 생산력 발전의 기초 위에 건립된 생산 관계와 상부 구조의 의식 형태가 날마다 성숙·완성되었기 때문이다. 신흥 지주계급은 중앙 집권제의 독재 정권을 세우고 통일된 정치 국면을 개척함으로써 봉건 사회의 발전에 더욱 넓은 길을 개척하려 했다. 이 요구는 조류에 부합되고 인심에 어긋나지 않기에 역사적 필연성을 띠고 있었다. 권력을 집중시키고 정치를 통일시키자면 필연코 학술 사상도 그에 적응되어야 했다.

200여 년의 백가쟁명을 거쳐 각 학파의 학술 사상은 자아 발전과 상호간의 책문을 경과하여 각자가 비교적 완전한 체계를 이루었다. 종적으로 보면 역사 원류(源流)의 실마리가 명확해지고 횡적으로 보면 학과 분야의 계선이 명확해졌다. 학술 발전의 이런 객관적 태세는 학술을 종합하는 데 풍부한 자료와 조건을 제공했다.

순자가 장기적으로 학술 활동에 종사한 직하학궁은 바로 각 학파의 저명한 학자들이 모이는 곳이었으며, 순자 본인은 식력(識力)이 뛰어나고 학문이 깊으며, 태도가 엄밀하고 도량이 넓어 학술을 종합하는 이 임무를 넉넉히 감당할 수 있었다. 이것은 제자백가(諸子百家)의 학설이 이때에 이르러 종합될 수 있는 가능성이 있었다는 것을 설명한다.

종합의 필요성과 가능성이 통일되어 학술 종합의 필연적 추세가 형성되었다. 전국(戰國) 말기에 거의 모든 학파들은 자기의 관점으로 춘추전국 시대의 학술을 비판하고 종합하려 했다.

순자 이전의 《장자》〈천하편(天下篇)〉과 순자 이후의 《한비자(韓非子)》〈현학편(顯學篇)〉은 모두 춘추전국 시대의 여러 가지 학술을 종합 비판한 전문 저서였다.

비판 종합하는 사조(思潮) 가운데서 순자의 글이 체계가 제일 완성되었고, 내용이 풍부하고 규모가 컸다. 그는 〈비십이자(非十二子)〉 및 〈불구(不苟)〉·〈유효(儒效)〉·〈부국(富國)〉·〈천론(天論)〉·〈정론(正論)〉·〈악론(樂論)〉·〈해폐(解蔽)〉 등 여러 편의 글 가운데서 모두 제자(諸子) 사상에 대해 비판했다.

순자는 다음과 같이 지적했다. 여러 가지 학설은 각자가 견(見)과 폐(蔽)를 갖고 있다.

"자기 것만 보고 남의 것을 보지 못하며"—〈천론〉 "이것에 가리워 저것을 모른다."—〈해폐〉

각파의 학자들이 이론상에서 이런 편면성의 불순한 학풍과 결합되면 천하를 어지럽히고 시비를 헛갈리게 한다.

그는 "오늘날 세상에는 꾸며낸 사설이나 간사한 말로 천하를 어지럽히고 많은 우매한 사람들을 매혹시키며, 허풍·괴상한 행동, 비열한 수단과 간사한 말로써 세상 사람들을 혼란에 빠뜨려 시비 선악의 분별조차 모르게 하는 사람들이 있다."—〈비십이자〉—고 했다. 학술계의 혼란스런 국면에 비추어 순자는 각 학파 학설의 견(見)과 폐(蔽), 시(是)와 비(非)에 대해 자기 나름의 평판을 했다. 순자는 유가 가운데 중니(仲尼)·자궁(子弓)을 제외한 대부분의 사람들을 비판했다. 그는 자장(子張)과 자하(子夏)·자유(子游)를 천유(賤儒)라 했고, 자사(子思)·맹가(孟軻)를 죄가 있다고 말했다. 그는 자사와 맹가의 착오를 이렇게 비판했다.

첫째로, 선왕을 본받아야 한다고 했다.

"그들은 대체로 선왕을 본받고 있지만 선왕의 요령을 모르고, 그러면서도 뜻이 크며 견문이 퍽 넓었다."—〈비십이자〉

둘째로, 오행설(五行說)을 퍼뜨렸다.

"그들은 옛날의 낡은 관념에 의하여 자설(自說)을 만들어 오행(五行)이라 이름했다. 그런데 그 내용을 살펴보면 지나치게 편벽한 것으로 황당하고 조리가 없으며, 몹시 선비적인데 설명이 없고, 도저히 풀이할 수 없는 말도 해석조차 하지 않았다."—(동상서)

셋째로, 사람의 본성은 선량하다고 했다.

"맹자는 사람이 무엇을 배울 수 있는 것은 본성이 선량하기 때문이라고 말했는데 이것은 틀리다. 이것은 사람의 본성을 모를 뿐만 아니라 선천의 본성과 후천의 인위적인 노력을 모르는 것이다."—〈성악(性惡)〉

순자는 사맹 학파의 이런 관점은 공자 사상에 어긋난다고 여겼다. 그리하여 맹자의 관점과 반대되는 후왕을 본받아야 한다, 사람의 본성은 악하다는 관점을 내놓았다. 그런데 순자가 왜 사(思)·맹(孟)의 오행설을 맹렬히 비판했는가에 대해 장병린(章炳麟)은《자사맹가오행설(子思孟軻五行說)》이라는 글에서 다음과 같이 분석했다.

자사가 쓴《중용》을 따져보면 그것은 천명(天命)이 곧 본성이라는데 근거하여 쓴 것이다. 상세히 말하면 목신(木神)은 인(仁)이고, 금신(金神)은 의(義)이고, 화신(火神)은 예(禮)이고, 수신(水神)은 지(智)이고, 토신(土神)은 신(信)이라는 것이다.《효경(孝經)》에서도 이와 비슷하게 말했다.〈왕제정의인(王制正義引)〉이란 이 글은 자사의 유설(遺說)이다……옛적에《홍범(洪範)》구주(九疇)에는 오행을 빌려 인사(人事)를 해석했는데 그 의미가 정확히 표달되지 못했다. 그러나 자사는 그것을 능숙하게 부회(傅會)했다. 당시에 연(燕)·제(齊) 등 나라의 멍청하고 괴상한 인사들은 그 설을 임의로 과장해 신기한 글이라 하면서 사람들 앞에서 뽐내었으며 뭇사람들을 기만했는데 이런 일은 자사로부터 시작되었던 것이다. 그러기에 순경은 당연히 자사를 비웃게 되었다.

순자는 자사·맹가가 오행으로써 인사(人事)를 거들어주고 천명(天命)으로써 사람의 본성을 논하는 천인합일설(天人合一說)은 황당하고 조리성이 없으며 신비하고 알 길 없는 유론이므로 비판해야 한다고 여겼다.

묵가(墨家)에 대하여 순자는 치중하여 묵자의 겸애(兼愛)·절용(節用)·비악(非樂)과 공리(功利)를 숭상하는 관점을 비판했다. 그는 묵적과 송견은 "천하를 통일하고 국가를 세우는 데 근본이 되는 등급 관념을 전혀 모르고, 공리를 숭상하고 비용을 절약할 것을 지나치게 강조하고 등급차별을 경시했다. 그리하여 귀천·상하·군신 사이의 계선을 나눌 수 없게 되었다."—〈비십이자〉—고 말했다.

공리를 숭상하고 절약을 중시하며 등급차별을 반대하는 것은 묵자 학설의 기본 정신이다. 순자는 묵자의 착오를 이렇게 지적했다.

첫째로, 묵자는 등급차별을 반대했는데 이것은 "평등에만 사로잡혀 차별이라는 것을 모르는 것이다……평등만 주장하고 차별을 모른다면 나라의 정치 법령이 시행되지 않을 것이다."—〈천론〉

둘째로, 공리를 숭상했는데 이것은 "공리에 마음이 가려져 예의제도를 모르는 것이다……그리하여 공리를 도(道)라고 간주했다. 그렇게 되면 사람들은 공리주의에 빠지게 된다."—〈해폐〉

셋째로, 비용을 줄일 것을 중시하는 것은 묵자 혼자만이 잘못된 계산에 의해 갖는 근심이다. 비용을 절약하면 세상은 갈수록 야박해지고, 세상이 야박해지면 사람마다 욕망을 만족시킬 수 없고, 욕망을 만족시킬 수 없게 되면 공로자들에게 상을 줄 수 없게 된다.

또한 통치자들이 비용을 절약하고 백성들과 똑같이 일을 하고 그들과 공로를 같이 한다면 위엄이 없어질 것이고, 위엄이 없어지면 형벌이 행하여지지 않게 되며, 상이 행하여지지 않으면 어진 이가 조정에 들어가 벼슬할 수 없고, 형벌이 행하여지지 않으면 무능한 자를 가려내 칠 수가 없게 된다.

그 결과 천하가 빈곤해지고 어지러워진다. 그러므로 절용설(節用說)은 "근본을 상하게 하고 원천을 끊어 놓는 격이 되어 천하는 물론 고갈되게 마련이다."—〈부국〉

넷째로, 음악을 부정한 것은 소경·귀머거리 등의 논조에 지나지 않는다. 왜냐하면 음악은 세상을 다스리는 중요한 것으로서 군신 상하·부자 형제와 향친(鄕親)들 사이의 관계를 조절할 수 있고 사람들에게 깊은 인상을 남길 수 있으며, "사람들의 감정을 빨리 개변시킬 수 있으며, 풍속 습관을 개변하는 힘을 갖고 있기 때문이다."

그는 "묵자의 비악론(非樂論)은 천하를 혼란하게 한다."—〈부국〉—고 말했다. 순자의 묵자에 대한 비판은 유가와 묵가의 정치 원칙(등급 문제)상에서의 근본 분기를 나타내었다.

순자는 도가 학설에 대해서 흡수도 하고 비판도 했다. 우선 그는 굽어드는 것(屈)과 펴는 것(伸)의 관계, 즉 무위(無爲)와 유위(有爲) 관계에서의 노자의 관점을 비판했다. 노자는, 사람은 자연과 사회 앞에서 어쩔 수가 없으므로 그저 소극적으로 자연에 순응하고 자연을 다스릴 생각을 그만두어야 하며 자연과 싸워 이기려고 하지 말아야 한다고 했다.

그리하여 그는 "굽으면 보존되고 굽을 줄 알면 펴질 수 있다."—《노자》〈22장〉

"가장 곧은 것은 굽은 것 같고, 가장 영활한 것은 우둔한 것 같다."—《노자》〈45장〉—는 등의 관점을 제기했다.

순자는 노자의 관점이 편면적이라고 지적하면서 "노자는 굽어들 줄은 아나 펼 줄은 모른다."—〈천론〉—고 말했다. 만약 사람들이 굽어들 줄만 알고 펼 줄 모르는 태도로 처신하며 모두 그럭저럭 참고 견디면서 진보하려 하지 않게 되면, 사회의 중요한 위치에 있는 귀한 사람들도 무엇을 하려 하지 않게 된다. 그 결과 "굽어들 줄만 알고 펼 줄은 모르게 되어 귀천을 분별할 수 없게 된다."—〈천론〉—고 말했다.

순자는 여기에서 비록 귀천을 분별하는 의미에서 펴는 것(仲)의 중요성을 강조했지만 실제로는 소극적으로 자연에 순응하고, "하늘의 운행법칙을 장악하고 이용해야 한다."는 능동성을 부정한 노자의 사상 실체를 폭로했다.

그 다음, 순자는 하늘과 사람 사이의 관계에서 장자의 착오적인 관점을 비판했다. 장자는 노자의 무위론(無爲論)을 더욱 소극적인 방면으로 발전시켜 자연은 사람들이 간섭할 바가 아니고, 사람들은 자연을 간섭할 필요도 없으며 자연이 시키는 대로 해야 하지 그렇지 않으면 자연의 불효자식이라고 인정했다. 장자는 "인사(人事)로써 천성을 훼손시키지 말고 인정으로써 천명을 훼손시키지 말아야 한다."—《추수(秋水)》—고 명확히 주장했다.

이런 무위주의에 비추어 순자는 "장자는 자연계의 중요성만 알고 사람의 능동 작용을 모른다. 자연계를 도로 간주하게 된다면 사람들은 하늘의 말밖에 들을 수 없다."—〈해폐〉—고 비판했다.

순자의 노자·장자에 대한 굽어들 줄은 아나 펼 줄은 모른다, 자연의 말만 듣고 사람의 능동 작용을 모르는 소극적인 자세로 자연에 순응하는 무위(無爲) 사상에 대한 비평은 자연을 개조할 것을 주장하고 사람의 주관 능동 작용을 긍정하는 그의 사상을 충분히 나타내었다.

법가에 대하여 순자는 신도(愼到)·전병(田騈)과 신불해(申不害)의 관점에 치중하여 비판했다. 그는 이런 법가 인물들의 아래와 같은 몇 가지 문제에서의 착오를 지적했다.

첫째, 법(法)과 정(情) 사이의 관계에서 신도는 한편으로는 법을 숭상하고 다른 한편으로는 또 인간의 정을 말살하지 않았다. 그는 "법은 하늘에서 떨어진 것이 아니고 땅에서 솟아난 것이 아니라 인간에서 나왔으며 인심에 부합되는 것이다."-《신자(愼子)》〈실문(失文)〉-라고 했다.

법제를 숭상하면서도 인심에 부합되어야 한다, 인정을 돌봐야 한다고 주장한 신자의 설법에 대해 순자는 이렇게 말했다. "법제를 숭상한다고 하면서도 준칙을 내오지 못했고, 현지(賢智)를 경시하고 뒤에서 딴 꿍꿍이를 꾸며 대며, 위로는 임금에게 순종하고 아래로는 세속 사람들의 뜻에 따르며, 종일토록 법률 조목만 담론한다. 그러나 다시금 그것을 상세하게 살펴보면 조리가 없고 귀착점이 없어, 그것으로는 나라를 다스리고 상하의 분별을 정할 수 없다."-〈비십이자〉

둘째, 법(法)과 현(賢)의 관계에서 신도는 "법을 숭상하고 현을 숭상하지 말아야 한다."고 주장했으며 군주들에게 "군주를 세워놓고 현명한 자를 숭상하면 군주와 현명한 사람이 서로 싸우게 되어 군주가 없는 것보다 더 혼란해진다."-《신자》〈실문〉-고 타일렀다.

그는 또 만약 현명한 사람을 숭상할 것을 제창하게 되면 법의 지위에 영향을 주게 되며 정치운명을 현명한 자에게 맡기는 것이 된다고 했다. 여기에 대해 순자는 이렇게 비평했다. "신자는 법만 보았지 현명한 사람을 쓸 줄 몰랐다……법을 도로 삼았는데 그 결과 법률의 조문에 빠지고 말았다."-〈해폐〉

셋째, 앞(先)과 뒤(後)의 문제에서 신자는 도가의 태도를 취했으며, 사람들은 "생각을 포기하고 견해를 망각해야 하며, 밀어 주어야 걷고 잡아당겨야 전진하고, 바람이 부는 대로 흔들리며, 물방아처럼 빙글빙글 돌아야 한다."-《장자》〈천하〉-고 주장했다.

순자는 사물의 뒤꽁무니를 따르는 이런 소극적인 태도를 받아들일 수 없었다. 그리하여 순자는 "신자는 뒤를 볼 수 있을 뿐 앞을 볼 수 없었다. 뒤만 보고 앞을 볼 줄 모른다면 백성들은 나아갈 길을 모르게 된다."—〈천론〉—고 말했다. 다시 말하면 앞에 서서 백성을 이끌어 나아가는 사람이 없으면 많은 백성들은 전진 방향을 잃는다는 것이다.

넷째, 세(勢)와 지(智)의 관계에서 순자는 신불해(申不害)의 '권세의 중요성만 알고 재능의 역할을 모르는' 관점을 비판하면서 만약 권세 방면으로부터 도를 논한다면 사람들은 모두 권세의 의도대로 일을 처리하게 되며 "권세를 도라고 여기면 도는 기회를 엿보아 일을 처리하는 것에 그치고 만다."—〈해폐〉—고 말했다.

신불해는 정치 사상면에서 권세의 작용을 중시하고 술책을 강조했다. 그의 술치(術治) 사상의 중요한 논점의 하나는 조용한 마음으로 사물의 이(理)에 순응하며 무위(無爲)해야 한다는 것이다. 그는, 임금은 나라를 다스릴 때 자기의 지혜에 의거할 필요가 없고 권세와 권술(權術)에만 의거하면 충분하다고 주장했으며 "최대의 총명함은 총명함을 버리는 것이고, 최대의 인자함은 인자함을 망각하는 것이며, 최대의 도덕은 도덕을 버리는 것이고, 귀가 먹어 듣지 못하게 되면 귀가 밝아지며, 눈이 멀어 보지 못하게 되면 눈이 밝아지고, 머저리가 되어 알지 못하면 마음속으로 대공무사하게 된다."—《여씨춘추》〈임교(任敎)〉—고 말했다.

순자는 바로 그의 이런 관점에 대해 비판했다. 법가에 대한 순자의 상술한 비판은 예를 숭상하고, 현명한 사람을 소중히 여기고, 지혜를 중시하는 그의 인치(人治) 사상과 밀접히 연계되며 그가 유가의 입장을 견지한 뚜렷한 표현이다.

명가(名家)에 대하여 순자는 혜시(惠施)·등석(鄧析)의 '기이한 학설을 만들어내기 좋아하고 기이한 말을 잘 하는' 변술(辯術)을 비판했다. 순자는 그런 명제에 대해 구체적으로 분석하지는 않았지만 총체적으로 그들의 착오를 지적했다.

그는 혜시·등석의 학설은 첫째로, 예의에 부합되지 않는바 "산과 골짜기는 똑같이 평평하고, 하늘과 땅은 높이가 같고, 제(齊)나라와 진(秦)나라는 같은 지점에 있고, 노파에게 수염이 나 있고, 계란에 털이 나 있다."는 격이다.

둘째로, 실제를 모르고 하는 소리로서 "혜자는 명제와 판단의 중요성만 알고 사물의 실질적인 면을 모른다……명제와 판단을 도라고 한다면 사람들은 궤변하는 데 그치고 만다."―〈해폐〉―고 했다.

셋째로, 그들의 학설은 쓸모가 없다고 했다. 그는 명가 학설은 "아주 세밀하게 분석되어 있지만 급히 수요되지 않고 또 퍽 달변인데도 아무 데도 쓸 곳이 없으며, 하는 일이 많지만 별로 공(功)이 없다. 그러므로 그것을 나라를 다스리는 원칙으로 삼을 수 없다."―〈비십이자〉―고 말했다.

그의 이런 비평은 명가 학설을 원칙적으로 질책하고 그것을 위해성을 밝혔을 뿐이다. 그리하여 명가의 착오를 비평했다기보다 그들의 학풍과 종지를 비평했다는 편이 낫다. 이런 비평은 명가에 대한 순자의 기본 태도를 반영한다. 그런데 비평을 너무 두루뭉술하게 했기에 그는 명가의 논리 명제 가운데 포함된 합리적 요소를 깊이 밝혀내지 못했다.

이 밖에 순자는 또 기타 몇 명의 학자들도 비평했다. 그는 타효(他囂)·위모(魏牟)가 예의를 배반하고 "인간의 성정이 가는 데로 쫓아 무엇이든 제멋대로 거리낌이 없으며, 그 행동이 완전히 금수와도 같아 예의에 어긋날 뿐만 아니라 나라를 다스릴 수 없다."—〈비십이자〉—고 비난했다.

순자는, 또 진중(陳仲)·사추(史鰌)는 귀한 것과 천한 것을 가리지 못하며 "인간의 성정을 억지로 고쳐, 오만하게 바른 길을 걷지 않으며, 세상 사람과 다른 것만을 고상하게 여긴다. 또한 백성들과 완전히 어울리지 아니하며 동급명분을 똑똑하게 가리지 못한다."—(동상서)—고 비난했다.

송견에 대해 순자는 〈비십이자〉란 글에서 송견과 묵자를 함께 비판한 외에 다른 글에서도 그를 여러 번 비판했다. 송견의 주요한 관점은 "모욕을 당한 것은 수치가 아니다. 사람의 본성은 욕심이 적다는 것이다. 모욕을 당한 것은 수치가 아니다."라는 것이다.

그 관점을 놓고 순자는, 송견은 만약 사람이 모욕을 당한 것을 수치로 느끼지 않는다면 싸움이 있을 수 없다고 여기는데 이것은 싸움의 원인을 모르기 때문이며 사람이 싸우는가 싸우지 않는가 하는 것은 수치를 느끼는가 느끼지 않는가에 있는 것이 아니라 미워하는가 미워하지 않는가에 있다고 했으며, 그렇기 때문에 송견의 "모욕을 당한 것은 수치가 아니다."라는 논조는 싸움을 소멸하는 목적에 도달할 수가 없을 뿐만 아니라 사람들이 기만당하고 모욕을 당하고도 후회하는 수밖에 없게 만든다고 지적했다.

순자는 또 송견의 논조는 의영(義榮)·세영(勢榮)·의욕(義辱)·세욕(勢辱)을 분별할 줄 모르며, 영욕(榮辱)에 대한 성왕의 총강령을 위반했기에 사람들을 영예관·치욕관에서 혼란에 빠지게 한다고 지적했다. '사람의 본성은 욕심이 적다.'는 것을 놓고 순자는 이 관점이 사실에 부합되지 않으며, 사람의 본성은 욕심이 적은 것이 아니라 많으며, 욕심이 많기 때문에 역대의 임금들이 공로를 세우면 후한 상을 주고 과오를 범하면 엄한 처벌을 주는 방법을 써왔다고 지적했다.

여기에서 순자는 "송자(宋子)는 사람은 욕심이 적다는 것만 알고 욕심이 많다는 것은 모른다……만약 욕심이 적다는 점만 알고 욕심이 많다는 것을 모른다면 백성들이 교화될 수 없다."—〈천론〉 "송자는 욕심이 적다는 것만 보고 어떻게 하면 욕심을 만족시킬 수 있다는 것을 몰랐다……만약 욕심을 도로 간주한다면 사람들은 욕심을 채우는 데 그치고 만다."—〈해폐〉—고 지적했다.

순자의 송견에 대한 비판은 사람의 본성은 악하다는 자기의 관점에 의거한 것임이 뚜렷하다.

순자는 각 학파 학술의 폐(蔽)를 비판한 동시에 그것들의 관점에 대해서는 긍정하고 취했다.

그는 도가의 '천도(天道)는 자연적'이고 무위(無爲)라는 사상을 취하여 그것을 "하늘은 일정한 법칙에 의해 운영하는데 이런 법칙은 현명한 임금 요가 있었기에 존재하는 것이 아니고, 또 폭군 걸이 나왔기에 소멸되는 것도 아니다."—〈천론〉—라는 유물주의 법칙관으로 개조했으며 '하늘과 사람의 직분을 구분하고, 하늘과 직능을 다투지 말며, 정도(正道)를 떠나 행사하는 것'을 반대할 것을 주장했다.

그는 한편으로는 자사·맹자 학파의 "타고난 것을 본성이라 한다."와 "사람의 본성은 선량하다."는 관점을 비판했고 다른 한편으로 그는 또 "자사·맹자 학파의 자기를 이루어지게 하고 만물이 이루어지게 한다."고 한 능동적 사상을 취하여 하늘의 변화 법칙을 장악하고 이용해야 하고 "자연을 다스리고 이용해야 한다."는 빛나는 명제를 제기했다.

그는 유가의 입장에서 법가의 '법만 알고 현명한 사람을 쓸 줄 모르며, 권세만 알고 재능의 역할을 모르는' 단편성을 비난하면서도 예를 숭상해야 한다는 원칙하에서 법가의 많은 중요한 논점을 취했고 법을 예에 귀결시켰다.

그는 "나라를 다스리는 강령은 예(禮)와 형(刑)이고"―〈성상(成相)〉 "예를 숭상하고 법제를 실시하면 나라의 질서가 잡히게 된다."―〈군도〉―고 인정했으며 "예의가 나오니 법도를 제정하게 되었다."―〈성악(性惡)〉―고 주장했다.

심지어는 법을 "나라를 다스리는 근본"―〈군도〉―이라는 높은 위치에 올려놓았으며 법가 학자인 한비·이사 두 사람을 키워냈다.

그는 묵가 학파에 대해서도 실제로 전부 부정한 것이 아니었다. 그가 제기한 "힘이 크면 강대하게 되고, 강대하면 만물을 전승할 수 있다."―〈왕제〉―는 논점은 묵자의 "그 힘에 의거하면 살 수 있고 그 힘에 의거하지 않으면 살 수 없다."―〈비악 상(非樂上)〉―와 "강대하면 다스릴 수 있고 강대하지 못하면 필연코 혼란해진다. 강대하면 무사하고 강대하지 못하면 위험하다. 강대하면 부유해지고 강대하지 못하면 가난해진다."―〈비명 하(非命下)〉―에서 힘을 숭상하는 논리가 나온 것이다.

하늘의 운행 법칙을 장악하고, 만물을 이용하여 능력에 의해 개변시켜야 한다는 순자의 사상은 천명이라는 것이 존재하지 않는다고 한 묵자의 비명론(非命論)을 계승한 것이다. 순자는 "도의를 좋아하는 마음과 이익을 좋아하는 마음, 이 두 가지는 사람마다 한꺼번에 지니고 있다."고 말했다.

그의 이 의리관(義利觀)은 긍정적으로 도의와 이익을 골고루 돌보고 도의와 이익을 통일시켜야 한다고 주장한 묵자와 후기 묵가 사상과 내재적 원류(源流) 관계를 갖고 있다.

논리 사상에서 순자는 사물에 근거하여 이름을 달아야 한다는 묵가의 기본 입장을 취하여 "이름을 달아서 그것들의 실질을 밝혀야 한다."—〈정명(正名)〉—는 유물주의 논리 원칙을 제기했다.

순자는 명가(名家) 학파의 변술에 대해 아주 맹렬하게 공격했다. 그러나 그가 제기한, 같은 사물에는 같은 이름을 달아 주어야 하고(同實同名), 같지 않은 사물에는 같지 않은 이름을 달아 주어야 하며(異實異名), 사물의 실질에 근거하여 사물의 수량을 결정해야 한다(積實定數)는 명명(命名) 원칙 및 다른 것을 구별해야 한다는 그의 주장은 혜시(惠施)를 비롯한 여러 사람들의 '다른 것을 합쳐야 한다(合同異).'는 관점에서 계발을 받은 것임에 틀림없다.

여기에서 알 수 있는바 순자는 춘추전국 시대의 학술에 대하여 비교적 전면적으로 비판하고 종합하여 이론상으로 총화했다. 그러므로 그를 춘추전국 시대 학술 사상의 집대성자(集大成者)라 할 수 있다.

순자는 여러 가지 학파를 비판하고 종합할 때 어떤 원칙과 방법에 의거했는가? 이것은 깊이 탐구해 볼 문제이다.

〈비십이자〉·〈천론〉·〈불구(不苟)〉·〈해폐〉 등 글에 비교적 집중된 논술을 보면 순자가 비판 종합할 때 운용한 원칙은 주요하게 "도를 알아야 한다. 편견을 없애야 한다."—〈해폐〉—와 "예에 맞아야 한다(中禮)."는 것이다.

1) 지도(도를 알아야 한다)를 진리의 표준으로 삼았다

순자는, 인식하는 목적은 "알기 위해서이며 파악해야만 객관적 시비 표준이 있게 된다"고 인정했다. 그가 말하는 도는 전체 우주의 보편적 규율인데 거기에는 자연 구율과 치세 규율이 포함된다. 그는 "도는 고금으로 인사(人事)를 평가하는 가장 정확한 표준이다. 도를 떠나서 주관적으로 모든 것을 선택하면 화와 복이 어디에 있는지를 모르게 된다."-〈정명(正名)〉

"무엇을 시비를 가늠하는 표준이라 하는가? 그것은 바로 도이다. 그러므로 사람의 마음은 도를 몰라서는 안 된다……마음이 만약 도를 모른다면 도를 보고서 긍정할 수 없고 도가 아닌 것을 보고서 긍정하게 된다……도를 알면 도를 긍정하게 되고 도를 긍정하면 도를 준수하고 도가 아닌 것은 금지하게 된다."-〈해폐〉

다시 말하면 도는 시비를 가르는 표준이고 도를 알면 표준을 장악하여 시비를 가릴 수 있는 것이다. 이 원칙에 근거하여 그는 여러 가지 학파의 착오가 도를 전면적으로 장악하지 못한 데 있거나 간혹 도를 내세우거나 도를 떠나서 주관적으로 결정함으로써 단편적으로 빠진 데 있다고 지적했다.

순자는 "만물은 도의 한 부분에 지나지 않고 일물(一物)은 만물의 한 부분에 지나지 않는다. 그런데 우둔한 사람은 사물의 한 부분만 알고서는 다 아는 것처럼 하는데 이것은 너무 무지한 표현이다. 신자(愼子)는 뒤를 볼 수 있을 뿐 앞을 볼 수 없었고, 노자는 굽힐 줄만 알았고 펼 줄을 몰랐다. 묵자는 평등만 알고 차별을 알지 못했고, 송자는 사람이 본래 욕심이 적다는 것만 알고 욕심이 많다는 것을 몰랐다."-〈천론〉

이런 학자들의 공통된 착오는 "한쪽에 치우친 인식에 국한되어 전면적인 도리를 모르는 데 있다."-〈해폐〉-고 지적했다. 다시 말하면 도를 모르는 데 있다. 순자는 도를 표준으로 삼아 각 학파의 학설을 가늠한 후 평가와 비판을 했던 것이다.

2) 해폐(편견을 없애는 것)를 인식의 방법으로 삼았다

도를 모르는 표현과 원인은 인식상에서 국한되고 막혔기 때문이다. 그러므로 각 학파들의 편견을 없애고 바로잡아 주는 방법으로 그들의 학설을 비판하고 지양한 이것은 순자가 견지한 두 번째 중요한 원칙이다. 그는 다음과 같이 지적했다.

"묵자는 공리(功利)만 중시하고 예악(禮樂)을 몰랐으며, 송자는 사람은 욕심이 적다는 것만 보고 욕심이 많다는 것을 보지 못했으며, 신자는 법만 알고 현명한 사람을 쓸 줄 몰랐으며, 신자(申子)는 권세만 중시하고 재능의 역할을 몰랐으며, 혜자(惠子)는 말만 구수하게 하고 실제적으로 운용하지 못했으며, 장자는 자연 현상에 얽매여 사람의 능동 역할을 보지 못했다." —〈해폐〉

이런 학자들의 주장은 "모두 예의 일부분이다." —(동상서)—라는 것인데 도라는 것은 본신은 변하지 않지만 변화무궁한 작용을 하므로 그 어떤 일부분만으로는 그런 변화를 다 개괄할 수 없다. —(동상서)

그러므로 그들은 인식이 단편적인 사람이 되었다. 그뿐만 아니라 그들은 단편적인 인식을 전면적인 것으로 간주하고 그것을 크게 자랑했으며 자신이 알고 있는 단편적인 것을 가지고 만족하게 여겨 자랑했다. 그 결과 안으로는 자기 자신을 어지럽히고 밖으로는 사람들을 미혹되게 했다. —(동상서)

이것은 사회에 편견에 의한 화를 가져다준다. 순자는, 오직 "편견을 없애야 학술상의 이런 화를 극복하고 진리적 인식에 도달할 수 있으며, 편견을 없애는 방법은 사물의 여러 개 측면을 한꺼번에 죽 빌려 놓고서, 마음속에 그것들을 가늠하는 표준을 세우는 것이다."—(동상서)—라고 인정했다. 아주 명백한바 순자는 여러 학파의 학설을 비판할 때 바로 이런 방법을 썼다.

3) '예에 맞게 해야 한다(中禮).'를 가치의 척도로 삼았다

만약 '알아야 한다'와 '편견을 없애야 한다'는 이 두 가지를 인식론의 원천이라고 한다면 예에 맞게 해야 한다는 것은 순자가 다른 학파의 학설을 비판하고 종합할 때 응용한 가치관의 원칙이라 할 수 있다.

순자는 제자(諸子) 학설을 지양함에 있어서 전면적인 진리 표준인 도와 변증적인 인식 방법인 해폐를 쫓았지만 여러 학파들을 완전히 객관적 입장에 서서 대한 것은 아니었다.

그에게는 제자 학설의 이해 득실을 가늠하는 척도가 있는데 이것이 바로 예였다. 그는 예에 부합되는가 되지 않는가를 가치 표준으로 삼아 각 학파의 학설을 취사·지양했다.

예를 들면 그는 등석(鄧析)·혜시(惠施)의 관점은 "예의가 아니고 나라를 다스리는 강령이 아니며"—〈비십이자〉 "예의에 맞지 않는다."—〈불구〉—라고 비판했다.

그는 타효(他囂)·위모(魏牟)의 주장은 "예의에 맞지 않고 나라를 다스리는 목적에 도달할 수 없다."—〈비십이자〉—고 했고, 진중(陳仲)·사추(史鰌)의 이론은 "백성들과 도저히 어울리지 아니하고 등급 명분을 똑똑히 가릴 수 없다."—(동상서)—고 지적했다.

여기서 말하는 강령·예의·명분은 모두 다른 차원에서의 예이다.

또 예를 들면 순자는 신도·전병의 학설은 "나라를 다스릴 수 없고 예의 명분을 수호할 수 없다."—(동상서)—고 비난했는데 나라를 다스리고 명분을 수호하는 것이 바로 순자가 말하는 예의 역할이다. 묵자·송견에 대해서 순자는 직접 예를 표준으로 삼아 비판하지 않았지만 그들의 주장에 의하면 "귀천·상하·군신 사이의 계선을 가를 수 없다."—(동상서)—고 말했다.

귀천·상하·군신 사이의 계선을 가르는 것은 예의 기본 내용이다. 순자는 일찍이 "예란 귀천에 등급이 있고, 장유(長幼)에 차별이 있고, 빈부와 계급 지위의 높고 낮음에 모두 적응되는 규정이 있는 것이다."—〈부국〉—라고 말했다.

맹자는 사람의 본성은 선량하다고 말했다. 순자는 맹자를 "사람의 선천적인 것과 후천 인위적인 것의 구별을 모른다."—〈성악〉—고 비판했다. 다시 말하면 맹자가 인위적인 개조 중에서의 예의의 중대한 역할을 모른다는 것이다.

왜냐하면 사람의 본성이 악하던 데로부터 선량하게 되는 것은 예의를 명시하고 교육을 한 결과이기 때문이다. 유가의 거장인 맹자도 인의예지를 크게 선양하고 심지어 그것을 사람의 본성이라고 보았다. 그러나 순자는 맹자가 예의의 가치를 높이는 대신 낮추어 놓았다고 했다.

순자는 "예의란 것은 모두 성인들이 제정한 것이지 사람의 본성이 갖고 있는 것이 아니며"—〈성악〉—인위적 노력에 의하여 생기고 개조할 수 있는 것이 바로 예의 가치라고 보았다. 여기에서 순자가 맹자를 비판할 때에도 예라는 가치 척도로 운용했음을 알 수 있다.

지도(知道)·해폐·중례(中禮), 이 세 가지 원칙은 순자가 제자 학설을 비판종합하는 데 있어서의 지도 사상이다. 여기에서 지도·해폐 원칙 가운데 관통된 것은 인식판단이고, 중례에 관통된 것은 가치판단이다. 순자는 인식판단과 가치판단을 결부시켰는데, 그 결과 그의 비판에는 복잡한 상황이 나타나게 되었다.

다시 말하면 그의 비판은 어떤 것은 실제와 법칙에 부합되지만 어떤 것은 주관주의적 편견이었다. 왜냐하면 가치관념이 일단 인식 영역에 침투되면 인식이 객관적 진리를 떠날 수 있기 때문이다. 이것도 기실은 편견이다. 순자가 말했다. "사랑만 하는 것도 편견이고 미워만 하는 것도 편견이다."―〈해폐〉

사람들의 가치관념은 사랑·미움, 이 두 가지가 밀접히 연계되어 있다. 순자는 남의 편견을 바로잡아 주자는 의도에서 예에 맞아야 한다는 것을 척도로 삼았다. 그러나 결국에는 그 자신에게서 편견이 나타났다.

4. 중국 유학사에서 순자의 특수 지위

순자는 춘추전국 시대 마지막 유학 거장이다. 그는 각 학파의 학술 사상을 비판 총화하여 자기의 독특한 사상 체계를 건립했으며, 필생의 학술 활동을 통해 유학의 발전에 거대한 공헌을 했다. 그리하여 중국 유학사에서의 자기의 특수한 위치를 확립했다.

1) 유가 학설을 계승하고 개조했다

순자는 인의(仁義)와 도덕을 강조하고 공자를 존경하고 경서(經書)를 중시했다. 그의 정치·윤리 사상의 기조는 유가에 속하며 본인도 대유(大儒)라고 자칭했다. 그러나 그는 유가의 창시자인 공자의 사상을 계승한 동시에 새것을 개척하는 기백으로 정통 유가를 개조하여 다른 유파를 세웠고 자기의 체계적인 사상 특색을 형성했다.

그는 〈유효(儒效)〉라는 글에서 대유와 속유(俗儒)를 대립시키고, 맹자를 대표로 하는 속유와 자기 사이의 계선을 설명했다.

순자의 정통 유학에 대한 개조는 주요하게 두 방면으로 표현된다.

첫째로, 하늘과 사람 사이의 관계에서 맹자의 '천명을 알고 천명을 두려워한다'는 천명관 중의 소극적인 요소를 버리고 하늘의 변화 법칙을 장악하고 이용해야 하며, '본성을 인위적으로 개변시킬 수 있다'는 빛나는 명제를 제기하여 사람의 주체성을 강화했다. 하늘과 사람 사이의 관계에는 두 가지 내용이 포함된다. 한 가지는 사람과 외계 자연 사이의 관계이고, 다른 한 가지는 사람의 사회 속성과 선천적인 자연 속성 사이의 관계이다.

첫 번째 문제에서 공자와 맹자도 사람의 지위와 작용을 긍정했지만 그들은 사람은 객관적 필연성—천명의 제약을 받는다고 승인했다. 그리하여 사람은 천명을 알고 천명을 두려워해야 한다고 주장했다. 이것은 천명으로 사람의 주체성을 제한하고 속박하는 결과를 쉽게 초래하게 된다.

그러나 순자는 그것을 개조하여 하늘은 일정한 법칙에 따라 운행하며 천명이라는 것이 존재하지 않는다고 했으며, 천명을 장악할 것을 주장했다. '장악해야 한다'로 '두려워해야 한다'를 대체한 것은 개별적 어구의 차이가 아니며 그것은 사람의 주체성을 크게 강화하고 우주에서의 사람의 지위를 높인 것이다.

두 번째로, 공자는 하늘이 준 자연속성은 서로 비슷하지만 후에 교양과 습관을 통하여 악한 것과 선량한 것의 현저한 차가 나타났다고 했다. 즉 "천성은 누구나가 서로 비슷하지만 교양과 습관에 의해 서로 차이가 생기게 된다."─《논어》〈양화(陽貨)〉─고 인정했다. 그러므로 공자는 학문을 전수하고, 배운 학문을 실천을 통해 몸에 배게 함으로써 사람들로 하여금 착한 마음을 가지게 해야 한다고 주장했다.

그러나 맹자는 사람의 본성은 누구나 다 서로 비슷하다고 한 공자의 관점을 발전시켜 사람의 본성은 누구나 다 선량하다고 했으며, "그 본심을 지키고 그 본성을 길러야 한다."─《맹자》〈진심 상(盡心上)〉─고 주장했으며, 기르는 것(養)을 통해 자연이 사람에게 준 선량한 본성을 공고 발전시켜야 한다고 했다.

만약 공자가 말하는 교양과 습관에 외부로부터 지식을 배워 선량하게 되는 것이 포함되어 있다고 한다면, 맹자가 말하는 기른다는 것은 사람으로 하여금 내심에 역할을 일으켜 고유의 선량한 끝(善端)을 기르고 발휘시켜야 한다는 뜻이다. 맹자의 관점에 비추어 순자는 사람의 자연 속성은 악하며 선량한 것은 완전히 후의 인위적 노력의 결과라고 했다.

그는 "배워서 얻은 것이 아니고 만들어 낸 것이 아니며 자연적으로 구비된 것이 본성이다. 배워서 얻을 수 있고 그대로 하면 효과를 볼 수 있으며 인위적으로 만들어 낸 것을 인위라 한다."─〈성악〉─고 말했다. 이것은 자연적으로 생긴 본성과 후에 사회 활동에서 노력하여 도달한 선량함을 뚜렷하게 갈라놓았다.

그는 맹자의 착오는 "사람의 선천적인 본성과 후천적 인위의 구별을 모른 데 있다."─(동상서)─고 지적했다. 여기에서 순자도 사람의 본성 문제에서 "하늘과 사람의 직능을 구분했다."─(동상서)─는 것을 알 수 있다. 그는 본성과 인위적인 것을 구분하고 하늘과 사람의 직능을 구분해야 한다는 주장을 통하여, 사람이 자기의 약한 본성을 개조하는 데 있어서의 구체 능동성을 뚜렷하게 내세웠다.

그가 말하는 인위(人爲)는 맹자가 말하는 기르는 것(養)보다, 그리고 공자가 말하는 교육과 습관(習)보다 더욱 적극적이다. 순자는 하늘과 사람 사이의 문제에서 공자와 맹자의 유학을 개조하고 사람의 주체성을 강화했다. 사람의 주체성을 강화한 것은 사람의 가치 지위를 제고시킨 것이다. 이것으로 순자는 공자나 맹자보다 사람의 가치를 더욱 중시했다고 말할 수 있다.

둘째로, 사람들 사이의 관계에서 순자는 공자와 맹자의 인을 중하게 여기고 의를 숭상하는 도덕관을 개조하여 "예는 인도(人道)의 최고 표준이고"―〈예론〉 "법은 나라를 다스리는 근본이다."―〈군도〉―라는 두 가지 중요한 명제를 내놓음으로써 외재적 규범의 사람에 대한 강제성을 강화했다.

공자는 인을 소중히 여기고 사람의 농후한 도덕 감정을 중시했고, 맹자는 의를 숭상하고 사람의 적당한 도덕 행위를 강조했다. 그들은 모두 도덕으로 사람들 사이의 관계를 조절하여 사회를 안정시키고 나라를 다스리려고 했다. 그들은 외재적 강제 수단을 써서 사람들 사이의 모순을 해결함으로써 사회의 안정을 실현하려는 관점을 반대하고 심지어는 견책했다.

공자와 맹자도 예에 대해 말했지만 그들의 뜻은 주요하게 사양하고, 공경하고, 의식을 치르는 등을 가리켰으며, 법에 대해서는 무관심했다.

그러나 순자는 인의 도덕을 중시하는 동시에 예·법의 지위와 역할을 더욱 두드러지게 했다. 그리고 순자가 말하는 예는 주요하게 사회 제도와 사회질서를 가리켰으며 그가 말한 법은 법률·법령을 명확히 가리켰다. 예와 법이 가리키는 대상은 확실히 다르지만 모두 등급성과 강제성을 띤 특징을 갖고 있다. 법을 잠시 미루고 먼저 예를 놓고 말해보자.

순자는 "예는……나라를 강대해지게 하는 근본이고 위망(位望)을 수립하는 방법이다."—〈의병(義兵)〉 "예는……두텁게 하는 것과 얇게 하는 것을 중요한 강령으로 한다."—〈예론〉—고 말했다.

그는 이런 강제성적인 예와 법을 나라를 다스리는 시작, 나라를 다스리는 끝, 나라를 다스리는 방도, 나라를 다스리는 최고 준칙, 나라를 강대해지게 하는 근본, 인도(人道)의 최고 표준이라는 숭고한 위치에 올려놓았으며 "예는 등급제도의 근본원칙을 구현한다."—〈악론〉—고 인정했다.

그러므로 그는 예를 숭상해야 하고, 법을 명시해야 한다고 극력 주장했다. 순자는 예에 강제성을 띠게 했고 예를 제도화했는데 이것은 맹자의 정통 유학에 대한 중대한 개조이다.

순자가 사람의 주체성과 사람에 대한 강제성을 강화할 것을 주장한 것은 서로 모순되지 않는다. 왜냐하면 사람의 주체성을 강화한다는 것은 성인의 주체성을 강화한다는 것을 가리키는데, "하늘의 운행 법칙을 장악하고 이용해야 한다는 데서의 주체는 모두 성인이며, 예의 법도는 모두 성인들이 제정한 것"—〈성악〉—이기 때문이다. 그러나 사람에 대한 강제성이란 백성들에 대한 강제를 말한다.

그는 "예를 제정한 것은 현명한 사람으로부터 보통 백성에 이르기까지 모두를 위해서이다."—〈대략(大略)〉

"일반 백성들은 형법으로 다스려야 한다."―〈부국〉―고 말했다.

이것은 순자는 지주계급의 이익에서 출발하여 유가 사상을 개조하고, 봉건 독재 제도의 건립을 위해 논증을 했음을 나타낸다. 그러나 그의 개조는 그때 역사발전의 조류와 수요에 적응되었기에 진보적 의의를 가지고 있다.

유가 본신에 대해 말하면 순자가 개조한 성과는 유가 사상이 공자가 내심감정(仁)을 중시하던 데로부터 맹자가 의지 역량(義)을 중시하는 데로 이르렀고 계속하여 사회제도(禮·法)를 중시하는 데까지 발전한 표현이다. 그것은 또 춘추전국 시대 유학이 내성(內聖)의 도로부터 외왕(外王)의 도에로 발전된 지표이다.

바로 이 의의에서 순자를, 조기 유가가 전국 후기의 법가에로 과도하는 중간 고리로 볼 수 있다. 순자가 새로운 의의를 부여한 예는 이 과도의 중심 범주를 표시한다. 맹자의 덕치주의로부터 순자의 예치주의를 거쳐 한비자의 법치에 이르기까지는 전국시대 신흥 지주 계급이 통치사상을 선택하는 역사 과정이다. 바로 이 사상 행정(行程)에 순자는 유학의 거장이라는 자기의 특수한 지위를 확립했다.

2) 유학자인 순자는 유가 경전을 아주 중시했다

그는, 유가의 경전은 하늘과 땅 사이의 도리를 모두 밝혔고, 사람들은 그것을 떠날 수 없으며 사람이 만약 유가 경전을 배우지 않는다면 금수와 같다고 했다.

순자는 《상서》는 정사를 기록한 것이고, 《시경》은 마음속의 소리를 적은 것이고, 《예기》는 법제의 근본일 뿐만 아니라 여러 가지 조례의 강령이다. 그러므로 《예기》까지 배우면 다 배운 것이라고 말할 수 있다. 이런 것을 가리켜 도덕의 극치라고 한다.《예》에 규정된 예절 의식을 존중하는 준칙,《악》에서 길러낸 화목하고 일치한 감정,《시》·《서》에 기록된 풍부한 지식,《춘추》에 기록된 심오한 도리, 이런 것들은 천지 사이의 모든 일을 빠짐없이 포함했다."—〈권학〉—고 말했다.

그는 또 "학문을 하려면 어디서부터 시작하여 어디서 끝나는 것일까? 학문을 하는 순서는 경전을 외우는 데에서 시작하여 나중에 전장제도를 배워야 한다……비록 배움의 과정은 끝이 있지만 배움의 목적은 한시도 버릴 수 없다. 참답게 배우면 사람이라 할 수 있고 배우지 않으면 짐승과 구별이 없다."—(동상서)—고 지적했다.

유가 경전의 학습에 관하여 순자는 특색 있는 주장을 여러 가지 제기했다.

(1) 성인이 되기 위해 배워야 한다

순자는 유가 경전을 배우는 목적은 성인이 되기 위해서라고 여겼다. 그는 "배우는 과정은 처음에 경서를 읽고 마지막에 전장제도를 배워야 하며, 배우는 목적은 먼저 선비(士)가 되고 나중에 성인이 되기 위한 것이다."—〈권학〉—라고 말했다. "그러므로 배움은 성인이 되기 위해서이지 도덕이 없는 사람이 되기 위한 것이 아니다."—〈예론〉—라고 말했다.

그는 또 옛날의 학자와 오늘의 학자, 군자와 소인이 배우는 목적에서의 차별을 지적했다. "옛날 사람들은 자신을 위해 배움에 힘썼고 지금 사람들은 자신을 남에게 알리기 위해 배운다. 군자는 자기의 훌륭한 품덕을 갖추기 위해 배우고 소인은 명예와 지위를 위해 배운다."―〈권학〉―고 말했다.

순자가 말하는 성인은 도덕 품성이 고상하고 지혜가 많고 박식한 사람만 가리키는 것이 아니라 나라를 다스리는 재능이 있는 사람도 포함된다. 그는 "성인이란 천하의 사리에 정통한 사람을 말하고, 임금[王]이란 나라의 법도에 정통한 사람을 말한다."―〈해폐〉―고 했다.

그는 또 "역대의 제왕이 남기신 법도를 연구하는 데는 마치 흑백을 가리듯 명백하고, 시세의 변화에 적응해 나가는 것은 하나둘을 헤아리듯 그렇게 수월하고, 예의를 행하고 준수하는 데는 자기의 손발을 놀리듯 자연스럽고, 시기를 놓치지 아니하고 공(功)을 세우는 묘한 재주는 마치 사계절을 아는 것처럼 익숙하고, 정세와 백성을 안정시키고 억만의 사람들을 하나로 뭉치게 하는 이런 사람이면 성인이라 할 수 있다."―〈유효(儒效)〉―고 말했다.

그의 이 말을 통하여 우리는 순자가 양성해 내려는 사람은 유가의 경전을 가지고 봉건 통일 사업을 완성할 수 있는 지주계급 정치가라는 것을 알 수 있다. 그는 이런 사람이라야 지주계급의 통치를 실현할 수 있으며, "성인이 아니고서는 왕이 될 수 없다."―〈정론(正論)〉―고 인정했다.

순자가 유가 전적의 학습을 통해 양성해 내려는 목표는 공자·맹자와 뚜렷한 차별이 있다.

(2) 예의를 숭상했다

순자는 유가의 경전을 배움에 있어서 반드시 강령과 근본적인 것을 틀어줘어야 하는데 이 강령과 근본이 바로 예의·예법이라고 했다.

그는 "학문을 배운다는 것은 예의 법도를 배운다는 것이다."―〈수신(修身)〉"예를 배워야 다 배운 것이 된다."―〈권학〉―고 했으며, 만약 학문을 배움에 있어서 예의를 종지로 삼고 배우지 아니한다면 유가 경전의 정신 실질을 터득할 수 없고 예기한 목적에 이를 수 없으며 나중에는 천루한 학자·산만한 학자가 되고 만다고 했다. 순자는 말했다.

"학문을 함에 있어서 위로는 훌륭한 스승을 존경하여 모시지 아니하고 아래로는 예의를 숭상하지 아니하고, 이것저것 잡다한 학설을 주워 배우며 《시경》·《상서》를 두루 해석한다면 그 사람은 일생을 두고 학문을 한다 하여도 고루한 학자밖에 될 수 없다. 옛 성왕의 가르침을 속속 깊이 연구하고 인의(仁義)의 근본을 찾으려면 예의를 배우는 것만이 바른 길이다. 이것은 마치 가죽 옷의 깃고대를 쥐고 치켜든 다음 다섯 손가락을 굽혀 내리 빗으면 털이 모두 내리서는 것과 같다. 만약 예법을 지키지 아니하고 《시경》과 《상서》에만 의거하여 처사하면 그것은 마치 손가락으로 황하의 깊이를 재고 뾰족한 창으로 방아를 찧으며, 또 송곳으로 병 속에 든 음식을 집어먹으려는 것과 같이 전혀 목적을 이룰 수 없다. 그러므로 예법을 숭상하게 되면 그것의 도리를 완전히 알지는 못해도 '법을 아는 선비'라 할 수 있고, 예법을 숭상하지 않는다면 지식이 있고 말재주가 뛰어나도 결국은 '쓸모없는 학자'가 되고 만다."―〈권학〉

유가의 경전을 배움에 있어서 예의와 예법을 숭상하는 것을 종지로 해야 한다는 주장은 순자의 사회 정치사상과 일치된다. 나라를 다스리는 도리와 유가 경전의 정신은 모두 예의 법도에 집중되어 있다. 순자는 이렇게 말했다.

"천하의 모든 도(道)가 다 여기 성인(聖人)에게로 모이고 역대 제왕의 도도 다 여기 성인에게로 모인다. 그러므로 6경 가운데《시(詩)》·《서(書)》·《예(禮)》·《악(樂)》에서 말하는 도도 다 여기 성인에게로 돌아온다.”-〈유효〉

순자의 사상 체계에서 나라를 다스리는 도와 학문을 배우는 도의 종지는 통일되어 있는데, 이것은 순자가 유가 경전을 가르치고 전수한 것은 정치 주장을 위한 것이며 순수한 학술 흥취에서가 아니라는 것을 충분히 설명한다.

(3) 학문에 정통했다

순자는 예의와 예법을 숭상하는 종지를 학문을 닦는 과정에 관통시키기 위해 사리와 도리에 정통할 것을 강조했다. 그는 통달해야만 이(利)와 해(害)를 구분하고 정력을 집중하여 유가 경전의 정수를 완전하고 철저하게 장악하여 견고한 덕조(德操)를 형성할 수 있다고 했다. 그는 이렇게 말했다.

“군자가 학문을 하는 데 있어 아는 것이 전면적이 못 되고 알맹이를 알지 못한다면 그것은 잘된 학문이 아니다. 그러므로 거듭 외우고 깊이 사색하고 이해하며, 훌륭한 분을 스승으로 모시며 해로운 작풍을 버리고 자기의 우량한 덕조를 지켜야 한다……그러면 권력이 그의 마음을 움직일 수 없고, 많은 사람들이 반대해도 신념을 꺾을 수 없으며, 천하가 어지러워져도 그의 의지는 변하지 않는다. 살아서나 죽어서 모두 이 길을 걷는데 이것을 최고의 덕조라 하며,”-〈권학〉-“여러 가지 사물을 통달하지 못하고, 완전 철저하게 인의를 베풀지 못하면 잘 배웠다고 할 수 없다. 배우려면 일심전념해야 한다……전면적이고 깊게 배워야만 학문이 있는 사람이라 할 수 있

다."-(동상서)

"학문을 닦음에 있어서 통달해야 한다."는 순자의 주장은 그가 유가 경전의 정신 실질을 장악하고, 여러 가지 학설을 종합적으로 총결하기 위해 제기한 것이다.

(4) 스승과 친구한테서 배웠다

순자는 "배움에 있어서 좋은 스승과 유익한 친구를 접촉하는 것보다 더 좋은 일은 없다. 배움에 있어서 가장 빠른 방법은 자기가 숭배하는 사람에게서 배우는 것이다."-〈권학〉-고 했으며 그 까닭을 이렇게 해석했다.

첫째 원인은 사람들의 상호 내왕은 배움에 대해 중요한 역할을 하기 때문이다. 순자는 외부 환경이 사람의 도덕과 인격의 형성에 주는 영향을 몹시 중시했다. 좋은 환경은 좋은 역할을 하고 나쁜 환경은 불량한 결과를 초래하는데 배움에 있어서도 마찬가지이다. 그는 이렇게 말했다.

"삼밭에서 자라는 쑥은 그것을 받쳐주지 않아도 곧게 자라고, 흙탕물에 떨어진 모래는 스스로 검어진다. 구리때 뿌리를 백지(白芷)라고 하는데 향초(香草)로 쓸 수 있다. 만약 그것을 더러운 물에 담가 놓으면 군자가 멀리할 뿐만 아니라 백성들도 그것을 가지려 하지 않는다. 그것이 향기롭지 않아 그런 것이 아니라 더러운 물에 담갔기 때문이다. 그러므로 군자는 훌륭한 이웃을 선택하고 도덕과 학식이 있는 사람을 벗으로 사귀어야 한다. 이렇게 하는 목적은 나쁜 습관에 물들지 않고 올바른 길을 걷기 위해서이다."-〈권학〉

둘째 원인은 유가 경전에는 특징이 있고 또 유가 경전을 이해하기 어렵기 때문이다. 순자는 이렇게 말했다.

"《예》·《악》은 원칙만 말하고 상세한 설명이 없다. 《시》·《서》는 옛일을 기록했는데 현실에 잘 맞지 않는다. 《춘추》는 뜻이 매우 회삽하게 씌어져서 이해하기가 쉽지 않다. 훌륭한 스승의 행동을 본받고 그들의 학설을 배우면 학문을 닦아 사람들의 환영을 받을 수 있고 인간 세상을 전면적으로 알 수 있다. 그러므로 배움에 있어서 가장 간단한 방법은 훌륭한 스승과 친구를 사귀는 것이다."―(동상서)

훌륭한 스승과 친구, 숭상하는 사람한테서 배워야 한다는 순자의 주장은 스승을 존중하고 친구를 귀하게 여기는 공자의 사상을 발전시킨 것이며, 자기의 학습 경험, 특히 직하학궁(稷下學宮)에서 배울 때의 경험을 총화한 것이다.

(5) 배운 것을 실제로 활용했다

순자는 유가 경전을 교조식(教條式)으로 대하는 태도를 반대했다. 그는 이론을 배움에 있어서는 효험과 실행을 중시해야 한다고 여겼다. "고대의 것을 말하기 좋아하는 사람은 반드시 오늘의 것으로 검증해야 하고, 하늘의 것을 말하기 좋아하는 사람은 반드시 인간에서의 사례(事例)로써 그것을 검증해야 한다. 그러므로 앉아서 한 말은 일어서서 그것을 포치할 수 있고 실현할 수 있어야 한다."―〈성악〉

이런 견해는 인식론에서 행(行)이 지(知)보다 높다는 그의 관점과 일치된다. 인식론에서 순자의 중요한 관점의 하나는 이성지지(理性之知)가 견문보다 높고, 실행이 이성지지보다 높다는 것이다.

그는 "듣지 못한 것은 들은 것보다 못하고, 들은 것은 본 것보다 못하며, 친히 본 것은 진정으로 아는 것보다 못하고, 진정으로 아는 것은 행동에 옮기는 것보다 못하다. 배운 것을 행동에 옮기면 끝이 난 것이 된다……알고 있지만 행동에 옮기지 않는다면 아는 것이 아무리 많아도 곤혹에 빠지게 된다."―〈유효(儒效)〉―고 했으며 배운 것을 행동에 옮길 수 있으면 성인이 될 수 있다고 했다.

그는 "행동에 옮기면 사리를 알 수 있고 사리를 알게 되면 성인이 될 수 있다. 성인은 인의를 근본으로 삼고 시비를 잘 캐며 말과 행동이 조금도 어김없이 일치하다. 여기에는 다른 방법이 없다. 오직 배운 것을 행동에 옮기면 된다."―(동상서)―고 말했다.

순자는 유가의 경전을 배우는 데 있어서의 상술한 견해를 제기했을 뿐만 아니라 유가의 경전을 전수하는 면에서도 중대한 공헌을 했다. 유가 경전은 선왕의 옛사적(陳述)을 기록한 것이다. 전하는 바에 의하면 춘추 말년에 공자가 삭제 정정하고 후에 공자의 제자들이 전수했다고 한다.

《시(詩)》·《서(書)》·《예(禮)》·《춘추(春秋)》는 복상(卜商, 子貢)이 전수하고, 《역(易)》은 상구(商瞿, 子木)가 전수했는데 전국시대에 전수가 중단되었다. 《사기(史記)》〈유림전(儒林傳)〉에는 맹자·순경 등이 나와서 모두 부자(夫子)의 유업을 이었고 이를 윤택하게 하여 학문으로서 일세에 명성을 떨쳤다고 했다.

조기(趙岐)는 맹자가 5경을 통달하고 《시》와 《서》에 능하다고 했다. 기실 맹자는 《춘추》에 대해 연구가 깊다. 그러나 맹자는 《춘추》를 전수하지 않았다. 진정으로 경(經)을 전수하는 데 공로를 세운 사람은 순자이다.

역사책의 기재에 의하면 순자는 다음과 같은 경서를 전수했다.

①《시》를 전수했다.

당(唐)나라의 육득명(陸得名)은《경전석문(經典釋文)》〈서록(序錄)〉에서《모시(毛詩)》의 전수에 관하여 "손경자가 노(魯)나라 사람 모공(毛公)의 시를 전수했다."고 말했다. 이것을 보아《모시》는 순자가 전수한 것임을 알 수 있다.

《한서》〈초원왕교전(楚元王交傳)〉에는 "어릴 때 노목생(魯穆生)·백생(白生)·신공(申公)과 함께 부구백(浮丘伯)한테서《시》를 배웠다. 부구백은 손경의 제자이다."라고 씌어 있다.《노시(魯詩)》는 신공이 쓴 것이다. 이것은 노시도 순자가 전수했다는 것을 말한다.

《한시외전(韓詩外傳)》에는《순자》를 인용하여《시》를 언급한 곳이 44곳이 있다. 그러므로《한시(韓詩)》도 순자와 관계된다. 여기에서 우리는 모(毛)·노(魯)·한(韓), 세 사람의 시는 모두 순자가 전수했다는 것을 알 수 있다.

②《춘추》를 전수했다.

육득명의《경전석문》〈서록〉에는 "좌구명(左丘明)이 전서를 써서 증신(曾申)에게 전수하고, 증신이 그것을 위(衛)나라 사람 오기(吳起)한테 전수하고, 오기가 아들 기(期)에게 전수하고, 기는 초(楚)나라 사람 택초(鐸椒)한테 전수하고, 택초는 조(趙)나라 사람 우경(虞卿)에게 전수하고, 우경은 같은 군(郡)에 사는 순경(荀卿)한테 전수했다고 씌어 있다. 그러므로 좌씨《춘추》는 순자가 전수했다는 것을 알 수 있다.

《사기》〈유림전〉에는 "하구(瑕丘)의 강생(江生)은 노나라의 신공(申公)한테서《춘추》〈공량전(公梁傳)〉과《시(詩)》를 배웠다."고 했다. 신공은 순자의 재전(再傳) 제자이므로《곡량춘추(穀梁春秋)》도 순자가 전수했다고 할 수 있다.

또《순자》란 책의 〈대략(大略)〉 편에는 "《춘추》는 목공(穆公)을 찬양했다. 《춘추》는 명령을 기다리는 것을 찬성했다."고 했다. 그리고 〈왕제(王制)〉 편에는 환공은 노장공(魯庄公)의 신하한테 납치당했다고 했으며 주공(周公)이 술직(述職)한 사실을 썼다. 이런 것들은 모두《공양춘추(公羊春秋)》에 실린 내용에 부합된다.

③《예》를 전수했다.

《대대예기(大戴禮記)》 가운데의 〈증자주사(曾子主事)〉 편에는《순자》 중의 〈수신〉·〈대략〉 편이 실려 있고《소대예기(小戴禮記)》의 〈악기(樂記)〉·〈삼년문(三年問)〉·〈향음주(鄕飮酒)〉 편에는《순자》 중의 〈예론(禮論)〉·〈악론(樂論)〉 두 편의 글이 실려 있다. 이것은《대대예기》와《소대예기》의《예》는 모두 순자가 전수했다는 것을 설명한다.

④《역》을 전수했다.

한나라 유향(劉向)의《교순자서록(校荀子叙錄)》에는 "순경은《역》에 능란했는데 그것은 〈비상〉·〈대략〉 두 편의 글을 보고 대략 알 수 있다."고 했다. 이것은 순자가《역》을 전수했다는 근거가 된다.

순자가, 여러 가지 경(經)에 능숙했다는 것에 대해서는 믿을 수 있을 뿐만 아니라 증거까지 있다. 청나라의 왕중(狂中)은《순경자통론(荀卿子通論)》에 이렇게 썼다.

"순자의 학설은 공자 학설에서 나왔으며 순자는 여러 가지 경전에 아주 정통했다. 70명의 제자가 죽은 후 한나라 때에는 유학이 성행하지 못했으며 중원은 전국시대의 동란과 진(秦)나라의 폭정으로 말미암아 세상이 어지러웠다. 이러한 형세에서 6예가 잘 전수될 수 있었던 것은 순자의 공로이다. 주공이 한 일을 공자가 서술하고 순자가 전수했는데 그 도리는 하나이다. 맹자와 순자는 모두 경학에 정통했다. 그런데 맹자는 순박했지만 그가 죽은 후 그의 학설은 이어지지 못했고 제자들도 자취를 감추었다. 그리하여 경전을 전수하는 일이 순자처럼 잘 이루어지지 못했다."

이것은 순자가 유가 경전을 전수한 것에 대한 높은 평가이다. 순자가 전수했기에 한나라 때 경학이 극히 흥성할 수 있었다. 이 점에서 말하면 순자가 경전을 전수하지 않았더라면 한대(漢代)의 경학이 있을 수 없었다고 말할 수 있다. 순자가 유가 경전을 전수한 것은 유학사에서의 그의 지위를 확립하는 데 중요한 의의를 가진다.

3) 후대 사상에 심원한 영향을 주었다

순자는 백가 학설을 종합하고 유학을 개조하고 발전시켜 체계를 이루었는데 그 학설은 후대 학술 사상에 심원한 영향을 끼쳤다.

한비의 학설은 순자 학설에서 왔다. 춘추전국 시대 법가의 집대성자인 한비는 많은 사상이 스승과 일치했다. 순자는 '하늘의 운행법칙을 장악하고 이용해야 한다.'고 주장했고, 한비는 '만물의 능력을 이용하여 더 큰 이익을 보아야 한다.'고 했다.

순자는 미신과 귀신을 부정하고 굿을 하고 길흉을 점치는 것을 반대했으며, 한비는 길일을 택하고 거북점을 쳐서 길흉을 알며 제사를 지내기 좋아하면 망한다고 했다. 순자는 인식론에서 분별과 검증을 강조했는데 한비도 비교검증의 인식방법을 제기했다.

순자는 사람의 본성은 악하다고 말했는데 한비도 사람들 사이는 적나라한 이해관계이며 각자는 자신의 이익을 위해 꿍꿍이를 꾸민다고 했다. 법치를 중시하는 면에서는 한비가 순자보다 더 두드러졌다. 한비는 도가(道家), 더욱이 법가의 사상을 흡수하여 법(法)·술(術)이 결합된 자기의 이론 체계를 건립했다. 그러나 그가 순자 학설을 계승하고 발전시켰다는 것도 아주 명백하다.

동한(東漢) 때의 환담(桓譚)은 형체와 정신을 논하면서 저명한 촉화지유(燭火之喩)를 제기했다. 그는 "정신은 형체에 붙어 있는데 마치 불에 의해 초가 녹아내리는 것과 같다……초가 없으면 불도 홀로 타오를 수 없다."-《신론》〈형신〉-고 말했다.

그의 이 견해는 "사람의 형체가 구비되고 정신은 그에 따라 주어진다."-《순자》〈천론〉-고 한 순자의 말에서 계발을 받은 것이 틀림없다.

동한(東漢)의 유물주의자 왕충(王充)은 자기의 학설을 의도가(依道家)라고 했는데 기실 그는 춘추전국 시대 각 학파, 학설을 모두 비판하고 흡수했다. 그의 "천도는 자연적인 것이다."라는 관점, 귀신·미신을 타파해야 한다는 사상, 태어날 때부터 안다고 하는 것을 반대하는 논점은 모두 순황 등 선배 학자들의 사상을 계승하고 발전시킨 것이다.

당(唐)나라 유종원(柳宗元)은 국가제도의 탄생을 논할 때 순자의 "반드시 외계의 물건을 이용해야 한다."는 관점을 이용했을 뿐만 아니라 그의 기본 사상 방법도 순자와 비슷했다. 두 사람은 모두 인간은 나면서부터 욕심이 있고, 욕심을 채우기 위해 서로 쟁탈하고, 그것을 제지시키기 위해서는 사회제도와 나라를 건립해야 한다고 주장했다.

비록 순자는 예의 기원에 대해 말하고 유종원은 봉건제의 기원에 대해 말했지만 모두 사람의 본성을 악하다는 데로부터 입론(立論)했고, 모두 물건이 적으면 꼭 쟁탈이 생긴다는 데로부터 말했다. 이것은 우연한 것이 아니라 유종원이 순자의 사상을 자각적으로 계승한 표현이다.

당나라 유우석(劉禹錫)은 《천론》 3편을 써서 치열하게 변론하는 정신으로 하늘과 사람 사이의 관계를 토론했으며 하늘과 사람은 서로 싸우고 서로 의존한다는 체계학설을 창립했다.

그 가운데서 하늘이 할 수 있는 일과 사람이 할 수 있는 일은 구별된다는 관점, 하늘과 사람은 서로 싸우고 서로 의존한다는 관점, 사람이 하늘을 이길 수 있다는 것이 법(法)이라는 관점은 순자의 "하늘과 사람의 직분을 구분해야 한다, 하늘의 운행 법칙을 장악하고 이용해야 한다, 인사(人事)에서는 예(禮)보다 더 광명스러운 것이 없다."-〈천론〉-는 사상 등을 가일층 발전시킨 것이다.

물론 유우석의 사상 수준이 순자를 퍽 초과했지만 그의 사상 연원을 놓고 말하면 유자(劉子)의 〈천론〉은 순자의 《천론》을 계승 발전시킨 작품에 불과하다.

송명(宋明) 시대의 천리(天理)와 인욕(人慾)에 관한 쟁론에서 왕부지(王夫之)·대진(戴震) 등 학자들은 "인욕을 버리고 천리를 간직해야 한다."는 것을 반대했다. 그들은 순자 사상 가운데서 이론근거를 찾는 데로 주의를 돌렸다. 순자는 배고프면 배불리 먹으려 하고, 추우면 따뜻하게 입으려 하고, 피곤하면 쉬려고 하는 것은 사람의 본성으로서 그것은 군자나 소인이나 다 마찬가지라고 했다.

그리하여 순자는 "욕망을 버릴 수는 없으나 욕망의 추구를 절제할 수는 있다."-〈정명(正名)〉-고 했으며 예의와 정욕은 절대적으로 대립되는 것이 아니라 "예의 작용은 사람들의 욕망을 조절하고 사람들의 욕구를 만족시키는 것이다."-〈예론〉-고 지적했다.

순자의 이런 중요한 관점은 바로 왕부지(王夫之)의 "천리는 사람들의 욕심 속에 있다."는 관점과 대진의 "이(理)는 욕심(欲) 중에 있다."는 명제의 이론원천이다.

근대·현대의 자산계급 학자들, 예를 들면 엄복(嚴復)·장병린(章炳麟) 등도 《순자》에서 이론적 영양을 취하여 새로운 철학체계를 구성하는 자료를 수집했다. 엄복은 순황 이후 사람들이 제기한, 사람은 하늘을 이길 수 있다는 사상전통을 긍정했으며 순자의 "하늘의 운행법칙을 장악하고 이용해야 한다."와 다윈의 진화론을 대조했다. 장병린은 순자의 논리학과 인식론을 칭찬했으며 순자의 정명설(正名說)을 소크라테스(Sokrates)·아리스토텔레스(Aristoteles)와 서로 비교했다.

후대 사상에 대한 순자의 영향은 아주 심원했으나 순자 학설의 역사적 운명은 아주 기구했다. 순자 본인의 주관적인 소망은 통일된 봉건 사회의 건립을 위해 이론상에서 근거를 찾자는 것이었다. 그러므로 그는 "후왕(後王)을 본받아 예의를 장악하고, 제도를 통일하고, 표면 현상을 통해 깊은 도리를 알며, 오늘로써 내일을 알고, 한 가지 이(理)로 만물을 알아야 한다."-〈유효(儒效)〉-는 것을 자기 학설의 기본 종지로 삼았다. 이것은 진보와 혁신 시기에 처한 지주계급의 수요에 부합되었다.

그의 이론은 봉건적인 상부구조의 건립과 봉건적인 하부구조의 공고에 중요한 역할을 했다.

순황은 제(齊)나라의 직하학궁(樓下學宮)에서 세 번이나 제주(祭酒)로 있었고 제일 훌륭한 스승이 되었는데 이것은 그때의 봉건군주가 그의 학설을 중시했음을 설명한다. 그러나 순자의 학설은 진(秦)나라가 6개 나라를 통일하는 사상 무기가 되지 못했다. 진시황제는 한비를 칭찬하고 법가의 사상을 지도 사상으로 삼았다. 이것은 진시황제가 예의를 숭상하고 도덕을 중요시하는 순자 학설에 대해 그다지 좋아하지 않았음을 설명한다.

지주계급의 통치적 지위가 튼튼해짐에 따라 천명을 부정하고 귀신을 배척하는 순자의 무신론 사상, 그리고 사람의 욕심과 욕구는 적당히 만족시켜 주어야 한다고 주장한 예치사상(禮治思想)은 통치 계급의 구미에 더욱 맞지 않았다. 그리하여 순자 학설은 한(漢)나라 이후의 장시기 봉건사회에서 자연히 배척당하고 냉대를 받았다.

일부 학자들은 유학사에서의 순자의 중요한 지위를 긍정했다. 예를 들면, 사마천은 《사기》에서 맹자와 순자의 전기를 한 편의 글에 담았으며 두 사람이 모두 공자의 중요한 계승자라고 인정했다.

동중서(童仲舒)도 일찍이 책을 써서 순자를 찬미했다. 당나라 한유(韓愈)는 《독순(讀荀)》이라는 글에서 순자를 "큰 면에서 순수하고 작은 면에서 결함이 있다."고 높이 평가했다. 그러나 그들의 이런 평가는 모두 총체적으로 순자 학설의 역사적 운명을 개변시키지 못했다.

특히 송대(宋代)에 이르러 순황은 이학가(理學家)들의 강렬한 공격을 받았는데 심지어 어떤 사람들은 순자를 유가에서 밀어내려 했고 그의 학설이 어느 학파에 속하는가에 대한 논쟁이 생겼다.

정이(程頤)와 정호(程顥)는 순자의 학설을 극히 단편적이라고 공격했고 주희(朱熹)는 순자의 학설을 이단으로 보았다.

주희는 "순경은 신(申) · 한(韓)의 관점과 똑같은데 그가 쓴 〈성상(成相)〉 편만 보고서도 알 수 있다. 그가 주장하는 것은 법제와 상벌이다.”—〈주자유어(朱子類語)〉—라고 지적했다. 주희는 심지어 순자 학설의 위해성은 분서지화(焚書之禍)와 같다고 했다. 그는, 순자의 최대 결함은 거친 것(租)인데 마치 현미밥을 먹는 것과 같다고 했다. 특히 사람의 본성은 악하다는 것에 대해 주희는 그것이 근본적으로 틀린 것이며 실행할 수 없는 것이라고 여겼다.

주희는 “처음부터 틀렸은즉 어찌 실행할 수 있겠느냐?”고 말하면서 제자들을 보고 “순경을 관계치 말고 사람의 본성은 선량하다는 맹자의 관점을 따르라.”—(동상서)—고 분부했다. 주희는 한유가 순자를 “큰 면에서 순수하고 작은 면에서 결함이 있다.”고 평가한 데 대해 큰 불만을 품었다. 그는 이런 평가는 정이가 말한 사람을 너그럽게 책망하는 문제가 아니라 사람을 잘 보지 못한 것이라고 했으며 만약 순자 학설에 그 무슨 우수한 점이 있다면 ‘양자(揚子)를 초월한 것’뿐이라고 말했다. 정(程)·주(朱) 두 사람이 순자 학설을 부정하고 배척한 것은 날로 못해 가는 봉건사회 중의 보수 사상이 진보적인 순자 학설을 갈수록 용납하지 않았다는 사실을 설명한다.

근대와 현대에 이르러 학술계의 일부 학자들은 비교적 객관적인 입장에서 순자를 공평하게 평가하고 유학사에서 순자가 갖고 있는 중요한 지위를 과학적으로 긍정해 주었다.

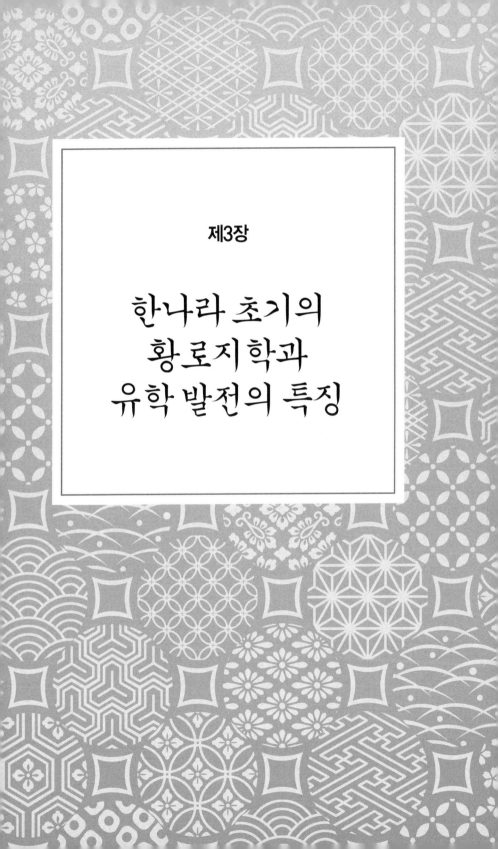

제3장

한나라 초기의 황로지학과 유학 발전의 특징

진(秦)나라 봉건 통치 사상 가운데서는 법가(法家) 사상이 주도적 지위를 차지했다. 그러나 봉건 왕조는 여러 가지 현실적인 이익과 여러 방면의 요구가 있었기에 진나라의 통치 사상은 유가 사상과 종교 사상이 뒤섞여 있었다.

한(漢)나라 초기, 진나라의 급속한 멸망은 봉건 통치자에게 극히 심각한 교훈을 주었다. 그들은 진나라의 폐단을 극복하고 백성들에게 살 길을 주어야 한다는 구호 아래 황제(黃帝)·노자(老子)의 사상을 정책의 지도 사상으로 삼음으로써 이 사상이 통치적 지위에 오르게 했다. 그러나 유가 사상은 의연히 존재하고 발전했다.

한나라 초기 유가 사상의 대표 인물로서는 숙손통(叔孫通)·육가(陸賈)·가의(賈誼) 등이 있다. 그들은 유가의 인의덕치(仁義德治)를 선양하고, 한편으로 법치를 숭상하는 법가의 사상과 청정무위(淸淨無爲)라는 황제·노자의 사상을 비판한 동시에 또 법가와 황로(黃老)의 사상을 흡수하고 융합시켰다.

이것은 한나라 때의, 유가와 법가, 유가와 도가가 서로 배척하고 서로 투쟁하면서도 서로 흡수하고 융합한 역사적 특징을 보여주었다. 그들은 동중서가 새로운 유가 사상 체계를 창립하는 것에 사상과 학술면에서 완전한 준비를 해놓았다.

한나라 초기의 파산된 사회 경제와 복잡한 사회 모순

1. 서한 초기의 휴양생식(休養生息)

기원전 202년 유방(劉邦)이 항우(項羽)와 싸워 이기고 황제의 보좌에 올랐다. 이때의 중국 사회는 진(秦)나라 때의 가혹한 정치와 근 8년간의 끊임없는 전쟁으로 인해 사회 경제가 엄중하게 파괴되었다.

《한서》〈식화지(食貨誌)〉에는 "새로 건립된 한나라는 패망한 진나라가 남겨놓은 수습하기 어려운 국면에 처했다. 그때 제후들이 도처에서 소란을 피우고 백성들이 직업을 잃고 굶주림에 허덕였다. 쌀 한 섬의 값은 5천 전(錢)까지 올라가고 사람이 사람을 잡아먹었으며 절반 이상이 죽었다."고 씌어 있다. 도시 인구는 급격히 줄어들었는데 "이전에 대성(大城)이나 명도(明都)의 인명들이 망실되어 통계를 낼 수 있는 호구(戶口)는 지난날의 10분의 2~3에 지나지 못했다." — 《사기》〈고조공신후 연표(高祖功臣候年表)〉

인구가 급속히 줄어들고 백성들이 실업을 당했기에 "천하는 평정

되었지만 백성들에게는 아무런 축적도 없었다. 천자(天子)도 같은
색깔의 말 네 필을 메운 수레를 탈 수 없었고 장군과 재상들이 소 수
레를 탈 때도 있었다."―《한서》〈식화지〉

상술한 사회국면에서 유방을 위수로 한 서한(西漢)의 통치자들은
부득불 중요한 조치를 취하지 않으면 안 되었다. 예를 들면 병사들을
농촌에 돌려보내어 지주가 되거나 자경농이 되게 했으며, 부랑자를
복종시키고, 노비를 석방하고, 조세를 경감하고, 형률을 제정하는 등
의 일을 했다.

이렇게 하여 한편으로는 지주계급의 통치질서를 다시 안정시켰고,
다른 한편으로는 농사를 버린 농민들을 제 땅으로 돌아가게 하여 농
업 생산이 점차 회복되게 했다.

한고조(漢高祖) 유방 이후 몇 대의 황제들은 계속 휴양생식(休養生
息) 정책을 실시했다. 혜제(惠帝) 유영(劉盈) 때의 승상 조삼(曹參)은
전대신 소하(蕭何)가 제정한 규칙을 조금도 어기지 않고 집행했다.
동시에 그는 농민들의 생산에 지장을 주지 않기 위해 장안성(長安
城)을 건설하는 일도 몇 년 동안의 겨울과 이른 봄 농한기에 동원했
으며 매번 공사 기일을 30일로 정하여 농사에 영향을 아주 적게 미치
게 했다.

문제(文帝)·경제(景帝) 때에도 농사를 몹시 중시했는데 농사를 근
본으로 하고 요역을 경감하며 세를 줄이는 정책을 가일층 보급했다.

문제(文帝)는 전원(前元) 12년(기원전 168년)부터 경제(景帝) 전원
6년(기원전 156년)까지의 사이에 조세를 15분의 1에서 30분의 1로 줄
였으며 후에는 그것을 규정해 놓았다. 이 밖에 문제는 또 영을 내려
어른들의 요역을 경감하여 3년에 한 번씩 요역에 나가게 했으며 세

금도 매년 200전에서 40전으로 줄였다.

그리하여 문제와 경제 때에 "국내에도 국외에도 요역이 없었으니 안심하고 농경에 힘쓸 수 있어 천하가 크게 부유하게 되었고 양곡의 가격도 한 말에 10전 좌우로 내려갔다. 국내에서는 닭 우는 소리, 개 짖는 소리가 집집마다 들리고 밥짓는 연기가 멀리까지 퍼졌다."─ 《사기》〈율서(律書)〉

이런 정경을 놓고 사마천은 "이것이야말로 공자가 말한 그런 현덕한 임금이 재현한 것이로구나." 하고 기꺼이 말했다.

2. 복잡한 사회 모순

한나라 초기의 사회 모순은 내외로 뒤엉켜 있었다. 내부적으로는 중앙정권과 지방할거 세력 사이의 모순이 조화할 수 없을 정도에 이르렀고 상인들은 이 기회를 틈타 이익에 혈안이 되었다. 임금과 제후들이 서로 결탁하고, 농민들은 갈수록 곤경에 빠졌다. 외부로는 화친(和親) 정책하에 흉노(匈奴)가 끊임없이 변경을 어지럽히고 침입해 들어와 한(漢) 왕조에 엄중한 군사적 위협이 되었다.

중앙정권과 할거 세력 사이에 투쟁이 벌어졌다. 일찍이 초한(楚漢)전쟁 때에 유방은 합력하여 패왕 항우를 격파시키기 위해 7명의 이성(異姓) 제후왕을 책봉했는데 그들의 봉지(封地)는 전국시대 동방 6개국의 전 영토와 맞먹었다. 군사권을 쥐고 있는 이런 제후왕들은 조정과 맞섰기에 중앙집권에 엄중한 위협으로 되었다.

한(漢) 5년(기원전 202년)부터 한 12년(기원전 195년)까지 한고조 유방은 구실을 꾸며 한신(韓信)·팽월(彭越)·영포(英布)·장도(藏荼)

등을 죽였으며 장오(張敖)를 열후(列侯)로 강직시켰다. 나머지 두 사람 가운데서 한왕신(韓王信)은 흉노로 도망가고 세력이 제일 작은 장사왕(長沙王) 오예(吳芮)만이 남았다.

이때 한고조 유방은 "진왕조가 분봉제를 실시하지 않아 천자가 고립무원이 되고 속히 멸망하게 된 교훈" —《한서》〈제후왕표(諸侯王表)〉—을 받아들여 육속 성이 유씨인 자제들을 제후왕으로 책봉했으며 백마(白馬)를 잡아 놓고는 "유씨 이외의 다른 사람이 왕이 되거든 천하가 협력하여 그를 치리라." —《사기》〈여후본기(呂後本記)〉—고 맹세했다.

유방은 이렇게 하면 유씨 천하가 금성탕지처럼 견고하리라고 믿었다. 기실 이런 동성(同性) 왕국의 존재는 중앙집권에 의연히 원심력이 되었다. 경제가 회복되고 발전함에 따라 제후들의 세력도 갈수록 팽창하여 "땅이 넓고 성이 수십 개나 되었으며 궁실의 건설과 백관(百官)의 설치도 한나라 조정과 비슷했다." —《한서》〈제후왕표〉

또한 제후왕들은 왕국 내의 세금 징수·관리 파면·화폐 주조·군대 모집 등 정치·경제·군사 등 면에서 대권을 장악했다. 그리하여 제후국이 나중에는 여러 개의 독립 왕국이 되었다.

이런 형세에 비추어 가의(賈誼)는 "일찍이 제후국을 많이 세우고 한 개 제후국의 역량을 작게 하는 것보다 못하다." —《한서》〈가의전(賈誼傳)〉—고 말했다. 그의 말대로 하면 제후국들은 힘이 약하여 사념(邪念)을 가지지 못하게 되어 천자가 제후국을 통제하기 편리했다.

가의의 뒤를 이어 조착(晁錯)은 문제(文帝)에게 제후국들의 봉지를 삭탈할 것을 여러 번 건의했다. 경제(景帝) 때에 오(吳)나라가 제멋대로 날뛰게 되자 조착은 또 삭번(削藩, 제후국의 영토를 삭감하는 것)할 것을 건의했다.

그는 이렇게 말했다. "이제 그 영토를 삭감하더라도 모반할 것이고 삭감하지 않더라도 모반할 것임에 틀림없습니다. 영토를 깎으면 모반을 빨리 일으킬 것인즉 화는 적을 것이고, 깎지 아니하면 모반을 더디게 일으키겠지만 그 화는 크게 될 것입니다." -《사기》〈오왕유비열전〉

한경제는 삭번해야 한다는 조착의 건의를 받아들여 제후국의 일부분 땅을 빼앗아 중앙에서 직접 관할하게 했다.

오(吳)·초(楚) 등 7국은 경제 전원 3년(기원전 154년)에 병변을 일으켰다. 반란을 평정한 후 중원(中元) 5년(기원전 145년)에 경제는 제후국의 행정권과 관리의 임명권을 모두 중앙에 귀속시키고 "영을 내려 제후왕들의 치국권(治國權)을 취소했다." -《한서》〈백관공경표(百官公卿表)〉

그 후부터 제후국은 실제로는 중앙 직할의 군현(郡縣)과 다름없게 되었다.

서한(西漢)의 사회 경제는 한나라 초기 수십 년의 회복을 거쳐 문제와 경제시대에 점차 번영하기 시작했다. 그러나 번영의 배후에 존재하는 모순도 동시에 커갔다. 일찍이 문제 때에 조착은 상주문에서 농민들의 어려운 처지를 지적했다. 그는 이렇게 말했다.

지금 농민들은 식솔이 다섯인 가정에서 적어도 두 사람은 관부(官府)를 대신하여 부역에 나가야 합니다. 그들이 가꿀 수 있는 땅은 백 두도 안 되고 소출은 백 두에 백 섬도 안 됩니다. 봄에 씨를 뿌리고 여름에 김을 매고 가을에 거둬들이고 겨울에 저장해야 하며 그 외에 땔

나무를 하고 관서(官署)를 짓고 요역에 참가해야 합니다. 봄에는 풍
사를 피하지 못하고, 여름에는 더위를 피하지 못하고, 가을에는 비를
피하지 못하고, 겨울에는 추위를 막지 못하며, 일 년 내내 하루도 쉴
수 없습니다. 또한 손님을 대접하고 상사에 참석하고 환자를 방문하
고 자식을 양육해야 합니다. 이렇게 고생스럽게 보내는데다가 또 수
재와 한재의 피해를 입고 관리들의 세금 재촉도 받아야 합니다. 세금
을 받음에 있어서는 농사철을 가리지 아니하고, 아침에 영을 내리면
저녁에 바치라고 하니 재산이 있는 자는 절반 가격으로 팔고 팔 것이
없는 자는 할 수 없이 고리대를 떠맡습니다. 그리하여 가산·집을 팔
고 심지어는 자손까지 팔아 빚을 갚는 정황이 나타났습니다.―《한
서》〈식화지〉

　　그때 토지를 상실한 농민들은 대부분 하는 수 없이 지주의 땅을 부
쳤다. 그러므로 한나라 초기 통치자들이 여러 번 영을 내려 조세를
15분의 1, 또는 30분의 1로 줄였지만 많은 농민들에게는 별로 이득
이 없었으며 반대로 지주에게 유리했다. 이런 정황하에서 동한(東
漢)사람 순열(荀悅)도 문제점을 짚어냈다. 그는 이렇게 말했다.

　　지금 한나라에서 백성들은 조세를 100분의 1을 바친다고 하는데
이는 실로 적은 것이다. 그런데 권세 있는 자들과 부자들은 갈수록
땅을 많이 차지하고 그들에게 바치는 농지세는 태반을 차지한다. 관
가에서는 100분의 1을 받지만 민간에서는 태반을 받는다. 그리하여
관가에서 주는 혜택은 삼대(三代)보다 더 우월했지만 권세 있는 사
람들은 멸망된 진나라보다 더 횡포하게 굴었다. 그리하여 위에서 주

는 혜택이 아래로 통하지 못하고 위력과 복이 권세 있는 자들한테 돌아갔다. 지금 그 근본적인 것을 바로잡지 아니하고 그 조세법을 폐지하지 아니한다면 부자와 권세 있는 자들을 돕는 데 불과하다.ㅡ《전한기(前漢紀)》〈전한효문황제기(前漢孝文皇帝紀)〉

지주 세력이 팽창됨에 따라 "자신의 위력을 믿고 향리(鄕里)에서 제 마음대로 횡행하는"ㅡ《사기》〈평준서(平准書)〉ㅡ호족 지주들이 나타났다.

그들은 한편으로는 농민들을 착취하여 얻은 대량의 재부로써 미친 듯이 토지를 병탄했고 다른 한편으로는 자기의 세력을 믿고 농촌에서 행패를 부리면서 백성들을 못살게 굴었다. 그리하여 농민계급과 지주계급 사이의 모순이 부단히 첨예해졌으며 농민들의 반항투쟁이 끊임없이 일어났다.

서한(西漢) 초기에는 상인들의 사회적 지위가 낮았는데 "상인들이 비단옷을 입거나 수레를 탈 수 없게 하고 조세를 무겁게 함으로써 그들을 경제적으로 곤경에 빠지게 하고 인격적으로 모욕을 당하게 했다."ㅡ《사기》〈평준서〉

그러나 상업은 착취자들이 치부하는 길이 되었다. 그러므로 사마천은 "빈한한 데서 부를 구하는 길은, 농업은 공업만 못하고 공업은 상업만 못하다. 비단에 수를 놓기보다는 기생질하는 것이 낫다."ㅡ《사기》〈화식열전(貨殖列傳)〉ㅡ고 말했다.

상인들은 자신들이 상품교환 과정에서 싸게 사고 비싸게 팔아 많은 생산자와 소비자를 착취하여 많은 돈을 모았으며 그들은 흔히 물가를 조종하고 시장을 독점했다. 특히 통치계급이 가혹하게 세금을 거두어들일 때 상인들은 투기를 했는데 농업제품의 값을 낮추는 방법으로 농민들을 미친 듯이 약탈했다.

조착(晁錯)은 한문제에게 올리는 글에 이렇게 썼다.

"상인들은 화물을 사 쟁여 두고 두 배의 이윤을 얻고, 소상인들은 점포를 꾸려 기이한 물자를 매매했는데 그들은 매일 시내를 돌아다니면서 살펴보다가 관가에서 급히 수요하는 물건이면 값을 배로 올렸다……이것이 바로 상인들이 농민들의 재부를 삼킬 수 있고 농민들이 부득불 타고장에 유리걸식하게 된 원인이다."—《한서》《식화지》

서한(西漢) 초기에는 고리대금도 아주 활발했다. 그들은 소농과 수공업자들을 착취하여 배로 되는 이익을 얻었는데 적지 않은 봉군(封君)·귀족들도 그자들에게 돈을 꾸었다.

서한 초기에 부상(富商)·대고(大賈)·고리대금업자들은 모두 거액의 재부를 갖고 있었다. 그러나 봉건사회가 형성되는 단계에 처한 서한시대에는 출로(出路)란 토지를 병탄하여 지주가 되는 것뿐이었다. 이것을 사마천은 "상거래를 통해 재산을 쌓은 뒤 땅을 사고 농사를 지어 그 재산을 지켰다."—《사기》《화식열전》—고 말했다. 그러므로 부상이나 대상인들은 모두 땅을 사고 집을 짓고 못을 팠지만 더욱 많은 농민들은 파산되어 유랑의 길에 올랐다. 그리하여 계급 모순이 갈수록 첨예해졌다.

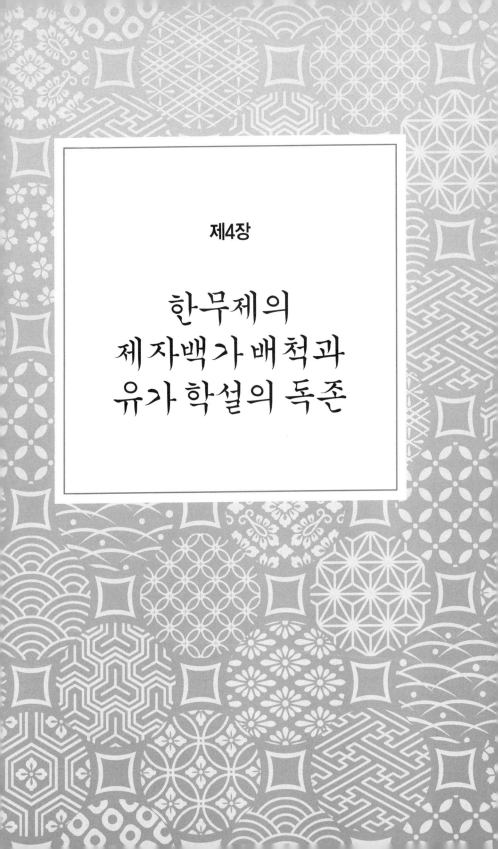

제4장

한무제의
제자백가 배척과
유가 학설의 독존

한(漢)나라 초기의 황로 사상은 계급 모순을 완화시키고 전쟁의 상처를 치료하는 데 유리했다. 그러나 한무제 통치 시기에는 국내 형세가 변화되어 새로운 모순과 문제점이 나타났다. 그때의 한나라는 영구적인 태평세월을 위해 봉건 대통일에 적응되는 사상 체계가 필요했다. 그리하여 한무제는 동중서의 건의에 따라 제자백가의 학설을 배척하고 유가의 학설만 독존하며 5경박사·제자원(弟子貝)을 설정했고, 동중서의 새로운 유가 체계를 독재 통치의 이론 근거로 삼았다. 그때부터 유가 학설은 유일하게 존중받았다.

전제주의 중앙집권 강화와 유가 학설의 독존

1. 전제 중앙집권의 강화

한경제(漢景帝) 후원(後元) 3년(기원전 141년) 정월, 16세밖에 안 되는 한무제 유철(劉徹)이 즉위했다. 이때의 서한(西漢) 왕조는 한나라 초기 60년의 휴양생식(休養生息)을 거쳐 경제가 번영되고 나라가 부유했다. 그러나 번영한 국면 배후에는 3가지 문제가 존재했다.

첫째로, 지방의 제후국은 아직도 일정한 정치·사회 세력을 갖고 있었으며 그것은 불안정 요소가 되었다. 둘째로, 토지병합이 격렬했기 때문에 계급 모순이 갈수록 격화되었다. 셋째로, 흉노가 끊임없이 침략해 왔고 동월(東越)과 남월(南越)이 끊임없이 사란을 일으켜 변경이 안정되지 못했다. 이것은 한무제에게 독재주의 중앙집권을 가일층 강화하여 나라를 통일하는 수요에 적응될 것을 요구했다.

중앙집권을 강화하고 황권의 통치를 공고히 하기 위해 한무제는 승상의 권력을 약화시키는 조치를 취했다. 한조 초기에 승상은 모두 공을 세운 여러 제후들이 맡았는데 급이 높고 권세가 커서 황제와 승상 사이의 모순이 잠복되어 있었다.

무제(武帝) 건원(建元) 6년(기원전 135년) 외척 전분이 승상으로 되었다. 그는 거만하고 횡포했으며 그가 추천한 일부 사람은 처음부터 2천 석의 봉록을 탔다. 그의 이런 행위는 황제의 임용(任用) 권력을 침범했다. 그리하여 무제는 부득불 "당신이 임용할 사람을 모두 임용했으면 나도 일부 사람들을 임용하겠소."—《한서》〈전분전〉—라고 말했다.

그러므로 승상의 권력을 약화시키는 것은 황권을 강화하는 절박한 문제로 나타났다. 권력을 승상들이 독점하는 이런 국면을 깨뜨리기 위해 무제는 모든 정사를 친히 관여했으며, 9경들에게 영을 내려 승상을 거치지 말고 직접 자기에게 상주하게 했다.

이와 동시에 그는 또 학문이 깊고 간언을 잘 하는 사람들과 현임 관원들 중에서 여럿을 뽑아 자기의 고급 시종과 조수로 삼았다. 그리하여 궁중에는 점차 중서(中書)·시중(侍中)·급시중(給侍中) 등으로 구성된 결책 기구가 나왔는데 그것을 중조(中朝) 또는 내조(內朝)라 불렀으며 승상을 위수로 하는 정부 기관을 외조(外朝)라 불렀다. 황제는 중조에 의거하여 통치를 강화했으며 중조는 황제를 등에 업었기에 보다 권력이 컸다. 그리하여 독재 제도가 가일층 강화되었다.

중앙에서 지방을 더 잘 통제하기 위해 한무제는 왕국의 세력을 한층 더 약화시켰다. 이때의 제후왕은 그전처럼 그리 강대하지도 않고 다스리기 어렵지도 않았지만 어떤 왕국은 의연히 성(城) 수십 개에 천리 땅을 갖고 있어 서한 중앙정권에 위협이 되었다.

원삭(元朔) 2년(기원전 127년) 한무제는 주부언(主父偃)의 건의를 채납하고 추은령(推恩令)을 반포했다. 그 영에는 제후왕의 적장자(嫡長子)가 왕위를 계승하고 사은(私恩)을 추천하여 왕국의 일부 땅을 자제한테 나누어 주었는데 이런 제후국의 명칭은 황제가 정한다고 규정되어 있다.

한조의 제도에 의하면 제후국은 군(郡)에 속하며 지위는 현(縣)과 상등했다. 그리하여 서한 왕조는 강직과 해임의 방법을 쓰지 않고도 왕국의 지역을 축소시키고 조정에서 관할하는 지역을 늘렸으며 제후왕이 강대하고 다루기 어렵던 문제를 해결했다.

후에 한무제는 〈좌관율(左官律)〉과 〈부익법(附益法)〉을 반포했다. 전자는, 무릇 제후왕국의 관원은 그 지위가 중앙에서 임명한 관리보다 낮으며 중앙에 올라가 임직할 수 없다고 규정했다. 이렇게 하는 것으로 제후왕들이 인재를 끌어들이는 것을 제한하고 방지했다. 후자는 왕국의 관원들이 제후왕과 한동아리가 되고 작당하여 사리사욕을 채우는 것을 엄금했다. 그리하여 제후왕을 고립시키는 목적에 도달했다.

원정(元鼎) 5년(기원전 112년) 한무제는 제후왕들이 종묘제사에 헌납하는 금의 품질이 좋지 못하거나 근이 모자란다는 구실로 작위를 박탈하거나 땅을 삭감했는데 그 수가 106명에 달했다. 그때부터 제후왕들은 조세에 의해 의식(衣食)을 해결하고 정사에 참여하지 못했다. 그리하여 한조 초기 이래 제후왕들이 할거하던 국면이 기본적으로 결속되었다.

한조 초기에 통치적 지위에 있던 황로(黃老) 사상은 전제주의 중앙집권제를 강화하는 수요에 적응되지 못했다. 그리하여 한무제는 동중서의 건의를 받아들여 제자백가의 학설을 배척하고 유가 학설만 독존했다. 즉 동중서의 개조를 거친 유가 사상을 통치 사상으로 삼았다.

2. 현량한 인재를 추천하는 대책과 유가 학설의 독존

한고조 11년(기원전 196년) 유방은 인재를 끌어들여 통치를 공고히 하기 위해 조서를 내렸다. "짐은 오늘 하늘이 준 복을 받고 있으니 현사대부(賢士大夫)는 반드시 재능을 다할 기회가 있게 되리라. 그들도 반드시 나라와 자기 집을 연결하고 강산을 통일하고 그것을 영원히 전해 가며 세세 대대로 종묘에 제사를 지내려 할 것이다……현사대부들 가운데서 나를 따르는 자가 있으면 짐은 그를 높은 지위에서 이름 날리게 할 것이다. 이것을 천하에 알려 사람들이 짐의 마음을 명지(明知)하게 하라." ─《한서》〈고조기(高祖記)〉

이것은 그리 구체적이 못 되는 방법으로 현능한 인재를 찾는 방법이었다. 후에 문제(文帝)는 비교적 구체적인 선거 방법을 내놓았다. 문제 전원(前元) 2년(기원전 178년)에 내린 조서에는 "현명하고 선량하고 품행이 단정하며 직간하는 자를 추천하면 내가 해내지 못하는 것을 도와주는 것이 된다." ─《한서》〈문제기(文帝紀)〉─라고 씌어 있다.

전원 15년(기원전 165년)에 내린 조서에는 "제후왕·공경·군수(郡守)들이 현명하고 선량하고 품행이 방정하며 직간하는 자를 추천하여 올려 보내면 친히 책문하여 그의 말을 들어 보겠다." ─(동상서)─고 썼다. 이것이 바로 현명한 자를 선발하는 방법이다.

또 전원 12년(기원전 168년)에 내린 조서에는 "부모에게 효도하고 형에게 공손하는 것은 천하 사람들이 지켜야 할 바이다……청렴한 관리는 백성들의 본보기이다. 짐은 이대부(二大夫)·삼대부(三大夫)들의 품덕에 탄복한다. 오늘 만 호의 인가를 가진 현에서 추천하는 영에 응하는 현인이 없다는 건 사람들의 실지 사상에 맞는가? 이건 관리들의 현명한 사람을 추천하는 방법이 완전하지 못한 탓일지어다."—(동상서)—라고 썼다.

《한서》〈무제기〉의 기재에 의하면 건원 원년(기원전 140년)에 "승상·어사·열후·중이천석(中二千石)·제후상들이 현명하고 선량하며 직간하는 선비를 추천해야 한다."는 조서를 내렸고, 원광(元光) 원년(기원전 134년)에는 또 현량한 자를 책문한다는 조서를 내렸는데 이렇게 썼다.

"현량한 선비는 고금의 일과 체제를 잘 알고 있는바 간책(簡策)에 쓴 문제를 간책에 써서 대답해야 한다. 짐은 그것을 친히 읽어 보겠다." 동시에 그 해에 한무제는 또 "군국(郡國)에서 토지와 염결(廉潔)한 사람을 한 사람씩 추천하도록 명령했다."

이런 기재에서 한대 찰거(察擧) 제도의 정황을 알 수 있는데 그것은 최고 통치자인 황제가 찰거 과문을 정한 다음 지방과 중앙의 관리들이 그 과문에 따라 찰거를 했다. 찰거의 대상은 대부분 공경이거나 군현의 관리들, 또는 경학에 정통한 유학자들과 덕행이 있는 선비들이었다. 찰거에서 추천된 현량한 자와 효자, 청렴한 자는 중앙 관리나 지방 관리가 서울에 보내어 시험을 쳐서 합격되면 낭(郎)이 되었다.

더욱이 현량한 자를 뽑음에 있어서 황제가 친히 책시(策試)를 집행할 때도 있었다. 책시는 황제가 시국과 정치에 관한 제목을 내놓으면 시험에 참가한 자가 글로 써서 대답하는 것이다. 만약 대답이 맞으면 즉석에서 높은 벼슬을 준다.

조착(鼂錯)·동중서·공손홍(公孫弘) 등은 황제가 책시에서 발굴한 인재들이다. 그러므로 찰거는 한조 때 하급 관리 또는 유학자들이 고관으로 승진하는 중요한 계단이 되었다.

동중서(기원전 약 179년~기원전 104년)는 광천(지금 하북성 광천진) 출신이다. 그는 서한(西漢) 금문경학(今文經學)의 거장이고 한대(漢代)의 새로운 유학의 창시자이다. 그는 《공양춘추》를 전공했으며 경제 때 박사관이 되었다. 무제 때에는 현량(賢良)의 신분으로 책문에 대답했으며 제자백가를 배척하고 유학을 독존해야 한다는 건의를 제출했는데 무제는 그것을 받아들였다.

그 후 동중서는 강도역왕(江都易王) 유비(劉非) 및 교서왕(胶西王) 유서(劉瑞)의 재상으로 있었다. 그러다가 그는 그대로 있다가는 실수해 죄를 짓게 될까 봐 사직하고 집으로 돌아와 학문을 강의하고 저작에 전념했다.

동중서의 저작은 아주 많다. 《한서》〈동중서전〉에 의하면 그의 저작은 123편이나 있다 한다. 지금 보존되어 있는 것은 《춘추번로(春秋繁露)》 17권과 《동중서문(童仲舒文)》 2권이 있다.

동중서가 현량의 신분으로 책문에 대답한 문제에 관하여 《한서》 〈무제기〉와 《자치통감》 〈한기(漢紀)〉에서의 기록은 서로 다르다. 〈무제기〉에는 원광 원년(기원전 134년)으로 기록되었고 〈한기〉에는 건원 원년(기원전 140년)으로 기록되어 있다. 《한서》〈동중서전〉에는 "한무제가 황제위를 계승한 후 현량한 문학지사(文學之士)를 추천케 했다. 그리하여 100여 명이 추천되었는데 동중서는 현량(賢良)의 신분으로 황제의 책문에 대답했다. 동중서의 이 대책이 바로 유명한 〈천인삼책(天人三策)〉이다. 그것의 제3책(策) 끝에는 이렇게 썼다.

《춘추》는 통일을 추중(推重)했습니다. 이것은 천지의 영원한 원칙이며 고금에 다 통하는 도리입니다. 지금 선생들이 말하는 도리는 서로 다르고 사람들이 의논하는 것도 서로 다르며 제자백가가 연구하는 방향이 다르고 그들의 종지도 다릅니다. 그러므로 위에 있는 사람들이 통일적인 표준을 장악할 수 없고 법령 제도가 여러 번 고쳐져 아래에 있는 백성들이 어느 것을 집행하면 좋을지 모릅니다. 나는 6예에 속하지 않는 과목과 학설을 모두 금지시키고 그들이 발전하지 못하게 해야 한다고 봅니다. 그릇된 학설이 손실되면 학술 체계를 통일할 수 있고 법률과 제도가 명백해져 백성들이 복종할 대상이 있게 됩니다.─《한서》〈동중서전〉

이것이 바로 동중서가 한무제한테 건의한 제자백가를 배척하고 유학이 독존해야 한다고 한 주장이다. 만약 이 건의가 《한서》〈무제기〉에 기록된 대로 원광 원년(기원전 134년) 5월의 일이라고 한다면 한무제가 5경박사관을 설정한 것은 "제자백가를 배척하고 유학이 독존해야 한다."는 건의를 제기한 후의 일이어야 한다.

그런데 《한서》〈무제기〉의 기록에 의하면 한무제가 5경박사관을 설정한 것은 동중서가 그 건의를 제기하기 2년 전, 즉 건원(建元) 5년(기원전 136년)이라고 했다. 그러므로 우리는 동중서가 한무제에게 제자백가를 배척하고 유학이 독존해야 한다고 건의한 것은 건원 원년의 일이라고 인정한다.

비록 그때 황로학설을 숭상하는 두태후가 살아 있었고 그가 또 일정한 실력을 갖고 있었지만 한무제는 필경 왕조의 최고 통치자인 데다가 승상 두영·태위 전분·어사대부 조관 등이 모두 유학을 숭상했기 때문에 그 해에 승상 위관이 한무제한테 "신불해·상앙·한비·소진·장의 학설을 배척해야 한다."—《한서》〈무제기〉—고 상주할 수 있었다. 한무제는 이 상주문을 접수한 후 그렇게 하라고 응낙했다. 그러니 한무제가 사상을 통일하기 위해 유학만 존중한 심정이 얼마나 절박했는가를 알 수 있다.

그리하여 고힐강 선생은 "무제(武帝)가 유가 학설을 좋아할 때 그의 말(동중서가 무제한테 제자백가를 배척하고 유가 학설이 독존해야 한다고 한 말)을 듣고 마음에 들어 승상 위관더러 추천된 현량한 자들에 대해 상주하게 했다. 위관은 선발된 현량한 사람들 가운데서 어떤 사람들은 상앙·한비의 형명(刑名) 학설을 숭상하고 어떤 사람들은 소진(蘇秦)·장의의 학설을 따르니 나라를 어지럽히게 되므로 임용하지 말 것을 요구했다. 그리하여 이번 선발에서 유가만 남게 되었다. 5년(기원전 136년) 무제는 또 5경박사관을 설정함으로써 유가 학설을 더욱 선명하게 제창했다."—《진한의 방사와 유생》

대만 학자 서복관(徐復觀)도 이렇게 말했다.

"〈무제기〉의 기재에 의하면 5경박사관을 설정한 것은 건원 5년(기원전 136년) 4월 이전의 일이다. 〈무제기〉에서는 동중서가 무제의 책문에 대답한 것이 원광 원년(기원전 134년), 즉 5경박사관을 설정한 3년 후의 일이라고 했다. 만약 그렇다면 동중서가 책문에 대답할 때 '모두 금지시키고 그것들이 유학과 함께 발전하지 못하게 해야 한다.'고 한 말은 목적 없이 한 말이 된다. 왜냐하면 5경박사관을 설정한 것은 이미 제자백가의 학설이 발전하지 못하게 한 것이기 때문이다. 그러므로 왕선겸은 〈무제기〉에서 '그리하여 동중서·공손홍 등이 책문의 방식으로 조정에 들어갔다. 중서의 대책은 건원 원년(기원전 140년)의 일임에 틀림없다고 했는데 이 말은 정확하다.' — 《중국 경학사의 기초》

이때부터 동중서가 창립한,《공양춘추》를 핵심으로 하고 음양가와 황제·노자·법가 사상을 융합한 새로운 유학이 봉건 통치 계급의 정통 사상이 되었으며, 5경을 전공하는 것이 벼슬을 하고 승진할 수 있는 수단이 되었다.

3. 5경박사관의 설정

여기에서 먼저 경(經)이란 무엇인가를 알아보기로 하자.

범문란은 "경(經)은 봉건 통치 계급이 사상면에서 백성들을 압박하는 중요한 도구이다." —《중국 경학사의 발전 변화》·《범문란 역사 논문 선집》— 고 말했다.

그는 또 "경이란 무엇인가? 누구도 제대로 말할 수 없을 것이다. 반고(班固)는 《백호통(白虎通)》에서 경을 상도(商道), 다시 말하면 정상적인 상태에서 개변할 수 없는 도리라고 말했다. 〈설문(說文)〉에서는 경을 직선이라고 하면서 6경에서 말한 것이 모두 직언이므로 그것을 경이라 한다고 했는데 이것은 억지로 뜯어 맞춘 것이다. 무엇 때문에 경이라 하는가를 똑똑히 말할 수 없다." —《경학 강연록》

주여동(周予同)은 "경은 중국 봉건 전제 정부가 법정(法定)한, 공자를 대표로 하는 유가가 편저한 서적의 통칭이다. 유가가 편저한 서적의 통칭인 경이란 명칭은 전국(戰國) 이후에 나온 것이며 경이 중국 봉건 전제 정부에 의해 정식 경전으로 법정된 것은 한무제가 제자백가를 배척하고 유가 학설이 독존한 후이다."―《경·경학·경학사》·《주여동 경학사 논저 선집》상해인민출판사―고 말했다.

피석서(皮錫瑞)는 "공자가 정한 것을 경이라 하고, 공자의 제자들이 해석한 것을 전(傳) 또는 기(記)라 하며, 제자들이 서로 전수한 것을 설(說)이라 한다. 《시경》·《서경》·《예》·《악》·《역》·《춘추》6예는 공자의 손을 거쳐 제정한 것이므로 경이라 할 수 있다."―《경학역사·경학 유전 시대》중화서국―고 말했다.

우리는 경은 유가의 경전이라고 인정한다. 한무제의 유가 학설 독존 후에야 《시경》·《서경》·《예》·《역》·《춘추》5경이란 칭호가 있게 되었다. 동한(東漢) 시대에는 5경 외에 《효경》·《논어》를 보태어 7경이라 했다.

당(唐)나라 때에는 《예》를 《주례(周禮)》·《의례(儀禮)》·《예기(禮記)》로 나누었고 《춘추》를 《좌전》·《공양전》·《곡량전》으로 나누었으며 거기에다 《주역》·《서경》·《시경》을 합쳐 9경이 되었다. 송(宋)나라 때에는 또 《논어》·《효경》·《이아》·《맹자》를 합쳐 13경이 되었다.

《한서》〈무제기〉의 기록에 의하면 한무제가 5경에 박사관을 설정한 것은 건원 5년(기원전 136년) 4월 이전의 일이다. 일찍이 건원 원년(기원전 140년)에 동중서와 한무제의 대책에서 동중서는 이렇게 명확하게 제출했다.

"그러므로 인재 양성에 있어서 태학(太學)을 잘 꾸리는 것보다 중요한 것이 없습니다. 태학은 현명한 선비들이 나오는 곳으로서 교화에서의 근본입니다. 지금 여러 군국(郡國)에는 사람들이 아주 많지만 어떤 군국에서는 아직 현량한 사람의 선발에서 책문에 대답하는 사람이 없습니다. 이것은 왕도가 그곳에서 늘 단절되기 때문입니다. 폐하께서 태학을 꾸리고 고명한 선생들을 모셔다 천하의 선비들을 가르치고 경상적으로 물으시어 그들로 하여금 자기 재능을 충분히 발휘하게 한다면 괜찮은 인재들을 얻을 수 있다고 봅니다."―《한서》〈동중서전〉

동중서는 여기에서 두 가지 문제를 제기했다. 한 가지는 태학을 꾸리고 제자들을 받아들여 통치 계급을 위해 인재를 키우는 것이고, 다른 한 가지는 태학에 고명한 스승을 청하여 유가 경전으로 교육해야 한다는 것이다.

그는 이렇게 하면 "인으로 백성들을 교육하고, 의로써 백성들을 감화시키며, 예로써 백성들을 절제시킬 수 있다. 그러므로 형벌이 아주 경하여도 그것을 위반하는 자가 없게 된다. 이것은 교화가 잘되고 습성이 아름다워지기 때문이다."―(동상서)―고 말했다.

그때 황로학설을 숭상하는 두태후가 건강했고 그가 일정한 정도의 힘으로 한무제를 견제했기에 동중서의 이 건의는 잠시 방치되었다. 그러다가 건원 5년(기원전 136년)에 이르러서야 한무제는 5경에 박사관을 설정했다.

중국 역사상의 박사관 문제를 놓고 학자들은 폭넓게 탐구했다. 특히 진한(奏漢) 박사관 원류에 대한 탐구를 통하여 사법(師法)·가법(家法) 전수에 대한 고찰과 탐색에서 적지 않은 성과를 거두었다.

예를 들면 청대(淸代) 호병건(胡秉虔)의 《서경박사고(西京博士考)》, 장금오(張金吾)의 《양한 오경박사고(兩漢五經博士考)》및 근대 사람인 왕국유(王國維)의 《한위박사고(漢魏博士考)》는 모두 오늘날 연구에 많은 편리를 갖다주었다. 그러나 그들은 경사(經師) 개인의 성적에 치우쳤거나 사법·가법 전수에서의 득실에 치우쳤으므로 진한 때 박사관의 변화 발전의 관건이 되는 문제를 정확하게 설명할 수 없었다.

박사관은 고대 학관(學官)의 명칭으로서 그것은 유학과 밀접히 관계된다. 《사기》〈순리열전(循吏列傳)〉에는 "공의휴(公儀休)는 노(魯)나라 박사였다. 뛰어난 재능과 높은 학문으로 노나라의 재상이 되었다."고 했고 《한서》〈가산전(賈山傳)〉에는 가산의 "조부 거(袪)는 고(故) 위왕(魏王) 때의 박사 제자였다."고 했다.

여기에서 몇 가지를 알 수 있는데 첫째로, 공의휴는 일찍이 노나라 목공(繆公)의 재상이 되었었는데 노나라의 목공은 증신(曾申)·자사(子思)를 존중했으며, 증신·자사는 모두 유가이며 노나라는 또 유가의 발원지이다.

둘째로, 가거사(賈袪史)는 위왕 때 박사였다고 했는데 위왕 문후는 자하(子夏)를 스승으로 모시고 단간목(段幹木)·전자방(田子方)을 벗으로 사귀었는데 그는 '어진 이를 예의와 겸손으로 대하는' 왕이었다.

이 밖에 제(齊)나라 때의 직하 선생(稷下先生)도 박사와 이름은 다르지만 실제로는 같았다. 제나라에는 제일 늦은 선왕 때에 박사가 확실히 있었다. 그러므로 전국 초기에 확실히 박사관이 설정되어 있었다. 그것은 왕이 어진 이를 예의와 겸손으로 대한 것과 관계되고 유가가 현학으로 된 것도 관계된다. 심약(瀋約)이 《송서(宋書)》〈백관지(白官志)〉에서 "6국 때에 흔히 박사가 있었다."고 한 말은 믿을 만하다.

진나라는 6개 나라를 통일한 후 의연히 박사관을 두었다. 진시황 때 박사 70여 명이 있었고 2세 때에도 박사 제생(博士諸生) 30여 명이 있었다. 진나라의 박사들 가운데서 이름을 알 수 있는 사람이 12명 되는데 그중 《사기》·《한서》에서 볼 수 있는 박사로는 부사(仆射) 주청신(周靑臣)·박사 순우월(淳于越)·복생(伏生)·숙손통(叔孫通)·양자(羊子)·황자(黃疵)·정선(正先) 7명이다.

여러 책에서 볼 수 있는 박사들로는 이극(李克)·계정(桂貞)·노오(盧敖)·권공(圈公)·심수(沈透) 5명이다.

학파별로 보면 순우월·복생·숙손통·양자·이극·권공 여섯 사람은 유가이고, 황자는 명가이며, 노오는 신선가(神仙家)이고, 나머지 네 사람은 불명확하다. 학파를 알 수 있는 8명 박사들 가운데서 유가가 6명으로서 절대 다수를 점한다.

이사(李斯)는 분서(焚書)를 제기할 때 "박사관이 직책상 소장(所藏)한 것 이외에 천하에서 감히 《시경》·《서경》 등 제자백가의 책을 소장하는 자가 있다면 모조리 군수나 군위(郡尉)에게 제출하게 하여 그것을 함께 태워 버리시오."—《사기》〈진시황본기〉—라고 말했다. 《시경》·《서경》을 앞에 놓고 제자백가와 병렬시킨 것은 진(秦)의 박사관은 여러 가지 학파가 병립하고 유가가 위주로 된 국면이라는 것을 설명한다.

한나라는 진나라를 계승하여 의연히 박사관을 두었다. 한고조(漢高祖) 2년(기원전 205년) "한왕(유방)은 숙손통에게 박사관의 벼슬을

주고 직사군(稷嗣君)이라는 호칭을 주었다."—《사기》〈숙손통열전
(叔孫通列傳)〉

《사기》〈공자세가〉에는 "부의 아우 자양(子襄)은 57세에 죽었는데
일찍이 효경제(孝景帝)의 박사가 되었다가 장사군(長沙郡)의 태수로
있었다."고 씌어 있다.

고조(高祖) 혜제(惠帝) 시기의 것을 고증할 수 있는 사료로는 지금
이것밖에 없다. 왜냐하면 고조 때 "나라에서는 반란을 평정하고 사
해를 안정시켜야 했으므로 학교를 미처 꾸릴 사이가 없었고, 효제·
혜제 때에는 공경들 가운데서 무력으로 공을 세운 자들이 많았다.—
《한서》〈유림전서(儒林傳書)〉〉 따라서 박사 설정이 건전하지 못했기
때문이다.

문제(文帝) 때에 이르러서는 박사관을 두었는데 제자(諸子)의 전
서(專書) 박사와 유가 전경(專經) 박사를 두었다. 《한관의(漢官儀)》
에는 "문제에게는 박사 70여 명이 있었다."고 기록되었다. 그리하여
한무제의 유가 학설 독존 전 박사의 수효가 이미 진시황 시대와 비슷
한 것을 알 수 있다.

제자전서(諸子專書) 박사의 설정에 대해서는 《한서》〈초원왕전(楚
元王傳)〉에 비교적 정확히 기록되어 있는데 "문제 때에 신공(申公)
이 《시경》을 제일 정통했다. 그래서 박사관 벼슬을 주었다."고 했다.

유흠은 《이태상박사서(移太常博士書)》에서 "효문제에 이르러서
는……천하에 여러 가지 책들이 많이 나왔으며 제자 전설이 학관(學
館)에서 마음대로 강의되었고 한 가지 책을 정통하면 박사관으로 임
명받았다."고 말했다.

대만학자 서복관(徐復觀)은 이렇게 말했다. "실제로 효문제(孝文

帝) 때 어떤 사람은 제자전설에 능하여 이름나고 어떤 사람은《논어》·《효경》·《맹자》·《이아(尒雅)》에 능하여 이름났으며, 그 때문에 박사가 되었다. 그러나 제자전설·《논어》·《효경》·《맹자》·《이아(尒雅)》를 위해 박사를 설정한 것이 아니었다."—《중국 경학사의 기초》 대만학생서국, 1982년판

여기에서 박사들 가운데는 제자전설에 능하여 박사가 된 사람도 있다는 것을 알 수 있다. 이것은 문제(文帝) 때에 박사로 임명한 것은 경서(專經)에 능한 유학자들에게만 제한되지 않고, 춘추전국 시대의 제자백가의 저서에 능하여 이름난 자는 모두 박사가 될 수 있었다는 것을 설명한다. 예를 들면 노(魯)나라의 공손신(公孫臣)은 오덕(五德) 학설을 해설하여 박사로 임명되었다.《사기》〈효문본기(孝文本紀)〉를 보라.

《사기》〈가의열전(賈誼列傳)〉에서 가의는 "제자백가의 학문에 통달하여 박사 벼슬에 임명되었다."고 썼다.

이 밖에 그때 누가 또 제자백가의 학문에 정통하여 박사가 되었는지는 상세히 알 수 없다. 그러나 우리는 한나라 초기 여러 박사들 가운데 유가와 오행가(五行家)만 있다고 인정할 수 없다. 왜냐하면 한문제(漢文帝)와 한경제(漢景帝) 시기에 황로학설을 숭상했으므로 박사들 가운데서 도가(道家)가 없을 수 없기 때문이다.

그러므로 청나라 사람 요진종(姚振宗)은 "한문제와 한경제 시기에 법가·명가·도가 박사들도 있었을 것이다."고 말했으며, 그것을 왜 사료(史料)에서 찾아볼 수 없는가에 대해서 그는, "사(史)는 큰일과 영원히 전해져야 할 일만 쓴다." 그러므로《무기(武紀)》에 5경박사의 설정에 대해 썼고 또 그전의 것은 제도로 결정된 것이 아니므로

간략했다. 《한서》〈예문지〉조리(條理)·《25사보편(二十五史補編)》을
보라.

요진종의 이 추측에는 일리가 있다. 후에 유가가 박사직을 독점했
기에 기타 제자백가의 박사들이 매몰되었던 것이다.

《후한서》〈적보전〉에 "효문 황제 때 1경(一經) 박사를 설정했다."고
쓴 것은 유가의 한 가지 경(經)만 정통하여 박사가 된 것을 말하지 유
가의 어느 한 가지 경(經)을 위해 박사관을 설정했다는 뜻이 아니다.

《사기》〈유림열전〉·《한서》〈초원왕전〉과 《한서》〈조착전(晁錯傳)〉
에 의하면 한문제 때《시경》에 정통한 박사로는 노(魯)나라 사람 신
공(申公), 연(燕)나라 사람 한영(韓嬰)이 있고,《서경》에 정통한 박사
로는 조착(晁錯)이 있으며, 한경제 때에는《시경》에 정통한 박사로
제(齊)나라 사람 원고생(轅固生)이 있었고,《공양춘추》에 정통한 박
사로 동중서·호무생(胡毋生)이 증가되었다. 장생(張生)이《서경》에
정통하여 박사가 된 것도 한경제 때의 일이다.

이런 1경박사들은 1경에만 정통한 것이 아니며 어떤 사람들은 유
가 이외의 다른 학설에도 학문이 깊었다. 앞에서 말한 한영 같은 사
람은 "《시경》작자의 뜻을 부연하여 몇만 자에 달하는《한시내전(韓
詩內傳)》과《한시외전(韓詩外傳)》을 썼으며 그 외에도《역경(易經)》
을 전수하고《역경》의 뜻을 부연하여 경전(經傳)을 펴냈다."—《한
서》〈유림전(儒林傳)〉

그리고 조착은 먼저 신불해·상앙(商鞅)의 형명(刑名) 학설을 배우
고 후에 복생(伏生)한테서《상서》를 배웠다. 여기에서 우리는, 그들
은 어느 한 가지 경서에 정통하여 박사가 되었지만 그 한 가지에만
정통한 것이 아니라는 것을 알 수 있다.

동시에 그때에는 제자백가를 배척하지 않았기에 박사관을 유학자들이 독점한 것이 아니라는 것도 알 수 있다. 이 밖에 여러 학파의 박사들은 제자를 받아들였는데 제자 선택에 규정이 없고 박사들이 자유로 선택할 수 있었다.

　건원 5년(기원전 136년) 봄, 한무제는 제자백가를 배척하고 유가 학설만 독존하는 기초 위에서 정식으로《시경》·《서경》·《예》·《역》·《춘추》5가지 서적을 경전으로 정하고 박사관을 설정했으며 5경에 정통하여 박사가 된 사람들을 제외한 기타 박사들을 면직시켰다. 그때부터 박사의 직은 유가가 독점했다. 그들은 비록 황제를 위해 자문하는 전통을 계승했지만 이때에는 각자 자기가 대표하는 경을 연구하는 것을 전문직업으로 삼았고 경에 대한 그들의 해석이 권위적인 해석으로 되었다. 그리하여 후에 박사가 되기 위한 논쟁은 유가 서적 범위 내에만 국한되었다.

　한무제가 설정한 5경박사는 박사 수효가 5명에 제한된 것이 아니다. 피석서(皮錫瑞)는 이렇게 말했다. "건원(建元)에 5경박사관을 설정하고 각자가 가법(家法)으로 전수했다. 〈유림전〉에는《상서》·《예》·《역》·《춘추》4경의 전수에는 각 한 사람뿐이고,《시경》의 강의에는 노(魯)나라·제(齊)나라·한(韓)나라의 신공(申公)·원고생(轅固生)·한영(韓嬰)이 있었는데 그들은 한조 초기에 이미 박사가 되었다. 이 세 사람은 한 지방에 있지 않고 한 스승한테서 배운 것도 아니므로《시경》은 부득불 노·제·한 세 개 파로 나누어져야 했다." ―《경학역사》〈경학창성시대〉 중화서국, 1959년판

　여기에서 알 수 있는 바 한무제가 설정한 5경박사는 응당 5경 7명 박사관으로 되어야 하며 7명 박사관이 부족되면 보충함으로써 정상

적 정황에서는 7명 박사관이 보전되어야 했다.

원삭(元朔) 5년(기원전 124년) 6월, 한무제는 봉건 통일과 유학 독존의 수요에 적응하기 위해《공양(公羊)》에 정통한 유생(儒生) 승상인 공손홍이 박사에게 제자원(弟子員)을 설정할 것에 관한 건의를 비준했다. 그리하여 한무제는 공손홍과 태상(太常) 공장(孔藏)·박사평(博士平) 등에 명하여 구체적 방안을 초안하게 했다. 초안에는 이렇게 규정했다.

5경박사가 가르치는 학생은 1경에 10명, 전국에 박사 제자 50명을 두되 태상(太常)이 백성들 가운데서 18세 이상의 용모가 단정한 자를 때 선발하여 박사 제자로 하며 그들은 국가의 요역을 면제시킨다. 이런 정식 제자 이외에 '박사 제자와 마찬가지로 배우는' 청강생을 늘리고 군국(郡國)의 현관(縣官)이 "학문을 좋아하고 어른을 존경하며 법을 지키고 향리의 공동생활에 잘 순응하고 그 행동거지가 예에 어긋나지 않는"─《한서》〈유림전〉 서(序)─청년을 선발하여 계리(計吏, 군현에서 회계부를 가지고 상경하는 관리)가 데려오도록 해서 박사관 밑에서 수업하게 한다. 해마다 시험을 한 번 치르는데 한 과목에 능통한 자는 문학(文學, 郡·國에 있는 박사관)이나 장고(掌故, 故事를 관장하는 태상의 속관)에 결원이 생겼을 경우 보결로 하며, 성적이 제일 우수한 자는 낭중(郞中)에 임명될 수 있다. 그리고 재능이 열등한 자 및 한 과목에도 능통치 못한 자가 있으면 이들을 즉시 파면한다.

이렇게 하여 박사 제자는 수효가 정해져 있고 일정한 대우를 받을 수 있으며 시험과 임용 절차가 있게 되어 벼슬을 하는 중요한 경로로 되었다. 뿐만 아니라 박사도 경학의 전수만을 직무로 하는 학관(學

官)이 되었다. 이때부터 동중서가 일찍이 "폐하께서 태학을 꾸리고 고명한 스승을 모셔 천하의 선비들을 양성하기 바랍니다."―《한서》 〈동중서전〉―라고 제기한 염원이 정식으로 실현되었다. 이것은 중국 문화사에서의 대사이다.

한무제가 태학(太學)을 세운 이래 사회·정치·경제의 변화와 통치자들의 수요에 따라 태학이 부단히 발전하여 학교 규모가 날마다 커지고 학생 수효도 점점 늘어났다. 소제(昭帝) 때에는 학생이 백 명으로 늘어나고 선제(宣帝) 때에는 2백 명으로, 원제(元帝) 때에는 천 명으로, 성제(成帝) 때에는 3천여 명으로, 동한(東漢) 질제(質帝) 때에는 무려 3만여 명으로 늘어났다. 이렇게 발달한 태학 교육은 세계 교육사에서도 찾아보기 드물다.

태학에서 박사들은 직책이 고금을 통달하는 것이 아니라 경서의 스승이 되는 것이었으며, 태학의 전문 교관으로서 경학 전수를 위주로 하고 때로는 조정에서 정치를 논하고 예를 제정하고 학술을 토론하는 데 참여하거나 명령을 받고 지방의 정치·교육 상태를 순찰했다. 그리하여 박사는 벼슬을 하고 현달하는 계단이 되었다.

예를 들면 공손홍은 현량한 자의 신분으로 박사가 되었고 경(經)의 뜻을 인용하여 정치를 논하며 "문서 법령과 관리 공무에 익숙하고 유가 학설로 문식(文飾)했기에"―《한서》〈공손홍전(公孫弘傳)〉―끝내 유생으로부터 재상이 되었다.

동중서는 경제(景帝) 때 《공양춘추》에 정통하여 박사가 되었고 후에는 그의 대통일 학설이 한무제의 수요에 부합되었기에 유생들의 우두머리가 되었으며 심지어 "그의 아들과 손자마저도 학문에 뛰어나 큰 벼슬을 했다."―《한서》〈동중서전〉

이상에서 우리는 양한(兩漢) 시대의 많은 사람들은 박사가 되는 것을 최종 정치 목적으로 삼은 것이 아니라 박사로 임명되는 것을 통해 높은 벼슬과 관록을 얻었다는 것을 알 수 있다.

왕국유(王國維)가 쓴 《한위박사고(漢魏博士考)》의 통계에 의하면, 동한·서한의 박사들 가운데서 급사중(給事中)을 겸한 사람으로는 평당(平當)·위현(韋賢)·광형(匡衡)·설선(薛宣) 등이 있으며, "승진을 놓고 보면 조정 내에서 중이천석(中二千石) 급으로 진급했다."

예를 들면 박사 후창(後倉)은 소부(少府, 중이천석)가 되었고 평당은 승상직사(丞相直司, 비이천석)가 되었으며 위현·하우생·광형·장우(張禹)·정관중(鄭寬中)은 광록대부(光祿大夫, 비이천석)가 되었고, 환영(桓榮)·견우(甄宇)는 태자소부(太子少府, 비이천석)가 되었으며, 노공(魯恭)·조포(曹褒)·이법(李法)·장흥(張興)은 시중(侍中, 비이천석)이 되었으며, 승궁(承宮)·이힐은 좌중랑장(左中郎將, 비이천석)이 되었다.

천 석 또는 8백 석을 받는 관리로 진급한 자들도 있다. 예를 들면 가의(賈誼)·소광(疏廣)은 태중대부(太中大夫, 비천석)가 되었고 조착(晁錯)은 태자가령(太子家令, 팔백석)으로 모셔졌으며, 익봉(翼奉)은 간대부(諫大夫, 비팔백석)로 봉해졌고, 공광(孔光)은 상서(尚書, 육백석)가 되었다.

조정 밖의 군국(郡國) 수상이 된 자들도 있다. 예를 들면 동중서는 강도상(江都相)이 되었고, 노식(盧植)은 구강태수(九江太守)로 임명되었으며, 주방(周防)은 진류(陳留)태수로 임명되었고, 복공(伏恭)은 상산(常山)태수로 임명되었다.

또 제후왕 태부(太傅)로 임명된 자들도 있다. 예를 들면 원고생은 청하왕(清河王) 태부로 임명되었고, 팽선(影宣)은 동평(東平) 태부로 임명되었으며, 사단(師丹)은 동평왕 태부로 임명되었고, 양윤(楊倫)은 청하왕의 부(傅)로 임명되었다. 부자사(部刺史)·주목(州牧)으로 임명된 사람들도 있다. 예를 들면 공우(貢禹)는 양주(涼州) 자사로 임명되었고, 책방진(翟方進)은 삭방(朔方) 자사로 임명되었으며, 호상(胡常)은 부자사(部刺史)로 임명되었고, 서량(徐良)은 주목(州牧) 군수(郡守)로 임명되었다.

현령(縣令)으로 임명된 사람도 있다. 예를 들면 "주운(朱雲)은 두릉현 현령으로 임명되었다."―《관당집림(觀堂集林)》4권, 중화서국 1959년 판을 보라.

이런 사실에서 박사 출신인 사람들은 조정 내외에서 모두 발탁되고 진급할 수 있으며 그 결과 반고(班固)가 말한 것처럼 "이때부터 공경·대부·사리(士吏)들이 모두 예절이 밝고 대부분 문장 박사가 되었다."―《한서》〈유림전〉

이것이 바로 동한·서한 시대 사람들이 박사가 되려고 무척 애를 쓴 원인이다.

유가 박사의 직위 쟁탈은 그들의 정치상·학술상에서의 지위 다툼을 반영할 뿐만 아니라 통치 계급의 수요도 반영했다. 감로(甘露) 3년(기원전 51년) 한선제(漢宣帝)는 장안(長安) 미양궁 북쪽의 석거각(石渠閣)에서 소집한, 5경의 이동(異同)을 논하는 회의에서 양구(梁丘)의《역》, 대하후(大夏侯)와 소하후(小夏侯)의《서》, 곡량(穀梁)의《춘추》를 증립(增立)한 것이 그 예가 된다.

양구《역》의 창시자는 양구하(梁丘賀)인데 그는 일찍이 전왕손(田

王孫)에게서《역》을 배웠다. 계책이 많고 조심하며 주밀한 그는 일찍이《역》을 해석하여 한선제의 사랑을 받았다.

한선제가 종묘에 술을 마시러 가게 되었는데 앞에서 깃대의 끝을 두드리는 검이 저절로 뽑혀져 나와 칼끝이 땅에 꽂히고 칼날이 황제가 앉은 차로 향하게 되자 차를 끌던 말이 놀라게 되었다. 한선제는 무당을 불러 점을 쳤는데 병변이 있을 것이니 불길하다고 했다. 바로 그때 곽광(霍光)의 외손자 임선(任宣)이 모반죄로 사형에 처해졌다.

그리하여 양구하는 "점을 친 것이 맞는다고 하여 황상의 총애를 받고 태중대부(太中大夫)·급사중(給事中)으로 임명되고 나중에는 소부(少府)로 승진했다."—《한서》〈유림전〉

한선제는 양구의《역》을 즐겼다. 그리하여 양구하의 아들 양구림(梁丘臨)이 석거각 회의에 참하한 후 그를 박사에 임명했다.

하후승은 강의할 때 제자들에게 말했다. "선비들에게 근심거리가 되는 것은 경술(經術)을 모르는 것이다. 경술만 알면 청색·자색 의복을 입는 것(벼슬을 한다는 뜻)이 마치 땅에서 풀을 줍는 것처럼 쉽게 된다. 경학을 잘 배우지 아니하고 또 경학을 배워도 알지 못한다면 돌아가 농사짓는 것만 못하다."—《한서》〈하후승전〉

그는 음양 재이(陰陽災異)로써 시국과 정치의 득실을 추론하기를 즐겼다. 그리하여 한선제는 점차 그를 가까이하고 믿어 주었다. 그러니 하후(夏侯)에게《서》박사관을 설정한 것은 우연한 일이 아니다. 그리하여 학관으로 선정된 경학 박사는 14박사로 증가되었다.

예를 들면《시》에는 제(齊)·노(魯)·한(韓),《서》에는 구양(歐陽)·대하후(大夏侯)·소하후(小夏侯),《예》에는 대대(大戴)·소대(小戴),《역》에는 시(施)·맹(孟)·양구(梁丘)·경(京),《공양춘추》에는 엄

(嚴)·안(顏)이 있어 그것을 금문 14박사라 불렀다. 이 밖에 선제(宣帝) 감로(甘露)년에 박사를 설정하기 시작한 《곡량춘추》는 14박사 내에 속하지 않는다.

한대(漢代) 박사들은 경을 강의함에 있어서 사법(師法)을 가장 중시했는데 "스승이 가르치고 제자가 배우며 한 글자도 틀리지 말아야 했다." - (동상서)

서한(西漢)은 사법(師法)을 중시하고 동한(東漢)은 가법(家法)을 중시했다. "먼저 사법이 있어야 후에 일가(一家)의 말이 될 수 있었다. 사법에서는 근원을 더듬어 찾고 가법에서는 부연했다. 사법은 근원이고 가법은 흐름이며, 가법의 원천은 사법이다."

예를 들면 《역》에는 시수(施讎)·맹희(孟喜)·양구하(梁丘賀)의 학설이 있는데 그것들은 사법에 속한다. 시가(施家)에는 또 장우(張禹)·팽선(彭宣)의 학설이 있고, 맹씨(孟氏)에는 또 책목(翟牧)·백광(白光)의 학설이 있고, 양구(梁丘)에는 또 사손장(士孫張)·등팽조(鄧彭祖)·형함(衡咸)의 학설이 있는데 이런 것들은 가법에 속한다. 그러므로 소위 사법·가법이라는 것은 간단하게 말해서 경을 전수하는 자가 반드시 스승의 경설을 어김없이 전하고 마음대로 고치지 못하며 이설(異說)을 보태지 못하는 것을 말한다.

만약 사법·가법을 준수하지 아니하면 즉시 박사 자격을 취소했다. 예를 들면 서한의 맹희는 사법을 고쳤기에 한선제는 그를 박사가 되지 못하게 했다. 동한 때의 장현(張玄)은 젊었을 때 안씨(顏氏)의《공양춘추》를 배웠고 여러 가지 가법에도 능통했다. 그가 《공양춘추》 박사가 되어 강의할 때 태학생들은 그가 안씨 가법을 준수하지 않고 엄씨(嚴氏)의 《공양춘추》를 겸하여 강의한다고 상주문을 올려 고발하는 바람에 광무제는 그를 파면할 수밖에 없었다.

바로 한대의 유생들이 사법·가법을 어김없이 지켰기에 경학은 갈수록 상세해지고 세밀하게 되었다. 그리하여 "한 가지 경을 백여 만 언(言)으로 말했으며"―《한서》〈유림전 찬(儒林傳贊)〉―심지어 소하후의 《상서》를 배우는 진공(奏恭)은 《상서》〈요전(堯典)〉의 첫 마디 '고대사를 상고해 보건대(日若稽古)'를 해석할 때 3만 언을 썼다.

이런 정형에 비추어 반고(班固)는 분개하여 말했다.

"고대의 학자들은 농사를 지어 살면서 3년에 한 가지 경을 통달했는데 대체로 기억하고 경문을 숙독했을 뿐이다. 그러므로 짧은 시간 내에 많은 것을 알게 되었으며 30세가 되면 5경을 다 배웠다. 후세에 경의 전수는 원문과 해설이 맞지 않았다. 박식한 사람들은 많이 듣고 많이 배우는 것과 모르는 곳은 잠시 비워 두는 도리를 중시하지 않고, 문장의 뜻을 쪼개고, 의심나고 어려운 문제를 회피하고, 화려한 말로써 꾸며 대며 형체를 파괴하고, 5자로 된 말을 2―3만 어로 해석하며 후세 사람들은 또 그것을 가일층 발휘했다. 그리하여 아이들이 한 가지 경을 전문적으로 배운다 해도 백발이 되어서야 그 뜻을 알게 된다. 자기가 아는 데 만족하고, 처음 보는 관점을 비방하고 나중에는 막다른 골목에 이르렀다. 이것은 학문을 하는 데 있어서 가장 큰 재난이다."―《한서》〈예문지〉

반고의 비평은 아주 성실하다. 그의 비평은 비록 금문경학을 배척하는 경향이 있지만 일부러 과격한 말을 하여 남을 놀라게 하지는 않았다. 그리하여 청나라 말기의 금문경학가 피석서(皮錫瑞)도 부득불 "양한(兩漢) 경학의 성쇄 원인이 맹견(孟堅, 반고의 자는 맹견이다)의

몇 마디 말에 다 들어 있다."고 말했다. 그리하여 양한 경학은 흥성에
서 쇠약의 길로 들어섰다.

제5장

양한(兩漢) 경학의
전승과 법전화

일찍이 춘추전국 시대에는 《시》·《서》·《예》·《역》·《춘추》는 역사 문화 전적이었을 뿐이며 유학(儒學)도 그 시기에 존재하는 한 개 학파에 불과했다. 춘추전국 시대의 유가 전적을 원래는 경(經)이라 부르지 않았고, 그 시기의 유학도 경학이라 부르지 않았다.

　　비록 《장자》〈천운편(天運篇)〉에는 "공자는 《시》·《서》·《예》·《악》·《역》·《춘추》를 연구했고 그것을 6경이라 했다."는 말은 있으나 그때 다른 학파와 학자들의 눈에는 이 여섯 가지 책이 모두 유가의 기본 전적으로밖에 보이지 않았으며 신성불가 위반의 경으로 보이지 않았다. 그때 묵가의 전적도 일부를 묵경이라 했는데 같은 정황이었다.

　　유가 경전이 정식으로 형성되고 경학이 정식으로 창립된 것은 서한 때부터라고 보아야 한다. 그것의 지표는 요(堯)·순(舜)·주문왕(周文王)·공자가 성인으로 불리운 것이다. 반고(班固)가 말한 바와 같이 "요·순을 조술(祖述)하고 주문왕과 주무왕이 건립한 법제를 준수하고 공자를 스승으로 모셨으며"－《한서》〈예문지〉－《시》·《서》·《예》·《역》·《춘추》는 속속 관학(官學)으로, 5경으로 되었다.

　　특히 한무제가 봉건 통치의 수요에 적응하기 위해 제자백가를 배척하고 유가를 독존한 후부터 유학은 유일한 봉건 정통 학설이 되었으며, 5경은 일반 역사 문화 전적을 초월하여 나라의 모든 사상과 정치 생활에서 지켜야 할 지침으로, 신성불가침의 법전이 되었다.

　　반고는 이렇게 말했다. "6예라는 것은 통치자들이 교화를 실시하는 전적이고 고대 성인들이 사람들로 하여금 인류의 운명을 지배하는 천신(天神)의 의지를 알게 하며, 군신·부자 등 사람들 사이의 관계를 규범함으로써 가장 완미한 정치에 도달하게 하는 법이다." —《한서》〈유림열전〉

양한(兩漢) 경학을 금문(今文)경학과 고문(古文)경학으로 나누는데 이 두 가지는 계선이 아주 분명했다.

고문경학은 민간에서 유전되었는데 유학 독존의 한대에서는 차등의 지위에 처했다. 금문경학은 한왕조에서 그것을 관학으로 정하고 그것에 박사·제자원(弟子員)을 설정하고 우수한 자는 그것으로 벼슬을 할 수 있었다. 그러므로 선비나 관리들은 모두 유가 경전을 배우고 정통해야 벼슬을 하고 승진할 수 있었다. 금문경학은 이렇게 정치의 힘을 빌려 널리 전파되었다.

《한서》〈유림전〉에는 "공손홍은 《춘추》를 전공하여 승상이 되고 제후로 책봉되었다. 그러자 천하의 학문하는 선비들은 바람에 휩쓸린 듯이 유학을 존중하는 풍조에 따르게 되었다."고 말했다. 동시에 금문경학의 뜻은 사회·정치·도덕·입법·행정·문화·사상에서 반드시 지켜야 할 기준이 되었기 때문에 금문경학이야말로 진정한 경학이 되었다.

동한(東漢) 말년에 금문과 고문을 집대성한 경학자 정현(鄭玄)은 제자백가를 종합하고 여러 가지 경을 돌아가며 주석을 하고서야 금고문의 계선을 타파하고 경학의 융합과 통일을 완성했다.

금문경학의 계승과 전수

1. 경(經)과 오경의 순서

　금문경학파는, 경은 공자 저작의 전문적인 명칭이라고 인정했다. 즉 공자 이전의 것은 경이라 하지 않고 공자 이후의 저작도 감히 경이라 부르지 못했다. 그들은 경·전·기(記)·설(說) 4가지의 구별은 저작자의 신분에 따라 다르다고 했다. 즉 공자가 지은 것은 경이라 하고, 공자 제자들이 지은 것을 전 또는 기, 제자들의 후학(後學)이 서로 전하여 지은 것을 설이라 했다.

　그러므로 그들은 《시》·《서》·《예》·《악》·《역》·《춘추》만이 공자의 손을 거친 것이므로 그런 것들을 경이라 할 수 있다고 했다. 그런데 《악》은 《시》와 《예》에 포함되어 있고 경문이 근본적으로 없으므로 실제로는 5경밖에 남지 않았다.

　한무제가 유학을 독존한 이후 경학을 전수하는 사람이 갈수록 늘어났다. 제자가 경학을 가르치는 스승한테 배워서 한 가지 경학만 정통하면 벼슬을 할 수 있었고 경학의 전수도 점차 계승자가 있게 되었다.

무릇 박사로 임명받은 경학 권위자의 경학은 사법(師法)이 되었고 제자들이 그 사법으로 경학을 강의하는 것을 가법(家法)을 지키는 것이라고 했다. ─《경학역사(經學歷史)》〈경학창명시대(經學昌明時代)〉 중화서국 1959년 판

각지의 경사(經師)들의 경학의 뜻에 대한 이해가 다르고 강의할 때 쓰는 방언도 다르기에 유학은 제학(齊學)파와 노학(魯學)파로 갈라졌다. 그러나 경에 대한 견해가 같으면 지역과 관념의 제한을 받지 않고 같은 파로 인정했다.

예를 들면《공양춘추》의 권위자인 동중서는 조(趙)나라 사람이지만 제(齊)나라 사람인 호무생과 견해가 같으므로 제학에 속했다. 제학과 노학은 학풍이 달랐는데 노학은 옛것을 즐기는 편이고 제학은 시세를 따르는 편이었다. 예를 들면 제학에 속하는 설(薛)은 숙손통이 당면한 정세를 잘 따르는 사람이었다. 한초(漢初) 그는 유방을 도와 조견(朝見)의 의식을 제정할 때 노나라 유학자들을 장안에 초빙했다. 그렇지만 그중에서 두 사람이 거절하면서 숙손통을 질책했다.

이제 천하가 겨우 안정되어 사자(死者)는 아직 매장되지 못하고 부상자는 여전히 일어서지 못하고 있소. 이런 처지에서 새 왕조를 위해 예악을 일으키려 하니 가소롭기 그지없소. 예악을 일으키는 데는 그 왕조가 덕을 쌓아 백년이 지난 뒤에라야 스스로 일어나는 거요. 우리는 귀공께서 하려는 시도가 전통에 어긋난다고 생각하기에 동

참할 수 없소. 그냥 돌아가시오. —《사기》〈숙손통열전〉

숙손통은 그들의 말에 웃으면서 대답했다. "참으로 한심하고 비루한 유생이구려. 그건 옛적 얘기요. 시대의 변천이란 걸 그대들은 모르고 있소." —(동상서)

노나라의 두 유학자와 숙손통의 대화를 통해 노학과 제학 이 두 가지 학풍이 다르다는 것을 알 수 있다. 학풍이 다르기에 정치상에서 노학은 제학보다 시세에 잘 순응하지 못했다. 그리하여 그때 학술상·정치상에서 흔히 제학이 우세를 점했다.

예를 들면 숙손통은 그때 성인으로 떠받들어졌고, 공손홍은 그릇된 것으로 세상사람들의 환심을 사서 포의(布衣)로부터 경상(卿相)으로 승급했으며, 한대(漢代)의 공자라고 불리우는 동중서도 제학에 속했다. 제학이 한대의 정치에 영향이 컸으므로 제학에 속하는《공양춘추》도 특별히 중시를 받아 정치상에서 지도 사상이 되었다.

선제(宣帝) 시기에 나라의 정국(政局)은 점차 안정되었다. 그리하여 옛것을 고찰하고 유가의 예악을 숭상하는 것을 또다시 첫자리에 놓았다. 무제(武帝) 시기에 법치와《공양학》을 편면적으로 숭상했기에 사회 모순과 통치집단 내부의 모순이 격화되었다. 이런 긴장 상태는 예치(禮治)를 강조하는 것으로써 보충·완화시켜야 했다. 그러므로 유학에 속하는《곡량춘추》는 특별한 중시를 받았다.

석거각(石渠閣) 회의에서 유학에 속하는《춘추》곡량파와 제학에 속하는《춘추》공양파는 논쟁이 붙었는데 그 결과 곡량파가 이겼으며《곡량춘추》에 박사를 설정했다. 대체적으로 말하면 선(宣)·원(元) 이전에는 제학이 노학보다 우세였고 그 후에는 노학이 제학을 압도했다. 서한 말년에 이르러서는 금문경학과 고문경학 간의 싸움이 벌어졌다.

노학과 제학은 모두 금문경학에 속하며 그것은 본래 고문경학과 아무런 관계가 없었다. 그러나 이 두 파의 학풍 특징을 놓고 말하면 노학은 쉽게 고문학파로 발전 변화될 수 있고, 제학은 쉽게 금문학파로 변화 발전될 수 있었다. 동한 때에는 제학과 노학 사이의 싸움이 실제로는 금고문(今古文) 사이의 싸움이 되었다.

5경의 순서에 관하여 《사기》〈유림전〉과 《한서》〈유림전〉의 기록이 좀 다르다. 《시》·《서》·《예》·《악》의 전통 순서는 춘추시대로부터 시작되었는데 순자 때에 이르러서 《춘추》를 더 넣었고, 《예기》〈경해(經解)〉에서는 《역》을 더 넣었다. 그리하여 그 순서는 《시》·《서》·《악》·《역》·《춘추》로 배열되었다. 이 순서에서 만약 《예》를 《악》의 앞에 가져다 놓으면 의연히 《시》·《서》·《예》·《악》의 전통 순서가 된다.

가의(賈誼)가 《신서(新書)》〈도덕설〉에서 배열한 순서에서는 전통 순서에서 《시》·《서》를 바꾸어 놓아 《서》를 맨 앞자리에 놓았는데 이것은 의식적으로 변경시킨 것 같다. 《사기》〈유림열전〉에서의 순서는 《시》·《서》·《예》·《역》·《춘추》인데 이것은 5경 박사를 설정할 때의 순서에 근거한 것이다.

5경 박사를 설정할 때의 순서를 《한서》〈유림열전 찬(儒林列傳贊)〉에는 "처음에 《상서》에는 구양생(歐陽生), 《예》에는 후창(後蒼), 《역》에는 양하(楊何), 《춘추》에는 공양(公羊)밖에 없었다."고 했다. 거기에다 문제(文帝) 시대에 먼저 설정된 《시》를 증가하고 경문이 없는 《악》을 빼버리면 《시》·《서》·《예》·《역》·《춘추》의 순서로 되어 《사기》〈유림열전〉의 순서와 같게 된다.

그러나 《한서》〈유림전〉에서의 순서는 《역》·《서》·《예》·《춘추》로서 《한서》〈유림열전 찬〉에서 배열한 순서를 채용하지 않았다. 이것은 반고(班固)가 유흠(劉歆)의 《7략(七略)》 중 〈6예략(六藝略)〉의 배열순서 영향을 받은 것이다.

유흠은 《삼통력(三統歷)》에서 《율(律)》·《역(歷)》·《역(易)》 세 가지를 합쳐 천도(天道)의 구체적 존재로 삼았다. 그리하여 《7략》의 〈6예략〉에서 《역》은 《시》·《서》·《예》·《역》·《춘추》의 원천이라고 말했다. 그리하여 《역》을 6예의 첫자리에 놓았다. 이것은 유흠 이전에는 없었던 새로운 설(說)이다.

반고는 《7략》을 삭제하여 《한서》〈예문지〉로 했으며 더욱이 《7략》 중 〈6예략〉의 순서를 《한서》〈유림전〉에서의 순서로 했다.

2. 금문경학의 계승과 전수

금문경학의 계승·발전에 대해 사마천은 《사기》〈유림열전〉에서 한초(漢初) 때의 경(經)을 전수한 유학자들에 대해 이렇게 말했다.

《시경》의 강의는 노나라에는 신배공(申培公)이, 제나라에는 원고생(轅固生)이, 연나라에는 한태부(韓太傅)가 있었다. 《상서》의 강의에는 제남(齊南)의 복생(伏生), 《예》의 강의에는 노나라 고당(高堂)이, 《역경》의 강의에는 치천의 전생(田生)이, 《춘추》의 강의에는 제나라 호무생(胡毋生)으로부터 시작되었고, 조나라에서는 동중서로 시작되었다.

이 말은 우리가 5경의 계승·전수를 연구하는 시발점이 된다.

1)《시경》학의 계승과 전수

금문(今文)《시경》학은 노(魯)·제(齊)·한(韓) 세 개 학파, 즉《노시》·《제시》·《한시》로 나눈다. 서한(西漢) 때에 세 학파에는 학관이 있었다. 후에 전해 내려가는 가운데서《제시》는 위(魏)나라 때에, 《노시》는 서진(西晉) 때에 없어졌으며,《한시(韓詩)》는 없어지지는 않았으나 전하는 사람이 없었다.

남송(南宋) 이후《한시》도 없어지고《외전(外傳)》만 남았다. 청대(淸代)에 이르러 집일학(輯佚學)과 금문경학이 일어서면서 오래전에 없어졌던《시경》학이 또다시 학자들의 탐구 대상이 되었다.

(1)《노시(魯詩)》의 전승

《노시》의 창시자는 노나라 사람 신배공이며 그 연원은 순경(荀卿)이다.《한서》〈초원왕전(楚元王傳)〉에는 "순경이 부구백(浮丘伯)한테《시경》을 가르쳐 주고, 부구백이 신배공·초원왕·목생(穆生)·백생(白生)한테 가르쳐 주었으며, 신배공이《시경》에 가장 정통했고, 그가《시경》을 해석한 글을《노시》라고 불렀으며, 문제(文帝)는 그를 박사관에 임명했다."고 했다.

《한서》〈유림〉 신공전에는 초원왕 유교(劉交)가 죽은 후 그의 아들 유영이 왕위를 계승하여 초왕이 되었는데 그는 신공(申公)을 태자유무(劉戊)의 사부로 삼았다고 기재되어 있다.

"유무는 공부하기 싫어하고 신공을 미워했다. 유무는 왕이 된 후 신공을 핍박하여 형구를 차고 일하게 했다. 이를 수치로 여긴 신공은 노나라로 돌아가 집에서 글을 가르치면서 죽을 때까지 집 문밖을 나서지 않았으며 먼 곳에서 찾아와 배우는 제자가 천여 명 되었다. 신

공은《시경》을 가르칠 때 훈고의 방법으로 가르치고 전(傳)을 하지
않았다."고 한다.

여기에서《노시》의 전수에서는 중점을 훈고에 두고 경문의 자구
(字句)에 의하여 해석한다는 것을 알 수 있다. 이것은《노시》가 학풍
상에서 비교적 소박하고 보수적이며 경의(經義)에 접근하여 제시한
한시와는 완전히 다르다는 것을 설명한다.

반고는 이렇게 지적했다. "한조(漢朝)가 건립한 후 노나라의 신공
은《시경》을 '훈고'하고 제나라의 원고(轅固), 연(燕)나라의 한생(韓
生)은 모두《시경》을 전했다. 어떤 사람은《춘추》에서 취재하고 어떤
사람은 다른 사람들의 설에서 자료를 얻었는데 모두 시의 본의가 아
니었다. 만약 본의를 따진다면 그래도 노나라 신공의 시가 본의와 비
교적 가깝다."

청나라 사람 진교종(陳喬樅)은《노시유설고 서(魯詩遺說考叙)》에
서 "한조 말기에 세 가지 시는 모두 학관이 설정되었지만 노시가 가
장 흥성했다."고 말했다. 그러므로 신배공의 제자는 천여 명에 달했
고 제자들 가운데서 박사로 된 자가 십여 명이 넘었는데 어떤 사람은
조정의 중요한 직위에 있었다.

예를 들면 공안국(孔安國)은 임회군(臨淮郡)의 태수가 되고, 주패
(周霸)는 교서국의 내사(內史), 하관(夏寬)은 성양국(城陽國)의 내사,
노사(魯賜)는 동해군의 태수가 되고, 목생(繆生)은 장사국(長沙國)
의 내사, 서언(徐偃)은 교서국의 중위(中尉)가 되고, 궐문경기(闕門
慶忌)는 교동국의 내사가 되었다. 그들 모두는 청렴하여 소문이 자자
했다.

《노시》의 전승은 흔히 대대로 가전(家傳)되었다. 추로(鄒魯)의 유

학 거장으로 불리는 위현(韋賢)은 일가 8대가 《노시》를 전수해 내려 갔으며 세대마다 제후·삼공 구경(三公九卿)·군국(郡國)·수상(守相) 등 벼슬을 한 사람이 있었다. 《한서》〈위현전〉에는 이렇게 기록되어 있다.

위현에게는 아들 넷이 있었는데……둘째아들 위홍(韋弘)은 동해 (東海) 태수로 되었고……막내아들 위현(韋玄)은 경술(經術)에 정통 하여 요직을 맡았는데 나중에는 승상으로 승진했다……동해 태수 위홍의 아들 위상(韋賞)도 《시경》에 정통했는데 애제(哀帝)가 정도 왕(定陶王)으로 있을 때 위상은 태부(太傅)에 임명되었다. 애제가 즉 위한 후 위상은 은정으로 하여 대사마 차기 장군(大司馬車騎將軍)으 로 임명되어 삼공(三公)의 지위에 있었으며 관내후(關內侯)로 책봉 되어 2천 호의 식읍을 갖고 있었다. 그는 80여 세까지 살았다. 그의 동족 가운데서 2천 석의 벼슬을 한 사람이 열 명이 넘는다.

여기에서 위씨 가족은 《노시(魯詩)》를 대대로 전해 내려갔을 뿐만 아니라 그것을 고관으로 승진하는 수단으로 삼았다는 것을 알 수 있 다. "그러기에 추로 속담에는 자식에게 금 한 광주리 남겨 주기보다 시경을 남겨 주는 것이 낫다는 말이 있다."-《한서》〈위현전〉

봉건 통치자와 유가는 명절을 지킬 것을 제창했다. 거기에 훈도된 경사(經師)들은 일생에 두 가지 성(姓)을 섬기지 않는다는 이유로 유 씨가 아닌 정권을 위해 일하는 것을 거절했다. 예를 들면 초나라 두 공씨 중의 한 사람인 공승은 왕망(王莽)이 한나라 정권을 찬탈한 후 사자를 파견하여 강학(講學) 쇄주(祭酒)로 초빙하려 할 때 몸이 불편하다는 핑계로 응낙하지 않았다. 2년 후 왕망은 또 사절을 파견하여 말 네 필을 메운 차를 몰고 가서 공승을 초빙하려 했는데 이때에도 공승은 병이 있다고 핑계대었다.

사절과 태수가 닷새에 한 번씩 찾아가 말을 들으라고 핍박하자 그는 솔직하게 말했다. "나는 한나라의 은혜도 채 갚지 못했소. 오래지 않아 땅속에 묻힐 몸이 되었는데 한 몸으로 두 임금을 섬긴다면 땅속에 들어가 어찌 한조 황제를 만나겠소?" —《한서》〈공승전〉

또 예를 들면 《후한서》〈독행(獨行)〉 이업전(李業傳)에는 이렇게 기록되어 있다.

이업(李業)의 자는 거유(巨游)이고 광한군(廣漢郡) 재동(梓潼) 사람이다. 어릴 때부터 지조가 있고 특별히 강직했다. 그는 박사 허황(許晃)을 스승으로 모시고 《노시》를 배웠다. 원시(元始) 연간에 명경(明經)으로 추천되어 관랑(官郎)에 임명되었다. 왕망이 섭정하게 되자 이업은 병을 구실로 벼슬을 그만두었으며 문을 닫아 걸고 주(州)와 군(郡)의 초빙에 응하지 않았다……왕망이 이업을 주사(酒士)로 임명했지만 그는 몸이 불편하다는 구실로 부임하지 않았으며 심산 속에 도망가 왕망이 실패할 때까지 은거했다. 후에 공손술(公孫述)이 촉(蜀)에서 왕으로 있으면서 이업이 현량하다는 말을 듣고 그를 박사로 초빙하려 했으나 그는 병을 구실로 딱 잡아뗐다.

몇 해 후 공손술은 이업을 초빙하지 못한 것을 부끄럽게 생각하고 윤융(尹融)에게 독주와 그의 조서를 갖고 가서 이업을 납치해 오게 했다. 그러면서 만약 이업이 오겠다고 대답하면 공후(公侯) 관직을 주고 오지 않겠다면 독주를 먹이라고 분부했다……이업은 이렇게

탄식했다. "난 위험이 가득한 나라에 갈 수 없고 정세가 어지러운 곳
에 가서 살 수 없다. 나를 우호적으로 대하지 않는 사람들을 따른다
는 것은 도리상으로도 맞지 않는다. 군자는 오직 위험에 직면했을 때
명을 받아야 하거늘 하필 높은 벼슬로 유인할 건 뭔가?……도리어
그는 독주를 마시고 죽었다. 공손술은 자기가 현량한 사람을 죽였다
는 말을 들을까 봐……비단 백 필을 주었다. 그러나 이업의 아들은
그것을 받지 않고 도망쳤다.

또 예를 들면 대대로 《노시》를 전수한 고허(高詡)의 증조부 고가
(高嘉)는 《노시》에 정통하여 한원제(漢元帝) 때 상곡 태수(上谷太守)
로 승진했다. 그의 부친 고용(高容)은 어릴 때 《노시》를 전수하여 한
애제(漢哀帝)와 한평제(漢平帝) 때에 광록대부(光祿大夫)가 되었다.

고허는 아버지 덕에 낭중(郎中)에 임명되고 《노시》를 세세 대대로
전수했다. 그는 신의(信義)와 덕행(德行)으로 명성이 높았다. 왕망이
찬위한 후 부자(父子)는 왕망을 섬기지 않았다.

후에 광무(光武)가 즉위하자 박사관으로 되었고 후에는 또 대사농
(大司農)으로 승진했다. 이것은 원생(原生) 유학의 대표인 공자·맹
자와 비교하면 현저한 변화가 있다. 공자와 맹자는 주유 열국(周游列
國)하여 유세하면서 실제로 정치에 참여하여 자기들의 정치사상을
실현하려 했다. 그러나 그들의 희망은 실현되지 못했다.

한대(漢代)에 경학을 전수하는 유명한 유학자들은 "한 몸으로 두
가지 성의 임금을 섬기지 않는다."는 명절 관념하에 경서를 전공하
는 것을 벼슬하는 수단으로 삼으면서도 명절을 지키는 것을 앞자리
에 놓았으며, 만약 명절을 지키지 못하는 경우에는 탄식하거나 독약

을 먹고 자살했다.

사적(史籍)의 기록에 근거하면 《노시》로 이름난 경사(經師)와 유학자들은 어떤 사람은 가정에서 배웠고 어떤 사람은 박사한테서 배웠으며 어떤 사람은 유명한 스승한테서 배워 성공했다. 그들이 인재가 된 경로는 다르지만 모두 공통된 특징을 갖고 있다. 그것은 바로 일심전력으로 배우고 참답게 터득하였던 것이다.

예를 들면 동한 때에 《노시》에 유명한 학자 위응(魏應)은 "건무초(建武初)에 박사한테서 《노시》를 배웠는데 문을 닫아걸고 열심히 공부하면서 벼슬아치들을 사귀지 않았다⋯⋯그는 영평 초(永平初)에 박사관이 되었다⋯⋯먼 곳에서 찾아오는 제자들이 수천 명 되었다."—《후한서》〈유림〉 위응전(魏應傳)

이 밖에 배우는 가운데서 모두 스승이 가르치는 대로 한 글자도 틀림없이 배우며 스승의 말에 어긋나는 것은 받아들이지 않는 규정을 준수했다. 《노시》·《상서》를 전수하는, 그때의 유명한 유학자 노비(魯조)는 한화제(漢和帝)에게 올리는 상소문(上疏文)에 이렇게 썼다.

나는 일찍이 무릇 경서를 해석하는 사람은 모두 선사(先師)의 교시를 계승하고 발양해야 한다고 들었습니다. 자기의 견해와 다른 견해가 있으면 남이 말하는 대로 따라 말하지 말고 논쟁해야 합니다. 왜냐하면 말은 하지 않으면 남이 알 수 없고 도리는 깨지 않으면 명백해지지 않기 때문입니다. 이것은 자〔尺〕와 저울의 금을 마음대로 고치지 못하는 것과 같은 도리입니다. 남을 비판할 때에는 반드시 자기의 근거를 내놓아야 하고 남의 물음에 대답할 때에는 반드시 자기의 관점을 해석해야 합니다. 만약 비판하는 자와 대답하는 자가 모두 목적 있게 말하고, 허위적이며 아무런 의의도 없는 화려한 모든 어구를 포기하면 힘들이지 않고도 도술(道術)을 발양시킬 수 있습니다. 다른 견해를 가진 자에 대해서는 우선 그들로 하여금 어느 스승한테서 배웠는가를 말하게 한 다음 그들이 말한 관점을 전면적으로 알아야 하며 절대로 한쪽 말만 곧이들어서는 안 됩니다. 그러므로 만약 《시경》을 쓴 사람의 창작 동기와 목적을 장악하고 《아(雅)》·《송(頌)》이 서술한 모든 것을 알며, 순(舜)·우(禹)·고(皐) 등 성제(聖帝)들이 서로 훈계한 말을 알고, 주공(周公)·기자(箕子) 등 충신들이 임금에게 간하여 쓴 유저(遺著)를 현양(顯揚)한다면 천문을 천시(天時)에 순응되게 할 수 있고, 인문(人文)을 보고 천하를 교화(教化)할 수 있습니다.―《후한서》〈노비전(魯조傳)〉

그러나 가르쳐 주는 사람이 만약 스승의 말이 간단하다고 여겨지면 자기가 스승의 말에 근거하여 보충할 수 있었다. 예를 들면 한조 때의 유명한 유학자 왕식(王式)은 《노시》를 전수할 때 제자 당장빈(唐長賓)·저소손(褚少孫)이 경서의 여러 편에 대해 물어보자 "사과하면서 '스승한테서 들은 것을 다 말했으니 스스로 윤색하기 바라오.' 하고 되풀이하지 않았다."―《한서》〈유림〉 왕식전(王式傳)

그러므로 노학(魯學)의 학풍은 스승의 말에 어긋나지 않는 기초에서 가르침을 받는 사람이 자기의 능동성을 발휘하는 것을 허락하고 고무함으로써 경학을 깊이 장악하고 이해하게 했다. 경서를 전공하는 목적은 이용하기 위해서이다. 《한서》〈유림〉 왕식전에는 이렇게 기록되어 있다.

왕식은 창읍왕(昌邑王) 유하(劉賀)의 스승이었다. 소제(昭帝)가 죽고 창읍왕이 왕위를 계승했는데 행위가 음란해서 폐위되었다. 왕의 여러 신하들은 모두 옥에 갇히거나 살해되었다. 유일하게 중위(中尉) 왕길(王吉)·낭중령(郎中令) 공수가 창읍왕에게 여러 번 간한 적이 있기에 죽음을 면하게 되었다. 왕식은 옥에 갇혀 사형으로 판결받았다. 이 사건을 처리하는 사람이 왕식을 나무라면서 이렇게 말했다. "창읍왕의 스승인 당신은 왜 간하지 않았소?" 왕식이 대답했다. "나는 《시경》의 305편으로 시시각각 창읍왕을 일깨워 주었소. 그리고 충신과 효자를 표창하는 편장(篇章)을 거듭 읊어드렸소. 무도한 임금에 관한 일도 나는 눈물을 흘리면서 창읍 왕한테 말해주었소. 나는 305편으로 간언하였지 따로 간언을 하지 않았소." 사자가 들은 말을 황상(皇上)에게 전달하자 왕식은 죽을죄를 면하게 되었으며 집으로 돌아간 후 다시는 제자를 가르치지 않았다.

왕식은 《시경》 305편을 창읍왕에게 간하여 죽음을 면했다. 이것은 바로 경서를 정통하여 이용한 실례가 된다. 그리하여 당안(唐晏)은 《양한삼국학안(兩漢三國學案)》 5권 〈예(禮)〉에서 이렇게 말했다.

한조의 유가들이 경서를 배워 이용했기에 모든 사람들이 경학을 숭상했다. 조정의 법률은 《6경》을 근본으로 했다. 그러므로 그때 신하들이 상주하여 그 시비를 의논하는 것도 경서의 내용이었다.

이런 설법은 한대 경학의 지위는 믿을 수 있다는 것을 반영한다.

(2) 《제시(齊詩)》의 전승

《제시》는 제나라 사람 원고(轅固)가 창시했다. 한경제(漢景帝) 때 원고는 《시경》에 정통하여 박사관이 되었다. 《한서》〈유림〉 원고전 (轅固傳) 및 〈후창전(後蒼傳)〉에 의하면 원고는 노나라 사람 하후 시 창(夏侯始昌)한테서 배웠다. 시창은 《5경》에 정통하고 음양에 밝았 으며 《제시》·《상서》를 가르쳤다.

동해담 사람 후창은 하후 시창한테서 배웠다. 후창도 《시경》·《예》 에 정통하여 박사관으로 되었으며 동해 하비 사람 익봉(翼奉), 동해 난릉 사람 소망지(蕭望之), 동해승 사람 광형(匡衡)을 가르쳤다.

광형은 낭사군(琅邪郡, 오늘의 산동성 제성) 사람 사단(師丹)과 복리 (伏理), 그리고 영천군(穎川郡, 오늘의 하남성 우현) 사람 만창(滿昌)· 군도(郡都)를 가르쳤다. 만창은 구강군(九江郡, 오늘의 안휘성 수현) 사람 장한(張邯)·낭사군 사람 피용(皮容)을 가르쳤다.

《제시》의 전수는 어떤 것은 세세 대대로 가정에서 전수되었다. 예 를 들면 낭사 동무(琅邪東武) 사람 복씨(伏氏)는 서한 때에 이미 이름 난 유학자였다. 복리(伏理)는 광형한테서 《제시》를 배워 명성이 높 은 유학자가 되었다. 성제(成帝)한테 《시경》을 가르친 자는 고밀왕 (高密王) 유관 태부(劉寬太傅)이다. 그리하여 《제시》는 광(匡)·복 (伏) 학설이라 불리웠다.

복리의 아들 복잠(伏湛)은 어릴 때부터 아버지를 계승했으며 제자 수백 명을 가르쳤다. 복잠의 동생 복암(伏黯)·복암의 아들 복공(伏 恭)은 모두 《시경》으로 이름을 날렸다. 《후한서》〈유림〉 복공전(伏恭 傳)에는 이렇게 씌어 있다.

복암은 《제시》에 정통했기에 장절(章節)을 개정하고 《해설(解說)》 9편을 지었다⋯⋯복공이 그의 뒤를 이었다. 복공은 젊었을 때 복암의 《제시》 학문을 계승했는데(건무 시기에) 박사에 임명되고 상산(常山)의 태수(太守)로 임명되었다. 복공은 태수로 임명된 후 늘 학교를 세울 것을 독촉하고 강의를 그만두지 않았다. 그리하여 북주(北州)는 대부분 복씨의 시학(詩學)이었다⋯⋯원래 복공의 계부 복암의 《제시》는 문자가 너무 많았다. 본문은 군더더기를 삭제해 버리고 20만 자로 정했다.

위의 자료에서 반영된 것에 의하면 《제학》은 학풍상에서 가법을 고집하지 않고 시인의 뜻을 짐작하여 장구(章句)를 부단히 고치고 군더더기를 없애 버려 신학(新學)으로 만들었다. 더욱 두드러진 것은 음양오행으로 《시경》을 해석한 것이다. 예를 들면 부지런히 《제시》를 전공하여 이름난 유학자가 된 익봉이 그중의 대표 인물이다.

한원제(漢元帝) 초원(初元) 2년(기원전 45년)에 농서(隴西)에서는 지진이 두 번 일어나 성곽·관부·살림집들이 무너지고 많은 사람들이 깔려 죽었다. 동시에 관동(關東)에서는 흉년이 들어 제나라에서 사람이 사람을 잡아먹었다. 한원제는 직간하는 자들을 불러들였는데 익봉이 이렇게 상주했다.

조사(祖師)께서는 하늘땅을 배치하고, 해와 달이 뜨고 지게 하고, 음과 양을 가르고, 사계절이 바뀌게 하고, 오행을 배열하는 것으로써 성인에게 알려주는 것을 도(道)라 한다고 했습니다. 성인은 천지를 관찰하고 거기에서 천하를 다스리는 방식을 알게 됩니다. 그러므로 땅을 주(州)와 군(郡)으로 나누고, 임금과 신하의 관계를 확립하고, 법령·역서를 제정하고, 승패 득실을 서술하여 이런 것들로써 재와 덕이 있는 사람들에게 알려주는데 이것을 경(經)이라고 합니다. 재간과 덕이 있는 사람들은 경을 읽고 난 다음 처세지도(處世之道)의 요령을 알게 됩니다. 이것이 곧 《시》·《서》·《악》·《역》·《춘추》의 종지(宗旨)입니다. 《역》에서는 음과 양을 분석했고, 《시》에서는 오제(五際)를 나누었으며, 《춘추》에서는 재이(災異)를 서술했습니다. 그리하여 인사(人事)의 득실을 유도해내고 하늘의 뜻을 깨달으며 또 이런 방식으로 임금이 나라를 다스림에 있어서의 성쇠와 안위를 표시합니다.

신하 익봉은 일찍이 《제시》를 연구해 오제정신(五際精神)이 담긴 〈10월지교(十月之交)〉란 시를 터득하게 되었습니다. 이 시는 지진·일식의 징조에 대해 아주 명확히 해석했습니다. 이것은 마치 둥지에 사는 것이 바람을 알고 굴에서 사는 것이 비를 아는 것과 같습니다. 이런 징조를 아는 사람이 많지 않지만 그것이 바로 내가 연구하는 대상입니다. 내가 듣건대 사람은 감정과 정신이 억제를 받아 자연적으로 흐르지 못하면 천지를 감동시킬 수 있다고 합니다(천지 변이가 일어납니다). 하늘의 변함은 성기(星氣)에서, 일식에서 표현되고, 땅의 변함은 지진이 일어나거나 괴이한 현상이 나타나는 것으로 표현됩니다. 이렇게 되는 원인은, 천양(天陽)은 정기(精氣)를 쓰고 지음(地陰)은 형태를 쓰기 때문입니다. 마치 사람에게는 오장 육부가 있는데 오장은 하늘을 상징하고 육부는 땅을 상징하는 것과 같습니다. 그러므로 오장에 병이 들면 얼굴의 기색에서 나타나고, 육부에 병이 들면 몸을 움직이는 자세에서 표현됩니다……고대에 조정에는 꼭 임금과 동종(同宗)인 관리가 있었는데 동성인 관리를 통하여 임금께서 친속을 대하는 원칙을 알 수 있습니다. 또한 이성(異姓)인 관리도 있었는데 그들을 통해 임금께서 현명한 자를 중시하는 원칙을 알 수 있습니다. 이것도 현명한 임금이 천하를 잘 다스리는 원인입니다. 같은 성(姓)의 사람들은 가깝게 지내면 벼슬하기 쉽지만 다른 성을 가진 사람들은 멀리하면 벼슬하기 어렵습니다. 그러므로 동성 사람 한 명을 임용하면 이성 사람 5명을 임용해야 친소(親疏)에서 균형잡혔다고 할 수 있습니다.

지금 폐하의 좌우 대신들 가운데는 동성 사람이 없습니다. 오직 외삼촌·황후 가족의 사람들밖에 없습니다. 그리고 이성의 신하들도 모두 폐하의 가까운 대신이 아닙니다. 지금 두 황후의 인척·친속들이 조정을 점했습니다……그러니 음기가 너무 성한 것은 당연한 일입지요."―《한서》〈익봉전(翼奉傳)〉

그는 순수하게 천도(天道)로써 《시경》을 논하고, 그것으로써 위정의 득실을 논증한 것이다. 여기에서 《제시》를 전공하는 유학자들은 그 어떤 규례에도 얽매이지 않고 실제 수요로부터 논설했다는 것을 알 수 있다. 당안(唐晏)은 《양한삼국학안》에서 적절하게 비평했다.

《제시》는 본래 《시》의 가별전(家別傳)이다. 익봉(翼奉)의 학설은 더욱 특이한 바 순수히 음양오행설로 《시》를 말했는데 마치 경방(京房)이 음양오행으로 《주역》을, 이심(李尋)이 음양오행으로 《상서》를 해석한 것과 같다. 《제시》는 제(齊) 지방의 학설이다. 전국시대에 제 나라에서는 추연(鄒衍)의 학설이 가장 성행했다. 추연의 학설은 음양오행가의 언론이다. 그러므로 제나라의 유생들은 대부분 그의 유풍을 계승했고, 이름이 그리 나지 못한 유생들이 공자 학설의 본래 모습을 개변시켰다……지금 익봉은 순전히 천도로써 《시》를 논하였으니 어찌 공자가 《시》를 내놓을 때의 본의라고 하겠는가?—중화서국(中華書局), 1986년 판

《제시》가 시대에 잘 적응되었기에 《제시》를 통달하는 것은 사람들이 벼슬을 하는 중요한 경로가 되었다. 반고는 "제나라에서 많은 사람들이 《시경》을 통달해 지위가 높아졌는데 그들은 모두 원고(轅固)의 제자들이었다."—《한서》〈유림전〉—고 말했다.

예를 들면 소망지는 배움을 즐기고 《제시》를 통달했는데 '갑과(甲科)의 책문에 대답하여 낭(郎)으로 되었고' 후에는 어사대부(御史大夫)로 승진되어 삼공(三公)의 관리가 되었다. 그는 현제(宣帝)가 누워 앓을 때 조서를 받고 정사를 도왔다.

또 예를 들면 《한서》〈광형전(匡衡傳)〉에는 이렇게 기록되어 있다.

광형은 갑과(甲科)의 책문에 대답할 때 조문에 잘 맞지 않게 대답하여 태상(太常)의 장고(掌故)로 임용되어 평원(平原, 오늘의 山東省 平原南)에 가서 문학(文學)을 장관하게 되었다. 그때 대다수 학자들은 상주문을 올려보내어 광형을 추천했다. 상주문에는 광형이 5경에 정통하여 당대에는 그와 비할 인재가 없으므로 그에게 서울에 올라와 문학을 장관하게 하는 것이 좋겠다고 했다. 왜냐하면 일부 사람들이 그를 스승으로 모시려는데 평원까지 가자면 불편하기 때문이라고 했다. 이 일을 태자(太子) 태부(太傅) 소망지와 소부(少府)

양구하에게 처리하게 했다. 그들은 광형에게 〈시〉의 대의를 물어봤는데 대답이 유창했다. 소망지는 돌아와서 황상에게 광형은 경학에 정통했고 스승의 품격을 갖추었으며 학식과 풍채가 뛰어나다고 상주했다……. 원제(元帝)가 즉위한 후 광형은 낭중(郎中)에 임명되었고 박사·급사중(給事中)으로 승진되었다. 건소(建昭) 3년에 그는 위현(韋玄) 대신 승상이 되어 악안후(樂安侯)로 책봉되었는데 봉지는 6백 호가 있었다.

동한에 이르러서도 제시에 정통하여 벼슬을 한 사람들이 적지 않았다. 예를 들면 복잠(伏湛)의 가정은 세세대대로 《시경》에 정통했다.

"광무제(光武帝) 유수(劉秀)는 즉위한 후 복장이란 사람이 이름있는 유학자이며 또 이전의 신하라는 것을 알고 그를 조정에 불러다 중임을 맡겼다. 처음에는 그를 상서로 임명했다……건무(建武) 3년(27년)에 복잠은 끝내 등우(鄧禹) 대신 대사도(大司徒)가 되었고 양도후(陽都候)로 책봉되었다."―《후한서》〈복잠전(伏湛傳)〉

복잠의 동생 복암은 "《제시》에 정통하고, 장절(章節)을 개정하고, 《해설》9편을 펴내어 광록훈(光祿勳)에 임명되었다."―《후한서》〈유림〉 복공전(伏恭傳)

복암의 아들 복공은 어릴 때부터 아버지의 학업을 계승했다. 건무 연간에 태상(太常) 시험에서 그의 경학이 제1위가 되어 박사로 초빙되었고 상산왕(常山王)의 태수로 승진했다. 영평(永平) 2년(59년) 양송(梁松)을 대신하여 태복(太僕)이 되었다. 4년(61년) 사공(司空)이 되어 유학자들을 위해 영예를 떨쳤다.

《제시》에 정통한 유명한 유학자들 중 주군(州郡)에서 명을 받고도 벼슬을 거절한 사람들이 있다. 예를 들면 동한(東漢) 때 광한 재동(梓潼, 오늘의 四川省 梓潼) 사람 경란(景鸞)은 《제시》·《시씨역(施氏易)》·《하(河)》·《낙(洛)》에 정통했다. 그는 《역설(易說)》·《시해(詩解)》 및 《예내외기(禮內外記)》·《월령장구(月令章句)》 50여 만 자의 글을 썼으며 여러 번 상주하여 재해구제술(災害救濟術)을 서술했다.

그러나 그는 주와 군의 영을 거역하고 죽을 때까지 관직을 맡지 않았다.

당안(唐晏)은 이렇게 말했다. "대체로 《제시》 학파는 인재가 많지 못했고 대부분 진실·순후하지 못한데다 선배들의 불량한 기풍을 이어받았으며 공자의 뜻에 어긋났다. 그러니 《제시》가 흥성하지 못한 것은 당연한 일이다." ─《양한삼국학안》 6권 〈시〉

상술한 평론은 사실에 어긋나는 것 같다.

(3) 《한시(韓詩)》의 전승

《한시》는 연(燕)나라 사람 한영(韓嬰)이 창시했다. 《한서》 〈유림〉 한영전(韓嬰傳)에는 이렇게 기록되었다.

한영은 연나라 사람인데 한문제(漢文帝) 때 박사관이 되었고 효경제(孝景帝) 때 상산왕(常山王)의 태부가 되었다. 한영은 《시경》 작자의 의미를 부연 설명하여 수만 어에 달하는 《한어(韓語)》 〈내전(內傳)〉과 《한시(韓詩)》 〈외전(外傳)〉을 저술했다.

책 가운데의 많은 언어는 제나라·노나라에서 《시경》을 해석하는 언어와 다른 바가 있었으나 그 귀착되는 점은 일치하다고 볼 수 있다. 회남(淮南)의 비생이 그의 학통을 물려받았고, 이로부터 연·조나라 사이에서 《시경》을 논하는 자는 모두 한영의 제자들이었다. 한영도 《역경》을 가르쳤으며 《역경》 작자의 의미를 부연 설명하여 경전을 저술했다. 연·조나라 사람들은 《시경》을 즐겼으므로 그가 전수하는 《역경》은 중시받지 못하고 한씨 가문에서만 전해졌다.

한무제 때 한영과 동중서는 황제 앞에서 변론을 벌였다. 한영은 똑똑하고 과감했으며 일을 명백히 처리하여 동중서가 반박할 수 없게 되었다. 후에 한영의 손자 한상(韓商)은 박사관이 되었다. 한선제(漢宣帝) 때 한영의 후배인 탁군의 한생(韓生)은 《역경》을 정통하여 조정에 불려가 임명을 기다렸다. 그는 이렇게 말했다. "내가 배운 《역경》은 선배 태부께서 가르친 것입니다. 나는 일찍이 《한시》를 배웠지만 한씨께서 배운 《역경》보다 정통하지 못했습니다. 그 원인은 태부가 가문 내에서만 《역경》을 전수했기 때문입니다."

사예교위(司隸校尉) 개관요(盖寬饒)는 원래 맹희(孟喜)에게서 《역경》을 배웠는데 탁주의 한생이 《역경》을 강의하는 것을 보고 아주 기뻐했으며 그 후부터는 한생한테서 배웠다.

《한서》〈조자전(趙子傳)〉에는 이렇게 기록되어 있다.

조자(趙子)는 하내군(河內郡) 사람이다. 그는 연나라 사람 한생을 섬기었고 또 같은 군(郡)의 채의(蔡誼)에게 전수했다. 채의는 벼슬이 승상까지 올라갔는데 본서에 그의 전기가 실렸다. 채의는 같은 군의 식자공(食子公)과 왕길(王吉)에게 전수했다. 왕길은 창읍왕(昌邑王) 중위(中尉)로 있었는데 본서에는 그의 전(傳)도 실렸다. 식생(食生)은 박사로 임명되었고 태산(泰山) 사람 속풍(粟豊)에게 전수했다. 왕길은 치천(淄川) 사람 장손순(張孫順)에게 전수했다. 장손순은 박사에 임명되고 속풍은 부자사(部刺史)에 임명되었다. 그러므로《한시》는 왕길·식생·장손순의 학설이다. 속풍은 산양(山陽) 사람 장취(張就)에게 전수하고 장손순은 동해(東海) 사람 발복(發福)에게 전수했다. 그들은 모두 벼슬을 했으며 제자들이 아주 많았다.

위에서 인용한 〈한영전〉에서의 한생과《조자전》중의 연 한생(燕韓生)은 모두 한영을 가리킨다. 왜냐하면 채의(蔡誼)는 선제(宣帝) 때에 승상으로 있었는데 그는 조자에게서《시경》을 배웠고, 조자는 한생에게서《시경》을 배웠으며, 시간을 놓고 추정하면 이 연 한생이 한영일 수밖에 없기 때문이다. 그리고 탁군 사람 한생은 그 후의 사람이다. 청나라 사람 호병건(胡秉虔)은《경서박사고(京西博士考)》에서 한생을 한영의 손자 한상이 아닌가 하고 의심했다. 그러나 시간상으로 맞지 않았다.

《한서》〈예문지〉에는 "노나라 신공(申公)이《시경》에 주석을 하고 제나라의 원고, 연나라의 한생이《시경》의 경전을 저술했다."고 함으로써 한영이 연 한생이라는 것을 명확히 지적했다. 반고는 같은 전서에서 영(嬰)이라고도 하고, 한생이라고도 하고, 연 한생이라고도 하여 한 사람을 세 가지로 불렀기에 후세 사람들의 오해를 자아내게 되었다.《후한서》설한전(薛漢傳)에는 이렇게 기록되어 있다.

설한(薛漢)은 자(字)가 공자(公子)이고 회양(淮陽, 오늘의 河南省淮陽) 사람이다. 가문에서《한시》를 전수받았으며 부자(父子)는 장구(章句)의 분석과 해석에 이름났다. 설한은 어릴 때부터 아버지를 계승했는데 특히 재이 참위에 대한 논술을 잘 했으며 수백 명의 제자들을 가르쳤다. 건무 초(建武初)에 박사관이 되었고 영을 받아 도참(圖讖)을 교정(校正)했다.

그때에 《시경》 강의에서는 설한을 손꼽았다. 영평(永平) 중년에 천승(千乘) 태수로 되었고 정치상에서 특별한 업적을 쌓았다. 후에 초왕(楚王) 유영(劉英)의 모반 사건에 연루되어 옥에 갇혀 죽었다. 그의 제자들 가운데서 건위(犍爲)의 두무(杜撫), 회계 담대(會積澹台)의 경백(敬伯), 거록(巨鹿)의 한백(韓伯)이 제일 유명하다.

이 책의 〈조화전(趙曄傳)〉에는 이렇게 적혀 있다.

조화(趙曄)는, 자는 장군(長君)이고 회계 산음(會稽山陰, 오늘의 浙江省 紹興) 사람이다. 어릴 때 현의 아전으로 있었다. 그는 하인으로 일하는 것을 부끄럽게 생각하여 수레를 부수고 말을 죽이고 건위 자중(犍爲資中)에 가서 두무한테 《한시》를 배우면서 그의 술(術)을 연구했다.

이 책의 〈염범전(廉範傳)〉에는 이렇게 썼다.

염범(廉範)은 자는 숙도(叔度)이고 경조 두릉(京兆杜陵) 사람으로서 전국시대 조(趙)나라 명장 염파(廉頗)의 후대이다. 염범의 부친은 동란 때문에 외지인 초한에서 죽었다. 염범은 타향인 파촉(巴蜀)에 정착했다. 파촉이 평정된 후 염범은 고향에 돌아왔다. 15세 때 그는 어머니와 작별하고 부친의 관(棺)을 파오려고 서행길에 올랐다……

242 중국유학사

집에 돌아와 면례를 끝마치고 서울에 가서 박사설한을 스승으로 모시고 공부했다……설한이 초왕 유영(劉英)의 모반 사건에 연루되어 사형에 처해졌을 때 설한의 친구들과 제자들은 누구도 얼씬하지 않았는데 오직 염범만이 찾아가 설한의 시체를 입관했다. 관리가 이 일을 조정에 보고하자 한명제(韓明帝)는 대로하여 즉시 염범을 불러들여 꾸짖었다. "설한은 초왕 우영과 공모하여 천하를 소란시켰는데 공부연인 당신이 조정과 일심되지 않고 범죄자의 시체를 입관시키다니 이건 어찌된 일이오?" 염파는 머리를 조아리며 대답했다. "전무지하고 우둔합니다. 설한 등이 이미 죽었으니 저는 그가 저를 가르치고 도와준 정분을 못 잊어 그렇게 했습니다. 죽을 죄를 지었습니다." 한명제는 이 말에 노기가 좀 가라앉았다. 그는 또 "자넨 염파 후대인가? 자네는 우장군(右將軍) 염포(廉褒), 대사마(大史馬) 염단(廉丹)과 친척이 되는가?"고 물었다. 이에 염범은 "염포는 소인의 증조부이고, 염단은 소인의 조부입니다."고 대답했다. 명제는 "그러길래 담이 그렇게 크지." 하고 염범을 사면했다.

또《양한삼국학안(兩漢三國學案)》에는 이렇게 적혀 있다.

풍량(馮良)은, 자는 군경(君卿)으로서 어릴 때 현의 아전으로 있었다. 그는 하인으로 있는 것을 부끄럽게 생각하여 수레를 부수고 말을 죽이고 의관(衣冠)을 찢어버리고 두무(杜撫)를 스승으로 모시고 학문을 배웠는데 학문이 깊어 정벽(征辟)으로 되었다.

윤근(尹勤)은《한시(韓詩)》를 배우려고 설한을 스승으로 모셨다.

《한시》의 전승을 보면 어떤 사람들은 세세대대로 물려받았고 어떤 사람들은 서울에 가서 박사에게서 배웠으며 적지 않은 사람들은 개인 교수를 통해 배운 제자들이다.《한시》는 전해져 내려가는 가운데서 대부분 시인의 뜻을 추측하여 강의를 했으며 비교적 자유롭게 발휘했다.

그러므로《한서》〈예문지〉에는 "모두 시인의 본의가 아니다."는 평론을 했다.《한시》의 창시자인 한영은 "그 언어가 제(齊)·노(魯)의 언어와 아주 비슷했다."라고 말했다. 후에《한시》를 전수하는 유학자들은 또 여러 면에서 발휘하여 한 개 파로 형성되었다.《한서》〈유림〉두무전에는 이렇게 기록되어 있다.

두무는 자(字)가 숙화(叔和)이고 건위 무양(오늘의 四川省 彭山東) 사람으로서 어렸을 때부터 뛰어난 재능을 갖고 있었다. 그는 설한에게서 배웠으며《한서장구(漢書章句)》를 완성했다. 후에 고향에 돌아가 학문을 가르쳤다. 침착하고 낙관적이었으며 무슨 일에서나 예를 지켰다. 제자가 천여 명 된다…….

이 책의 〈조화전(趙曄傳)〉에는 이렇게 기록되어 있다.

조화(趙曄)는 건위 자중(오늘의 四川省 資陽)에 가서 두무를 스승으로 모시고《한시》를 전공했다. 20년간 집에 소식을 전하지 않아 집에서는 죽은 줄로 알고 제사를 지냈는데 두무가 죽자 집으로 돌아갔다……그는《오월춘추(吳越春秋)》·《시세력신연(詩細歷神淵)》을 저술했다. 채옹(蔡邕)은 회계에 와서《시세(詩細)》를 공부하면서 그것이 《논형(論衡)》보다 낮다고 감탄했다. 채옹은 서울에 올라와 전수했는데 학자들은 모두 그것을 암송했다.

《한시》에 정통한 일부 유명한 학자들은 또 재이 참위에 연구가 깊고 천문에 능했다. 설한은 가정에서 《한시》를 물려받았는데 어릴 때부터 부업(父業)을 계승했고 재이참위에 깊은 연구가 있었다. 건무(建武) 초년에 박사관으로 되었고 영을 받고 도참(圖讖)을 개정했다. 질운도 천문을 보고 화복(禍福)을 추측하는 데 능했다. 《후한서》〈질운전〉에는 이렇게 기록되어 있다.

질운은 성인이 된 후 《한시》·《엄씨춘추(嚴氏春秋)》를 연구했고 천문에 능했다. 왕망이 왕위를 찬탈한 후 도둑 무리들이 창궐했다. 그리하여 질운은 천상(天象)을 보고 친구에게 이렇게 말했다. "지금 진성(鎭星)·세성(歲星)·형혹성(熒惑星)이 모두 한(漢)의 분야(分野) 익성(翼星)과 진성(軫星) 사이에 위치해 있소. 이 세 별이 갔다가 돌아올 수 있는 것은 한(漢)이 필연코 하늘의 보우(保祐)를 받게 된다는 것을 말하오. 만약 천시에 순응해서 행동한다면 빛나는 업적을 쌓을 수 있소."

《한시》를 전공하는 유학자들은 통치자들의 수요에 적응하기 위해 경학의 참위화(讖緯化) 요구에 순응했으며 《한시》를 다루는 가운데서 재이참위를 겸하여 정통했고 천문에도 능통했다. 그러므로 질운을 대역(大逆)으로 몰아 투옥시키고 죽이려 했을 때 왕망은, 질운은 저명한 경위(經緯) 학설의 학자이므로 지금 죽이면 사람들의 비난을 받을까 봐 걱정했다.

당안은 "대체로 《노시》는 서한(西漢)에 유행되고, 《한시》는 동한(東漢)에 유행되었다."—《양한삼국학안》—고 말했는데 그 원인이 바로 여기에 있는 것이다.

2) 《서경》의 계승 전수

《금문상서(今文尙書)》는 제남(濟南, 都治東平陸으로 오늘의 山東省 章斤 西北) 사람 복생(伏生)이 창시한 것이다. 《사기》 〈유림전〉에는 이렇게 적혀 있다.

진나라 시대에 분서(焚書) 사건이 일어났을 때 복생은 《상서》를 벽 속에 감추고 아예 도배를 해버렸다. 그 후 전쟁이 치열해지자 그도 타향으로 유랑했다. 한(漢) 제국이 천하를 평정하자 복생도 고향으로 돌아왔다. 그런데 숨겨 두었던 《상서》 중에서 수십 편이 분실되고 29편이 보전되었다. 그는 이것을 가지고 제나라와 노나라 일대에서 (사이에서) 가르쳤다.

그러나 한초(漢初)에 "아직도 천하평정을 위한 전투가 계속되는 중이었으므로 상서(庠序, 학교)를 정비할 겨를이 없었고, 효혜제·여태후 시대의 공경들은 또 모두가 무력으로 공을 세운 신하들이었으며, 효문제 시대에 와서야 유학자들을 약간 등용했다."—《사기》 〈유림전〉

그때부터 문화 전적 정리에 관심이 돌려지기 시작했다. 《상서》같이 중요한 책을 조정에서는 볼 수도 없었고 이런 책을 강의할 만한 사람도 찾을 수 없었다. 조정의 대신들 가운데 가의(賈誼)와 같은 학자들이 《상서》에 능통하다고 하지만 그들은 《상서》의 내용을 암송하고 간혹 자기의 글에 몇 구절 인용했을 뿐 상세하게 해석할 수 없었다.

그리하여 조정에서는 "《상서》에 능통한 자를 구하려고 전국을 수소문했으나 그런 사람을 찾지 못했다. 그러다가 복생이 능통하다는 말을 듣고 사람을 보내어 그를 초빙하려 했다. 그때 복생은 나이가 90이 넘어 걸을 수가 없었다. 그리하여 한문제는 태상에게 조칙을 내려 장고(掌故)인 조착(朝錯)을 파견하여 복생의 《상서》를 전수받아 오게 했다."—(동상서)

복생이 말로 강의하면 조착이 필기하여 그것을 조정에 갖다 바쳤다. 그때부터 복생이 전수한 《상서》 잔본(殘本) 28편은 관부에서 승인하는 정본(定本)이 되었다. 즉 사람들이 《금문상서》라고 부르는 것이 바로 그것이다. 그때 제나라와 노나라에서 《상서》를 강의하는 학자들이 일부 있었는데 모두 복생의 《상서》와 한 계통으로 이어 내려왔으며, 그들이 쓴 책도 《금문상서(今文尚書)》였다. 《금문상서》의 전수에 관해 《후한서》〈유림전〉에서는 이렇게 말했다.

제남의 복생은 제남의 장생(張生)과 천승(千乘)의 구양생(歐陽生)에게 《상서》를 전수했다. 구양생은 《상서》를 같은 군(郡)의 예관(倪寬)에게 전수했고, 예관은 구양생의 아들에게 전수했으며 세세대대로 전해져 증손자 구양고(歐陽高)에 이르러서는 《상서》 연구에서의 구양씨(歐陽氏) 학파를 이루었다. 장생은 하후(夏侯) 도위(都尉)에게 전수했고, 도위는 동성(同姓) 형의 아들 시창(始昌)에게 전수했으며, 시창은 동성 형의 아들 장승(張勝)에게 전수하여 《상서》 연구에서의 대하후씨(大夏侯氏) 학파가 되었다. 장승은 사촌형의 아들 장건(張建)에게 전수했고 장건은 따로 《상서》 연구 중의 소하후씨(小夏侯氏) 학파가 되었다.

서진(西晉) 때에는 영가(永嘉)의 폭란으로 인하여 구양·대하후·소하후 3개 파의 《금문상서》가 전부 없어졌고 그때 민간에서도 《금문상서》를 연구하는 사람이 없었다. 그리하여 서한 초년에 복생이 전해 내려온 《금문상서》는 4백 년 동안 발전 변화했다가 끝내 철저히 실전되었다. 그러다가 청대(淸代)에 이르러 집일학(輯佚學)이 흥기됨에 따라 진교종(陳喬樅)이 《금문상서 경설고(今文尙書經說考)》 및 《상서 구양하후 유설고(尙書歐陽夏侯遺說考)》란 저서를 내놓음으로써 서한의 금문학설에 대해 대략적인 고증이 시작되었다.

동시에 금문학파가 일어났는데 위원(魏源)은 《서고미(書古微)》를 저술하여 고문학파(古文學派)를 배척하고 서한 금문학설을 시조로 삼았다. 근대 사람 최괄(崔适)은 《사기탐원(史記探源)》을 펴내어 사적(史籍)에 근거하여 금문《서(書)》학의 진상을 밝히려 했다.

《금문상서》의 구양·대하후·소하후 세 개 학파의 학설은 모두 복생에게서 나왔다. 세 학파는 서로 관계가 있으며 오직 장절을 나누고 해석하는 방법이 다를 뿐이다.

구양씨학은 무제(武帝) 때에 학관을 설정하고 관사관 1명을 두었으며 대하후학과 소하후학은 선제(宣帝) 때에 학관을 설정하고 각각 박사관을 1명씩 두었다. 그때부터 구양·대하후·소하후 세 학파의 제자들이 많이 늘어나서 극성기에 들어섰다.

호생(胡生)은《금문상서》를 전수할 때 구두상으로 전수하고 문장을 쓰지 않았다. 후세 사람들이 복생과 공안국이 일찍이《상서》에《전(傳)》을 썼다고 전하는데 이것은 믿을 수 없다. 후에 구양·대하후·소하후 세 개 학파는 각기 자기의 설명문이 있었다.

예를 들면《구양장구(歐陽章句)》·《구양설의(歐陽說義)》·《대하후장구(大夏侯章句)》·《대하후해고주해(大夏侯解故注解)》·《소하후장구(少夏侯章句)》·《소하후해고(少夏侯解故)》·《금문상서》에 관한 각 파의 장구지학(章句之學)은 본래는 장(章)과 구(句)를 나누는데 치우치고 경문 본래의 뜻을 강의하는 데 중점을 두지 말아야 했는데 실제에서는 그렇지 않았다.

그들의 장구지학은 매 장, 매 구절, 심지어는 매개 단어의 뜻을 해석하고 엄의로 발휘했으며 믿음성이 없는 역사전설·음양 참위 등 미신, 유가의 윤리 사상, 봉건적 정치 윤리, 오행 학설 등을 한데 합쳐서 억지로 엮었는데 걸핏하면 수십만 자에 달하는 설명문을 썼다.

구양《상서》에 관한 주보(朱普)의 학설은 "장구 40만 언이고 쓸데없는 말들이 너무 많았다."—《한서》〈환욱전(桓郁傳)〉

그 가운데서도 하후 건(소하후) 파가 제일 뚜렷한 바 하후 승은 일찍이 "장구(章句)만 아는 소유(小儒)로서 경서의 대도(大道)를 헝클어 놓았다."—《한서》〈하후생전〉—고 비난했다.

후에 소하후《상서》를 전공한 유학자 진공(秦恭)은 〈요전(堯典)〉 편의 편명 두 글자를 해석하는 데 10만여 언을 말했으며 그 글의 '왈약계고(曰若稽古)' 네 글자를 해석하는데 3만 언을 말하여 번쇄한 정도가 사람을 놀라게 했다.

동한(東漢)에 이르러 광무제(光武帝) 및 명제(明帝)가 특별히《상서》를 중시했기에 정치상에서 가장 뜻을 이룬 것은 《금문상서》에 능통한 유학자들이었다. 예를 들면 구양《상서》를 세세대대로 전해 내려간 환영(桓榮) 일가는 연속 3대나 다섯 황제(명제·장제·화제·안제·순제)를 위해 경서를 전수했으며 그 명성이 대단했다. 전수받은 제자가 천 명을 헤아리는데 그 가운데서 직위가 경상(卿相)에 이른 자가 적지 않았다.

동한 후기에 이르러 한씨에게서 배운 양씨(홍농의 양진 및 그의 자손)도 연속 여러 대가 3공(三公) 지위에 올랐다. 양씨의 제자들은 천하에 퍼져 있었다. 그러므로 《금문상서》의 구양학파는 동한의 정치무대에서 세력이 극히 강했는데 기타 여러 학파들이 비할 수 없었다.

《금문상서》 중의 대하후·소하후 학파도 상당히 흥성했고 그들의 제자들도 벼슬한 자가 많았지만 전수가 구양수 파만 못했다. 동한 일대에서 《금문상서》를 전공하는 사람은 정치상에서는 지위가 있었지만 학술상에서는 성과가 없었다. 그들은 계승하고 전수하는 가운데서 비교적 보수적이고 대다수가 사법(師法)을 묵수(默守)하고 창조적 견해가 적었으며 군말이 많았다.

예를 들면 통한 초년에 구양《상서》를 전수한 모장(牟長)이 쓴 《상서장구》는 '모씨장구'라고도 했는데 군말이 많고 45만여 언이 되었으나 장환(張奐)이 9만 언으로 고쳤다. 여기에서 《금문상서》의 저작은 대부분 번쇄한 설명문으로서 그 학습 가치를 가규(賈逵)·마융(馬融)·정현(鄭玄)이 고문《상서》를 위해 쓴 주해와 비할 수 없다. 그러므로 《금문상서》는 갈수록 쇠미해졌는데 특히 동한 말년의 혼란을 거쳐 더욱 부진하게 되었다.

3) 《예》의 계승 전수

금문《예》즉《의례(義禮)》는 원래 3례(周禮·儀禮·禮記) 중의 하나이다. 처음에는 《예》라고 했는데 《한서》〈예문지〉에서는 《예경(禮經)》이라 했고 《한서》〈유림전〉에서는 《사례(士禮)》라고 했다. 그것은 모두 17편으로 되어 있다.

《의례》의 작자에 관해서는 완전히 다른 두 가지 의견이 있다. 고문학파는 《의례》와 《주례》는 주공(周公)이 쓴 것인데 그것을 당나라의 가공언(賈公彦)은 《의례소(儀禮疏)》에서 한 말로 증명할 수 있다고 했다. 가공언은 이렇게 말했다.

《주례》는 주(周)만 말하고 의(儀)를 말하지 않았으며,《의례(儀禮)》는 의만 말하고 주를 말하지 않았다. 이것은 모두 주공이 섭정한 6년 만에 쓴 것이다. 제목이 다른 것은 《주례》는 하(夏)·은(殷) 두 조대의 예법과 다른 것을 취했기에 주(周)만 언급했다. 《의례》에서 주를 언급하지 않은 것은 거기에 기타 조대의 예법이 끼여 있기 때문이다.

금문학파는 《의례》를 공자가 완성했다고 인정한다. 그들은 청나라 피석서(皮錫瑞)가 《삼례통론(三禮通論)》에서 한 말을 근거로 삼는다. 피석서는 이렇게 말했다.

《예기》〈단궁(檀弓)〉에서 이렇게 말했다. "행유(行由)가 죽으니 노애공(魯哀公)은 유비(孺悲)를 공자한테 파견하여 선비가 죽었을 때의 장례 예의를 배우게 했다. 그리하여 《사상례(士喪禮)》라는 책이 나오게 되었다." 이 설법에 의하면《사상(土喪)》편은 공자의 손에서 나왔으며 기타 여러 편도 공자가 쓴 것임을 알 수 있다.

피석서는《경학역사(經學歷史)·경학개벽시대(經學開辟時代)》란 글에서 이렇게 고집했다.

《예의》17편은 비록 주공(周公)이 남겨 놓은 것이라 하지만 그때 공자가 그것을 삭제했는지 아니면 보충했는지를 누구도 모른다. "유비가 공자에게서 사상(土喪)을 배웠고《사상례(土喪禮)》가 공자의 손에서 나왔다."는 것을 보면 17편도 공자가 완성한 것임에 틀림없다.

금문《의례》의 전수 문제에 관하여《사기》·《한서》두 책의 〈유림전〉에는 한조가 건립된 후 노나라의 고당생(高堂生)이 전수했는데 고당생이 하구(瑕丘)의 소분(蕭奮)에게 전수했고, 소분이 동해(東海)의 맹경(孟卿)에게 전수했으며, 맹경이 동해의 후창(後蒼)에게 전수했다고 썼다. 후창은《곡대후창(曲台後蒼)》9편을 써냈는데《한서》〈예문지〉에서 볼 수 있다. 후창은 양인(梁人)·대덕(戴德)·대덕의 사촌 형의 아들 성(聖) 및 패인(沛人) 경보(慶普)한테 전수했다.
그리하여《의례》는 대대(大戴)·소대(小戴)·경씨(慶氏) 세 파로 나누어졌다.《한서》〈예문지〉에 의하면 세 학파는 그때에 모두 학관을 설정했다. 그러나《후한서》〈유림전〉에 의하면 금문 14박사 가운데 경씨《예》가 없고 경씨《역》이 있었다. 그리하여 경씨《예》에 학관이 있었는가 하는 것이 의문시된다.
그 후 경보는 하후 경(夏侯敬)한테 전수했고, 하후 경은 조충(曹充)

에게 전수했으며, 조충은 아들 포(褒)에게 전수했는데 조충은 그때 명성이 높았다. 대덕은 서량(徐良)에게 전수하여 《의례》의 대대(大戴)학파로 되었다. 대성(戴聖)은 교인(橋仁)과 양영(楊榮)에게 전수했는데《의례》의 소대(小戴)학파로 되었다.

대대(大戴)·소대(小戴)·경씨(慶氏)의 학설을 《수서(隋書)》〈경적지(經籍志)〉에서는 "세 개 파가 존재했지만 모두 쇠미해졌다."고 했다. 즉 그때에 《예》는 이미 점차 쇠퇴되었다. 동한 말년에 이르러 정현(鄭玄)이 《의례》에 주석을 단 외에 《주례》·《예기》에도 주석을 달았다. 그리하여 3례(三禮)라는 이름이 형성되었다.

정현은 금고문학을 집대성한 거장이다. 그는 《의례》에 주석을 달 때 금문만 참고한 것이 아니라 그때 발견된 고문 《일례(逸禮)》도 참고했으며, 경문이 금문으로 되어 있으면 거기에 고문을 밝혀 주었고, 경문이 고문으로 되어 있으면 거기에 금문을 달아 주었으며, 금고문 문자의 취사(取舍)에서도 일치하지 않았다.

진초(晉初)의 왕숙(王肅)은 정현의 학설을 극구 반대했는데 그가 쓴 《삼례해(三禮解)》·《의례(儀禮)》〈상복전(喪服傳)〉은 모두 고의로 정현의 학설과 맞섰다. 그는 또 《공자가어》·《공종자(孔從子)》란 두 책을 위조하여 정현을 반대하는 전문 저서 《성증론(聖証論)》의 근거로 삼았다. 그런데 왕숙이 금고문학을 혼동한 정황은 정현보다 더 심했다. 《의례》는 정현·왕숙 이후부터 그 금문학의 본래 면모가 존재하지 않았다.

제6장

양한 시기 금문경과 고문경 사이의 투쟁

진(泰)대의 분서갱유(焚書坑儒) 이후 유가 경전은 많이 없어졌다. 한대(漢代)에 이르러 경전을 정리하는 과정에 금문학파와 고문학파 두 개의 학파가 형성되었다. 금문학파는 한초(漢初)에 생겨나 서한(西漢) 때에 성행했고, 고문학파는 서한 말년에 탄생되어 동한(東漢) 때에 성행했다. 금문학파와 고문학파는 각자가 의존한 경전 원천이 다르고 학풍이 다르며 사상 경향이 달랐다. 더욱이 금문과 고문을 연구하는 유가 선비들은 모두 정치상에서 출로를 찾고 벼슬을 하려 했기에 서한 말년에 이르러 금고문(今古文) 사이에는 논쟁이 벌어졌다.

　영향이 비교적 큰 논쟁은 4차례 벌어졌는데 서한 애제(哀帝) 때에 유흠(劉歆)이 고문경 박사관을 설정해야 한다고 제기한 것이 금고문 논쟁의 서막을 열어놓았다. 두 번째 논쟁은 동한 때 광무제 유수(劉秀)가 집정하는 시기에 한흠(韓歆)·진원(陳元)을 위수로 하여 비씨(費氏)《역(易)》과 《좌씨춘추》에 학관(學官)을 두기 위한 논쟁이었고, 세 번째 논쟁은 가규(賈逵)와 이육(李育) 사이에 벌어진 논쟁이었으며, 네 번째 논쟁은 정현(鄭玄)과 하휴(何休) 사이의 논쟁이었다. 금문학파와 고문학파 사이의 논쟁 결과 경학은 통일의 길로 나아갔고 양한(兩漢) 경학은 점차 쇠퇴했다.

양한 시기 금문경과 고문경의 이동(異同)

1. 학술 연원이 다르다

한조가 건립된 후 진(秦)의 분서갱유를 거쳐 《시경》·《서경》 등 유가 경전은 정도가 다르게 파괴되었고 많이 소실되었다. 한조 통치를 위해 복무하는 의식 형태를 건립하고 진 때에 불에 타서 끊어진 학문을 회복하기 위해 서한 조정에서는 한혜제(漢惠帝) 4년(기원전 191년)에 민간 협서(挾書) 금지령을 폐지하고 조서를 내려 천하의 유서(遺書)를 거두어들임으로써 경서의 정리가 시작되었다. 유가 경전의 정리는 주로 진(秦)에서 요행히 남은 박사와 유학자들에 의거했으며 그들은 구술·기록한 것을 글로 정리해 냈는데 그때에 통행되는 예서체로 써서 책으로 묶었기 때문에 후에 그것을 금문경(今文經)이라 불렀다.

금문경은 경사들이 구술한 것을 정리한 것이기 때문에 빠진 것도 있고 다른 문제도 존재했다. 이에 대해 유흠은 이렇게 말했다. "선배들의 학문을 계승한 사람들은 표기된 후에 조성된 결여를 생각하지 않았다……. 만약 구술은 전기(傳記)를 위반한 것이라고 믿고, 스승이 없으면 옛것을 배척한다고 인정한다면……아직도 불완전한 것을 고집하고, 남이 알까 봐 두려워하는 사심을 마음속에 품고 있으며, 선량하고 인의를 행하는 사심없는 마음을 따르지 않는 것이 된다."-《한서》〈유흠전〉

유흠의 말에 일리가 있기에 금문학자들은 그 말을 듣고 부끄러워 어쩔 줄을 몰랐다. 그리하여 광록 대부(光祿大夫) 공승은 상소문에서 깊이 자책했으며 벼슬을 그만두고 고향에 돌아가 여생을 보내게 해달라고 청했다.

선제(宣帝)·원제(元帝) 때에 이르러서 금문경학에 학관으로 설정된 박사가 40명 있게 되었다. 《역》에는 시(施)·맹(孟)·양구(梁丘)·경씨(京氏) 4개 학파가 있었고, 《상서》에는 구양(歐陽)·대하후(大夏侯)·소하후(小夏侯) 3개 학파가 있었으며, 《시》에는 제(齊)·노(魯)·한(韓) 3개 학파가 있었고, 《예》에는 대대(大戴)·소대(小戴) 2개 학파가 있었으며, 《춘추공양전》에는 엄(嚴)·안(顔) 두 개 학파가 있었다. 각 학파는 모두 가법(家法)으로 가르쳤고 스승의 학설을 계승했기에 서로 혼란이 생기지 않았다.

고문경학은 서한 말년에 탄생되었다. 고문경학에서 근거로 삼은 경전은 진(秦) 이전에 유행된 고주문으로 쓴 것이기에 고문경이라 불렀다. 고문경전의 원천은 세 가지이다. 하나는 한무제(漢武帝) 때 노공왕 유여가 공자의 옛집을 허물 때 얻은 《일례》·《고문상서》이고, 두 번째는 한성제 때 궁중의 비밀 장서를 정리하면서 발견한 《좌씨춘추》이며, 세 번째는 민간에서 얻은 것으로서 노(魯)나라의 환공(桓

公), 조(趙)나라의 관공(貫公), 교동(膠東)의 용생(庸生)이 소장한 고문경전이다. 《한서》〈유림전〉에는 이렇게 썼다.

노공왕은 공자의 옛집을 허물고 궁전을 확장할 때 벽속에서 고문을 얻었는데 《일례(逸禮)》39편, 《서》16편이 있었다. 천한(天漢) 이후 공안국이 조정에 바쳤는데 마침 무술(巫術)로써 남을 기만하는 사건이 발생하는 바람에 학관을 설정하지 못했다. 이 밖에 좌구명(左丘明)의 《춘추좌씨전》은 고문으로 쓴 옛 전적(典籍)으로서 20여 부 있었는데 밀부(秘府)에 장서되어 있었고 발표되지 않았다. 한성제(漢成帝)는 학술이 완성되지 못할까 봐 근심되어 밀부에 장서되었던 책을 진열·발표하고 옛 문장과 전적을 교감 정리하여 《고문상서》·《일례》·《좌씨전》 세 책을 만들어 내었다. 그리하여 그것으로써 학관들이 전수한 경전(經傳)을 고찰했는데 어떤 것은 완성되지 못했고 어떤 것은 순서가 바뀌었다. 민간에서 전해지는 것 가운데 노나라의 환공, 조나라의 관공, 교동의 용생이 남겨 놓은 학설이 그것과 같았지만 압제당하고 전수되지 못했다.

새로 발견된 이런 고문경전은 글자가 금문경과 달랐을 뿐만 아니라 문자가 더 많거나 달랐으며 어떤 경서의 편장은 금문, 예를 들면 《서》·《예》보다 더 많았고 어떤 경전은 금문본에는 없는 것이었다. 예를 들면 《주관(周官)》·《좌전》 등이 그것이다.

2. 연구 방법이 달랐다

경서에서 금고문 두 개 파의 분기는 그들이 근거로 삼는 경전의 내원(來源)이 같지 않은 데서 표현될 뿐만 아니라 경학가들이 경전을 연구하는 방법이 다른 데서도 반영된다. 금문경 학자들은 유가 경전을 자기들의 정치 견해를 발표하고, 옛것에 의해 제도를 개변시키는 도구로 삼았다. 그러므로 그들은 경전의 진위에 대한 고증과 경전 본의에 대한 탐구를 중시하지 않았고 통치계급의 수요에 적응되게 하는 것을 목적으로 했다. 그들은 경전을 해석할 때 흔히 음양·명가·법가의 사상을 모두 흡수하여 그것을 경전의 뜻에 가져다 맞추었고 옛사람들의 '미묘한 언어와 원대한 뜻(微言大義)'을 설명하는 데 신경을 썼으며 마음대로 경전을 발휘했다.

그러므로 흔히 번쇄한 경향이 나타났는데 "한 가지 경이 백만여 어(語)이고 그것을 연구하는 거장들이 천여 명에 달했으며"―《한서》〈유림열전〉 "간단한 방법으로 문자 및 번쇄한 어구들을 분석하느라고 해도 늙어 죽을 때까지도 한 권의 경서를 끝낼 수 없었다."―《한서》〈유흠전〉

고문경 학자들은 이와 반대였다. 그들은 유가 경전을 역사적 자료로 삼았기에 경전을 엄격히 지켰다. 경전의 뜻이 명확해야 성인의 도(道)가 명확해질 수 있다고 인정한 그들은 명물 훈고에 착안점을 두고 경전의 본래 모습을 회복하기 위해 힘썼다. 고문경 학자들은 고대 문헌에 대한 정리 연구를 통해 후세에 진실하고 믿을 만한 문화 전적을 적지 않게 보존해 두었으며 새로운 학술 연구 풍조를 개척했다.

물론 양한 시기 금문과 고문은 학술 연구 방법에서 절대적인 계선이 없었다. 금문학자는 흔히 정치적·학술적 수요에 의해 명물훈고 방면의 일을 했고, 고문학자도 학술상·정치상의 정통 지위를 쟁취하기 위해 흔히 어떤 면에서는 옛사람들의 미언대의를 발휘했다.

왕충은 《논형(論衡)》〈정설(正說)〉에서 한대(漢代)에 사법(師法)을 고수하고 장구를 사수하는 금문학파와 "이미 있는 것을 풀어 말하고 새것은 만들어 내지 않으며, 고대 문화를 진심으로 믿고 좋아한다."는 고문학파에 대해 적합한 평가를 했다. 그는 이렇게 말했다.

유가들의 5경에 대한 해석은 대부분은 5경의 진실한 정황에 부합되지 않는다. 이전의 유가들은 그것의 경위를 보지 않고 허망한 말들을 많이 꾸며 내었다. 후의 유가들은 선배 스승들의 설법을 미신하고 낡은 해석을 따랐으며 그런 어구들을 유창하게 외웠다. 만약 어느 학파를 따라서 이름이 좀 나기만 하면 급급히 스승이 되고 벼슬을 하고 승진하기 위해 신경을 썼다. 그리하여 정신을 몰두하여 5경의 진실한 면모를 고정(考訂)할 겨를이 없었다. 그러므로 허무한 설이 계속 유전되고 진실한 면모가 파묻혀 5경은 모두 진실한 모습을 잃게 되었다.

3. 공자에 대한 태도가 다르다

금문경과 고문경 사이의 중대한 분기는 유가의 창시자인 공자를 어떻게 대하는가에서 표현되었다.

금문학자들은 공자는 고대 문화의 소장자(所藏者)·보존자일 뿐만 아니라 천자와 덕을 비할 수 있는 소왕(素王)이며, 6경은 대부분 공자의 저작이고 다른 일부는 공자의 저작이 아니지만 그가 '옛것에 의거해 제도를 개변시킨' 의거가 되며, 6경의 문자는 2차적이고 더욱 중요한 것은 그의 "미묘한 언어와 원대한 뜻(微言大義)이다."고 인정했다.

그들은 공자를 철학가·정치가·교육가로 보았다. 그리하여 6경을 특수하게 《시경》·《서경》·《예》·《악》·《역》·《춘추》의 순서로 배열했다. 이 순서는 6경의 사상 내용의 깊이 정도에 따라 배열한 것이다. 이른바 《시》는 지(志)를 말한 것이고, 《서》는 일을 말한 것이고, 《예》는 행을 말한 것이고, 《악》은 화(和)를 말한 것이고, 《역》은 음양을 말한 것이고, 《춘추》는 명분을 말한 것이라고 했다. —《장자》〈천하편〉

금문학자는 사(事)·문(文)을 홀시하고 명분을 중시했으며 흔히 《춘추》로써 자기의 나라를 다스리고 가정을 꾸리는 도리를 토론했으며 그것을 '미묘한 언어와 원대한 뜻'이라 했다. 그들은 경서의 내용을 써먹어야 한다고 하면서 흔히 시대에 뒤떨어져 경서 속에서 세상을 다스리는 사례(史例)를 찾는 데 급급했다.

고문학자들은 공자는 선사(先師)로서 '이미 있는 것을 풀어 말하고 새것을 만들어 내지 않으며, 고대 문화를 진심으로 믿고 좋아하는' 학자이며 6경은 모두 전대(前代)의 사료(史料)라고 인정했다. 이런 인식에 근거하여 그들은 6경 배열 순서에 대한 자기들의 견해를 내놓았다. 그들은 6경이 탄생된 시간에 따라 《역》·《시》·《서》·《예》·《악》·《춘추》의 순서로 배열했다.

고문학자들은 공자를 선사로 모셨고 그를 역사가라고 인정했으며 주공(周公)을 숭상하면서 주공이 예악을 제정했기에 그를 고대문명의 창시자라고 인정했다.

　금문경학과 고문경학은 상기의 다른 점을 갖고 있지만 같은 점도 있다. 이 두 가지는 모두 유가의 경전을 근거로 삼고, 모두 '성왕의 도'를 설명했으며, 다른 입장에 서서 봉건통치의 삼강 오상(三鋼五常)의 합리성을 논증했다.

제2절

양한 경학과 유학의 발전 변화

1. 유학이 경학의 형식으로 존재하다

춘추전국 시대의 유학은 백가쟁명 가운데서 한 개 학파의 형식으로 존재했다. 춘추전국 시대 유학과 한대 유학을 비교해 보면 한대 유학은 경학의 형식으로 존재하고 발전했다.

한초(漢初)에 통치계급은 대통일의 정치 통치에 적합한 이론 근거를 찾기 위해 한 단계의 탐색을 거쳤으며, 무제(武帝) 때에 이르러서는 유학을 나라를 다스리는 지도 사상으로 확정했다. 그리하여 《서경》·《시경》·《예》·《주역》·《춘추》에 5경 박사를 설정했으며, 원제(元帝) 때에는 14명의 박사를 두었다.

이 시기에는 유가의 경전을 연구하는 학문은 관학으로 상승되었고 유학자들은 벼슬을 하고 정치에 참여했다. 나라에서는 유학과 유학자들이 수요되었고 유학자들도 또 경전을 전공함으로써 그것으로 자신을 수신하고 가정을 가지런히 하며, 나라를 다스리고 천하를 안정시키며, 성왕의 도를 설명하여 봉건 종법 통치의 길을 수호하는 경로로, 자기들이 벼슬을 하고 봉록을 얻는 수단으로 삼았다. 이런 정황하에서 유가 경전을 연구하고 해설하며, 주석을 하는 학술·풍조가 형성되었다. 이것이 바로 한대의 경학이자 경학화(經學化)된 유학이다.

당시 조정에서 제창했기에 유가 경전은 극히 높은 권위를 갖게 되었다. 그리하여 금문경학·고문경학·참위신학을 막론하고 모두 경전의 권위에 복종해야 했고 모두 경에 의해 뜻을 해석해야 했으며, 미묘한 언어와 원대한 뜻이라 해도 경전에서의 근거가 있어야 했고, 경전에 있는 말로 한 자 한 구절씩 설명해야 했다. 그러나 시국의 변화와 금문경·고문경 사이의 논쟁 그리고 여러 학파가 경을 해석하고 주석을 다는 것이 같지 않았으므로 경학(유학)도 변화 발전했다.

금문경학·고문경학·참위신학은 한대에 유가 경전을 연구하는 세 가지 형식이 되었다. 경학가들은 세 가지 형식을 통해 수신(修身)·제가(齊家)·치국(治國)·평천하(平天下)의 왕도(王道)에 대해 이론적으로 서술했으며 각자는 자기의 입장에서 현실 정치의 합리성을 논증했다.

2. 유학은 조정의 어용지학이 되었다

한무제가 유학 독존의 정책을 실시한 후 유학은 조정에서 지지해 주는 어용지학이 되었다. 유학가들은 유가 경전을 해석하는 것을 통해 봉건 통치의 합리성·현실성을 논증함으로써 공로와 벼슬을 추구했다. 《한서》〈유림전〉에는 이렇게 기록되어 있다.

무제(武帝)는 5경 박사를 설정하고 태학생(太學生) 인원수를 규정하고 경학 과목을 설정했다. 응시자에 대해서는 '책문(策問)에 대답하게 하고 벼슬과 봉록으로써 그들을 공부하게 고무했다. 그때부터 원시(元始)까지 백여 년이 지났지만 유가 학업을 전수하는 자가 갈수록 늘어나고 제자들도 갈수록 많아졌으며 한 부의 경서를 백여 만자로 해석할 수 있었다.

만약 춘추전국 시대 유가의 왕도 정치를 이론 형식에 지나지 않는다고 한다면 한대(漢代) 유가의 정치 이론은 현실 생활 가운데서 진정으로 실시될 수 있었다.

춘추전국 시대에 유가는 학술 파벌에 지나지 않았다. 그때 공자와 맹자는 인의 도덕을 극력 선양하고 통치자들을 설복시켜 인정(仁政)을 베풀게 하려고 애썼지만 그 시대는 공자가 애탄한 것처럼 도(道)를 행할 수 없는 시대였으며, 또한 유가 이론은 실정에 맞지 않고 현실과 너무 멀리 떨어져 춘추전국 시대의 현실 정치와 서로 이탈되었다. 그러므로 춘추전국 시대의 유학은 시종 통치계급의 도구가 되지 못했다.

한대 유학은 통치계급을 위해 복무하는 도구로, 대통일의 정치 국면을 이룩하는 이론 기초가 되었다. 한대 통치자들이 유학을 대대적으로 제창한 목적은 그것으로 하여금 통치 사상의 직능을 이행케 하기 위해서였다. 유학이 발전하는 가운데서 이런 수요에 적응되지 않는 경향이 나타날 때마다 통치자들은 왕권의 힘으로 간섭했다. 경학의 몇 차례 투쟁은 모두 통치계급이 사회 상부 구조를 위해 복무하는 통일된 경학을 건립하려고 유학을 부단히 간섭한 사실을 반영한다. 그러므로 한대 유학은 통치계급을 위해 복무하는 방향으로 발전할 수밖에 없었다.

한대 유학은 음양가·명가(名家)·법가의 사상을 흡수하고 유가의 혈연·윤리·정의(情誼)를 현실 정치의 공리(功利) 사상과 결부시켜 유가의 왕도 정치 이론이 군부(君父) 통치에 적용되게 했다. 유학가들은 새로운 사상 체계—예를 들면 동중서의 천인 감응(天人感應)과 오행도식(五行圖式)—를 세움으로써 춘추전국 시대 유가의 효제(孝佛) 사상을 "군신 사이에는 정의(正義)가 있어야 하고 부자 사이에는 강기(綱紀)가 있어야 한다."는 삼강오상(三綱五常)으로 확장시켰다.

춘추전국 시대의 "백성들은 존귀하고 사직(社樓)은 그 다음이며 군자는 가벼운 존재이다."라는 유학 사상은 "백성을 설복하여 군자에게 복종케 하고, 군자를 설복하여 하늘에 복종케 해야 한다."는 존군(尊君) 사상으로 변화 발전되었다. 따라서 아들이 아비에게 의거하고, 아내가 남편에게 의거하고, 신하가 군주에게 의거하고, 군주가 하늘에 의거하는 층층의 의거 관계를 건립함으로써 정치의 실현에 이론 근거를 제공했다.

그때부터 군주는 더 이상 도덕의 화신이 아니었으며 군주가 좋은가 나쁜가, 도덕이 있는가 없는가 하는 것은 민심의 향배를 통해 표현되는 것이 아니라 재이(災異)·상서(祥瑞)의 정보에 의해 표현된다고 여겼다. 차마 어쩔 수 없는 어진 마음으로 인의 정치를 행해야 한다는 유가의 사상은 실제로 신격화된 군주의 권위에 의해 대체되었다.

유학이 어용지학으로 되었다는 것은 주로 금문경학·고문경학·참위신학이 모두 자기 영역에서 군신·부자·부부 사이의 삼강은 변할 수 없다고 논증한 데서 나타났다.

3. 유학은 여러 학파의 학설을 종합, 새로운 유학이 되었다

유학이 한대에서 변화 발전된 다른 한 가지 지표는 유학이 음양가·명가·법가의 학설을 종합하여 새로운 사상 체계로 형성되고 새로운 유학으로 형성된 것이다.

유학의 발전사를 놓고 보면 그것은 탄생된 때로부터 내용이 시시각각 변화되었다. 유학의 창시자 공자는 처음으로 인학(仁學)을 제창했으며 인간을 철학의 높이에 올려놓고 논술했다. 그는 사람을 존중하고 사람의 가치를 인정할 것을 주장하며 비인도적인 행위를 반대했다.

맹자는 공자의 인학을 인정(仁政)학설 체계로 발전시킴으로써 유가 학설을 제가치국(齊家治國, 가정을 가지런히 하고 나라를 다스린다는 뜻)과 결합시켰다. 춘추전국 시대 마지막 유학 거장 순자는 백가쟁명의 결과를 총결한 기초에서 공자와 맹자의 유학을 비판·개조하고 유가·법가·도가의 사상을 겸용(兼用)한 이론 체계를 건립했다.

한대(漢代)에 순유(純儒)로 불린 동중서는 유가 이론을 새로운 단계로 발전시켰다. 그는 유가의 유심주의 천명론(天命論)을 음양오행설과 결합시켰으며 당시의 자연과학 자료에 근거하여 유가의 천인합일 사상을 우주 구성론 체계로 발전시켜 유가가 동경하던 "사

람은 하늘 땅과 배합해야 한다.”는 세계관이 구체적으로 실현되게
했다.

　춘추전국 시대 유학의 기본 정신, 혈연관계를 유대로 한 사회 동급
관념, 나라와 가정을 다스리며 천하를 안정시키는 사상, 중용 이론
등은 모두 이 우주 구성론을 통해 보존되고 확대되었고 자연·사회·
인륜·도덕 등 모든 현실은 이 우주 구성론 체계에 용납되었다.

　동중서는 연(燕)나라·제(齊)나라 방사(方士)와 음양오행 학설의
영향을 많이 받았다. 그는 유학에서 인의 도덕과 신비주의적인 음양
오행 학설을 결합시켜 천인감응 학설 이론을 핵심으로 하는 우주 구
성론 체계를 건립했으며 삼강 오의의 이론 근거를 찾았다.

　동중서는 하늘은 상벌을 줄 수 있고, 희로애락의 감정이 있으며 절
대적 권위가 있는 최고의 신(神)과 선량한 도덕의 화신이라고 간주
했다. 그는 “하늘은 백신(百神)의 군주이다.”-《춘추번로(春秋繁
露)》〈교제(郊祭)〉

　“왕도(王道)의 삼강은 하늘에서 얻을 수 있다.”-《춘추번로》〈기의
(基義)〉-고 말했다. 그는 천지·음양·사시를 도덕화·윤리화했으며,
인간 세상의 윤상(倫常) 속성은 하늘에서 온 것이라고 했다.

　인의제도의 준칙은 완전히 하늘에서 온 것이다. 하늘은 군주로서
만물을 덮고 적셔 주며 땅은 신하로서 만물을 싣고 있다. 양기(陽氣)
는 남자로서 만물을 낳고 음기(陰氣)는 여자로서 만물을 자라게 한
다. 봄은 아버지로서 만물을 낳고 여름은 아들로서 만물을 기른다.
가을은 만물이 주는 계절인데 대지가 그것들을 묻어 준다. 겨울은 비
상(悲傷)한 계절로서 말라죽은 만물을 위해 장례식을 거행한다. 왕

도의 3가지 강령은 천도에서 찾을 수 있다.

　아주 뚜렷한 바, 동중서는 춘추 이전의 종교 의의와 윤리 의의를 회복했는데 이것은 순자(荀子)의 천론(天論) 사상을 부정한 것이다. 정치 방면에서 동중서는 사회 정치와 음양·사시·오행을 결합시켜 덕을 숭상하고 형벌을 숭상하지 말아야 하는 중요성을 설명했다. 따라서 그는 천인감응 학설을 유가의 인정(仁政)에 포함시킴으로써 유가의 덕치를 재이(災異)·견고(譴誥)의 기초 위에 건립하려 했다. 이것은 맹자의 인정 학설을 신화(神化)하고 발전시킨 것이다.

　인성론 방면에서 그는 맹자와 순자의 인성(人性) 학설을 절충하여 본성 삼품설(三品說)을 내놓았다. 그는 예의 교화 작용을 강조했고 예(禮)로써 《춘추》를 논했으며 예의 내원(來源)을 하늘에 귀속시켰는가 하면 백성들로 하여금 예의를 알게 하는 것은 하늘의 뜻이라고 했다. 이것은 춘추전국 시대 인성론을 신화(神化)하고 발전시킨 것이다.

　유학은 동중서에 의한 발전을 거쳐 음양가·형명가(刑名家) 학설을 종합한 이론 체계로 발전·변화하기 시작했다. 그때부터 춘추전국 시대에 유학이 강조하던 개체 이상적 인격은 지극히 선량한 하늘에 의해 대체되었고 개인 존재의 가치는 자신의 도덕 완성에 있는 것이 아니라 "백성을 설복시켜 군주에게 순종하게 하고 군주를 설복시켜 하늘에 순종하게 해야 한다."는 도덕권 안에 있게 되었다. 또 개인의 가치는 지극히 선량한 하늘에 순종하는 데서 체현되게 되었으며, 현실 생활 중에서는 하늘의 아들 황제에게 순종해야 되었다.

　춘추전국 시대의 유학은 자아 도덕 수양을 강조했고 성인은 지극히 선량한 하늘의 화신이며, 사람들이 꾸준히 추구하면 도덕의 이상적(理想的) 경계에 이를 수 있고, "인이란 내 자신에 의해 이룩되는 것으로 남에 의해서 이룩되는 것은 결코 아니다."—《논어》 〈안연〉

"인은 우리와 먼 곳에 있는 것이 아니다. 내가 일을 하려고만 하면 일은 바로 그곳에 있는 것이다."—《논어》〈술이〉—라고 인정했다.

맹자는 도덕의 자아 완성을 극히 높은 경지에로 끌어올렸다. 그는 "선량한 본심(本心)을 다하는 사람은 인간의 본성을 알 수 있게 된다. 본성을 알게 되면 천명(天)을 알 수 있다."—《맹자》〈진심 상(盡心上)〉

"만물의 모든 이치가 나에게 구비되어 있다. 스스로 반성해 보아서 참으로 성실했다면 이보다 더 큰 즐거움은 없다."—(동상서)—고 함으로써, 자기의 도덕 수양을 하늘과 연계시켰으며 개인 인격을 완성하면 천인합일을 실현한 것이라고 인정했다.

동중서의 우주 구성론은 천지(天地)·만물·인사(人事)를 같은 모식(模式)에 넣었으며 개인은 봉건 통치 질서에 순종하는 것으로써 하늘과의 동체(同體), 만물과의 합일(合一)을 실현해야 한다고 했다. 동중서의 우주 구성론의 건립은 유학이 신학화(神學化)된 중요한 지표이다.

동중서 이후 유학은 계속 변화 발전했는데 도가의 사상을 많이 흡수하여 우주 구성론으로부터 본체론으로 전변했고 미언대의를 발휘하던 데로부터 의리지학(義理之學)으로 전변했다.

서한 말년의 사상가 양웅(楊雄)은 동중서를 대표로 하는 신학(神學) 경학을 반대하고 정통적 유학을 회복할 것을 극력 주장함으로써 유학을 한걸음 발전시켰다. 그는 유학의 정통을 발양하려면 새로운 창조가 있어야 한다고 인정했다. 그는 유가 전통에 대해 "맞는 것은 따르고 맞지 않는 것은 고쳐야 한다."는 원칙을 견지했으며 공자와 맹자의 도(道)에 대해 여러 면에서 개조했다. 그리고 유가 이외의 도가 및 춘추전국 시대 제자(諸子)에 대해 비판적으로 흡수했으며 노자(老子)의 도덕 학설과 유가의 인의 예학을 하나로 융합시켰다.

그의 주요한 저작《태현(太玄)》이 바로 유가와 도가를 융합시킨 산물이다. 그는 천명관과 인성론에서도 전통적인 유학을 발전·개조시켰다. 그의《태현》은《주역》과《노자》를 결합시켰고 '현(玄)'의 개념에 대해 상세하게 설명·해석했으며, 우주를 대표하는 내원(來源)과 본체로써 현학(玄學)에서의 본말(本末)·유무(有無)와 같은 중심 범주를 전개하기 위한 준비를 했다.

동한 말년, 사회 비판 사조의 대표 인물 왕부(王符)·중장통(仲長統)·순열(荀悅) 등은 한편으로는 사회 정치 생활을 탐구하고 다른 한편으로는 철학 문제를 널리 연구했다. 이런 탐색은 양한(兩漢) 경학으로부터 위진(魏晋) 현학으로 넘어가는 일환이 되었다. 한대에 성행한 우주 구성론은 왕부·중장통·순열의 끊임없는 창조와 발전을 거쳐 위진 현학에서의 천인신의 본체론(天人新義本體論)으로 전변되었다.

사회 비판 사조의 대표 인물들은 하늘과 사람 사이의 관련 문제 외에 본말(本末)·명실(名實)·재성(才性) 문제도 널리 토론했다. 본말(本末)은 위진 현학의 추상적 사상 높이까지는 이르지 못했지만 중요한 철학 범주로서 사회 정치 생활의 여러 면에서 널리 응용되었다. 명실(名實) 문제는 한위(漢魏) 때에 명리학(名理學)으로 변화 발전되었으며 그것도 위진 현학으로 과도하는 교량이 되었다. 재성(才性) 문제와 명실 문제는 긴밀히 연계되어 있다.

이 두 가지는 당시에 관리를 감별·선발하고 등용하는 현실의 정치 수요에 의하여 탄생된 것이다. 이런 문제들은 고도로 개발된 이론 형식이 나타나야 근본적으로 해결할 수 있었다. 유학은 동한 말년에 사회를 비판하는 사상가들의 개조를 거쳐 점차 현학으로 전변되었다.

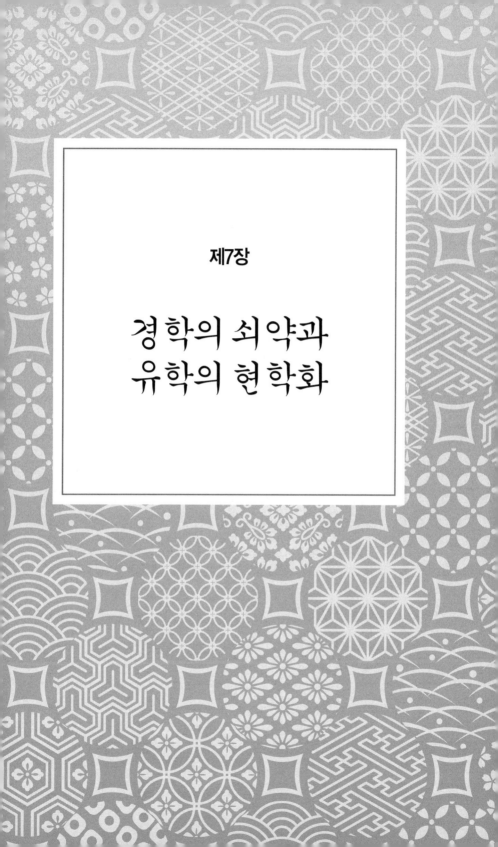

제7장

경학의 쇠약과
유학의 현학화

한나라 말과 삼국 초에 유가 경학이 쇠약해지는 추세가 나타났다. 경학이 쇠약해져 초래된 직접적인 결과는 유학의 지위가 하강되고 그것의 사회 작용이 쇠약해진 것이다.

위(魏)·진(晉)에 이르러서는 현학(玄學)이 유행되었다. 현학은 유가·도가 사상이 위·진 사회의 특정 조건에서 융합된 산물이다. 현학이 명교와 자연의 관계를 조화시키는 사유 과정에서 유학도 점차 현학화되었다. 유가와 도가의 융합은 한·위 시기의 명리학(名理學) 가운데서 이미 단서를 보였다.

위(魏) 정시(正始) 시기에 이르러 하안(何晏)·왕필(王弼)이 현학에서 제기한 귀무론(貴無論)은 유가의 전통적 경훈(經訓)이 현학에 의해 개조된 것이며 유학은 점차 농후한 현학 색채를 띠게 되었다.

현학의 "자연에 맡겨야 한다(任自然)."는 사상이 가일층 유행된 후 유학은 현학 이단의 정면적인 충격을 받았다. 그 후 배위가 비록 유학을 현학에서 이탈시키려고 시도했으나 유학이 가일층 현학화되는 추세를 막지 못했다.

서진(西晉) 원강(元康) 시기에 향수(向秀)·곽상(郭象)의 현학은 비록 '귀무론' 형식으로 나타났지만 더욱 유학에 들러붙어 유학의 성명(性命)·원칙·이상(理想)·인격 등을 모두 현학의 자연 기초 위에 건립했다. 그래서 유학의 현학화가 완성되었다. 현학화된 유학은 유학 발전사에서 특수하고 중요한 발전 단계이다.

경학의 쇠약과
유·도 합류의 역사적 추세

기원 3세기 초부터 7세기에 이르기까지의 4백여 년을 역사에서는 남북조 시기라고 한다. 동한이 멸망된 후 권세를 부리는 사람들이 겸병(兼幷)하고 전쟁이 멈추지 않아 중화민족은 의연히 분열 상태에 처해 있었다. 먼저 삼국(위·촉·오)이 정립되고 계속하여 사마씨(司馬氏)가 삼국 분열의 국면을 결속지었다.

그 후 서진(西晉)의 짧은 기간 동안 통일이 있었지만 얼마 안 가서 16년 동안 지속된 8왕의 난(八王之亂)이 있었다. 영가의 난(永家之亂) 후 소수 민족이 중원에 쳐들어오게 되자 동진은 중원을 잃고 강좌(江左, 지금의 강소성 지역)에 안거(安居)해 있었고 남북조는 장기적인 대치 상태에 처하게 되었다.

사상면에서 한무제가 확립한 유가 독존(儒家獨尊)의 국면은 농민 봉기의 충격, 사회 비판 사조의 흥기, 자체 모순의 발전에 의해 타파되었고 유학의 지위도 변화되었다. 노자와 장자의 도가 사상을 골간으로 하는 현학 사조의 유행, 외래 불교의 전파, 도교의 발흥에 의하여 이 시기에는 불(佛)·유(儒)·도(道) 3교가 서로 논쟁하고 서로 배척하면서도 서로 흡수하고 융합하는 국면이 형성되었다.

이 시기 통치자들은 유학을 진흥시키는 일을 많이 했으나 대부분은 3교를 모두 채용하는 책략을 취하여 이런 모순을 조화시킴으로써 사회 사상에는 다원화 추세가 나타났다. 그러나 유학의 정통적 지위는 의연히 보전되었으며 다만 불교와 도교와의 충돌 가운데서 그것들과 서로 흡수하고 융합되는 곡절 많은 발전의 길을 걸었을 뿐이다.

그러므로 피석서(皮錫瑞)는 이 시기를 '유학이 중도에 쇠약해진 시기(中衰時期)'―《경학역사》―라고 했다.

1. 한말 이래 유학의 위기와 한위(漢魏) 시기 유학과 도가·명가·법가의 합류

한무제가 "제자백가를 배척하고 유학을 독존해야 한다."는 동중서의 건의를 채납한 후 유가 경학은 한대에서 통치적 지위를 얻었다. 동한의 장제(章帝)가 친히 재결한 백호관 회의(白虎觀會議)에서는 유가 경학을 법전의 형식으로 세상에 공포함으로써 유학은 완전히 조정에서 통치를 유지하는 도구로 전락되었다.

유학의 내용을 놓고 말하면 원래는 주로 정치 윤리 학설이던 것이 천인감응 신학 목적론의 신비화된 설교로 변했다. 게다가 참위(讖緯)의 유행에 의해 유학은 미신과 결합되어 더욱더 번쇄하고 진부하고 황당해져 민심을 틀어쥐기 어렵게 되었으며 심지어 사회에 화를 갖다 주게 되었다.

그때의 사대부(士大夫)·지식인 들은 대부분 유가 경서의 장구(章

句)에 속박되어 경서의 훈고 주소(注疏)에만 몰두하고 이론에서의 창조와 사상에서의 초월이 아주 적었기 때문에 유학은 막다른 골목에 이르렀다.

그런데다가 한왕조가 "경전에 능통해야 벼슬을 할 수 있다."는 방침을 실시했으므로 일부 사람들은 단지 벼슬을 하기 위해 경학에 몰두했으며 점차 숨은 사리(事理)를 찾고 견강부회하여 갈수록 사상이 굳어졌다.《한서》〈유림전〉에는 이렇게 썼다.

무제는 5경박사를 설정하고 태학생의 인원수를 결정했으며 경학의 과목을 설정했다. 초빙에 응하는 자에 대해서는 책문(策問)을 했으며 벼슬과 봉록으로 그들의 학습을 고무시켰다. 그때로부터 원시(元始)년까지 100여 년이 지나면서 유가 학업을 전수하는 사람들이 갈수록 늘어났고, 지엽(校葉)이 갈수록 무성해져 한 가지 경서를 백만여 자로 해석할 수 있었으며 거장이 천 명에 달했다.

한나라 말기와 위나라 초에는 청의(淸義)·청담(淸談)풍이 서로 부추겼고, 적지 않은 사람들은 "경서의 장구(章句)에 대해 갈수록 멀어졌으며, 대다수의 태학생들은 겉치레를 추구하는 것을 시대적 풍조로 간주했다. 그리하여 유가의 훌륭한 학습 풍기가 점차 쇠약해졌다."-《후한서》〈유림전〉

경학은 여기에 이르러 궁지에 빠지게 되었다.

유가 경학의 쇠약은 역사적 원인도 있겠지만 그 사상의 자체 발전상의 원인도 있다.

역사적 방면에서 보면 동한 말기 당고의 재난(黨鋼之禍)에 의한 타격은 경학이 점차 쇠약해진 직접적 원인이 된다. 동한 말년의 통치 계급 내부의 모순 충돌은 끝내 환관·외척·황권이 힘을 합쳐 사족(士族)과 경학 지식인들을 타격하는 당고의 재난을 빚어냈다. 당고의 재난 후 경학 진지는 점차 흩어지고 부진해졌다.

일부 경학자들은 방법을 바꾸거나 임기응변으로 형세의 변화에 대처했다. 예를 들면 정현(鄭玄)과 같은 경학 거장도 조정과의 합작을 거절하고 《노자》를 인용하여 《주역》을 연구하는 데로 넘어갔다.

경학 거장 마융(馬融)은 가난과 굶주림에 시달려 대장군 등즐의 부름에 응했지만 사상에서는 더욱 사리에 밝고 개성적이었으며 유가의 예의에 구애되지 않고 도가로 기울어져 유경(儒經)에 주석을 달았을 뿐만 아니라 《노자》에도 주석을 달았다.

경학이 쇠약해진 더욱 중요한 역사적 원인으로는 한(漢)나라 말기 농민 봉기의 거대한 충격을 들 수 있다. 유학은 이 세찬 파도의 충격에 의해 위신이 떨어지고 인심을 틀어쥐는 역할을 상실했다.

경학 자체의 발전을 놓고 보면 그것이 쇠퇴된 데는 두 가지 원인이 있다. 한 가지 원인은 한조 중후기(中後期)에 흥기된 사회 비판 사조의 충격이고 다른 한 가지 원인은 경학 자체의 자아 부정이다.

왕충(王充)·환담(桓譚)·양웅(楊雄)·왕부(王符)·최식(崔寔)·중장통(仲長統) 등은 유학(경학)에 대한 비판 및 당시 사회 비판 사상의 대표였다. 그들은 한대에 신학화(神學化)된 유학—천인감응 신학 목적론이라는 요해처를 틀어쥐고 심각하게 폭로하고 날카롭게 비판함으로써 신학 경학의 황당성·진부성·조속성(粗俗性)을 남김없이 폭로했다.

왕충은 참위(讖緯)와 신학화된 유학이 유행됨으로써 "허망한 것이 진실한 것처럼 보이고 진실한 것이 가짜로 변한"―《논형(論衡)》《대작(對作)》―정황에 비추어 허망한 것을 증오하여《논형》등의 책을 저술함으로써 참위·신학화된 유학이 선양한, 재이 견고(災異譴告)·상서 부명(祥瑞符命) 등 미신 설교를 비평했으며, 심지어는 예봉을 유가의 성인에게 돌려《공자에게 묻는다(問孔)》·《맹자를 꾸짖다(孟刺)》등의 글을 써냈다.

그러나 여러 가지 원인으로 인하여 왕충의 사회 비판 사상은 그때 사회에 받아들여지지 못했으며, 위진 시기에 이르러서야 사람들은 그 가치를 인식하게 되었고《논형》도 널리 유행되었는데 그것이 조성한 사회적 영향은 의심할 바 없다.

양웅(楊雄)은 명석한 이성적 태도로 전통 경학이 선양한, 신선과 요괴·점성술(占星術) 따위의 신학 미신을 부정했다.

왕부(王符)는 한나라 말기 사회의 혼란을 보아 냈으며, 관리 사회가 부패하고 백성들이 도탄 속에서 헤매며 학풍이 점차 못해지고 학자들이 겉치레만 하는 등의 문제를 폭로하고 비판했다. 이로 인하여 유학도 엉망진창이 되었고 곤경에 빠지게 되었다.

그러나 경학이 쇠약해진 더욱 본질적인 원인은 그것이 별로 쓸모가 없고, 번쇄하고, 무질서하고 진부하여 끝내 경학 자신이 발전의 길을 막아 놓았기 때문이다. 그 때문에 유학도 위기에 처하게 된 것이다.

양한(兩漢) 시기에 경학의 쇠약으로 인하여 유가 독존의 국면이 점차 타파되었다. 통치자들은 이전의 여러 가지 학설을 자세히 살펴보고 새롭게 평가하기 시작했으며 제자백가의 사상 가운데 통치에서 수요되는 무기를 찾고 새로운 이론을 세우는 데 주의력을 돌렸다.

위진 시기 사회에 혼란한 국면이 나타남에 따라 이전보다 사상이 자유롭게 되었다. 그리하여 춘추전국 시기 제자백가의 학설은 부활의 기회를 얻게 되었고 유학과 도가·명가·법가 등 사상이 합류되는 정황이 나타났다.

한위(漢魏) 시기에 제일 먼저 부응한 것은 명가·법가의 학설이다. 《삼국지(三國志)》〈위지(魏志)〉 두서전(杜恕傳)에서는 "지금의 학자들은 상앙(商鞅)·한비를 스승으로 모시고 법술을 숭상하며 앞다투어 유가 학설이 현 실정에 맞지 않는다고 질책하고 있는데 이것은 불량한 기풍이 유전된 폐단이므로 창업하는 군주는 심중하게 대해야 한다."고 말했다. 이것을 보아 학술이 이미 명가·법가 사상으로 기울어졌음을 알 수 있다.

위무제(魏武帝) 조조는 명가와 법가의 학설을 정치 실천에 이용했다. 그리하여 "위무제는 처음 제패할 때 명가와 법가를 함께 채용했다."는 설법이 있다.

《진서(晉書)》〈박현전(博玄傳)〉에도 "근자에 위무왕이 법술을 즐기자 천하가 형명학을 숭상한다."는 말이 있다. 조조는 명가와 법가의 학술로 나라를 다스려 상당히 긴 시간을 유지했다.

제갈량도 촉(蜀)에서 이런 법술로 다스렸다. 《삼국지》〈제갈량전〉에 의하면 그는 "법령을 엄하게 집행하고 상벌에서 약속을 어기지 않는 바, 악한 일을 하고 징벌을 받지 않은 자가 없고 좋은 일을 하고 표창을 받지 않은 사람이 없다." 그러므로 그가 쌓은 업적은 태산 같으며 사회에서 관리들이 간사하여 남을 속이는 일이 없고 사람마다 자기를 엄하게 요구하여 길에 떨어진 물건을 줍지 않고 강자가 약자를 없이 여기지 않았으며 풍속 교화가 숙연하게 되었다.

그러나 다른 한 면으로 보면 그들은 명가와 법가를 숭상했으나 유학을 버리지 않았다. 예를 들면 조조는 이렇게 명확히 말했다.

"나라를 태평스럽게 다스리려면 덕행을 숭상해야 하고 일을 잘 하려면 재간에 의거해야 한다."—《삼국지》〈무제기(武帝紀)〉

"사회를 다스리고 안정시키려면 예의를 첫자리에 놓아야 하고 어지러운 세상을 바로잡으려면 형벌을 앞세워야 한다."—《삼국지》〈고유전(高柔傳)〉—고 했다.

이런 지도 사상은 유가와 법가를 동시에 실시하고 유가·법가·명가를 융합시킨 기초 위에 건립되었음이 아주 뚜렷하다.

위진 시기에는 권세 있는 사대부 통치자들의 수요에 적응하여 한나라 말기에 주로 민간에서 유행되었던 노자·장자의 도가 사상도 점차 활약했다.

《진서》〈향수전(向秀傳)〉에는 그 당시의 사상 세태를 "유가와 묵가의 업적이 경시되고 도가의 설이 점차 성해졌다."고 말했다. 노자·장자의 사상은 점차 유학과 결합되어, 위진 나아가서는 그 후의 사회 사상에 중대한 역할을 일으킨 현학(玄學) 사조로 되었다.

현학은 바로 유가와 도가를 조화시키고 유가와 도가를 융합시킨 것을 특징으로 했다. 현학이 흥기된 것은 첫 번째로는 한조 말기에 유가 경학 장구 훈고 기풍을 반대하여 나온 것이고, 다른 하나의 중요한 원인은 한조 말기와 위조 초기에 인물과 정사를 평론하는 청의(淸議) 풍기가 극히 큰 영향을 일으켰기 때문이다.

현학의 흥기는 또 그때 나타난 인물을 감별하고 사리를 똑똑히 가리는 것을 특징으로 하는 명리학(名理學)이 유가와 도가의 사상 논리를 조화시켜 발전된 결과라고 말할 수도 있다.

2. 유(儒)·도(道)의 과도(過度)를 조화시킨 명리학

일찍이 한조 말기에 유행된, 구체적 인물의 품행을 평가하는 것을 위주로 하는 청의(淸議), 예를 들면 여남(汝南) 허소(許劭)의 월단평(月旦評) 따위는 위진 시기에 이르러 인물 비평에서의 일반 원칙인 추상적 탐구, 즉 명리학으로 발전했다. 소위 명리(名理)란 명실(名實) 관계의 연구에서 출발한, 사리를 밝히는 학문이다.

탕용동은 명리학과 현학이 밀접한 관계가 있다고 인정했다. 그는 "명리학은 간단하고 추상적이며 합리적인 경로를 통해 가장 중요한 원리 원칙을 찾는다. 그런 다음 한 걸음 나아가 정치와 인사(人事)의 형이상학적인 근거를 찾는다. 그리하여 현학이 나타났다."─탕용동 《한위 학술 변천과 위진 현학의 탄생》─고 말했다.

명리학의 흥기는 유학과 명가·도가·법가 사상의 융합을 가일층 촉진시켰는데 특히 유가·도가가 융합된 추세하에서 끝내 현학이 태어나고야 말았다.

유가와 도가가 융합되어 하나로 된 것에 관하여 명리학에서 많은 흔적을 찾아볼 수 있다. 유소의《인물지》에는 명가·법가·유가·도가 등 여러 학파가 소개되었지만 주류는 유가와 도가였다. 그러므로 유학은 현학화로 과도하는 것의 고리가 되었다.

유소는 자가 공재(孔才)이고 광평 한단(廣平邯鄲, 오늘의 하북성) 사람이다. 그의 생존 연대는 상세하게 고증하기 어렵다. 그는 위나라의 저명한 정치 평론가이며 사상가이다. 황초(黃初) 연간에 일찍이 상서랑(尙書朗)·산기시랑(散騎侍郎)으로 있었다. 조비(曹丕)가 즉위한 후 진류(陳留) 태수로 임명되었다.

그는 일찍이 의랑(議郎) 유의(庾嶷)·순선(荀詵) 등과 함께 법령 조례를 제정했고《신율(新律)》18편을 편찬했으며《율략론(律略論)》을 저술했다. 경초(景初) 연간에는 도관(都官)으로 임명되어 관리들을 심사하는 책임을 맡았으며《도관고과(都官考課)》72조와《설략(說略)》한 편을 써냈다.

영향력이 큰 저서는《인물지(人物誌)》이다. 이 책은 인재학에 관한 전문적인 저서로서 거기에서는 한위(漢魏) 이래의 사람의 본성·재간과 지업(志業) 등에 대해 분별하여 분석했다. 사상 경향은,《인물지》는 명가·법가·유가·도가 사상을 모두 받아들였으며 특히 유가와 도가를 융합시킨 것을 중요한 특징으로 한다.

우선 유소는《인물지》에서 인물의 덕과 재능을 평가하는 표준을 대부분 유가·법가 사상에 기초했다. 그는 이렇게 말했다.

인(仁)은 덕의 기초이고, 의(義)는 덕의 절조(節操)이며, 예(禮)는 덕의 교제이고, 신(信)은 덕의 근본이며, 지(智)는 덕의 요지(要旨)이다.
《효경(孝經)》은 사랑하는 마음을 최고의 덕으로 하고, 공경하는 마음을 사람의 근본으로 한다.

여기에서 말하는 인(仁)·의(義)·예(禮)·지(智)·신(信) 등 덕목은 유가 이론의 전통적 덕목으로서 유소가 그것을 제창했을 뿐이다. 다른 점이라면 유소는 이런 덕목에 형이상학적 근거를 부여한 것이다. 유소는 이렇게 말했다.

노자는 무(無)를 덕으로, 허(虛)를 도(道)로 했으며 예(禮)에서는 존경을 근본으로, 악(樂)에서는 사랑을 주요 내용으로 했다. 인정(人情)의 본질은 서로 사랑하고 존경하며 도덕을 지키는 데 있다. 오직 인심을 얻기만 하면 통하지 못할 도(道)가 없다.—《팔관(八觀)》

그러므로 가업을 지켜나가면서 부지런히 배운다 하여 인재인 것이 아니고, 도리를 알고 말을 잘한다 하여 지혜가 있는 것이 아니며, 지혜롭게 일을 한다 하여 도(道)를 아는 것이 아니다……. 또한 배웠다 하여 인재가 되는 것이 아니고, 인재라 하여 도리를 아는 것이 아니며, 도리에 밝다 하여 지혜롭다는 것이 아니고, 지혜롭다 하여 도를 안다는 것이 아니다. 도라는 것은 변화무쌍한 것이다.—《팔관》

유소는, 도(道)는 전통적 덕목에서 가장 근본적인 것으로서 그것은 임의의 덕목에 관통된다고 인정했다. 그러므로 그는 도를 얻기 위해 배우고, 도를 얻는 것을 인생의 최고 이상으로 간주하는 것을 사람이 갖고 있는 최고의 도덕이라고 했다. 그리하여 인·의·예·지를 '도를 잃은 것'이라고 하는 도가의 태도를 부정하고 유가 이론과 도가의 자연(自然)을 연계시켜 놓았다. 여기에서 출발하여 그도 무위(無爲)를 성인이 입신하는 도와 군주가 반드시 갖추어야 할 덕으로 삼았다. 그는 말했다.

군자는 양보하는 것을 적에게 전승하는 무기로 삼고 스스로 수양하고 면려하는 것을 자신을 은폐하여 해를 피하는 장소로 삼는다. 움직이지 않을 때에는 아첨하지 않는 높은 경지에 처해 있고 행동할 때에는 겸손하고 사리에 맞게 처사한다. 그러므로 유형(有形)의 투쟁을 거치지 않고도 상대에게 전승하고, 적을 극복시키면서도 원한을 맺지 않는다.—《석쟁(釋爭)》

성인이 덕을 행하면서 어찌 총명한 머리를 써서 인재를 구하여 나라의 안정을 그에게 맡기지 않겠는가.—《인물지》서

그는 도가의 무위를 성인이 입신하는 도로 간주하고 양보하고 쟁탈하지 말아야 한다고 했으며, 성인의 덕행은 사람을 알아주고 잘 써주는 것이며 이렇게 하면 몸소 일을 하지 않고도 천하를 잘 다스릴 수 있다고 했다. 그리하여 유가의 성인들은 그에 의하여 노학화(老學化)되었다.

그 다음 유소는 중용(中庸)을 성인들의 지극한 덕(至德)으로 간주하면서 거기에 대해 도가의 해석을 했다. 그는 "중용은 대단한 수양으로서 성인의 지극한 덕"—《인물지》서—이라고 말했으며 "무릇 사람의 본질에 있어서 가장 귀중한 것은 중정 평화(中正平和)이다."—《구정(九征)》—라고 말했다.

중용으로 지극한 덕에 이른다는 것은 유가의 전통 사상으로서 그 정치적 의의는 행동이 예의에 알맞아야 중용의 도라는 것을 강조한 데 있으며, 그것의 방법론적 의의는 지나친 것과 미치지 못하는 것을 반대하고 어느 쪽에도 치우치지 않고 중용의 도를 취해야 한다고 주장한 것에 있다.

유소의 중용론은 방법상으로는 유가의 종지를 보전하고 중용의 도를 위반하는 것을 반대했으며, 내용상으로는 예(禮)의 설법을 떠

나서 중용에 도달한 사람은 응당 덕을 겸비한 사람이어야 한다고 강조했다. 그리고 사람은 품행과 재능에 인의예지 등 덕목을 겸비해야 한다고 인정했다.

그는 또 어느 한 곳에만 치우쳐 있는 것을 반대했으며 "한 가지 재주만 갖고 있는 사람은 그가 갖고 있는 재간에 의하여 입명(立名)하게 되고, 여러 가지 재간이 있는 사람은 어느 한 가지 품덕에 의하여 칭호를 받게 되며, 덕을 겸비한 사람은 아름다운 칭호를 갖게 된다. 그러므로 덕을 겸비하고 완구한 경지에 도달하면 중용(中庸)이라 한다."―《구정》―고 했다.

그런데 겸덕(兼德)에 도달하자면 구체적인 덕목을 초월한 덕을 찾아 그 본질을 규정해야 했다. 그리하여 유소는 무(無), 도(道)로써 중용을 규정했다. 그는 이렇게 말했다.

중화(中和)의 물질은 아주 평담(平淡)한 것이다. 그러므로 그것은 여러 인재들이 작용을 발휘할 수 있게 하고 임기응변으로 모든 것에 대처할 수 있게 한다.―《구정》

중용의 덕은 본질이 무명(無名)이다. 그러므로 짜지만 떫지 않고 싱겁지만 맛이 있으며, 내용이 풍부하지만 번잡하지 않고 문채(文采)가 있지만 용속적이 아니며, 위망이 있으면서도 사람을 감동시키며, 논쟁을 하면서도 남의 의견을 채납할 수 있고 변화무궁하면서도 목적에 도달할 수 있다.―《체별(體別)》

유소가 볼 때에 중용은 도가가 추구하는 무명(無名)·평담(平淡)

등 여러 가지 덕을 겸비하고 어느 한 가지 덕에도 치우치지 않는 가장 완전한 덕(德)이었다.

그 다음 상술한 사상의 기초 위에서 유소는 유가의 이상적 인격을 노장(老子·莊子)화했다. 유가 전통에서는 모두 요·순·탕·문·주공·공자를 이상적인 인격의 화신으로 간주했다.

여기에 대해 유소는 형식상 이의를 나타내지 않았으며, 성인은 응당 역상(易象)을 알고 시지(詩志)를 서술할 줄 알며 예악을 제정할 줄 알고 도와 덕을 행하여 천하를 교화할 수 있는 사람이어야 한다고 주장했다. 그러나 유소는 더욱 많은 변에서 유가가 말하는 성인들에게 도가의 청정무위(淸靜無爲)·무질무명(無質無名)의 품성을 부여했다. 그는 말했다.

임금의 재덕은 총명하고 평담하여 여러 사람들의 역할을 잘 발휘시키며 일을 할 사람이 자기밖에 없다고 생각하지 않는다.─《유업(流業)》

만약 도(道, 중용을 가리킴)가 평담하지 않고 한쪽으로만 치우치게 되면 한 방면의 대표 인물이 권력을 쥐게 되어 다른 인재들이 임용되지 못하고 작용을 잃게 된다.─(동상서)

유소의 《인물지》에 포함된 유도(儒道) 합일의 도덕관·유도 합일의 성인관(聖人觀)은 그 후의 하안(何晏)·왕필(王弼)에게 비교적 큰 영향을 주었다. 하안과 왕필은 이런 사상에 근거하여 명교와 자연의 모순을 조화시키는 이성적 추구 가운데서 현학 본체론 사상 체계를 세워 유가와 도가의 융합을 사회 무대에 올려놓았다.

3. 유·도 합일의 역사적 근거

앞에서 서술한 바와 같이 유가와 도가의 융합은 명리학(名理學)으로부터 발단하여 위진(魏晋) 정시(正始) 시기에는 끝내 현학 사조로 되었다. 유·도 융합을 특징으로 하는 사조(현학)의 출현은 절대 일부 사상가들의 주관적 동기에 간단하게 귀결시킬 수 없다. 그것은 심오한 사회 역사적 근원을 갖고 있다.

첫째로, 그것은 문벌 사대부들이 신분적 특권을 수호하기 위한 수요에 적응하기 위해 나타난 사상 현상이다.

위진 시기 이래 한조 말기에 흥기되었던 문벌 사대부들은 이때에 중요한 사회의 역량으로 자라났다. 그들은 수중의 권력과 귀족의 명성으로 토지를 마음대로 겸병하고 호적을 점유하여 소농의 파산을 가속화했다. 그리하여 일부 사람들은 부득불 문벌 사대부들의 비호를 받아야 했고 부곡(部曲)·전객(佃客)이 많이 나타나 봉건적인 인신의존 관계가 가일층 강화되었다.

권세 있는 사대부들의 장원(莊園) 경제는 상당한 규모였다.《북사(北史)》의 조군(趙郡) 이선보(李宣甫)에 대한 기록에는 "이씨 성을 가진 수천 호가 은주 서쪽에 있는 이어천(李魚川)에 모여 사는데 사방 50, 60리가 되며 이선보를 주인으로 모셨다."―〈이영전(李靈傳)〉―고 했다.

《진서(晋書)》〈석창전(石蒼傳)〉에는 "석숭(石崇)에게는 물방앗간 30여 개가 있고 노복 800여 명이 있었으며 진주·보물·밭·집이 대단히 많았다."고 기재되어 있다.

동진(東晉)이 중원을 잃고 강좌(江左)에 안거(安居)함을 만족해할 때에도 이런 정황이 의연히 존재했다.

갈홍(葛洪)이 쓴《포박자(抱朴子)》에는 강남 대족(大族)의 대도(大都)에 대해 이렇게 묘사했다.

"동복(僮伏)들이 병사처럼 많고 대문을 닫으면 뜨락이 시장처럼 흥성흥성했다. 산과 들에는 그들의 소와 양떼가 노닐고 그들의 밭과 양어장은 천리에 이어졌다." "방마다 금과 옥이 차넘치고 첩들이 욱실거렸다. 장사에 나선 배 천 척이 넘고 썩어 버린 쌀 만 석이 넘었다."—〈오실편(吳失篇)〉

그러므로 문벌 사대부는 봉건 국유제와 호족 대지주의 점유제가 서로 결합된 농노제 경제를 경제적 기둥으로 한다는 것을 알 수 있다. 동시에 문벌 사대부들이 정치적으로도 권리를 갖고 있었다는 것을 알 수 있다. 정치·경제상의 특권을 갖고 있는 이런 지주계급은 중국 중세기 역사에서 극히 특수한 계층인 문벌 사대부 계층(혹은 문벌 세족)을 형성했다.

문벌 사대부 계층을 핵심으로 형성된 각 통치 집단은 자기들의 부패성을 나타내기 시작했다. 그들은 생활면에서는 사치했고 정신면에서는 공허했으며 정치면에서는 횡포했다. 예를 들면 진무제(晉武帝) 사마염(司馬炎)은 아주 잔폭하고도 황음한 봉건 군주였는데 그의 후궁에는 근 만 명에 달하는 첩이 있었다.

《진서(晉書)》〈호귀빈전(胡貴嬪傳)〉에는 진무제의 첩들은 "동시에 총애를 받는 자가 너무 많아서 무제도 누구를 가까이했으면 좋을지 몰라 했다. 그리하여 늘 양을 메운 수레를 타고 내키는 대로 가다가

들어가 잤다. 궁녀들은 창문에 참댓잎을 꽂아 놓고 땅에 소금물을 뿌려 놓은 뒤 무제가 탄 차가 자기 방문 앞에 멈추기를 고대했다고 썼다.

위에서 행동하면 아래에서도 그것을 본받는 법이다. 그리하여 신하 하증(何曾)도 "하루 식사에 만 전(萬錢)을 쓰면서도 젓가락으로 집을 게 없다는 듯했고, 그의 아들 하소도 산해진미를 먹으면서 하루에 2만 전씩 썼다."—《진서》〈하증전〉

역사상 영향이 있는 왕개(王愷)와 석숭(石崇)이 대단히 부유했다는 사실을 통해 그 시기의 부패상을 엿볼 수 있다.

정치 권리를 쟁탈하고 더욱 큰 지역을 통제하기 위해 통치계급 사이에 내분(內紛)과 혼전이 여러 차례 일어났고 병탄 전쟁이 끊임없이 일어났다. 먼저는 위(魏)·촉(蜀)·오(吳) 세 나라가 분열 할거했고 서진(西晉)이 통일된 지 얼마 안 되어 또 8왕의 난이 발생하여 통치계급 내부에서 서로 참살했으며 죽은 백성들이 수천만을 헤아렸다.

소수 민족이 중원에 쳐들어온 후 외환과 내란으로 인하여 나라가 편안할 틈이 없었고 백성들이 시름 놓고 살 수 없었다. 위진 시기의 혼란한 사회 국면에 직면한 문벌 사대부들은 한편으로는 자기들의 통치 지위를 유지하기 위해 유가의 강상 명교(綱常名敎)를 극구 불어 댔으며 다른 한편으로는 사치하고 방종한 나날을 보내면서 절대적 자유를 추구하는 것으로써 정신상의 공허감을 보충하고 자신들의 타락과 부패를 덮어 감추려 했다.

유학은 그때 이미 인심을 틀어쥐는 작용을 상실했기에 유학 자체도 활력이 없었다. 그러나 인의를 배척하고 자연을 숭상하며 정신적 자유를 추구하는 도가 사상은 그들의 내심 세계에 딱 들어맞았다. 그리하여 겉은 유가 사상이지만 속은 노자와 장자 사상인 학설이 나타난 것이 자연적인 추세로 되었다.

여기에서 위진 시기 문벌 사대부 세력의 형성은 실제로는 유가와 도가의 융합에 경제적·정치적·계급적 기초를 닦아 놓았다는 것을 알 수 있다.

그 다음, 유도(儒道)의 융합은 또 한조 말기 위진 사회 사상 변화의 필연적 결과이다.

유가가 독존의 위치에 있고 참위가 유행되던 한대에 자연을 숭상하는 도가의 사상은 사상 무대에서 물러나지 않고 천인감응을 특징으로 하는 신학 목적론의 대립면으로 나타나 사회에서 유행되었다.

왕충(王充)의 신학론에 대한 비판은 도가에서 입론한 것이다. 위진까지의 명리학(名理學)과 현학(玄學)은 모두 유·도의 융합 또는 유가와 도가를 조화시킨 것을 중심으로 한다는 것에 대해서는 앞에서 논술한 바와 같다.

사색을 자아내는 것은, 원래 유학은 명교(名敎)를 중히 여기지만 노자와 장자의 학설은 자연을 숭상하며, 공자는 인의를 귀중히 여기지만 노자와 장자는 도덕을 숭상하며, 유가는 인사(人事)를 논하지만 도가는 허황한 것을 진술하기에 공자와 노자의 두 학설은 전면적으로 충돌되고 확실히 융합되기 어려운데 원래 융합되기 어렵던 두 가지 사상 체계가 끝내 융합되고 말았다는 것이다. 이런 융합이 생기게 된 것은 사회적 원인 외에 그 사상상의 두 가지 원인이 있다.

첫째, 통치자들은 도가의 사상으로 강상 명교의 합리성을 다시 논증할 필요성을 느꼈다. 명교는 그때 자기의 직능을 이행하기 어려웠지만 필경은 통치자들이 통치를 수호하는 효과적인 사상 무기가 되었다. 그러나 그것을 새로운 형세에 맞게 논증하고 거기에 더욱 실제적인 근거를 부여해야 했다.

강상 명교에 본체론적 근거를 찾아주기 위해 그때의 사상가들은 사상을 노자와 장자한테 전이시키기 시작했으며, 노자·장자 철학에서 본말(本末)·일다(一多)·유무(有無) 관계의 논증을 유가의 강상 명교 확립에 있어서의 형이상학적 근거로 삼으려 했고 유가와 도가를 융합시키는 방향을 따라 새로운 탐구를 했다.

그들은 형체가 없고 이름이 없는(無形無名) 도(道)로써 의지를 갖고 있는 천(天)을 부정했다. 또 "도는 무위한 것이다." "자연에 순종해야 한다."는 것으로써 천신(天神)의 인사(人事)에 대한 간섭을 부정했으며, 함이 없으면 하지 않음이 없다는 도를 천지 만물이 존재하는 근거로, 사회 예법 제도의 근거로 삼았으며, 자연에 맡기는 무위와 강상 명교의 유위를 본(本)과 말(末)·체(體)와 용(用)의 관계로 간주했다.

그리하여 강상 명교의 형이상학적 근거를 찾았을 뿐만 아니라 문벌 사대부 자신들의 타락·방종한 생활을 덮어 감출 수 있었다. 따라서 유가와 도가를 조화시키는 것은 필연적 추세가 되었다.

위에서 말한 바와 같이 유가와 도가의 융합은 위진 시기 문벌 사대부의 정치와 정신적 수요에 적응되기 위해 나타난 추세일 뿐만 아니라 양한(兩漢)으로부터 위진에 이르기까지 사상 발전의 필연적 결과이다. 그것의 탄생은 심각한 사회 역사적 근거를 갖고 있으며 따라서 중국 유학 발전사상에서의 특수한 단계를 구성했다.

유·도의 사상 발전을
조화시킨 현학

　위진 시기의 현학 사조는 유·도 합일의 산물이다. 그러므로 본질적으로 유학과 대립되지 않는다. 비록 현학가들이 모두 정도는 다르지만 유가의 명교를 비판했고, 정신 추구에서도 대부분 도가의 자연무위 사상에 치우쳤지만 그 목적은 언제나 통치자들에게 새로운 치국(治國) 방침을 찾아주자는 것이었다.

　통치자들이 의연히 유가의 강상 명교(綱上明敎)를 준칙으로 하는 조건에서 현학자들은, 한편으로는 "자연에 맡겨야 한다."고 했고 다른 한편으로는 자연에 맡기는 것과 명교를 숭상하는 것이 모순되지 않는다고 극력 논증했으며, 양자의 통일을 위해 이론적 근거를 찾고, 새로운 논증을 하기 위해 힘썼다.

　현학의 창시자 하안과 왕필은 자연을 근본적인 것이라 하고 명교를 부차적인 것이라고 극력 주장했는데, 그 특징은 유학을 도가 학설에 맞게 고친 것이며, 귀무론(貴無論)은 그들이 유도(儒道)를 조화시킨 철학적 근거가 된다.

완적·혜강은 현학 중의 이단(異端)으로서 정시 시기(正始時期)의 자연적인 것을 근본으로 하는 현학 사상을 극단화했고 명교를 극구 과소평가했다. 그들은 "명교를 초월하여 자연에 맡겨야 한다."는 주장을 내세웠는데 그 특징은 유가와 도가를 분리시킨 것이다.

배위는 전자가 유학을 배척하고 과소평가하는 것을 극력 반대했으며 유학과 명교의 권위를 보호했는데, 숭유론(崇有論)은 그의 철학의 기본 근거이다.

서진 원강(元康) 시기에 향수(向秀)·곽상(郭象)은 명교와 자연, 유와 도의 일치성을 가일층 논증했고 이론으로 유(儒)·무(無)·명교·자연을 통일시켰는데 그 특징은 도가를 유가 학설에 맞게 고치고 유가 사상으로 도가 경전을 해석했으며 중점을 유학에 치우치게 한 것이다. 그리하여 현학은 유가와 도가를 조화시키는 과정을 한 걸음 한 걸음 완성했고, 이 과정에서 유학은 점차 현학화되었다.

1. 하안·왕필, 귀무론으로 자연을 근본으로 하고 명교를 부차적으로 해야 한다는 것에 대해 논증

《진서(晋書)》《왕연전(王衍傳)》에는 위(魏)나라 정시(正始) 연간에 하안과 왕필은 노자와 장자의 학술을 조술(祖述)하고 저작을 써서 천지 만물은 모두 무(無)를 근본으로 한다고 논술했다. 하안과 왕필은 명교와 자연 사이의 관계라는 이 현학 주제에 대해 논증할 때 무를 근본으로 해야 한다는 본체론 철학을 자기의 이론적 근거로 삼았다.

하안은 도가의 자연을 숭상했는데 장담(張湛)이 주석을 단 《열자(列子)》《중니 편(仲尼篇)》을 인용한 하안의 《무명론(無名論)》에서 그것을 똑똑히 보아 낼 수 있다. 그는 하후현(夏侯玄)의 이른바 "천지는 자연의 법칙에 따라 운행하고 성인은 자연의 법칙을 이용한다."는 사상을 숭상했으며, 자연이 곧 도이고 유가의 성인은 도를 체득했기에 성인들도 자연을 숭상한다고 여겼다.

왕필은 유가의 삼강 오상과 명교는 자연을 근본으로 한다고 명확히 지적했다. 그 이유는 다음과 같다. 우선, 그는 예악 제도는 자연적인 풍격에 의해 제정된 것이라고 여겼다.

그는 이렇게 말했다. "희로애락이란 사람들에게 있어서 보통 일이다. 사람은 감동되면 소리를 내거나 노래를 부르게 된다. 그러므로 시와 민요를 수집하면 그것에 의하여 사람들의 소원과 풍속을 알 수 있다. 백성들의 사정을 알게 되면 정치상의 득실을 알게 된다. 그러므로 옛사람들은 풍속에 근거하여 제도를 건립함으로써 예의를 실시하는 목적에 도달했다." 여기에서 그는 한 걸음 나아가 자연이 도인 이상 사회의 모든 정치 이론 원칙과 제도는 모두 도(道)에서 생겨난 것이라고 지적했다.

그는 "제도가 건립되었다는 것은 도가 흩어지고 관리로써 통치하는 것을 가리킨다. 관리로써 통치하는 제도가 나오게 되면 명분과 존귀를 정하지 않을 수 없다. 그러므로 제도가 건립되면 명(名)이 있게 된다."-《노자주》32장-고 말했으며, 존비를 구분하는 예법 제도는 도가 파괴된 후의 산물이라고 인정했다.

노자의 본심에 의하면 인의예악은 자연을 파괴한 것이 되지만 왕필은 그것을 자연의 본성에 부합된다고 말했으므로《노자》에서의 사상과 어긋난다.

또한 왕필은 명교의 작용은 사람들로 하여금 자연의 순박으로 되돌아가게 하는 것이라고 인정했다. 그는 "박(樸)은 진(眞)이란 뜻이다. 진이 존재하지 않으면 백 가지 학업이 나타나는데 그것들은 여러 가지 그릇처럼 서로 다르다. 성인들은 도가 흩어졌기에 관리를 설정하여 다스리게 했다. 착한 것을 본받고 착하지 못한 것을 교훈으로 삼고 풍속 습관을 개조하여 착하고 순박한 세상으로 되돌아가게 한다."—《노자주》 28장

다시 말하면 성인들이 예법제도를 제정한 것은 도 때문이며 그 목적은 낡은 풍속과 습관을 고치고 애초의 순수함으로 돌아가기 위해서라는 것이다.

왕필은 또 무(無)와 유(有)·체(體)와 용(用)·본(本)과 말(末) 사이의 관계로부터 오직 도를 근본으로 해야 명교의 작용이 진정으로 발휘될 수 있다는 것을 논증했다.

왕필은 우주 만물이 존재하고 발전하는 근거·본체는 오직 무이고 구체적으로 형태와 이름을 가진 사물(예법제도와 인의 등 도덕규범을 망라)은 유형(有形)이며 무와 유는 기본적인 것과 부차적인 것, 즉 체와 용의 관계라고 인정했다.

그는 이렇게 말했다. "천하의 사물은 모두 유에서 생기고, 유의 시작은 무를 근본으로 한다."—《노자주》 40장

그는 만물은 도(무)의 표현과 작용에 불과하기 때문에 명교(名敎)도 자연의 도에 속한다고 인정했다. 그리하여 단지 명교만 강조할 것이 아니라 소박하고, 사욕을 없애고, 지혜와 인을 버릴 것을 강조해야만 명교의 작용이 발휘될 수 있다고 인정했다.

그는 "성인들의 지혜로써 허위를 방지하려는 것은 소박한 도덕을 강조하여 백성들로 하여금 욕심을 버리게 하는 것보다 못하고, 인의

를 행하여 어지러워진 풍속을 고치려 하는 것은 백성들로 하여금 소박한 본색을 지켜 성실한 사람이 되게 하는 것보다 못하며, 여러 가지 이름으로 형식주의를 내세우는 것은 백성들로 하여금 사욕을 적게 차리고 낭비를 하지 말게 하는 것보다 못하며, 성인이 되려고 애를 쓰지 않는 사람이 오히려 공덕(功德)이 커서 성인이 되고, 인의(仁義)를 부르짖지 않는 사람이 오히려 인정이 후한 사람이 될 수 있다."—《노자지략(老子指略)》—고 했다.

그는 또 "무위(無爲)는 근본이고 무명(無名)은 근원이다. 근본이나 근원을 버리고 부차적인 것을 틀어쥔다면 공이 클지언정 필연코 폐단이 있게 되고, 칭찬을 받을 수 있지만 가짜가 생길 수 있다."—《노자주》38장—고 하면서 마땅히 "도를 행하고 근본으로 모든 것을 통솔하며, 근본을 틀어쥐면서 부차적인 것을 돌보아야 한다."—(동상서)—고 말했다.

그는 만약 무위(無爲)를 근본으로 하지 않고 삼강 오상과 명교만 숭상하는 것은 근본을 버리고 부차적인 것을 틀어쥐는 것이 되어 일시적으로는 효과가 현저하지만 나중에는 명교 작용의 발휘에 불리하며, 반대로 자연을 숭상해야만 명교를 진정으로 관철할 수 있고 명교의 작용을 발휘할 수 있다고 여겼다.

반드시 지적해야 할 것은 왕필의 "근본적인 것을 중시하면서 부차적인 것도 고루 돌보아야 한다."는 주장은 순수하게 '오묘하고 허황한 것을 숭상하는(祖尙玄虛)' 것이 아니라 현실에 비추어 명교의 허위성을 비판한 것이다.

그는 허위적인 명교는 사람들을 완전히 윤리화하는 것이고, 모든 사회 윤상 규범은 자연 본성에 대한 속박이라고 인정했다. 그때의 조건 아래서 그는 명교를 완전히 부정하지 않았고 또 부정할 수도 없었으며, 오직 명교를 근본으로 하고 자연을 부차적인 것으로 하는 것을 부정할 뿐이었는데 그 목적은 병교와 자연 사이의 모순을 조화시키려는 것이었다.

왕필은 명교는 자연에서 생겼다는 관점을 논증할 때, 여러 방면에서 논증이 엄밀하지 못했다. 한편으로는 "어머니를 보호하여 자식을 보존해야 한다."고 했으며 때로는 "근본적인 것을 중시하고 부차적인 것은 관계치 말아야 한다."고 했다. 예를 들면 그는 "《노자》란 책에서 무엇을 말했는가? 한 마디로 개괄하면 근본을 들어줘고 부차적인 것을 관계치 말라는 것이다."라고 말했다.

그는 마치 자연을 절대적으로 믿고 명교를 완전히 포기한 것 같지만 총적 체계를 놓고 보면 근본적인 것을 중시하고 부차적인 것도 들어줘며, 어머니를 보호하고 자식도 보전해야 한다는 것이다.

그가 비판하려는 것은 명교 자체가 아니라 명교를 근본으로 하자는 주장이었다. 그러나 이렇게 하자면 필경 모순이 잠복하게 되어 있다. 그러므로 후에 명교와 자연의 관계에서는 다른 방향으로 발전하는 추세를 보여주었다.

그는 완적·혜강처럼 말(末)과 유(有)를 가일층 부정하고 또 자체의 절대성을 강조하며 순수하게 자연을 믿고 명교를 비방하는 방향으로 나아가기도 했고, 배위처럼 명교를 다시 강조하고 명교의 권위를 수호함으로써 자연을 부정하는 길로 나아가기도 했으며, 때로는 향수(向秀)·곽상(郭象)처럼 명교와 자연·말·유가 본체와의 일치성을 가일층 논증하는 길로 나아가기도 했었다. 그리하여 왕필 체계의 내재적 모순은 외재화되었으며 다른 방향으로 전개되었다.

2. 혜강·완적의 '명교를 떠나 자연에 맡겨야 한다'는 사상

위진 시기에는 "천하에 일이 많아 유명한 선비들이 좋은 결말을 본 사람이 얼마 없었다."—《진서》〈완적전〉

가평(嘉平) 원년(249년) 사마의(司馬懿)가 조상(曹爽)·하안 등을 죽인 그해(254년)에 왕필이 병으로 죽었다. 계속하여 태상(太常) 하후현(夏侯玄)·중서령(中書令) 이풍(李豊)도 사마의에게 살해되었다. 위나라 정권은 사마씨(司馬氏)의 수중에 들어갔다. 기원 265년 위왕(魏王) 조환(曹奐)을 폐하고 사마염(司馬炎)이 스스로 왕위에 올라 국호를 진(晉)으로 고쳤다.

진이 위를 대체한 후 권력은 문벌 사대부와 지주 계급의 수중으로 더욱 집중되었다. 사마씨 집단은 겉으로는 유학을 극구 제창하고 효(孝)로써 천하를 다스리겠다고 표방했지만 실제로는 불효(不孝)를 했다. 예법을 멸시한다는 등 죄명으로 이기(異己)를 없애 버렸다. 이것은 그들의 허위성과 부패성을 폭로했다. 역사에서는 그것을 "치태의 난(侈汰之亂)은 천재(天災)보다 더 심하다."라고 했다.

이런 정치 배경에서 소수의 사람들이 사마씨의 앞잡이가 된 것에 비해 많은 선비들은 방황했다. 어떤 사람들은 심지어 비분·증오와 절망적인 심정을 품고 조정을 떠나 죽림(竹林)으로 도망갔다. 역사상의 소위 죽림 명사(竹林名士)들이 바로 이 시기 방황자들의 대표이다.

죽림 명사는 완적·혜강·산도(山濤)를 우두머리로 했고 향수·완함(阮咸)·왕융(王戎)·유령(劉伶)이 그들을 따랐는데 그때에 그들을 죽림칠현(竹林七賢)이라 불렀다. 죽림 명사들은 대부분 행동에 구속을 받지 않고, 예법을 멸시하고, 세상의 불합리한 모든 것에 대해 분개하고 증오했으며 나아가서는 방탕했다. 그리하여 그들은 세상에 이름을 날렸다.

《세설신어(世說新語)》는 그들의 일화에 대해 많이 기록했다. 그중 혜강과 완적이 대표적이다.

혜강(223~262년)·완적(210~263년)은 하안·왕필과 거의 같은 시기에 태어났으나 그들보다 더 늦게 죽었다. 혜강과 완적의 활동 연대는 사마씨가 정권을 쥔 시기였다. 혜강은 조위(曹魏) 종실(宗室)의 친척으로서 위(魏) 종실과 통혼하여 일찍이 중산대부(中散大夫)로 임명됐으며 정치상으로 조위 집단에 기울어졌다.

후에 사마씨 집단은 그에게 "언론이 방탕하고 나라의 법과 제도를 비방했기에 제왕으로서 용서할 수 없다."는 죄명을 씌워 살해했다.—《진서(晋書)》〈본전(本傳)〉

《혜강전》에서는 또 그를 "학문을 스승한테서 배우지 않았지만 여러 가지 책을 많이 읽어 모르는 것이 없으며 커서는《노자》·《장자》를 읽었다고 칭찬했다. 그의 저작으로는《산거원(山巨源)과의 절교서(絶交書)》·《양생론》·《성무애락론(聲無哀樂論)》 등이 있는데 이런 책들에서 그는 유가 전통에 대해 격렬하게 비판했다. 사상면에서 그는 노자와 장자의 편에 섰다.

완적은 혜강보다 연상이었지만 영향력이 혜강보다 크지 못했다. 《태평어람(太平細寶)》〈죽림칠현전(竹林七賢傳)〉에는 그를 "유학자 가문에서 태어났는데 가사를 잘 돌보았고 가정이 부유했다."고 했는데, 여기에서 그는 유가 가문에서 태어났고 유가 사상 교육을 훌륭히 받았다는 것을 알 수 있다.

그러나 그는 벼슬길이 순조롭지 않아 절망 속에서 노자와 장자 편으로 기울어져 세상만사를 관계치 않고 늘 술과 동반하는 처세 태도를 취했다. 그는 예법을 멸시하고 명교를 깔보았으며 사상 경향과 생활 품격에서 혜강과 비슷했다. 그의 저작으로는《대인선생전(大人先生傳)》·《달장론(達莊論)》등이 있다.

혜강·완적은 명교는 자연적이라는 하안·왕필의 논점을 경솔하게 동의하지 않고 무(無)가 귀중하다는 것과 자연에 맡겨야 한다는 것을 더욱 강조했으며 견해가 도가 쪽으로 기울어졌다. 명교를 초월하여 자연에 맡겨야 한다는 구호는 그들이 유가의 명교를 대하는 공통적이고 기본적인 태도를 반영한다.

그들은 이렇게 인정했다. 세계는 본래 자연의 법칙에 맞는 조화로운 상태에 처해 있으며 이런 상태에서 만물은 모두 자연을 구현하며 다른 것이 없다. 이 세계에서 사람들은 자유롭고 표일한 생활을 추구하며 그 어떤 외재적 규범의 속박을 원하지 않는데 이것은 사람의 자연 본성의 요구이다.

혜강도 이렇게 말했다. "백성들은 실제로 태평한 것을 좋아하고 위험한 것을 싫어한다. 그러므로 간섭하지 않으면 그들은 소원을 이룰 수 있고 핍박하지 않으면 순종하게 된다."

그러므로 성인은 사람의 자연 본성에 순응하여 무위(無爲)로 다스려야 하며, 만약 간단한 교육 방법을 쓰고 무위로써 천하를 다스린다면 군주는 위에서 조용히 보낼 수 있고 신하는 아래에서 충성을 다하게 되며, 백성들은 안일하게 살면서 복을 많이 받고 도를 따르고 충성심을 갖고 있으면서도 그 원인을 모르게 된다.

그리하여 하늘과 사람이 서로 통하는 화목한 사회, 다시 말하면 완적이 말하는 시비곡절이 많아 사람들을 안절부절못하게 하는 삼강오상·명교가 없는 사회를 이룩할 수 있다.

이런 사회에서 사람들은 배불리 먹고 푹 자고 배고프면 음식을 찾으며, 그 무슨 인의와 형법·예법을 몰라도 완전히 인성의 자연 만족을 낙으로 느낀다. 그러나 지금은 성인이 없고 도가 쇠약되었으며 인류에는 예(禮), 조정에는 법이 있고, 예법을 아는 사람을 표준으로 삼고 있으니 사람들의 자연 본성을 떠나게 된다. 여기에서 출발하여 혜강·완적은 명교에 대해 격렬하게 비평했다. 그리하여 유학은 왕충(王充) 이후 또 한 번 공개적인 도전을 받았다.

우선 혜강과 완적은 유가가 사람들에게 배우라고 제창하는 《6경》은 사람의 자연 본성을 위반했다고 여겼다. 혜강은 이렇게 말했다.

《6경》은 억지로 이끄는 것을 주로 하고, 인성(人性)은 자기의 7정 6욕을 만족하면 좋아한다. 억지로 이끌면 염원과는 어긋나며 사람의 요구대로 해야 자연스럽게 된다. 자연스럽게 되자면 《6경》으로 억지로 이끌지 말아야 한다. 본성을 보전하는 것(全性)은 예(禮)의 약속을 받지 말아야 한다. 그러므로 허위적인 도리로 인의를 행하게 하는 것은 본성을 함양하는(養眞) 요령이 아니며, 쟁탈 가운데서 염검하고 겸손한 미덕이 나오리라고 하는 것은 자연스럽지 못한 일이다.

그는 《6경》은 인성을 제압하기 때문에 인성 자연 발전의 추세에 위반되며, 그것이 창도하는 인의는 본성을 보전하고 본성을 함양할 수 없을 뿐만 아니라 반대로 사람을 허위적인 데로 이끌게 된다고 했다.

왜냐하면 사람들이 인의예율(仁義禮律) 등 도덕 또는 사회 규범을 준수하자면 부득불 자기의 개인 욕구를 억제하기 때문이라고 했다. 완적은 심지어 전장제도(典章制度)와 명교는 "천하를 어지럽히고, 위험하게 하고, 멸망하게 하는 술(術)이다."―《대인선생전》―라고 했다.

한 마디로 말하면 혜강·완적은 유가의 도덕규범으로 인성을 부각하는 것을 극력 반대하고 인성의 자연성에 순응해야 한다고 주장했다. 이것은 봉건 사회 중기에 나타난 인성 해방을 요구하는 사상 신호이며 한 차례의 소중한 인성의 자각(自覺)이다.

그 다음 혜강은 예법지사(禮法之士)들이 《6경》을 잘 배우는 것이 인성이 그렇게 되게 한 것이라는 논점에 대해 반박했다. 예법지사들은 다음과 같이 인정했다. "사람들이 《6경》을 배우는 것은 태어날 때부터 갖고 있는 요구로서 마치 어두운 밤이 지나면 해가 뜨는 것처럼 자연적으로 잘 배우게 되므로 《6경》을 표준으로 삼고, 인의를 제창하는 것을 위주로 하여 사람들로 하여금 마음에 새겨 잊지 않게 해야 하며, 그것을 영광으로 생각하게 해야 한다."고 했다. 심지어 "《6경》은 해와 같으므로 배우지 않으면 어둠 속에서 헤매게 된다."고까지 말했다.

여기에 대해 혜강은 유력하게 반박했다. 그는 《6경》을 배울 것을 주장하지 않았을 뿐만 아니라 "탕왕(湯王)과 무왕(武王)을 비판하고 주공(周公)과 공자를 경시했다."―《산거원과의 절교서》

그가 볼 때에는 마땅히 "명당(明堂)을 병사(丙舍, 후한의 궁중에 있던 제3의 건물)로 삼아야 하고, 읊조리는 것을 귀신의 소리로 쳐야 하며, 《6경》을 무성한 잡초로 보아야 하고, 인의를 썩은 것으로 보아야 한다."고 했으며 유가의 전장(典章) 예의도 함께 버려야 한다고 주장했다.

그리고 《6경》을 "배우지 않았다 하여 긴 밤이라 할 수 없고, 《6경》을 해라고 할 필요가 없다."고 주장했으며, 사람들은 응당 "적막에 마음이 쏠리고 무위를 중히 여겨야 한다."—(동상서)—고 주장했다. 한 마디로 말하면 혜강의 사상 핵심은 명교의 속박에서 벗어나 순수히 자연에 맡기자는 것이다. 이런 사상을 그는 《석사론(釋私論)》에서 "명교를 초월하고 자연에 맡겨야 한다."고 명확히 개괄했다.

위진 시기 유학은 사회의 정신 지주(支柱)로서의 지위가 좀 내려 갔지만 의연히 사회에서 봉건 군주제와 존귀 비천 질서를 수호하는 역할을 했다. 통치자들은 실제적인 정치적 조치·규정·제도 등 방면에서 의연히 유학을 근거로 삼았다.

이런 정황하에서 혜강·완적은 비판의 예봉을 유가의 전통적인 인의도덕과 예법제도로 돌렸으며 자기들의 자연 무위의 숭고한 도가 사상을 유가의 삼강 오상·명교에 대립시켜 객관적으로 명교를 파괴하는 역할을 했는데 이것은 정치상의 각성으로 보지 않을 수 없다.

그러나 반드시 지적해야 할 것은 완적·혜강의 "명교를 초월하여 자연에 맡겨야 한다."는 것은 크게는 사마씨 집단의 허위적인 명교로 나라를 다스리는 것을 반대함을 직접적인 목표로 했으며, 사마씨 집단의 부패·사치·잔폭·허위 기풍에 대한 지식인 계층의 반영이다.

사상 계승면에서 말하면 이런 사상은 바로 하안·왕필의 명교는 자연을 근본으로 한다는 사상을 극단적으로 발전시킨 것이다. 그 비판 내용으로 볼 때 공맹 유학의 실질적 정신을 얼마 다치지 않았으며 허위적인 명교와 예법제도에 편중했다.

이에 대해 당장유(唐長儒)는 이렇게 말했다. "혜강은 원칙적으로 유가가 규정한 윤리 질서를 반대하지 않았다. 그는 오직 허위적인 명교만 반대했을 뿐이다. 그들의 이상 속에 있는, 진정으로 자연적인 인격은 의연히 봉건 도덕과 갈라놓을 수 없다."

그들의 기본 사상은, 윤리 도덕은 자연적인 것이므로 거기에 허위적인 명교를 덧붙일 필요가 없다는 것이다.

완적의 조기 저작《악론(樂論)》이 선양한 것은 의연히 유가 전통의 예악관(禮樂觀)이었다.

《통로론(通老論)》·《통역론(通易論)》에서도 유가 사상이 뚜렷하게 나타났다. 예를 들면《통역론》에는 이렇게 기록되어 있다.

성인은 천하의 작위를 설정하고 존비제도를 제정했다……위에 있는 자는 아래에 있는 자를 업신여기지 않고 비천한 자는 귀한 자를 건드리지 않는다. 그러므로 도를 반대할 수 없고 덕을 거역할 수 없다.

그는 성인의 공적은 존비제도를 건립하고 귀천을 명확히 갈라놓은 것이라고 찬양하며 유가의 이상적인 군신·상하·존비·귀천의 윤상 질서의 합리성을 승인했다. 이것은 그가 처음에는 명교 포기를 주장하지 않았음을 설명한다.

혜강은《계자서(誡子書)》에서 아들을 타이를 때, "스스로 자신을 너무 낮추지 말고, 자신을 중히 여기고 남을 겸손하게 대해야 한다. 조그마한 부끄러운 일 때문에 너무 구속받지 말고 큰 문제에서 겸양해야 한다. 마치 일부 현명한 선비들처럼 조정에서는 벼슬을 양보하고 정의를 위해서는 목숨을 바쳐야 한다. 공문거(孔文擧)처럼 형을 대신해 죽어야 한다. 이것이 충신 역사의 절개이다."라고 말했다.

이 말에서 유학을 존중하는 경향이 뚜렷하게 보인다. 사마씨와 조상이 싸울 때에야 그들은 현학으로 돌아서 노자와 장자를 숭상했다.

완적은 후기에《대인선생전》·《달장론》을 펼쳐냈고, 혜강은《산거원과의 절교서》·《자연적으로 잘 배운다를 반박한다》를 써내어 명교와 자연을 대립시켰다. 이 전변은, 그들의 "명교를 초월하여 자연에 맡겨야 한다."는 사상의 출현은 위진 시기의 특수한 역사 조건과 아주 크게 관계됨을 나타내는데, 그것은 주로 사마씨의 허위적인 명교에 대처하기 위해서였다.

그들의 비판은 문벌 사대부들이 허위적인 명교로써 자신들의 추행을 덮어 감추는 것을 일정하게 약화시키고 파괴하는 작용을 했다. 그러나 그때의 조건하에서 그들은 명교 초월을 할 수도 없었거니와 자연에 맡기기도 어려웠다. 그들의 주장은 현실적이 못 되는 환상에 지나지 않았다. 이 밖에 그들이 모든 사회 윤리 작용을 비방한 것도 해로운 것이었다.

3. 배위는《숭유론》으로 명교를 수호하려고 노력했다

완적·혜강의 "명교를 초월하고 자연에 맡겨야 한다."는 경향은 서진(西晉) 원강 시기에 더욱 발전했는데, 일부 명사들은 예법을 지키지 않고 노골적으로 방탕하여 문벌 사대부의 통치를 엄중하게 위협했다. 여기에 대해 악광(樂廣)은 일찍이 "명교에도 즐거움이 있는데 그럴 필요가 뭐람."이라고 비평했다. 방탕하고 허풍을 치며 예법을 지키지 않는 풍조가 범람하는 것을 막고 유학이 직면한 위기에서 벗어나기 위해 서진 사람 배위는 현학의 귀무론(貴無論)에 맞서서 《숭유론(崇有論)》을 씀으로써 명교를 수호하려 했다.

배위(263~300년)의 자는 일민(逸民)이고 서진의 개국공신 배수(裵秀)의 서자이다. 그는 일찍이 태자중서자(太子中庶子)가 되었고 후에는 산기상시(散騎常待)로 승급되었다. 《진서》〈배위전〉을 보면 배위는 그때 명사(名士)들이 '공리공담(空理空談)만 하고 예법을 지키지 않으며 하는 일 없이 국가 봉록을 타고 총애에 빠져 일은 하지 않으며' 나아가서는 현상에 따라 모방하고 풍속과 교화가 점차 쇠퇴해 가는 정황이 나타났으며 시대적 기풍이 방탕하고 유가 학설을 숭상하지 않는 기풍이 점차 성행되는 것을 보고 《숭유론》을 펴내어 그 폐단을 시정하려고 했다.

배위의 《숭유론》의 목적은 현학의 귀무론의 편파적인 면을 시정하고 유(有)를 근본으로 하는 새로운 사상 체계를 서술하는 것을 통해 내성 외왕(內聖外王)의 유가의 도를 발양하고 따라서 유학을 위기에서 구하려는 것이었다.

배위는 《숭유론》에서 기본상 명교는 자연을 근원으로 한다는 왕필의 천인 모식(天人模式)을 떠났으며, 따라서 존재하는 사물(有)에서 출발하여 직접 유(有)를 근본으로 하는 본체론을 이끌어 냄으로써 현실 사회 강상 명교(網常名教)의 합리성을 논증했다.

배위는 "만물의 총체 본신이 곧 가장 근본적인 도이다."고 말했으며 군유(群有)의 존재를 총괄한 것이 최고의 본체이기에 '유' 밖에서 만유(萬有)의 본체를 찾을 필요가 없다고 했다. 그러므로 배위는 이전의 사람들처럼 천도를 인용하여 인도(人道)를 증명하고, 군권(君

權)보다 높은 절대적 권위를 창조하여 사람들이 거기에 순종하게 한 것이 아니라 다른 지름길을 개척하여 직접 사회 존재 본신에서 내성외왕(內聖外王)의 도(道)를 이끌어 내었다.

배위는 "그리하여 건국 입국의 방침이 나오게 되었고 백성들을 교육하는 규범이 있게 되었으며 백성들이 무엇을 준수하겠는가를 알 수 있게 되었다. 성인들은 그것에 의해 나라를 다스렸다."—《숭유론》—고 말했다.

현존의 모든 정치 원칙·도덕규범·행위 준칙은 죄다 성인들이 제정한 것이며, 성인들도 그것으로 위정한다고 인정했다. 그것의 합리성을 논증하기 위해 배위는 유가 명교를 수호하는 입장에서 귀무(貴無)를 비판했다.

우선 배위는 현학의 귀무론이 범람하여 예제(禮制)가 파괴되고 명교가 위기에 처하게 되었다고 비평했다. 그는 말했다.

공리공담만 하는 자들은……귀무론을 선양하고 천유론(賤有論)을 내놓았다. 유를 경시하면 필연코 형(形)이 없어지게 되고 형이 없으면 필연코 제도를 잃게 되며, 제도를 잃게 되면 필연코 방어하기 어렵게 되며, 방어하기 어렵게 되면 필연코 예를 망각하게 된다. 예의제도가 존재하지 않으면 정치를 행하기 어렵게 된다.

그는 현존의 예법제도의 합리성을 긍정했다. 그는 "유에 유조(有助)한 것은 모두 유다."라고 말했다. 즉 유에 유조한 것은 모두 유이기 때문에 현존의 '유(예법제도를 포함)' 밖에서 그 근거를 찾을 필요가 없다는 것이다.

그 다음 배위는 귀무론이 조성한, 유가 전통 이론에 위반되는 경향과 그로 인하여 초래된 사회 풍기를 밝히고 그것의 파괴 작용을 지적했다. 그는 귀무론자는 "허무에 입언(立言)하고 그것을 현묘(玄妙)하다고 말하고, 벼슬을 하면서 친히 관장하지 않는 것을 아원(雅遠)이라 했으며, 자기를 엄격하게 요구하지 않고 엄격하지 못한 것을 활달이다."라고 했다.

그들은 허무·아원·활달을 추구했는데 실제에서는 허풍을 치고 욕심을 부리며 방탕하게 노는 부패한 작용을 초래했으며 그 결과 "서로 고무 격려하는 기풍이 갈수록 쇠약해지고, 사람들은 방탕해지고 길흉의 예(禮)를 위반했다. 또한 의용에 주의하지 않고 장유(長幼)를 가리지 않고 귀천을 분별하지 않는다. 어떤 사람들은 심지어 윗옷을 벗고 알몸뚱이를 내놓고 아무 소리나 쳤다."

여기에서 배위는 이런 위기를 조성한 중요한 원인의 하나는 귀무론의 단편성이라고 지적했다. 그는 "만약 이신(理信)이 무(無)를 근본으로 한다면 단편적이 되어 해를 입게 된다."고 말했다. 그 뜻은 노자가 무를 논한 것은 절욕(節欲)을 제창하고 자신의 생명을 보전하는 방법을 가르치기 위한 것이지만 귀무론자는 노자를 '무를 근본으로 하는 것'을 주장한다고 말함으로써 단편성에 빠졌던 것이다. 단편적이 되어 해를 끼치는 정황에 비추어 배위는 유에 유조한 것은 모두 유이다. 스스로 생성된 것은 필연코 체를 갖고 있다는 숭유사상을 제기했다. 그는 이렇게 말했다.

지무(至無)는 만물을 낳을 수 없다. 그러므로 만물은 스스로 생겨난다. 스스로 생겨나기에 모든 것이 있게 되며 빠진 것이 있으면 부족된다. 만물의 생성은 유(有)를 법칙으로 하며 허무(虛無)는 누락된 부족함이다.

그는 무는 만물을 낳을 수 없고 만물의 생성은 자생(自生)이며, 유가 유를 낳기 때문에 유 밖에 가서 만물을 생성하는 본체를 찾을 필요가 없다고 인정했다. 다시 말하면 지금 존재하는 모든 사회 규범·전장제도는 합리적이기 때문에 현실 밖에 가서 현실을 초월한 근거를 찾을 필요가 없다는 것이다.

그리하여 배위는 그가 《숭유론》을 쓴 목적은 "선인들이 제정한 제도를 숭상하게 하고 대업을 도와주며 시국에 유리하게 하기 위해서이다."고 강조했다. 여기에서 그가 명교를 수호하려는 심정이 얼마나 절박한가를 보아낼 수 있다.

배위가 숭유의 기치를 들고 명교를 수호하기 위해 한 노력은 유학이 계속 자기의 현실적인 품격을 보전하는 데 대해 의의가 없는 것이 아니다. 만약 유학이 계속 현학의 길에서 죽림 시절의 방향대로 발전한다면 사회 사상이 갈수록 현실 생활을 떠나는 경지에 이르게 될 것이다.

배위의 귀무론에 대한 비판은 일정한 정도에서 주의를 환기시키는 역할을 했다. 그러나 명교의 허위성을 충분히 인식하지 못했고, 허위적인 명교가 조성한 사회 재난을 보지 못하고 명교를 편파적으로 수호한 그의 입장은 보수적이다.

그는 혜강·완적이 명교 및 모든 사회 윤리 작용을 부정하는 단편성을 바로잡으면서도 자기가 명교를 긍정하는 다른 단편성에 빠졌다. 그러므로 어떤 의미에서 그는 명교와 자연의 결합을 위해 노력한 사람보다 좀 못했다. 손성(孫盛)은 일찍이 배위를 이렇게 평가했다.

과거 배위는 《숭유론》·《귀무론》을 써냈다. 그때 일부 평론가들 중 어떤 사람들은 그의 견해를 취할 바가 없다고 했고, 어떤 사람들은 그가 시국에 불만을 품고 은거할 것을 제창했다고 했다. 내가 보기엔 그의 귀무론은 잃은 것이 많고 숭유론은 얻은 것이 없다……백양(伯陽)은 옛사람들의 도(道)로써 지금의 숭유를 막으려 했고, 어떤 백성들은 오늘의 숭유로써 고대의 것을 배격하려 했다. 이 두 가지는 다 완벽하지 못한 것으로서 저마다 자기의 것이 옳다고 고집할 뿐이다.—《광홍명집(廣弘明集)》5권

손성은 귀무·숭유 양자의 단편성을 각각 지적했다. 배위의 《숭유론》이 그때 사회의 주제, 즉 명교와 자연의 관계를 정시(正視)하지 못해서 그런지 몰라도 그는 명교를 수호하기 위해 무척 힘을 썼으나 명교의 권위는 그 때문에 수립되지 못했다. 이론은 명교와 자연을 재차 통일시키고 결합시킬 것을 요구했다. 명교와 자연을 가일층 조화시키고 유도(儒道)를 융합시킨 것은 향수(向秀)와 곽상(郭象)이다.

4. 향수·곽상의《장자주》, 명교가 곧 자연이라는 논증

향수(向秀, 227~272년)의 자는 자기(子期)로서 위진 시기의 사상가이며 죽림칠현(竹林七賢) 중의 한 사람이다. 그의 벼슬은 황문시랑(黃門待郞)·산기상시(散騎常待)에까지 이르렀다.《진서》〈향수전〉

에서는 "노자·장자의 학설을 즐겼다."고 썼다.

그는 《장자》에 주석을 했다. 그런데 진송(晋宋) 시기의 사영운(謝靈運)은 《여러 도가 학자들과 종론(宗論)을 변론함》이라는 글에서 "향수는 유학과 도교의 융합을 기대했다."고 썼다. 여기에서 그도 명교와 자연의 통일을 주장했음을 알 수 있다.

곽상(郭象, ?~312년)의 자는 자현(子玄)으로서 서진 시기의 사상가이다. 관직은 황문사랑·태부주부에까지 이르렀다. 《진서》〈곽상전〉에서는 "젊었을 때부터 재능이 있었고 노자와 장자의 학설을 좋아했다."고 썼다. 그도 《장자》에 주석을 했다.

지금의 《장자주(莊子注)》가 향수의 것인지 아니면 곽상의 것인지는 분명하지 않다. 그러나 《진서》〈향수전〉에서 곽상이 향수가 주석한 기초 위에서 "논설하고 보급했다."고 한 말은 믿음직하다. 그리고 주석의 기본 사상은 곽상의 것일 수 있다.

곽상은 명의상으로는 《장자》에 주석을 달았다고 하지만 실지에서는 그것을 통하여 자기의 사상을 더욱 발휘했다. 명교와 유학을 대하는 태도에서 인의예악을 폐지할 것을 주장한 노자·장자와는 달리 곽상은 유가 전통의 인의예악 등 규범을 인성의 고유한 것으로 해석했으며 명교가 바로 자연이라는 명교관을 제기했다.

곽상은 현학의 귀무론이 유위와 무위를 대립시킨 데 비추어 유위와 무위, 인사(人事)와 천도(天道)는 원래 대립되지 않고 일치한다는 관점을 제기했으며 유위는 자연에 부합된다고 여겼다.

장자는 일찍이 사람들이 소에게 코뚜레를 꿰고 말에게 재갈을 물리는 그런 유위는 소와 말의 본성에 위반된다고 비평했으며 순수하게 자연을 믿고 무위를 실시할 것을 주장했다. 곽상은 《장자주》에서

이와 반대되는 해석을 했다.

　사람으로 생겨나서 소를 부리지 말고 말을 타지 말아야 한단 말인가? 소를 부리고 말을 탈 수 있다면 코뚜레를 꿰지 말고 재갈을 물리지 말아야 한단 말인가? 소나 말이 코뚜레를 꿰고 재갈 무는 것을 거절하지 않는 것은 천명이 그렇게 된 것이다. 천명이 옳다면 비록 사람이 그렇게 했다 하더라도 본성에 의해 그렇게 된 것이다. ─〈추수(秋水)〉주(注)

　여기에서 출발하여 곽상은 유가 명교의 핵심인 인의예악 등 규범도 사람의 자연 본성에서 나온 것이라고 지적했다. 그는 "인의는 사람의 본성이다." ─〈천운(天運)〉주
　"인의는 사람의 성정(性情)이므로 응당 자연스럽게 얻어지게 해야 한다. 인의가 사람의 본성이 아니라고 걱정하는 자들은 실로 걱정이 많다."고 말했다. 그는 심지어 인의가 사람의 본성에서 나왔을 뿐만 아니라 예와 형(刑) 등 외재적인 사회 범주도 자연적으로 작용을 일으킨다고 했다. 그는 말했다.

　형벌은 남을 다스리는 본체로서 그것은 사람들의 의지에 의해 전이되는 것이 아니다. 예의는 세상 사람들이 스스로 지켜야 할 것으로서 강박해서는 효과를 볼 수 없다. ─〈대종사(大宗師)〉주

　곽상은 인의도덕이 사람의 본성에서 생겨났고 예약 형정(刑政)도 사람들의 의지에 의해 전이되는 것이 아니며 사람들은 그것에 순종

해야 할 뿐 다른 선택이 없다고 인정했다. 그는 이것으로써 백성들의 봄에 씌워진 쇠사슬이 모두 천리(天理)에 부합되고, 명교는 자연에 부합된다는 것을 증명하려 시도했다.

여기에 대해 곽상은 철학의 높이에서 가일층 논증했다. 그는 우주의 일체 사물은 모두 하늘이 준 본분, 즉 성분(性分)을 갖고 있다고 인정했다. 그는 말했다.

하늘이라는 것은 모두들 알다시피 자연적으로 존재하는 것이지 인위적인 것이 아니다. 자연이란 저절로 그렇게 되어 있는 것을 말한다. 사람들이 어찌 억지로 된 것을 자연스럽다고 할 수 있겠는가? 자연스러운 것을 본성이라 한다.—〈산목(山木)〉주

천성은 타고난 것으로서 각자가 다 갖고 있다. 천성은 피할 수도 없고 마음대로 증가할 수도 없다.—〈양생주(養生主)〉주

곽상이 볼 때에는 수천 수만 가지 사물은 모두 자기의 성질을 갖고 있다는 점에서 말하면 차별이 없었다. 그는 "만일 각자가 자기의 성질에 만족한다면 토끼털은 작다 해서 작은 것이 아니고 태산은 크다 해서 큰 것이 아니다."—〈제물론(齊物論)〉주

그러므로 각자가 성분(性分)을 다 갖고 있으므로 사람들은 자기의 성분을 개변시킬 필요가 없을 뿐더러 개변시킬 수도 없으며, "총명한 사람은 총명한 채로 죽고 우둔한 사람은 우둔한 채로 죽거늘 어찌 그 성분을 개변시킬 수 있겠는가?"—〈제물론〉주—라고 했다.

그는 또 모두 자기의 명분에 안착하고 자기 자리를 잘 지키는 것

이야말로 자연에 부합되는 것이므로 유가가 지키는, 군신에 상하가 있고, 존비 귀천에 순서가 있는 것은 모두 "각자는 자기가 해야 할 바를 다 하고, 본성에 따라 움직이는 것."이라고 했다. 그는 이렇게 말했다.

사람의 육체는 자연적으로 이루어진 것으로 서로 가깝고 먼 구별이 없다. 머리가 위에 있고 발이 아래에 있으며 오장 육부가 속에 있고 피모가 겉에 있다. 그것들은 내외 상하·존비 귀천을 불문하고 모두 사람의 몸에서 자기의 성분을 발휘할 뿐 서로 친하고 친하지 않는 구별이 없다. 인의를 행하게 되면 일가 친척·현명한 자와 우둔한 자·먼 사람과 가까운 사람 모두가 본분을 잊지 않게 되며 모든 것이 자연스럽게 된다.—〈천운(天運)〉 주

곽상은 인체의 각 부분은 자기의 성분을 발휘할 뿐 서로 친한 것이 없다고 궤변했는데 그 목적은 명교에 규범된 군신 상하·존비 귀천은 마치 "손발에 안팎이 있는 것처럼 자연스러운 일이다."—〈제물론〉 주—라는 것을 설명하기 위해서였다. 그리하여 현실의 모든 전장제도와 도덕규범은 합리화되고 유일한 것이 되었으며, 사람들은 현실 생활을 떠나 이상적인 사회를 찾을 필요가 없게 되었고, 자기의 지위를 개변시키기 위해 힘쓸 필요도 없게 되었다.

심지어 이런 질서에 불만을 품는 모든 사상과 행위는 마땅치 않는 것으로 인정했고, 이런 질서를 의심하고 걱정하는 것은 부질없는 일로 인정했다.

곽상은 한 걸음 나아가 명교와 자연을 동등시했다. 예를 들면 그는

유가 이상(理想) 중의 '성인'과 도가 이상 중의 '신인(神人)'은 그 정신 경지가 완전히 일치하다고 여겼다. 그는 말했다.

그러므로 성인들은 흔히 외모의 단정함과 내심의 수양에 마음을 쓰고 만물에 대해서는 마음을 쓰지 않는다. 그리하여 진종일 바삐 움직이지만 기색이 변하지 않으며 갖가지 일을 처리하면서도 아주 태연자약하다.―〈대종(大宗)〉 주

그는 유가·도가 합일의 성인들은 외(外, 자연)에 마음을 쓰면서도 내(內, 명교)에도 마음을 쓰기 때문에 만물에 무심하다고 인정했다. 다시 말하면 자기의 본성 범위 내에서 활동하지만 매개 사물이 자기의 본성을 따르게 한다는 것이다.

곽상은 이러한 성인은 "조정에서 일하지만 그의 마음은 산림 속에 있는 것과 다름없다."―〈소요유(逍遙遊)〉―고 했다. 이것은 왕필이 공자를 노자보다 높이 치면서도 그에게 도가의 인격을 부여한 것과는 다르다.

곽상은 양자를 같게 취급했으며 "신인(神人)이 곧 지금의 성인이다."―(동상서)―라고 했다. 그리하여 곽상의 체계에서는 "노자가 공자보다 못하다."는 왕필의 관념을 볼 수 없고 성인이자 신인(神人)이고 명교가 곧 자연이며, 충분한 유위(有爲)는 필연적으로 가장 완벽한 무위(無爲)이고, 본분을 지키고 인을 간직하는 것이야말로 진정한 소요(逍遙)가 되었다.

아주 뚜렷한 것은 곽상이 사람들 행위의 외재적 규범(명교)을 사람의 내재적 본성(자연)이라고 인정한 것이며, 전통 유가의 생명 원

칙·외왕 품격(外王品格)을 도가의 자연 원칙과 기묘하게 결합시킴으로써 하안·왕필이 시작을 뗀 유(儒)·도(道) 융합의 사유 과정을 끝낸 것이다.

하후현(夏侯玄)이 "천지는 자연법칙에 따라 운행하고 성인은 자연법칙을 운용한다."—하안,《무명론》—고 제기한 이후 명교와 자연의 관계 문제는 줄곧 위진(魏晉) 명사(名士)들이 토론하는 중요한 문제 중 하나가 되었다. 토론의 실질은 일반적인 사상 학술을 훨씬 초과하여 유학의 위진 시기의 역사 운명에 관계되었다. 다시 말하면 이 시기 유학의 지위·작용과 발전 방향 등과 관계되었다. 여기에 대해 서로 다른 시기의 서로 다른 사람들은 모두 자기의 정치 수요에 근거하여 서로 다른 탐구와 대답을 했다.

정시(正始) 시기 왕필은 명교와 자연의 관계를 "무를 근본으로 해야 한다."는 체계에 넣었으며, 무는 곧 자연이라고 인정하여 자연을 근본으로 하고 명교를 부차적인 것으로 한다는 결론을 얻었으며, 근본적인 것을 틀어쥐고 부차적인 것도 돌보는 것을 주장함으로써 도가의 자연 원칙으로 유가의 명교를 통솔하게 하여 유학의 현학화에로의 선두를 떼었다.

정시(正始) 이후 혜강·완적은 사마씨가 한편으로는 명교를 표방하면서 한편으로는 찬역(簒逆)하는 데 대해 불만을 품고 "명교를 초월하여 자연에 맡겨야 한다."고 주장했으며, 명교는 자연에서 생긴 것이 아닐 뿐만 아니라 반대로 자연 본성을 속박하게 된다고 여겼으며, 명교와 자연을 대립시키고 자연에 맡겨야 한다고 강조했다.

서진(西晉) 무제(武帝) 태강(太康) 이후 문벌 사대부들의 활달한 기풍이 더욱 성행하여 명교의 위기가 가일층 엄중해졌다.

배위는 일찍이 유학을 구하기 위해 노력했으나 이론의 힘이 부족했기에 현학의 귀무론과 맞설 수 있는 사상 체계를 내놓지 못하여 유학 정신을 발전시키지 못했다.

원강(元康) 시기에 곽상은 재차 명교와 자연의 문제를 제기했으며, 현학의 숭유(崇有)와 독화론(獨化論)으로 명교가 곧 자연이라는 사상을 논증했으며, 무위와 유위, 내성(內聖)과 외왕(外王), 유외(游外)와 홍내(弘內), 자연과 명교를 통일시켜 유(儒)·도(道)를 가일층 조화시켰다. 위진 시기 명교와 자연에 관한 변론은 유학이 이 시기에 발전한 기본 방향, 즉 유학이 갈수록 현학화되는 방향을 논리적으로 반영했다.

유학의 현학화된 실질은 유학이 이 특정된 조건하에서 도가 사상과의 상호 흡수와 쌍방의 상호 융합 가운데서 발전한 추세를 말하는 것이지 유학 자신의 형태와 본질의 개변을 말하지 않는다. 이것은 일반 정황을 놓고 말한 것으로서 구체적 정황은 좀 복잡하다.

위(魏)나라 정시(正始) 시기에 현학화된 주요한 표현 형식 또는 경향은 '유가를 도가에 적응시키는 것'이었다. 즉 도가 사상으로써 유가 경전을 해석했는데 그 기본 정신은 도가의 자연에 맡기는 것이었으며 대표적 인물로는 하안과 왕필이 있었다.

서진 원강 시기에는 도가를 유가에 적응시키는 방향으로 나아갔는데 대표적 인물로는 곽상이 있다.

후외로(侯外盧)는 《중국사상통사》에서 전문적으로 유도 사본(儒道四本, 儒道合·儒道同·儒道異·儒道離)을 논함으로써 유도관에서 하안을 유도동(儒道同)이라 했고, 왕필과 곽상 등을 유도합(儒道合)파로 열거했다. 여기에서도 이런 획분 방법으로 그들을 분석하기로 한다.

"유·도가 같다(儒道同)."는 관점은 일반적으로 유·도 사상의 외재적 동등을 말한다. 예를 들면 하안은 노자의 "억지로 이름을 붙이는 것(强爲之名)"과 공자의 "너무도 크고 넓어 백성들이 무어라 이름을 붙일 수가 없다(蕩蕩乎無能名)."는 것은 모두 무소유(無所有)의 도(道)를 말하는 것이기에 "노자와 성인(공자)은 같다."고 말했다.

《세설신어(世說新語)》〈문학(文學)〉주(注)에서는 《문장서록(文章叙錄)》을 인용하여 이렇게 말했다. "유학자들은 노자를 성인(공인)이 아니라고 하면서 노자는 예를 논하지 않았다."고 했다. 하안은 노자를 성인과 같다고 했는데 그의 설은 한때 유행했다. 하안은 의연히 유학을 성인의 학설이라고 했으며 노자의 학설을 유가 학설과 같은 지위로 올려놓았던 것이다. 동시에 하안은 노자의 "천도는 무정하다."는 품성(品性)을 공자한테 들씌웠으며, 성인은 완전히 천도(天道)에 의거하기 때문에 희로애락의 감정이 없다고 했다. 그리하여 성인이 감정이 있는가 없는가를 둘러싸고 왕필과 논쟁이 벌어졌다.

유도동론(儒道同論)은 유·도 양자를 외재적 동등으로 보는 것을 특징으로 하고 있다. 이런 관점의 창도자는 하안 한 사람뿐이 아니다. 왕융(王戎)과 완적도 같은 사상을 가졌다.

《진서(晋書)》〈완적전 부첨전(阮籍傳附瞻傳)〉에서는 이렇게 말했다. "첨(瞻)이 사도(司徒) 왕융을 만나뵈었을 때 왕융이, '성인(공자)이 명교를 숭상하는 것(貴名敎)과 노자·장자가 자연적인 것을 제창하는 것(明自然)은 같은가?'고 물었다. 이에 첨이 '다른 점이 없을 것입니다.'라고 대답하자 왕융은 길게 한숨을 쉬고 나서 돌아가라고 명했다."

《통전(通典)》 80권의 기록에 의하면 진강제(晋康帝)는 조서에서

'효(孝)는 자연적으로 생겨났고 충효(忠孝)는 하늘이 준 것'이라고 함으로써 유가의 명교를 자연과 일치한다는 주장을 하려고 시도했다. "유(儒)와 도(道)가 같다."는 관점은 서진 시기에 비교적 유행되었다.

'유와 도의 융합(儒道合)'을 주도한 왕필·곽상 등은 모두 유와 도의 내재적 결합을 위해 애를 썼으며, 그들의 착안점이 좀 달랐을 뿐이다. 예를 들면 왕필은 유를 도에 맞게 하는 데 힘씀으로써 도가의 정신에 입각하여 유·도의 융합을 실시하려 했다. 이것은 그의 성인관(聖人觀)에서 집중적으로 구현되었다.

왕필은 "성인은 '무'를 체득했다."고 말했으며 공자를 노자보다 높이 평가하면서도 공자에게 도가의 인격을 부여했다. 그는 성인은 무정하다(감정이 없다)는 하안의 관점에 찬동하지 않았으며 "성인이 일반 사람보다 고명한 점은 아는 것이 많은 것이고 일반 사람과 같은 점은 5정(五情)을 갖고 있다는 것이다. 아는 것이 많기에 임기응변하여 못하는 일이 없고 5정을 갖고 있기 때문에 무슨 일에서나 기쁨과 슬픔의 감정을 갖고 있다."고 말했다. 그는 유·도를 내재적으로 연결시켜 놓았는데 실제로는 성인을 노자화(老子化)시켰다.

원강(元康) 시기 곽상의 '유와 도의 융합(儒合道)'의 기본 정신은 유가의 정신으로 도가의 전적을 해석하고 유가 사상의 합리성을 더욱 많이 서술하는 것이었다. 그러므로 곽상의 착안점은 도가 학설을 유가에 맞게 해석하는 것이었다. 여기에서 위정시(魏正始) 시기와 진원강(晉元康) 시기는 역사 조건이 다름으로 인하여 유·도 합일의 정황도 달랐음을 알 수 있다.

만약 왕필이 유가 학설을 도가에 맞춘 것이 조위(曹魏) 시기 유학이 쇠퇴된 후 사람들이 정신 추구면에서 도가의 자연주의로 기울어진 것과 관계된다면 곽상이 '도가 학설을 유가에 맞게 한 것'은 진대(晉代) 사마씨 통치 시기 문별 사대부들이 한편으로는 저들의 통치를 수호하고 다른 한편으로는 자기들의 부화·방탕·사치·타락한 생활을 덮어 감추기 위한 수요와 관계된다고 말할 수 있다.

그들이 볼 때에는 인의충효(仁義忠孝)를 강조하는 것이 자연에 부합되며 단일하게 유가의 명교를 숭상하라고 선전하는 것보다 사람들이 더 잘 받아들일 수 있고 민심을 더욱 미혹시킬 수 있었던 것이다.

한 마디로 말하면 유학은 현학화 행정에서 점차 자기의 이상을 떠나 자기의 이상과 어긋나게 생활을 덮어 감추는 도구로 전락되었다. 이것은 유학이 현학화되는 과정이 이미 궁지에 빠졌다는 것을 설명한다. 유학을 현학화의 궤도에서 이탈시키고 정면으로부터 유학을 진흥시키고 발전시키는 것은 유학 자체 발전의 요구로 되었을 뿐만 아니라 통치자들이 자기의 통치 사상을 완벽히 하는 데 수용되었다.

동진(東晉)·남북조(南北朝) 시기에 이르러 현학화된 유학은 의연히 영향이 있었지만 그 영향은 점차 쇠약해졌다.

제8장

신유학(新儒學) 탄생의
역사적 배경

송명(宋明) 시기에까지 발전된 유학은 이학(理學)의 형태로 나타났는데 학자들은 이를 가리켜 신유학이라고 부른다. 이학은 사변성(思辯性)과 철리성(哲理性)이 보다 풍부하여 더욱 높은 차원에서 자연과 사람간의 관계를 파악함으로써 유학을 한걸음 더 성숙시켰다.

이학의 탄생 및 발전은 그 역사적인 원인과 배경이 밑받침되어 있다. 이는 곧 사회 경제와 과학 기술이 발전되고 5대의 전란이 결속되고 강상·윤리가 새로이 확립되고 중앙 집권제가 강화된 객관적 형세이다. 유학 자체의 자아 개조, 자아 완성에 관한 주관적 요구와 활력 또한 유학이 석가·도가의 장점을 겸하여 섭취함으로써 이학으로 전화를 완성하도록 촉진했다.

양송 시기의 사회 경제 및 과학 기술 성과

 중국 송명(宋明) 시기의 사회 경제와 과학 기술은 모두 전례 없이 발전, 번영했고 세인을 주목케 하는 성과를 거뒀다.

 북송(北宋)은 건립되면서부터 농업경제의 발전을 목적으로 일련의 중대한 조치를 실시했다.

 북송 초년에는 인구 중의 자작농 비례가 이미 당대(唐代)보다 증가되어 약 40퍼센트를 차지했다. 동시에 주객호(主客戶) 중의 객호(客戶), 즉 소작농도 당대와는 달리 사속(私屬)으로부터 편호(編戶) 백성으로 되어 국가로부터 제민(齊民)의 인정을 받았다. 이 밖에 소작농은 또 이주권을 가지고 있었다.

 일부 봉건 의부(依附) 관계가 비교적 약한 지역에서는 주로 실물 소작료의 형식을 취하여 노역 지대의 비중이 상대적으로 하강되었다.

 이는 소작농들이 보다 많은 시간을 소작의 경작에 돌리게 하여 농업 생산의 발전을 촉진했다. 이리하여 5대 전란 이후로 황폐해졌던 대량의 농토가 개간될 수 있었다.

송태조 개보(開寶) 9년(975년)부터 진종(眞宗) 천희(天禧) 5년 (1021년)에 이르기까지의 45년 사이에 개간된 농토는 75퍼센트나 늘 어났다.

이 외에 수리 시설이 증가되어 대량의 관개수가 인공 수로를 거쳐 옥토로 흘러들었다.

동시에 농기구가 개진되어 생산력이 제고되었다. 예를 들면 디딜 보습(踏犁)이 나타났기에 괭이로 땅을 파는 것보다 능률이 배로 올 랐다. 또 보편적으로 인력 수레를 사용하여 노동 강도가 경감되고 능 률이 제고되었다.

농업 경제를 위주로 하는 봉건 경제의 발전은 또 농작물의 단위당 수확량의 대폭적 증가에서도 표현되었다.

이 시기에는 수공업도 매우 큰 발전을 이룩했다. 예를 들면 방직업 은 관영(官營), 사영의 작업소가 있을 뿐 아니라 모든 농촌의 부녀자 들도 물레를 사용했다. 견직물의 생산량, 질 및 직조 기술은 모두 엄 청나게 향상되었다.

광물의 채굴 및 제련은 당조 시기에 비하여 규모가 방대해지고 생 산량이 크게 증가되었다.

송조의 도자기는 정미(精美)하여 국내 판매는 물론 국외에까지 대 량 수출되었다.

조선 공업은 실력이 몹시 뛰어나 내하에서 항행하는 만석선(萬石 船)을 제조할 수 있었다.

해선(海船)도 곡식을 2,000곡[斛]이나 실을 수 있었고 당시에 이 미 지남침으로 방향을 측정했다. 이는 세계 항해사에서도 최고의 수 준을 나타낸 것이다.

북송의 상업은 몹시 번영했다. 전국적으로 동경(東京)을 중심으로 북방과 남방에 일부 발달된 상업 도시가 형성되었다. 도시의 경제는 전례 없이 번영해지고 각지에 모두 정기적인 장터가 분포되었다.

상품 교환의 편리를 기하기 위하여 송조 시기에는 세계적으로 가장 먼저인 지폐 교자가 만들어졌다.

해외 무역도 상당히 발달되었다. 당시 북송과 경제 무역 관계가 있었던 나라들로는 월남·인도네시아·아라비아·일본·고려·캄보디아·시리웨지야(Sriwidjaja) 등을 들 수 있다.

남송 시기에는 판도가 축소되고 민족 모순이 첨예화되었지만 경제만은 의연히 발전되었다.

"남으로 서울을 옮긴 후 수전(水田)의 소출이 중원(中原) 시기를 훨씬 초과했다. 이에 수리가 크게 발전했다."—《송사(宋史)》《식화지》

관개 면적이 늘어나고 토질이 비옥하여 해마다 풍작을 거두었기에 양식이 풍족했다.

대외 무역 분야에서《제번지(諸蕃志)》의 기재에 따르면 동남아시아로부터 아프리카에 이르기까지 16개 국가에서 송조의 도자기를 구매했다고 한다.

일본, 남아시아 및 아랍 각국의 약재·향료·상아·보석 등도 중국 각지에서 팔렸다.

대외 무역의 발달은 중국과 세계 각국 간의 내왕과 문화 교류를 촉진했다.

송조는 과학 기술의 발전으로 하여 중국 봉건 사회의 역사상 가장 찬란한 시기가 되었다. 그중 3대 발명은 가장 대표적인 성과이다.

북송 시기 항주 수공업 노동자인 필승(畢昇)은 처음으로 활판 인쇄술을 발명했다. 이리하여 제판 속도가 빨라지고 능률이 높아져 대량의 인력, 물력을 절약하게 되었다. 이는 인쇄 사상 한 차례의 대혁명으로서 세계 문명에 대한 위대한 공헌이 된다.

서적의 인쇄가 편리해지고 그 가격이 저하됨으로써 문화의 전파와 보급 속도도 빨라졌다.

북송 시기에 사통 팔달한 원해 항행은 항해 기술의 진보를 크게 자극했다. 지남침의 사용은 해상 교통 내왕을 촉진하고 세계 각국의 무역 및 상호 이해를 소통시키는 면에서 지대한 작용을 일으켰다.

요(遼)·하(夏)에 대한 전쟁으로 인하여 화약, 화기(火器)의 제조 기술은 이미 성숙된 정도에 이르렀다.

북송 말년에는 또 벽력포(霹靂砲)라고 부르는 종이말이 모양의 화포를 발명했다. 1295년에 남송 지역에서는 또 돌화총(突火銃)을 제조했는데 이미 후세 총탄의 기본 모형을 갖추었다.

13세기에 중국의 화약 제조 기술은 아랍 지역에 전파되었고 또 아랍 지역으로부터 유럽에까지 전파되었다.

14세기 전반에 이르러서야 유럽에서는 화약을 사용하기 시작했다. 이는 중국보다 3천4백 년이나 뒤떨어진 셈이다.

이상 활자 인쇄술, 지남침, 화약은 중국 고대의 3대 발명이라 하는데 인류의 문화 발전 및 진보에 대하여 매우 큰 추진적 역할을 일으켰다. 3대 발명과 그 보편적인 운용은 송조 시기 자연 과학 기술의 주요 성과를 대표한다.

기타 분야, 예를 들면 수학·천문·역법·지리·지질·의약·생리학·농학 등도 매우 현저한 발전을 이룩했다.

송조 사회 경제 및 과학 기술의 발전은 사상 학술의 발전을 추진했고, 이학의 탄생 및 발전의 조건을 조성해 주었다.

경제가 번영해지고 사회 재부가 증가됨은 자연에 대한 인간의 인식이 심화됨을 나타낸다.

자연을 이용하고 자연을 개조하는 능력이 발전되면 필연코 한 시대의 인식 수준을 대표하는 사상 체계가 심화, 성숙되도록 추진하게 된다.

학술 체계로서의 이학도 다만 일정한 시기 사회 경제의 산물에 불과하므로 당시 사회 경제 발전 정도의 영향을 받게 된다.

과학 기술의 발전 수준은 사람들의 자연 정복을 보다 많이 대표하며, 객관 세계의 배후에 위치하여 있는 그 본질을 보다 깊이 주목하고 보다 정확하게, 보다 전반적으로 사람과 자연의 관계를 파악하도록 추진하게 된다.

송명 시기 이론(理論) 사유 분야에서의 최고 수준의 대표인 이학은 당시 사회 지식과 자연 지식의 총화·개괄이 된다.

이 점은 이학가들이 천인(天人) 관계와 세계의 오묘한 비밀을 탐구하는 데 보다 훌륭한 조건을 만들어 주어 이학가들의 사유 방식이 갈수록 정밀해지고, 이성화되고 사변성(思辨性)이 보다 풍부해지도록 추진했다.

봉건 전제주의의 진일보적 발전 및 유학 철리화의 필연적 추세

1. 봉건 전제주의의 진일보적 발전은 그에 적응되는 이론 체계를 요구한다

기원 960년에 조광윤은 '진교(陳橋) 병변'을 발동하여 후주를 뒤 엎고 송조를 건립했다. 이로써 5대 10국 시기의 장기적인 전란 국면 은 결속되었다.

5대 시기의 짧디 짧은 53년 사이에 왕조는 빈번히 교체되어 후량 (後梁)·후당(後唐)·후진(後晉)·후한(後漢)·후주의 5성(五姓) 왕조 를 경과했다. 이 사이에 열세 군주가 황위에 올랐는데 그중 여덟이나 신하의 칼에 찔려 죽었다. 이는 확실히 군주가 군주의 노릇을 하지 못하고 신하가 신하답지 못한 혼란한 국면이었음을 말해준다.

5대의 연속적인 교체 외에 그 주위에는 또 오(吳)·남당(南唐)·오 월(五越)·전촉(前蜀)·후촉(後蜀)·남한(南漢)·초(楚)·민(閩)·남평 (南平)·북한(北漢) 등 10국이 각자 할거하여 한 지방씩 독점하고 있었다. 이리하여 천하가 사분오열되고 예악이 붕괴되는 국면이 재차 출현했다.

조광윤은 정변 수단으로 정권을 탈취한 후 자신의 황제 지위가 천경지의(天經地義)에 속함을 설명할 수 있는 이론을 시급히 요구했다. 이렇게 해서 그는 남들이 자기를 흉내내지 않도록 방지할 수 있었던 것이다.

이에 그가 선택한 것은 바로 유학이었다. 왜냐하면 유학은 군주가 군주답고 신하가 신하답고, 아버지가 아버지답고 아들이 아들다워야 한다고 강조하여 봉건 강상 윤리를 수호했고 명분 등급을 중요시했기 때문이었다. 이런 것들은 바로 재위 군주가 봉건 등급제도를 수호하는 데 몹시 유리하게 작용했다.

유학은 줄곧 봉건사회에서 통치적 지위를 차지한 사상으로서 양한(兩漢) 이래의 각 시기에 모두 대통(大統) 사상과 강상 윤리의 체계로써 중앙 집권제의 봉건 전제 제도를 공고히 하는 요구에 적응하여 봉건 통치자들의 존숭을 받았다.

조광윤은 제위에 등극하자마자 곧 유학에 커다란 중시를 돌려 영을 내려 "국자감의 학사(學舍)를 더 짓고 10 선성(先聖)의 초상을 장식하고 72 현인 및 21 선유(先儒)의 초상을 도서 낭하의 벽에 그리게 했다."

"건륭(建隆) 3년 6월에 우간의대부(右諫議大夫) 최송(崔頌)이 감사(監事)를 맡아 생도들을 모아 놓고 강의했다. 이에 황제는 중사(中使)더러 술과 과일을 하사하게 했다."—《송회요집고(宋會要輯稿)》〈숭유(崇儒)〉

조광윤은 또 친히 공자와 안연을 위하여 찬사를 썼다. 그리고 또

"재상과 양제(兩制) 이하 관원들이 각자 찬사를 남기도록 명하고 재삼 찾아가 읽어 보았다."—《속자치통감장편》

이는 공자와 그가 창립한 유학에 대해 최고의 영예와 총애를 베푼 것이라 할 수 있다.

그 후 공자의 위망을 높이기 위해 조광윤은 "또 조서를 내려 일품(一品)의 예를 사용하고 16극(戟)을 문선왕(文宣王) 묘의 대문에 꽂게 했다."—(동상서)

조광윤은 일생을 싸움터에서 보냈으나 항상 손에서 책을 놓지 않았다. 그는 성정이 엄숙하고 장중하고 말수가 적었으며 다만 책 읽기를 즐겼다. 비록 군중에 있을지라도 손에서 책을 놓지 않았다. 민간에 기이한 책이 있다는 말을 들으면 천금을 아끼지 않고 사들였다.

주세종(周世宗)이 그 까닭을 알 수 없어 그에게 문의하니 그는 이렇게 대답했다. "신은 기이한 계책이 없어 위로 성덕을 칭송하지 못하고 헛되이 자리를 지키고 있으매 항상 자신을 뉘우치고 있나이다. 이에 책을 모아 견식을 넓히고 지혜를 늘리려 하옵니다."—(동상서)

그는 제위에 등극한 뒤 좌우 사람들에게 모두 책을 읽으라고 요구했다. 황상은 근신들에게 이렇게 요구했다. "지금 무신들에게 모두 책을 읽게 할지어다. 다스림의 도리를 아는 것이 귀중한 일이니라."—(동상서)

조광윤은 자신이 유가 경전을 즐겨 읽었을 뿐 아니라 다른 사람에게도 유가 경전을 읽도록 요구했다. 그는 아들 덕방(德芳)의 스승에게 이렇게 말했다.

"제왕의 아들은 반드시 독서를 하여 치란(治亂)의 대체적 도리를 알아야 한다. 글짓기를 배울 필요는 없다. 문장은 쓸모가 없다."—

《동도사략(東都事略)》26권

조보(趙普)는 작은 관리 출신으로서 권술(權術)은 있으나 학문이 적었다. "황상은 날마다 독서하라고 권했다. 이에 조보는 손에서 책을 놓지 않았다."—《자치통감장편(資治通鑑長編)》4권

조광윤 집단의 주간(主幹) 인물도 역시 유가 경전을 읽었다. 그는 재상이 된 후 군사, 국가 대사에 부딪힐 때마다 방문을 닫아 걸고 독서를 하곤 했다. 이럴 경우 그가 읽은 책이 바로《논어》였다. 독서한 후에야 그는 모든 결정을 내렸다.

어찌하여 이다지도 유학을 존숭하고 유가 경전을 읽도록 권장했는가? 이는 바로 유학이 천하 인심을 수습하는 데에 가장 유리했고 5대 이래 엄중히 파괴된 등급 질서를 회복하여 전제 황제의 위엄을 유지하도록 조송(趙宋) 왕조를 적시적으로, 효과적으로 도와주었기 때문이다.

조광윤은 이렇게 인정했다. "재상은 반드시 독서한 사람을 써야 하며, 유신(儒臣)을 더욱 중하게 써야 한다."—(동상서)

유생의 벼슬길을 널리 열어 주고 유가 경전의 교육을 받은 사람들을 보다 많이 통치계급 대오에 흡수하기 위하여 건덕(乾德) 원년에는 아래와 같은 영을 내렸다.

"예부공원(禮部貢院)에서는《구경(九經)》시험에서 낙방된 거인(擧人)들이 제과(諸科) 거인의 예(例)대로 다시 과거를 보도록 허락하라."—(동상서)

유가 학설은 윤리의 교화와 도덕 수양을 제창했다. 한조 유가들은 선진(先進) 유가들이 제기한 충효, 인의 등을 삼강 오상의 교조로 발휘했다. 이에 삼강 오상은 사람들의 두뇌를 속박하고 하급을 압박하

는 도구로 되어 버렸다.

　조광윤은 여러 차례 영을 내려 천하 사람들이 모두 유가의 충효를 근본으로 삼을 것을 요구했다. 예를 들면 개보 원년(968년)에 이런 조서를 내렸다.

　"인륜은 효자(孝慈)를 앞세우고 가도(家道)는 돈목(敦睦)을 어여삐 여긴다. 개나 말도 새끼를 길러 주거늘 하물며 부자간에 어찌 이거(離居)하리요? 풍화에 손상됨이 이보다 심한 것이 없도다. 백성으로서 조부모, 부모가 생전일 경우 자손은 분가해서는 안 되거늘 장리(長吏)들은 이를 훈계할지어다." ─《동도사략》

　2년에 내린 조서에도 또 이런 말이 있었다.

　"사천(四川)·삼협(三峽)의 여러 주(州)에서는 민간의 형편을 살펴 부모가 생전임에도 분가한 자들을 발견하면 참할지어다." ─《송사(宋史)》〈태조기(太祖紀)〉

　3년에 내린 조서에서는 또 이렇게 말했다.

　"여러 도(道)·주·부(府)에서는 효성이 지극하고 덕행이 순수하고 민간의 찬양을 받는 선비들을 조정에 보고할지어다." ─《동도사략》

　8년에 내린 조서에서도 또 이렇게 말했다.

"군국(郡國)의 관원들은 효성이 있고 농사에 힘쓰고 기이한 재주나 행위가 있거나 문무에 능한 자들을 조정에 올려보낼지어다." ─《송사》〈태조기〉

조광윤은 대신들의 건의를 받아들여 시부모에 대한 며느리의 상복을 3년 기한제로 고쳤다.

이리하여 충효절의의 윤리질서 체계는 사회를 안정시키고 북송 통치를 공고히 하는 면에서 커다란 작용을 일으키게 되었고, 또 이로 인하여 통치자들은 상기 체계를 대대적으로 제창했다.

조광윤이 전국을 통일하고 분열, 전란의 국면을 결속지은 것은 민심에 순응하고 역사의 조류에 적응한 것이다. 그는 통일의 추세를 빌려 중앙 집권을 대대적으로 강화했다.

전례 없이 전제화된 중앙 집권은 중앙과 지방의 모순을 격화시켰다. 이 역시 중앙 집권을 위한 이론을 내놓아 자신의 통치에 대해 새로운 해석을 가할 것을 요구했다.

즉 사상과 이론 분야에서 집권 통일의 필연성·합리성을 논증하고 조정측 근본 이익을 대표하는 학설로써 현존 제도의 합리성을 해석하고, 새로운 사상 체계를 형성하여 새로운 정치 제도를 위해 복무할 것이 요구되었다. 송명 이학의 탄생은 바로 이런 객관적 요구에 적응했다.

송조 통치계급의 적극적인 지지와 방조 아래 유학은 자체의 개진 및 제고를 거쳐 이학으로의 형태 변화를 완성했다.

2. 위진 이래 유학·불학·도학은 상호 침투했다

송조의 새로운 유학이 탄생된 것은 또한 위(魏)·진(晋) 이래 유학·불학·도학이 상호 침투한 결과이기도 하다.

공맹의 유가 학파는 농업 자연 경제의 토대 위에서 탄생되었다. 이 학설은 경세치용(經世致用)을 강조하여 사람을 주체로 하는 내향성 사유를 주장하고, 수신·제가·치국·평천하의 도리를 추구했으며 사람과 자연·사회와의 통일을 강조하고 인간의 도덕 및 인격의 자아 완성을 제창했다.

유가 학파의 정치적 이상은 대통(大統)의 예악 형정(刑政)의 국가를 건립하는 것이며 그 사상은 현실을 추구 대상으로 한다.

이런 사상 경향은 매우 쉽게 통치계급에게 이용되어 현실 정치를 위해 복무하게 된다. 한무제는 이 점을 매우 똑똑히 인식했기에 백가를 폐하고 유술(儒術)을 독존했다. 이리하여 유학의 지위는 전례 없이 향상되었다.

그러나 한조 시기의 유생들은 유가의 경전을 몹시 번쇄하게 만들어 나중에는 주소(注疏)가 경(經)의 근본 취지를 매몰시키는 지경에 이르렀다.

서한 말년과 동한 초년에 일부 유생들은 또 유학을 미신과 결합시켜 위서(緯書)와 참서(讖書)가 크게 성행하게 되었다.

위진 이후로부터 당조에 이르기까지는 불가 학설이 성행되었는데 이 학설은 철리성, 사변성이 보다 강했기에 보다 많은 사람들에게 영향을 끼쳤다.

도가의 사상은 청정무위(淸淨無爲)를 중요시했는데 이 학설이 잔혹한 압박과 통치하에 처한 사람들의 불안한 심리를 동요시켰기에 시종 적지 않은 사람들의 존숭을 받게 되었다.

수당 시기에 이르러 불로가 성행함에 따라 유가의 전통적 지위는 동요되었고 유가·불가·도가 삼족 정립의 형세가 출현되었다.

유가 학설의 운명이 하강세에 처하게 되자 유가 사상가들 속에서는 유학을 만회하고, 유학을 개변시켜 유학에 새로운 생명력을 부여하려는 학자들이 나타나게 되었다.

바로 이로부터 송조 신유학의 맹아가 생긴 것이다.

유학은 그 선천적인 부족점으로 인하여 불가·도가를 완전히 압제, 대체하기가 매우 어려웠다. 불가·도가의 격렬한 경쟁 가운데서 유학의 이론성·사변성이 부족한 약점이 완전히 폭로되었다. 유가·도가·불가 삼족 정립의 국면이 출현된 이 점은 또 다른 한 차원으로부터 유학의 이론이 민족의 요구를 완전히 충족시킬 수 없음을 설명해 주었다.

유학의 엄중한 결함과 그가 직면한 도전은 허다한 유가 학자들을 격동시키고 불안하게 했다. 그들은 일심으로 유학의 곤경을 해제시키려 했다.

당조의 한유(韓愈)가 바로 이런 긴박감을 지닌 유학자였다. "진으로부터 수에 이르기까지 불로의 설은 크게 유행되었으나 성도(聖道)는 끊어지지 않은 띠와 마찬가지이니 제유(諸儒)는 천하의 정의에 입각하여 기괴한 신(神)을 도와주고 있다."

"이런 정경을 목격한 한유는 홀로 괴탄하며 성인의 말을 인용하여 천하의 미혹됨을 없애려 했다. 비록 비웃음을 받았으나 다시 일어나서 분발했다. 처음에 사람들은 믿지 않았으나 나중에는 당세에 크게 명성을 날렸다. 옛적에 맹가가 양묵(楊墨)을 거부할 때가 공자로부터 겨우 200년밖에 안 되었다. 그러나 한유가 불교와 도교를 배척할 때는 공자로부터 천여 년이나 되었다. 유학의 쇠퇴함을 바로잡음에 있어서 공(功)은 그와 함께 존재하고 그 공력은 배에 달한다. 그러므로 순황(筍況)이나 양웅(揚雄)을 초월한다. 한유가 죽은 뒤에 그의 설이 크게 유행되었다. 학자들은 태산이나 북두성처럼 그를 우러러 모셨다."―《신당서(新唐書)》〈한유전(韓愈傳)〉

한유는 사상 영역에서 유가의 정통적 지위를 힘써 회복시키려 했는데 우선 유생들의 연구·사고 대상을 장구(章句)·훈고로부터 의리(義理)에 대한 탐구로 전이시켰다. 한유는 유학의 위기가 도통을 상실한 데 있다고 인정하면서 3교 정립의 국면을 타파하려면 반드시 유가의 도통을 계승, 발양해야 한다고 지적했다.

한유는《예기》와《대학》을 특히 칭송하면서 이를 불교·도교에 대항하는 사상 무기로 삼았다. 송조 이학가들의 손에 이르러《대학》은 마침내《논어》·《맹자》와 함께 유가의 중요한 경전으로 되었는데 이는 사실 한유의 제창과 극히 큰 관계를 가지고 있었다.

이 한 가지만 보더라도 송조 이학에 대한 한유의 영향력을 충분히 알 수 있다.

한유가 제기한 유가 도통의 체계는 송조의 정호·정이에 의하여 계승, 발휘되었다. 그가《원성(原性)》에서 제기한 성삼품설(性三品說)은 본래 불교의 숙명 인성론에 대항하기 위한 것이었는데 이 역시 두 정씨의 참조·섭취를 거쳐 기질(氣質)의 성, 천리 인욕(天理人慾)의 설로 표현되었다.

이로부터 알 수 있는 바 한유의 불학 비판 및 유학의 정통적 지위 회복을 위한 노력은 후세 송조 이학의 출현에 대해 선도적인 작용을 일으켰다.

이고(李翱)는 한유의 뒤를 이어 성세를 돋우면서 유학의 부흥을 최고조로 이끌었다.

불교의 교의는 심신성명(心身性命)의 학설에 몹시 치중하여 내향성 공력을 제창했다. 한유의 제자 이고는 불교의 심성 이론을 취하여 《복성설(復性說)》을 지었다. 여기에서 그는 복성설을 제기했는데 《예기》·《중용》의 "성명(性命)의 도를 다한다."는 설을 재능껏 발휘했다.

그는, 《중용》이 극히 높은 역사적 지위를 가지고 있는데 후세 학자들이 이 점을 홀시하므로 "성명(性命)에 관한 책이 존재하기는 하나 학자들이 이를 밝히지 못하여 모두 장자·열자·노자·석가에 가입했다."고 지적했다.

이고는 유학 사상사에서 차지하는 《중용》의 지위를 이렇듯 높은 지위로 올려놓은 첫 번째 사람이다.

송조 이학은 그 설을 뒤이어 《중용》을 사서의 하나로 정했다.

이고는 자신의 사명이 조기 유학의 성명 학설을 회복시켜 불가·도가의 심신 성명의 학설에 대항하는 것이라고 명확히 표명했다. 이는 기실 송조 이학의 대문을 열어젖힌 것이 된다.

유가·불가·도가는 비록 모순 대립되었지만 상통하는 점도 없지 않다.

도교는 노자의 5천 자 되는 《도덕경》을 가장 기본적인 경전으로 삼았다. "이들은 청정무위를 종지(宗旨)로 삼고 내심의 순결함과 사물

에 순응함을 준칙으로 자애롭고 검박하며 세상에 대해 다툼이 없었다.”—《경진동파문집사략(經進東坡文集事略)》

도교는 청정·무위·무욕을 제창하여 봉건 통치하의 사람들의 정신적 요구에 매우 적합하므로 역대에 걸쳐 환영을 받았다.

도교는 유가의 경전《주역》을 이용하여 세계의 본원과 사물의 생성·진화의 도리를 천명했다.

진(晋)의 갈홍(葛洪)이 지은《포박자(抱樸子)》내편(內篇)은 도가의 장생술에 대해 서술했으나 외편(外篇)은 유가의 정신으로 관통되었다. 이는 유가·도가의 첫 융합을 반영하고 있다.

당조 이후에 유가·도가는 점차 하나로 융합되었지만 또 그 어느 일가의 본래 면목도 아닌 것이 되었다.

송조에 이르러 주돈이(周敦頤)·소옹(邵雍)은 도교 사상을 유가에 끌어들여 이런 융합을 더 한층 완성시켰다.

남송 시기의 왕철(王嚞)은 이렇게 공개적으로 말했다.

“유문(儒門)과 석가·도가는 상통하는데 3교(三敎)는 종래로 같은 시조를 모시고 있다.”

“석가와 도가는 종래로 일가에 속하는데 그 형태는 다르지만 이치에는 차이가 없다.”

송조 이학은 바로 3교 융합의 산물로서 유교는 불교·도교로부터 자신에게 유익한 부분을 받아들여 자신을 무장함으로써 이론화·사변화의 행정을 완성했다.

그러므로 송조의 이학은 이미 원래 의미에서의 유학이 아니라 새로 일어난 유학이 되었다.

제9장

북송의 신유학, 이학의 정초(定礎)

신유학, 즉 이학은 하나의 사회적 사조로서 자체적으로 발생·발전·성숙 과정을 거쳤다. 북송 초기의 호원(胡瑗)·손복(孫復)·석개(石介) 세 선생은 당조·5대 이래의 부미(浮靡)한 문풍(文風)을 힘써 시정하고 제자들에게 6경을 똑똑히 강의함으로써 새로운 시대의 유학 부흥을 위해 수많은 인재를 양성했다. 그 뒤를 이어 주돈이는 불교·도교를 유학에 도입시켜 이학에 관한 일련의 새로운 개념과 범주를 제기, 이학을 개척했다. 장재(張載)와 정호·정이는 각각 기(氣)·이(理)의 본체론을 제기했지만 모두 자연·사회·인생 배후의 심오한 도리를 탐구하고 본체론과 유가 윤리학을 결합시켜 이학의 토대를 닦았다.

새로운 일대의
학풍의 개시

1. 호원과 소호 교법

북송 초기의 호원·손복·석개는 이학의 선구자들이다. 그들은 강의하는 방식으로 이학의 인재를 양성해 놓았다. 그들의 지휘하에 새로운 일대의 학풍이 형성되었다.

호원(胡瑗, 993~1059년)은 자가 익지(翼之)이고 태주(泰州) 여고(如皋) 사람으로서 학자들은 안정(安定) 선생이라 불렀다.

호원은 13세 때에 《오경》을 읽었는데 그에 매우 깊이 흡인되어 성현의 뒤를 따르리라 결심하게 되었다.

후에 태산(泰山)에 가서 손복, 석개와 동창으로 있으면서 고심하여 배우고 밤새도록 주림을 참으며 글을 읽었는데 10년간이나 귀가하지 않았다. 그는 분발하여 자신을 격려하면서 공맹 진학의 부흥을 위해 헌신하리라 맹세했다.

호원은 먼저 범중엄(範仲淹)의 초빙으로 소주(蘇州) 교수(敎授)로 되었다가 후에 또 등종량의 초빙으로 호주(湖州) 교수가 되었다.

그는 당조·5대 이래의 적습(積習)을 개정하기 위하여 교수 내용·교수 방법 면에서 일련의 혁신을 진행했다.

우선 제자들에게 예의(禮儀)에 관한 교육을 진행했다. 유가는 본래 윤리 강상, 인적 관계를 몹시 중요시했는데 예의는 그 제도화, 외형화라 할 수 있다.

예의는 한 사람의 행동거지에 대한 규정일 뿐 아니라 그 내심의 표현이기도 하다. 더욱 중요한 것은 예의가 봉건 등급 관계의 평가 표준이 된다는 점이다.

호원은, 연장자를 존경하고 상급을 존중함은 군주에 대한 존경과 흠모를 구현하며 등급의 불가 초월의 상징이 된다고 인정했다. 그는 솔선하여 이를 지키면서 제자들에게 본보기를 보여 주었다.

"올바른 학설을 창도하고 친히 솔선하여 이를 지켰다. 비록 무더운 여름이라 할지라도 꼭 공복(公服)을 입고 당상에 좌정하여 사제 간의 예를 엄하게 지켰다. 여러 제자들을 자제처럼 여겼고 여러 제자들도 그를 부형처럼 경애했다."

그의 손자 호척(胡滌)은 이렇게 회상했다.

"선조(先祖)께서는 집안을 엄하게 다스리셨는데 특히 내외의 구분에 명심하셨다. 며느리는 부모가 생전이었지만 명절이 아니면 귀녕(歸寧)할 수가 없었다."

제자의 예의에 대한 그의 요구도 매우 엄격했다.

"서적(徐積)은 처음 선생을 뵈올 때 머리가 좀 기울어졌다. 이에 선생은 호령을 내렸다. '머리를 곧게 하라!' 서적은 깜짝 놀라 자신을 반성하면서 머리를 곧게 했을 뿐 아니라 마음도 곧게 했다. 이로

부터 감히 사심(邪心)을 가지지 못했다."-《송원학안》〈안정학안(安定學案)〉

호원이 이렇듯 제자들에게 엄격히 요구한 목적은 바로 그들이 예의로부터 심신에 깊이 들어가 사상 수양을 강화하도록 인도하려는 것이었다.

호원은 인재의 특성에 맞게 교수하는 공자의 교육 방법을 계승하여 제자들에게 분과 교수를 실시했는데 경의(經義)·치사(治事) 두 분과를 설치했다.

그는 우수한 인재들을 선발하여 경의를 배우게 했으며, 경의는 심성(心性)이 소통될 희망이 있고 큰일을 맡아 할 만한 자들을 선택하여 6경을 잘 배우게 했다.

그 목적은 매우 명확한데 유학을 쇠퇴의 길에서 구하려면 반드시 이론적 공헌을 할 만한, 많은 인재를 배양해야 한다는 것이다. 이에 그는 제자들에게 이론 분야에서 유학을 발전시키고 완벽화하여 유학의 부흥을 위해 공헌해야 한다고 교육, 인도했다.

그 외의 제자들은 치사(治事) 과목을 배워 구체적 사무의 처리 방법을 장악하게 했다.

"치사란 한 사람이 한 가지 일을 다스리고 겸하여 한 가지 일을 장악하는 것이다. 예하면 백성을 다스려 그 생계를 안정시키고 무예를 익혀 외적을 막아내고 물을 막아 농토에 관개하고 역법을 계산하여 그 수를 밝히는 것이다."-《송원학안》〈안정학안〉

인재의 특징에 따라 강의하는 외에 호원의 교육 방법의 장점은 또 제자들에게 성인을 본보기로 하여 고무 격려하는 것이다. 그는 성인들도 배워서 그만큼 알게 된 만큼 성인들 앞에서 자비감(自卑感)을 갖지 말라고 훈계했다.

《논어해(論語解)》의 평어에서 자공이 공자를 따를 수 없다고 한 말에 대하여 그는 이렇게 말했다.

"자공의 말은 과장하여 한 것이다. 공자도 남한테 배워서 그렇게 된 것이다."

"안정 선생은 후학들이 공자의 지나치게 높음을 보고 배울 수가 없다고 절망할까 봐 일부러 이렇게 말했다."—《송원학안》〈안정학안〉

호원이 언행이 일치하게 가르쳐 주었기에 양성해 낸 학생들은 공경심이 강하고, 근신하고 인애로워 벼슬을 함에 있어서 상급에 대해 공경하고, 하급을 안정시키며 일심으로 공맹의 뒤를 이어 유학을 부흥시키려 했다.

그러므로 조정의 깊은 신임과 찬양을 받았다. "호원은 도합 20여 년간 교수했는데 경력 연간에 천자는 소호에 조서를 내려 그 방법대로 규정을 작성하게 했다."—《송원학안》〈안정학안〉

호원의 교수 방법은 조정에 의하여 소호 교법으로 총화되었고 호원도 당시 가장 영향이 큰 교육가로 되었다. 《송사(宋史)》〈호원전(胡瑗傳)〉에는 이렇게 쓰어 있다.

"당시 예부(禮部)에서 해마다 받아들이는 선비들 가운데서 열에 네댓은 익지(翼之)의 제자들이었다. 하분(河汾, 文中의 아들) 이후로 사도(師道)를 세워 인재를 양성해 낸 사람으로는 우선 익지를 손꼽아야 한다."

구양수는 이렇게 평가했다.

"인종 경우(景祐)·명도(明道) 이래 학자들의 스승으로는 선생과 태산 손명복(孫明復)·석수도(石守道) 세 사람뿐인데 그중에서도 선생의 제자가 가장 흥성했다. 그가 호주(湖州)에서 강의할 때 제자들이 늘 수백 명씩 내왕했고 각자 그의 가르침대로 상호 전수했다. 그교수법은 가장 훌륭하여 수년간 실시하니 동남 지역의 선비치고 인의예악을 배우지 않는 이가 없었다.

경력 4년에 천자는 천장각(天章閣)에서 대신들과 천하지사를 논하면서 주현(州縣)에 모두 학교를 세울 것에 대해 흔연히 응낙했다. 이리하여 서울에 태학(太學)을 세웠는데 유관 관원의 청구에 의하여 호주에서 실행하는 선생의 방법을 태학법으로 정했다. 이 규정은 지금까지도 의연히 실시되고 있다."―《구양문충공집(歐陽文忠公集)》〈호선생 묘표(胡先生墓表)〉

호원이 "인의예악을 교수한다."고 지적한 구양수의 말에 의하면 호원의 교수 내용이 전적으로 정통적인 유가 학설이고 양성한 인재도 모두 유가 학설의 계승자였음을 알 수 있다. 호원은 인재를 양성하여 직접 유학의 부흥과 송조 이학의 건립을 위하여 가장 중요하고 기본적인 인재 조건을 마련해 주었다.

당시 유학의 발전에 공헌이 뚜렷한 범순우(范純佑)·범순인(范純仁)·서적(徐積)·전조(錢藻) 등은 모두 호원의 학생들이었다. "조정의 명신들은 흔히 선생의 제자였다."―《송원학안》〈안정학안〉

이 한 가지만 보더라도 송조 이학의 정초 행정에서 호원의 지위를 알 수 있다.

소호 교법이 전국에서 실시된 것은 천하의 학풍이 이미 수당(隋唐) 시기의 사부(詞賦) 위주로부터 유학 경의(經義) 위주 및 경세치용으로 전변되었음을 나타낸다.

호원의 고족 제자인 유이는 이렇게 말했다.

"지금까지 여러 조(朝)를 걸쳐 모두 체용(體用)을 근본으로 하지 않고 음률과 부화한 사부만 숭상했기에 풍속이 희박해졌다. 신의 스승께서는 보원, 명도 연간에 그 실책에 대해 특히 가슴 아파하시어 체용을 밝히는 학설로 여러 제자들을 가르치셨다."—(동상서)

이것은 호원의 교육 목적이 단순히 유학의 경의를 밝히는 데 있는 것이 아니라 시폐를 시정하고 유학의 전통을 회복하는 데 중점을 두고 있음을 설명해 준다.

호원의 교육 사상이 높은 포상을 받은 것은 하나의 중요한 징표로써 유학의 부흥·재기가 이미 갈수록 많은 사람들의 중시를 받고 조정의 지지를 받았음을 증명해 준다.

호원의 학설이 조정의 인가와 포상을 받은 것은 정치상에서 그의 수구(守舊)와 극히 큰 관계를 갖고 있다. 그리고 이학이 탄생된 정치적 배경도 바로 구당과 신당의 대립이었다.

이 점에 대하여 호원의 제자들도 이미 명확히 인식하고 있었다. 호원의 고족 제자인 유이(劉彝)와 송신종간에 나눈 대화는 호원과 왕안석간의 분기를 아주 잘 설명해 준다.

희녕 2년에 신종이 "호원과 왕안석 중 누가 더 나은가?"고 물으니 유이는 이렇게 대답했다.

"신의 스승 호원이 도덕 인의로 동남에서 여러 제자들을 가르칠 때 왕안석은 글방에서 수업을 하였나이다……신이 들으매 성인(聖人)의 도에는 체(體)가 있고 용(用)이 있고 문(文)이 있다고 하옵나이다. 군신·부자와 인의 예악이 만세를 지나도 변화되지 않음을 가리켜 체라 하옵고, 시서사전자집(詩書史傳子集)으로 후세에 수범(垂範)함을 가리켜 문이라 하옵고, 그 조치를 천하에 펼치어 백성에게 혜택을 베풀고 황극에 귀속시킴을 가리켜 용이라 하옵나이다.

전조의 여러 세대를 내려오면서 선비를 등용함에 있어서 체용을 근본으로 하지 않고 음률과 부화한 사부만을 숭상했기에 풍속이 희박하여졌나이다. 신의 스승은 보원·명도 연간에 그 실책을 특히 가슴 아프게 여겨 체용을 밝히는 학설로 여러 제자들을 가르쳤사오니 주야로 고생하면서 20여 년간 학교에만 진력하였나이다. 소호에서 시작하여 태학에서 끝마치니 그 문하가 무려 수천여 인에 달하옵나이다. 그러므로 오늘날 학자들이 성인의 체용을 깨닫고 이를 정무(政務)의 근본으로 삼고 있음은 모두 신의 스승의 공로이니 왕안석은 이에 비길 바가 못 되옵나이다."−(동상서)

유이의 대답에서 알 수 있는 바 호원의 정치 사상은 왕안석과 다르다. 그는 유학의 체를 실시할 것을 주장했다. 즉 체를 밝히고 그에 의하여 경세 치용을 실현하자는 것이다. 그러므로 그는 왕안석의 신학을 유학의 피모(皮毛)로, 용으로 보았고 왕안석이 추구하는 것이 공리라고 인정했다.

그러니 호원의 제자들 중 적지 않은 사람들이 왕안석의 변법을 반대하는 것도 이상한 것이 아니었다.

예를 들면 전공보(錢公輔)는 왕안석의 뜻을 어겨 간의(諫議) 직에서 파직되어 강녕 지부(知府)로 내려갔다가 또 양주로 좌천되었다.

손각(孫覺)은 왕안석과 오래전부터 교분이 있었는데 왕안석이 그를 천거하여 신법(新法)의 방조자로 삼으려 했으나 선생은 다른 주장을 내세웠다.

신종이 조서를 내려 직언을 구하자 등원발은 상소하여 다만 희녕 2년 이래의 신법들을 전부 폐하기만 하면 민기(民氣)가 조화되고 천의(天意)가 풀리게 된다고 말했다.

왕안석은 호원의 다른 한 제자 축각(祝覺)을 십분 중히 여겼으나 축각은《정의(正義)》를 지어 왕안석의 삼경의(三經義)를 재삼 질책하여 그에 대치했다.

정이는 송조 이학의 정초에 대해 중요한 역할을 한 인물인데 그와 호원 사이에는 평범치 않은 교제가 있었다. 그들의 의리를 탐구하는 사상이 일맥상통했으므로 두 사람은 만나자마자 친구 같은 사이가 되었다.

정이는 자가 정숙(正叔)이다. 18세 때에 조정에 글을 올려 세속의 의론을 폐하고 왕도를 핵심으로 할 것을 천자에게 진언했다. 태학을 경유할 때 마침 호원이 여러 제자들에게 안자(顔子)가 어떤 학문을 좋아했는지 물었다. 이에 정이는 이렇게 대답했다.

"성인의 도에 이를 수 있는 학문이옵니다."

"배움으로써 성인이 될 수 있는고?"

"될 수 있나이다."

"배움의 도는 어떤 것인고?"

"……자신에게서 추구하는 것이 아니라 외부로부터 추구하나이다. 많이 외우고 화려한 글과 듣기 좋은 말에만 의거해서는 그 도에 이르는 경우가 적나이다. 지금의 후학들이 좋아하는 바는 안자와는 다르옵니다."

호원은 그 글을 보고 크게 놀라 즉시 불러 만나보았다. 연후에 곧

학직(學職)에 임명했다.ㅡ《송원학안》〈이천학안(伊川學案)〉

정이의 답언에서 보다시피 두 사람은 모두 당조 이후 글귀에만 치우치고 공맹의 정수(精髓)는 포기하는 작법에 대해 반감을 품었으며, 이런 작법이 도를 인식하려는 목적과는 반대의 길로 나가게 된다고 인정했다. 두 사람은 모두 도를 추구하려면 자신으로부터 탐구해야 하며 이렇게 해야만 안회와 마찬가지로 성현의 제자로 될 수 있다고 주장했다.

그들은 관점이 같았기에 만나자마자 서로 호흡이 통했다.

"호원은 이천(伊川)의 작품을 보고 크게 기이하게 여겨 즉시 청하여 만나보고 학직에 임명했으며 그 재능을 깊이 알게 되었다. 선생에 대한 이천의 존경도 지극했다. 이천은 일찍이 염계(濂溪) 선생을 스승으로 모셨으나 왕왕 무숙(茂叔)이라는 그의 자를 불렀다. 그러나 선생에 대해서는 꼭꼭 안정 선생이라는 존칭을 썼다. 또 일찍이 사람들에게 이렇게 말했다. '무릇 안정 선생한테서 배운 이들은 그 순후하고 조화된 기상을 한 번 보기만 해도 알 수가 있다.' 또 일찍이 이렇게 말했다. 안정 선생의 문인(門人)들은 왕왕 고금을 알고 백성을 사랑할 줄 아노라! 그러니 정사에 참여한들 어려울 것이 무엇이리요!"ㅡ《송원학안》〈안정학안〉 황백가 평어(黃百家評語)

이로부터 보다시피 정이는 호원에 대해 충분히 긍정했고 호원 문하의 제자들에 대하여 찬사를 아끼지 않았다.

정이는 《주역》을 강의함에 있어서 호원의 허다한 관점을 그대로 취했다.

"정정숙(程正叔)의 해석은 익지(翼之)와 매우 상사하다."ㅡ《송원

학안》〈안정학안〉 부록

상기 사실들은 호원으로부터 정이에 이르는 행정이 송조 이학의 발생·발전에서의 한갈래 중요한 선색임을 증명해 준다.

호원은 전통적 유학 이론 분야에서 별로 큰 성과를 이룩하지 못했고 다만 맹자의 학설에 대하여 일부 독자적인 견해를 내놓았을 뿐이었다.

맹자는 심성(心性)에 대하여 많이 말하고 또 기(氣)에 대해서도 언급했다. 호원은 이런 범주에 대하여 많이 발휘했는데 체(體)를 밝힌 후 경세치용해야 한다고 주장했고, 또 경세치용을 자신의 상하에서 도를 추구하는 데 귀결시켰다.

서적(徐積)은 호원의 말을 이렇게 기록했다.

"선생은 사람이란 반드시 먼저 그 기를 양(養)해야 한다고 말씀하셨다. 기가 충족해지면 정신이 구전해져 문(文)에 종사하면 강하고도 민첩해지며, 일을 다스리면 과단성 있게 처리하게 되는데 이를 가리켜 소위 '먼저 그 큰 것을 세운다'고 말한다. 그러므로 무릇 사람의 문(文)은 반드시 그 기(氣)에 부합되어야 한다." —《송원학안》〈안정학안〉 어록

2. 손복, 정학의 천명을 제창

호원과 함께 태산에서 유가 경전을 열심히 읽은 손복은 자가 명복(明復)이고 호가 부춘(富春)으로서 진주 평음(晋州平陰, 지금의 山東省 경내) 사람이다. 그는 진사에 급제하지 못하자 태산에 거주하면서 제자들을 모아 놓고 강의했는데 학자들은 그를 태산 선생이라 불렀다.

이학에서 손복의 지위에 대하여 황종희(黃宗羲)는 아래와 같은 훌륭한 평가를 내렸다.

"송조가 흥성하던 80년 사이에 안정 호 선생, 태산 손 선생, 조래 석 선생이 사도(師道)로써 정학(正學)을 천명하기 시작했는데 그 뒤를 이어 염(濂)·낙(洛) 학설이 흥기했다. 그러므로 본조의 이학은 이(伊)·낙에 이르러 깊어졌지만 기실은 세 선생으로부터 시작되었다. 그러므로 회암(晦庵) 선생은 이천(伊川)이 세 선생의 말씀을 감히 잊을 수가 없었다고 말했다."─《송원학안》〈태산학안(泰山學案)〉

이는 세 선생이 모두 강의하는 방식으로 유학을 선양하여 유학 부흥의 시대를 열어 놓았음을 설명해 준다. 손복 등이 사도로써 정학을 천명함으로 인하여 비로소 주돈이와 정씨 형제가 그 뒤를 이어 일어섰고, 송대 이학도 이로부터 보급되어 일대 기풍으로 되었던 것이다.

손복은 청빈·자수(自守)하며 일심으로 성현의 도를 깊이 연구했다. 그의 정신에 깊이 감동된 석개는 벼슬을 한 뒤《명은편(明隱篇)》을 지어 손복을 조정에 천거했다.

"손명복 선생은 주(周)·공(孔)의 도를 깊이 닦아 그 한 몸을 훌륭히 수행할 뿐 아니라 온 천하에도 이익을 가져다 줄 사람이옵니다."─(동상서)

이리하여 조정에서는 손복을 불러 국자감 직강(直講), 이영전 지후(祗侯)로 임명했다.

이로부터 보다시피 송조 초년의 세 선생은 확실히 석개가 말한 바와 같이 모두 은자(隱者)가 아니었다. 그들은 모두 적극적인 출세 정신으로 국가를 위해 공헌하고 자신의 학설로 세상을 건지려 했다.

호원과 마찬가지로 손복도 유학의 운명에 대하여 위기감으로 충만되었고 수·당 이래 문인들이 부미한 글귀를 추구하여 유학의 근본을 포기한 것이 유학에 대한 최대의 위협이 된다고 심각하게 의식했다.

그의 관점에 따르면 국가에서 사부(詞賦)에 의해 선비를 선발하므로 과거 보러 오는 자들은 전적으로 대구(對句)에만 공력을 들이고 유가 경전은 도무지 배우지 않아 경전의 의미가 발양되지 못하고, 세상의 기풍이 날로 어지러워지고 있는데 이는 반드시 해결해야 할 커다란 문제였다.

손복은 이렇게 지적했다.

"국가에서 수당의 제도를 따라 사부로 인재를 선발하기에 천하의 선비들이 음률과 대구에만 진력하고 성현의 오묘한 도리를 탐구하는 자는 백에 한둘도 안 된다. 대담히 나서서 세속에 구애되지 않는 선비가 아니고서는 누가 이를 돌려세울 수 있겠는가!"─《범천장에게 보내는 편지(與範天章書)》

손복은 유학 전수의 도통을 정리하려고 큰 공력을 들였다. 그는 이렇게 말했다.

"공자로부터 시작하여 대유(大儒)라 부를 수 있는 이는 맹가·순경·양웅이다. 동중서에 이르러서는 홀시하고 받들지 못했다. 이것이 어디 될 말인가? 동중서는 공자를 높이 모시고 백가를 억제했으며 6예의 과에 속하지 않는 것은 전부 그 도를 단절시켰는데, 성인의 도를 위해 마음을 다 바쳤다 할 수 있다. 잔폭한 진나라가 망한 후 어두워졌던 성도(聖道)가 다시 밝아진 것은 바로 동중서의 힘에 의거한 것이다."─《수양자집》

그는 이렇게 지적했다. 공자로부터 맹자·순자·양웅, 그리고 동중서에 이르기까지 유학의 전통은 일맥상통한데 유학을 재기시킨 공로에 대해 말하면 동중서가 첫 번째이다. 그는 또 이렇게 지적했다. 한조로부터 당조에 이르기까지 유학의 계승 순서는 동중서·양웅·왕통·한유이다.

"한조로부터 당조에 이르기까지 문장으로 세상에 이름을 남긴 이가 매우 많지만 대부분 양(楊)·묵(墨)·불(佛)·노(老)의 허무·보응에 관한 일이나 심(沈)·사(謝)·서(徐)·유(臾)의 요염하고 사치한 글귀이다. 시종 인의를 저버리지 않고 잡물이 섞이지 않은 것은 다만 동중서·양웅·왕통·한유뿐이다."

손복이 배열한 유가의 도통은 한유의 도통설을 계승한 것이 분명하다.

손복은 한유·이고의 뒤를 이어 역시 불교·도교를 비판하고 그것의 해를 제거하는 것이 당세의 긴급한 과업이라고 강조했다. 그는 불교가 가지고 있는 일정한 기만성·미혹성에 대하여 가장 근심했다. 그는 이렇게 걱정스럽게 말했다.

"아! 유자(儒者)의 치욕은 전국(戰國)으로부터 시작했다. 먼저는 양묵이 교란했고 후에는 신한(申韓)이 난잡하게 만들었다. 한(漢)·위(魏) 이후로는 더욱더 심해졌다. 불교도들과 도교도들은 국내에서 횡행하면서 생사·화복·허무·보응과 같은 일로 우리 생민(生民)들을 미혹시키며, 인의를 절멸시키고 예악을 포기하게 하여 천하의 이목을 가리운다.

천하 사람들은 우매한 자가 많고 현명한 자가 적으므로 모두 그 생사·화복·보응을 두려워한다. 사람들이 그러할진대 그를 뒤쫓아 모시지 않는 자가 없다. 그 자들은 서로 무리를 지어 온 천하에서 분분히 떠들어 대고 있다. 이러하여 그 교는 결국 유학과 어깨를 겨누게 되고 3교 정립의 국면이 나타나게 되었다."—《수양자집》

손복이 말하는 불로는 실제로는 주로 불교를 말하는데 불교의 위해가 가장 큼을 지적한 것이다. 불교는 선동성, 미혹성이 있어 인성 (人性)의 약점을 이용하여 인의예악을 포기하도록 인심을 미혹시킴으로써 유가가 제창한 도덕 윤리를 파괴하고 봉건 질서를 파괴했다. 그러므로 불학은 가장 큰, 가장 위험한 적이 된다.

유학 회복을 위한 손복의 주요한 노력은 《춘추》·《주역》의 본의를 천명하고 성현의 이론 주장을 천명하는 것이다.

"그는 일찍이 공자의 마음을 다 표현한 것은 《주역》이고 공자 공력이 다 표현된 것은 《춘추》라고 인정했다. 이 두 가지 경은 성인의 최대작으로서 치세의 대법이라 할 수 있다. 그러므로 《역설(易說)》 64편과 《춘추존왕발미(春秋尊王發微)》 12편을 지었다."

손복은 《춘추》의 미지대의(微旨大義)가 천여 년 내에 이렇게 매몰되었다고 했다. 그러므로 《춘추존왕발미》를 지어 《춘추》의 각 글귀마다 왕실을 존봉한 공자의 고심한 노력을 힘들여 발굴해냈다.

예를 들면 《춘추》에 대하여 이렇게 표현했다.

"무릇 '맹(盟)'이라 쓴 것은 모두 염오하는 뜻이다. 부용(附庸) 군주로서 제후의 반열에 서지 못하므로 자를 불러 구별한 것이다."

"제후는 천자의 일이 아니고서는 나서서 제후를 회견하지 못한다. 그러므로 무릇 '회(會)'라 쓴 것은 모두 염오하는 뜻이다."

"종묘에는 상례가 있으므로 공(公)의 부인의 묘에 대해서는 일률적으로 적지 않았다."

"공자는 일식과 내부 재해에 대해서만 상세히 적고 외부 재해에 대해서는 그중의 하나만 적거나 제(齊)·정(鄭)·송(宋)·위(衛)의 사실만 적어 천하의 변이에 대해 알 수 있도록 했다.”

이는 《춘추》가 천자의 존엄을 수호하기 위하여 많은 독특한 기록 방식을 취하고 특수한 용어를 사용했음을 지적한 것이다.

“사람이라 부르고 ‘살(殺)’자를 붙인 것은 도적을 토벌한다는 뜻이다.”

“《춘추》의 법에 제후는 이름을 부르지 않는다. 이름을 부르는 것은 크게 꺼리는 일이다.”

“그 주모자의 이름을 밝히지 않은 것은 그를 과소평가하는 뜻이다.”

특수한 기록 방식과 특수한 용어로 글귀마다 저자의 평가를 표현하는 이런 수법을 춘추 필법이라 부른다.

손복은 공자가 이런 필법을 쓴 목적은 사악한 것과 올바른 것을 구별하고 천자와 제후의 등급을 분별하기 위함이라고 인정했다.

그의 견지에서 볼 때 등급 제도는 불가침의 제도로서 봉건 사회의 지주였다. 그러므로 한 시각이라도 없어서는 안 되었다. 그는 군주가 군주 노릇을 하지 못하고 신하가 신하답지 못한 국면에 대해 심히 분개했다. 그는 천자의 권위를 무시하는 자에 대하여 토벌의 필묵을 아끼지 않았다.

위후(衛侯) 삭이 위나라에 진입하니 천자의 위망은 가신 듯 사라졌다. 공(公)과 제후들의 죄는 백 번 죽어 마땅하다!

옛적에 제후의 대부(大夫)는 천자로부터 임명했고 제후가 마음대로 임명하지 못했다. 대부가 죄를 범하면 천자에게 상주해야지 제후가 마음대로 죽이지 못한다. 대부도 마음대로 죽이지 못하는데 하물며 세자의 동생이야 이를 데 있겠는가?

춘추 시대에 나라가 크든 작든 그 경·대부에 대해서 모두 마음대로 임명하고, 죄가 있든 없든 마음대로 죽였으니 왕의 권위에 대한 무시가 이 정도로 심하게 되었다! 그러므로 공자는 이를 기록하여 그 죄악을 성토했다.

다섯 등급의 제도에 따르면 그 국가·궁실·수레와 깃발·의복·예의 등이 서로 다르지만 천자가 임명하고 남면하여 과인이라 칭하니 모두 제후에 속한다.

제후에게 죄가 있다면 방백(方伯)은 천자에게 상주하여 천자가 다스리라 명하면 다스려야지 마음대로 다스려서는 안 된다. 죄가 있어도 마음대로 다스릴 수 없는데 죄가 없는 거야 더 이를 데가 있겠는가?

춘추 시대의 제후들은 대소를 막론하고 오직 힘만 믿어 제 힘으로 상대를 붙잡을 수 있으면 마음대로 붙잡았고 또 따로 천자에게 문의하지도 않았다.

공자는 이를 기록하여 왕법으로 다스렸는데 제후라 칭하여 그 죄악을 폭로하거나 사람이라 칭하여 그 작위를 괴상하게 묘사했다.

이런 평가들은 봉건 등급제도를 회복, 수호하려는 손복의 강렬한 염원을 표현했다. 이 외에 손복은 군주가 군주 노릇을 하지 못하는 정황에 대해서도 커다란 불만을 표시했다.

상으로는 선행을 권장하고 벌로는 악행을 정벌하는 것이다. 선행을 포상하지 않고 악행을 징벌하지 않았기에 천하가 혼란해진 것이다.

환왕(桓王)은 군주를 시살한 사람이다. 장왕(莊王)은 그가 살았을 때 토벌하지 않았고 죽은 뒤에는 또 시호를 내렸다. 이런 장왕이 천자가 되었으니 어떠했겠는가는 가히 알 수가 있다.

손복은 춘추를 평가함에 있어서 존왕양이(尊王攘夷)와 대통을 강조하여 5대의 천하 대동란에 대한 통절한 분개를 표현했다.

손복의 명분·등급 존비 사상은 2정(二程)의 손에서 "굶어 죽는 건 작은 일이요 예절을 잃는 것은 큰 일이다."라는 관점으로 진일보 발휘시켜 극단적인 경지에 이르렀다.

손복의 머릿속에는 또 동중서의 천인감응(天人感應)의 그림자가 남아 있었다. 그는, 하늘은 의지가 있어 명명(冥冥)한 속에서 인간 정사(政事)의 변화를 좌지우지한다고 인정했다.

"일식에 대하여 군주는 반드시 경계하고 덕을 쌓아 그 과실을 해소해야 한다."

그는 《춘추》에서 "환공 원년 가을에 큰 물이 졌다."는 구절을 해석할 때 이렇게 말했다.

물은 밑의 것을 적시지 못한다. 옛적에 성왕(聖王)이 계실 때에는 나라 정사가 순조롭고 윤리가 바로잡혀 하늘도 그 영검함을 나타냈다.

……성왕이 나서지 않으니 나라 정사가 폐해지고 윤리가 어지러워졌다. 이에 그 책벌이 곧 닥친 것이다.

……춘추 시대에 재화가 많이 생긴 것은 성왕이 나서지 않았기 때문이다.

손복의 견지에 따르면 천하의 치란 여부는 모두 하늘이 굽어보며, 하늘은 그에 대한 반응을 표현하여 군주에게 경고하게 된다.

이것이 손복 사상 중의 조박(糟粕)이라는 것은 아주 명백한 일이다. 손복 이후에 이학이 성숙, 발전됨에 따라 의지를 가지고 있는 하늘의 형상은 담박해졌고 천인감응설의 시장은 사라져 버렸다.

손복의 《춘추존왕발미》는 이학가들의 찬양과 긍정을 받았다. 구양수는 이렇게 말했다.

"선생은 《춘추》를 연구함에 있어서 전주(傳注)에 미혹되지 않고 곡설(曲說)로써 경의를 혼란하게 하지 않았다. 선생의 말은 간단하고 알기 쉬우며 제후와 대부의 공죄(功罪)와 시대의 성쇠에 대하여 똑바로 밝혔고, 왕도의 치란을 표현함에 있어서 주로 경의 본의를 떠나지 않았다."

주희는 이렇게 말했다.

"근세에 《춘추》를 논함에 있어서 모두 이해(利害)에 치우치고 대의(大義)는 밝히지 못했다. 예를 들면 당조의 육순(陸淳)을 들 수 있다. 본조의 손명복 같은 사람들은 비록 성경(聖經)을 깊이 분석하지는 못했지만 그 추리나 도에 대한 해석이 명백하고 엄정하여 결국은 성인의 뜻을 나타내었다."

손복의 이 책이 찬송을 받은 것은 그가 유학 연구에서 명확한 목적을 내세웠기 때문이다. 그것은 바로 유학이 천하의 도를 위해 복무하는 것이다.

3. 석개, 신유학을 대대적으로 선양

상술한 바와 같이 손복은 유학을 포기하는 사람들에 대하여 통절히 분개하면서 이를 토벌하는 데 필묵을 아끼지 않았다. 이에 비하여 석개는 행동 분야에서 보다 격렬히 표현되었다.

"그는 배움에 큰 뜻을 품고 선을 즐기고 악을 미워하고 명성을 좋아했으며 일에 부딪치면 분연히 나서서 대담하게 처리했다."—《송원학안》〈태산학안(泰山學案)〉

전조망(全祖望)은 석개를 이렇게 평가했다.

"태산의 고족 제자는 석수도이다. 그는 바위와도 같이 굳은 기상으로 완고하고 나약한 자들을 힘차게 진동시켰다."—(동상서)

석개는 자가 수도이고 호가 조래(徂徠)인데 연주(兗州) 봉부(奉府) 사람이다. 진사에 급제했는데 정우(丁憂)로 고향에 돌아와 조래산 아래에서 《주역》을 강의했다. 당시 학자들은 조래 선생이라 불렀다.

석개는 일찍이 태산에서 손복을 스승으로 모셨다. 손복은 석개가 공맹지도에 대하여 언행이 일치하게 실행한다고 특히 칭찬했다.

"석개는 요·순, 문·무, 주공, 공자의 도를 아는 사람이다. 알 뿐만 아니라 그에 좇아 실행하고 있다."—《조래선생집(徂徠先生集)》

석개는 대사(大赦)에 관한 조서를 평론했기에 진서기(鎭書記)로 강직되었다.

"석개는 또 《당감(唐鑑)》을 지어 간신, 환관, 궁녀들을 경고하고 당시의 폐단들을 지적하는 데 아무런 주저도 없었다. 경력 3년에 여이

간(呂夷簡)이 재상에서 파직되고 하송(夏竦)이 추밀사에서 파직되어 두연(杜衍)·장득상(章得象)·안수(晏殊)·가창조(賈昌朝), 범중엄(範仲淹)·부필(富弼)·한기(韓琦)가 동시에 집정하고, 구양수·여정(余靖), 왕소(王素)·채양(蔡襄)이 동시에 간관(諫官)으로 되었다. 이에 선생은 기뻐하며 말했다. '이는 경사스런 일이다.'고 하면서 《경력성덕시》를 지었는데 그 뜻은 대략 이러하다. 뭇 현인들이 등용되니 이는 창을 추켜든 것과 같고, 큰 간신이 제거되니 이는 가시를 없애버린 것과 같다. 여기에서 뭇 현인은 두연 등을 가리키고 큰 간신은 하송을 질책하는 말이다." —《송원학안》〈태산학안〉

석개의 격렬한 행위는 강경한 보복도 받게 되었다. 그가 죽은 뒤 하송은 석개가 죽었다는 헛소문을 내고 거란으로 도망쳤다고 하면서 관을 열어 검시할 것을 청구했다.

이에 황제마저 그 말을 믿고 관을 열고 검시하라고 명했다. 다행히 두연, 여거간(呂居簡) 등이 함께 보증을 섰기에 육시(戮屍)의 죄를 면했다.

석개는 수당 이래의 사부만 중요시하는 문풍(文風)에 대해서도 극력 반대했는데 그 태도는 호원, 손복보다 훨씬 더 격렬했다.

문장의 부화한 폐단을 본래 유학에 대한 불로의 위협과 동일시할 수 없는 일이지만, 그 폐단을 질책하고 유학에 대한 그 교란을 폭로하기 위하여 석개는 문장의 폐단과 불로의 해를 세 좀벌레로 병렬시켰다.

"그는 《괴설(怪說)》세 편과 《중국론(中國論)》을 지어 이 세 가지를 제거해야만 나라가 부강하게 될 수 있다고 했다." —(동상서)

그는 불학을 통쾌하게, 여지없이 폭로하면서 부처는 신선과 마찬가지로 허무하고, 황금술(黃金術)과 마찬가지로 추구할 수 없는 일이라고 지적했다.

"천지간에 결코 존재하지 않는 것이 세 가지 있다. 즉 신선이 존재하지 않고, 황금술이 존재하지 않고 부처가 존재하지 않는다. 온 천하의 모든 것을 다 바쳐 모시는 사람은 한 사람뿐이다. 이 한 사람보다 더 귀한 것은 없다. 그가 구하려고만 하면 천지간의 그 무엇이나 구하지 못할 것이 없다. 진시황은 신선이 되려고 빌었고, 한무제는 황금을 요구했고 양무제(梁武帝)는 부처가 되려고 빌었다. 그러나 진시황은 먼 유람길에서 죽었고 양무제는 굶어 죽었고, 한무제는 끝내 황금을 구하지 못했다. 이로부터 나는 이 세 가지가 결코 존재하지 않음을 알게 되었다."—《조래문집》〈변혹(辨惑)〉

석개는 한유의 도통론을 이어받아 《괴설》 세 편으로써 불로의 학설과 양억(楊億)의 서곤시파(西崑詩派)을 극력 배척했다.

"요·순·우·탕·문·무·주·공의 도는 만세를 지나도 개변될 수 없는 도이다. 불로는 요망·괴상스런 교로써 이를 혼란하게 하고 양억은 허위적이고 부화한 말로써 이를 파괴하고 있다."—《조래문집》〈괴설〉

석개는 한유를 십분 존숭하여 그를 위해 《존한(尊韓)》을 지었다. 《여배원외서(與裵員外書)》에서는 한유를 맹자와 병렬시켜 부르면서 도를 수호하는 면에서 그들의 공로가 동일하다고 지적했다. 그리고 손복은 한유의 뒤를 이은 또 하나의 현인이라고 인정했다.

"오늘날 큰 도가 막히니 나는 늘 한맹(韓孟)과 같은 큰 현인이 나서서 가시덤불을 헤치고 그 속에 숨은 여우를 몰아내었으면 하고 바라게 된다. 그렇게 된다면 도는 크게 트이고 황폐한 흔적은 사라질 것이다. 왕년에 문상(汶上)에서 일을 보며 사희(士熙)의 도를 얻었는데 금년 봄에 남군에 오니 또 손명복을 만났다. 이에 한맹의 도가 지금 재생했음을 알게 되었다!"

석개는 유학의 도통을 수호하고 유학을 부흥시키기 위하여 일체를 희생하려고 결심했다.

"소생의 마음은 전력으로 도를 따를 것인즉 성인에게서 한 발도 떠나지 않을 것이다."

"오늘날 불로의 제자들이 천하에 널려 떠들어 대는데 소생은 홀로 성인의 도를 지키고 있나이다. 오늘날 양억의 무리들이 천하에 널려 호응하고 있는데 소생은 홀로 성인의 경을 지키고 있나이다."

석개는 한평생 유학의 부흥을 위해 노력했다.

"소위 요·순·우·탕·문·무·주공·공자·맹가·양웅·한유 씨에 대하여 어느 하루 업에서 외우지 않은 적이 없었고 항상 천하의 선비들이 다 공맹의 제자가 되어 임금은 요순과 같은 임금이 되고, 백성은 요순 시대의 백성이 되도록 하려는 생각뿐이었고 또 이를 어느 하루라도 잊은 적이 없었다."—《구양문충집》〈조래선생묘지명(徂徠先生墓志銘)〉

송대의 이학가들은 대부분 《춘추》를 빌려 자신의 학설을 발휘했는데 석개 역시 《춘추설》을 지어 자신의 관점을 천명했다. 천상(天象)의 변화와 인사(人事)와의 관계를 언급할 때 그의 관점은 손복과 부동했다. 예를 들면 일식에 대하여 그는 이렇게 말했다.

"일식의 변화는 사귐에서 생긴다. 사귀기는 하지만 일식이 생기지 않는 경우가 있다. ……천도(天道)는 너무 멀어 이를 알 수가 없다. 후세에 걸음으로 재는 기술과 책상 위에서 재는 도수로 구한다 하더라도 알기 어려울 것이다."

자신이 모르는 천도에 대하여 그는 무지한 망설을 늘어놓지 않았고 천인 감응설도 믿지 않았다. 그는 그저 막연한 소리로 너무 멀기에 알 수 없다고 했다. 이런 태도는 손복보다 훨씬 객관적이다.

석개의 정치 태도는 비교적 보수적이어서 사회 변혁에 대하여 못마땅하게 여겼다. 그는 노(魯)나라의 초세무(初稅畝)나 상앙을 등용하여 실시한 진(秦)나라의 변법 '밭 지경 나누기' 등 때문에 천하가 크게 혼란해졌다고 인정했다.

그는 《원란(原亂)》을 지어 역사상의 변혁을 공격했다.

"이왕(夷王)이 당상에서 내려오자 세상의 혼란이 시작되었고 선공(宣公)이 밭 면적에 의한 조세를 받자 세상의 혼란이 시작되었고, 진(秦)나라에서 밭 지경을 나누자 세상의 혼란이 시작되었고 진양왕 태후가 당상 앞에 나서자 세상의 혼란이 시작되었고, 진시황이 제후의 봉작을 폐하고 군현을 설치하자 세상의 혼란이 시작되었다."

그가 비판한 것은 역사상 발생되었던 변법과 개혁이지만 실제는 아주 뚜렷하게 왕안석의 변법에 대하여 화살을 쏜 것이다. 그는 신학(新學)에 대해서도 커다란 불만을 표시했다.

그의 이런 정치 태도는 그의 제자들에게도 영향을 주어 대부분 제자들이 구당(舊黨)을 옹호하고 변법, 혁신을 찬성하지 않게 되었다.

예하면 범순인(範純仁)은 일찍이 조정에 상주하여 재물을 긁어모으고 민심을 불안하게 한다고 왕안석의 변법을 비판했다.

유지(劉摯)는 상주하여 군자와 소인의 구별이 의리에 있다고 말했는데 그 뜻은 형공(荊公)을 공격하는 것이었다. 이에 형공은 그를 영남으로 추방하려 했다.

문언박(文彦博)은 사마광(司馬光)의 구당에 가입하여 선열(先烈)을 비방했다. 이에 그는 태자(太子) 소보(少保)로 강직되었다.

마묵(馬默)은 온공(溫公)을 붙좇아 관직을 삭탈당했다.

조무택은 일찍이 왕안석과 함께 조서를 작성했는데 왕안석의 미움을 샀다. 이에 왕안석은 감사더러 그의 죄를 추궁하게 했다.

이상의 정황에서 알 수 있는 것은 석개와 그의 제자들은 정치상으로 뚜렷하게 보수파 쪽으로 치우쳤다는 것이다.

송대 이학은 신학, 혁신파와의 대립 속에서 형성되었다. 호원, 석개 및 그들의 제자들의 정치 태도는 이 문제를 매우 명확히 설명해 준다.

송조 초년의 세 선생은 모두 일찍이 태산에서 성현의 책을 읽었고 또 모두 유학을 부흥시키려 결심하고 이를 행동에 옮겼다. 그들은 상호 호응하면서 일심으로 신유학의 창건을 위해 노력했다.

비록 그들이 아직 신유학 이론 체계의 구조를 구축하지 못했고 철학적 차원에서 유학이 해결해야 할 새로운 문제를 제기하지 못하고, 엄밀한 논리 체계를 건립하지 못했지만 그들의 언론은 이미 신유학의 탄생에 상당한 여론을 조성해 주었다.

그들은 이미 수당 이래의 부미한 문풍을 비판했고 이 토대 위에서 불로를 극력 배척하고 유학의 적이 무엇인가를 명확히 지적했고, 유학의 도통을 회복하려 극력 시도했다.

그들은 널리 제자를 받아들이고 강학(講學) 기풍을 크게 형성했으며, 자신의 사상 경향을 각 계층의 인물들에게 전파하여 끝내 신법을 반대하고 변혁을 배척하는 한 갈래의 조류를 일으킴으로써 왕안석의 신학에 대항했다.

신유학의 탄생에 필요한 정치 조건, 여론 조건, 인재 조건은 이미 전부 구비되었다. 신유학의 탄생은 다만 시간문제일 따름이었다.

제2절

주돈이와 《태극도설》

송대 이학의 정초자로는 우선 주돈이를 꼽지 않을 수 없다. 주돈이 (周敦頤, 1017~1073)는 자가 무숙(茂叔)이고 원명이 돈실(惇實)인데 영종(英宗)의 휘(諱)를 피하여 이름을 고쳤다. 그는 도주(道州) 영도 (營道, 현재의 湖南省 道縣) 사람으로 시호가 원(元)이므로 원공(元 公)이라 부르며 학자들은 염계(濂溪) 선생이라 부른다.

유학의 도통을 이어받아 새롭게 발휘한 주돈이의 유학사에서의 지위에 대하여 황백가(黃百家)는 매우 공정한 평가를 했다.

"공맹 이후 한유 들은 다만 경전(經傳)의 학문밖에 없었고 성도(性 道)에 관한 미묘한 내용은 완전히 사라졌다. 원공(元公)이 궐기하고 2정(二程)이 뒤를 잇고 또 여러 대유들이 배출되자 성학(聖學)은 크 게 흥성했다. 안정 선생과 조래 선생은 물론 탁월하여 유자(儒者)의 모범을 보여 주었지만 다만 창도자의 칭호밖에 부를 수 없다. 심성, 의리의 정미한 학문을 천명함에 있어서는 그래도 원공이 커다란 돌 파를 했다고 인정해야 한다." —《송원학안》〈염계학안(濂溪學案)〉

여기에서 황백가는 호원, 석개가 유학 부흥의 기풍을 창도하고 유자의 모범을 수립했지만 주돈이에 이르러서야 비로소 '심성·의리' 학설이 발휘되었다고 지적했다.

주돈이의 공로는 이학의 철학 체계를 창립한 것이다. 후에 장재가 계속 다듬고 또 2정(二程)이 계속 발휘해서야 송대 이학은 비로소 성숙되었다.

1.《태극도설》및 그 연원

주돈이의 사상 체계는《태극도설》에서 가장 집중적으로 표현된다. 이 250자의 짧은 글은 그의 우주 생성론, 인간과 자연의 관계에 관한 관점, 수양의 방법 등을 간결하고도 명확히 천술했고 일련의 이학 개념 범주를 제기했다.

《태극도설》은 다음과 같다.

무극(無極)으로부터 태극에 이르렀다. 태극이 움직이니 양(陽)이 생성되었다. 그 움직임이 극도에 달하니 멈추어졌고 멈추어지니 음(陰)이 생성되었다. 그 멈춤이 극도에 달하니 다시 움직여졌다. 하나의 움직임과 하나의 멈춤은 서로 근본으로 되어 음과 양으로 구분되었고 이로부터 양의(兩儀)가 확립되었다.

양이 변하고 음이 더해지니 수(水)·화(火)·목(木)·금(金)·토(土)가 생성되었고 오기가 순조롭게 분포되니 사계절이 순환하게 되었다.

오행은 하나의 음양이고 음양은 하나의 태극이다. 태극은 본래 무극이었다. 오행이 생성되어 각자 하나의 성을 소유한다. 무극의 진기(眞氣)인 양의 · 오행의 정화(精華)는 기묘하게 합쳐 응결되었다.

건도는 남자로 되고 곤도는 여자로 되었는데 두 기가 교감하니 만물이 생성되었다.

만물은 부단히 생성하는데 그 변화는 무궁하다.

오직 사람만이 그 청수한 기를 받아들여 가장 영민하게 되었다. 형체가 이미 생기자 정신이 갖추어졌고 오성이 감동되자 선과 악이 구분되고 만사가 생기게 되었다.

성인들은 중정(中正) 인의(仁義, 성인의 도는 인의와 중정에 불과함─자주)를 정하여 멈춤을 관장했고(욕구가 없으므로 멈추게 됨─자주) 이로써 인극(人極)을 확립했다.

그러므로 성인들은 천지와 그 덕을 같이 베풀고 일월(日月)과 그 밝음을 같이 비추고 사계절과 그 순서를 같이 배열하며 귀신과 그 길흉을 같이 맞춘다.

군자(君子)는 그와 일치하게 수양하므로 길하게 되고 소인(小人)은 그에 배치되게 처사하므로 흉하게 된다.

그러므로 하늘을 확립하는 도를 음과 양이라 하고, 땅을 확립하는 도를 유(柔)함과 강(剛)함이라 하고, 사람을 확립하는 도를 인과 의라 한다.

또 이르기를 그 시작과 종말을 따져 보면 생사(生死)의 설(說)을 알 수 있다.

주역은 참으로 위대하다. 이는 그 극도에 이른 것이다.

주돈이는 그림으로써 주역을 설명하는 도교의 학풍을 계승하여 태극도의 기원으로부터 유학과 도교의 융합을 반영했다.

북송의 주진(朱震)은 이렇게 말했다.

"진단은 《선천도(先天圖)》를 종방에게 전했고 종방은 목수(穆修)에게 전했고, 목수는 이지재에게 전했고 이지재는 소옹(邵雍)에게 전했다. 종방은 《하도(河圖)》·《낙서(落書)》를 이개(李漑)에게 전하고, 이개는 허견(許堅)에게 전하고 허견은 범악창(範諤昌)에게 전하고 악창은 유목(劉牧)에게 전했다. 목수는 《태극도》를 주돈이에게 전하고 주돈이는 정호·정이에게 전했다."─《송사(宋史)》〈주진전(朱震傳)〉

주돈이는 진단을 십분 존숭했고 진단이 "음양 조화의 정조에 대하여 알고 있다."고 말했다.

진단은 송조 초년의 한 유명한 도사로서 화산(華山)에 은거하여 있었는데 일찍이 무극도를 화산의 석벽에 그린 적이 있었다.

주희는 주돈이의 《태극도》가 진단으로부터 전해 받은 것이라고 긍정하여 말했다.

청조의 모기령은 상세한 고증을 거쳐 주돈이의 태극도는 《도장(道藏)》 가운데 《태극선천지도(太極先天之圖)》와 "두 그림이 일치한다."고 지적했다.

황종염(黃宗炎)은 《도학변혹(圖學辨惑)》 1권을 지어 《태극도》와 도가(道家)의 관계를 천명했다.

주자(周子)의 《태극도》는 하상공(河上公)이 그린 것이다. 이는 기실 방사(方士)들의 수련술로서 노장(老莊)의 장생(長生) 구시(久視)의 또 하나의 분지(分技)에 속한다.

노장은 허무를 종지로 하고 무사를 실용으로 하는데 방사들은 그 반대 방향으로 단(丹)을 이루었으니 많이 조작하여 허정(虛靜)과는 갈수록 멀어졌다.

주자는《태극도》를 고쳤는데 그 근본을 따져보면 노자·장자에게로 돌아갔다. 그러나 그림에 설명을 덧붙여 놓고는《주역》의 태극인체하는데 이것은 전혀 다르다.

"주자는 이 그림을 얻은 후 그 순서를 뒤집고 그 이름을 바꾸어 유자들의 비전(祕傳)으로 주역에 부착시켰다. 방사들의 비결은 본래 반대 방향으로 단(丹)을 이루는 것이므로 아래로부터 위로의 순서를 좇았다. 주자의 뜻에 따르면 사람의 생성은 순조로워야 하므로 위로부터 아래로 순서를 취했다."—《송원학안》〈염계학안〉 부록

황종염은 주돈이가 도가의《무극도》를 취함에 있어서 근근이 상하순서를 전도시켰을 뿐이라고 인정했다.

여하를 막론하고 주돈이의 태극도가 도교와 매우 밀접한 관계를 가지고 있다는 점은 의심할 바 없는 일이다.

《노자》에는 "광명의 성질을 알고 있으면서 암흑을 지키면 무극으로 되돌아간다."는 말이 있다.《태극도설》의 '무극'은 이로부터 변하여 온 말이라 할 수 있다. 태극이란 어휘는 유가 경전《주역》〈계사〉에서 기원했다.

"역(易)에 태극이 있었다. 태극으로부터 양의가 생성되고 양의로부터 사상(四象)이 생성되고 사상으로부터 팔괘가 생성되었다."

이 외에《태극도설》의 "무극의 진기인 양의·오행의 정화(精華)는 기묘하게 합쳐 응결되었다. 건도는 남자로 되고 곤도는 여자로 되었다."는 말은 당승(唐僧) 종밀(宗密)의《원인론(原人論)》중 인간, 만물의 생성에 관한 이론을 옮겨 쓴 것이다.

황백가는《태극도설》이 "유가도 아니고 노가(老家)도 아니고 석가도 아니다."고 말했다. 다시 말하면 태극도설은 그 원천이 여러 갈래로서 장기간 유가·불가·도가 3교가 융합된 극히 훌륭한 실례가 된다.

2.《태극도설》의 의의 및 그 지위

　세계의 본원은 무엇인가? 어디로부터 발단했는가? 어찌하여 만물은 이다지도 복잡하고 또 이런 상황에 동일한 세계에 존재하여 있는가? 이는 공맹 유학이 언급하지 않은 문제이다.

　《역전(易傳)》은 비록 우주 본원 문제를 제기, 논증하기는 했지만 비교적 원칙적인 범위에 국한되었다. 위(魏)·진(晉)의 현학과 불학도 이 문제를 제기·논증하긴 했지만 유학의 출세 정신을 잘 해결하지 못했거나 위반했다.

　주돈이는 이 근본 문제를 다시 제기했고, 또 유가·석가·도가를 융통시킨 토대 위에서 이 문제를 해결하려 시도했다.

　《태극도설》에서 제기된 "무극이면서 태극이다."라는 우주 생성론은 이(理)와 기(氣)의 관계 및 심(心)과 물(物)의 관계를 해결하는 분야에서 송명 이학의 발단이 된다.

　정이는 이렇게 말했다. "이 점에 관해서는 평생에 주무숙(周茂叔)의 논설을 보았을 뿐이다." 이 말은 육합(六合)의 도리를 논의함에 있어서 주돈이가 창시자의 지위를 차지함을 지적한 것이다.

　"무극이면서 태극이다."는 말은 세계가 없던 데로부터 탄생되었고 또 있던 데로부터 없게 되었음을 지적한 것이다.

'무극'은 없다는 말이긴 하지만 완전히 텅 빈 '무'가 아니라 그 속에는 '유(有)'가 내포되어 있어 실재하는 사물이 생성될 수 있다.

'태극'은 움직임과 멈춤의 두 가지 상태를 표시하는데 움직이면 양(陽)이 생성되고 멈추면 음(陰)이 생성된다.

움직임과 멈춤은 상대적인 현상으로서 상호 전화될 수 있다. 움직임이 극도에 달하면 멈춰지고, 멈춤이 극도에 달하면 또 움직이기 시작한다. 움직임과 멈춤은 상호 상대방 존재의 근거 및 전화의 귀숙(歸宿)이 되며 상호 의존하는 변증적 관계를 가지고 있다.

주돈이의 이런 사상은 현학에서 "움직임이 사라지면 멈춰지고, 멈춤은 움직임에 상대한 것이 아니다."—왕필(王弼), 《주역》〈복괘위(復卦位)〉—는 식으로 움직임과 멈춤을 절대적으로 분리시키는 관점보다 매우 크게 진보한 것이다.

주돈이가 움직임과 멈춤의 관계에 대하여 "움직임과 멈춤은 상호 상대방의 근본이 된다."고 묘사한 말은 더욱 변증법에 부합된다.

움직임과 멈춤으로부터 음양이 생성되고 음양으로부터 양의가 생성된다. 음양은 또 변화되어 금·목·수·화·토·사계절 및 천지간의 만물로 형성된다. 이리하여 곧 우주가 생성되었다.

오행은 곧 음양이다. 음양은 태극으로 되돌아가고 태극은 또 무극의 상태로 존재한다. 무극으로부터 만물에 이르기까지는 거침없이 흐르는 과정이다.

이런 식으로 해석하고 보면 무극과 태극 사이에 곧 모순이 생기게 된다. 무극은 허무이고 태극은 음양이 취합된 상태인데 '무'에서 어떻게 '유(有)'가 생성될 수 있는가? 그 동력은 무엇인가?

무극으로부터 태극으로, 즉 허무로부터 물질로, 절대적 정지 상태에서 운동 상태에 이르기까지 그 중간에는 뛰어넘을 수 없는 장애물이 존재하지 않는가. 물질을 떠난 운동이란 존재할 수 없고 또 운동을 떠난 물질도 존재할 수 없다. 유(有)를 생성할 수 있는 무(無)는 오직 실체적, 물질적인 것으로밖에 볼 수 없다.

무극이 태극으로 전화될 수 있다고 한다면 곧 운동이 허무 중에서 생성되었고, 운동과 물질이 상호 이탈될 수 있다는 황당한 결론에 이르게 된다.

무극이 태극으로 전화되려면 '제1원동력'을 도입하지 않으면 안 된다. 그러므로 주돈이의 무극으로부터 태극에 이르렀다는 설은 해탈할 수 없는 모순 속에 빠지고 말았다. 이는 우주 생성에 관한 그의 이론 사유가 의연히 도가의 차원, 즉 무로부터 유가 생성되었다는 차원에 머물러 있음을 설명해 준다.

무극은 우주 본체에 관한 철학 범주로서 일종의 이념적·정신적인 것이며 선천적으로 있었고 일체 물질보다 먼저 존재한 것이다.

한마디 질문한다면 무극은 대체 어디에서 왔는가? 주돈이는 이 문제에 대답을 하지 못했다. 만약 대답하려 한다면 그 대답은 이렇게 될 수밖에 없다. 즉, 무극은 영구하게 존재한다고.

이렇게 되면 우주 본원에 대한 해석은 다만 정신이 물질보다 먼저 존재했다는 것으로밖에 되지 않는다. 이는 전반 세계의 관계를 전도시킨 것이다.

주돈이의 우주 생성 발전론은 그 이전의 모든 우주 생성론에 관한 철학 사변식의 총화가 된다. 그의 관점은 정신 본체를 공적(空寂)에 귀결시키는 현학·불학의 협애한 설과는 다르다. 그는 또 유종원(柳宗元)의 기화론(氣化論)이나 유우석(劉禹錫)의 물본론적(物本論的)

유물론보다 한걸음 더 전진하려고 시도했다. 이는 유학의 유심론적 본체론을 보다 성숙시키려는 그의 노력을 표현하고 있다.

주돈이의 대표작은 《태극도설》과 《통서(通書)》이다. 《태극도설》은 철학적 차원에서 자신의 우주론, 인생관을 정밀하게 개괄했고 본인의 사상을 계통적으로 반영했다. 유가 사상의 변천, 발전으로부터 볼 때 《태극도설》은 승상 기하(承上起下)의 지위에 처하여 있는데 전반적인 연쇄의 중요한 일환이다.

주돈이의 학설은 정호·정이에게 매우 큰 영향을 주었다. 주돈이는 "성심을 근본으로 하고 욕구를 삼가라."고 제기했는데, 2정(二程)은 이를 발전시켜 "수양함에 있어서 반드시 공경해야 하며 배움의 목적은 치지(致知)에 있다."고 제기했다.

주돈이 《태극도설》의 '성(性)과 천도(天道)'에 대하여 정호는 이를 천리(天理)로 승화시켜 "나의 학설은 배우거나 가르쳐 줄 수 있지만 천리 두 글자만은 자체로 음미해 내었다."고 말했다.

주돈이의 정지(靜止) 위주설에 대하여 2정은 "인간의 욕구를 제거하고 천리를 보존한다."고 풀이했다.

2정의 이(理)를 본체로 구축한 체계는 주돈이의 사상과 밀접한 연원 관계를 가지고 있다.

소옹(邵雍)은 주돈이의 동정설(動靜說)을 일부 개조하여 새로운 물건을 만들어 냈는데 동정의 변화로부터 천지가 생성되었다고 지적했다.

"천지가 어찌하여 천지로 되었는가를 알려 하지 않는다면 몰라도 꼭 알려고 한다면 동정(動靜)을 제외하고 더 무엇이 있겠는가? 움직임과 멈춤은 천지간에 가장 묘한 일이다. 움직임과 멈춤 사이에 천지

인간의 절묘한 도리가 있다."―《황극경세(皇極經世)》〈관물내편〉

이는 주돈이가 묘사한 과정, 즉 태극의 추동으로부터 동정이 생성되고, 동정으로부터 음양이 생성되는 과정과 다르지만 그 동정설의 영향을 받았고 또 일정하게 변화시켰다는 점만은 아주 명백하다.

유학 발전에 대한 주돈이의 공헌은 그가 당대(唐代) 이고(李翶) 등의 사상을 계승하고 불교·도교로부터 유학에 부족한 허다한 관점들을 섭취하여 자체의 철학 체계를 구축한 것이다.

주돈이는 이미 송명 이학의 주요한 개념 범주를 제기했다. 후세의 이학가들이 한 일이란 이 체계를 보다 엄밀하게 보다 계통화했을 따름이다. 그러므로 주돈이는 기실 이학의 창시자가 된다.

제10장

요(遼) · 금(金) · 서하(西夏)의 유학

남송과 북송 시기는 유학 발전에서 중요한 역사적 시기이며, 유학이 이학화(理學化)된 단계이다. 이 시기의 유학은 새로운 이학 형태로 중원 왕조의 통치 지역에서 흥기·발전·성행되었으며, 북송·남송과 대립하여 일어선 요·서하·금나라 및 회골·토번 등 소수민족 정권은 중원 왕조와의 빈번한 접촉과 내왕을 통하여 사상·문화 방면의 교류를 강화했다. 또한 유학도 이런 소수민족 통치자들의 총애를 받아 전파·발전되었고 상당히 중요한 지위를 차지했다.

육구연의 심학과
주희·육구연 사이의 논쟁

육구연은 송(宋)·명(明) 이학(理學) 중 심학파의 창시자이다. 육 씨가 창시하고 왕수인이 집대성한 심학은 송명 신유학 학설에서 독창적인 기치를 내걸었고 정주(程朱) 학설과 장기적인 대립을 이루었다. 남송(南宋) 학술 영역의 대사가 되는 주희와 육구연 사이의 논쟁은 유가 학설 및 중국의 전반적 학술 발전에 모두 중대한 영향을 주었다. 그러므로 육구연은 신유학 학설에서 중요한 인물이 된다.

1. 생애 및 학술 활동

육구연(陸九淵, 1139~1193년)은 자가 자정(子靜)이고 호가 존재(存齋)이며 강서 무주(撫州) 사람이다. 학자들은 그를 상산(象山) 선생이라고 불렀다.

그는 건도(乾道) 8년(1172년)에 진사에 급제한 후 집에서 관직을 기다렸다. 이 기간에 그는 '괴당서옥(槐堂書屋)'을 꾸리고 제자를 받아들여 글을 가르치는 외에 또 유학(遊學) 활동을 시작했다.

그는 순희(淳熙) 원년 후에 정안(靖安)·숭안(崇安) 현의 주부(主簿)를 역임했으며, 주희(朱熹)를 두 차례나 만나서 학문을 닦는 방도는 수양(修養)에 있다는 점을 가지고 논쟁을 벌였다.

순희 9년(1182년)에 국자정(國子正) 직을 제수받고 15년 후(1188년)에는 사록관(祠祿官)으로 한가히 지내다가 귀계(貴溪)의 응천산(應天山, 그 산이 코끼리 형태와 흡사하다 하여 육씨는 후에 그 산을 象山이라고 고쳐 불렀음)에 올랐다. 그는 제자들을 거느리고 밭을 일궈 농사를 짓고 집을 지어 상산정사를 창건했다.

"선생은 산에 5년간이나 있었는데 기록에 의하면 알현하러 온 사람이 수천 명을 헤아렸다."—《연보(年譜)》

그리하여 학파의 기세가 크게 성했고 심학 체계로 건립되었다.

"소희(紹熙) 2년(1191년)에 형문군(荊門軍) 지사로 있었는데 성벽을 쌓고 도적을 붙잡고, 군학(郡學)을 세웠는 바 참말로 혼자서 고생스레 전념을 다했다."—《전집(全集)》15권

1년 후에 그는 임소에서 54세를 일기로 세상을 떠났다.

육구연은 형제가 다섯 있었는데 그와 그의 형 구소(九韶)와 구령(九齡)을 함께 '3육자(三陸子)'라 칭했다. 그는 평생에 번잡한 의론과 문자, 저술을 경시했으므로 남긴 글이 많지 않다.

후인들이 그의 서신·어록과 서(序) 등을 정리하여 《상산 선생전집(象山先生全集)》을 펴냈는데 무려 36권이 된다. 지금은 1981년 중화서국(中華書局)에서 낸 《육구연집》이 통행되고 있다.

2. 주희·육구연 사이의 논쟁 과정

육구연과 주희는 모두 공맹을 종주(宗主)로 하고 유자라 자칭했는데, 유학을 부흥시키고 강상(綱常)을 정돈하는 것을 자신의 책임으로 여겼기에 그 학술 사상도 같지 않을 수 없었다.

그러나 봉건 강상의 이론을 논증하는 경로가 다르고, 덕과 학문을 닦는 방도가 각기 나름이었기에 일련의 문제에서 또 필연적으로 서로 다른 관점이 생기게 되었다. 게다가 주씨와 육씨는 다 같은 시대의 사람이었고 각자의 이론은 또 상호 교류와 학술 논쟁 가운데서 형성되었으므로, 육구연의 사상을 연구하자면 주·육 논쟁의 시대 배경을 떠나서는 안 된다.

일정한 의의에서 논할진대 오직 주·육 논쟁을 시대 배경으로 해야만 남송 신유학 내부 2개 파별의 내용 실질과 각자의 이론 개성을 충분히 나타낼 수 있다.

주·육간에는 4차의 중대한 논쟁이 있었다.

제1차 논쟁은 아호(鵝湖)의 모임에서 있었는데 때는 순희 2년(1175년) 초여름이었다.

그때 주륙 두 사람의 학술 경로는 대체적으로 결정되었고, 그들 사이의 분기도 이미 그 단서가 드러났다. 이에 여조겸(呂祖謙)은 주희, 육구연, 육구령 및 쌍방의 일부 제자들을 신주(信州) 연산(鉛山)의 아호사(鵝湖寺)로 청했다.

"아호(鵝湖)에서의 도(道)에 대한 변론은 그 당시의 대사였다. 백공(伯恭)은 주·육간에 분기가 있을까 염려되어 하나로 통일시키고

그에 따르게 하려 했다."—《연보》

여기에서 볼 수 있는 바 그때의 대면은 주·육간의 모순을 조화시키기 위해서였다.

그러나 만나자마자 두 육씨는 철학 시 두 수를 선독했다. 그들은 "고성(古聖)은 상호 전해 오며, 천고에 마멸되지 않는다."는 심본체(心本體)와 도덕 수양으로 학문을 닦는 '쉽고 간단한 방법'을 견지하면서 전(傳)의 주석에 정신을 파는 지리한 사업은 꼭 '매몰'된다고 주희를 비난했다.

이에 주희는 안색이 흐려졌다.

그 이튿날도 계속 변론을 했다.

"사람에 대한 교육을 논했는데 원회(元晦)는 견식을 넓히게 한 후 궤도에 들어서도록 해야 한다는 의도였지만, 두 육씨는 먼저 사람의 본심(本心)을 분명히 설명한 후 박람하게 해야 한다고 주장했다. 주씨는 육씨네가 사람을 가르침에 있어서 너무 간단히 생각한다고 나무랐고, 육씨네는 주씨가 사람을 가르침에 있어서 주요한 것을 버리고 부수적인 것만 틀어쥔다고 했는데 분기가 퍽 컸다."—《연보》

대면한 결과 분기가 폭로되고 더 첨예해졌다.

제2차 논쟁은 순희 10년(1183년)에 있었다.

원래 육씨의 제자로 있었던 조립지(曹立之)는 주희의 제자로 되었다가 37살 때 죽었다. 이에 주희가 《조립지 묘표(曹立之墓表)》를 써서 그의 학문 탐구 정신을 찬양했다.

"박식하면서도 조잡하지 않았고 간하면서도 거칠지 않았으며, 하늘이 준 천년에 진력하였거니 도(道)의 전수에서는 이렇게 하면 되는 법이다!"—《문집》90권이 문장이 나오자마자 육구연은 주희가 의식적으로 자기를 비웃는다고 아주 불쾌해하면서 주희에게 이내 편지를 띄어 그 문장은 "실제적인 내용을 제기하지 못했다."—《전집》90권—고 알렸다.

육씨의 뭇 제자들은 더욱 불쾌해하면서 주희의 문장은 주씨네를 올리고 육씨네를 깎아내렸다고 여겼다. 그리하여 주희와 육구연 사이의 논쟁은 학파간의 대립 색채를 띠게 되었다.

주희·육구연 간의 제일 큰 논쟁은 무극(無極)·태극(太極)에 관한 문제를 가지고 벌어졌는데 순희 15년(1188년) 후의 일이었다.

그때 육구연은 이미 상산(象山)에 올랐고 제자들이 아주 많았으며 학파가 크게 흥성했다. 뿐만 아니라 주씨와 육씨는 다 만년에 들어섰고, 각자의 이론 체계와 학술 방법이 더욱 세밀해졌으므로 두 학파간의 장벽은 더욱 두터워졌다. 그리하여 그때의 논쟁에서 언급된 문제가 제일 많았다.

논쟁의 도화선은 주돈이의《태극도설(太極圖說)》이었다. 육구연과 육구소는 선후로 주희에게 편지 9통을 띄웠는데 주희는 일일이 반박했다.

두 육씨는《태극도설》은 "주자(周子)의 소위가 아니고, 무극(無極)이란 두 자(字)는《노자(老子)》의 문장에서 제기되었으나, 성인의 군에서는 제기되지 않았다."고 했다. 그러므로 "무극(無極)이지만 태극(太極)이다."는 것은 도가 사상이라고 주장했다.

주희는 오직 의리에 부합되기만 하면 선성(先聖)이 말하지 않았다하여 후현(後賢)들이 말할 수 없는 것이 아니라고 주장했다.

"복희(伏羲)가《역(易)》을 내놓고 문왕(文王)이《역》을 추연했지만 모두 태극을 말하지 않았고 공자가 태극을 말했다. 공자는 무극을 말하지 않았는데 주공이 무극을 말했다. 그렇다면 선성(先聖)과 후성(後聖)이 서로 다르단 말인가?" —《문집》36권

"무극이면서 태극이다."는 말의 뜻을 해석함에 있어서 주희는 '극(極)' 즉 '지극(至極)'이고 '표준'이며, 무극이지만 태극이다는 말은 바로 "형태가 없지만 이(理)가 있다."는 뜻이라고 인정했다.

두 육씨는 '극은 곧 중(中)이고, 태극(太極)은 곧 마음'이라고 인정했으며, "무극이면서 태극이다."는 것에 대한 주희의 해석은 "침대 위에 침대를 놓고, 집 위에 집을 지은 셈으로서 허무한 고론(高論)이다." —육구소(陸九韶),《주원회(朱元晦)에게》— 라고 질책했다.

여기에서 도기(道器) 음양에 관한 논쟁이 시작되었다.

주희는 음양은 형이하의 기(器)이고, '음과 양으로 되는 까닭'이 도(道)라고 인정했다.

육구연은 "음과 양은 형이상자(形而上者)이며" —《전집》2권— 도(道) 밖에는 기(器)가 존재하지 않고 기(器) 밖에는 도(道)가 없으며, 도와 기는 근본적으로 갈라놓을 수 없다고 인정했다.

주희와 육구연 사이의 제4차 논쟁은 왕안석에 대한 평가 문제를 놓고 벌어졌다.

육구연은《형공 사당기(荊公祠堂記)》를 지어 왕안석의 고상한 인품을 극구 찬양했다.

"그는 평인을 초월한 뛰어난 재질이 있었고 세속·여색·현달(顯達)을 초개처럼 보았고, 그런 것에는 조금도 마음을 두지 않았으며 결백한 그 지조는 얼음보다 더 차가웠다. 이것이 바로 그의 품질이었다. 속학(俗學)의 저속함과 옛 법의 폐단을 제거했고 도술(道術)에서는 공맹을 따랐으며 법적인 면에서 꼭 이윤(伊尹)과 주공(周公)에 준

했다. 이것이 바로 그의 지향이었다." -《전집》19권

그는 신법(新法)을 반대하는 자들이 "그를 말로써 헐뜯었다."고 인정했다.

이러한 관점은 낙학(洛學)파와 구당(舊黨)이 왕안석을 헐뜯는 요란한 고함 속에서 독특한 한 언론이 되었다 하여 글이 나오자마자 주희는 제자에게 쓴 편지에서 바로 공격을 들이댔다.

"임천(臨川)은 최근에 더 거리낌 없이 말하고 있소.《형서사기(荊舒祠記)》를 보았겠지? 이러한 의론은 다 학문이 적고 견식이 짧고 몽매한 데서 기인되는데 그 뜻을 보면 또 무슨 풍랑을 일으키려는 것 같소." -《문집》53권

그러면서 그는 이 일에 대해 절대 '묻는 사람이 없어 그런 견해가 마음대로 범람하는 것'을 용서하지 않겠다고 했다. 그리하여 주문(朱門) 제자들은 일어나 공격했다.

육구연은 그런 공격에 대해 극히 멸시하면서 "학문이 없으니 내키는 대로 질책한다."고 했으며, "성인이 다시 나서도 나의 말은 고치지 않을 것이다." -《전집》1권-고 신심 가득히 말했다.

주·육간의 장기적인 논쟁이 표명하는 바 육구연의 심학 사상은 정주 이학과의 대립과 논쟁 중에서 형성된 것이다. 비록 주희와 육구연 사이의 논쟁은 신유학 내부의 파벌 논쟁이었지만 육구연의 사상에 필연적으로 중대한 영향을 미치게 되었다.

주희와 육구연 사이의 논쟁의 각도에서 육씨의 학설을 연구하면 그에 대한 이론 실질과 사상 취향에 대해 더 심각한 이해를 할 수도 있을 것이다.

3. 주희·육구연 사이의 논쟁의 문제와 의의 및 육구연의 심학 사상과 그 방법

육구연의 심학 사상에는 선명한 이론의 개성이 구비되었는데 이런 이론의 개성은 또 어느 측면이나 모두 국학과 선명한 대조를 이루고 있었다.

1) '마음은 곧 이(理)이다'와 '마음과 이를 갈라놓은' 문제

육학은 종래 '심학(心學)'으로 불리웠다. 왕수인은 이론 연원면에서 육학은 곧 심학이라고 지적했다.

"성인의 학설은 심학이다. ……육씨의 학설은 곧 맹씨의 학설이다."—《음양전집(陰陽全集)》7권

육구연은 공개적으로 "구연은 이 마음밖에 믿지 않는다."고 하면서 '마음'을 자기의 학설 체계의 핵심 내용과 최고 범주로 정했다.

정주와 비교해 보면 육구연은 결코 '이(理)'의 지위와 작용을 부정하지 않았다.

"우주에는 이(理)가 충만되었다."—《전집》12권

"만물은 방촌(方寸)에 빽빽하게 늘어서 있고……우주에는 이가 충만되어 있다."—(동상서) 34권

여기에서 우리는 '이(理)'는 육학에서의 기본 범주의 하나임을 알 수 있다. 육구연은 이(理)를 마음에 융합시키는 방법과 "마음이 곧 이(理)이다."라는 중심 명제로써 '마음'을 자기 학설의 최고 범주로 높이 추켜올렸다.

그는 이렇게 말했다.

"마음은 하나이고 이도 하나이다. 결국에는 하나로 귀결되며 뜻을 정밀하게 따져도 둘이 아니다. 마음과 이는 둘로 될 수 없다." —(동상서) 1권

"사람에게는 모두 마음이 있고 마음에는 모두 이(理)가 있다. 마음이 곧 이이다." —(동상서) 11권

이(理)는 마음에 존재하고 마음은 곧 이이며, 이는 마음의 실제 내용이고 마음은 이의 실제 구현이다. 마음과 이는 이름이 다를 뿐 실제는 같다. 어째서 사람의 마음은 주희가 말한 천지 만물의 이(理)와 완전히 같은가 하는 문제에 대해 육구연은 이렇게 해석했다.

그가 말하는 '마음'은 간단하게 생리적 기관인 심장을 가리키는 것도 아니고 개별적인 사람의 마음도 아니며, 모든 인간에 다 구비된 보편성을 띤 마음을 가리킨다.

마음은 오직 하나이다. 어느 한 사람의 마음, 나의 벗의 마음, 위로는 천백 년 전의 성현들의 마음, 아래로는 천백 년 후 나타나게 되는 성현의 마음, 그것들은 모두 하나의 마음이다. —(동상서) 35권

마음의 내용을 이처럼 과장하고 확대한 결과 마음은 차별이 없고 개성이 없는 보편적인 우주 정신으로 변하여 천지 만물의 보편적 이(理)와 같게 되었다. 그리하여 그는 이렇게 말했다.

"우주가 곧 내 마음이고, 내 마음이 곧 우주이다." —(동상서) 22권

그리하여 육구연의 '마음'은 정이·주희의 '이(理)'를 대체하여 우주 본체(宇宙本體)로 상승되었다.

육구연의 학설과 비겨볼 때 정주(程朱) 이학에서 이(理)와 마음은 서로 연계되고 통일되는 일면이 있는가 하면, 서로 같지 않고 대립되

는 일면도 있다.

왕수인은 심학(心學)의 입장에서 주희가 '마음과 이(理)를 둘로 갈라놓은 것'을 비판했는데 이것은 주희와 육구연 사이에 진행된 논쟁의 요해처를 틀어쥔 것이다.

그러나 주희·육구연이 말하는 마음과 이(理)는 모두 봉건 윤상의 인(仁)·의(義)·예(禮)·지(智)를 핵심 내용으로 한 것이기에 이면에서 쌍방은 논쟁하지 않았다. 그러나 봉건제도의 근거를 증명하는 면에서는 서로 관점이 달랐다.

주희는 '예(禮)'는 천리(天理)에서 왔기에 "예는 곧 천리이다."라고 하면서 봉건제도의 지상성(至上性)을 강조했다.

육구연은 "인자한 마음은 인간의 본심(本心)이다."─《동상서》1권─라고 강조했다. 그는, 봉건 윤리는 그 근원이 사람의 마음에 있고 그것은 인간의 내재적 심성(心性)의 자각적 요구로서 인심을 떠나 외재하는 강제적 법칙이 절대 아니라고 인정했다.

여기에서 우리는 주희·육구연은 논증 경로·논증 방법이 서로 아주 다르다는 것을 알 수 있다.

2) 본심을 밝히는 것과 사물에 따라 이치를 따지는 것

'인간의 본심을 밝히는 것'은 육구연 인식론의 핵심 사상이다. 육구연과 주희는 모두 다 이(理)를 밝히고 따질 것을 주장했지만 문제는 어떻게 밝히는가에 있었다.

육구연은 이렇게 인정했다. 마음[心]이 곧 이(理)인 이상 마음과 이는 둘로 나뉘지 말아야 하며, 본심을 밝히는 것이 곧 이(理)를 밝히는 것이다.

"이(理)는 본래 하늘이 나에게 준 것이지 밖으로부터 스며들어온 것이 아니다. 이(理)에 밝으면 곧 주재할 수 있다."―(동상서) 1권

이(理)는 사람의 마음속에 고유한 것이지 마음 밖의 것이 아니다. 그러나 아래의 경우도 있다.

"우매하고 용렬한 자는 물욕에 가리워 본심을 잃기 때문에 이에 미치지 못한다. 현자(賢者)와 지자(智者)는 자기 견해에 가리워 본심(本心)을 잃기 때문에 이를 지나치게 된다."―(동상서) 1권

"즉 보통 사람은 물욕에 가리우고 배우기를 좋아하는 사람은 견해에 가리우기 때문에 모두 자기의 본심을 잃을 수 있다."

그러므로 육구연은 이(理)를 밝히려면 "물(物)을 가까이 하지 말고 독서와 사변에 지나치게 의거하지도 말며, 반대로 부담을 경감시켜야 한다."고 인정했다. 즉 '물욕(物欲)'과 '견해'에 본심이 가려지지 않도록 해야 한다는 것이다.

"마음이 없는 사람이 어디 있는가?" 도(道)는 외부로부터 얻는 것이 아니다. 우환은 빼앗아 오려 하고 잃어버리는 데 있다. "옛사람들이 사람을 가르치는 방법은 마음을 간직하게 하고, 마음을 기르게 하고, 마음에 있는 본래의 선심을 회복하게 하는 것뿐이다."―(동상서)

"마음의 체(體)는 아주 크다. 가령 나의 마음을 다 표현한다면 하늘과 같게 될 것이다. 학문을 한다는 것은 근근이 그것을 이해하는 것뿐이다."―(동상서) 35권

육구연은 자기의 방법을 "먼저 큰 것을 수립하고 그것의 정신을 섭취하면 스스로 주재(主宰)할 수 있다."고 개괄하면서 사물에 접촉하여 이치를 따지며, 많이 배우고 많이 생각하며 세밀하게 분석하는 주희의 방법은 "주인과 손님을 바꾸어 놓은 것이다."라고 비

판했다.

"그는 지금의 학자들은 항상 허설(虛說)과 공론에 얽매이고, 진종일 외설(外說)에 의거하면서 하늘이 우리에게 준 것을 손님으로 치부하기에 주객이 전도되었다. ……이것이 그래 학술로 천하를 망쳐 먹는 것이 아니란 말인가?"―(동상서) 1권

그리하여 또 "덕성을 존중해야 한다."와 "묻고 배우는 것을 중시해야 한다."는 데 관한 논쟁이 벌어졌다.

3) '덕성을 존중하는 것'과 '묻고 배우는 것을 중시하는 것'

덕성을 존중하고, 묻고 배우는 것을 중시한다는 말은 본래《중용》에서 나왔다.

"그러므로 군자는 덕성을 존중하고 묻고 배우는 것을 중시해야 한다. 넓고 큰 것도 알아야 하지만 정밀하고 미세한 것도 모두 알아야 한다. 높고 밝은 경지에 이르면서 어느 편에도 치우치지 않는 중용의 도를 따라야 한다."

이것은, 사람들이 도덕 수양과 학문 연구의 두 가지 경로를 거치면 인생의 최고 경지에 오를 수 있다는 것을 말한다. 그러므로 이 두 가지 일은 예로부터 유자들이 중요시하는 대사가 되었다.

원명(元明) 이후 학자들은 주희와 육구연 사이의 논쟁을 발단으로 하여 도덕 수양과 학문 연구의 관계에 대한 토론을 전개했다. 황종희(黃宗義)는 〈상산학안(象山學案)〉에서 이렇게 지적했다.

"육학(陸學)은 덕성을 존중하는 것을 근본으로 하고 주학(朱學)은 묻고 배우는 것을 근본으로 했다. 그리하여 주학을 근본으로 하는 자들은 육학이 선학(禪學)에 미쳤다고 비방했고, 육학을 근본으로 하

는 자들은 주학을 비속한 학문이라고 비웃었다. 두 파의 후학들은 각자 문호를 형성하여 수화 상극의 정도에 이르렀다."

육구연은 맹자의 성선론 관점을 계승하여 사람은 모두 양지(良知)·양능(良能)의 본성이 있는데 유자들은 이런 선한 성을 '덕성'이라 한다고 인정했다. 즉 이런 덕성이 바로 인간의 고유한 양심(良心)이라고 했다. 그러나 인욕, 물욕에 가리우게 되면 이런 본심의 덕성을 상실하게 된다. 그러므로 나의 마음의 양지(良知)를 보존하려면 반드시 내 마음의 해로운 것들을 제거해야 한다.

"내 마음을 해치는 것이 무엇인가? 욕구이다. 욕구가 많으면 마음의 양지가 기필코 적어지고 욕구가 적으면 마음의 양지가 기필코 많아진다."—《동상서》 32권

"사람의 마음에 병이 들면 반드시 치료해야 한다. 치료하면 그만큼 청명해진다. 후에 재발하면 또 치료해야 하며, 다 나을 때까지 계속 치료를 해야 한다."—《동상서》 35권

소위 욕구의 제거니 탈락이니 하는 말들은 기실 모두 도덕 수양을 가리키는 말이다. 도덕 수양과 학문의 관계에 대하여 그는 이렇게 인정했다.

도덕 수양은 근본이고 학문은 다만 가지나 잎과 같은 부차적인 것에 불과하다. "학자들은 반드시 밭(마음)을 깨끗하게 정리해야 한다. 이렇게 해야 곡식이 곧게 자랄 수 있다. 마음이 깨끗하지 못하면……독서도 제대로 할 수 없게 된다. 만약 독서를 한대도 이것은 도적이 양곡을 훔치는 것을 도와주는 격이 된다."—《동상서》

"사람은 모두 마음을 가지고 있고 마음에는 모두 이(理)를 가지고 있다."는 전제로부터 출발하여 육구연은 우매한 남녀의 마음이나 성

현의 마음이나 모두 이(理)를 구비하고 있다고 인정했다. 그러므로 "도리는 다만 눈앞의 도리에 불과하다. 성현의 마음을 본다 하더라도 역시 눈앞의 도리에 불과하다."―(동상서) 34권

"성현의 경전도 역시 '본심'의 '흔적의 기록'에 불과한 바 본심을 밝힐 수 있다면 하필 주해를 보아서 뭘 하는가. 학자들이 주해에 정신을 팔면 갈수록 부담이 커지게 된다. 본인한테 온다면 그의 부담을 경감시켜 줄 수 있을 것이다."―(동상서) 35권

"배움에 있어서 근본을 알 수만 있다면 육경은 모두 내가 주해를 달 수 있다."―(동상서) 34권

육구연의 본의를 추리해 보면 기실은 학문 연구와 인식 과정에 대한 도덕 수양의 지배 작용과 주도적 작용을 강조했다는 것을 알 수 있다.

그러나 지론(持論)이 너무 과도했기에 도리어 독서(경전을 망라하여)를 경시하고 학문 연구와 사변을 경시하는 결과를 초래했다. 심지어는 수시로 성인에 대해 불손한 언사까지 나오게 되었다.

예를 들면 "성인이라 하더라도 조그마한 광채도 빛내지 못할 수가 있다."―(동상서) 35권―고 했다.

"지자(智者)는 천 가지 사려에서 한 번의 실수가 있을 수 있고, 우자(愚者)는 천 가지 사려에서 한 번의 성공이 있을 수 있다. 그러므로 성현의 말씀이라 하더라도 그것을 전부 믿을 수는 없다."―(동상서) 2권

육구연과 비교하면 주희는 덕성을 존중하는 것을 위주로 하는 것을 반대하지는 않았지만 묻고 배우는 것을 경시하는 육씨의 견해에 대해서는 항상 반대했다. 주희는 덕성을 존중하는 것은 묻고 배우는

것을 떠날 수 없다고 주장했다. 그는 이렇게 말했다.

"덕성을 존중해야만 묻고 배우는 길로 나아갈 수 있다. 학자들은 물론 덕성을 존중하는 것을 위주로 해야 하지만 묻고 배우는 데도 힘을 다하지 않으면 안 된다."

주희는 만약 육구연처럼 도덕 수양만 강조하고 학문을 하는 것을 강조하지 않는다면 필연코 "이단 사설의 공허에 빠지게 되며, 성인의 책마저 읽지 않아도 된다고 여긴다면……이것은 너무나도 황당한 일이 아닌가?"—《문집(文集)》47권—라고 말했다.

한마디로 말하면, 육구연이 덕성을 존중하는 것이 성인으로 되는 것이라고 하는 데서 근본으로 강조한 것은 확실히 유가의 본지(本旨)이다. 주희가 묻고 배우는 것이 성인으로 되는 것이라고 하는 데서 불가결의 경로라고 주장한 것은 또 유가의 학문 탐구 방법을 더욱 정밀해지게 했다.

그러나 다른 한 측면으로 볼 때 육구연은 스승으로서의 자부심이 지나치게 강하여 성현을 경시하는 데 이르렀으며, 또 광자(狂者)·이단으로 발전될 가능성이 존재했다. 그러나 주희는 성현의 경전을 숙독함이 성인으로 되는 필수적 경로라고 주장하여 유학에 대한 충성을 표현하기는 했지만 또한 진부한 감도 없지 않다.

4) '간이(簡易)'와 '지리(支離)'

학술 방법과 사유 방법 분야에서 육구연은 일생 동안 '간이한 것'을 표방했다. 그런데 주희는 이것을 가리켜 기실은 "소홀하고 되는 대로 하는 것이다."라고 했다. 반면에 주희는 일생 동안 '엄밀하게 이해하는 것'을 강조했지만 육구연은 도리어 그것을 "지리(支離)하다."고 비웃었다.

간이(簡易)란 말은 본래 《역전(易傳)》〈계사 상〉에서 나왔다. 《역전》은, 건곤(음양)은 일체 패효(만물)의 조합·변화의 토대이므로 건곤의 도(道)는 우주에서 가장 간단하고 알기 쉬우며 또 가장 기본적인 도리라고 인정했다.

"건(乾)은 위대한 창조를 장악하고 곤(坤)은 유형의 생명을 형성한다. 건은 간이한 것으로 알고, 곤은 간단한 것으로 알 수 있다……간이하고 간단하면 천하의 이를 알 수 있다."

가장 근본적인 것은 또한 가장 간이한 것이다.

육구연은 심학 관점에서 출발하여 《역전(易傳)》의 간이함과 맹자의 '먼저 그 큰 것을 확립하는' 방법을 결부시켜 인식 중의 간단한 것과 번쇄한 것·넓은 것과 협소한 것의 관계에 대하여 진일보로 발휘했다.

심(心)·이(理)·만물의 직접적인 동일성으로부터 출발하여 육구연은 오직 먼저 그 큰 것을 확립하여 본심을 밝히기만 하면 격물 궁리도 동시에 해결하게 된다고 인정했다.

"하나를 확인하기만 하면 모든 것을 다 확인할 수 있고, 하나를 밝히기만 하면 모든 것을 다 밝힐 수 있다." – 《동상서》 35권

그는 먼저 그 큰 것을 확립하여 본심을 밝히는 것은 가장 간이하고 직접적이고 또 가장 믿음직한 방법이라고 인정했다. 또 반면에 주희의 엄밀한 이해는 지리 번쇄하고 또 쉽사리 오류가 발생된다고 지적했다.

"급급히 분별·분석하려 함은 학자들의 큰 폐단이다. 상세하게 밝힌다 하더라도 내 몸을 얼마나 괴롭히는지 알 수가 없게 된다. 한 석

(石)씩 달고 한 장(丈)씩 재면 빠르고도 차이가 적게 난다. 한 냥 한 돈씩 뜨면 석(石)에 이르러서는 꼭 차이가 나고, 한 치 한 치씩 재면 장에 이르러서는 꼭 차이가 나게 된다."

육구연은 직접 깨닫고 전체적으로 파악하는 사유 방법의 우수한 점을 강조했는데 확실히 합리적인 면이 존재한다. 그러나 그는 이로부터 분별·분석을 부정했는데 이것은 또 맹목적으로 자신하고 간단화했다고 말하지 않을 수 없다.

주(朱)·육(陸)간의 방법론을 둘러싸고 전개한 논쟁을 종합적으로 고찰하면 아래와 같다.

육구연은 곳곳에서 심(心)과 이(理)·심과 물(物)·타인과 자신·하늘과 인간의 동일성, 일치성을 과대 평가했다. 이리하여 전체적으로 파악하는, 간이하고 직접적인 사유 방법을 형성했다. 동일한 점만 보고 다른 점은 보지 않는다면 물론 그보다 더 간이한 것이 없을 것이다.

반면에 주희는 서로 다른 개념의 연계와 통일성을 긍정하는 동시에 또 그들 사이의 차이와 대치되는 일면을 강조했다. 차이와 대치 관계가 있는 이상 물론 상세히 분석하고, 인식하는 단계성과 과정성을 중요시해야 한다. 그는 육구연의 간이하다는 것은 기실 소홀하고 되는 대로 하는 것에 불과하다고 비판하며 이렇게 말했다.

"오늘날 학문을 연구함에 있어서 널리 취하지 않고 상세히 분석하지 않고 한마디로 그 극한에 이르려 한다면, 이는 근량을 나누지 않고 석(石)을 억측하거나 치를 분간하지 않고 장(丈)으로 계산하는 것과 마찬가지이다. ……이건 월급하거나 망상에 빠진 폐단이다."―《문집》6권

분별이 없는 합치와 광대함이 없는 간략은 필연적으로 무단적인 억측에 빠지게 된다.

총적으로 광대함과 간략함·분별과 합치는 인류 사유 과정의 불가결의 두 개 측면 및 두 개 환절로서 그 어느 하나를 포기해도 모두 단편적인 오류를 범하게 된다.

주희와 육구연은 각자 한 측면을 강조·발휘했는데 간단하게 일방을 긍정하고 다른 일방을 부정해서는 안 된다. 그러나 중국의 전통적인 사유 습관에 따르면 종래로 관통과 종합은 중요시했지만, 분별과 분석은 경시하는 폐단이 존재했다. 이 차원에서 고찰할 때 분별과 분석을 중요시할 것에 관한 주희의 관점은 의심할 바 없이 더욱 큰 역사적 가치를 가지고 있다.

주희와 육구연의 쟁론이 당시 유자들 가운데서 대단한 파문을 일으키긴 했지만 그들 간에는 차이만 있고 공통점이 없는 것은 아니었다. 이는 그들이 모두 이(理)와 심(心)을 기본 범주로 하고 이와 심의 연계와 통일성을 긍정한 점에서 표현될 뿐 아니라, 더욱 중요하게는 그들의 학술 사상의 근본정신과 최종 취지가 일치하다는 점에서도 표현되었다.

바로 황종희가 〈상산학안〉에서 말한 바와 같다.

"두 선생은 모두 강상에 근본을 두고 명교(名敎)를 부축하고 공맹을 종주로 했다. 종내 의견이 합치되지 않았다 하더라도 그것은 어진 사람은 어질다고 보고, 지혜로운 사람은 지혜로운 것으로 보는 데 불과하다."

윤리 학설을 중심으로 하여 강상을 수호하고 유학을 부흥시키고 공맹의 도통을 계승, 수호하는 이것은 송명 신유학의 근본정신이다.

주희와 육구연은 이 면에서 결코 분기가 존재하지 않았다. 결국 그들은 정통적인 이학 중의 상이한 파별에 지나지 않았다.

제11장

원명의 새로운 유학 – 이학의 계속적인 발전과 변화

원(元)나라 건국 초기에 유학은 특별한 중시를 받지 못했다. 그때 조복(趙復)·요추(姚樞)·두묵(竇默)·유인(劉因)·허형(許衡) 등은 정주(程頤·朱熹)의 학설을 대대적으로 제창했으나, 그것은 조정에서 인정하는 통치 사상으로 되지 못했다.

인종 황경(仁宗皇慶) 2년(1313년)에 이르러 과거법(科擧法)을 내오고, 경의(經義)에 의하여 선비를 선발한 후부터 정주(程朱)의 학설은 통치적 지위에 오른 학술 사상이 되었다.

명나라는 건립된 후 봉건 통치를 수호하기 위하여 정주 이학(理學)을 극력 제창했다. 그리하여 정주 이학은 전례 없이 성행했다. 심지어 진각이 말한 것처럼 천하의 유생들은 공자와 맹자를 감히 욕할 수 있어도 정이·주희만은 비난하지 못했다.

원나라로부터 명나라 중기까지는 정주 이학이 이미 어용철학으로 되었고, 당시에 사상 학술계에서 영향이 큰 인물도 대부분 정이와 주희의 제자들이었다. 그러나 그들은 기본적으로 정이와 주희의 견해에서 벗어나지 못한데다가 또 정주 이학 자체가 흩어지고 경직되었다. 통치계급은 자기들의 통치를 더욱 잘 수호할 수 있는 사상 도구를 필요로 했다. 그러므로 정주 이학은 쇠락을 피하기 어려웠다.

명나라 중기 이후 왕수인(王守仁)의 심학이 나타나 빠른 속도로 세상에 퍼졌다. 왕수인의 학설은 한마디로 말하면 정주 학설과 뚜렷하게 위반된다. 그러나 일부 구체적 문제에서는 정주의 관점을 채용하여 심학의 부족함을 보충했다.

왕수인의 학설은 번쇄하고 교조주의적인 정주 학설이 사상계를 속박하던 국면을 타파하고 새로운 면모로 나타났다. 그러므로 그것을 따르는 사람들이 갈수록 많아졌다.

"간 곳마다 그의 제자들이 있고 그의 학설은 백여 년 유전되었다. 그의 학설은 유행되는 과정에 결함도 많이 드러났다. 가(嘉)·융(隆) 이후에는 정이와 주희의 학설을 굳게 믿었으며, 이설(異說)을 따르는 자가 몇 없었다."―《명사(明史)》〈유림전 서(儒林傳序)〉

왕수인의 심학은 원나라 이후 주희와 육구연(陸九淵)의 학설을 조화시킨 결과라고 할 수 있다. 한편으로 왕수인은 송명 이학을 완벽할 정도로 발전시켰고, 다른 한편으로 왕수인의 학설은 송명 이학을 붕괴되게 했다.

일세를 풍미한
왕양명의 심학

1. 왕학(王學)이 탄생된 시대 배경

1) 명나라 중기 이후의 통치는 갈수록 부패해졌다

홍무(洪武) 연간에 주원장(朱元璋)은 고도의 봉건 전제주의 중앙 집권 제도를 건립했다.

정난의 역(靖難之役) 이후 명성조(明成祖)는 이 제도를 가일층 공고히 하고 발전시켰다. 그리하여 '하늘을 대신하여 만물을 지배하고 위엄과 권력을 다 갖고 있는' 황제는 고도로 집중된 정치 권력을 이용하여 백성들의 피땀을 실컷 빨아먹고 향락을 누렸을 뿐만 아니라 "황권이 공고하여 억만 년 태평 무사하다."고 여기면서 정사에 힘을 쏟을 필요가 없다고 했다.

그러므로 주원장 이후의 임금은 누구나 다 부화방탕했다.

왕수인이 정치무대에서 활약한 시기의 명무종(明武宗)은 부화방탕하기 그지없는 임금이었다. 그는 총독군무위무대장군 총병관태사

(總兵官太師) 진국공주수(鎭國公朱壽)로 자칭했으며, 승냥이 무리 같은 간신들을 거느리고 남북방을 쏘다녔다. 그들은 가는 곳마다 부녀자를 희롱하고 금은보화를 약탈하여 수백 리 안의 백성들을 못살게 굴었다.

그 후 임금 명세조(明世祖)는 도교를 숭상하여 도를 닦고 장생불로를 추구했다. 그는 오랫동안 궁내에 틀어박혀 신에게 제를 지내고 기도를 드리느라고 여념이 없었다.

임금은 우매했지만 대권을 틀어쥐고 있었다. 그 결과 필연코 상전의 비위를 맞춰 주고 아첨을 일삼는 노복이 되어 관리들을 지휘하는 권세 집단이 형성되었다. 이 권세 집단이 바로 환관들이었다.

대환관 왕진(王振)은 명영종(明英宗) 임금의 총애를 받았다. "명영종은 늘 그를 스승이라 불렀고, 공작·후작·공로자와 임금의 친척들도 모두 그를 예로 대했으며, 그를 만나면 엎드려 절을 했다."―《명사(明史)》〈왕진전(王振傳)〉·〈유근전(劉瑾傳)〉

권력이 당당하여 세도를 쓰는 환관 집단은 사회 모순을 점차 첨예해지게 했으며, 명대의 정치를 부패하고 암흑한 경지에 이르게 했다.

임금과 그의 주구―환관들이 너무도 제멋대로 행패를 부렸기에 관리들은 대부분 정사의 득실과 민생의 질고에 대해 침묵을 지킴으로써 제 발등에 불이 떨어지지 않기만을 바랐다.

어떤 관리들은 임금과 환관들의 환심을 사기 위해 아첨하고 비굴하게 빌붙었으며, 심지어 시비를 전도하는 비열한 수단까지 썼다.

이 밖에 욕심 많은 착취 계급의 본성 및 봉건 권력의 재부의 점유와 확대에 있어서 결정적 영향으로 말미암아 일부 관리들은 천방백계로 더욱 큰 권세와 재부를 노렸다.

"한편으로는 왕수인이 말한 것처럼 그들은 지식을 갖고 서로 뽐내고 권세를 갖고 서로 누르고, 이익을 위해 서로 다투고 재간을 갖고 서로 비교하고, 서로 명예를 쟁탈했다. 벼슬을 하게 되면 돈과 쌀을 관리하는 자가 군사와 형벌까지 관리하려 하고, 예법을 관리하는 자가 조정의 일에 참여하려 하며, 군현에서 벼슬하는 자는 더 높은 자리를 노리고, 조정에서 벼슬하는 자는 재상으로 되어 더 큰 권력을 쥐려 했다."―《전습록(傳習錄)》

다른 한편으로는 교묘한 수단으로 백성들의 재물을 빼앗고, 거리 낌 없이 탐오했다.

영락(永樂) 시기에 시강(侍講) 겸 좌중윤(左中允)인 추집(鄒緝)은 상소문에 이렇게 썼다.

조정 내외에는 탐관오리들이 욱실거립니다. 그자들은 백성들의 골수까지 빨아먹습니다. 조정에서 지방에 사람을 파견하면 그 사람은 횡재를 하는 판국입니다. 지방에 내려간 사람은 도처에서 재물을 긁어모으지만 지방 관리들은 그자의 눈에 날까 봐 도리어 아첨합니다. 간혹 청렴하고 아첨하지 않는 관리가 있지만 이런 사람은 툭하면 무함당하고 누명을 쓰게 되는데 자기도 무슨 영문인지 모른답니다. 그러기에 조정에서 파견한 사자가 오기만 하면 지방 관리들은 공개적으로 아첨하며, 백성들에게서 긁어모은 재물을 바친답니다.―《명기(明紀)》10권

선덕(宣德) 이후에는 부정부패가 더욱 심해졌다.
"사람들은 이익과 명성을 위해 분주히 돌아치고 공개적으로 뇌물

을 받아먹었다."

"상하 모두가 사리를 도모하는 것을 조금도 이상하게 여기지 아니했다."

권세와 재부의 유혹 때문에 통치계급 내부에는 모순이 쌓였으며 갈수록 모순이 첨예해졌다.

정난의 역(靖難之役) 후 얼마 안 지나 한왕(漢王) 고후(高煦)의 반란이 일어났다.

무종(武宗) 시기에는 또 연속적으로 안화왕(安化王) 치번과 녕왕(寧王) 신호(宸濠)가 문정 중원(問鼎中原, 천하를 탈취한다는 뜻)을 시도한 전란(戰亂)이 일어났으며, 관료와 임금·관료와 환관·관료와 관료 사이의 모순 투쟁은 더더욱 복잡다단하고 첨예해졌다.

명왕조에 큰 공을 세운 왕수인이 신임을 받지 못하고 배척당하고 눌려 있었던 사실이 뚜렷한 예가 된다.

명나라는 정치상으로 암흑하고 부패한 데다가 또 중기부터는 토지 겸병이 갈수록 심해지는 바람에 사회생활과 백성들의 생활은 심중한 재난 속으로 빠졌다.

선덕(宣德) 연간에 갈수록 많은 사람들이 살기 좋은 강남의 농촌을 떠났다. 어떤 지방에서는 한 마을에서 절반 이상이 도망쳤다.

후에 봉건 착취가 나날이 심해짐에 따라 토지를 빼앗긴 농민들은 하는 수 없이 고향을 떠나 정처 없이 떠돌아다녔다. 이것은 엄중한 사회 문제로 되어 끝내 세 차례의 농민 봉기가 일어나 명왕조의 통치를 맹렬하게 충격했다.

그 시기를 왕수인은 이렇게 개괄했다.

"지금 천하는 나날이 쇠퇴해 가고 있으며 그 시간이 아주 길다. 이것은 병이 위급하여 임종하게 된 것과 다름없다."

어떻게 하면 이 국면을 돌려세워 임금의 그릇된 생각을 바로잡고 임금의 덕을 바로잡겠는가? 또 자신을 잘 수양하여 마음속의 도적을 잡아내고, 임금으로 하여금 진정으로 덕에 밝고 백성을 사랑하고, 지극한 선(善)에 머무르게 하고 백성들로 하여금 자기를 억제하고 임금에게 충성하게 하겠는가? 결론적으로 어떻게 하면 사회 전반이 봉건 강상(綱常)의 궤도에서 순리적으로 돌아가게 하겠는가 하는 이 문제는 그때의 현실이 정치가와 사상가들에게 제기한 준엄한 과제였다.

2) 정주 이학의 통치적 지위가 근본적으로 동요되었다

중국 봉건사회에서 통치계급은 한편으로는 상존 하비(上尊下卑)의 봉건적 등급질서를 극력 수호하고, 다른 한편으로는 부자 형제 등 봉건적 종법 관계를 극력 수호했다.

역대의 봉건 통치자들이 그 어떤 이론형식을 이용했든 간에 그들이 논증하려는 것은 상술한 봉건적 등급·윤상 관계의 천연적 합리성이 있으며, 그들이 요구하는 것도 봉건적인 등급·윤상 관계를 도덕 조례에 고정하여 자각적으로 신봉하게 함으로써 봉건 통치 질서를 안정시키자는 것이었다.

이 방면에서 정주 이학은 아주 두드러져 장기간 동안 봉건 통치자들의 숭배를 받았다. 비록 명조 시기에 정주 이학이 이미 쇠미해지기 시작했지만, 그때의 이학가들은 정주 이학의 울타리를 벗어나지 못했다.

명나라 중기에 이르러 정주 이학은 형세의 변화 및 그 자체의 극복할 수 없는 결함으로 하여 이전의 빛을 잃고 자리를 양보했다.

앞에서 서술한 바와 같이 명조 중엽에는 임금이 황음무도(荒淫無道)하고 환관들이 정치를 간섭하고, 정치가 부패하고 어두웠기에 봉건 통치는 엄중한 위기에 처해졌다. 그리고 상품·화폐 경제의 발전과 더불어 자본주의 생산관계가 싹트기 시작했다. 그리하여 인심이 옛날처럼 순후하지 못했고, 사치한 생활과 물질적 향수를 공개적으로 추구하는 현상이 나타났다.

그 결과 전통적인 사상 도덕의 속박에서 벗어날 것을 강렬하게 요구하는 사조가 탄생되었고 그것은 막을 수 없게 되었다.

어떻게 하면 사람의 마음속에 있는, 봉건적 강상에 어긋나는 도적을 소멸하고 봉건 통치 질서를 정상으로 회복시키겠는가 하는 것은 시급히 해결해야 할 문제로 나섰다.

그러나 그때 정주 이학은 이 중임을 짊어질 수 없었다.

왜냐하면 정주 이학은 이론 체계에서 보충하기 어려운 결함을 갖고 있었기 때문이다.

예를 들면 주희는 천리(天理)를 밝히고 "하루아침에 활연히 꿰어 통하게 되면 모든 사물의 거죽과 속·정교함과 거친 것에 이르지 아니함이 없어, 내 마음 전체의 작용이 밝지 않은 것이 없는"―《대학장구》―경지에 도달하려면 반드시 격물치지 단계를 거쳐야 한다고 인정했다.

주희는 이렇게 말했다.

"이른바 아는 것을 이루는 것은 사물의 이치를 따지는 데 있다고 하는 것은 나의 아는 것을 이루고자 하려면 사물에 접촉하여 그 이치를 따지는 데 있음을 말하는 것이다."―(동상서)

"이른바 사물의 이치를 탐구한다는 것은 만사 만물은 각자가 자기의 도리를 갖고 있는데 그것을 탐구할 때 세밀하게 끝까지 탐구해야 한다는 것이다."—《주자어류(朱子語類)》15권

"사물에 근거하여 이치를 탐구한다."는 이런 수양 방법은 무질서하고 번쇄하여 적지 않은 사람들은 죽을 때까지도 하루아침에 활짝 꿰뚫는 경지에 이르지 못하고 자기 마음속의 천리(天理)를 밝히지 못했다.

그러므로 왕수인은 이런 방법을 "무질서하고 복잡하여 갈피를 잡을 수 없다."—《대학문(大學問)》—고 비평했다.

또 예를 들면 정이와 주희는 모두 "인욕(人欲)을 버려야 한다."고 했지만 그렇다고 모든 욕심을 다 버려야 하는가와, 천리·인욕을 어떻게 구분하는가에 대해서 주희 자신도 명확하지 못했다. 주희는 이렇게 말했다.

"배가 고프면 밥을 먹으려 하고, 목이 마르면 물을 마시려 하는 것은 인심(人心)이다. 먹을 것을 바르게 얻는 것은 도심(道心)이다."—《송원학안》〈회옹학안(晦翁學案)〉

어떤 사람이 그에게 천리와 인욕의 동행이정(同行異情)에 대해 물었을 때 이렇게 대답했다.

"동행이정을 목이 마르면 물을 찾고 배고프면 밥을 찾는 등의 일을 예로 들어 말하면, 성인에게는 그것이 천리이고 소인에게는 그것이 인욕이다."—(동상서)

이런 해석은 아주 뜻밖이었다.

주희 자신도 천리와 인욕의 구별은 "아주 희미해서 명확한 경계선이 없다."고 했으며, 인욕이라 하여 전부 없애야 하는 것이 아니

고, 밥을 먹고 물을 마시려는 것 같은 욕구는 없어서는 안 된다고
했다.

그의 말은 어찌하여 서로 모순되는가? 주요하게는 그가 선(善)과
악(惡)은 근원이 같다고 여겼기 때문이다.

정이와 주희는 모두 "성(性)이 곧 이(理)이다."라고 말했다. 그리
하여 이가 선하면 성도 선하게 되었다. 그러나 실제로 본성은 전부
선한 것이 아니다.

논리상에서 이 구멍을 막기 위하여 그들은 천지의 본성은 선하지
만 기(氣)에 의한 본성은 선한 것도 있고 악한 것도 있다고 했다. 그
런데다가 그는 이는 기에 의존한다고 했기에 이 문제가 더욱더 복잡
해졌으며, 해석할수록 얼떨떨하게 했다.

또 예를 들면 정주 이학은 주로 묻고 배우는 것이며 격물치지·즉
물 궁리를 중시했으며 주희는 또 극력 지선행후(知先行後)를 주장했
다. 그리하여 사대부 가운데는 실제를 떠나고 알기만 하고 행하지 않
으며, 성명(性命)을 공담하는 유폐가 점차 생겨났다. 이에 대해 진량
은 이렇게 비평했다.

도덕 성명에 관한 설(說)이 성행하면서부터……그리하여 천하의
선비들은 자기의 학문을 버리고 무엇을 따르면 좋을지 몰라 했다. 선
비들은 문장을 논하고 의리를 강조하는 것을 수치로 여기면서도 "마
음을 다하여 성(性)을 안다."고 말한다. 벼슬을 하는 사람들은 정사
를 취급하고 사건을 처리하는 것을 말하기 부끄러워하면서도 "도를
배우고 백성을 사랑한다."고 말한다.

그들은 서로 속여 천하의 진실을 폐기했을 뿐만 아니라 모든 일에

서 이(理)를 따지지 않게 되었다.─《용천문집(龍川文集)》15권

이 밖에 학술 사상의 발전도 왕양명의 심학의 탄생에 풍부한 자료를 제공해 주었다.

유(儒)·불(佛)·도(道)는 역대로 서로 배척하고 서로 융합되었다. 이학이 바로 불교·도교의 철학 사상을 대량 흡수한 기초 위에서 유가의 정치·윤리 사상을 개조하여 형성된 신유학이다.

적지 않은 유학자들은 의연히 불교·노자의 학설을 배척하는 기치를 내들었지만 그들이 비판한 것은 불교와 도교의 출세 관점이었고, 불교·도교 중의 일부 철학 사상과 수양 방법 앞에서는 무릎을 꿇었다.

이 밖에 불교와 도교를 공개적으로 구가한 사람들도 적지 않았다.

명나라 초기의 대유(大儒) 송렴(宋濂)이 바로 그중의 한 사람이다. 그는 유와 불은 "같고, 서로 통한다."고 하면서 다음과 같이 인정했다.

유교는 백성들을 교육하고 감화시켜 훌륭한 풍속 습관을 갖게 하는 것이고 도교는 미혹된 백성들을 깨닫게 하는 것이며, 전자는 '예악 형정을 공명하게 하여 그것이 천하를 다스리는 도구'로 되게 했고, 후자는 '수계 정혜(守戒定慧)'를 갖는 것을 불문에 들어가는 관건'으로 보았다.

"비록 처세·출세(出世)의 구별이 있지만 천생(天生)의 성인은 백성을 교화(敎化)함에 있어서 교(敎)가 다르지만 사람들을 선하게 하는 면에서는 도가 같다."─《송문헌공전집(宋文憲公全集)》13권

이런 유·도·불 3교 합일의 사상은 정주 이학의 통치적 지위가 동

요됨에 따라 갈수록 머리를 쳐들었다. 그리하여 불도(佛道), 특히 선종 사상을 자취를 남기지 않고 박취(剝取)한 왕양명의 심학이 태어났다.

예를 들면 왕수인은 선종의 "마음 밖에는 부처가 없고, 마음이 곧 부처이다. 마음 밖에는 이(理)가 없고, 이 밖에는 마음이 없다. 견성하면 부처가 되고 중생이 곧 부처이고, 부처는 곧 중생이다."는 등의 사상을 흡수하고 취하여 그것을 개조한 후 자기가 심학 이론 체계를 구성하는 자료로 썼다.

그러므로 왕학(王學)이 일세를 풍미할 수 있게 된 것은 3교 합일 사상이 발전된 필연적 산물이라고 말할 수 있다.

2. 왕양명의 위치 및 그의 학술 사상

1) 왕양명의 생애 및 그의 학술의 전승 관계

왕수인(王守仁, 1472~1529년)의 자는 백안(伯安)이고 별호는 양명자(陽明子)이며, 절강(浙江) 여요(餘姚) 사람이다. 사람들은 그를 양명 선생이라 불렀다.

그의 일생 활동은 두 개 방면 즉 '산속의 도둑을 치는 것'과 '마음속의 도둑을 잡아내는 것'이었다.

전자는 주로 백성들의 반항투쟁을 진압하기 위해서였고 후자는 심학(心學)의 이론 체계를 건립하여 임금을 보좌하고, 백성들을 선량하게 되도록 교육하여 봉건 통치의 위기를 벗어나기 위해서였다.

왕수인은 관료 가정에서 태어났다. 그의 부친은 벼슬이 남경 이부상서(吏部尙書)에까지 이르렀다. 왕수인은 군사를 논하기 좋아하고 활을 잘 쏘았다.

홍치(弘治) 12년(1499년)에 그는 진사가 되었고 얼마 후에는 수형부(授刑部)에서 일을 주관했으며, 그 후에는 또 보병부(補兵部)에서 일을 주관했다.

정덕(正德) 원년(1506년)에 그는 어떤 일 때문에 유근(劉瑾)을 노엽게 하여 곤장 40대를 얻어맞고, 귀주(貴州) 용장(龍場)으로 귀양가서 역승(驛丞)으로 있었다.

유근이 죽은 후 그는 여릉(廬陵)의 지현(知縣)으로 임명되었고, 계속하여 남경 형부주사(南京刑部主事)·남경 태부소경(南京太仆少卿)·홍로경(鴻臚卿) 등의 관직에 임명되었다.

정덕 11년(1516년) 그는 관직이 우첨도어사(右僉都御史)로 바뀌어 남공을 순시했다. 그때 강서·복건·광동·호남 등에서는 여러 민족의 반항투쟁이 여기저기서 일어났는데 횡수(橫水)·좌계(左溪)·통강(桶岡)·이두·대유(大庚)·대모산(大帽山) 등 지역을 거점으로 하여 관청을 들이쳤다.

왕수인은 병부상서 왕경(王瓊)의 지지하에 각 지방의 봉기를 잔혹하게 진압했다. 이번에 공을 세운 그는 우부도어사(右副都御史)로 승진했고, 금의위부천호(錦衣衛副千戶)를 세습할 수 있었다.

정덕 15년(1519년) 6월 영왕(寧王) 신호(宸濠)가 반란을 일으켰을 때 왕수인은 신속히 진압해 버렸다. 그런데 무함을 당하여 하마터면 죄를 쓸 뻔했다. 그때 태감 장영(張永)이 나서서 비호했기에 무사하게 되었다.

가정(嘉靖) 초년 그는 특진광록대부 주국 신건백(特進光祿大夫柱國新建伯)에 임명되었고, 세록일천석(世祿一千石)이라고 결정되었다. 그러나 철권(鐵券)을 발급하지 않고 세록도 주지 않았다.

가정 6년(1527년) 광서(廣西)의 사은(思恩)·전주(田州)에서 장족 수령 노소(盧蘇)·왕수(王受)가 영도하는 농민봉기가 일어났다.

임금은 조서를 내려 왕수인더러 원래의 관직에 좌도어사총독(左都御史總督)을 겸하여 광서·광동의 정무를 보고 군사를 지휘하며 봉기를 진압하게 했다.

그때 광서 대등협 백성들의 봉기는 이미 수십 년의 역사를 갖고 있었는데 왕수인은 일거에 평정했다. 그런데 양일청(楊一淸)·계악(桂萼) 등이 중간에서 수작을 부리는 바람에 그에게 상벌 표준을 집행하지 않았다.

가정 7년(1528년) 왕수인은 남안(南安)에서 세상을 떠났다. 왕수인이 죽은 후 계악은 왕수인이 함부로 직무를 이탈했고, 그의 학술도 바르지 못하다고 상주했다. 그러자 임금은 조서를 내려 왕수인의 세습을 중지시키고 그에 대한 모든 무휼 규정을 폐지했다.

융경(隆慶) 초년에 이르러서야 왕수인에게 신건후(新建侯)라는 칭호를 주고, 후대들이 백작을 세습할 수 있게 했다.

그의 저작으로는《왕문성공전서(王文成公全書)》(《양명전서》라고도 함) 30권이 있다.

계악은 상주문에서 왕수인을 이렇게 헐뜯었다.

"일을 처리함에 있어서 옛사람들을 존중하지 아니하고 스승을 존중하지 아니했으며, 이설을 내놓고는 제딴에 제일 좋은 학설이라 여기면서 주희의 격물치지설을 비난했습니다. 그러다가 여러 사람들이 자기 학설을 찬동하지 않으니 또 주희의 만년의 정설(定說)을 연구했으며, 제자들을 끌어들여 서로 맞장구를 쳤습니다."―《명사》《왕

수인전〉

계악의 이 말은 아무래도 괜찮지만 왕수인의 학설을 사설(邪說)이라고 하는 것은 전혀 맞지 않는다.

왕수인의 학술 사상에 대하여 황종희는 이렇게 개괄했다.

선생은 학문을 함에 있어서 처음에는 시문(詩文)을 널리 읽고 계속하여 고정(考亭)의 저작(주희의 저작을 말함)을 많이 읽었으며, 점차적으로 격물했다.

그런데 그는 사물의 이치와 자기의 마음은 다르다고 여기어 아무런 소득도 없었다. 그리하여 그는 오랫동안 불교의 교의와 노자의 학설을 연구했다.

후에 변경으로 쫓겨 가서 곤란한 처지에 있을 때 그는 마음이 몹시 격동되었지만 꾹 참으면서 만약 성인이 이런 처지에 있게 되면 어떻게 되겠는가고 생각했다.

문득 그는 격물치지의 요지를 깨닫고 성인의 도는 자기의 성(性)에 있으므로 외계에서 탐구할 필요가 없다고 느꼈다.

그는 학문을 하는 과정에서 3차의 변화를 거쳐 입문하게 되었다.

그때부터 그는 지엽적인 것을 따지지 않고 오로지 근본적인 것을 탐구하기 위하여 묵좌하여 마음을 깨끗이 하면서 학문을 했다.

그는, 발하지 않는 가운데서 발하면 절도에 맞게 되는 장점이 있다고 여겼다. 그리하여 보고 듣고 말하고 행동함에 있어서 기본적으로 수렴을 위주로 했으며 부득이한 경우에만 발했다.

강우(江右) 이후 그는 '치양지(致良知)'라는 세 글자를 내놓았다. 그는 묵좌하지 않고 마음을 깨끗이 하지 않고, 배우지 않고 생각하지 않았으며 모든 것을 자연 법칙에 맡겼다……관직이 올라간 후 그는 이 방면에서 더욱 익숙해지고 더욱 체득이 깊어졌다. 그리하여 언제나 알고 모름·옳고 그름의 시비에 말려들지 않았으며, 입을 열면 본심에 맞게 말하고 두루뭉술하게 말하지 않았다. 그리하여 마치 붉은 해가 천공에 떠서 세상을 환히 비추는 것 같았다. 학문을 완성한 후에도 이런 세 가지 변화를 거쳤다.─《명유학안》〈요강학안(姚江學案)〉

황종희는 왕수인의 학설이 정주 이후의 학설과는 다르고 도교와도 완전히 다르며, 공자·맹자의 학설과 부합된다고 여겼다. 그러므로 그는 "오! 눈에 티가 들어가 사방을 분간 못하는 사람만이 선생을 의심하는구려."─(동상서)─하고 말했다.

왕수인의 학술 사상은 독특하지만 의연히 사승 관계가 있고 근원이 있다.

유학 발전의 역사로부터 보면 왕수인의 학술 사상은 사맹(思孟, 자사·맹자) 학파에서 생겨났고, 직접적으로는 육상산(陸象山, 육구연)의 심학에서 영향을 받았다.

물론 원나라로부터 명나라 초기에 이르기까지 주희와 육구연의 사상을 조화시킨 이학가(理學家)들의 사상도 왕수인 학설의 탄생에 비교적 큰 영향을 주었다. 그 가운데서 특히 오여필·진헌장·잠약수 등의 사상은 왕수인에게 더욱 큰 영향을 주었다.

오여필의 학설은 주요하게 정관(靜觀)·정관 함양하여 마음속에서 구하고 올라가는 방법을 찾는 것이다. 그리하여 오여필이 주희와 육구연의 학설을 조화시켰다고 하기보다는 그의 학설이 육구연의 학설과 더욱 가깝다고 말할 수 있다. 오여필의 학설은 왕학(王學)에 계몽 작용을 했다.

황종희는 이렇게 말했다.

"살이 없는 수레바퀴는 수레의 시작이고, 두꺼운 얼음은 물이 모여서 언 것이다. 강재(康齊, 오여필)가 없었다면 후에 어찌 유학을 연구하는 성황이 있었겠는가!"-《명유학안》〈숭인학안(崇仁學案)〉

오여필의 뛰어난 제자들 중 호거인(胡居仁)과 누량(婁諒)은 후에 여간지학(餘乾之學)으로 발전했고, 진헌장은 후에 강문지학(江門之學)으로 발전했다.

누량은 왕학의 형성과 밀접한 관계를 갖고 있다.

"왕수인은 17살 때 상뇨(上鐃, 오늘의 江西省 上鐃市)에 가서 누량을 스승으로 모시고, 학문을 배웠는데 서로 마음이 통했다. 요강지학(姚江之學)은 스승한테서 발단되었다."-(동상서)

누량은 비록 오여필의 입실 제자였지만 그는 학술 사상에서 스승의 학문을 답습하지 않았다. 그리하여 그의 동창생 호거인은 그와 진헌장을 제일 반대했으며 "그 두 사람은 유학을 이교(異敎)에 빠지게 했다."고 질책했으며, 누량을 이렇게 비난했다.

"육자(陸子)가 이치를 탐구하지 않았는데, 그가 오히려 이치를 탐구했고 석재(진헌장)가 책을 읽지 않았는데 그가 책을 열심히 읽었다. 그런데 그가 이치를 탐구하고 책을 읽은 것은 다름 아니라 성현의 말씀으로 제 견해를 변호하기 위해서였다."-(동상서)

여기에서 우리는 누량과 진헌장은 사상면에서 공통점이 적지 않으며, 그들의 많은 견해는 불교의 심학 성격에 가깝다는 것을 알 수 있다. 그러므로 왕수인은 누량과 의기가 투합되었고, 누량의 학설은 왕학의 발단이라는 것을 이해할 수 있다.

누량의 저작으로는 《일록(日錄)》 40권·《삼례정와(三禮訂訛)》 40권이 있었는데 지금은 없어져서 볼 수 없다.

진헌장(陳獻章, 1428~1500년)의 자는 공보(公甫)이고 별호는 석재(石齋)이며, 광동 신회(新會) 백사리(白沙里) 사람이다. 사람들은 그를 백사 선생이라고 불렀다. 그는 오여필의 제자이다.

명나라의 학문은 진헌장으로부터 정밀해지고 상세해지고, 왕수인에 이르러 넓어지기 시작했다. 진헌장은 자기의 학문 경력을 이렇게 말했다.

나는 남처럼 재간이 없다. 스물일곱 살부터 책을 열심히 읽었고 오여필을 스승으로 모시고 배웠다. 오 선생은 고대 성현의 가르침을 쓴 책을 조리 있게 잘 강의했지만 나는 어디로부터 입문해야 할지 몰랐다.

후에 고향 백사로 돌아가 바깥출입을 하지 않고 전적으로 학문하는 방법을 탐구했다. 나는 스승이나 친구의 지도가 없이 유일하게 책에서 탐구했는데, 침식을 잃으면서 여러 해 애를 썼지만 아무런 성과가 없었다. 성과가 없다는 것은 나의 마음과 이(理)가 한데 모이지 못하고 서로 어울리지 못했음을 말한다.

그리하여 나는 복잡하게 책을 많이 읽지 않고 자신의 간단한 방법으로써 학문을 탐구했는데 정좌하여 묵상했다. 오랫동안 이렇게 하니 내 마음의 체(體)가 은연히 눈앞에 나타났다. 그리하여 일상생활에서 무슨 일이나 순조롭게 풀렸는데 마치 말에게 물렸던 재갈을 풀어놓은 듯했다. 사물의 이치를 체득할 때에는 성인들의 가르침을 생각해야 두서와 내력을 알게 되는데 그것은 마치 물의 원천을 찾는 것과 같다.

그리하여 나는 "성인으로 되는 방법이 바로 여기 있구나!"고 자신 있게 말했다.

나한테서 배우려는 자가 있으면 나는 그더러 정좌하라고 알려주며, 나의 경험과 경력을 그에게 알려주었다. 이렇게 하니 효과가 있었다. 이것은 절대 남을 놀래키는 말을 하여 남에게 손해를 끼치는 것이 아니다. ─《백사자(白沙子)》

여기에서 우리는 진헌장이 '학문을 묻고 배우던 데로부터 점차 덕성을 존중하는 데'로 넘어갔음을 알 수 있다. 그런데 이 과정에 대한 총결은 진헌장의 심학 사상 체계의 완성에 대한 총결이며 이것은 또 명조 시기의 심학도 여기로부터 시작되었고, 정주 이학의 통일된 국면이 이때는 존재하지 않았음을 표명한다.

진헌장의 학설을 한마디로 말하면 자연을 근본으로 하고 허(虛)를 기본으로 하며, 정(靜)을 문호(門戶)로 한 것이었다.

그는 육구연의 "마음이 곧 이(理)이다."는 관점을 계승했으며, 우주는 이(理)의 표현이고 진종일 바삐 보내는 것은 이 이를 수습하기 위해서이며, 이가 바로 마음이라고 여겼다. 그는 말했다.

이 이(理)는 관계하는 면이 아주 넓어 내외의 구별이 없고 시종의 구별이 없고, 닿지 않는 곳이 없고 그것을 이용하지 않는 생명이 없다.

이를 체득하면 천하에 발을 붙일 수 있고 천만 가지 변화에 적용할 수 있으며, 우주의 모든 것을 알 수 있다. 이를 얻으면 칼자루를 손에

잡은 격이 되니 두려운 것이 없게 된다.

예로부터 지금까지 사방 상하(四方上下)가 모두 이(理)에 의해 연결되고 이에 의해 정리된다. 이는 어디에나 어느 때에나 충만되어 있다.―《백사자(白沙子)》

여기에서는 마음의 작용이 극도로 과장되어 유아주의(唯我主義)로 되고 말았다. 그런데 마음을 어떻게 수양하겠는가에 대하여 그는 이렇게 인정했다.

"늘 자기의 마음이 사물이 없는 환경에 처하게 하며 마음속에 사물이 어른거리지 못하게 해야 한다."

"독서하여 널리 아는 것은 정좌하는 것만 못하다."

"학문을 함에 있어서는 반드시 정좌하는 가운데 단서를 찾아야 의논할 것이 있다."

"정좌하는 가운데서 단서를 길러 낸다는 것은 진헌장 심학의 일대 특색이다."

왕수인의 심학은 진헌장 심학과 가장 가까웠지만 왕수인은 어째서인지 그것을 종내 언급하지 않았다.

진헌장의 저작으로는 《백사집(白沙集)》9권이 있다.

잠약수(湛若水, 1466~1560년)의 자는 원명(元明)이고 호는 감천(甘泉)이며 광동 증성(增城) 사람이다. 학자들은 그를 감천 선생이라 불렀다. 그는 진헌장을 스승으로 모셨는데 진헌장은 그를 퍽 신임했다.

후에 그는 벼슬길에서 운이 열려 관직이 남경(南京) 이(吏)·예

(禮)·병(兵) 삼부상서(三部尙書)에까지 이르렀으며, 부임되어 간 곳마다 서원을 세우고 진헌장에게 제를 지냈다.

그는 여러 번 천하를 유람했다. 저작으로는《잠감천집(湛甘泉集)》이 있다.

잠약수는 "우주는 하나의 기(氣)이다."는 명제로부터 출발하여 이기(理氣)와 성기(性氣)는 존재 형식이 다를 뿐 본질적 구별이 없다는 것을 논증했다. 그리하여 심학과 이학의 보루를 연결시켜 놓았다.

그는 또 "이(理)와 기(氣)는 한 덩어리이고, 성(性)과 기(氣)는 한 덩어리이다."는 명제로부터 전진하여 "마음과 성(性)은 다르지 않다는 관점을 제기했다.

그리하여 "우주는 하나의 기이다. 하늘과 땅은 하나의 이(理)이다. 하늘과 땅은 하나의 마음이다. 만사 만물은 마음이 아닌 것이 없다."는 등의 논리는 모두 필연적인 발전이라고 말할 수 있게 되었다.

잠약수는 이론적인 명제로부터 출발하여 만물 유아라는 결론을 얻음으로써 자기의 심학 사상 체계를 건립했다.

이른바 "만사 만물은 마음이 아닌 것이 없다."는 것은 마음이 모르는 것이 없고 마음이 곧 이(理)라는 것이다.

그는 자기의 저작《심성도설(心性圖說)》에서 "마음은 관통되지 않은 것이 없고 마음은 포함하지 않은 것이 없으며, 관통하는 것과 포함하는 것은 실제로는 한 가지로서 마음은 천지 만물을 포함하는 외에 만물 가운데 관통되어 있다."고 말했다.

그는 "마음은 포함하지 않는 것이 없다는 데로부터 출발하여 "마음 밖에는 일(事)이 없고 마음 밖에는 물(物)이 없고, 마음 밖에는 이(理)가 없다."는 이 세 마디 말은 틀리지 않는다고 인정했으며, 심지어는 마음이 없으면 하늘땅이 없다고 여겼다.

그는 또 "마음은 관통되지 않은 것이 없다."는 데로부터 "천리는 누구에게나 다 있으며 그것은 외부에서 스며들어 간 것이 아니고 요 (堯)가 있다 하여 존재하는 것이 아니고, 걸(桀)이 죽었다 하여 없어지는 것이 아니라고 인정했으며 그렇기 때문에 누구나 다 요·순이 될 수 있고, 길 가던 사람도 우(禹)가 될 수 있다고 했으며, 길 가던 사람의 마음은 우(禹)의 마음이고 우의 마음이자 요와 순의 마음으로서 모두 같은 마음이며, ……천지·고금·우주 내에는 하나의 마음밖에 없는데 어찌 두 가지 마음이 있을 수 있겠는가?"-《명유학안》〈감천학안(甘泉學案)〉-고 인정했다.

잠약수 심학의 수양방법은 주로 가는 곳마다 천리를 체득하는 것이다. '천리'는 사람의 마음속에 고유하고 있는 봉건 윤상 도덕규범이다. 천리를 체득하려면 반드시 후천적으로 형성된 나쁜 습성을 없애야 한다.

그 주요한 방법은 거경(居敬)하고 조장(助長)하지 않고 망각하지 않는 것이다. 다시 말하면 시시각각 봉건 윤리 사상으로써 자기를 요구하고 잡념이 없는 자연 상태를 보존한다는 것이다. 이런 서로 모순되는 관점은 잠약수가 정주의 사상을 얼마간 보류한 탓이다.

잠약수와 왕수인은 사이가 아주 좋았다. 그들은 함께 강의했는데 모두 성학(聖學)을 선전하는 것을 업으로 삼았다. 후에는 각자의 종지가 서로 달랐다. 왕수인은 '양지(良知)에 이르는 것'을 근본으로 삼고, 잠약수는 '어디에서나 천리를 체득하는 것'을 근본으로 했다.

왕수인은, 잠약수의 학설은 묻고 배우고 생각하고 논쟁하는 방법으로 천리를 체득하는 것으로서, 그것은 직접 마음으로 얻는 것이 아니므로 밖에서 얻는 것이라고 인정했다.

잠약수는 왕수인의 격물설에서 네 가지를 믿을 수 없다고 여겼다.

첫째, 격(格)을 정(正)으로 해석하고 물(物)을 생각의 생성으로 해석한다면 아래 글에서 성의(誠意)의 의(意)자는 생각의 생성이고, 정심(正心)의 정자는 곧 격이 된다.

둘째, 문장의 상하를 연결시킬 수 없다.

셋째, 학문이 깊지 못하면 생각의 옳고 그름을 판단하는 데 근거가 없게 된다.

넷째, 순(舜)부터 자사(子思)에 이르기까지 학문·사색·논쟁·실천의 중요성을 강조하지 않은 사람이 없다.—《감천문집(甘泉文集)》

왕수인과 잠약수는 학술 관점이 좀 달랐지만 그들 사이의 논쟁은 결국은 심학 체계 내부의 분기였다.

"그때 잠약수에게서 배우기 시작하고 왕수인한테서 졸업했거나, 왕수인에게서 배우기 시작하여 잠약수한테서 졸업했거나를 막론하고 그들은 모두 주희·육구연의 제자들로서 서로 오고갔을 뿐이다."—《명유학안》〈감천학안 1〉

2) 인정 사상(仁政思想)

인정(仁政)의 실시를 주장하고 공리(功利)를 경시(심지어는 반대)하는 것은 유가의 전통적 정치 사상이다. 왕수인은 이 사상을 완전히 계승했다.

인정의 주요 내용은 한편으로는 지주계급을 널리 사랑하고, 다른 한편으로는 존비 등급 질서를 엄격하게 지킨다는 것이다.

당우 3대는 왕수인이 가상한 인정의 전형이다. 왕수인은 그 시기의 형편을 이렇게 묘사했다.

성인이 교화한 주요 내용은 요(堯)·순(舜)·우(禹)가 서로 전수한 이른바 "도의 마음은 극히 희미한 것이니, 정신 차리고 오직 하나로 모아 그 중정(中正)을 진실로 잡아야 한다."는 것이며, 교화의 구체적 내용은 순(舜)이 계(契)에게 명령한 다섯 가지이다.

그것은 즉 "부자 사이에는 사랑이 있어야 하고, 군신 사이에는 의가 있어야 하고, 부부 사이에는 구별이 있어야 하고, 장유(長幼) 사이에는 순서가 있어야 하고, 친구 사이에는 믿음이 있어야 한다."는 것이다.

요·순과 하(夏)·상(商)·주(周) 세 조대에서는 가르치는 사람이 이렇게 가르치고 배우는 사람들도 이것만 배웠다. 그때 사람들은 서로 다른 견해가 없었고 집집마다 다른 습관이 없었으며, 이렇게 하는 것을 성(聖)이라 하고, 이렇게 하려고 애쓰는 것을 현(賢)이라 했으며, 이것을 위반했을 경우에는 단주처럼 총명한 사람도 불초하다고 여겼다.

거리에서나 밖에서도 모두 이것을 배웠고, 농민·장인·상인 같은 하층민들도 모두 이것을 배웠으며 모두 자신의 덕성을 키우기 위해 힘을 썼다……

그때 천하의 사람들은 한집 식구처럼 즐겁게 보냈다.

재간이 좀 못한 사람들은 공·농·상업에 종사하면서 각자가 열심히 일하여 서로 생활용품을 제공했으며, 주제넘게 높은 데만 바라보는 마음이 없었다.

재능이 특수한 사람, 예를 들면 고(皋)·기(夔)·직(稷)·계(契) 등은

벼슬을 하면서 자기 재능을 발휘했다. —《전습록》〈답고동교서(答顧東橋書)〉

　3대(三代) 이후 왕도가 쇠미해지고 패도가 흥성해졌다.
　"성인의 학문이 점차 멀어지고 암담해졌으며 공리적(功利的) 풍기가 갈수록 심해졌다."
　"오늘에 이르러 공리(功利)의 독즙이 사람들의 마음속과 골수에까지 스며들고, 그것이 습성으로 된 지도 수천 년이 된다." —(동상서)
　이런 형편에 비추어 왕수인은 극력 '인으로써 정치를 행할 것'을 제창하고 천지 만물이 하나의 인(仁)에 이르게 하는, 명덕(明德)·친민(親民) 주장을 반복적으로 해석했다. 그는 이렇게 말했다.
　"성인의 마음은 천지 만물과 하나로 되어 있는 바 그는 천하의 사람들을 내외(內外)와 원근(遠近)으로 나누지 않는다. 무릇 혈기를 갖고 있는 사람은 모두 자기의 형제자매로 생각하고, 그들을 무사히 지내게 하고 교양함으로써 만물 일체의 마음을 실현한다." —(동상서)
　"친민지학(親民之學)이 불명하면 천하를 잘 다스릴 수 없다." —《양음전서(陽陰全書)》
　그는 '덕성을 밝히고(明德), 백성을 사랑하는(親民)' 문제에 대해 구체적으로 말했다.

　나의 부친을 사랑하고 남의 부친을 사랑하고 천하 사람들의 부친을 사랑하면, 나의 인(仁)은 나의 부친·남의 부친·천하 사람들의 부친과 한 덩어리로 된다. 이렇게 한 덩어리로 되면 효(孝)의 덕이 밝아지게 된다.

나의 형을 사랑하고 남의 형을 사랑하고 천하 사람들의 형을 사랑하면, 나의 인이 나의 형·남의 형·천하 사람들의 형과 한 덩어리로 된다. 이렇게 한 덩어리로 되면 윗사람을 공경하는 덕이 밝아지게 된다.

군신·부부·친구 나아가서는 산천·귀신·금수·초목에 이르기까지 모두 나와 혼연 일체로 되게 하여 나의 인이 이르게 해야 한다.

그렇게 되면 나의 명덕(明德)이 밝아지지 않을 수 없고 내가 진정으로 천지 만물과 한 덩어리로 될 수 있다. 이것을 밝은 덕을 나타내고 집안과 나라를 다스리는 것이라고 한다. ─《양명전서》

표면상에서 보면 "천하를 한집으로 보고 중국을 한사람처럼 보며, 백성은 모두 나의 동포이고 만물은 내가 준 것"이라는 인정(仁政)사상에는 평등 박애의 사상이 포함되어 있는 것 같다. 실제로 왕수인은 사랑에는 친소(親疏)와 차별이 있다고 인정했다.

《전습록》에는 이렇게 씌어 있다.

물음 : 정자(程子)는 "어진 사람은 만물을 하나로 취급해야 한다."고 했는데 왜 묵자의 겸애는 인이라고 말하지 않습니까?

선생의 대답 : 이 문제는 말하기 어렵소. 반드시 여러 사람들이 스스로 체득해야 알 수 있소. 인(仁)은 자연적으로 이루어진 것으로서 영생불멸하는 이(理)란 말이오. 그것은 비록 우주에 차 넘쳐 어디에나 다 존재하지만 그것의 유행과 발생은 점차 진행되기에 영생불멸한 것이오……부자·형제 사이의 사랑은 인심 생장의 발단처로서 마치 나무에 움이 트는 것과 같소. 그러므로 백성과 만물을 사랑하는

것은 마치 나무에 가지가 뻗는 것과 같소.

묵자가 말하는 겸애(두루 사랑하는 것)는 차별이 없어 제 집의 부모 형제를 길손과 같이 대하는데 이것은 자연히 발단처가 없는 것이 되오……영생불멸하지 못한 것을 어찌 인이라 말할 수 있겠소!

왕수인은 사랑에는 차별이 있어야 한다는 원칙에 근거하여 존경할 사람을 존경하고, 사랑해야 할 사람을 사랑하는 봉건 통치 질서를 수호하는 것은 아주 당연한 일이라고 여겼다.

예를 들면 손과 발로 머리와 눈을 보호하고, 변변치 못한 음식이 있는데 그것을 얻으면 살 수 있고 얻지 못하면 죽게 될 때 친인과 길손을 고루 돌보는 것이 아니라, 친인을 구하고 길손을 구하지 않는 것이 도리에 맞는 일로 되었다.

물론 "머리로 일하는 사람은 남을 다스리고 육체로 일하는 사람은 남에게 다스림을 받으며, 다스림을 받는 사람은 남을 먹여 살리고, 남을 다스리는 사람은 남에게 의지하여 사는 것"―《맹자》〈등문공상〉―은 천하에 통하는 일반적 원칙으로 되었다.

또한 하급이 상급에게 쌀을 바치고 심부름을 하는 것쯤은 응당한 일이고, 그렇지 않으면 완고하기 그지없어 마땅히 죽어야 한다고 여겼다.

그러나 왕수인은 봉건 통치 위기를 만구하고 지주 계급의 장원한 이익을 수호하려는 원망으로부터 출발하여 통치자들이 폭정을 실시하고, 백성들을 가난에 빠지게 하는 것을 반대했다. 그는 착취를 좀 경감하여 백성들이 편안히 살게 해야 한다고 주장했다.

3) 심학 사상 체계

왕수인의 심학 사상 체계의 건립 과정은 앞에서 서술한 바와 같다.

무종 정덕(武宗正德) 원년(1506년) 34살 되는 왕수인은 유근(劉瑾)을 탄핵한 대선(戴銑)을 구하려고 상주문을 올렸다가 귀주(貴州) 용장 역승(龍場驛承)으로 강직되었다.

용장은 심산 속에 있었는데 황량하기 그지없었다. 왕수인은 용장에서 매일 죄인들과 함께 보냈다. 이런 역경은 왕수인에게 큰 자극을 주었다. "변경 지역에서 곤란한 처지에 빠진 그는 마음이 격동되었지만 꾹 참을 수밖에 없었다." 그러다가 갑자기 격물치지하려면, 마음속에서 탐구해야지 사물에서 탐구하지 말아야 함을 느꼈다. 그리하여 이것이 도라는 것을 굳게 믿어 마지않았다. 그때부터 그는 자기의 심학 사상 체계를 건립했다.

기실 '용장에서 도를 깨달은 것'은 하나의 계기에 지나지 않았다. 왕수인의 심학 사상 체계의 건립은 그 자체의 심각한 사회적 근원이 있다.

왕수인은, 그때 천하가 다스려지지 않고 도덕이 어지러워진 중요한 원인을 학술 불명(不明) 탓이라고 했다.

"글을 쓰는 사람이 많고 실제로 행하는 사람이 적다. 사람들은 각자가 자기 견해를 내놓고 서로 신기한 것을 다투며, 감언이설로 사람들의 신임이나 칭찬을 받으려 한다. 이것은 세인들의 시청각을 혼동되게 하고 세인들의 이목을 기만하는 것이다.

천하의 사람들은 모두 글을 잘 다듬어 명성을 얻으려 하고 근본을 중시하고, 실제를 강조하고 순박한 것으로 되돌아가는 것을 모르게 되었다." -《전습록》

그때 사대부들은 명예와 이익을 추구하기 위해 간계를 꾸미고 당파를 만들었으며, 자기들의 비위에 조금만 거슬리면 공공연히 소매를 걷어 올리고 눈을 부라리면서 날뛰었다.

이런 국면을 돌려세우기 위해 왕수인은 학술을 밝히고, 사대부들을 포함한 사람들의 마음속에 있는 도적을 제거하려 했다.

왕수인의 심학은 주요하게 심즉리(心卽理)·지행합일(知行合一)·치양지(致良知) 세 가지 명제를 핵심적 이론 체계로 한다.

"마음이 곧 이(理)이다."는 왕수인 심학의 기초이다. 그는 마음에 대해 이렇게 말했다.

몸을 주재하는 것은 마음이고 마음에서 나오는 것은 생각이며, 생각의 본체는 지(知)이고 생각을 하게 하는 것이 곧 사물이다. ─《전습록》상

귀·눈·입·코·사지는 사람의 몸이다. 만약 마음[心]이 없다면 어찌 보고 듣고 말하고 움직일 수 있단 말인가? 만약 보고 듣고 말하고 움직이려 생각하여도 귀·눈·입·코·사지가 없으면 안 된다. 그러므로 마음이 없으면 몸이 없고 몸이 없으면 마음도 없다고 말한다.

그러므로 공간을 메우는 것을 몸이라 말하고 그것을 주재하는 것을 마음이라 부르며, 마음에서 발한 것을 생각이라 하고 생각의 영민한 것을 지(知)라 하며, 생각이 미치는 곳을 사물이라 하는데 모두 한 가지이다. ─《전습록》하

마음이란 한 덩이의 혈육을 가리키지 않는다. 무릇 지각이 있는 곳은 모두 마음이다. 예를 들면 귀와 눈은 듣고 보며, 손과 발은 감각이 있다. 이런 지각은 곧 마음이다.─《전습록》하

왕양명은 마음에 대해 명확한 규정을 내리지 못했지만 마음은 한 덩이의 혈육이 아니라, 몸을 주재하고 감각이 있는(심지어는 사유를 하는) 기관이라는 것과 정신의 실체라는 것은 인식했다.

마음과 이(理)의 관계 문제에서 정이와 주희는 "이(理)는 하나이지만 여러 개로 나누어진다."는 점을 견지했기에 마음과 이가 두 가지로 갈라지게 되었다. 그러나 왕수인은 마음과 이는 하나로 합쳐진다고 했다.

만사 만물의 이(理)를 탐구하는 것은 부모에게서 효의 이를 추구하는 것과 같다. 부모에게서 효의 이를 탐구함에 있어서 효의 이가 도대체 내 마음속에 있는가, 아니면 부모의 몸에 있는가? 만약 진정 부모의 몸에 있다면 부모가 돌아가신 후 나의 마음속에 효의 이가 있게 되는가?

어린아이가 우물에 빠진 것을 보았을 때 필연코 측은하게 여기는 이(理)가 있게 된다. 그런데 이 이가 어린아이의 몸에 있는가, 아니면 내 마음속의 양지(良知)에 있는가?

어린아이를 따라 우물에 뛰어들지 않을 수도 있고 손을 내밀어 구할 수도 있다. 이것은 모두 이(理)이다. 이 이(理)가 필경 어린아이의 몸에 있는가, 아니면 내 마음 속의 양지에서 생겨나는가?

이 예를 통하여 만사 만물의 이가 모두 그렇다는 것을 알 수 있다.

마음과 이를 두 개로 갈라놓는 것은 옳지 않다. ─《전습록》

　이른바 당신의 마음이란 당신을 보고 듣고 말하고 움직이게 하는 것인데, 그것이 곧 성(性)이고 그것이 곧 천리(天理)이다. 이런 성이 있어야 그 성에서 이가 나오게 되는데 그것이 곧 인(仁)이다.
　이 성(性)에서 나온 이(理)가 눈에 나타나면 볼 수 있고 그것이 귀에 나타나면 들을 수 있고, 입에 나타나면 말할 수 있고, 사지에 나타나면 움직일 수 있다. 이것은 모두 천리가 작용하기 때문이다.
　천리가 몸을 주재하기에 그것을 마음이라 한다. 마음의 본체는 본래 천리이며 원래 이가 아닌 것이 없다. ─《전습록》상

　왕수인은 "마음이 곧 이(理)이다."는 명제로부터 출발하여 마음 밖에는 이(理)가 없고, 마음 밖에는 사(事)가 없다는 견해를 가일층 논증했다.

　마음이 곧 이(理)이다. 천하에 그 마음 밖의 사(事)가 있고 마음 밖의 이가 있단 말인가? ─(동상서)

　생각이 부모를 섬기는 데 있으면 부모를 섬기는 것이 한 가지 사물이 되고, 생각이 군주를 섬기는 데 있으면 군주를 섬기는 것이 한 가지 사물이 되며, 생각이 백성을 사랑하고 만물을 좋아하는 데 있으면 백성을 사랑하고 만물을 즐기는 것이 한 가지 사물이 되고, 생각이 보고·듣고·말하고·움직이는 데 있으면 보고·듣고·말하고·움직이는 것이 한 가지 사물이 된다.

그러므로 나는 마음 밖에 이(理)가 없고 마음 밖에 물(物)이 없다고 말한다.—(동상서)

사물의 바른 이치(物理)는 나의 마음 밖에 존재하지 않는데 나의 마음 밖에서 사물의 바른 이치를 탐구해낼 수 없다. 사물의 이치를 버리고 나의 마음을 찾는다면 나의 마음이 도대체 무엇인가? 마음의 체(體)는 성(性)이고 성은 곧 이(理)이다.

그러므로 부모에게 효도하는 마음이 있으면 효도하는 이가 있게 되고, 부모에게 효도하는 마음이 없으면 효도하는 이가 없게 된다. 또한 임금에게 충성하는 마음이 있으면 충성하는 이가 있고, 임금에게 충성하는 마음이 없으면 충성하는 이(理)가 없게 된다. 이가 어찌 나의 마음 밖에 있겠는가?—《전습록》

마음 밖에 물(物)이 없고 마음 밖에 사(事)가 없으며, 마음 밖에 이가 없고 마음 밖에 의가 없고 마음 밖에 선이 없다.—《양명전서》

왕수인은 심지어 "사람은 천지 만물의 마음이고, 마음은 천지 만물의 주재이다. 마음이 곧 하늘이고 마음이 말하는 것은 천지 만물을 다 거들어 말하는 것이다."—(동상서)—고 말했다.

왕수인의 "마음은 곧 이(理)이다."는 설은 육구연의 "우주는 내 마음이고 내 마음이 곧 우주이다."는 사상을 발전시켜 그것으로 하여금 주관적 색채를 띠고 극단적인 유아주의(唯我主義)에 빠지게 했다, 《전습록》에는 이렇게 씌어 있다.

선생이 남진(南鎭)을 유람할 때 한 친구가 바위 위에 자란 꽃을 가리키면서 물었다.

"당신은 천하에 마음 밖에 물(物)이 없다 하지 않았소. 그런데 심산 속에 스스로 피고 지는 이 꽃이 내 마음과 무슨 관계가 있단 말이오?"

"자네가 이 꽃을 보지 못했을 때 이 꽃은 자네 마음과 같이 조용히 있었소. 자네가 여기 와서 이 꽃을 보니 이 꽃은 아름다운 색깔을 나타냈소. 그러니 이 꽃은 자네 마음 밖에 있는 것이 아니란 걸세."

이것은 주관 능동 작용을 황당할 정도로 과장한 것이다.

그러나 "마음이 곧 이(理)이다."는 명제에도 합리적인 요소가 있다. 그것은 "성(性)이 곧 이(理)이다."는 정주(程朱) 학설의 이론상에서의 부족점을 보충하고 인간의 주관 능동 작용을 강조했다.

"마음이 없으면 몸이 없고 몸이 없으면 마음이 없다."는 설은 사유와 감각 사이의 관계를 탐구했다. 그것은 비록 정확한 결론을 얻지 못했지만 의연히 의의가 있다.

그는 전부의 문제를 몸·마음·뜻·인식과 같은 이런 혈육지구(血肉之軀)를 떠날 수 없는 주체 정신에 두었으며, 그리하여 왕기(王畿)의 "마음의 자연에 맡겨야 한다."는 설과 왕간(王艮)의 "기쁨은 마음의 본체이다."는 설로 발전했다. 이것은 논리상의 필연이다. 그리하여 왕수인 학설은 점차 이학(理學)의 이단으로 되고 말았다.

왕수인의 지행합일(知行合一)이란 명제는 그때의 사회 악폐에 맞는 좋은 약이었다. 정이와 주희는 지(知)와 행(行)을 두 가지로 갈라 놓고, 지가 먼저이고 행이 후라고 강조했다. 그리하여 학자들은 오직 배우고 묻고 사고하는 데만 열중하고 실천이 부족했다. 여기에 대해 왕수인은 이렇게 말했다.

지금의 사람들은 지와 행을 두 가지로 나누려 하며 먼저 알고서야 행할 수 있다고 여긴다. 나는 지금 지(知)에 이르는 방법을 강의하고 토론하려 한다.

어떤 사람들은 진정으로 지에 도달한 후에야 행을 운운할 수 있으며, 평생 행하지 않으면 평생 지에 이를 수 없다고 한다. 이것은 사소한 병이 아니며 이런 그릇된 인식은 역사가 길다.

내가 지금 지행합일을 논하는 것은 병에 따라 약을 주는 것이지 내가 무턱대고 꾸며낸 것이 아니다. 지와 행의 본체는 원래 그러하다.─《전습록》상

정이와 주희는 지와 행을 두 가지 일로 취급했기에 행에 대해 힘을 넣을 수 없었을 뿐만 아니라 지에 대해서도 홀시했다. 왕수인은 이렇게 말했다.

지금 사람들은 학문을 함에 있어서 지와 행을 갈라놓는다. 그러기에 나쁜 생각이 떠올랐을 때 비록 그렇게 하지는 않지만 그것을 제지시키지 못한다.

내가 지금 지행합일을 말하는 것은 어떤 일념이 떠오르면 그것이 이미 행으로 되었다는 것을 알게 하기 위해서이다. 만약 불량한 생각이 떠오르면 그것을 지워 버려 그 불량한 생각이 마음속에 머무르지 못하게 해야 한다. 이것이 바로 내가 말하려는 종지(宗旨)이다.─《전

습록》하

    지와 행은 변증법적 관계를 갖고 있으므로 그것을 두 가지로 갈라 놓는 것은 물론 옳지 않지만 지로써 행을 대체하고, 지로써 행을 병탄하는 것도 옳지 않다.

    그러나 왕수인은 주체 실천의 능동성을 최대로 강조하고, 순수한 객관 인식을 추구하는 지를 반대하고 행을 떠난 지를 반대했기 때문에, 그의 후학들이 점차 정이와 주희의 경의 협지(敬義挾持)의 수양 방법을 포기하고 현실에 대해 적극적으로 간섭하는 태도를 취했다.

    지와 행은 본래 다른 개념이다. 그러나 왕수인은 그 둘을 하나로 합쳐 놓았다. 그는 이렇게 말했다.

    나는 일찍이 지는 행의 주의(主意)이고, 행은 지의 수단이며, 지는 행의 시작이고, 행은 지의 성과라고 말했다. 만약 지와 행의 도리를 터득하게 되면 지만 말하여도 행이 그 속에 있게 되고, 행만 말하여도 지가 그 속에 있게 된다. —《전습록》상

    그는 또《대학》에서 인용한 "그 악한 것을 미워하는 것은 나쁜 냄새를 싫어하는 것과 같이하며, 착한 것을 좋아하는 것은 아름다운 색깔을 좋아하는 것처럼 해야 한다."는 관점을 이용하여 좋은 색깔을 보았을 때에는 이미 스스로 좋아하고, 나쁜 냄새를 맡았을 때에는 이미 나쁘다고 생각하는 이것이 곧 지와 행의 본체라는 것을 논증했다.

    왕수언의 지행합일론은 윤리 도덕규범에서 착안한 것이다. 여기에서 지는 천리를 안다는 것이고 행은 천리를 행한다는 것이다. 이것

은 필연코 이론상의 모순과 착오를 초래하게 된다. 그러나 그의 논증에도 합리적인 요소가 있다. 예를 들면 그는 이렇게 말했다.

모모가 효(孝)를 알고 모모가 제(佛)를 안다고 하는 것은 그 사람이 효와 제를 행했기 때문에 그가 효와 제를 안다고 말하는 것이지, 그가 효와 제에 관한 말을 했다 하여 효와 제를 안다고 하는 것이 아니다.

또 예를 들면 아픔을 안다는 것은 그가 아프기 때문이고 추위를 안다는 것은 그가 춥기 때문이며 배고픔을 안다는 것은 그가 배가 고프기 때문이다. ─《전습록》상

배우고 묻고 사고하고 변론하고 행하는 것은 모두 배움을 말한다. 배우고 행하지 않는 일이 없다. 예를 들면 효도를 배우면 반드시 부모를 섬기고 부양하며, 효성을 다해야 효도를 배웠다고 할 수 있다. 어찌 말만 하는 것으로 효도를 배웠다고 할 수 있겠는가?

활쏘기를 배우려면 반드시 활을 쏘아 목표를 명중해야 한다. 글을 배우려면 반드시 종이와 먹을 갖추어야 한다. 천하의 모든 배움은 행을 하지 않고 배울 수 없다. 배움이 시작되면 이미 행한 것이 된다. ─《전습록》

이런 방면에 대한 그의 논술에서는 모두 인식에 대한 실천의 중요한 의의를 언급했다. 이 점에 대해서는 긍정해야 한다.

"양지에 이른다."는 명제는 황수인의 심학 사상 체계의 핵심이다. 그는, 자기는 한평생 '양지에 이르는 것'만 강의했다고 말했다.

"양지(良知) 밖에 다른 것이 없다." 그러므로 양지는 학문을 함에 있어서 고리이고, 성인들이 사람을 가르치는 첫 번째 요의이다.

그의 견해에 의하면 양지가 곧 천리이고, 양지에 이르는 것은 사욕을 극복하고 몸과 마음의 선량한 진면모를 회복하는 것이다. 즉 천리를 간직하고 인욕을 버리는 것이다.

그는, 양지는 사람의 마음속에 고유되어 있는 선량한 본성인데 아버지를 만나면 자연적으로 효성할 줄 알고, 형제를 만나면 자연적으로 사랑할 줄 알고, 어린아이가 우물에 빠진 것을 보면 자연히 측은하게 여기는 이런 마음은 외부로부터 얻는 것이 아니며, 예로부터 지금까지 성인이나 우매한 사람이나 모두 마찬가지라고 인정했다.

그는 또 '시비를 생각하지 않아도 알 수 있고 배우지 않아도 가릴 수 있는' 양지는 사람의 마음속에 고유된 것이라고 여겼는데 이것은 유심주의 선험론이다.

그러나 그는 양지는 성인이나 우매한 사람이나 마찬가지라고 여겼는데, 이것은 이 둘의 차별을 부정하고 사람은 누구나 다 성인으로 될 수 있다는 것을 승인하는 것이다. 이 사상은 그때에 아주 중요한 의의를 갖고 있었다.

양지가 사람의 마음속에 고유된 본성이라 한다면 사람들은 모두 선량해야 했다.

그러나 현실 생활은 그렇지 않았다. 이 문제에 대해 왕수인은, 그것은 성인을 제외한 일반 사람들은 물욕(物欲)의 영향을 쉽게 받기 때문이라고 해석했으며, 그러므로 반드시 "배워서 그릇된 폐단을 없애야 한다."고 했다. 다시 말하면 반드시 '자기를 반성하고 억제하며, 격물치지'해야 한다고 했다.

이것은 또 정이·주희의 거경궁리로 돌아간 것 같지만 기실은 그렇지 않았다.

왕수인은 정이·주희의 격물치지를 반대하고 즉물 궁리도 반대했으며 마음에 힘쓸 것을 주장했다. 그는 말했다.

내가 말하는 격물치지는 내 마음속의 양지가 만사 만물에 이르게 하는 것이다. 내 마음속의 양지는 곧 천리라는 것이다. 내 마음속 양지의 천리가 만사 만물에 이르게 되면 만사 만물은 이를 얻게 된다. 내 마음속의 양지에 이르게 되면 지에 이른 것이 된다. 만사 만물이 모두 이(理)를 얻게 되면 격물이 된다. 이것은 마음과 이가 합쳐진 것이다. ─《전습록》

그는 일이 있건 없건 일심으로 천리에 공력을 들일 것을 주장했다.

궁리를 전문적으로 말하면 그것을 거경(居敬)이라 할 수 있고, 거경을 정밀하게 말하면 그것을 궁리라고 말할 수 있다. 거경한 후 다른 한 마음으로 궁리하는 것이 아니라 궁리할 때 다른 한 마음으로 거경해야 한다. ─《전습록》

왕수인은 일심으로 천리에 힘을 넣는 수양 방법을 '진실하고 간단하며 수수한 것 같지만 효험을 볼 수 있는' 구세(救世) 약방문으로 삼았다. 그는 말했다.

세상의 군자가 오직 마음을 다하여 자기의 양지에 이른다면 자연히 시비에 밝게 되고 공통된 애증의 마음을 갖게 되며, 자기를 대하는 것처럼 남을 대하고 나라를 자기 집처럼 여기게 될 뿐만 아니라 천지 만물과 한 덩어리가 된다. 이렇게 되면 나라가 잘 다스려지지 않을 수 없다.―《전습록》

유종주는 '치양지(致良知)'를 평가할 때 이렇게 말했다.

양지(良知)야말로 진정한 지이다. 이런 지(知)는 듣고 본 것에만 국한되지 않는다. 양지에 이르러 행하게 되면 범위의 제한을 받지 않는다. 지(知)인즉 행(行), 마음인즉 물(物), 동(動)인즉 정(靜), 체(體)인즉 용(用), 하(下)인즉 상(上)이 되며, 양자를 어느 때나 어디에서나 통일시킬 수 있다. 이렇게 되면 학자들은 학문을 함에 있어서 지리하고 실속이 없고 근본을 떠나는 폐단을 극복할 수 있다. 이 설은 실로 잠을 깨우는 천둥과 같고 안개를 거두는 뙤약볕과 같다. 공자와 맹자 시대 이래 이처럼 심각하고 명백한 설이 종래로 없었다.―《명유학안》〈사설〉

왕수인의 견해나 유종주의 평가는 너무 지나친 점이 있다. 그러나 공자와 맹자의 설에 어긋나서는 괜찮지만 정이·주희의 학설에 어긋나서는 안 되는 그 시기에 정이·주희의 설과 다른 치양지설을 내놓자면 얼마간의 용기가 있어야 했다.

왕수인도 "나는 평생 주희의 학설을 신명(神明)처럼 받들었다. 그것을 위반하자니 마음이 잘 내키지 않아 이 글을 쓴다."고 했으며, 도가 그렇기 때문에 할 수 없이 그렇게 한다고 말했다. 그는 또 이렇게 말했다.

"도는 천하가 공유한 도이고, 학(學)은 천하가 공유한 학으로서 주희 개인의 소유가 아니고 공자 개인의 소유도 아니다. 천하가 공유하고 있는 것은 공평하게 논해야 한다." -《전습록》

왕수인은 또 공자를 내세우고 자기의 근거는 공자 가문에서 전해지고 있는《대학》고본(古本)이라고 하면서 그것으로 주희를 내리눌렀다.

배움에 있어서는 마음속에 소득이 있는 것이 중요하다. 내가 마음속으로 틀렸다고 여기는 것은 설사 공자께서 한 말이라 하여도 나는 그것이 맞는다고 하기 어렵다. 하물며 공자보다 못한 사람이 한 말이야 더 말할 나위가 있는가?

내가 마음속으로 옳다고 여기는 것은 보통 사람이 한 말도 나는 감히 틀렸다고 말할 수 없다. 하물며 공자가 한 말이야 더 말할 나위가 있는가? -(동상서)

왕수인의 이런 말은 독특하고 선명한 견해가 포함되어 있다. 그러기에 어떤 사람들은 그의 학설을 사설이라고 했다. 또한 그의 후학들이 경(經)을 떠나고 도를 위반하여, 이단으로 발전한 것에 대해서도 이해할 수 있다.

왕수인은 정이·주희가 마음과 이·지와 행을 갈라놓은 것을 비평했지만 자체의 이론상의 결함으로 하여 마음을 도심(道心)과 인심(人心)으로 나누었다. 그리하여 "허물이나 저지른 일을 반성하고 자기를 억제하면서 다스려야 한다."는 수양 방법을 내놓았다. 이것은 정이와 주희의 뒤를 따른 것이다.

왕수인은 "사람들에게 학문을 가르침에 있어서는 한 쪽에만 치우치지 말아야 한다."고 인정했다. 즉 "조용할 때 존양(存養)하고, 움직일 때 성찰해야 한다."고 여겼다. 그는 이렇게 지적했다.

한가할 때 여색·재물·명예 등 좋아하는 사욕을 일일이 찾아내고 그 뿌리를 뽑아내어 영원히 재발하지 못하게 해야 통쾌하게 된다. 예를 들면 고양이는 쥐를 잡을 때 눈을 크게 뜨고 귀를 세우고 잡념이 떠오르면 바로 없애 버려야 한다. 또한 태도가 견결해야 하고 조금도 양보하지 말아야 한다. 쥐가 숨지 못하고 도망 못 치게 해야 진정한 재간이 있는 것이다. ―《전습록》상

그러나 조용할 때 존양하는 것과 움직일 때 억제하여 다스리는 것을 모르면 "일에 봉착했을 때 어찌할 바를 몰라 한다."고 했다.

그는 "우리 유가는 마음을 닦음에 있어서 사물을 떠난 적이 없다. 오직 사물의 천성에 순응했을 뿐이다"―《전습록》하―고 말했다.

그는 구이지학(口耳之學)을 반대하고 "시시각각 자신을 반성하고 억제해야 한다."고 주장했다.

왕수인은 자기의 부하가 "공문과 사건을 처리하기 위해 바삐 돌다 보니 학문을 할 겨를이 없습니다."고 한 말에 이렇게 대답했다.

내가 언제 당신에게 공문과 사건을 처리하지 말고 텅 빈 강의를 하라고 했소? 당신에게는 소송에 관한 일이 있으니 거기에서 무엇을 배워야 진정으로 격물(格物)하는 것이 되오. 예를 들면 재판할 때 당

신은 상대방이 무례하다 해서 성을 내지 말아야 하고, 상대방이 말을 구수하게 한다 하여 기뻐하지 말아야 하며, 상대방의 청구가 귀찮다고 해서 고의적으로 정벌해서는 안 되고, 상대방이 구걸한다 해서 너그럽게 판결해서는 안 되며, 제 일이 바쁘다 해서 억지로 판결해서도 안 되오. 그리고 남이 중상하고 무함한다 해서 그 사람의 의사대로 처리해서는 안 되오. 여기에서 말한 여러 가지는 모두 나의 생각이니 당신 혼자만 알고 있소. 당신은 반드시 자신을 반성하고 억제해야 하며, 조그마한 편차 때문에 틀리게 재판하는 일이 없도록 해야 하오. 이것이 바로 격물치지오. 공문이나 소송을 처리하는 것은 모두 진정한 학문이오. 만약 사물을 떠나서 배운다면 도리어 실제와 동떨어지게 되오.—《전습록》하

그는 또 "아직 천리(天理)와 사욕(私欲)에 대해 완전히 인식하지 못했는데 어떻게 자기를 억제합니까?" 하는 물음에 이렇게 대답했다.

사람이 만약 진정으로 꾸준히 노력하면 천리의 정미한 점을 점차 보아낼 수 있고, 사욕의 미세한 점도 점차 보아낼 수 있소. 만약 자기를 억제하지 않고 진종일 말만 한다면 언제까지나 천리를 보아낼 수 없게 되오. 이건 길을 걷는 것과 같소. 사람은 길을 걸을 때 지나간 길을 알 수 있고, 갈림길에서는 물어서 가야 목적지에 이를 수 있소. 지금 사람들은 이미 알고 있는 천리를 존양(存養)하려 하지 않고, 이미 알고 있는 사욕을 버리지 아니하고 있소. 또한 모든 것을 다 알지 못해 근심하고 빈말만 하고 있소. 그렇게 하면 유익한 점이 무엇이오. 기실 자기에게 있는 사욕을 다 제거해 버린 후에 모든 것을 몰라 근

심해도 늦지 않소. -《전습록》상

왕수인의 심학 사상 체계에는 비록 결함이 존재하지만 그 결함은 중국 유학사에서 그의 중요한 지위에 영향을 주지 않으며, 그때 및 그 후세에 대한 영향력을 약화시키지 못한다.

3. 왕학(王學)의 광범위한 전파

정치가이고 철학가이며 사상가인 왕수인이 죽은 후 비록 그는 정치상에서 배척받고, 그의 학술 사상도 공격받았지만 그의 심학 사상 체계는 의연히 널리 전파되어 일세를 풍미했다.

《명유학안》에서는 지역에 따라 왕수인 학파의 학자들을 절중(浙中)·강우(江右)·남중(南中)·초중(楚中)·북방(北方)·오민(奧閩) 등 6개 학안(學案)으로 나누었고, 전안(專案)으로 서술한 학자가 66명에 달한다. 그 가운데 절중·강우의 왕학 학파가 영향이 제일 컸으며, 전안에 열거된 사람이 45명에 달한다. 그리고 왕학의 영향을 받고 그를 종사(宗師)로 모신 사람은 더욱 많았다.

왕학이 널리 전파된 것은 그 영향이 대단히 컸음을 설명한다.

1) 절중 왕학 학파의 왕기·전덕홍·황관

왕기(王畿, 1498~1583년)는 왕수인의 뛰어난 제자이다. 그는 자가 여중(汝中)이고 별호는 용계(龍溪)이며, 절강(浙江) 산음(山陰, 오늘의 紹興) 사람이다. 그는 벼슬이 남경 병부무선랑중(南京兵部武選郎中)에까지 이르렀다.

"파면되어 고향에 돌아온 후에는 임하(林下)에서 40여 년을 살았는데 강의를 하지 않은 날이 없었으며 양도(兩都) 및 오(吳)·초(楚)·민(閩)·월(越)·강(江)·절(浙)에 모두 학당이 있었고 모두 그를 종사로 모셨다."─《명유학안》〈절중왕문학안 2(浙中王門學案二)〉

그의 저작으로는 《용계선생전집(龍溪先生全集)》 20권이 있다.

왕기는 갑자기 깨닫는 것을 주장하여 왕학으로 하여금 선학에 더욱 가까워지게 했다.

가정(嘉靜) 6년(1527년) 9월 왕수인이 명을 받고 사전(思田)에 출정할 무렵에 왕기와 전덕홍은 왕수인이 말한 "선과 악이 없는 것은 마음의 체(體)이고, 선과 악이 있는 것은 생각(意)의 움직임(動)이고, 선과 악을 아는 것은 양지(良知)이고, 선을 제창하고 악을 제거하는 것은 격물(格物)이다."는 이 네 구절에 대한 이해가 달라 논쟁이 벌어졌다.

왕기는 마음·생각·아는 것·사물은 오직 한 가지 일로서 만약 마음이 무선무악(無善無惡)이면 의(意)·지(知)·물(物)도 무선 무악이되고, 만약 의(意)에 선악이 있으면 마음에도 선악이 존재한다고 여겼다.

그러나 전덕홍은, 마음의 체(體)는 원래 무선 무악이지만 사람에게 나쁜 습관이 있으면 의념상에서 선악이 있게 되며, 격물·치지·성의·정심·수신은 바로 그 성체를 회복하기 위해서라고 여겼다.

그리하여 두 사람이 왕수인에게 묻자 그는 이렇게 대답했다.

자네 둘의 견해는 서로 보충할 수 있으니 제 것만 고집하지 마오. 나는 사람들을 두 가지 방법으로 인도하오. 소질이 아주 높은 사람은 그더러 직접 본원에서 느끼게 하오. 사람 마음의 본체는 원래 밝고 깨끗하며 원래 발하지 않은 상태에 있소. 소질이 아주 높은 사람은 본체를 깨닫게 되면 남과 자기, 그리고 내외를 환히 꿰뚫게 되오.

소질이 좀 낮은 부류의 사람들은 마음이 나쁜 습관의 영향을 피하기 어렵고 본체가 가리워져 있소. 그러니 그런 사람들은 의념 상에서 선을 위하고 악을 제거하게끔 가르치는 거요. 그들이 노력해서 잡념을 전부 제거하면 본체도 맑고 깨끗하게 되오.

왕기, 자네의 인식은 내가 소질이 높은 사람들을 인도하는 데 쓰이고, 덕홍, 자네의 인식은 내가 소질이 좀 낮은 사람들을 인도하는 데 쓰는 방법이오.

자네 둘의 견해를 서로 보충해 쓰면 소질이 중등 상하의 사람들을 모두 바른 길로 인도할 수 있소. 만약 자네들이 제 고집만 부린다면 자네들 앞에는 바른 길을 걷지 못하는 사람들이 나타나게 될 게고, 둘 다 도의 체를 끝까지 알 수 없게 되네.—《전습록》하

이것이 바로 유명한 '천천 증도(天泉証道)'이다.

왕기는 4무(四無)를 주장했기에 마땅히 마음에 뿌리를 박고 본원에서 깨달아야 한다고 여겼다. 그렇기 때문에 그는 양지(良知)를 해석할 때 이렇게 말했다.

양지는 원래 없는 데서 생겨나는데 즉 발하지 않은 상태이다. 그것을 알기 전에는 더욱 발하지 않은 상태로서 내심의 조화 과정이다. 그것을 안 후에는 더욱 발할 수 없고, 스스로 수렴할 수 있으며 일부러 수렴할 필요가 없다. 겉으로 나타나야 할 때에는 스스로 나타나기

에 일부러 나타낼 필요가 없다. 이 모든 것은 마음속에서 온양, 성숙되므로 공력을 들여 얻을 필요가 없다. 양지에 이르러야 한다는 것은 원래 도를 깨닫지 못한 사람들에게 제기한 것이다. 진정으로 양지를 얻게 되면 아무 구속 없이 자유자재로 할 수 있는 경지에 이를 수 있는데, 마치 쟁반에서 구르는 구슬이 무언가로 막지 않아도 굴러떨어지지 않는 것과 같다. —《명유학안》〈절중왕문학안 2〉

그는 또 "양지는 천연적으로 영활하여 시시각각 천기를 따라 움직인다. 정황이 어떻게 변하여도 스스로 자연 법칙에 맞게 운행한다. 그것은 억지로 꾸며 댈 필요 없고 끝까지 추구할 필요가 없다."고 말했다.

왕기는, 양지는 불위불욕(不爲不欲)이고 치지는 무위무욕(無爲無欲)이기 때문에 양지는 '수양하여 완전하게 되는 것'이 아니라 깨달아 얻게 된다고 인정했다.

"'양지'란 두 글자는 상하를 관통하는 말이다. 양지는 시비를 가릴 수 있지만 양지 자체는 시비가 없다. 시비를 가릴 수 있으면 행위의 준칙으로 되며, 시비를 망각하고 자유자재로 운용할 수 있는 경지에 도달하면 깨달았다고 말할 수 있다."—(동상서)

유종주는 "왕가 학파에는 왕심재(왕간)와 용계가 있는데 학자들은 모두 그 두 사람을 존중하여 2왕(二王)이라 불렀다. 왕심재의 말은 지나치게 넓지만 학파의 종지를 떠나지 않았다. 용계는 양지를 불성(佛性)으로 보았으며 허공에 떠서 깨달음을 기대하는데 끝내 성공하였는 바 이것은 남의 학설을 반대로 이용하여 그 사람을 공격한 격이었다."—《명유학안》〈사설(師說)〉

실제로 왕기의 선에 대한 깨달음은 왕수인에게서 온 것으로 '청출어람 청어람'일 뿐이다.

황종희는 왕기의 사상이 "유가의 법도와는 어긋나는 점이 있지만, 선생은 그래도 왕양명의 학술을 계승했음을 그의 말 가운데서 알 수 있다. 상산(象山, 육구연) 이후에는 자호(慈湖, 왕간)를 언급하지 않을 수 없고, 문성(文成, 왕수인) 이후에는 용계(龍溪, 왕기)를 언급하지 않을 수 없다. 그들은 학술의 성쇠를 결정했다. 자호는 상산의 학설을 발전시켰고, 선생은 문성의 학설을 가일층 발양하고 적지 않은 발명을 했다."고 말했다. 이 평가는 믿을 만하다.

전덕홍(錢德洪, 1496~1574년)은 왕수인의 다른 한 유명한 제자이다. 이름은 관(寬)이고 자는 덕홍(德洪)이고, 호는 서산(緒山)이며 절강(浙江) 여요(餘姚) 사람이다.

그때 사방의 선비들 가운데서 왕수인을 스승으로 모신 사람들이 아주 많았다. 덕홍과 왕기는 먼저 왕수인의 대의(大意)를 소통한 다음 왕수인의 학설을 마쳤으며, 한때 교수사라고 불렸다.

벼슬에서 물러난 후 재야에서 30년 동안 매일 강의했으며, 강(江)·절(浙)·선(宣)·초(楚)·광(廣) 등에 모두 학당이 있었다.

그의 학설은 여러 번 변화했다. 처음에 그는, 양지는 나타난 지각을 말하는 것이지 나타나지 않은 것을 말하지 않는다고 하면서 "이미 나타난 것을 떠나서 나타나지 않은 것을 찾는다면 아무 것도 얻을 수 없다."고 했다. 계속하여 그는 선을 위하고 악을 제거하면 양지에 이를 수 있다고 인정했다. 그 후에는 또 "양지라는 것은 선하지도 않고 악하지도 않은데 내가 어찌 그것을 선하거나 악하다고 하겠는가?"고 했다. 나중에는 "무선무악(無善無惡)이 나타나면 양지가 아니다. 나는 오직 내가 선하다고 여기는 것을 행하고, 내가 악하다고 여기는 것을 제거한다. 이것이 내가 할 수 있는 것이다."―《명유학안》〈절강왕문학안 1〉―고 말했다.

황종희는 왕기와 전덕홍을 이렇게 말했다.

용계(龍溪)는 보이고 존재하는 것에서 줄곧 변화하는 사람의 객관 법칙을 깨달았고, 전 선생은 오직 사물에서 진정으로 연마했다.

그러므로 전 선생은 깨닫는 면에서는 용계만 못하고, 용계는 연마하는 면에서 전 선생보다 못하다.

용계는 나중에 선도(禪道)에 가입하고 전 선생은 의연히 유학자의 본분을 상실하지 아니했다. 그것은 왜인가?

용계는 벼랑에서 내리 뛰었기에 학파의 종지의 속박을 받지 않았다. 그러나 전 선생은 강을 가로질러 매놓은 밧줄을 따라 배를 저었기에 크게 얻은 것이 없지만 크게 잃은 것도 없었다.―(동상서)

전덕홍은 확실히 사물에서 연마하는 것을 중히 여겼다. 그는 왕기에게 보내는 편지에 이렇게 썼다.

"구암(久庵, 黃綰)은 나에게 학문을 편애한다고 말하는데 맞지 않는 것 같다. 처음에는 그렇지 않다고 생각했었는데 후에 곰곰이 생각해 보니 그의 말이 옳다고 생각되면서 근심되었다. 근년에 나는 본체를 논함에 있어서 말은 아주 매끈하고 조리 있게 했지만, 실제 정황과 대조하면 소홀한 점이 아주 많다. 이것은 학문에 빈틈이 있다는 것을 설명한다."―(동상서)

그는 "힘써 행하고 많이 관찰하며 실제적으로 격물(格物)해야 한

다."고 강조했으며 "실제적인 것을 체험하고 백성들이 먹고 입는 것
까지 탐구하는 것이 곧 마음을 다하여 명에 이르는 것이다."-(동상
서)-라고 했다.

그의 이 사상에서는 이성의 불빛이 번득였으며, 후에 나온 "백성
들의 일용(日用)이 곧 도(道)이다."는 명제는 그 영향을 받은 것이 틀
림없다.

황관(黃綰, 1477~1551년)의 자는 종현(宗賢)이고(《명유학안》에서는
叔賢이라 했다) 호는 구암(久庵) 또는 석룡(石龍)이며, 절강 황암(黃
岩) 사람이다. 그는 벼슬이 남경 예부상서에까지 이르렀다.

그는 많은 저작을 써냈는데 주요한 것으로는《구암선생문집(久庵
先生文集)》16권·《석룡집(石龍集)》28권·《명도편(明道編)》6권이
있다.

일찍이 그는 사택(謝鐸)을 스승으로 모시고 열심히 배웠다. 후에
는 왕수인의 양지 학설을 굳게 믿었으며 "간이(簡易)한 것은 직접적
이고, 성인의 학문은 의심할 것이 없다."고 하면서 왕수인을 스승으
로 모셨다.

만년에는 왕학을 배반하고 왕학을 선학(禪學)이라 했으며 "오랫동
안 검증해 보니 공허(空虛)의 폐단을 알게 되었는데 그것은 사람을
크게 해친다."-《명도편》1권-고 인정했다.

황관은 사람에게 희·노·애·락의 정(情)이 있는 것은 자연스러운
일이라고 인정했으며 사람은 "정을 없앨 수 없고 오직 정(情)을 올바
르게 발휘할 수밖에 없다."는 것을 논증했다.

그는 정(情)에는 친소(親疏)가 있고 사랑에는 차별이 있다고 하면
서 왕학의 "어진 사람은 천하 만물과 한 덩이로 된다."는 설을 반대

했다.

그는 또 "천성과 인정은 진실한 것이다."라는 견해로부터 출발하여 "의(義)만 강조하고 이(利)를 도모하지 말아야 한다."는 명제를 반대했으며, 의와 이는 마땅히 함께 중시해야 한다고 여겼다.

그는 "이를 홀시해서는 안 된다. 그래야만 의가 존재할 수 있다."—《명도편》2권—고 말했다.

황관은 학문에 관하여 '성인의 학문'을 연구함에 있어서는 의와 이를 어떻게 통일시키겠는가를 연구해야 할 뿐만 아니라, 사람의 정(情)을 어떻게 올바르게 했는가를 연구해야 한다고 여겼으며 선정지학(禪定之學)을 반대했다.

그는 특별히 기예학과 경세학을 중시했으며 그것이야말로 '요·순·탕·문·무·주공(周公)·공자·맹자의 도가 있는 곳'이며, 송유(宋儒)의 심전(心傳) 도통론을 실제로 선학 이단이라고 인정했다.

황관의 사상을 통하여 심학을 포함한 전반적인 이학이 이미 위기에 처했음을 알 수 있다.

2) 강우 왕문(江右王門)의 추수익·섭표·나홍선

추수익(鄒守益, 1491~1562년)은 강우 왕문(江右王門)의 대표이다. 추수익의 자는 겸지(謙之)이고 호는 동곽(東廓)이며 강서 안복(安福) 사람이다. 그는 벼슬이 남경 국자감 좨주(南京國子監祭酒)에까지 이르렀다.

그는 왕수인에게서 학문을 배웠다. 《명사》〈추수익전(鄒守益傳)〉에는 이렇게 적혀 있다.

"왕수인은 일찍이 '재능이 있으면서도 없는 것처럼 하고, 지식이 꽉 차 있으면서도 텅 빈 것같이 하고 남이 지껄여도 상대하려 하지 않는 데는 겸지가 가깝다.'고 말했다. 그는 고향에서 매일 강의했는데 학문을 배우러 오는 사람들이 꼬리를 물고 모여들었다."

그의 저작으로는 《동곽추선생문집(東廓鄒先生文集)》 12권이 있다.

그는 "성문(聖門)의 요지는 공경하는 마음으로 자기를 수양하는 것이다. 이른바 공경이란 양지(良知)를 밝히고 진속한 것이 섞이지 못하게 하는 것이다."고 말했으며 "공경하는 마음으로 자기 몸을 닦게 되면 두려운 감이 없게 되고, 늘 맑게 되어 물욕에 가리지 않게 되며, 가리운 것이 있어도 즉시 제거해 버려 본체를 회복할 수 있다." ─ 《명유학안》〈강우왕문학안(江右王門學案)〉 ─ 고 했다.

그는 "적(寂)과 감(感)을 둘로 가를 수 없고 체(體)와 용(用)도 둘로 나눌 수 없는데, 이것은 마치 명(名)과 자(字)의 관계와 같다. 이름을 부를 때에는 자가 그 속에 있고, 자를 부를 때에는 이름이 그 속에 있다." ─ (동상서) ─ 고 했다.

그는 지(知)를 내(內)로, 물(物)을 외로, 지(知)를 적(寂)으로, 물(物)을 감(感)으로 나누는 것을 반대하고, 동(動)과 정(靜)·체(體)와 용(用)을 갈라놓은 관점을 반대했으며 그런 관점은 '분명히 심체를 파열시키는' 해로운 도라고 인정했다.

황종희는 추수익을 위수로 하는 강우 왕학(江右王學)의 학설을 평가할 때 이렇게 말했다.

요강(姚江)의 학문은 오직 강우(江右)에서만 전해졌는데 동곽(東廓)·염암(念庵)·양봉(兩峰)·쌍강(雙江) 사람들을 꼽을 수 있다……그때 월중(越中, 浙江省 東部)에는 유폐가 아주 많았으며 흔히 거장의 학설로써 학자들의 입을 막았다. 그러나 강우에서는 그렇게 하지 않았기에 음양지도가 계속 전해내려 갔다. 양명(陽明) 선생의 일생의 정신이 강우에서 유전되었기에 그의 감응에 관한 이(理)도 강우에서 받아들여졌다. - (동상서)

유종주는 추수익을 평가할 때 이렇게 말했다.

동곽(東廓)은 독지(獨知)를 양지(良知)라 하고, 계구 신독(戒懼愼獨)을 양지에 이르는 방법으로 삼았다. 이것은 학파의 본지인데 학자들은 그것을 버리고 스스로 만족해했다. 오직 동곽만이 자기에 대해 엄하게 요구하고, 성현의 법도를 조금도 어기지 않았다. 그의 저작들은 타인의 훈고 양지(訓詁良知)의 기존 격식을 좇지 않고 스승의 교시를 발양했으므로 학파의 학설에 공헌을 한 것이다. - (동상서)

섭표(聶豹, 1487~1563년)의 자는 문위(文蔚)이고 호는 쌍강(雙江)이며, 강서(江西) 영풍(永豊) 사람이다. 그는 벼슬이 병부상서(兵部尚書)에까지 이르렀다.

"처음에는 왕수인의 양지설(良知說)을 즐겼는데 비록 상이한 견해가 있었지만 마음속으로 왕수인에게 탄복했다." - 《명사》〈섭표전(聶豹傳)〉

왕수인이 죽은 후 왕수인의 제자라고 자칭했다.

그의 저작으로는 《쌍강섭선생문집(雙江聶先生文集)》 14권이 있다.

그의 주요한 학설은 "적막으로 되돌아간다."는 설이다. 《명유학안》에는 그가 도를 깨달은 경과를 서술했다.

선생은 오랫동안 옥에 갇혀 있었다. 그는 늘 쥐죽은 듯 고요한 적막 속에서 홀로 보냈다. 그러다가 갑자기 자기 마음이 깨끗해지고 눈앞이 밝아 오며, 우주 만물을 다 마음속에 넣은 듯한 느낌이 들었다. 그리하여 그는 기뻐서 흥얼거렸다. "이것이 발하지 않은 상태로구나. 이렇게 도를 지키면 잃지 않겠구나. 천하의 도는 모두 여기서 오는 것이구나!"

옥에서 나온 후 그는 학문을 배우러 온 사람들과 함께 정좌하여 그들로 하여금 적막 속에서 감(感)이 통하게 하고 유학의 도를 응용할 줄 알게 했다.─〈강우왕문학안 2〉

귀적설이 제기되자 같은 학파의 학자 왕기·황홍강(黃弘綱)·진구천(陳九川)·추수익(鄒守益)·유문민(劉文敏) 등은 분분히 일어나 질책했다.

그들은 "도는 잠시도 떠날 수 없다."고 하면서 "움직이는 곳에는 도가 없다."는 것은 도를 떠날 수 있다는 것이라고 했으며, "도는 동과 정을 나누지 않으므로, 도는 주요하게 정에 있다."는 것은 도를 동과 정 두 가지로 나누어 놓은 것이라고 했다.

또한 "생각과 사물은 하나로 합쳐지고 마음으로 사물을 체득하면 모든 사물의 이치를 알게 되므로, 사물에 대한 감응이 유행되면 무엇을 발견할 수 없게 될 것이다."고 하면서 섭표의 설을 사물을 떠난 것으로서 선정을 깨닫는 것과 비슷하다고 했다.

유문민도 후에 섭표의 설을 믿었다.

황종희는 심체(心體)의 유행은 같지 않기에 동을 중요하게 여기거나 정을 위주로 하게 되면 단편적이 된다고 인정했다. 그는 또 마음의 주재는 동정(動靜)으로 말할 수 없지만 오직 정에서만 보존할 수 있다고 여겼다.

왕양명은 일찍이 묵좌 정심(澄心)의 방법으로 학문을 하면서 수렴을 위주로 하고 부득이한 경우에만 발산했다. 그러므로 "적(寂)으로 되돌아간다."는 섭표의 설은 그 학파의 학설에 어긋나지 않는다.

나홍선(羅洪先, 1504~564년)의 자는 달부(達夫)이고 호는 염암(念庵)이며, 강서 길수(吉水) 사람이다. 그는 벼슬이 춘방좌찬선(春坊左贊善)에까지 이르렀다.

그는 젊었을 때 《전습록》을 읽고 왕양명의 학설을 숭상했으며, 왕양명을 찾아가 배우려 했으나 아버지가 동의하지 않아 그만두었다.

처음에는 같은 고향의 정주 학파 학자인 이중(李中)을 스승으로 모셨고, 후에는 또 같은 군(郡)의 강우 왕문 학자 황홍강(黃弘網)·하정인(何廷仁)을 스승으로 모셨다.

해직하고 고향으로 돌아간 후에는 왕수인의 학설을 더욱 열심히 탐구했다. 그는 30여 년의 노력을 거쳐 입문했을 뿐만 아니라 승당입실했다. 그리하여 그를 왕수인의 문인이라 불렀다.

그는 여러 가지 학문을 탐구했는데 천문·지리·예악·전장(典章)·하거(河渠)·변색(邊塞)·전진 공수(戰陳攻守)로부터 음양·산수에 이르기까지 모두 정통했다.

그의 저작으로는 《염암나선생문집(念庵羅先生文集)》13권이 있다.

이학에 대한 그의 사상은 변화 과정이 있다. 황종희는 이렇게 말했다.

"선생은 학문을 함에 있어서 처음에는 행하는 데 힘을 썼고, 중기에는 적정(寂靜)으로 돌아왔고 만기에는 인체(仁體)를 깨달음에 이르렀다."-《명유학안》〈강우왕문학안 3〉

그는 처음에는 "선악(善惡)을 알면 양지(良知)라 할 수 있고 거기에 의해 행하면 치지(致知)라 할 수 있다."고 인정했다.

후에 그는 만약 마음속에 주재가 없다면 선악이 뒤섞이게 되며 그대로 행하게 되면 어찌 발한 후 잘못이 없게 되고 어찌 사물에 순응할 수 있겠는가? 그렇기 때문에 반드시 쓸쓸한 적막을 거쳐 모든 잡념을 없애고 천리를 환하게 밝혀야 한다고 했다. 이것이 바로 그의 '흡수 섭취하고 보류 집결시키는 주정설(主靜說)'이다.

그는 "성인이 되려면 반드시 사욕이 없어야 하고 사욕을 없애려면 반드시 정(靜)으로부터 시작해야 한다."고 했다.

나중에 그는 또 수섭보취(收攝保聚)의 편파적인 면을 인식했다. 심(心)에 대한 인식이 철저하지 못하여 "적(寂)은 감(感)의 먼저이고 감은 적에서 나온다."고 인정했기에 적과 감, 동과 정을 두 가지로 갈라놓았으며, 따라서 "조심스레 조용하게 지내면서 적(寂)으로써 내심을 지켰으며, 때로는 외계의 영향을 받아 감(感)으로써 외계의 영향을 배척했다." 그것의 폐단은 필연코 자아를 중히 여기고, 사람을 응대하고 물건에 접하는 것을 홀시하는 것이다.

이런 편파적인 것을 시정하기 위하여 그는 정이의 인체(仁體) 학설을 이용했다.

즉 "인체란 무엇인지 알고 그것을 성실하고 공경하는 마음으로 간직한다면 법도를 방어하거나 열심히 탐구할 필요가 없으며, 필연코 일에 봉착하면 그 일을 바로잡거나 마음에 기억해 두지 않아도 되고

또 조장하거나 그 일을 위해 자그마한 힘도 보태지 않아도 된다."는
것이다.

제12장

송명의 신유학 –
전통 유학의 철리화

유학사의 각도에서 관찰하면 송명(宋明) 시기 사상 문화 발전의 전반적인 추세는 유학 부흥 운동이라고 말할 수 있다. 모든 정통적인 이학가들은 공맹의 학설을 근본으로 하고, 도통(道統)을 수호하고 불교와 도교를 배척하는 것을 이론의 기치로 삼았으며, 윤리를 회복하고 강상(綱常)을 재정돈하는 것을 근본적 임무로 삼았다.

'송나라 초기의 세 선생'은 이미 송명 이학의 이 주요 흐름의 방향을 명확히 했다.

손복(孫復)은 이렇게 말했다.

"인의를 행하지 않고 예악을 버린 것은 유가의 수치이다! 인의예악은 나라를 다스리는 근본으로서 거기에서 왕도(王道)가 나오고 그것으로 하여 인륜이 바르게 된다."

"그러나 한위(漢魏) 이후 불교·도교의 신도들은 중국에서 우쭐거렸다……그리하여 불교·도교·유학이 어깨를 나란히 하는 삼족 정립의 국면이 나타났다."—《수양자집 보》〈유욕(儒辱)〉

그는 유가의 도(道)만이 유일 정확한 인간의 도이며, 유가·불교·도교가 어깨를 나란히 하는 것을 참을 수 없는 일이라고 했다.

석개(石介)는 이렇게 말했다.

"군신 부자는 모두 유(儒)에서 나오고, 예악 형정(禮樂刑政)도 모두 유에서 나오며, 인의 충신도 모두 유에서 나온다."

"난 성인의 도를 배우고 있거늘, 성인의 도를 공격하는 자가 있다면 난

부득불 반격해야겠다."

그는 유학 도통을 수호하고, 유학의 독존 지위를 쟁취하며 불교와 도교를 비판하는 것을 유학자의 최고 과업으로 간주했다.

그러므로 구양수(歐陽修)는 석개를 "불교와 도교를 반대하는 싸움에서 붓을 무기로 삼아 용감하게 싸웠다." ─《구양수문집》3권─고 말했다.

송명 이학의 창시자인 정이와 정호는 더욱 공맹 도통의 진유(眞儒)를 직접 계승했다.

남북송(南北宋)으로부터 원명(元明)에 이르기까지 이학가들 가운데서도 비록 관(關)·락(洛)·주(朱)·육(陸) 사이의 논쟁이 있었지만 그들은 모두 자기를 진유라 했고, 자기가 공맹 도통의 계승자라고 했다.

학술상에서 전통 유학을 좀 교정했거나 전통 유학을 좀 떠났거나 돌파한 왕안석(王安石)·진량(陳亮)·섭적(葉適)·왕정상(王廷相) 등도 대립된 학파와의 변론에서 모두 후유(後儒)를 내리눌렀으며, 정통을 밝힌다는 기치를 내걸고 공맹 선유(孔孟先儒)의 경전 가운데서 자기들의 입론 근거를 찾으려 했다.

이런 현상은 오직 봉건적인 자연 경제·종법 제도가 존재하는 한 유학이 존재하고 연속될 수 있는 토양이 존재하며, 유학을 수호하고 부흥시키는 것은 피하기 어렵다는 것을 표명한다.

송명 시기에 이르러서 봉건 사회가 이미 후기에 들어섰으므로 경제·정치 제도는 고도로 성숙되고 완성되었다. 따라서 거기에 적용되는 사회의 사상 문화도 성숙되었다.

그러므로 유학사 전반에서 최후의 유학 부흥 운동의 탄생과 유학의 최후의 독존 지위 형성은 역사적 필연성을 갖고 있다.

그러나 송명 시기에 부흥된 유학은 이미 춘추전국 시기의 유학이 아니었고, 한나라와 당나라 시기의 유학도 아니었으며 그것은 이학의 형식으로 나타난 새로운 유학이었고, 전통 유학의 철리화 형태였다.

전통 유학이 신유학으로 발전된 역사를 거슬러 올라가고 신유학의 새로운 기본 특징을 분석하며, 중국 문화사에서 신유학의 역사적 지위를 평가하는 것이 본장(章)에서 탐구해야 할 과제이다.

유학 우주론 기초의 최종 확립 및 체계 형성

유학의 우주론 기초를 확립하여 유학으로 하여금 철리성이 더욱 강한 사상 체계로 되게 하는 것은 송명 이학가들이 유학의 발전을 위해 노력한 첫 번째 일이다.

송명 이학가들이 전통 유학을 발전시킴에 있어서 거기로부터 착수하게 된 것은, 유학의 본질적 특징 및 조기 유학이 이론상에서 선천적 부족 상황이 존재했기 때문이다.

1. 조기 유학의 선천적 부족 및 유학 발전사의 근본 문제

독립 학파인 유학은 춘추 말기에 형성되었는데 공자가 창시자이고 사상의 대표이다. 공자가 죽은 후 유학은 8개 학파로 갈라졌다. 전국 시기에 맹자와 순자는 유가 내부에서 서로 다른 사상 파별이 서로 대립되는 기본 국면을 확정했다.

공자·맹자·순자·《대학》·《중용》의 사상을 유학의 조기 형태라고 볼 수 있다. 순자·맹자 이후의 유학 사상은 여러 번 변했기에 서로 다른 시대의 유학은 각자가 구체적인 특징을 갖고 있다.

송명 시기의 유학자들은 습관적으로 공자와 맹자 이후의 유학자들을 후유(後儒)라고 불렀다. 후유는 선유(先儒)의 사상을 변화 발전시켰지만 늘 자기들이 진짜 유학자라고 자칭했다. 그리하여 그들과 대립되는 학파들은 후유를 통틀어 유학지도(儒學之徒)라고 했다.

상술한 역사 현상은 유자로 되자면 반드시 본질적 특징을 구비해야 하는데, 그런 본질적 특징이란 바로 유학 내부에서 다른 시기의 서로 다른 파벌을 통일시킬 수 있는 공통성과 묵가·도가·명가·법가·음양가·불교 등 서로 다른 학파를 구별할 수 있는 개성이다.

만약 이 각도에서 유학을 관찰하면 유학이라는 것은 윤리 학설을 중심으로 하는 사상 유파임을 알 수 있다. 인도(人道)는 유학이 모든 문제를 사고하는 진정한 출발점과 귀속점이다.

인간의 우주에서의 위치·인간의 본질·인생의 행위 규범 준칙·이상적 인격의 추구 등의 문제는 이전 유학의 중심 내용이었다.

바로 이 본질적 특징이 서로 다른 시기에 있는 각각의 유학 파벌을 통일시켰다. 즉 서로 다른 시기의 각각의 유학 파벌은 철학의 기본 문제에서 인식이 다르고 인식과 수양 방법에서 다른 점이 있었지만, 윤리 학설을 중심으로 하는 이 기본점에서는 각 학파의 견해가 일치하고 전후가 일관했다.

이것은 유학이 여러 번 변화하는 가운데서 변하지 않은 부분이고, 유학이 유학이라고 불리는 본질적 특징이다.

이 본질적 특징은 또 유학과 기타 비유학을 구분하는 근본적 지표이다. 즉 선진 시기의 유가·묵가·도가·법가·명가·음양가 등 각 학파들의 논쟁으로부터 한(漢)·위(魏)·당(唐)·송(宋)·원(元)·명(明) 시기의 유가·불교·도교의 장기적인 대립에 이르기까지 그들은 적지 않은 문제에서 서로 흡수·융합했지만 윤리를 근본으로 하고, 인도 강상(人道綱常)을 중심으로 하는가 안 하는가 하는 문제에서는 유가는 도교·불교와 뚜렷하게 달랐다. 이것은 유학사 연구에서 부딪히는 첫 번째 문제이다.

유학의 본질적 특징은 일찍이 선진 시기에 공자·맹자·순자에 의하여 결정되었다.

공자는 인(仁)으로써 예(禮)를 해석하고 예로써 인을 규범했으며, 인과 예의 결합을 유학의 윤리 학설의 기본 내용으로 했다.

맹자는 사람의 본성은 선량하다고 했고 "인의예지의 뿌리는 마음에 있다."고 했으며, 내재적 심성 방면에서 공자의 윤리 학설을 발휘했다.

순자는 사람의 본성은 악하다고 했고 예와 법으로 사람들의 본성을 개조해야 한다고 했으며 천하를 다스림에 있어서 예를 근본으로 해야 한다고 했다. 그는 예와 법을 결합시켜 공자의 이론학설을 외재적 행위 규범의 방향으로 발전시켰다.

《대학》에서는 군자가 자기를 수양하고 남을 다스리며 천하를 다스리는 세 가지 강령과, 여덟 가지 조목을 제기함으로써 유가의 윤리 학설을 체계화했다.

그러나 《대학》에서 제기한 "천자로부터 서민에 이르기까지 모두 몸을 닦는 것을 근본으로 해야 한다."는 관점은 도덕 수양을 유가들이 제창하는, 자기 몸을 닦고 남을 다스리고 백성을 교화하여 훌륭한 풍속을 수립하게 하고, 정치를 개량해야 한다는 것으로 확정함으로써 인륜 도덕을 중심 고리로 하는 유학의 본질적 특징을 가일층 강화했다.

《중용》에서는 천명(天命)·인성(人性)·인도(人道)·정교(政教)를 연결시켜 논술했으며, "군자는 덕성을 존중하고 묻고 배우는 길을 걸어야 한다. 넓고 큰 것을 파악하지만 정밀하고 미세한 것도 모두 알아야 한다. 높고 밝은 경지에 도달하면서 중용의 길을 걸어야 한다."는 수양 원칙을 제기했다.

여기에서 우리는 유학의 중심 내용과 그것의 본질적 특성은 송명 이학가들이 숭상하는 《사서(四書)》에 기본적으로 결정되어 있다는 것을 알 수 있다.

그러나 《사서》를 지표로 하는 조기 유학은 중심 내용과 본질적 특징을 확정하는 면에서 필연적으로 선천적 부족 현상이 존재했다.

우리가 만약 중국 고대 사상의 발생사와 발전사의 거시적 각도로부터 유학과 선진 시기의 제자백가 및 그 이후의 불교·도교 사상을 비교해 보면 윤리를 강조했지만 철리가 부족하고, 인도(人道)를 상세히 논했지만 천도(天道)를 간단하게 논한 것은 조기 유학의 발육 불량의 폐단임을 알 수 있다.

공자·맹자는 물론 《대학》·《중용》에서는 천(天)·천명(天命)·천도에 대해 여러 번 언급했지만 그 구체적 의미에 대해서는 똑똑히 말하지 못했다.

그리하여 공자의 대제자 자공은 "공자께서 성(性)과 천도에 관하여 말씀하시는 것을 들어본 적이 없다."고 말했다.

《순자》에는 전문 하늘을 논한 《천론(天論)》편이 있지만 그 의도는 오직 자연계의 운행에는 고유한 법칙이 있고, 하늘에는 영원히 변하지 않는 법칙이 있으며, 성인은 반드시 "하늘과 인간을 구분하고 하늘과 직분을 다투지 말며, 성인은 하늘의 일을 알려 하지 않는다."는 것을 서술하기 위해서였다.

이 말은 하늘의 일을 알려 하지 않고 사람의 일만 알려고 하는 조기 유학의 취지를 나타냈다.

선진 시기 유가 경전 가운데서 《역전(易傳)》은 철리성이 비교적 강한 저작이다. 《역전》에서는 천도(天道)·지도(地道)와 인도(人道)의 계통을 제기했으며, 그것들을 대도(大道)라고 총괄했다.

그러나 《역전》의 천도에 대한 해석과 논술은 《노자》와 음양가보다 구체적이 못 되며, 흔히 역도(易道)·천도·성인의 뜻(聖人之道)을 서로 혼동시켰으며, 인도와 천도를 억지로 비교하고 천도를 빌려 인사(人事)를 추측했으며, 이론상에서 독립적인 우주론 체계를 형성하지 못했다.

인도를 중시하고 천도를 경시한 선진 시기 유학의 선천적 부족은 그것이 제자백가와 논쟁하고, 그 후에 불교·도교 사상과 대항하는 면에서 치명적 약점으로 되었다.

논쟁에서 상대에게 전승하기 위하여 후세의 유학자들은 선유(先儒)의 결함을 극복하고, 조기 유학의 이론상에서의 결함을 개변시키려고 시도했다.

그러므로 점차 유학의 우주론 기초를 건립하고 그 기초 위에서 유학의 철리성과 사변성을 강화하는 것은 유학 발전 사상에서의 근본적 문제가 되었다. 오직 이 점을 수용해야만 유학 발전사의 실질과 요해처를 심각히 이해할 수 있다.

2. 한당(漢唐) 유학자들이 유학의 우주론 기초를 건립한 과정 및 그 국한성

유학의 우주론 기초는 비록 송명 시기에 최종적으로 확립되었으나, 그 과정은 일찍이 전국 후기부터 양한 시기에 이르는 사이에 이미 시작되었다.

동중서가 건립한 사상 체계는 처음으로 최고 통치자들의 긍정을 받은 어용 유학 형태이다. 그의 기본 사상은 "하늘(자연)과 사람 사이의 관계를 관찰해야 하고, 하늘과 사람은 하나로 합쳐진다."는 것이다.

그는 천도는 인도의 본체이고 "성인은 하늘을 본받아 도(道)를 세웠으며, 인의제도는 많지만 그것들은 모두 하늘에서 왔다…… 왕도(王道)의 삼강(三網)은 하늘에서 얻을 수 있다."-《춘추번로(春秋繁露)》〈기의(基義)〉-고 말했다.

그러므로 《역전》 이후 우주론을 계속 건립하는 것은 동중서의 천인(天人) 학설의 이론 전제가 되었다.

그리하여 동중서는 음양가(陰陽家)와 황로(黃老) 학설의 사상을 흡수하여 천(天)·음양·오행을 기본 범주로 하고, 하늘을 주재로 하며 음양오행의 분합 집산·배열 조합·상생 상승·운행 변화를 구체적 내용으로 하는 우주 생성 구조론의 도식을 건립했다.

이것은 전통 유학의 발전사에서 처음으로 되는 비교적 구체적이고도 완전한 우주론 체계이다.

동한(東漢) 시기의 왕충(王充)의 우주론은 하늘과 사람은 기(氣)

이고, 천도(天道)는 자연 무위하다고 주장함으로써 철학의 기본 경향에서 동중서와 뚜렷한 구별이 있었다.

그러나 그는 도가와 음양가의 사상을 흡수하여 유학의 우주론 기초를 세우고, 천도에서 사람의 현우귀천(賢愚貴賤)은 순전히 타고난 천성이라는 것을 추연해 냈는데 그의 전반적인 사고방식을 보면 동중서와 일치했다.

위진(魏晉) 시기에는 현학(玄學) 사상이 성행했다.

현학가들은 명교와 자연에 대한 논쟁을 좋아했다. 그들은 명교는 자연에서 왔다고 하기도 하고 명교가 곧 자연이라고 하기도 했는데, 그 근본적 취지는 의연히 명교 강상의 우주 본원을 추구하려는 것이었다. 이것은 천도에서 인도를 추연해 내고, 윤리 학설을 위해 우주론 근거를 건립한 한유(漢儒)의 전반적인 사상과 기본적으로 일치한다.

그러나 그들은 대부분 자연을 본체로 하고 명교를 자연의 표현이라고 인정했다.

그들의 이런 사고방식은 사람은 도의 법칙을 본받고, 도는 자연의 법칙을 본받는다는 노자·장자의 사고방식에 더욱 접근된다.

자연을 숭상하고 명교를 내리누르는 것은 전통 유학에서 명교를 중심으로 하는 원칙을 동요시켰으며, 객관상에서 유학에서 특별히 숭상하는 윤리 강상(倫理綱常)을 담화, 충격했다.

동진(東晉)·남북조(南北朝) 이후 불교가 일세를 풍미했다.

불학(佛學)은 개념이 명확하고 논리가 엄격하고, 철학적 사변에 능했기에 유가와 도가는 그것에 비하면 부족점이 드러났다.

그러나 유학의 견지에서 보면 불학의 최대 결함은 공(空, 실체가 없는 것)에 있고, 또 공을 해석하는 것을 첫 번째로 중요한 일로 삼은 데 있다.

그것의 사회와 인생 방면에서의 표현은 현실 생활을 싫어하고, 적멸(寂滅) 출세를 선양하며 비현실적인 대안 세계를 추구하는 것인데 그것은 선명한 반윤리적 경향을 갖고 있다.

현학과 불학의 합류는 윤리를 담화(淡化)하고 충격했으며 나아가서는 윤리를 반대하는 사조가 성행하게 했다. 이것은 유학에서 신성하다고 신봉하는 윤리 강상에 극히 큰 위협이 되었다.

남북조로부터 당조(唐朝) 중후기까지 특히 5대 10국(五代十國) 시기에 아버지와 임금을 죽이고 정권을 찬탈하는 일들이 연이어 나타났고, 저보다 나이 어린 부녀와 통간하는 등 윤리 도덕을 손상시키는 추문이 궁내에서 여러 번 나타났다.

자연을 숭상하고 공허를 숭상하는 이론 풍조는 예교(禮敎)를 포기하고 윤상을 멸시하는 풍습으로 발전했다.

유가의 지위가 내려가고 윤리 강상이 파괴될 위기에 대처하여 양진으로부터 수당에 이르기까지 적지 않은 유학자들은 그 국변을 돌려세우려고 많은 애를 썼다.

배위는 숭유론(崇有論)으로써 귀무론(貴無論)을 비판했으며, 이른바 유(有)라는 것은 우주론에서는 만물의 총칭이고 사회관에서는 강상 명교라고 했다. 그러나 그의 설은 완전한 사상 체계를 이루지 못했기에 귀무론(貴無論)과 맞설 수 없었다.

한유(韓愈)·이고(李翺) 등은 도통(道統)을 밝히고, 도교와 불교를 비판하고 강상을 재차 제창할 것을 주장하면서 유학 부흥 운동을 발기했다. 그러나 체계적인 우주론을 이루지 못했기에 비록 태도는 굳었지만 천리가 부족했다.

유종원(劉宗元)·유우석(劉禹錫)은 천도는 자연적이라는 순자의 사상과 원기(元氣)는 자연적이라는 왕충의 사상을 계승하고, 불교와 도교의 철리를 흡수하는 데로 중시를 돌렸으며, 원기 자연론을 유학 이론 학설의 우주론 근거로 삼으려고 했다.

그러나 원기 자연론의 사유 방식은 전반적으로 보면 아직 경험과 직관의 단계에 머물러 있었기에 이론상에서 현학과 불교의 우주 본체론을 압도할 수 없었다.

상술한 역사가 표명하다시피 전국 시기로부터 양한 시기에 이르기까지, 위진으로부터 수당에 이르기까지 유학 발전사는 유학자들이 유가의 윤리 학설을 위하여 우주론 기초를 세운 역사이다.

유학자들이 세운 우주론 체계가 그 시기에 완전했고 그것으로써 대립되는 학파와 맞설 수 있었을 때(예를 들면 양한 시기), 유학은 당시 사회의 통치 사상과 문화의 주류가 되었다.

그와는 반대로 유학자들이 세운 우주론의 체계가 완전하지 못하거나 이론 사유 수준이 낮아 이론상에서 대립되는 학파를 압도할 수 없었을 때(예를 들면 수나라와 당나라 시기)에, 유학은 다른 학파와 병립·대치되는 지위에 처할 수밖에 없었으며 대립 가운데서 새로운 논쟁이 싹텄다.

송명 이학은 바로 유학 발전사의 이 방향을 따라 계속 전진했다. 송명 이학가들은 선진(先秦)·한당(漢唐) 유학자들의 사유 성과를 계승하고 우주론의 수준에서 선유를 초과했으며, 불교와 도교의 철리 사변 방법을 흡수했다. 그리하여 불교와 도교를 전승하고 유학을 부흥시켰으며, 신유학으로 하여금 그 시기 사회의 통치 사상과 문화 주류로 되게 했다.

3. 송명 이학가들의 유학 우주론 기초 확립 과정과 방법

근대와 현대의 적지 않은 사상사 논저에서는 송명 이학을 신유학(新儒學)이라고 했는데 여기에는 일리가 있다.

송명 이학이 의연히 유학으로 불릴 수 있게 된 것은 이학가들이 스스로 유학자로 자칭하고, 유학의 부흥을 그들의 임무로 간주한 데도 그 원인이 있겠지만 더욱 중요한 것은 송명 이학이 의연히 유학의 본질과 특징, 그리고 일관적인 정신을 보전했기 때문이다.

그들은 장자·노자와 도교처럼 세속을 떠나는 것을 대대적으로 선양한 것이 아니었고, 불교의 승려들처럼 출세간(出世間)을 대대적으로 선양한 것이 아니었다.

송명 이학가들은 계속 윤리 본위(倫理本位)·도덕 중심의 원칙을 견지했으며, 오직 현실의 윤리 관계 즉 윤상 일용(日用) 가운데서 도덕 수양을 해야만 이상적인 인격을 키워낼 수 있고, 오직 도덕형의 성인·현자만이 인류의 최고 모범이라고 인정했다.

이것은 확실히 공자·맹자로부터 송명의 유학자들에 이르기까지의 일관된 정신이다.

그러나 송명 이학은 확실히 새로운 유학으로서 그것은 공자·맹자 유학의 간단한 재판(再版)도 아니고, 한당(漢唐) 유학의 기계적인 연속도 아니다.

송명 이학가들은 유가의 입장에 서서 위(魏)·진(晉)·수(隋)·당(唐) 이래의 불교와 도교, 두 학파의 철리 사변 방법을 흡수하여 유학의 새로운 이론 체계를 세움으로써 자신들의 사유를 풍부하게 했을 뿐만 아니라 자기들의 이론 사변 능력도 향상시켰다.

그리하여 각각 이(理)·기(氣)·심(心)을 최고 범주로 하는 우주 본체론을 세우고, 신유학 이론 체계의 기초와 논리 전제를 확립했다.

신유학 우주 본체론의 확립은 남북송(南北宋)으로부터 원명(元明)에 이르는 장기간의 과정을 거쳤다.

송나라 초기의 세 선생 호원(胡瑗)·손복(孫復)과 석개(石介)는 송명 이학의 창시자이다.

그들은 한유의 도통론을 계승하고, 유학 부흥의 기치를 높이 추켜들고 많은 제자들을 키워냄으로써 이학의 형성을 위하여 큰 기여를 했다. 그러나 그들 자신은 완벽한 이론 체계를 이루지 못했고 이론상에서 많은 공헌을 하지 못했다.

송명 이학의 우주 본체론을 제일 먼저 확립한 사람은 주돈이(周敦頤)이다.

그는《태극도설》과《통서(通書)》에서 노자의 무극(無極),《역전》에서의 태극(太極), 음양가의 음양오행,《중용》에서의 성심(誠) 등 사상을 하나로 융합시켜 송나라 초기의 도사 진단이 전수한《태극선천도(太極先天圖)》를 새롭게 배열하고, 개조하여 송대 유학자들의 첫 우주 모식(模式)을 건립했다.

그리하여 송명 이학가들은 노자·장자의 학설을 유학에 합치고 신유학 사상을 건립하는 새 사고방식과 새 방법을 창조했다.

주돈이가 제기한 기본 범주(無極太極·動靜·陰陽·性·誠) 및 기본 명제─만(萬)을 하나로 볼 수 있고 하나를 만으로 나눌 수 있으며, 만과 하나의 개념이 명확하면 크고 작은 것을 똑똑히 가릴 수 있다─는 송명 시기에 큰 영향을 일으켰다.

양송(兩宋) 시기에 주자(周子)의 저작이 제일 적었지만 유학자들이 변론할 때에는 주자의 책을 제일 많이 이용했다. 이것은 그가 송대 이학의 창시자 역할을 했음을 설명한다.

주돈이와 같은 시기의 사람 소옹(邵雍)은 상수학(象數學)이란 독특한 형식으로 자신의 우주론 도식을 세웠다. 주희는 "소자(邵子)는 선천도(先天圖)를 발명했는데 그 도(圖)는 희이(希夷)로부터 전해내려 온 것이다."―주희,《주역삼동계고이(周易參同契考異)》〈부록〉―고 말했다.

그러나 소옹의 학설은 그 기본 개념과 사상 내용을 볼 때 실제에서는《역전》(太極·陰陽·動靜·象數), 노자·장자(道·無極·觀物·環中),《맹자》(盡心·知性·知天) 및 불교 지관(止觀)학의 복잡한 사상을 융합한 것으로서, 그것은 유가·도교·불교 사상이 서로 융합된 동향의 표시이다. 그가 제기한 "합치면 하나로 되고 펼쳐 놓으면 만개로 된다."―《관물외편(觀物外篇)》―는 것은 정이·주희의 "이(理)는 하나지만 여러 가지로 나누어진다."는 논의 장본(張本)이다.

주돈이와 소옹은 불교·도교의 사상을 융해시킨 다음, 그것을 흡수하여 유학의 우주론을 건립함으로써 송대 이학의 형성 과정의 방향을 바꾸고 형태를 고정하는 작용을 했다.

주(周)·소(邵) 이후의 모든 이학가들은 자신의 사상 체계를 형성할 때 언제나 먼저 우주론을 건립했다.

그런 다음 우주론에서 인성과 인도를 추연해 내고, 다시 수양을 거쳐 우주 본체를 체득하고 인성을 완성시키고, 인도를 행함으로써 천인(天人)·성리(性理)·심리(心理)가 합쳐진 성현의 경지에 이르려고 했다.

주·소 이후 송명 이학가들이 우주론 본체를 건립하기 위해 애를 쓴 결과 큰 진척이 있었다.

2정(二程, 정이·정호)은 그들의 체험을 통하여 "오직 이(理)만이 실제적인 것이다. 천하에는 이가 하나밖에 없다. 이는 실제적이고 근본적인 것이다."라는 이본체론(理本體論)을 내놓았는데 그 이론은 주희의 체계적인 발전을 거쳐 집대성되었다.

2정과 동시에 장재(張載)는 고심한 탐구를 거쳐 도(道)·이(理)·성(性)·마음이 모두 기(氣)에 귀결되고, 유무 허실은 기에 통일된다는 기본체론(氣本體論)을 내놓았다.

이 이론은 섭적(葉適)·왕정상(王廷相) 등의 발휘를 거쳐 왕부지에 이르러서 집대성되었다.

주희와 동시에 육구연은 정이 사상 중 심학 성분을 발휘하여 "마음이 곧 이(理)이다. 우주는 내 마음이고 내 마음이 곧 우주이다."라는 심본체론(心本體論)을 건립했다. 이 이론은 진헌장(陳獻章)·잠약수(湛若水)의 계승과 발휘를 거쳐 왕수인에 이르러 집대성되었다.

상기한 세 가지 우주 본체론의 건립은 신유학 우주 본체론의 확립을 집중적으로 구현했으며 그것은 또 유학의 우주론 기초가 점차 건립되고 완성되었음을 설명한다.

이왕의 학술 저작들은 이 세 가지 우주 본체론 형태가 철학 성격에서의 차이와 대립을 지적할 때 그것들의 전반 사고방식에서의 연계와 통일성에 대한 연구를 소홀히 했다. 만약 그렇게 되면 3자가 모두 어찌하여 신유학으로 될 수 있는가에 대해 이해하고 설명하기 어렵게 된다.

그 세 가지 우주 본체론은 범주 의미·이론 중심·철학 경향이 서로 다르다.

그러나 정이·주희·육구연·왕수인·장재는 모두 고금의 학자들이 종래로 논쟁한 적이 없는 정통 이학가들이기 때문에, 더욱 높은 차원과 더욱 넓은 범위에서 보면 그 세 가지 우주 본체론은 전반 사고방식과, 일부 내용에서 필연코 연계되고 통일되는 점들이 있다. 여기에 대하여 아래와 같은 세 가지 결론을 지을 수 있다.

첫째, 이(理)·기(氣)·마음 세 가지 범주는 서로 연계된다.

정이·주희는 비록 이(理)를 근본으로 했으나 의연히 이는 마음속에 있고, 마음에 의하여 이를 탐구해야 하며, 이는 기(氣)에 붙어 있고 기 속에 이가 있다고 인정했다.

육구연과 왕수인도 마음은 근본이라고 했지만 그들의 입론 근거는 "마음이 곧 이(理)이고, 이는 마음의 조리(條理)이다."는 것이다. 마음에서 이를 탐구해야 하고 기를 이로 변화시켜야 한다고 주장했다.

장재는 기(氣)를 근본으로 했지만 그도 만물에는 모두 이(理)가 있고, 큰 마음으로 이를 탐구해야 한다고 주장했다. 여기에서 우리는 이(理)는 그들이 극히 중시하는 범주라는 것을 알 수 있다.

둘째, 우주 본체와 윤리는 서로 연계된다.

송명 이학가들의 이론 체계에는 비밀적인 논리가 숨겨져 있는데 그것이 바로 먼저 윤리 강상의 내용을 우주 본체 내에 숨겨 놓은 것이다.

다시 말하면 윤리 형이상학을 우주 본체로 만들었을 뿐만 아니라 우주 본체 윤리를 인사(人事) 도덕의 준칙으로 했다.

그런 다음 논리 추연의 방법으로 우주 본체에서 인성과 인도를 끌어내었다. 일암 일명(一暗一明)의 이런 사변은 이학가들이 우주론으로써 윤리 강상의 합리성과 필연성을 논증하는 방법이다.

정이와 주희는 '성(性)이 곧 이(理)'라는 견해를 견지했지만 그 전제는 이 자체가 바로 치선(致善)의 표덕(表德)이며, 거기에 인의예지의 도덕 내용이 포함되어 있다는 것이다.

육구연과 왕수인은 마음이라는 본체에서 양지양능(良知良能)을 파생해 내었다. 그러나 그 전제는 본심(本心)에 인·의·예·지의 네 가지 덕과, 측은(惻隱)·사양(辭讓)·수오(羞惡)·시비(是非)의 네 가지 싹이 포함되어 있다는 것이다.

여기에 대하여 고금의 학자들은 모두 이의가 없었다. 문제는 장재의 우주 본체에 윤리 도덕 내용이 포함되어 있는가 없는가 하는 것이었다.

장재는 천지의 본성을 선한 본성의 근원이라 했는데 이른바 천지의 본성은 실제로 태허(太虛)의 본성이고, "천지를 통솔하는 것은 나의 그 마음이다."는 것은 누구나 다 천지의 본성을 갖고 있다는 것이다.

장재는《서명편(西銘篇)》의 "천지 사이에 있는 것은 내 몸이고, 천지를 통솔하는 것은 나의 그 마음이다."라는 명제 가운데서 군신부자·민포 물여(民胞物與, 백성을 동포로 보고 만물을 동류로 본다는 뜻)의 사회 윤리 강상을 끌어냈다.

여기에서 우리는 장재의 태허 본체에도 윤리 도덕의 내용이 잠재되어 있다는 것과, 그 표현 형식이 정이·주희·육구연·왕수인과 다를 뿐이라는 것을 알 수 있다.

셋째, 우주 본체론을 확립한 주요한 목적이 우주 만물의 자생과 생성·운행법칙을 과학적 태도로 연구하기 위해서가 아니고 우주론에서 윤리 강상을 끌어내기 위해서였으며, 우주론은 윤리 강상의 필연성과 합리성을 논증하기 위하여 부득불 설정한 논리 전제였을 뿐이다.

그러고 보면 신유학의 우주론은 확실히 선유(先儒)의 우주론보다 구체적이고 엄밀하고, 체계적이다.

그것은 조기 유학의 이론상에서의 선천적 부족을 극복했다. 그러나 하늘의 명의로 사람을 논하고, 하늘의 명의로 사람을 중시하는 조기 유학의 일관적 종지를 돌파하지 못했으며, 신유학의 중심 내용과 최종 귀결점은 의연히 윤리 학설이었다.

제13장

송명 이학의
쇠락과 해체

명청(明淸) 시기, 즉 16세기 말부터 18세기 초에 이르는 백여 년은 중국 역사상에서 계급 모순·민족 모순이 가장 첨예했던 시대이다.

이때 봉건제도는 완전히 붕괴되지 않았으나 이미 하늘이 무너지고 땅이 갈라지는 처지에 이르렀다. 대투쟁·대혼란의 사회 조건과 수시로 변하는 정치 풍운은 사상 문화 영역의 투쟁의 발전을 힘있게 밀고 나아갔으며, 중국 봉건 사회는 자아비판의 단계로 들어섰다.

유학을 주체로 하는 전통 사상 문화가 변화하는 과정에서 반유(反儒) 문화 단층이 나타났고, 송명 이학에 대한 총결성 비판은 독점 지위를 차지하던 송명 이학으로 하여금 점차 해체되고 쇠약해지는 추세를 드러내게 했다.

중국 봉건 사회 후기에 사상 문화의 주체가 되었던 이학은 송(宋)·원(元)·명(明) 3개 조대를 거쳐 그것의 두 가지 중요한 형태―정(程)·주(朱) 이학과 육(陸)·왕(王) 심학이 모두 방대한 체계를 건립했다. 그것들은 각자가 상이한 본체론에서 출발하여 봉건 질서의 영원성을 논증하고, 강상 명교(鋼常名教)를 우주의 본원―이(理) 혹은 마음에 귀결시켰다.

특히 정주 이학은 더욱 봉건통치자들의 총애와 중시를 받아 어용 철학·과거시험의 본보기로 존중받았다.

명나라 후기에 봉건제도가 갈수록 부패해지고 몰락되어 감에 따라 이학도 점차 쇠미해졌다. 정주(程朱) 학설은 선비들이 공명과 관록을 쟁탈하는 도구·과거시험에서 억지로 암기해야 할 교조(教條)로 되었으며,

일세를 풍미한 왕양명의 심학(心學)도 이때에는 내용이 텅 비고 경직된 경지에 이르렀으며, 최종적으로는 막다른 골목에 이르렀다. "착오적인 사유가 일단 철저히 관철되면 필연코 그것의 출발점과 반대되는 곳으로 나아가게 된다." —앵겔스, 《자연변증법》

심학이 마지막에 이르면 사회 사상이 필연적으로 실제를 중시하는 방향으로 전환되는데, 이것은 항거할 수 없는 사물 발전의 객관적 법칙이다.

송명 이학의 쇠락·해체와 더불어 명청(明淸) 시기에는 새로운 사회 진보 사조인 실학 사조가 일어났다. 이학(理學) 내부에서 갈라져 나온 이학 비판자들은 송명 이학이 심성을 공담하는 것을 반대하고, 공리(功利)를 숭상하고 실용에 주력했으며 경세치용을 제창했다. 그들은 또 예정한 일을 실행하고, 몸소 행하는 것을 주장했으며, 봉건 전제군주를 비난하고 봉건 예교의 허위성을 폭로했다.

한마디로 말하면 송명 이학의 쇠약·해체와 실학 사조의 흥기는 이 역사 시기 사상 문화의 현저한 특징이다.

명나라 말기와 청나라 초기의 실학 사조

명정덕(明正德) 연간으로부터 만력(萬歷) 전기에 이르기까지 봉건 사회 모체에서는 송명 이학과 대립되는 실학 사조가 나타났다. 명나라 말기와 청나라 초기의 특정된 역사 조건은 실학 사조를 새로운 고봉으로 떠밀어 올림으로써 이 시기를 실학 발전에서 정성(鼎盛) 시기로 되게 했다.

1. 실학 사조의 기본 특징과 시대적 정신

1) "실제적인 것을 숭상하고 이용해야 한다(崇實致用)."는 것은 실학 사조의 기본 특징이다

실학 사조는 송명 이학에서 갈라져 나온 새로운 사회 진보적 사조로서 유학이 명청 시기까지 발전하여 나타난 새로운 문화형태이다.

그것은 지난날 송명 이학이 의리 심성을 공담하던 낡은 규정과 낙후한 습관을 버리고 새로운 실학 면모로 나타났다.

실학 사조가 발흥됨에 따라 걸출한 학자들이 용솟음쳐 나왔는데, 그들은 각자의 영역에서 경세치용(經世致用)의 학술 사상과 학술 실천으로서 명나라 말기의 공소한 학풍을 전변시키기 위하여 공헌을 했다.

그러나 각자의 경력·수양·활동 지역 및 사승 관계·학술 연구 방법·성격과 기호·가치 관념·심리 구조에는 차별이 있었으므로, 그들의 이론 관점·저작 풍격·이론 수준·연구 영역에도 차별이 있었다. 실학은 내용이 풍부해지고 풍격이 다양해지고, 특색이 선명해져 상당한 학술 세력과 비판 정신을 갖춘 시대적 사조로 되었다.

'숭실치용(崇實致用)'은 명청 시기 실학 사조의 기본 특징이다. 그것은 책을 묶어 놓고 보지 않으며 떠돌아다니면서 근거 없는 말을 하는 폐단을 극력 반대했으며, 주관적으로 허황한 생각을 하지 않고 객관적으로 고찰을 하게 했으며, 공담을 하지 않고 실제를 논하게 했으며, 학술 연구의 범위를 자연·사회 영역과 문화 사상 등 각 영역으로 넓혔다. 예를 들면 천문·지리·구경(九經)·제사(諸史)·병공(兵工)·산악·풍속·이치(吏治)·재부(財賦)·전례(典禮)·제도·문물에 이르기까지 모두 상세히 연구하게 했다.

그들은 경세치용을 목적으로 하고 실사구시를 학술 연구의 표준으로 삼았으며, 원류(源流)의 고층에 중시를 돌리면서도 옛 주석과 고훈의 속박을 받지 않았다.

또한 '실(實)자'를 제창하고 실체(實體)·실천(實踐)·실행(實行)·실공(實功)·실사(實事)·실심(實心)·실념(實念)·실언(實言)·실재(實才)·실정(實政)·실풍(實風) 등을 주장했다.

한마디로 말하면 명청 실학은 실(實)자를 핵심으로 했으며, 기타 각양각색의 사상 문화 가운데 모두 실의 의미가 내포되어 있다고 인정했다.

이것은 실질상에서 중국 고대 유가의 수신·제가·치국·평천하의 훌륭한 전통을 실학에 융해시킨 것이며, 유가가 주장한 내성 외왕의 도의 학풍에서의 번성과 구체적 구현이며, 유가 사상의 새로운 문화 배경에서의 계승과 발전이다.

2) 실학 사조의 시대적 정신

실학 사조는 명나라 말기와 청나라 초기의 사회적 변천에 적응하여 흥기되고 발전된 것이다. 그것은 시대의 산물로서 필연코 시대의 맥박과 함께 움직이고 시대와 함께 숨쉬었으며, 명청 시기의 시대적 정신을 선명하고도 집중적으로 구현했다.

명청 실학의 숭실치용의 시대적 정신은 우선 경세 사상에서 표현되었는데, 그것은 곧 전심 전력으로 사회를 개조하려는 경세제국(經世濟國) 정신이다.

명청 시기의 고헌성(顧憲成)·고반룡(高攀龍)을 대표로 하는 동림당인(東林黨人)들은 왕학(王學) 유파의 "텅 빈 학문을 반대하고, 사대부들은 마땅히 조정에 있을 때에는 자기 백성들을 근심하고 강호의 먼 곳에서는 자기 임금을 근심해야 한다."는 치학(治學) 종지를 제창했다.

"바람 소리·빗소리·글 읽는 소리를 듣고, 집안 일·나라 일·천하 일을 다 관심한다."는 이것이 바로 동림당인의 나라와 백성을 구하려는 숭고한 이상의 반영이다. 명청 시기 하늘이 무너지고, 땅이 꺼지는 엄준한 현실에 직면하여 많은 학자들은 치열한 계급투쟁·민족

투쟁의 현실로 뛰어들었다.

방이지(方以智)는 소년 시대에 벌써 원대한 정치 포부를 갖고 있었다. 그는 봉건 전제에 불만을 품고 정치 활동에 참가했으며 동림당(東林黨)의 뒤를 좇아 복사(復社)를 주관했으며, 황종희(黃宗羲)·고염무(顧炎武)·왕부지(王夫之)는 모두 항청 투쟁에 참가했다. 투쟁에서 실패하게 되자 그는 학술 활동에 종사했다.

황종희가 일생 동안 일관해야 한다고 주장한 도(道)가 바로 그가 재삼 강조한 경세 응무(經世應務)이다. 그는 자기의 "천하를 다스리고 백성을 위한다."는 포부를 실현하기 위하여《명이대방록(明夷待訪錄)》을 펴내었다.

고염무는 청년시대에 경세치용 학설에 주의하고 민생의 이병(利病)과 국가 대사에 주의했으며, 21사와 전국 각 군현의 지(誌)를 다 읽고《천하군국이병서(天下郡國利病書)》라는 책을 써냈다.

청나라를 반대하는 투쟁이 실패하자 그는 산동(山東)·산서(山西)·하북(河北) 등 지구를 돌아다니면서 호걸들과 사귀고, 산천 지세를 관찰하여 시시각각 다시 일어나 민족을 위기에서 구하려 했다.

명청 시기의 경세 사상은 보천(補天)에 입각한 것으로서 그것은 송명 이학가들의 "하늘이 무너지고 땅이 꺼진대도 관계치 않고 학문만 강의한다."는 세상을 회피하는 태도와는 선명하게 대비된다.

숭실치용의 시대적 정신의 표현은 시대의 폐단을 지적하고 강대한 사회 비판 사조를 형성한 것이다. 비판의 예봉은 봉건 전제제도 및 전통 사상 문화였다. 사회 영역에서 사회 정치·봉건제도의 적폐(積弊)에 비추어 그때의 봉건사회의 부패·암흑과 통치 계급의 우둔하고 무도한 행위를 전면적으로 폭로하고, 극도로 부패한 군주전제

제도를 비판했다.

명청 시기의 실학 사조 가운데 많은 진보적인 사상가들은 신성불가침의 군권(君權)에 대하여 상이한 정도로 의심하고 반대하고 비평했다. 고염무는 군주 개인의 독재를 반대했으며, 군주 독재는 권력이 법을 개변시킨다고 인정했으며 임금은 독재하지 말아야 한다고 주장했다.

황종희와 당견(唐甄)도 군주 전제에 대해 맹렬하게 비평했다. 황종희는 군주 전제의 최고 정치 대표인 임금을 대담하게 비평했으며, 역대로 황제는 모두 개인적이라고 하고 '천하의 큰 해'라고 했다.

그는 임금은 나라 전체를 자기의 사유재산으로 여기고 "천하 사람들의 골수를 빨아먹고, 천하의 자녀들을 흩어지게 하여 자기 한 사람의 음락(淫樂)을 누린다고 함으로써 봉건 황제가 나라를 사유 재산으로 간주하는 것을 유력하게 공소했으며, 군권을 제한할 것을 주장했다.

당견은 황제의 죄악을 대담하게 폭로하고 "진나라 때부터 무릇 황제는 도둑놈이다."—《잠서(潛書)》〈실어(室語)〉—라고 첨예하게 제기했다.

그는 또 천하를 어지럽히는 사람은 황제뿐이며, 역사상에서 황제는 모든 화단의 근원이라고 여겼으며, 억존(抑尊)의 주장을 내놓아 군권을 제한하려 했다.

인성을 속박하는 여러 가지 낡은 규례와 나쁜 습관에 대해서도 맹렬하게 비판했다.

진각은 주희의 천리를 간직하고 인욕을 없애야 한다는 주장을 반대했으며, 인욕의 객관적 실재성을 지적하고 인욕은 사람의 생리 속성이라는 것을 긍정하고 "이(理)는 욕(欲) 가운데 존재한다(理在欲中)."는 관점을 제기했다.

대진(戴震)은 천리를 간직하고 인욕을 없애야 한다는 봉건 도덕에 대해 심도 있게, 더욱 투철하게, 더욱 첨예하게 비판하고, 이학이 이(理)로써 살인하는 본질과 이(理)는 사람을 죽여도 피가 흐르지 않는 잔혹한 형구라고 폭로했다.

의식 형태 영역에서는 정이와 주희의 이학·육구연과 왕수인의 심학·불교와 도교의 사상 체계에 대하여 비판을 전개했으며, 봉건 우상에 대한 숭배를 멸시하고 공자의 학설을 시비 표준으로 삼는 것을 공개적으로 부정했다.

이지(李贄)는 어려서부터 전통적인 유가·불교·도교에 의심을 표했다. 그는 이단으로 자처하면서 비판의 예봉을 직접 유가 경전과 유학 성현으로 돌렸다. 그는 유학가들이 공자를 맹목적으로 숭배하는 것을 비난하고, 공자를 신화·성화하는 것을 반대했으며, 공자는 만세의 사표(師表)·지성의 선사(先師)가 아니라고 공개적으로 선전했으며, 공자의 진실한 면모를 회복시킬 것을 주장했다.

진각은 《대학》·《중용》의 정확성과 권위성을 공개적으로 의심했다. 왕부지는 이론상에서 송명 이학에 대해 전면적이고 체계적으로 비판했으며, 이기(理氣)·도기(道器)·동정(動靜)·지행(知行) 등 관계 방면에서 정이·주희·육구연·왕수인의 착오적 이론을 비교적 전면적으로 청산했다.

이 강대한 사회 비판 사조는 각 영역에서 서로 다른 각도로 봉건 전통 사상 문화를 맹렬하게 충격했으며, 새 시대의 빛을 뿌렸다.

숭실치용의 시대적 정신은 또 새로운 자연과학을 탐구하는 데서

도 표현되었다. 장기간 이학가들의 도를 중히 여기고 예(藝)를 경시하는 전통은 중국 역사상 자연과학의 발전을 저해했다.

명조 초기, 송명 이학이 심성 의리(心性義理)를 공담하고 실학을 중시하지 않고, 실용을 강조하지 않는 바람에 자연과학이 점차 냉대를 받았다. 명조 말기와 청조 초기에 사회 경제 구조에는 변화가 나타났다. 경제 발전의 수요와 자본주의 싹의 발전, 그리고 서방의 학술이 동방으로 전해져 왔기에 자연과학은 냉대를 받던 데로부터 부흥되기 시작했다.

중국 고전 과학 기술은 총결 단계에 들어섰고, 서방으로부터 근대 과학과 사유 방법을 도입했다. 그리하여 신흥 자연과학을 탐구하는 저명한 학자들과 획기적인 과학 거작들이 나타났다.

예를 들면 이시진(李時珍)의 《본초강목(本草綱目)》·주재육(朱載堉)의 《악률전서(樂律全書)》·서광계(徐光啓)의 《농정전서(農政全書)》·서홍조(徐弘祖)의 《서하객유기(徐霞客游記)》·송응성(宋應星)의 《천공개물(天工開物)》·왕석천(王錫闡)의 《소암신법(曉庵新法)》·매문정(梅文鼎)의 《천산학(天算學)》 및 유헌정(劉獻廷)의 《여지학(與地學)》 등이 있다.

그 가운데서 방이지의 질측(質測)·통기학은 자연과학을 중시했는데, 그것은 이학과 아주 다른 사상 특색을 갖고 있었으며 강렬한 탐구 정신을 갖고 있었다. 이것은 유학 발전의 역사적 변화에서 송명이학이 쇠퇴되고, 실학 사조가 일어난 시기의 필연적 산물이다.

신흥 자연과학을 대담하게 탐구하는 정신은 그들로 하여금 안광이 예리해지게 했고, 가치가 있는 과학 사상을 많이 제기하게 했으며 실천·고찰·험증(驗証)·실측을 중시하는 숭실 학풍을 창조하게 했다.

그들은 중국 고전 과학을 참답게 총결했을 뿐만 아니라 시야를 근대 실천과학으로 돌렸고, 근대 과학의 발전을 위하여 새로운 방향을 개척했다.

　　숭실치용의 시대적 정신은 또 종합적 창조에서 표현되었는데 역대 유학의 합리적인 사상 성분을 종합하고, 자기의 학술 특징과 시대적 풍모를 갖춘 새로운 사상 학설을 창조하게 했다.

　　창조의 기초는 종합이다. 방이지는 앞서서 천고의 지혜를 모으고, 오경(五經)에 정통하고 제자백가의 학설을 융해시켰으며, 유학을 위주로 하여 노자·장자를 개주하고 불교·도교를 인용하고, 그때 서방에서 들어온 자연과학 지식을 흡수하여 자기의 독특한 질측·통기학을 형성했다.

　　왕부지는 장재의 사상을 기초로 하여 정이·주회의 성명(性命) 도덕의 합리적인 성분을 비판적으로 창조했다. 그의 전통 유학 유심주의에 대한 비판은 낡은 것을 밀어내고 새것을 창조하는, 신선미가 있는 독창적인 견해였다.

　　황종희는 명조의 학술 발전 변화 과정을 총결하는 가운데서 사상 해방 의의를 갖고 있는 새로운 견해를 제출했다. 이런 탐구와 창조는 교조(敎條) 미신을 반대하는 풍격과, 주로 탐구하는 정신을 충분히 표현했다. 이것은 도를 밝히고 세상을 다스리며, 실용적인 것을 중시하고 실제에 응용하기 위한 수요이며, 새 시대가 부여한 책임이었다.

2. 방이지의 질측학·통기학

　　방이지(方以智, 1611~1671년)의 자는 밀지(密之)이고, 호는 만공

(曼公)·부산우자(浮山愚者)이다. 명조가 멸망된 후 그는 이름을 오석공(吳石公)이라고 고쳤다. 별호가 아주 많고 영남(嶺南)에 은거해 있었으며, 우도인(愚道人)이라고 불리웠다.

만년에 출가했으며 이름을 대지(大智), 호를 무가(無可) 또는 홍지(弘智)·오로(五老)·약지(藥地)·부정(浮庭)·목립(木立)·묵력(墨歷)·우자대사(愚者大師)·극환노인(極丸老人)이라고도 불렀다.

그는 소년 시절에 원대한 정치 포부를 품고 있었으며, 봉건 전제 정치에 불만을 품고 명조 말기의 당사(黨社) 운동에 참가했으며, 동림당(東林黨)의 뒤를 쫓아 복사(復社)를 주관했다.

명나라가 멸망한 후 남경의 홍광조(弘光朝)에게 투신했는데 완대성(阮大誠)·마사영(馬士英)이 중상하는 바람에 하마터면 목숨을 잃을 뻔했다. 그리하여 남해로 도망가서 성과 이름을 감추고 약을 팔아 생계를 유지했다.

남명조(南明朝)가 망한 후 벼슬을 거절하고 심산에 은거하여 저술에 종사했다.

순치 7년(1650년) 핍박에 의하여 오주(梧州)에서 출가하여 중이 됨으로써 청조와 합작하지 않으려는 결심을 보여 주었다.

강희(康熙) 3년(1664년) 그는 노릉현(盧陵縣) 현령 우조(于藻)의 초청을 받고 청원산(靑原山) 정거사(淨居寺)에 가서 수좌(首座)로 임명되었다.

그는 강희 10년에 세상을 떠났다.

방이지는 저작이 아주 많은데 지금 보전되어 있는 것은 주요하게 《통아(通雅)》·《물리소식(物理小識)》·《부산전집(浮山前集)》·《부산후집(浮山後集)》·《박의집(博依集)》·《약지포장(藥地炮莊)》·《동서균

(東西均)》·《역여(易餘)》·《우자지선사어록(愚者智禪師語錄)》·《사운정본(四韻定本)》·《내경경락(內經經絡)》등 20여 편이 있다.

방이지의 주요 저작은 조기와 중기에 완성되었는데 《통아》와 《물리소식》이 대표작이다. 후기의 저작은 《약지포장》이 대표작이라 할 수 있다.

1) 오경에 정통하고 제자백가의 학설을 융해시킨 학술 풍모

방이지는 3대로 《주역》을 전수한 가문에서 태어났다. 그의 증조부 방학점(方學漸)은 자가 달경인데 《역려(易蠡)》를 저술했고, 조부 방대진(方大鎭)의 자는 군정(君靜)으로서 《역의(易意)》를 저술했으며, 부친 방공조는 자가 잠부(潛夫)로서 《주역시론(周易時論)》을 펴냈다.

방이지는 방씨 3대의 가학(家學)을 계승했고 어려서부터 《역》학 교육을 받았으며, 《역여》를 펴냈다. 이 밖에 그는 또 외조부 오응빈(吳應賓, 《宗一聖論》을 저술했음)과 유명한 학자 왕선(王宣, 자는 化卿이고 《物理所》를 저술했음)을 스승으로 모셨다.

그 가문에서 대대로 전해 내려온 '삼세주역(三世周易)'의 정수는 공인 반인(公因反因)설이다. 외조부 오응빈의 의신(疑信) 사상의 심오한 점은 삼일설에 있고, 왕선의 《하도낙서(河圖洛書)》의 묘한 점은 중오(中五)설에 있다.

방이지는 이런 학설들을 한데 융해시켰다. 그리하여 앉아서 천고(千古)의 지혜를 모으고, 유학을 위주로 하여 노자·장자의 학설을 개주하고 불교·도교의 학설을 인용하고, 《역》학을 핵심으로 하여 3교 겸용을 실현했으며, 또한 그때 서방에서 들어온 자연과학 지식을 흡수했다.

　그러므로 그는 박식했고 오경에 정통하고 제자백가의 학설을 융해시켜 자기의 특별한 풍모를 가진 학술 사상과 학술 연구 경로를 형성했다.

　방이지의 학문 연구는 존의(尊疑)·택선(擇善)·존금(尊今)의 특징을 갖고 있다. 그는 학문이라는 것은 모두 의심하는 데로부터 시작되며 문제가 존재하지 않으면 학문이 없다고 인정했다.

　그는 또 여러 가지 지식 가운데서 쓸모 있는 성분을 잘 섭취했으며 "고금의 의론을 모아서 나의 의론을 낳게 하고, 천하의 총명을 취하여 나의 총명을 낳게 해야 하는데 이것은 택선(擇善)이라 한다." —《방중통(方中通)》〈배고집(陪古集)〉—고 했다.

　그는 새로운 지식을 섭취하는 것을 중시했으며 "고금으로 많은 지혜가 누적되었는데 나는 전인의 후에 태어났다. 고고(考古)하는 것은 오늘의 것을 증명하기 위해서이다. 그러나 고대의 경전에만 얽매여서는 아니 된다." —《통아(通雅)》

　"세상은 지혜가 모여서 새롭게 되고, 배움에 있어서는 지식을 모아야 지혜롭게 된다." —《통아》

　방이지는 고대의 일에 정통했지만 오늘의 것을 경시하지는 않았다. 그는 사학(史學)·문학·소학(小學)·미술 및 자연과학 방면에서 모두 섭취했다. 특히 그가 자연과학 사상을 중시한 이것은 이학가들과 전혀 다른 학술 사상 특색을 갖고 있는 것을 나타낸다.

　천문·수학 등 자연과학 기초 지식은 일찍이 송조 때에 이학가들의 경시를 받았는데 이학가들은 "명교학은 군자들이 배워야 할 것이지만 그것을 근본으로 해서는 안 된다."고 했다.

이학가들이 도를 중히 여기고 예(藝)를 경시하는 전통은 중국 역사에서 자연과학의 발전을 저해했으며, 동시에 사람들의 사유 능력과 인식 수준의 발전을 제한했다.

방이지는 유가 전통 사상 문화를 기초로 하고 서방의 자연과학 지식을 융합하여 이론상에서 송명 이학가들의 성심(性心)을 공담하는 것을 비판했으며, 인식론에서 유물주의 세계관을 형성했다.

2) 질측학·통기학을 중시했다

방이지는 질측학(質測學)·통기학(通幾學)을 중시했다. '질측학'이란 명나라 만력(萬曆) 연간 이래 서방에서 들어온 과학 실험을 가리키는데 그것을 분류별로 나누어 사물의 특징·특성과 운동 변화 법칙을 고찰하는 학문이다.

방이지는 '질측'을 해석할 때, "사물은 모두 경위가 있다. 실제적으로 고찰 연구하면 크게는 우주로부터 작게는 초목과 벌레에 이르기까지 모두 성질(性質)과 정감(情感)을 갖고 있음을 알 수 있고, 그것의 장점과 결함을 알 수 있으며 그 변화 법칙을 알 수 있는데 이것을 '질측'이라 한다."—《물리소식(物理小識)》〈자서(自序)〉—고 말했다.

그는 송명 이학가들이 공담을 즐기는 폐단을 비평했으며, 그들은 수신·제가·치국·평천하만 논하고 일부 실제에 맞지 않는 사회 정치 사상·윤리, 그리고 이(理)·기(氣)·마음·성(性) 등 개념만 논하는 사변 철학을 중시하고 쓸모 있는 지식은 아예 묻지도 않는다고 지적했다.

그는 또 "궁리견성(窮理見性)하는 학파가 오히려 한 가지 사물도 상세하게 모른다."—《물리소식》—고 하면서 실제를 따지는 질측학이 심성을 공담하는 이학보다 훨씬 더 공명하다고 지적했다.

'통기학'이란 바로 철학이다. 그는 '질측'과 '통기'는 곧 과학과 철학 관계 문제라고 지적했는데 여기에는 유물주의 과학 사상이 들어 있다.

그는 "통기는 질측에 내포되어 있으며 질측에 통기가 숨겨져 있다."는 명제를 내놓았다. 그는 마음 및 천지 자체를 포함한 천지 사이의 일체는 다 물(物)로서 모두 과학 연구의 대상이며, 사물을 구체적으로 연구하는 학문이 바로 과학이며, 과학 속에는 철학적 도리가 내포되어 있다고 인정했다. 이것은 "도(道)가 기(器) 속에 있다."는 유물주의 전통을 견지한 것이다.

방이지는 질측과 통기는 갈라놓을 수 없는데 만약 '통기', 즉 철학만 끊임없이 늘어놓으면 이(理)를 논하여 물(物)을 잃는 것이 되며 유심주의로 나아가게 된다고 했다. 또 만약 '질측'만 있다면 과학은 방향을 잃게 되므로 반드시 "통기가 질측의 부족점을 보충하게 해야 한다."고 했다. 즉 다시 말하면 철학으로 과학을 지도해야만 '사물을 버리고 이(理)만 말하며, 근거 없이 사물을 함부로 평가하는 것'을 피할 수 있다고 인정했다.

방이지가 제출한 "통기는 질측 속에 포함되어 있다."는 관점은 송명 이학가들의 이(理)와 서방 종교의 신(神)을 자연에 융해시켜 송명 이학가들의 이와 서방 종교의 신으로 하여금 물질적인 인식 기초를 갖게 했다.

방이지는 또 물질은 영원히 운동한다는 관점을 제기했다.

그는 "일월이 운행하고 있지만 천지는 그것을 모르고 있다."고 했으며 전체 우주는 영원히 움직이는 상태에 처해 있으며, 하늘이 영원히 움직이고 있고 인생도 영원히 움직이고 있으며, 곡식이 싹이 텄다가 말라 죽고 사람이 태어났다가 죽는 것은 마치 숨을 끊임없이 쉬는 것처럼 모두 물질이 자연적으로 갖게 되는 영원한 움직임이라고 지적했다.

비록 그의 '내막을 모르는' 에너지 불멸의 물질 운동 사상 및 견해는 아주 유치하고 거칠지만, 이런 운동 사상은 자연계를 영원히 변하지 않는다고 보는 관점을 타파했으며, 자연을 서로 연계되는 운동상태에 놓았다. 이것은 근대 과학 사상의 맹아이고 또한 고대 과학이 근대 과학으로 넘어가게 하는 계몽 사상이다.

방이지의 화일원론(火一元論) 관점은 철학의 높이에서 화(火)는 세계 발전을 떠민다는 자연관을 제출함으로써 장재의 원기본체론(元氣本體論) 사상을 심화했다.

장재는 물질인 기(氣)를 세계 만물의 근본이라고 인정했지만 기의 집산(集散)이 만물이 형성되고 훼멸되는 능동원이라는 것을 해결하지 못했다.

주희는 기에다가 이를 첨가하여 "이(理)가 기(氣)의 먼저이다."고 함으로써 유심주의로 되었다.

방이지는 한편으로는 기 일원이라는 유물주의 관점을 계승하여 세계는 "본래 한 가지 기이고 모든 것은 기에서 나왔다."고 했다.

다른 한편으로 그는 기로부터 천하 만물의 변화를 제출하고 "기의 운동은 모두 화(火)로 되며, 운동은 모두 화이다."고 했으며, '화'는 '기' 자체에서 오고, "기와 화는 같다."고 했으며 '화'의 능동성은 물질과 함께 영원히 존재한다고 했다.

방이지는 '화'에 '에너지와 운동'의 사상을 부여했다. 그가 제기한

"기의 운동은 모두 화(火)이다."는 명제는 세계는 물질성적이고 운동성적이라는 유물 관점을 유력하게 수호했다.

시대의 제한을 받기에 방이지의 사상은 심각한 변화 과정을 거쳤다. 그는 비록 남보다 먼저 실제 고찰을 강조하고 '질측학·통기학'을 탐구했지만 그의 과학 지식과 인식 방법은 의연히 앵겔스가 말한 것처럼 수집하고 초보적으로 자료를 정리하는 단계에 처해 있었다. 그의 과학 사상은 고대 과학의 기초 위에서 천재적인 추측을 한 것뿐으로서 근대의 과학 사상은 아니지만 근대 과학 사상에 일정한 계몽 작용을 일으켰다.

그는 '질측·통기' 학문을 중시하고 제자백가의 장점을 비판적으로 흡수하여 존의 구실(尊疑求實)·박통 백가(博通百家)·경세치용의 학풍을 이루었다. 그것은 명청 시기 학술계에서 선인들의 뒤를 이어받아 계속 발전시키는 역할을 했다.

3. 황종희의 경세응무(經世應務) 정신

1) 생애와 학문 연구 특징

황종희(黃宗羲, 1610~1695년)는 명나라 말기 청나라 초기의 저명한 사상가이며, 청나라 초기 고증학(考証學)의 거장이다. 자는 태충(太沖)이고, 호는 이주(梨洲)이며, 절강 여요(餘姚) 사람이다.

부친 황존소(黃尊素)는 동림명사(東林名士)인데 환관 위충현(魏忠賢)을 적발했다가 살해되었다. 이 일은 황종희로 하여금 환관과의 투쟁에 뛰어들게 했다. 명조가 망한 후 그는 항청(抗淸)투쟁에 참가했고, 만년에는 청나라 조정의 초빙을 거절하고 전념하여 학술을 연구했다.

저작이 대단히 많아 "두 수레나 되는데 대부분 소실되었다."고 한다. 지금 알 수 있는 저작은 112종, 1,300권, 2천만 자에 달한다. 주요 저작으로는 《명이대방록(明夷待訪錄)》·《명유학안》·《송원학안》 및 해방 후에 다시 편집한 《황이주문집(黃梨洲文集)》이 있다.

황종희의 일생은 두 시기로 나눌 수 있다. 젊어서는 학문을 배우고 정치투쟁에 참가했고, 44살 이후로는 학문을 가르치며 학술 활동에 종사했다.

황종희는 소년 시절에 벌써 유종주(劉宗周, 1578~1645년)를 스승으로 모시고 배웠다. 유종주는 저명한 명유(明儒) 거장으로서 양명학파의 전군(殿軍)이었다.

유종주는 "하늘과 땅 사이에 들어찬 것은 모두 기(氣)이며, 기를 떠나서는 이(理)를 논할 수 없다."는 이기일원론(理氣一元論)을 견지했으며, 신독설(愼獨說)을 제창했다. 이것은 황종희의 사상에 극히 큰 영향을 주었다.

그러나 황종희의 사상은 전부 스승의 의견이나 학설에서 나온 것이 아니며 스승의 견해와 같지 않은 점이 있다.

"그는 염계(廉溪) 학파를 계승하고 제자백가의 학설을 종합했으며, 횡거(橫渠)의 예교(禮敎)·강절(康節)의 수학·동래(東萊)의 문헌(文獻)·간재(艮齊)와 상재(上齊)의 경제(經制)·수심(水心)의 문장을 다 정통하여 구슬처럼 꿰어 놓았다."—《이주선생 신도비문(梨洲先生神道碑文)》

황종희가 일관하게 지킨 도는 그가 재삼 강조한 경세 응무 정신이다. 그는 텅 비고 쓸모없는 학설을 반대했으며 "배우는 자는 반드시 먼저 경학을 깊이 연구해야 하고, 겸하여 역사를 배워야 한다."고 주장했으며, 그렇게 하면 "경술(經術)로 세상을 다스릴 수 있어 그것이 진부한 유학으로 되지 않는다."고 했다.

그는 학문을 함에 있어서 엄격하게 실사구시했고, 널리 고증하여 가짜를 버리고 진짜를 취했다.

그는 경을 의심하는 것을 제창했으며 "적게 의심하면 적게 깨닫게 되고, 크게 의심하면 크게 깨닫게 된다."고 했다.

또한 "이(理)가 밝고 의(義)가 정밀한 근대의 학설을 취하고 여러 가지 사물에 대해 고증하는 한유(漢儒)의 방법으로 깊이 사고해야 한다."고 주장했다.

사학 방법론에서 그는 "근본은 하나이지만 천만 가지로 나누어진다(一本萬殊)."는 분석 방법과 여럿을 하나로 합치는 귀납법을 창조했다.

그는 학술상에서 편견이 있고 반대되는 견해가 있을 때면 학자는 그와 같지 않은 곳에 착안점을 두고 이해를 해야 하는데, 이것을 '근본은 하나이지만 천만 가지로 나누는' 분석 방법이라 하며, "제자백가의 학설을 하나로 모아 마치 계곡으로부터 흘러내린 물이 합쳐서 강으로 되고, 그것이 바다로 흘러들어 가는 것처럼 되게 하지 못한다면 어찌 여러 경(經)을 안다고 말할 수 있겠는가?." -《만충종묘지명(萬充宗墓志銘)》-고 했다.

이것이 바로 여럿을 하나로 합치는 귀납법이라고 했다.

황종희가 학술상에서 이룩한 성취는 다방면에서 나타난다. 그는 경사에 정통했으며, 천문·역법·수학·음률(音律) 응 각 방면에 모두 조예가 깊었으며 그의 학술 풍모는 독특했다.

2) 백성을 근본으로 하는 유가 사상을 계승하고 봉건 군주제를 반대했다

황종희의 천하를 다스리고 백성을 위한다는 경세응무 정신은 그가 봉건 전제 군주를 비판하는 데서 선명하게 표현되었다.

그가 편찬한 《명이대방록》은 '괴상한 책'이라 불리웠다. 왜냐하면 그 책에는 괴상하고 사람을 놀라게 하는 반군주 전제의 의론이 실려 있기 때문이다.

황종희는 선진(先秦) 이래의 유가가 창도한 민본 전통 및 무군론(無君論)·비군론(非君論)·폭군의 가혹한 정치를 성토하는 사상을 계승 발전시켰으며, 군위신강(君爲臣綱)의 봉건 윤리 도덕을 맹렬하게 비난했다.

민본주의는 중국 봉건 사회에서 민주성을 띤 사회사조이며, 유가 사상의 정화이다. 전국(戰國) 초기에 이루어진 《좌전》에는 백성은 '신의 주인'이라는 새로운 명제를 제기했고, "백성의 요구를 하늘은 꼭 들어준다."—《좌전》—고 했으며 신(神)은 민주의 신격화된 대표라고 했다.

《좌전》의 민본사상은 그 중점이 신의 백성에 대한 질곡과 억압에서 벗어나려는 데 있다.

전국 중기에 나온 《맹자》는 공자와 《좌전》의 사상을 계승하고 발전시켜 "백성이 가장 귀중하고 사직(社稷)이 그 다음이고, 군왕은 가장 경미한 존재이다."라는 저명한 명제를 내놓았으며, 군주와 백성 사이의 관계에서 백성의 작용과 지위를 더욱 단도직입적으로 강조함으로써 민본주의를 남김없이 발휘했다.

《명이대방록》은 "천하는 주인이고 임금은 객(客)이다."라는 새로운 사상 명제를 제기하여 '임금이 주인이고 천하는 객'으로 되어 있는 현실 정치제도의 폐단을 꾸짖었다. 아주 뚜렷한 이것은《좌전》에서 백성은 '신의 주인'이라는 것과《맹자》에서 '백성은 귀중하고 군왕은 경미한 존재'라는 사상을 계승하고 발전시킨 것이다.

황종희는《명이대방록》에서 또 제왕들이 정권을 탈취하는 과정을 폭로하고, "군주의 권리는 신이 주었다."는 설을 부정함으로써 군권에 대해 총공격을 들이댔다.

그가 이렇게 한 것은 동한(東漢) 말년 임금의 권력은 신이 주었다는 것을 부정한 중장통(仲長統)의 사상을 흡수한 것이다.

황종희는 군주가 나라를 얻게 된 것은 하늘에 의해서가 아니라 강대한 힘에 의해서이며, 하늘이 준 위엄은 가짜이고 실제로는 재능과 용감성에 의하여 얻은 것이라고 지적했다.

황종희는 또 양진(兩晋) 시기의 완적·포경언의 무군론(無君論) 사상을 적극적으로 흡수했다. 완적은 전제 군주제가 확립된 후의 군주에 대해 총체적으로 비판했으며, "군주를 세우니 포악한 짓을 하고 신하를 두니 도둑이 생겨났다. 앉아서 예법을 정하여 백성들을 속박하고 우둔한 자를 속였으며, 지혜를 숨기고 스스로 신으로 자처했다."─《전삼국문(全三國文)》46권─고 했다.

완적 후의 포경언은 군주와 신하 사이의 의(義)는 자고로부터 있는 것이 아니라 강력(强力)의 결과라고 지적했다.

갈홍(葛洪)은《포박자(抱朴子)》〈힐포(詰鮑)〉에서 "강자가 약자를 억누르면 약자는 복종하고, 총명한 자가 우둔한 자를 어르면 우둔한 자는 총명한 자를 섬긴다. 복종하는 것은 군신의 도에서 온 것이고, 섬기는 것은 백성들의 힘이 약하기 때문이다."고 말했다.

황종희는 옛날의 군주는 백성의 이익을 도모했지만 지금의 군주는 강한 힘으로 "천하의 재산을 빼앗아 자손에게 넘겨주어 끝없이 행복을 누리게 한다."—《명이대방록》〈원군(原君)〉—고 했다. 포경언이 군주의 죄악을 폭로한 언론은《명이대방록》에 실린 것과 아주 비슷했다.

여기에서 우리는 황종희가 완적·포경언의 무군론 중 사회 비판 사상을 취하고, 양진(兩晉)시기 도가의 자연 무위 경향을 갖고 있는 사상을 지양했음을 알 수 있다.

황종희는 또 당대 무명씨(無名氏) 저작《무능자(無能子)》에서 폭군의 가혹한 정치에 대해 성토한 사상을 취했다.

송원 시기 등목(鄧牧)의 군주 전제에 대한 비평은 그에게 계발을 주었으며 그의 사상 원천의 하나라고 말할 수 있다. 등목의《백아금(伯牙琴)》은《명이대방록》의 본이 되었으며, 황종희의《명이대방록》에서 "〈원군(原君)〉·〈원신(原臣)〉 두 편의 글은 실제로 선생(등목)의 영향을 받아 쓴 것이다."—《백아금》발(跋)—고 했다.

황종희는 고대 유가 사상에서 풍부한 영양을 흡수하여 시대적 특색을 갖고 있는 자기의 사상 체계를 건립했다. 그는 선진(先秦) 시기의 민본주의를 계승했을 뿐만 아니라 민본사상의 울타리를 벗어나서 유가 전통 사상 중의 일부 전투적 정신을 계승하면서, 또 공상과 허무한 부분을 지양했으며 나라와 백성을 위하는 경세응무 정신으로 한평생을 일관했다. 이것은 그가 유가 사상 문화를 계승하고 발전시킨 결정이다.

군위신강은 봉건 윤리 도덕 삼강에서 제일 앞이다.

황종희는 군위신강의 봉건 윤리 관계 및 등급 제도에 대해 무정하게 비판했다.

봉건사회에서 성행한 군권 신수(君權神授)론은 제왕의 득위(得位)와 세습은 모두 천명을 받은 것이며, "천자는 하늘의 명을 받고 천하는 천자의 명을 받는다."고 함으로써 군권이 신비한 색채를 띠게 했다. 군주는 최상의 지위를 갖고 있었고 인격화된 신의 화신(化身)으로서 죽이고 빼앗을 수 있는 절대적 권위를 갖고 있었다.

황종희는 황제 머리 위의 신성한 광환을 벗겨 버리고 역사의 진상을 발가벗겨 놓았다. 그는 역대의 군주는 모두 천하의 큰 해이며 그자들은 사리를 위해 천하 백성들의 골수를 빨아먹고 "천하의 자녀들이 흩어지게 했다."고 했다. 이것은 봉건 전제에 대한 유력한 공소였다.

그는 또 군주의 권력이 신이 준 것이라면서 자연히 전체 백성들이 그의 발밑에 꿇어앉아 두려워하고 공경할 것이며, 신하는 독립적인 인격이 없게 되어 군주가 신하더러 죽으라면 신하는 부득불 죽어야 하며, 모든 것을 군주의 명대로 해야 하며, 하층에 있는 백성들은 군주가 마음대로 부려먹고 죽일 수 있는 노예가 된다고 인정했다.

황종희는 이런 불합리한 군신 관계를 호되게 비난했으며, 신하는 임금에게 맹종하지 말아야 하고, 관리는 마땅히 "군주를 위하지 말고 천하를 위하며, 한 성(姓)을 위하지 말고 만민을 위해야 한다." ─《명이대방록》〈원군〉─고 말했다.

그는 군신 관계는 마땅히 사우 관계·동료 관계로 되어야 하고, 주인과 노예 사이의 관계로 되지 말아야 한다고 주장했다. 이것은 선진(先秦) 민본 사상의 큰 비약으로서 송명 이학가들이 극력 선양하는 군위신강이란 봉건 교조에 대한 침중한 타격과 무정한 폭로이다.

3) 경세응무를 주지로 하고 창조·탐구하는 주체 의식

황종희의 경세응무 정신의 뚜렷한 표현은 명대의 학술 발전을 총결하는 가운데서 사상 해방 의의를 갖고 있는 일련의 새로운 견해를 내놓은 것이다.

첫째, 황종희는 《명유학안》에서 명조 전기 학술사상의 발전을 고찰하고, 학술사상에서의 경험 교훈을 총화할 때 기존 설의 속박에서 벗어날 것을 제기했다.

그는 "학문을 하는 데서의 도는 각자가 자기가 쓸 수 있는 것을 배우는 것이다."고 인정했으며, 선유의 어록을 따르는 것을 반대하고 배움에 있어서 자득(自得)과 창조를 중히 여길 것을 제창했다.

둘째, 황종희는 《맹자사설》의 제사(題辭)에서 유가경전을 대하는 16자 원칙, 즉 "當身理會, 求其着落, 殿去傳注 獨取遺經."(자기 스스로 이해하여 그것의 결말을 찾으며, 傳注를 버리고 혼자서 경을 탐구한다는 뜻)을 말했다. 그는 경전을 교조화, 경직화하지 말아야 하고, 어떤 사람 어떤 학파의 설에 구애되지 말아야 하며 "자기 스스로 이해하고 자기의 견해가 있어야 한다."고 했다.

이것은 경전의 신성성을 동요시킨 것이다. "전주(傳注)를 버려야 한다."는 것은 주희의 권위를 타파하고 주희의 《사서》·《오경》에 대한 해석을 취소하려는 뜻이다. 그가 제출한 원칙은 강렬한 주체 탐구 정신과 반교조·반미신의 풍격을 나타내었다.

셋째, 황종희는 《명유학안》 서언의 초고에서 '여러 가지 학설을 반복적으로 사고하면서 배울 것'을 제기했다.

그는 탐구하려면 반드시 학술이 여러 가지 있고, 학파가 서로 논쟁해야 진리가 부단히 발전할 수 있고 사람의 인식도 부단히 높아질 수 있으며, 만약 이설(異說)을 반대하고 한 가지 도만 견지하고 이설에 대해 덮어놓고 경을 떠나고 도에 위반됐다고 한다면 학술의 발전을 저해하게 된다고 인정했다.

넷째, 황종희는 "도는 한 학파의 사유(私有)가 아니다. 간고하게 얻은 것일수록 진실한 것일 수 있다."—《남뢰문정삼집(南雷文定三集)》2권—고 지적했다.

학술이 다르기 때문에 진리에 대한 인식이 꼭 같을 수 없는데, 진리를 얻으려 하면서 참답게 책을 보지 않고 고심히 연찬하지 않고 텅 비고 쓸모없는 장광설을 늘어놓는다면 절대로 불가능하다고 했다.

황종희가 제기한 이 명제는 진리에 대한 인식에서의 간교성과 반복성을 지적했다.

황종희는 학술 연원에서 주요하게는 왕양명과 유종주의 학설을 계승했지만 "도는 한 학파의 사유가 아니다."라는 명제는, 도는 정주학파의 사유도 아니고 왕양명 학파의 사유도 아니라는 결론을 얻게된다. 이것은 이론상에서 송명 이학의 독존 지위를 타파했다.

다섯째, 황종희는 "학문을 함에 있어서는 먼저 포부가 있어야 한다. 포부가 있으면 호걸이 되고 포부가 없으면 보통 백성이 된다."—《맹자사설》7권—는 명제를 내놓았다.

이 명제는 심각한 경세응무의 의미가 있으며 천하를 다스리고 백성을 위하여 인재를 육성한다는 것이다.

그는 정주 이학이 독존 지위에 있는 사상 문화 전제주의 통치하에서 많은 학자들이 조금도 창조성이 없고 쓸데없이 바삐 보내어 사회에는 진정한 인재가 부족되고, 용재가 수두룩하며 조금도 생기가 없는 데 대해 통감했다. 그리하여 그는 창조하려면 반드시 호걸이 되려는 포부를 가지고 나라와 백성을 위하여 무엇을 해야 한다고 호소했다.

황종희의 이런 견해는 송명 이학의 주지(主旨)와 완전히 다르다. 그의 견해에는 경세응무의 근본 지도 정신이 관통되어 있고 강렬한 시대적 책임감이 흘러넘치며, 교조를 타파하고 미신을 반대하고 창조를 중히 여기고 용감하게 탐구하는 주체의식이 선명하게 잠재되어 있다.

황종희는 명나라 말기 청나라 초기의 저명한 사상가이다. 그는 고도로 집중된 봉건사회에서 유가 사상을 주요로 하는 강대한 전통 문화 사상을 등지고, 어깨에 무거운 짐을 지고 있었기에 필연코 적지 않은 낡은 흔적을 남기게 되었다. 그러나 그의 학술 사상은 청나라의 정치와 학술에 큰 영향을 주었다.

양계초(梁啓超)는 황종희가 쓴《명유학안》을 "중국에 학술사가 있게 된 것은 여기서부터 시작되었다."고 평가했다.

황종희는 청대 사학의 창시자이며 그의 경세 응무 정신은 청나라 초기에 절동(浙東)의 지식인들에게 큰 영향을 주었으며, 건가(乾嘉) 고거학 학파와는 학풍이 완전히 다른 청대 절동학파의 독특한 학풍을 배양, 형성시켰다.

그의《명이대방록》및 봉건 전제를 반대하는 민주 정신은 청나라 말기의 봉건제도를 반대하는 민주 혁명을 인도했으며, 근대 중국에서 봉건 전제주의를 비판하는 사상 해방 운동에도 적극적인 영향을 일으켰다.

그는 명청 시기의 유학 발전사에서 중요한 자리를 차지하고 있으며, 일대 학술의 창시자의 한 사람이다.

4. 고염무의 실용을 숭상하는 실학사상

고염무는 청나라 초기 학술계에서 지난날의 학술을 이어받아 앞날을 개척한 거장이다. 그는 실제적이고 쓸모 있는 것을 숭상하는(崇實致用) 실학사상과, 독립적으로 진리를 탐구하는 학술 풍격으로 세상에 널리 알려졌으며 청대, 나아가서는 중국 학술사 전반에 심원한 영향을 남겼고 공적을 쌓았다.

고염무(顧炎武, 1613~1682년)의 원명은 강(絳)이고 자는 충청(忠淸)이다. 명나라가 멸망한 후 이름을 염무라 고치고 자를 영인(寧人)이라 했으며, 장산용(蔣山傭)이라 자서(自暑)했다. 그는 강소(江蘇) 곤산(昆山) 사람이다. 그의 고향에 정림호(亭林湖)가 있었기에 학자들은 그를 존칭하여 정림 선생이라 불렀다.

그는 일찍이 복사(復社)에 가담하여 조정을 의논하고 환관 전귀를 반대했다. 청년 시대에 경세 치용학에 마음을 두고 민생 이병(利病)과 국가 대사에 주의를 돌렸으며, 21사와 전국 각 군현의 지서(志書)를 널리 읽고《천하군국이병서(天下郡國利病書)》라는 책을 펴냈다.

명나라가 망한 후 항청(抗淸) 투쟁에 참가했다. 투쟁이 실패한 후에도 의연히 활동을 중지하지 않고, 산동·산서·섬서·하북 등 여러 지방을 다니면서 호걸들과 사귀고 산천 형세를 관찰함으로써 시시각각 다시 일어나 민족의 운명을 구하려 했다.

강희 때에 박식한 유생들을 초빙했는데 그는 여러 번 거절함으로써 민족의 기개를 보여 주었다.

그는 평생을 영락하여 유랑했지만 끝내 학술 연구를 중지하지 않앗으며, 역사·지리·음운학(音韻學)·고거학(考据學)·금석 고고(金石考古) 등 방면에서 독특한 견해가 있고 깊은 수양이 있었다.

그의 주요 저작으로는 《음학오서(音學五書)》·《정림문집(亭林文集)》·《정림시집(亭林詩集)》 등이 있으며, 가장 이름난 저작은 《일지록(日知錄)》과 《천하군국이병서》이다.

고염무의 실학사상은 실제를 숭상하고 쓸모 있게 한다(致用)는 두 가지로 개괄할 수 있다. 실제적인 것을 숭상한다는 것은 명심 견성(明心見性)이라는 빈말을 버리고 '수기 치인(修己治人)이라는 실학'—《일지록》 7권—으로 대체하며, 속학(俗學)을 얕보고 6경을 탐구하며 봄의 꽃을 버리고 가을의 열매를 따며 근본이 되는 학문을 한다는 것이다.

쓸모 있게 한다는 것은, 배우는 것은 수신하기 위해서만이 아니라 나라와 백성들을 다스리고 나라가 어지럽게 된 근원과 생민의 근본 방침을 탐구하기 위해서라는 것이다.

숭실(崇實)과 치용(致用)은 서로 보완하고 도와 하나로 융합되어 고염무의 실학사상으로 되었다.

1) "문화 전적을 널리 배우고 스스로 부끄럽다고 여기는 일은 하지 않는다."는 숭실(崇實) 학풍

고염무는 명조 말기의 공소하고 허공에 뜬 학풍에 비추어 옛 학자들의 힘을 빌렸다. 그는 공자의 "문화 전적을 널리 배우고 스스로 부끄럽게 느끼는 일은 하지 않는다."는 적극적인 사상을 발휘했다. 이것은 학자들에게 한 외침이고 또 자기가 입신 처세하는 최고 준칙이었다.

그의 실학사상은 우선 문화 전적을 널리 배우는 데서 건립되었다. 그가 가리키는 문화 전적에는 광범위한 내용과 사회 지식이 포함되어 있다.

그는 일생 동안 "어려서부터 늙었을 때까지 하루도 손에서 책을 놓은 일이 없었으며"―《수초당집(遂初堂集)》6권―21사와 천하의 군현지(郡縣誌)를 죄다 읽었으며 사처로 다니면서 수시로 고찰하고 물었다.

그는 열심히 독서하여 명조 말기 '책을 묶어 놓고 보지 않으며 떠돌아다니면서 근거 없는 말을 하는' 악랄한 풍조를 무너뜨리고 문화 전적을 널리 배우는 모범으로 되었다.

명조 말기의 역사 배경·공소한 학풍은 부끄러움을 모르고 권세 있는 자에게 아부하는 한 패의 사대부들을 길러냈다.

고염무는 그들의 추악한 행위를 극도로 미워했다. 그리하여 그는 '문화 전적을 널리 배우는 것'과 '스스로 부끄럽게 느끼는 일은 하지 않는 것'을 유기적으로 결합시켜 그것을 유학의 적극적인 정신으로 간주하여 추구하고 제창했다.

그는 학자들에게 팔고(八股)를 부끄럽게 생각하고, 공허하고 심오한 천도 성명(天道性命)을 논하는 것을 부끄럽게 생각할 것을 요구했으며, 스스로 부끄럽게 생각되는 일은 하지 말아야 한다는 것을 좌우명으로 삼아 공허한 학설을 돌려세울 것을 요구했다.

"스스로 부끄럽게 생각되는 일은 하지 말아야 한다."는 것은 또 민족의 절개를 지킬 것을 강조하고, 민족의 절개를 상실하고 아부하여 즐거움을 얻는 자들을 꾸짖는 뜻도 있다. 고염무는 자기의 떳떳한 인격과 고상한 절개로써 스스로 부끄럽게 여기는 일은 하지 말아야 한다는 신념을 잘 증명했다.

실제적인 것을 탐구하고 실천을 중시하는 것은 그의 학술 사상의 근본이념이다.

"고염무는 일생 동안 무릇 문장의 내용이 6경에 관계되지 않고 현시대의 일과 관계없으면 읽지 않았다."—《정림문집(亭林文集)》4권

이런 학술 종지는 빈말로 이(理)를 논하고 의리를 그럴 듯하게 꾸며 대고 현시대 일을 홀시하는 이학과 근본적으로 달랐다.

그는 학문을 함에 있어서 내향적인 주관 학문을 반대하고 외향적인 객관 학문을 주장했으며, 독서를 주장했을 뿐만 아니라 집에서 나와 실천 속으로 들어갈 것을 주장했다. 실천을 숭상하고 외향적인 실제 학문을 제창하는 것은 그가 학문을 함에 있어서의 뚜렷한 특징이다.

그는 평생 학문을 함에 있어서 실사구시 정신이 충만했고 맹종하지 않았으며, 전인의 기성 학설에 의뢰하지 않았으며, 고대 전적에 대해 믿을 것은 믿고 의심되는 것은 의심함으로써 자기의 학설을 형성했다.

고염무는 학문을 함에 있어서 학파에 얽매인 편견을 반대했으며, 도량이 넓고 조금도 소홀하지 않았으며 책임감이 강했으며, "여러 가지 학설을 배척하고 한 학파의 설만 논하면 경(經)으로 통하는 길이 좁아진다."—《정림문집》3권—고 인정했다.

그는 서로 묻고 논쟁하며 단결할 것을 주장했으며 "홀로 배우고 친구가 없으면 고독하고 성공하기 어렵다."—《정림문집》4권—고 했다.

고염무는 이학의 공소한 폐단을 제거하고 박학(朴學) 풍기의 선두

를 떼었다.

엄격하고 소박한 이런 학풍은 이학의 연역법(演繹法)·사변법(思辨法)·삼오법(參悟法)과는 완전히 다른, 착실하고 세밀한 학문 연구 방법 즉 귀납의 방법·역사적 방법·증험의 방법 및 '일상생활에서부터 시작하여 점차 보다 높은 진리를 탐구하는' 방법이 탄생되게 했다.

귀납법은 고염무가 학문을 하는 기본 방법이다. 이 방법에서는 문화 전적을 널리 배우고 자료를 충분하게 점유하고, 비교하여 심사하고 되풀이하여 음미하고 연구하며, 순서에 따라 배열하고 조사함으로써 여러 가지 자료를 모아서 관통해야 했다.

역사적 방법은 귀납의 방법과 밀접히 관계된다. 이 방법에서는 연구 토론하려는 문제에 대해 매개 사물마다 그 시말을 상세히 하고 근원을 구별해야 한다.

증험의 방법에서는 부합되도록 힘쓰며 모든 일이 증거가 있으면 시비를 가리고, 증거가 없으면 의심할지언정 제 말만 옳다고 하지 말아야 한다고 했다.

"일상생활에서부터 시작하여 점차 보다 높은 진리를 탐구한다."는 것은 도(道)와 기(器)를 똑똑히 구별한다는 것이다. 형이상자(形而上者)를 도라 하고 형이하자(形而下者)를 기라 하며, 도는 기를 떠나서 존재할 수 없다. 성인의 도도 '일상생활에서부터 시작하여 점차 보다 높은 진리를 탐구하는 방법'이지 세상의 유생들이 말하는 것처럼 성(性)과 명(命)을 다해야 한다는 공리공담이 아니다.

고염무가 총결해 낸 이런 학문 연구 방법은 사학 이론에서의 귀중한 역사 유산이다.

2) 경세치용, 명도구세의 학술 연구 목적

고염무 실학사상의 최종 귀결점은 경세치용(經世致用), 명도구세 (明道救世)이다.

그는 영가(永嘉)·영강(永康)의 경제지학(經制之學)으로 나라를 다스리는 데 관한 학설과 공리학을 계승하고, 이학에서의 공담을 반대했으며, 배우는 목적은 사용하고 도를 밝히고 천하를 구하는 데 있다고 주장했다.

이학 통치하의 명청 사대부들은 높은 벼슬을 하여 많은 봉록을 받으면서도 백성들의 질고를 관심하지 않고, 도덕과 성명(性命)에 대한 공담에만 흥취를 가졌으며, 전통 유학 중의 찌꺼기를 보배로 간주하여 외고 명기했다.

뿐만 아니라 중국 전적(典籍) 가운데의 진보적인 것과 과학 기술에 대해서는 멸시 또는 허무주의 태도를 취했으며, 사회 문제의 해결을 연구하지 않고 조용히 앉아서 만병통치의 일관한 도를 생각했다.

고염무는 이런 부패한 사회 현상에 대해 몹시 가슴 아파했으며, 그런 현상은 위진 시기 청담(淸淡)의 유폐보다 더 엄중하다고 인정했다.

고염무는 빈소리만 외치는 이런 기존의 악습에 비추어 실제적인 것을 논할 것을 주장했다. 그는 "군자가 배우는 목적은 도를 밝히고 천하를 구하기 위해서이다." —《정림문집》 4권 —고 했다. 그는 성 (性)·명(命)·도(道)·이(理)에 대해 공담하지 않았고 세상의 빈곤에 관심을 가졌다.

그는 일생 동안 경학(經學)·사학(史學)·음운(音韻)·소학(小學)· 금석 고고(金石考古)와 여지(輿地)·시문(詩文) 등을 널리 연구했는데, 그 목적은 나라와 민족·사회를 위하고, 어지러운 세상을 바로잡기 위해서였다.

그가 펴낸《일지록》은 "학술은 밝히고 인심을 바르게 하고, 어지러운 세상을 바로잡아 천하를 태평스럽게 한다."는 데 목적을 두었다. 그가 쓴《천하군국이병서》에서 이용한 자료는 모두 '민생의 이해와 관계되는 것'이었다.

그는 30년 동안 마음을 집중시켜 고음학(古音學)을 연구했다. 왜냐하면 그는 "세상의 추세를 목격하니 어지러운 세상을 바로잡는 고리는 인심 풍속을 개변시키는 데 있다는 것을 보아냈다."—《정림문집》4권

그는 공자가 삭제하여 서술한 6경은 이윤(伊尹)·태공(太公)이 백성들을 재난 속에서 구원하려는 마음을 표달했고, 유가 경전은 의연히 "천하의 후세들이 사람들을 다스리는 데 쓰는 책"—《정림문집》4권—이기에 자기가 그것을 연구한다고 했다.

한마디로 말하면 고염무는 평생 "문장의 내용이 6경의 가르침과 관계없고 현시대의 일과 관계없으면 일률로 따르지 않았다."—(동상서)—고 했다.

고염무의 실학사상 및 소박한 학풍은 그의 철학 사상·정치사상 등과 함께 '옛것을 본받는' 경향이 뚜렷했다.

그는 군주 전제에 대한 비판이 황종희보다 첨예하지 못했고 심각하지 못했다. 그는 절대적 군권을 우회적으로 반대했지만 군주의 권력을 취소하는 것을 주장하지 않으며, 군주의 개인 독재를 반대하고 권력의 분산을 주장했지만 군현에서 현령의 세습제를 제출했다.

고염무의 실학사상은 선명한 계급성과 시대적 국한성을 지녔다.

그러나 그가 제기한 구호는 이(理)·기(氣)·성(性)·명(命)에 대한 공담을 배척했고 일대의 학술 방향을 전이시켰다.

그가 제기한 착실하고 세밀한 고리 방법과 엄밀하고 소박한 학풍은 건가(乾嘉) 한학의 정성(鼎盛) 국면이 이루어지게 했다. 그는 건가 학파의 불멸의 창시자이다.

귀납·증험·역사 및 일상생활에서부터 시작하여 점차 보다 높은 진리를 탐구하는 그의 사학 연구 방법은 여러 가지 학술을 개척했으며, 청조 때 적극적인 작용을 했다. 그가 유학사와 문화사에서 일대 학술을 개척한 거장이라는 것은 아주 분명한 사실이다.

5. 왕부지의 유학에 대한 비판

왕부지는 명조 말기 청조 초기의 걸출한 사상가이다. 그는 대동란의 연대에 살면서 명왕조의 멸망을 목격했고, 공소하고 쓸모없는 이학은 나라와 백성에게 해를 입히는 중요한 원인의 하나라는 것을 뼈저리게 느꼈다.

그리하여 그는 전력을 다하여 이론상에서 송명 이학에 대해 전면적이고 체계적인 비판을 했으며, 철학상에서 새로운 이론 형태를 세웠다.

왕부지(王夫之, 1619~1692년)의 자는 이농(而農)이고 호는 강재(姜齋)이며, 호남(湖南) 형양(衡陽) 사람이다. 만년에 상서(湘西) 증좌석선산(蒸左石船山, 오늘의 湖南 衡陽縣 曲蘭)에 은거했으므로 그를 선산(船山) 선생이라 불렀다.

그의 일생은 세 시기로 나눌 수 있다.

명천계(明天啓) 2년(1622년)으로부터 명숭정(明崇禎) 17년(1644년) 명나라가 망할 때까지, 즉 왕부지가 4세부터 26세까지는 주로 독서하고 과거시험에 참가했다.

청순치(淸順治) 2년(1654년)부터 순치(順治) 14년(1657년), 즉 왕부지가 26세부터 39세 때까지는 주로 청나라를 반대하는 투쟁에 참가했다.

순치 15년(1658년)부터 강희(康熙) 31년(1692년), 즉 그가 40세부터 74세 때까지는 상서 산간지구에 은거해 있으면서 진심으로 저작을 쓰고, 이학을 총결 비판했다.

그는 일생 동안 많은 저작을 썼는데 무려 백여 종 된다. 그중 주요 저작으로는《장자정몽주(張子正蒙注)》·《주역외전(周易外傳)》·《상서인의(尙書引義)》·《독사서대전설(讀四書大全說)》·《시광전(詩廣傳)》·《사문록(思問錄)》·《독통감론(讀通鑑論)》 등이 있는데 대부분은《선산유서(船山遺書)》에 수록되어 있다.

1) "6경이 나로 하여금 새로운 것을 창조하게 했다."는 사상이론 체계

왕부지는 유가 세가에서 태어났다. 그의 부친 왕조빙(王朝聘)은 정주 이학을 숭상했으며, "주돈이·정이·주희의 학설을 정종(正宗)으로 삼았으며 또한 실천을 중시하고 공담을 하지 않았다." —《시문집》〈가세절록(家世節錄)〉

그의 맏형 개자(介子)는 정신을 집중하여 경학을 연구했는데 성과가 아주 많았으며,《주역본전질(周易本傳質)》·《춘추사전질(春秋四傳質)》 등 책을 펴냈다.

둘째형 참지(參之)는 문사(文史)를 연구했는데 그의 글은 표현이 완독하고 풍격이 있었다.

이런 집안의 내력과 학풍은 왕부지를 도야하고 육성했다. 나라를 구하고 민족의 생존을 위한 항청(抗淸) 현실 투쟁에서 그의 사상은 점차 변화하여 철학상에서 유물론 쪽으로 기울어졌다.

그는 유월석(劉越石)의 고분(孤憤)을 마음속에 품었지만 토로할 수 없었고, 장횡거(張橫渠)의 학설을 숭상했지만 재간이 미치지 못했다.

그는 장재의 사상을 근본으로 하고 주돈이·정호·정이·주희·육구연·왕수인 각 학파의 학설에 대해 모두 비판하는 태도를 취했는데, 주돈이·정호·정이·주희에 대해서는 그래도 좀 존중했지만 육구연과 왕수인의 학설에 대해서는 철저히 이단으로 여겼다.

아주 뚜렷한 바 그는 장재 사상의 기초 위에서 정주(程朱)의 성명 도덕 논술의 합리적인 부분을 흡수하여 독창적인 이론 체계를 창조했다.

"6경은 나로 하여금 새로운 것을 창조하게 했다."는 것은 왕부지 사상 체계의 특징이다. 6경은 그가 학문을 연구하는 기초였고, 새로운 것을 창조하는 것은 그가 학문을 연구하는 요지였다.

왕부지는 배우기를 좋아하고 생각을 깊게 했다. 그는 배움에 있어서 엿보지 않은 것이 없었는데 위로는 《시경》·《서경》·《예기》·《주역》·《춘추》와 선진(先秦) 제자백가의 학설, 아래로는 양한 경학·위진 현학·수당 불학(佛學)·송명 이학까지 모두 탐구했다.

그는 《육경》에 주석을 달아 그 뜻을 넓혔으며, 구설에 얽매이지 않고 《육경》에 대해 모두 발명이 있었다.

그는 전통 유학 사상을 전면적으로 총결 짓고 청산할 때 '배우는 것과 생각하는 것을 병진시키고 새로운 지식과 낡은 지식을 똑같이 중시하고, 새로운 지식으로써 낡은 지식을 풍부히 하는' 원칙과 '깊이 들어가 자세히 연구함으로써 진위를 가려내는' 방법을 취했다.

그는 정학(正學)을 긍정하거나 이단을 배척함에 있어서 모두 비판과 계승을 결합시키는 원칙을 취했다.

"그는 중국 유학의 전통 범주를 기본적으로 그대로 이어받았으면서도 자기의 견해에 따라 해석하고 이해했다."—《장자통(莊子通)》서(序)

그의 새로운 것을 창조한다는 관점은 모두 오랜 전통 범주에 대해 새롭게 해석한다는 것이다.

명나라 말기와 청나라 초기의 사회 현실에서 공담을 숭상하고 실제를 떠난 풍조는 그로 하여금 '입장을 바꾸어 실제적인 것을 탐구하는' 방법으로써 역사 경험을 총결·회고하고, 명나라가 망하게 된 교훈을 탐구하게 했다. 그러므로 "그는 이론 투쟁에서 될 수 있는 한 고금의 허무하고 심오한 설을 극력 버리고 실제로 돌아갔다."—왕어 《강재공행술(姜齊公行述)》

허(虛)를 버리고 실(實)로 돌아가는 노선은 그가 송명 이학을 비판하는 과정에 일관되어 있다.

2) 위유(僞儒)를 비판하고 정학(正學)을 제창했다

왕부지의 전통 유가에 대한 비판은 또 역사상 유가 사상을 비판한 성과의 중요한 발전이다.

그는 진한(秦漢) 이후의 유학을 중점으로 삼고 역사 발전의 식견으로 유학에 대해 전면적이고 체계적인 비판을 했다.

그는 유가 사상은 공자가 죽은 후 점차 변질되었기에 공자 이후의 유학은 바른 도(道)를 견지하는 유학이 아니라, 위유(僞儒)·불량한 유학이라 하면서 다음과 같이 인정했다.

진(秦) 이후의 유학·정치학 및 심신(心身)학은 취할 바가 조금도 없으며 유학은 점차 쇠퇴되었고, 그 폐단도 역사의 발전과 더불어 엄중해졌다.

그는 한유(漢儒)는 가짜 유학이라고 했으며 이렇게 말했다.

"송나라 말기로부터 원나라에 이르기까지 어떤 사람들은 명의상에서는 유학자라고 하면서 격물(格物)의 정훈(正訓)을 배우지만, 사물의 발전 법칙을 어떻게 탐구하는지 모르니 이런 격물은 무슨 소용 있는가? 어떤 사람들은 《오경》·《논어》·《맹자》가 몇 글자라는 것까지 똑똑히 기억하고 있으며, 장구(章句) 이합(離合)을 가리는 것과 형성의 호응을 비교할 줄 알고 하루 종일 무위도식하면서 쓸모없이 교정(校定)을 하고 글을 써내지만, 글자 배열에 의해 자기 글이나 자랑하는 것이 독자들의 심신에 무슨 유익한 점이 있는가? 사물의 발전 법칙을 탐구하는 데 무슨 도움이 있는가? 정교(政敎)를 행하는 데 무슨 좋은 점이 있는가?"—《독통감론(讀通鑑論)》17권

송(宋) 이후의 유학은 사람들을 형식주의에 빠지게 했고, 마비되어 얼떨떨한 상태에서 우쭐거리며 자기가 고결하다고 여기고 오만해지게 했다. "이러한 유학은 가르치면 다른 사람을 망치게 되고, 행하면 나라를 망치게 된다."—(동상서)

명청 시기에 이르러 유학은 더욱 반대 방향으로 나아가 인재를

골라서 채용하는 면에서나 가르치는 내용상에서 조금도 생기가 없었다.

"지금까지 경의(經義)에 따라 인재를 선발하는데 각자가 사승 관계를 갖고 있었다. 일부 훈장과 부패한 선비들은 경학 가운데의 찌꺼기를 주워서 그것을 보배처럼 간주한다. 그들은 마음은 무엇을 생각해야 하고 본성은 어떻게 실현되어야 하고, 삼왕(三王)이 어느 민족이고 오패(五霸)가 어느 때에 흥기했는가에 대해 전혀 모른다."—《독통감론》7권

세교(世敎)가 쇠약되고 정학이 훼손되어 이때의 유학은 절반 정도의 역할밖에 하지 못했다.

왕부지는 유학을 비판함에 있어서 그 어느 유파나 그 어느 단계에 제한을 받지 않았다. 그러므로 그의 비판은 일정한 체계를 갖고 있으며, 공자가 죽은 후부터 명청 시기에 이르기까지의 유학 발전의 기나긴 역사에 대한 전면적인 비판이 되며, 봉건 정통 사상에 대한 유력한 충격이 된다.

왕부지는 유가 사상을 비판함에 있어서 진한(秦漢) 이후의 유학을 중점으로 삼고, 유학 발전의 기나긴 역사 과정을 언급했을 뿐만 아니라 여러 방면의 사상 내용도 언급했다.

유가 사상과 봉건 정치의 관계에서 왕부지는 유가 사상이 정치상에서 일으킨 작용은 소극적이라고 인정했다.

그는 "한(漢)나라의 유생들은 지루하게 궤변을 늘어놓았는데 그것은 임금에게 영향을 미쳤고 정치에 해를 끼쳤으며"—《독통감론》4권 "한유들은 경전에 덧붙여 글을 써냈는데 모두 정치에 쓸 수 없다."—(동상서) 6권—고 말했다.

송나라 이후의 유가 사상은 더욱 봉건 전제의 장식품으로 되었다.

"송나라 이래 군자라고 하는 유생들은 입으로는 성인의 도를 말하지만 행동은 신한(申韓, 신공과 한비자)과 같다."―《강재문집(姜齋文集)》〈노장신한론(老莊申韓論)〉

이때의 유생들은 가짜 유생일 뿐만 아니라 말끝마다 인의 도덕과 온화·선량·공경·검약·양보를 부르짖는 선비에서 살인을 즐기는 잔인한 폭도로 변했다.

유가 사상과 귀신·미신 사이의 관계에서 왕부지는, 공자가 죽은 후의 유학을 가짜 유학이라 하는 것은 유학과 귀신이 한데 섞이고 침투되어 유학의 진실한 면모를 잃었기 때문이라고 했다.

"후대의 유학자들은 하늘이요, 귀신이요 하면서 천하를 의심했다."―《독통감론》5권

"경술은 변하여 오행 재상(五行災祥)설로 되었다."―(동상서)

유가 사상은 오직 귀신을 뿌리쳐야 본래의 면모를 회복할 수 있게 되었다.

유가 사상의 지위 문제에서 왕부지는 유가 사상은 자기의 진실한 면모를 잃었기에 독립적 지위를 상실했다고 했다. "유가 사상은 노자·장자를 알리기 위해 노자·장자를 선양하는 유자들이 나왔고, 불교를 포교하기 위해 불교를 선양하는 유자들이 나왔고, 신한(申韓)을 겉치레하기 위해 신한을 선양하는 유자들이 나왔다." 그리하여 실제에서는 노자·장자·불교·신공·한비자 학설의 부속물이 되었다.

유가 사상이 독립적인 주체 지위를 잃고 또 유학이 변질했기에 필연코 유학·불교·도교의 합류를 초래하게 되었다.

왕부지의 유학에 대한 비판은 관련되는 면이 넓고 일정한 심도가

있으며, 일정한 정도에서 유학의 신성한 지위를 동요시키고 쇠약시켰다.

장기간 정통 사상으로 인정받고 신성한 광환에 감싸여 있던 전통 유학은 왕부지의 날카로운 필봉으로 여지없이 폭로되었고, 옛날의 눈부신 빛을 잃게 되었다.

왕부지가 유학을 비판한 최종 목적은 정학(正學)으로 유가 사상의 정통적 지위를 회복하려는 것이었다.

왕부지가 제창하는 정학은 불교와 도교의 영향을 이탈한 유가 학설이고 공자 시대로 되돌아간 유가 학설이며, 충(忠)·효(孝)·인(仁)·의(義)를 첫자리에 놓는 유가 학설이다. 그런데 이 정학이 바로 장재(張載)의 학설로서 왕부지는 그것을 유학의 표준과 견본으로 삼았다.

그러나 이것은 왕부지의 좋은 염원에 지나지 않았다. 왜냐하면 장재의 많은 사상은 이미 정호·정이·주희·육구연·왕수인 등이 받아들이고 추앙했던 것이다.

"횡거(橫渠)의 학설은 정씨(程氏)에게서 나왔다." —《양귀산집(楊龜山集)》26권

"주자(朱子)는 성(性)을 알면 마음을 다할 수 있다고 말했고, 장자(張子)는 마음을 다하는 것이 성(性)을 아는 방법이라 말했는데, 그들의 설법은 조금 달랐다." —《장자정몽주(張子正蒙注)》4권

장재의 학설과 2정(二程)·주희·육구연·왕수인의 학설은 같은 뿌리에서 생겨난 것이므로 이런 가짜 유학과 대립되는 정학이란 실제로는 존재하지 않았다.

왕부지는 정학이라는 명목하에 유학을 부흥시키려 했지만 진한

(奏漢) 이후 유학의 울타리를 벗어날 수 없었다. 그러나 왕부지가 정학을 제창하고 정학으로써 가짜 유학을 대체하고 유학을 새롭게 건립하려는 의도는 명청 시기 유학이 퇴폐되는 정황하에서 진보적 사상가의 새로운 추구를 반영했다.

이런 새로운 추구는 유가 정학을 회복하려는 곡절적인 형식으로 나타났는데, 이것은 실질상에서는 전통 유학에 대한 반항으로서 명청 시기의 시대적 정신을 보여주었다.

3) 전통 유학의 철학 유심주의를 비판했다

왕부지의 전통 유학 유심주의에 대한 비판은 역시 그의 사상 이론 체계에서 "낡은 것을 밀어내고 새것을 받아들이며, 새로운 국면을 창조해야 한다."는 독창적 견해이다.

그는 이학 유심주의로부터 착수하여 유학 유심주의의 발단 및 역사 변화를 거슬러 올라갔으며, 선진 공맹의 천명론(天命論), 서한 동중서의 신학 목적론(神學目的論), 당대(唐代) 한유(韓愈)의 도통설(道統說) 및 유교·도교·불교를 집대성한 송명 이학 유심주의에 대한 총체적인 비판을 했다.

선진 시기 공맹의 천명론과 생지론(生知論)은 유학 사상 체계의 중요한 내용이다. 왕부지는 당대 이필(李泌)의 "임금과 재상은 운명을 개척한다."는 설을 빌려 자기의 견해를 가일층 발휘했다.

그는 공맹의 유학에서 추측한 '천명'을 나라의 치란 존망(治亂存亡)과 사람들의 빈부 생사(貧富生死)를 주재하지 못한다고 여겼으며, "하늘의 명(命)에는 이(理)가 있지만 마음이 없다……삶에는 삶의 이가 있고, 죽음에는 죽음의 이가 있으며, 다스림에는 다스리는 이가 있고, 존재하는 데는 존재하는 이가 있으며, 멸망에는 멸망의 이가 있다. 하늘은 이이다. 하늘의 명은 이의 유행(流行)이다."—《독통감론》 24권—라고 명확히 지적함으로써 자연 현상과 사회 현상은 모두 자기의 운동 변화가 원인이고, 그 무슨 하늘의 뜻이라는 것이 존재하지 않는다고 했다.

또한 하늘과 사람 사이의 관계를 사람의 주관 활동과 객관 사물 사이의 이(理)의 관계라고 유물적으로 해석했다.

그는 "이(理)는 위반할 수 없고 하늘은 믿을 수 없다."고 강조함으로써 사람들에게 천명론을 믿지 말라고 타일렀다.

이것은 이론상에서 유학의 천명론을 비판했을 뿐만 아니라 숙명론(宿命論) 사상을 타파하는 무기를 제공해 주었다. 그의 이 사상에는 사람은 꼭 하늘을 이길 수 있다는 진리가 포함되어 있다.

유학 천명론의 인식 영역에서의 반영은 "나서부터 안다(生而知之)."는 설이다.

공자는 "태어나면서부터 아는 자는 상등이고 배워서 아는 자는 버금이고, 바쁜 중에 배우는 자는 그 버금이고 바쁜 중에 들어서도 배우지 않는 자는 하등이다."—《논어》〈계씨(季氏)〉—는 견해를 선양했다.

왕부지는 여기에 대해 심각히 해부했다. 그는 '안다는 것〔知之〕'은 "근원을 알아내고 만 가지 이(理)를 개괄하는 것" 즉 사물의 본질을 투철하게 이해하고 사물의 도리를 전면적으로 장악하는 것이라고 해석했으며, 더 나아가서는 사람과 동물의 근본적 구별은 사고에 있으며, '아무것도 모르는' 사람이 있을 수 없고 세상에는 '배우지 않고 할 수 있으며' '나서부터 아는 자'가 근본적으로 존재하지 않는다고 투철하게 설명했다.

그는 생이지지(生而知之)설은 불가에서 '떠들어대는 허황된 말로서 사람을 금수와 혼동시키는 것'이라고 질책했다.

그는 천하에는 근본적으로 생지(生知)와 학지(學知)의 다른 점이 존재하지 않으며, 상등과 버금의 구별은 잠시뿐이고 상대적이고 서로 전화되며, 노력하면 버금의 사람도 상등의 사람으로 될 수 있다고 지적했다. 이것은 유물주의 관점으로 인간의 인식 활동을 해석한 것이다.

유학이 서한에 이르러서는 동중서가 오행 재이(五行災異)를 유학 경전과 결합시켰기에 경술지변(經術之變)은 오행 재상설─《독통감론》5권─로 범람했고 신학(神學)이 통치적 지위를 차지했다.

왕부지는 비판의 예봉을 직접 동중서의 천인감응의 신학 목적론으로 돌렸다.

그는 금(金)·목(木)·수(水)·화(火)·토(土) 오행은 자연계의 다섯 가지 유용한 기본 물질로서 아무런 신비한 점이 없다고 인정했다.

동중서의 오행 재상설의 범람은 사회 풍조를 더럽히고 사람들의 사상을 헝클어 놓았다.

왕부지는 "천지는 갈수록 새롭게 변한다."는 사물 발전 법칙으로써 동중서의 "하늘은 변하지 않고 도(道)도 변하지 않는다."는 형이상학적 정치 관점을 반박했으며, 역사는 진화하므로 천고로 변하지 않는 치국 도리는 절대 있을 수 없다고 했다.

왕부지는 또 송명 이학에 대해서도 맹렬하게 비판했다.

통치자들은 정주 이학을 조정의 통치 사상 지위로 올려놓았다. 이것은 정주 이학의 홍성을 설명하는 것이 아니라 그것이 쇠약되어 감을 설명한다.

왕부지는 육구연과 왕수인의 심학은 "귀신에게 유혹되지 않고 불교에 유혹되었다. 불교는 요괴이다. 그것은 양지(良知)를 문정(門庭)으로 하고, 꺼리지 않는 것을 방도로 삼았다."고 말했다.

그는 정주의 이학이나 육왕의 심학을 모두 이단 사설로 보았다.

"천리를 보전하고 인욕을 없애야 한다."는 것은 송명 이학이 제창하는 이론이다. 주희는 천리와 인욕은 병립할 수 없다고 인정했으며 "인욕을 깨끗이 없애야 천리를 완전히 회복할 수 있다."고 고취했다.

왕부지는 날카롭게 맞서서 "이(理)는 욕(欲) 속에 존재한다."는 이욕 통일설을 제기했고, 인용은 누구에게나 다 있는 것으로 일반 사람에게만 있는 것이 아니라 성인에게도 있으며 "그 욕(欲)이 곧 천리이고 그 이(理)가 곧 사람의 욕(欲)이다."고 했으며, 사람들이 배고프면 먹으려 하고 추우면 옷을 많이 입으려 하는 욕망은 완전히 합리적인 것이라고 인정했다.

왕부지는 또 인욕과 '큰 포부'를 연계시켜 놓고 욕망에 대해 역사적으로 구체적으로 분석했다. 그는 나라를 진흥시키기 위한 대욕(大欲)을 긍정하고 자신을 위하는 사욕을 호되게 비판했다. 이런 이욕관(理欲觀)은 그때의 조건하에서는 진보적이라는 것이 아주 뚜렷하다.

왕부지는 이기(理氣)·도기(道器)·동정(動靜)·지행(知行) 등등 관계에서 정이·주희·육구연·왕수인의 그릇된 이론을 비교적 전면적으로 청산했으며, 소박한 유물론과 변증법의 결합에서 전인을 초월하는 심각한 논술을 했다.

그의 전통 유학에 대한 비판과 총결은 바로 낡은 것을 버리고 새것을 맞이하기 위한 것이었다. 그의 과학적인 사상 체계는 이학 사변

(思辨) 체계에 대한 비판 가운데서 탄생했다.

6. 진각의 반이학(反理學) 사상

진각(陳確, 1604~1677년)은 절강(浙江) 해녕(海寧) 사람이다. 그는 어려서부터 이학(理學) 학설을 즐기지 않았다.

청년 시기 그는 과거시험을 여러 번 치렀지만 급제하지 못했다. 그리하여 공명과 봉록에 대해 냉담했다.

명나라가 멸망된 후 그는 이름과 자를 바꾸었는데 원래 이름 서영(筮永)과 원래의 자 원계(原季)를 버리고《역전》〈문언(文言)〉에서 건괘(乾卦)·초구(初九)의 효(爻)를 해석하는 "정확히 잡을 수 없으니 물속에 잠겨 있는 용이다."라는 말 가운데의 각(確)자를 이름으로 하고, 자를 건초(乾初)로 하여 자기를 물속에 잠겨 있는 용으로 비유하면서 청조를 위해 힘을 쓰지 않겠다는 결심을 표시했다.

그는 은거해 있으면서 전심으로 저작을 썼다. 그는《대학변(大學辨)》·《고언(瞽言)》·《장서(葬書)》·《성해(性解)》등의 저작을 펴냈다. 후에 그것들을 수집 정리하여《진각집(陳確集)》으로 묶었다.

진각의 학술 사상은 요강(姚江) 학파와 즙산학파 학설의 영향을 깊게 받았다. 그는 젊어서 학문을 할 때 여러 유가 학파 가운데서 요강학파의 지행합일설을 제일 즐겼으며, 그것을 맹자의 성선설(性善說)과 같게 보았다.

그는 만년에 같은 고향 사람 축연(祝淵)의 추천을 받아 유종주(劉宗周)를 스승으로 모시고 배웠는데 뛰어난 제자가 되었다.

"그는 신독(愼獨)설을 신봉하고 몸소 실천했으며 법칙과 규례를

중시했다."─《진각집》

후에 그는 축연의 위탁을 받고 유종주의 유고(遺稿)를 정리하여 《즙산선생 어록》을 편집했다. 그러는 가운데서 그는 유종주의 만년 의 사상을 많이 알게 되었으며 자기의 사상에 큰 영향을 받았다. 부 인할 수 없는 것은 경(經)을 의심하는 유종주의 사상이 바로 진각의 의심하는 정신의 원천이다.

진각은 권위를 멸시하고 전통적 편견을 타파했으며 실제에 착안 하여 유학을 유력하게 비판함으로써, 모든 일에서 실제적인 것을 탐 구하고 명예를 추구하지 않는 선명한 실학 풍모와 색채를 나타냈다.

1) 유학의 경전인 《대학》·《중용》을 비판했다

명나라 말기의 이지(李贄)는 비판의 예봉을 직접 유가 경전인 《논 어》·《맹자》 등에 들이댔고, 진각은 투쟁의 예봉을 《사서》 중의 《대 학》·《중용》으로 돌렸으며 《대학》·《중용》 두 책의 정확성과 권위성 을 공개적으로 의심했다.

《대학》·《중용》은 유가 학설의 경전이며 봉건사상 문화의 상징이 다. 《대학》·《중용》은 원래 《예기》 중의 두 편의 문장이었는데 송대 이학가들은 그것을 뽑아내어 《논어》·《맹자》와 합편하여 《사서》라고 했다.

주희는 《사서집주》를 쓸 때 《대학》을 《사서》의 맨 앞에 놓고 그것 을 학문을 함에 있어서의 강령으로, 초학자들이 덕으로 들어가는 문 으로 간주했다.

《대학》의 3강령과 8조목에는 개인 품덕 수양을 완성하는 것으로 부터 사회 윤리 준칙을 실천하는 것까지 유가의 인생관의 전체 내용이 망라되어 있다.

그것은 봉건 통치 계급이 낡은 질서를 수호하는 이론적 근거로 되었고 최상의 지위를 갖고 있었다.

진각은 "대학의 첫번째 장은 성인의 경이 아니고 그 전(傳)의 10개 장도 현인의 전이 아니다."ー《진각집》〈별집(別集)〉ー고 하면서 《대학》은 공자와 증자가 쓴 성인의 말이라는 설을 승인하지 않았다.

그는 《대학》은 "그 언어가 성인이 한 말 같지만 그 종지는 실제로 불교를 선전하는 것이다. 그 언어가 경망스럽고, 지리하고 황당하여 읽은 후 어떻게 하면 좋을지 도무지 모르겠다."고 하면서 그것은 절대 진(秦)나라 이전의 유학자가 쓴 것이 아니라고 했다. 그러기에 그것을 분간하지 않는다면 "옛 성인을 무함하고 후에 배우는 사람을 해치게 되며, 그 해는 이루 다 말할 수 없다."고 했다.

진각은 이학을 비판함에 있어서 경학 전통을 포기했다. 그는 왕부지 등처럼 "6경은 나로 하여금 새로운 것을 창조하게 했다."고 하면서, 낡은 형식에다가 새로운 내용을 주입하는 작법을 취한 것이 아니라 낡은 형식을 함께 반대했으며 내용과 형식을 철저히 고쳤다.

진각이 두려움 모르는 투쟁적 정신으로 《대학》을 분석 식별한 것은 이학에 대한 거대한 충격이 아닐 수 없으며, 사상 문화계를 흔들어 놓았다. 그리하여 그는 아주 큰 장애와 비난을 받았다. 그의 관점을 동의하는 사람이 거의 없다시피 했지만 그는 조금도 물러서지 않았다.

청나라 학자 전조망(全祖望)은 그를 기사(畸士)라고 했는데 이 말은 그의 남다른 학술 풍모 및 전통적인 편견을 타파한 창조적 정신을 충분히 구현했다.

진각의 《대학》에 대한 비판은 지행(知行) 문제에 집중되었다. 그의

《대학변(大學辨)》은 지와 행 문제를 토론하는 것을 강령으로 했다.

그는 "《대학》은 지를 말하고 행은 말하지 않았으니 신학(神學)이 틀림없다."—《진각집》15권—고 말했다. 이것은 정주의 이학에 대한 비판일 뿐만 아니라 육왕의 심학에 대한 비판이며, 이학과 근본적으로 다른 사상을 표현했다.

그가 《대학》을 의심하게 된 것은 격물치지설로부터 시작되었다. 그는 대학은 "공적(空寂)한 학설로서 일심으로 주석을 한 것은 치지(致知)·지지(知止) 등 글자뿐이다."고 했다.

《대학》은 지(知)를 중히 여기고 행(行)을 경시했다. 그러나 그는 행을 중시하고 행은 학문을 얻는 전제일 뿐만 아니라 학문의 진위를 감별하는 시금석이라고 인정했으며, "학문에서는 먼저 진짜와 가짜를 가려야 한다……진짜인가 가짜인가 하는 것은 일상생활의 행에서 감별하면 제일 알기 쉽다."—《진각집》17권—고 말했다.

그는 지와 행은 긴밀히 연계되어 있다고 강조했으며 "도(道)는 한 가지이지만 이(理)는 여러 가지 있다."고 했으며, 만 가지 이로써 정주 이학에서의 한 가지 이를 반대했다.

"학문을 함에 있어서는 끝이 없다. 열심히 배우고 지(知)와 행(行)을 병행시켜야 한다. 지가 무궁하면 행도 무궁하고 행이 무궁하면 지도 더욱 무궁해진다."—(동상서)

그는 배움에는 끝이 없는 바 격물치지는 일시적 방법이 아니며 답보하지 말아야 한다고 했다.

그는 송(宋) 이후의 선비들이 언행이 일치하지 못한 폐단을 통감하여 그것을 고치려고 애를 썼다. 그리하여 "학문을 함에 있어서는 말을 하지 않을 수 없다. 그러나 입으로만 말하지 말고 마음으로 말해야 하며, 마음으로만 말하지 말고 몸으로 말해야 한다. 그래야 얻는 것이 있게 된다."고 했다.

그는 "몸소 이르러야 한다."고 거듭 강조했는데 이것은 직접적 경험에 대한 중시를 나타냈고, 몸소 행하는 그의 실학 풍모를 보여 주었다.

2) 송유의 성이원론 및 금욕 주장을 반대했다

진각은 성이원론을 반대했다. 그의 성론(性論)은 맹자의 성선론의 울타리를 완전히 벗어나지 못했는데 그는 "사람의 본성은 선하고 악하지 않다."―《진각집》《별집》4권―고 인정했지만 "재(才)를 다 확충해야 볼 수 있다."는 것을 더욱 강조했다.

그는 현실의 사람으로부터 출발하여 성선을 고찰했으며, 자연의 성(性)과 도덕의 성을 완전히 갈라놓았다.

그는 "선하고 악한 것은 습성에 의해 이루어진 것이지 성(性)과 무슨 관계있는가?……선에 습관되면 선하게 되고 악에 습관되면 악하게 된다."―《진각론》―고 말했으며 성은 자연적인 성질이라고 했다.

"성(性)은 본래대로 말하면 천명(天命)이고 넓게 말하면 기(氣)·정(情)·재(才)이지 어찌 다를 수 있는가?"―《진각집》4권

그는 성(性)과 성의 선악을 갈라놓음으로써 성의 본래 면모를 회복하고 정주 이학에서의 천성설(天性說)은 "유학을 인용하여 불교에 들어가는 것"―(동상서) 3권―이라고 비평했다. 그는 이렇게 인정했다.

성(性)은 성장되는 과정을 거쳐야 한다. 자연 속성의 성은 나면서부터 갖고 있지만 완벽한 경지에 이르고 합리적으로 구현되자면, 다

시 말하면 성이 바르게 되고 성이 완전하게 되자면 반드시 점차 완성되는 과정을 거쳐야 한다.

그는 정주 이학의 선천 도덕론(先天道德論)을 비판하고, 정주 이학에서 고취하는 "본성은 개변되지 않는다."는 형이상학 관점과 계선을 명확히 나누었다. 이것은 인성을 평등하게 여기는 진각의 진보적 사상을 나타낸 것이다.

진각은 사람의 주관 능동성을 발휘시키는 것에 대해 아주 중시했으며, 노력하여 선한 성(性)을 얻어야 성을 안다고 할 수 있다고 했다.

그는 사람은 마땅히 잘 배우고 진보하며 부지런히 연구해야 한다고 주장했다. 그는 공자의 "본성은 비슷하다."와 맹자의 "본성은 선하다."는 설 가운데서 '하는' 문제가 일관되어 있는데 사람이 노력하면 완벽하게 될 수 있으며 만약 완벽에 도달 못했다면 그것은 "하지 않은 탓이지 할 수 없는 문제가 아니다."—(동상서)—고 인정했다.

이 견해는 정이·주희의 심성을 공담하고 실제를 이탈한 이학의 금고(禁錮)를 타파한 것이 되며 농후한 공리적 색채를 띠었다.

진각은 비록 인간의 사회성과 계급성을 떠나서 추상적인 인성(人性)을 논했지만 그는 선과 악을 후천적인 결과라고 여겼고, 양자가 모두 주관 조건과 객관 환경에 의해 결정되며, 주관 조건을 통하여 전화된다고 인정했다. 여기에는 유물주의 색채와 변증법적 요소가 들어 있다.

진각은 주희의 "천리를 간직하고, 인욕을 없애야 한다."는 금욕주의 설교를 극력 반대했다. 그는 두 개 방면으로 인욕의 합리성을 서술했다.

한편으로 그는 인욕의 주관 실재성(實在性)을 지적했으며 "삶의 욕망은 자연적인 것이다."는 설로 인욕을 해석했으며, 인욕은 인간의 생리 속성이고 누구에게나 다 있는 것이라고 긍정했다.

다른 한편으로 그는 욕(欲)은 각 사람에게 보편적으로 존재하며, 성인·불교도·도교도들도 모두 예외가 아니라고 지적했다.

그는 한 걸음 나아가 인욕과 천리의 관계를 논술했으며 "이(理)는 욕(欲) 가운데 존재한다."는 관점을 제기하고, "천리는 바로 인욕 가운데서 나타나고 적당한 인욕이 곧 천리이다."—(동상서) 5권—라고 지적했다.

그는 사람의 자연 본능으로부터 인욕의 합리성을 고찰했으며, "식욕과 성욕은 모두 진리에서 나오고, 공명(功名)과 고귀(高貴)는 도덕이 귀속되는 곳이다."고 인정했다.—(동상서)

이것은 이지(李贄)의 "옷을 입고 밥을 먹는 것은 곧 인륜 물리(人倫物理)이다."는 설과 한 계통으로 이어 내려온 것이다.

진각은 실제적인 것을 탐구하는 입장에서 출발하여 일상생활에서의 실재적인 이(理)를 선전하고, 허위적인 예교를 반대했다.

그는 "장례를 후하게 치르면 효도하는 것이다."는 나쁜 습관에 일침을 가하고 풍수를 보고 묘지를 선택하는 미신 관념을 타파했으며, 검소한 장례를 주장했다.

그는 봉건 윤리 도덕규범의 예를 실제 경제 능력과 병렬시켰는데 이것은 실제로 예교에 대한 무시이다.

그는 잔치를 떡 벌어지게 차리고 돌·생일을 크게 차리는 것을 반대했고, 부녀들이 열녀가 되는 것과 도처에 공자묘를 세우는 것을 반대했으며, 서울 밖에는 '학교를 세우고 묘당을 세우지 말 것'을 주장했으며, "천하의 불상·절·도교의 사원·신사를 모조리 없애야 한다."고 주장했다.

한마디로 말하면 그는 일상생활의 실제로부터 출발하여 "매사에서 실제적인 이(理)를 추구하고 천리를 반대했으며 텅 비고 쓸모없는 정주 이학을 비판했다. 실제를 추구하는 그의 사상은 명나라 말기 청나라 초기의 실학 사조가 눈부시게 했다.

7. 안원·이공은 몸소 실천하는 것을 중시하고 실학을 대대적으로 제창했다

청나라 초기의 사상 문화 영역에서는 몸소 실천하는 것을 중시하는 실학과 실학 학파가 나타났는데, 이것이 바로 안이(顔李) 학파이다.

안이 학파의 대표 인물은 안원과 그의 제자 이공이다. 그들의 저작은《안이총서(顔李叢書)》로 합편되었다.

안원(顔元, 1635~1704년)의 자는 이직(易直)·혼연(渾然)이고, 호는 습재(習齋)이며 하북(河北) 박야현(博野縣) 사람이다.

그는 한평생 벼슬을 하지 않고 의사직에 종사하고 학문을 강의했다. 만년에 장남서원(暲南書院)을 주관하면서 교육 개혁을 했는데, 문사(文事)·무비(武備)·경사(經史)·예능(藝能) 네 가지 과목을 설치하여 "배운 것을 사용해야 한다."는 교육 사상을 실천에 옮기고, 이학과 팔고문(八股文)을 반면 교재로 삼으려 했다.

그의 주요 저작으로는《사존편(四存編)》·《사서정오(四書正誤)》·《주자어류평》·《습재기여》등이 있다.

이공(李恭, 1659~1733년)의 자는 강주(剛主)이고 호는 서곡(恕谷)이며, 하북(河北) 여현(蠡縣) 사람이다.

그의 주요 저작으로는 《대학변업(大學辨業)》·《논어전주문(論語傳注問)》·《주자어류평(朱子語類評)》·《습재기여(習齋記餘)》 등이 있다.

안원은 소년 시절에 오지명(吳持明)과 사귀었는데 오지명은 병법에 정통하고 무예에 능했으며 의술을 알았다.

청년 시절에는 또 가진(賈珍)을 스승으로 모셨는데 가진은 소박하고 절개를 중히 여겼으며, 남을 가르칠 때 차근차근 잘 타일러 이끌었다. 안원의 사상은 가진의 영향을 많이 받았다.

안원은 어렸을 때 신선 도인술(神仙導引術)을 배웠고 12살 이후에는 경학을 열심히 배웠으며, 과거 준비를 하지 않고 먼저 육구연·왕수인의 책을 읽고 이학을 숭상하고 믿었다. 얼마 후에는 또 정이·주희의 학설을 굳게 믿었다.

후에는 "주자의 학설은 불교의 내용이 섞인 면에서 육구연·왕수인의 학설을 뛰어넘었고, 육구연과 왕수인 학설은 지리(支離)한 면에서 주자 학설을 뛰어넘었다."—《습재기여》〈왕학질의 발(王學質疑跋)〉—고 말했다.

그러나 그는 송명 이학에 대해 공개적으로 비판하지는 않았다. 중년 이후 그는 공담을 숭상하는 송명 이학의 유폐를 보아내고 학술의 중요성을 깊이 느끼게 되었다. 그리하여 그는 "정주의 도가 소멸되지 않으면 주공(周孔)의 도가 발양될 수 없다."고 하면서 결연히 송명 이학을 배반하고 그것과 철저히 갈라지는 길을 걸었다.

이공은 안원에게서 학문을 배웠는데 안원의 큰 제자였다. 그는 안원의 사상을 계승 전파했으며, 스승의 사상을 발전시키고 빛내는 것을 자신의 임무로 간주했다. 그들의 학술 풍격과 사상 특징은 기본적으로 일치하다.

1) 배운 것을 실천에 옮기고 사용할 것을 제창했다

안원과 이공은 모두 배운 것을 실천에 옮길 것을 주장하고 실사(實事)·실학(實學)을 제창했으며, 배운 것을 사용할 것을 제창했다.

안원은 '배운 것을 실천에 옮기는 것'을 자기가 학문을 함에 있어서의 종지로 삼았으며, 책을 아무리 많이 읽어도 만약 배운 것을 실천에 옮기지 않는다면 안다고 할 수 없다고 했다.

그는 "배운 것을 실천해야 한다."는 관점으로부터 출발하여 "지식을 얻자면 사물의 이치를 따져야 한다."는 데 대해 새롭게 해석했다.

그는 "사물의 이치를 따진다는 것은 그 일을 실제로 하는 것을 말하는 바" ―《안습재선생 언행록》〈측봉(則峰)〉―만약 친히 하지 않는다면 언제나 모르게 되며 그렇기 때문에 지식을 얻자면 사물의 이치를 따져야 한다고 했다.

그는 지식을 얻자면 반드시 친히 해보아야 한다고 했는데 이것은 정이·주희의 도덕 실천과 구별되며, 육구연·왕수인의 "반성하여 내심으로부터 얻는다."는 것과는 근본적으로 대립된다.

이공은 "이치를 알자면 책만 보아서 되는 것이 아니다."고 하면서 "옛사람들은 실제적인 일을 통하여 이치를 밝혔고 빈 글에 의거하지 않았다. 이것을 '지식을 얻으려면 사물의 이치를 따져야 한다'고 한 것이다." ―《논학(論學)》 2권―고 말했다.

그는 사람의 총명한 재질은 실제적 단련을 통하여 얻게 되며, "지혜는 실천 가운데서 얻게 되고, 천하의 사물은 형태에 근거하여 이(理)를 알아낼 수 있고 보지도 못하고 친히 시험해 보지도 않는다면 어찌 이(理)가 옳은지 그른지를 알겠는가?"—《논학》 2권—고 했다.

이공은 격물(格物)에서의 격(格)을 학습으로 해석했으며, 학습 가운데는 묻고 깊이 생각하고 똑똑히 분간하는 등 이성 사유 과정이 포함되어 있으며, 격물은 곧 얕은 데로부터 깊은 데로, 한 걸음 한 걸음씩 인식을 높이는 과정이라고 해석했다.

그리하여 안원이 격물치지에 대한 새로운 해석을 보충하고 완성했다. 이공은 또 지와 행의 상대적 관계와 행에 대한 지의 지도적 작용을 가일층 지적했으며 "알지 못하면 행할 수 없고, 행하지 못하면 진정으로 아는 것이 아니다."—《대학변법》 2권—고 했으며, 지와 행은 서로 촉진한다고 인정했다.

안원과 이공은 배운 것을 실천에 옮기는 것을 종지로 삼았기에 필연코 동(動)과 실(實)로써 정(靜)과 허(虛)에 맞섰으며, 동과 실로써 송명 이학의 정과 허를 비판했다.

송명 이학은 수양 방법에서 정을 주장했다. 주희는 경(敬)으로써 정(靜)을 대체했는데 양자는 뜻이 같으며, 그 목적은 천리를 좇고 인욕을 억제하자는 것이다.

안원은 "조용한 가운데서 깨닫는다는 것은 거울 속의 꽃과 물속의 달과 같은 불교의 환상적인 설이며"—《습재선생 연보(習齋先生年譜)》하권 "공(空)과 정(靜)의 이치는 말할수록 얼떨떨하고 공과 정의 방법은 논할수록 터무니없다."—《존인편(存人編)》제1권—고 했다.

그는 동(動)으로써 정(靜)을 대체해야 한다고 제기했고 동의 작용을 크게 논했으며, 동과 정의 양신(養身)·수심(修心)·제가(齊家)·치국(治國)에 대한 이폐(利弊)로써 정의 해로운 점을 폭로했다. 그는 성인의 도를 회복하고 동을 가르쳐 주려고 했다.

그는 "몸이 움직이면 몸이 건강해지고 가정이 움직이면 가정이 잘살게 되고, 나라가 움직이면 나라가 강대해지고, 천하가 움직이면 천하가 부강해지며 그와는 반대로 움직이지 않으면 인재가 없어지고, 성인의 도가 망하며, 천하가 붕괴된다."—《습재선생 언행록》하권—고 인정했다.

안원은 실천을 하고 몸소 행하는 것을 강조했다. 다시 말하면 '실사·실학'하여 세상을 다스리는 데 쓸모가 있어야 한다고 했다.

"그는 실(實)로써 허(虛)를 대체해야 하고 상대방의 허에 대해 나는 실로 대하는데 그 이유는 폐단을 극복하는 도(道)는 실에 있고 빈말에 있는 것이 아니기 때문이라고 했다."—《존학편》3권

그는 "실문(實文)·실행(實行)·실체(實體)·실용(實用)과 실제적 일을 중히 여기어 백성들이 편안하게 살고 물질이 풍부해지도록 해야 한다."—《습재기여》—고 말했다.

그는 또 세상을 다스리는 데 쓸모 있게 하기 위하여 실용의 원칙으로부터 출발하여 배우는 범위를 넓혔다.

그리하여 병농(兵農)·전곡(錢谷)·수화(水火)·천문·지리 등 여러 가지 지식을 빼놓지 않고 다 배웠다.

그는 장남서원(暲南書院)을 주관하는 교수 실천에서 문학·무비(武備)·경사(經史)·예능(藝能) 네 가지 과목을 설치하고 재능이 있는 인재를 키워 냈다.

안원과 이공은 또 부국강병의 공리주의를 제창했다.

안원은 "의(義)와 이(利)를 병행하고 왕도와 패도를 병용해야 한다."는 진량의 관점을 계승하여 물자 경제 문제를 첫자리에 놓았다.

그들은 서한 이래 유행된 이른바 "의를 돌보고 이익을 도모하지 말아야 하며, 도를 밝히고 공(功)을 탐내지 말아야 한다."는 전통 유학 사상을 비판했다.

"세상에 씨를 뿌리고 수확을 바라지 않는 사람이 어디 있는가? 세상에 그물을 쳐놓고 고기가 잡힐 것을 바라지 않는 사람이 어디 있는가?" —《습재선생 언행록》

그리하여 그들은 "의(義)를 돌보고 이익을 도모하지 말아야 하며 도를 밝히고 공로를 따지지 말아야 한다."는 원문을 "의를 돌보고 이익을 도모하며 도를 밝히고 공로를 따져야 한다."로 고쳐 놓았다. 그리하여 의와 이·도와 공을 통일시켰다.

실제 효과를 의(義)와 이(利)를 평가하는 표준으로 삼는 이것은 의리를 중히 여기고, 이익을 홀시하는 전통 유가의 관념과 근본적으로 대립된다.

안원이 주장하는 경세치용의 기본 내용은 밭을 개간하고 벼슬에 따라 땅을 분배하고, 수리 건설을 하고 사람마다 싸울 수 있게 하고, 관리들이 모두 장군으로 될 수 있게 하며, 대경을 바로잡고 예악을 흥성시키는 것이다. 다시 말하면 천하를 부유해지게 하고 천하를 강대해지게 하며, 천하를 태평스럽게 하는 것이다.

표면상으로 볼 때 그의 이런 사상은 창조적 견해가 없는 것 같지만 거기에는 새로운 뜻이 내포되어 있다.

'천하를 부유해지게 하는 것'을 첫자리에 놓은 그의 사상은 재(財)와 이(利)를 말하기 꺼려하는 유가 사상의 큰 전변이라 할 수 있으며,

그것은 또 유가 가치 관념이 변화 발전하는 과정에서의 홀시할 수 없는 전변이라고 할 수 있다.

공리와 재부를 중시하는 그들의 태도는 송명 이학가들의 재리(財利) 문제에서의 허위적인 면모를 폭로했으며, 물질 재부를 부러워하는 시민 사회의 진실한 정신을 반영했다.

2) 송명 이학을 살인지학(殺人之學)이라고 비판했다

안원과 이공은 송명 이학에서 문을 닫아걸고 책만 읽으며 심성을 공담하는 것을 반대했으며, 육구연·왕수인의 학설을 살인 학설이라고 규정했다.

안원은 먼저 비판의 예봉을 주희에게 돌렸다. 그는 주희를 허튼 소리만 외치고, 자신과 세상을 기만하며 사람들을 그릇된 길로 이끈다고 질책했을 뿐만 아니라, 정이·주희는 눈을 감고 수양하고 죽은 글을 읽는 책벌레라고 비판했다.

이공은 실제를 떠나 죽은 글을 읽는 것의 해로운 점을 가일층 폭로했는데 그렇게 되면 "인재가 점차 없어지고 세교가 갈수록 못해지고, 부패해져 수습할 수 없게 된다."고 했으며, 진종일 책더미 속에서 헤매는 사람은 "신체가 점차 쇠약해지고 마음이 갈수록 연약해지며, 일하기 싫어하고 놀기 좋아하며 조용한 곳을 좋아하고 떠들썩한 것을 귀찮아한다."고 했으며, 학자들이 만약 "주희의 사상을 배우게 되면 그가 준 비상을 먹은 것처럼 영원히 생명을 잃게 된다."—《주자어류평》—고 말했다.

이공은 "과연 왕학(王學)을 폐지하고 주학(朱學)을 독행시킨다 하여 사람을 죽이지 않을 수 있는가? 과연 주학을 폐지하고 왕학을 독행시킨다 하여 사람을 죽이지 않을 수 있겠는가?"—《습재기여》—고 하면서 정이·주희·육구연·왕수인의 학설을 모두 살인 학설이라고 공개적으로 외쳤다.

안원과 그의 학파는 송명 이학에서의 이른바 수양·학문, 그리고 정주 이학에서의 인성론에 대해 전면적으로 비판했다.

그들은 송명 이학에서 인성(人性)을 공담하는 것을 극력 반대했으며 이학가들이 제장하는 치허 수적(致虛守寂)·서언 완보(徐言緩步)·폐문 송경(閉門誦經)은 완전히 쓸모없고, 실제에 맞지 않고, 아무런 도움도 되지 않는다고 했다.

그들은 또 이학가들의 학문은 "나라와 백성들에게 유익한 점이 털끝만큼도 없고 싸움에 공로가 조금도 없다."—《주자어류평》—고 했다.

그는 정이·주희·육구연·왕수인의 텅 비고 쓸모없는 "부설(浮說)의 화(禍)는 분서갱유보다 더 심하다."—《존학편》1권—고 지적했다.

청조의 엄한 사상 통치하에서 그들이 이학을 첨예하게 비판한 사실은 사람들이 놀라서 눈이 휘둥그레지게 했다.

그들은 정주 이학에서 인성을 천명의 성(天命之性)과 기질의 성(氣質之性)으로 갈라놓은 것을 비판했으며, 사람의 본성은 선하고 기질은 악하지 않으며, 사람의 욕구는 합리적이라는 관점으로 정이·주희의 "천리를 간직하고 인욕을 없애야 한다."는 금욕 설교를 비판했으며, 악은 "나쁜 습관에서 생긴다."는 관점으로 정이·주희의 '악은 기질의 성'이라는 관점을 비판했다.

안원의 인성론은 시대적 정신을 갖고 있고, 시대의 요구에 부합되며 처음부터 마지막까지 배운 것을 행동에 옮기고, 실제에 이용하는 원칙을 견지했는데 이것은 이론상에서 합리적인 요소를 갖고 있다.

안원·이공은 유학을 비판했지만 이론상에서 공맹 사상의 속박을 벗어나지 못했고, 의연히 공맹 학설의 부흥을 자기들의 임무로 삼았다.

그들은 사람의 사회성을 떠나서 인성을 논했기에 인간의 본질을 진정으로 인식할 수 없었다. 또한 송명 이학을 비판함에 있어서 봉건 제도에 대해서는 언급하지 않았다.

그러나 안원·이공이 정이와 주희·육구연·왕수인 및 불교·도교를 비판한 것은 그 당시의 사상 높이에 도달했다고 볼 수 있다.

또한 실천과 실용을 중시하는 그들의 학습 원칙은 청나라 초기 사회 사조의 특징을 집중적이고도 뚜렷하게 반영했다.

8. 대진의 "민정에 순응하고 민욕을 따라야 한다."는 견해와 정주 이학의 "천리를 간직하고 인욕을 없애야 한다."는 견해는 근본적으로 대립된다

1) 대진의 생애와 학술 개황

대진(戴震, 1723~1777년)은 자는 동원(東原)이고 안휘(安徽) 휴녕(休寧) 사람이다. 가난한 집에서 태어난 그는 일찍이 장사를 했고 후에는 학문을 가르쳤다. 한평생 과거에 급제하지 못했다. 만년에《사고전서》의 편집에 참가했다.

그는 건가 한학(乾嘉漢學)의 창시자이고 환파(晥派)의 종사(宗師)이다. 대진은 박식했는데 음운(音韻)·훈고·수학·천문·지리·수리(水利) 등 여러 방면에 조예가 깊었다.

이학에 대해서도 연구가 깊은 그는 상대방의 논점을 가지고 상대방을 비판하는 방법으로 재차 통치적 지위를 얻은 정주 이학에 대해 맹렬하고 첨예한 비판을 가했다.

대진은 일찍이 경학 대사 강영(江永, 1681~1762년)을 스승으로 모셨고, 혜동(惠棟)과는 사우(師友)관계였다.

강영은《의례(義禮)》·《주례(周禮)》·《예기(禮記)》3례를 정통했고 고거(考據)에 능란했으며, 문자 음운학에도 정통했다.

대진은 강영 학술의 영향을 받아 젊었을 때부터 학문을 함에 있어서 근원을 탐구하고 쉽게 믿지 않는 정신을 키워 냈다.

그는 수학·천문·명물·훈고학으로부터 시작하여 학술 활동을 벌였고 정주 이학을 비판했다.

그는 고훈(故訓)으로부터 의리(義理)를 밝히는 방법을 취했는데 유가의 몇 가지 경서를 근거로 하고, 거기에서 문구를 따내어 분석하고 "소증(疏證)한다."는 명의로 정주 이학에 대해 전면적이고 집중적으로 비판함으로써 전인들과는 다른 사상 체계를 형성했다.

논증 방법에서 그는 기하학의 연역법을 기초로 하는 전례 없는 논리 방법을 취했다. 사람들은 그것을 이해하지 못하여 아주 괴상하게 여겼으며 무슨 학문인지 이름을 짓지 못했다.

대진의 학술 사상은 그의 송명 이학에 대한 태도의 변화에 근거하여 전후 두 시기로 나눌 수 있다.

전기에는 비록 한학(漢學)을 극력 제창했지만 송학(宋學)을 배척하지는 않았다. 후기에는 경서에 새로운 뜻을 부여하고 도교 학설을 비판했다.

마흔두 살 때에는《제혜우정선생 수경도(題惠宇定先生授經圖)》를 편집하여 송유의 공소한 폐단을 질책함으로써 이학을 반대하는 선명한 태도를 보여 주었다.

만년에는 진보적인 철학 사상 견해를 더욱 체계적으로 발표했다. 그는 저작이 많은데 주요한 것으로는 《맹자자의소증(孟子字義疏證)》이 있다.

"본인의 일생 저술 가운데서 제일 중요한 것은 《맹자자의소증》이라고 생각된다."고 한 그의 말은 사람들의 생각과 똑같았다.

2) "천리를 간직하고 인욕을 없애야 한다."는 것을 비판하고 "이(理)와 욕(欲)을 통일시켜야 한다."고 주장했다

대진은 18세기 청조 통치가 상대적으로 안정된 시기에 살면서 봉건 통치자들이 정주 이학을 대대적으로 제창하고, 진보적 사상을 압제·박해하며 이학을 참살의 도구로 만든 것을 친히 목격했다.

그는 청조 초기 진보적인 사상가들의 반이학 전통을 계승하여 재차 득세한 정주 이학을 맹렬하게 비평했으며, 왕부지의 뒤를 따라 봉건 윤리 사상의 핵심인 천리와 인욕에 대해 더욱 심도 있게, 더욱 투철하게, 더욱 첨예하게 비판했다.

이욕지변(理欲之辨)은 송명 이학가들이 늘 논쟁하는 논제였다.

도학가들은 "이(理)에서 나오지 않으면 욕(欲)에서 나오고, 욕에서 나오지 않으면 이에서 나온다."고 하면서 이와 욕은 수화 상극이라고 했다. 그 목적은 "천리를 간직하고 인욕을 버려야 한다."는 도덕설교를 위해서 이론 근거를 만들어 내려는 것이다.

대진은 "이(理)는 욕(欲) 가운데 있다."는 관점에 근거하여 이와 욕의 통일을 견결히 주장했으며, 도가의 이욕지변에서의 허위성을 폭로했으며 천리와 인욕을 대립시키는 것을 절대적으로 반대했다.

대진이 "이(理)는 욕(欲) 가운데 존재한다."는 관점을 논증하고 도가의 이른바 이욕지변을 비판할 때 이용한 이론 근거는 그의 혈기심지(血氣心知) 정욕설(情欲說)이었다.

그는 사람의 신체를 물질 실체로 보고 몸과 마음을 두 개 계통으로 갈라놓았으며, 몸은 영(靈)에 속하고 마음은 신(神)에 속한다고 하면서 이 두 계통은 "각자가 자기의 직책을 하고 서로 관계치 않는다."고 인정했다.

정이와 주희는 마음이 정성(情性)을 통솔하고 도심(道心)이 인욕을 통제한다고 인정했다.

그러나 대진은 신체는 원래 본능적인 욕구가 있는데 그것을 마음이 관계하지 못한다고 인정했다.

대진은 《대대예기(大戴禮記)》에서 빌려온 무기를 이용하여 정이와 주희의 금욕주의를 반박했다.

그는 물질 실체인 사람의 성은 곧 혈기 심지라고 했다. 다시 말하면 욕(欲)·정(情)·지(知) 세 가지라고 인정했다.

"사람은 나면서부터 욕(欲)·정(情)·지(知)가 있게 된다. 이 세 가지는 혈기 심지(血氣心知)의 자연(自然)이다."―《맹자자의소증》

그는 또 욕은 소리·색깔·냄새에 대한 욕망이고, 정은 희로애락 등의 정감이며, 지는 시비와 추악을 가리는 능력이라고 했다.

그는 또 욕망은 인성(人性)이 고유한 것으로서 그것은 사람의 자연적인 생리 욕구이며 그것을 만족시키는 것은 천리에 부합된다고 했으며, 도학가들이 제기한 "본성과 관계를 끊어야 하고, 욕심을 버려야 한다."는 것, 즉 인욕과 천리를 절대적으로 대립시키는 이론은 인성에 위반될 뿐만 아니라 천리에도 어긋난다고 했다.

이것은 18세기 중국에서 제기된 '인욕 선언(人欲宣言)'으로서 이학을 향해 총돌격을 선포하는 나팔소리이다.

정이와 주희는 인심(人心, 식욕·이성에 대한 욕구)과 도심(道心, 인욕을 말살시키는 천리)을 갈라놓았으며, 도심은 하늘이 준 본성(性)으로서 인의예지 등 봉건 윤리 도덕관념이라 했다. 그러면서 사람들더러 하늘이 준 본성으로써 인욕을 전승하고 천리에 복종하라고 했다.

대진은 오직 인성만이 이성을 갖고 있다고 인정함으로써 봉건적인 인의예지 등 윤리 도덕을 혈기 심지의 인성 가운데 융해시키고, 봉건적인 윤리 도덕 원칙을 개조하여 거기에다 인욕의 낙인을 깊게 찍어 놓았다.

정이와 주희는 사욕을 억제하고 천리를 회복하는 것이 곧 "자기를 억제하고 예에 맞게 행동하는 것이 곧 인(仁)이다."고 한 공자의 말에 부합된다고 여겼다.

그러나 대진은 "온 천하의 욕구가 곧 인이다."―《맹자자의소증》 하권―고 말했다.

주희는 인의예지를 하늘이 준 본성이라고 했지만 대진은 "인의예지는 소위 욕(欲) 밖에서 얻을 수 없고 혈기 심지를 떠날 수 없다."―《맹자자의소증》 중권―고 말했다. 그는 봉건 동급 정신이 꽉 찬 인의예지 등 봉건적인 윤리 도덕을 개조하고 거기에다 인성을 부여했다.

대진은 정이·주희의 "천리를 간직하고 인욕을 없애야 한다."는 봉건 도덕을 맹렬하게 비판했다. 그는 "그가 말하는 도덕은 내가 말하는 도덕이 아니다."고 하면서 인성을 구비한 도덕 표준으로써 현실을 대하고 사회를 격렬하게 비판했으며, 정이와 주희가 이(理)와 욕(欲)을 갈라놓았기에 큰 재난을 조성했고 이(理)라는 것이 사람을 죽여도 피가 보이지 않는 잔혹한 형구로 되었다고 질책했다.

대진은 송유·정이·주희를 질책했다.

"……이(理)와 욕(欲)을 분명하게 가르려 하지만……사람들은 배고프거나 추우면 외치게 되고, 남녀들에게는 모두 슬픔이 있게 되고 죽음이 닥쳐왔을 때에는 삶을 바란다. 이런 것들은 모두 사람의 욕망이다. 그러니 어찌 정욕을 버리는 것이 천리의 본연이라 할 수 있겠는가?"—(동상서)

그의 반이학 사상은 선배들과 달랐다. 그는 이학을 심도 있게 비판하고 이학을 봉건적인 등급 압박 제도와 결합시켰으며, 사람들의 마음을 뒤덮어 가리려는 심보를 품은 이학자들이 등급 제도를 잔인하게 참살하는 도구로 이용하고 있음을 예리하게 보아냈다.

그는 봉건 통치자들이 이(理)로써 살인하는 죄악적 사실을 대담하게 비판했다.

"존귀한 자가 이(理)로써 비천한 자를 꾸짖고 연장자가 이(理)로써 아랫사람을 꾸짖으면, 그 꾸짖음이 잘못되었어도 당연한 일로 여긴다. 그러나 비천한 자·지위가 낮은 자가 이로써 논쟁하여 이겼어도 그것을 불순하다고 한다. 그리하여 하층의 사람들은 천하의 사람들이 다 갖고 있는 정감과 욕구로써 상층의 사람들과 통할 수 없게 되었다. 윗사람들이 이(理)로써 아랫사람들을 꾸짖고 죄를 씌우는 일들이 헤아릴 수 없이 많다."—《맹자자의소증》 상권

그는 정이·주희가 제창하는 이(理)는 소수 사람들의 이이고, 그것

은 존귀한 자·연장자 등 윗사람들이 아랫사람들을 압박하는 도구이며, 아랫사람·비천한 사람·연소자는 언제나 윗사람에게 복종해야 되며, 아랫사람에게는 옳은 것이 없고 윗사람에게는 잘못이 없는 이런 이(理)는 많은 사람들을 박해하고 희생시켰다고 폭로했다.

그는 분노하여 이렇게 힐문했다.

"사람이 법에 걸려 죽으면 그래도 가련하게 여기는 사람이 있지만 이(理)에 의해 죽으면 누가 가련하게 여기는가?" ─《맹자자의소증》상권

이것은 사람을 잡아먹는 봉건 예교를 폭로한 것이며, "천리를 간직하고 인욕을 없애야 한다."는 주희의 사상에 대한 철저한 비판이다.

대진의 학술 사상 및 그의 이학에 대한 비판은 큰 국한성을 띠고 있다.

예를 들면 그는 사람을 자연의 사람으로 간주하고 인성을 자연적인 정욕에 귀결시켰는데 이것은 잘못된 것이다. 만약 그의 견해대로 하면 사회 윤리 도덕의 근원과 본질을 정확하게 해석할 수 없고, 정이·주희의 이(理)로써 살인한 계급 본질을 심각하게 폭로 비판할 수 없게 된다.

그는 금욕주의를 반대하고 정욕을 적당히 만족시켜 줄 것을 주장했다. 그러나 그는 봉건 통치계급의 규범과 욕구에서 이탈하지 못했다.

한마디로 말하면 욕망대로 하고 본성을 나타내야 한다는 그의 견해와 사회 평등에 관한 그의 사상은 그때의 역사 환경에서는 비교적 큰 진보성을 갖고 있었다. 특히 그가 이학을 "이(理)로써 살인한다."고 폭로하고 공소한 이것은 사람들의 마음을 뒤흔들고 이성(理性)을

계발하는 힘을 갖고 있다.

　아편전쟁에 이르기까지 그의 사상은 초순(焦循)·완원(院元) 등의 발휘를 거쳐 중대한 변화가 일어났다.

　대진은 이학이 종결되는 시기의 중요한 사상가이다.

제14장

유가 학파의
점차적 쇠락

건륭(乾隆)·가경(嘉慶) 두 조대에서 훈고 고거학(訓詁考據學, 속칭하여 漢學이라 함)을 계승한 이후, 도광(道光)·함풍(咸豊)·동치(同治)·광서 (光緒) 네 조대 때에 점차적으로 금문 경학(今文經學)을 연구하는 사회적 학술 사조가 부흥했다. 청조의 금문 경학은 다음과 같은 주요한 특징이 있다.

동한 이래의 모든 고문 경전주소(經傳注疏)를 배척하고 서한 14박사가 건립한 금문 경전을 숭상하면서, 특히 《춘추》 및 《공양전(公羊傳)》을 숭상했으며 또 동중서·하휴가 밝혀 놓은 《공양춘추》의 이른바 미언 대의 (微言大義, 자그마한 말로서 큰 뜻을 밝힌다)를 집중적으로 천명했으며, 그 가운데의 일부 미언을 이용하여 시대의 폐단을 비평하고 사회적 변혁을 창도하여 사회적 위기와 민족적 위기를 구하려고 시도했다.

송학(宋學, 즉 理學)의 텅 빈 주해와 허위성에 염오를 느낀 청조 초기의 유학자들은 경서를 다스림에 있어서 실사구시적이어야 하고 "옛것을 숭상하여 참된 것으로 돌아가야 한다."는 것을 강조했기 때문에, 훈고와 고거를 주요한 특징으로 하는 한학(漢學, 즉 동한 고문경학)을 부흥시켰다.

그러나 고거학이 발전한 결과 학술을 파지더미로 이끌어 나가 대부분의 문인들이 세상일을 뒷전으로 하고, 백발이 될 때까지 경서더미에 묻히게 되었으므로 더욱더 사회적 현실을 엄중하게 이탈하게 되었다.

건륭·가경 이후, 청왕조는 날로 부패해져 국내의 사회적 모순이 갈수록 첨예화되었고 사회적 위기가 가일층 심화되었다. 도광 연간에는 서방 식민주의자들이 중국에 대한 상업과 무역에서의 약탈과 군사적 침략을 다그쳤기 때문에 민족적 갈등도 갈수록 엄중해졌다.

이러한 국세에 직면한 일부 비교적 명석한 문인들은 큰 자극을 받고 몹시 놀랐다. 그들은 분분히 일어나서 한송(漢宋) 유학의 무능함과 무용함을 비판했으며 "허위적인 것을 분별해 내고, 옛것을 부흥시키고, 참다운 것을 숭상한다."는 기치 아래서 한송 유학 및 대부분의 고문 경전을 버리고, 그보다 더 오래 된 서한 금문 경학에서 의지할 곳을 찾았다.

심지어 곧추 이른바 공자의 심법 구전(心法口傳)을 기재한 《공양춘추》의 미언 대의를 발굴하려 힘을 기울였다. 이리하여 금문 경학이 부흥을 이루었다.

그러나 역사상에서 고문 경학과 이학(理學)은 일찍이 장기적으로 유학 발전의 주도적 지위를 차지했고, 또 유학의 정통으로 인정되었지만, 금문 경학에서는 오히려 공자와 《춘추》를 극단적으로 신비화하고 신성화하면서 언제나 음양의 변이·천인감응설을 끌어다가 논거로 삼았고, 심지어는 참위(讖緯)와 미신적 학설을 끌어다가 논증했기 때문에 유학 발전에서의 이단으로 인정되었다.

그때에 고문 경학과 이학이 버림을 받고 절반은 가송하고 절반은 풍자하며, 절반은 경고하고 절반은 예언식으로 된 금문 경학이 나타나게 되었다는 것은 이미 유학이 기로에 들어서서 갈길이 막혔고 위기에 처했음을 설명하여 준다. 더욱이 금문 경학의 변화 발전에 따라 유학은 내용이 나날이 텅 비어지고 탈바꿈하려 했으며, 점점 쇠락의 길을 걷게 되었다.

청조 금문 경학은 대체로 초창기의 《공양전》의 미언으로 심오한 뜻을 천명하는 데 국한된 단계, 미언 대의를 세상일을 다스리는 데로 이끌어 간 단계, 옛것에 기탁하여 제도를 개혁한 단계 등을 지나왔다.

금문경학의 재창조와 유학의 위기

장존여(莊存與)는 청조 금문 경학의 창시자이고 그의 조카 장술조(莊述祖)는 장학(莊學)을 계승했으며, 장술조의 생질 유봉록(劉逢祿)·송상봉(宋翔鳳)은 장술조를 따라 배워 장학을 이어나갔다. 유봉록은 청조 금문 경학의 실제적 기초를 닦아 놓은 사람이다.

장존여·장술조 및 유봉록은 모두 강소 상주(常州) 사람이므로 그 학파를 상주 학파(常州學派) 혹은 상주 금문 경학파라고도 부른다.

장존여·유봉록의 금문 경학은 기본적인 면에서 공양학 본신의 미언 대의를 천명하는 범위 안에 국한되어 있고, 직접적으로 정사를 의론하는 경향이 뚜렷하지 않았다.

공자진·위원은 모두 유봉록을 스승으로 모시고 《공양춘추》를 익히며 연구한 적이 있기는 하지만, 그들은 이미 공양학의 미언 대의를 세상을 다스리는 데로 이끌어 갔다.

1. 장존여·유봉록이《공양》의 심오한 뜻을 천명

장존여(莊存與, 1719~1788년)의 자는 방경(方耕)이고 상주(常州) 무진(武進) 사람이다. 건륭 때 진사로서 벼슬이 예부좌시랑에 이르렀다. 대진과 동시대에 생활한 그는 아직 고문경학을 완전히 배척하지 않았고, 《주관기(周官記)》·《주관설(周官說)》·《모시설(毛詩說)》등 고문 경학의 전적을 해석하는 저작들을 지었다. 그러나 그는 고문 경전만을 다스리는 대진과는 달리 주요한 정력을 《공양춘추》를 연구하고 다스리는 데에 두었다.

그가 지은《춘추정사(春秋正辭)》를 가히 청조 시기 금문 경학의 최초 저작이라고 볼 수 있다. 이 책은 동중서의《춘추번로(春秋繁露)》·하휴의《공양춘추해고》를 섞어 인용하면서 동중서와 하휴가 이미 밝혔던 이른바《공양전》등 경전의 미언과 오묘한 종지를 천명했다.

박학가(朴學家) 완원이 일찍이 장존여는 "육경에서 모든 그 오묘한 종지를 천명할 줄 알았다."—《장방경 종백설경 서(莊方耕宗百說經序)》—고 말한 적이 있다.

장존여는 한학가들의 고증과 허위 분별 사업을 멸시하여 그것은 얕고 가까운 술법이라고 인정했다. 그는 "고대 전적의 진위를 분별하는 것은 술법으로 보면 얕고도 가까운 것으로서 천하의 학동들까지도 모두 똑똑하게 알고 있는 것이며, 명성 있는 유학자들은 마땅히 다시 그 말을 꺼내지 말아야 한다."—공자진《무진장공신도비명(武進莊公神道碑銘)》—고 말했다.

장씨는 훈고와 고거의 방법을 버릴 것을 주장했고 성인들의 미언 대의는 언어 문자 이외에 존재하며, 심지어는 위서에 의거하여 보존되었고 "홀로 선성(先聖)들의 미언 대의를 언어 문자 이외에서 얻었다."—완원《장방경 종백설경서》—고 인정했다.

장존여는 "고대 전적은 열에서 여덟이 잃어졌고 위서에 의뢰하여 둘이 남아 있다."—공자진《무진장공신도비명》—고 말했다.

예를 든다면 "인심이 도심이다."라고 한 종지, "사람은 자기를 잊어서는 안 된다."는 경고, "고굉 양신들을 사용해야 한다."는 정의, "전후좌우가 모두 바른 사람들이다."라는 창미 등의 미언들은 모두 〈대우모(大禹謨)〉·〈중훼지고〉·〈설명(說命)〉 등의 편장들이 없어져 고대 전적에 보이지 않지만, 70여 자(字)의 구두 전달에 의해서 이러한 성인들의 진언(眞言)이 비로소 지금까지 다행히 보존되어 왔다.

장존여는 공자진·위원 등으로부터 경학대사로 받들어졌다. 공자진은 장존여가 "학술을 자기의 맡은 바로 간주하고 천하에 고금의 변고를 알게 하는 길을 열었는데 백 년 사이에 그 혼자뿐이었다."—(동상서)—라고 평가했다.

"위원은 장존여가 다스린 경학이야말로 대체(大體)를 보존하고 경문을 연구하는 진정한 한학이라고 말했다."—《무진장소종백 유서술(武進莊少宗伯遺書述)》

유봉록(劉逢祿, 1776~1829년)은 자가 신수(申受)이고 상주(常州) 사람으로서 예부주사 벼슬을 했다.

저서로는《춘추공양경전 하씨석례》·《공양춘추 하씨해고전》 등이 있는데 하씨의《해고》를 근거로 삼아 조목을 관통시켰고,《공양춘추》의 미언 대의를 집중적으로 천명했다.

장존여·유봉록의 금문 경학의 주요한 내용은 아래와 같다.

첫째, 《춘추》를 5경의 열쇠라고 강조했다.

그들은 공자가 말한 "나의 뜻이 《춘추》에 있으니, 나를 알아주는 것도 《춘추》 때문일 것이고 나에게 죄를 안기는 것 역시 《춘추》 때문일 것이다."라는 말에 근거하여 《춘추》는 공자가 노나라 왕을 본받는다는 것에 기탁하여 천자의 일을 행하고 왕자(王者)의 자취를 이으며, 천만 세대를 위해 법전을 창제했다고 인정했다.

장존여는 《춘추》는 언사로 상(象)을 이루고 상으로써 천하의 본보기를 드리웠으며, "어지러움을 바로잡는 데는 《춘추》보다 나은 것이 없다."—《춘추정사(春秋正辭)》—고 말했다.

유봉록은 《춘추》는 원년부터 시작하여 기린을 얻는 데서 끝을 보았는데 천도가 두루 있고, 인간사가 완비하며 《춘추》로써 여러 경전을 망라시킨 것은 마치도 하나·둘을 세고 흑백을 분별하는 것과 같으며 "성인의 도는 5경에 완비되어 있고 《춘추》는 5경의 열쇠이다."—《공양하씨석례》—라고 말했다.

둘째, 《춘추》를 전함에 있어서 공양씨만이 그 본질적인 진정을 제일 잘 얻었다고 단정했다.

유봉록은 한조 시기 사람들은 경을 다스림에 있어서 우선 가법을 따랐다고 여겼다. 《주역》에 있어서 시(施)·맹(孟)·양(梁)·구(邱)의 해석, 《상서》에 있어서의 구양·대소 하후(大小夏侯)의 해석, 《시경》에 있어서의 제(齊)·노(魯)·한(韓)의 해석 등에서 그들 스승의 설법은 모두 빠져 없어졌다.

《좌씨춘추》는 다만 《안자춘추》·《여씨춘추》와 같이 사건을 기록한 저서일 따름이고 경을 해석하는 책이 아니다.

《곡량춘추》는 비록 경문을 연구하고 전례(典禮)를 보존하는 면에서 공양씨에 대해 잃어버린 것을 줍고 모자라는 것을 보충하는 작용을 일으키기는 했지만 그것도 5시(五始)를 세우고 3통(三統)을 통하고 3세(三世)를 펼치며 내외를 달리한다는 여러 가지 큰 종지를 해석하지 않았다."-《곡량폐질신하 서(穀梁廢疾申何叙)》

그는 "경에서 스승으로부터의 전수가 있는 것은 오직 《예상복(禮喪服)》에 자하씨가 있고 《춘추》에 공양씨가 있을 따름이다."-《공양춘추 하씨해고전 서》-라고 말했다.

그들은 《춘추》의 미언 대의를 공자의 여러 제자들이 모두 그것을 들은 적이 있으며, 또 자유·자사·맹자가 저술한 요점 가운데서 뚜렷하게 말하지 않은 것은 자하(子夏)가 친히 구두로 전수한 것에 속하며, 공양씨의 5전(五傳)은 한경제 시기에 나온 것이기에 호모자(胡母子)와 함께 모두 손수 죽백에 적어 둔 것이라고 인정했다.

때문에 부류를 알고 통달하며 뚜렷한 것은 그만두고 숨어 있는 뜻을 천명하는 것을 얻은 것은 오직 《공양전》일 따름이라고 여겼다.

셋째, 동중서·하휴가 《공양춘추》를 천명하기 위하여 뛰어난 공로를 세웠다고 숭배했으므로 동중서·하휴의 언론에 대해 보배처럼 간직하고 진심으로 신임하여 빈틈없이 지켜나갔다.

유봉록은 공양씨와 그 제자들이 성인의 구두 전수를 죽백에 적을(즉 《공양춘추》) 때가 바로 동중서가 휘장을 드리우고 3년 동안 명확하게 밝히고 그 용(用)에 도달하여 그 학설이 크게 흥성하던 때라고 말했다. 후에 하휴가 또 17년 동안 문을 닫아걸고 뛰어난 학식을 참답게 배우고 깊은 뜻을 정밀하게 연구해서야 비로소 공양학에 순통하고 명확하게 되었다.

"때문에 동중서와 하휴의 말은 명을 받고 우뢰가 울 듯했고 5경을 다스리는 대사들 가운데서 따라올 자가 실로 드물었다." —《공양하 씨석례서》

넷째, 공양의 심오한 종지를 극력 천명했다.

장존여·유봉록은 "5시를 세우고 3통을 통하게 하며 대일통(大一 統)을 실시하고, 3세를 펼치며 여러 하(夏)를 안으로 하고 이적(夷 狄)을 밖으로 한다."는 등 공양학의 미언 대의를 특별하게 중요시했 다. 그 뜻은 한편으로는 봉건 전제제도를 위해 논증을 하는 것이고, 다른 한편으로는 시대의 정사를 의론하며 군주를 제한하려는 의미 도 있다.

예를 들면 장존여가 대일통(大一統)을 이야기한 것은 "하늘에 해 가 둘이 없고 땅 위에 왕이 둘이 없고, 가정에 아비가 둘이 없듯이 하 나로 다스려야 한다."고 요구했는데 이는 완전히 봉건 종법 등급 제 도를 위해 변호한 것이다.

그는 '5시를 세우는 것'은 군주들로 하여금 마음을 바로잡고, 백관 을 바로잡고, 만민을 바로잡고, 사방을 바로잡게 하기 위한 것이라고 말했는데, 이것은 군주에 대한 권면과 경계를 준 것이 된다.

유봉록이 "여러 하를 안으로 하고 이적을 밖으로 한다."고 한 것은 "먼저 안의 일을 상세히 처리한 다음 밖을 다스린다."는 것이며, "먼 저 자신을 상세하게 다스려 제 몸을 바로잡고 마음을 후하게 하며 남 에 대해서는 각박하게 나무라지 않는다." —《공양하씨석례》—는 것 으로서—역시 군주들에게 자중할 것을 요구한 것이 된다.

다섯째, 동중서 등의 음양 변이(變異)·천인 감응설을 "동중서의 말씀이 과연 훌륭하도다."라고 찬양했다.

장존여는 "상서롭거나 괴이함을 하늘에서 인간에게 주는 것은 매우 두려운 일이다……효와 찬(撰)이 서로 변이되니 신비로워 알기 어렵다."고 말했으며, 오직 군주가 마음을 바로잡아야만이 비로소 "음양이 조화되고 때맞춰 풍우가 일며, 뭇 생명이 화애롭고 만백성이 번식되며 오곡이 무르익고 초목이 무성할 수 있다."―《춘추정사》―고 했다.

유봉록은 "6경은 모두 재이(災異)를 말했다."고 했고, 동중서의 《춘추》에서 견책한 것은 재해의 원인이고《춘추》에서 증오한 것은 괴상한 일의 원인이다."는 말을 '훌륭한 말'이라고 찬양했다. 그는 또 "성인은 어지러움을 바로잡음에 있어서 위로는 천시를 따르고 아래로는 수토(水土)의 덕을 입을 것에 특별한 중시를 돌리면 꼭 태평이 이루어지고, 상서로운 조짐이 응하여 영험이 된다."―(동상서)―고 말했다.

이것은 부서 견고설(符瑞譴告說)을 인용하여 당시의 조정 정사에 대하여 진행한 하나의 권고와 함축적 비판이 된다.

장존여·유봉록의 금문 경학은 청조 한학의 훈고를 상세하게 하고, 대의(大義)를 간략하는 방향을 개변시켰고 대부분의 고문 전적들을 부정하고 다만《5경》·《춘추》·《공양전》만 숭배했다.

그들은《공양전》의 이른바 미언 대의를 천명하는 방면에 중점을 두고, 나아가서 동중서·하휴 등의 천인감응설과 참위 신학을 천명하고 선양했다. "위로는 왕공들을 비판하고 아래로는 경대부들을 비판하여 서민들에게까지 이르게 하려고 시도했다."―유봉록《공양하씨석례》

이것은 경학의 쇠사슬을 부숴버리고 조정을 풍자하고 은근히 의

론해 보려는 봉건 문인들의 미약한 염원의 반영이었다. 그러나 그들은 다만 서한의 금문 경학에 대해서 간단하게 재창조했고, 공자를 신격화했으므로 오히려 유학을 신학과 미신의 기로로 이끌어 갔다.

2. 공자진은 여러 경서에 주석할 겨를이 없었다

공자진과 위원은 장존여·유봉록 두 사람의 뒤를 이어 나타난 금문 경학 대사(大師)이다. 그러나 그들은 장존여·유봉록이 미언 대의로 조정의 정사를 완곡하게 비판한 그런 입장에서 벗어나 《공양》의 대의를 직접 인용하여 시국의 폐단을 날카롭게 비판하면서 '옛것을 개변하고, 법을 변경'할 것을 주장하여 금문 경학을 세상을 다스리는 데로 이끌어 갔으며, 또 한학(漢學)·송학(宋學)에 대한 공개적인 비판을 전개하여 점차적으로 유학의 이단으로 나아갔다.

공자진(1792~1841년)은 원명이 공조(功祚)이고 자가 슬인이며 호가 정암(定庵)이다. 절강 인화(仁和, 오늘의 항주) 사람으로서 도광 연간의 진사이며 벼슬이 예부주사(禮部主事)에 이르렀다. 그가 지은 글을 《정암문집(定庵文集)》으로 묶었는데 지금은 《공자진문집》이 세상에 돌고 있다.

공자진은 저명한 한학가 단옥재(段玉裁)의 외손자이다. 어려서 외할아버지를 따라 6서 소학을 배웠고 엄격한 한학 가르침을 받았다. 28세 이후 유봉록에게서 《공양춘추》를 전수받았고 또 다른 금문 경학가 송상봉을 알게 되었다. 그 후부터의 저작에서는 《공양》의 미언을 많이 인용하여 시국의 폐단을 날카롭게 비판하면서 변혁을 제창했다.

저작으로는 《육경정명(六經正名)》·《오경대의시종론(五經大義始終論)》·《춘추결사비 답문(春秋決事比答問)》 등 금문 경학 저작이 있다. 《춘추결사비자 서(春秋決事比自敍)》에 부록된 《춘추결사비 목록》에 의하면 공자진이 일찍이 《춘추결사비》라는 책을 짓기는 했지만 이미 사라졌다. 현존하는 《춘추결사비 답문》은 단지 이 책의 한 권의 부록일 따름이다.

《춘추결사비 자서》에서는 공자진이 《춘추》는 "예의의 대종이고, 시비를 밝히고 사람을 다스리는 데 알맞으며, 《공양(公羊)》은 세심하고 자애로워 옥사를 결단하는 데 알맞다."는 등에 관한 사마천 등의 논단을 받아들였음을 알려준다.

공자진은 동중서의 《공양》에 의해 옥사를 결단하고 하휴의 '비상하게 이단적인 뜻'과 괴이하다 할 만한 논설을 극력 숭배하면서 그 모든 것을 측은하게 폐부를 저울질하지만 모두 고르게 대해 주는 더없이 귀중한 보물이라고 여겼다.

공자진은 《춘추》를 연구함에 있어서도 중점을 미언 대의에 놓고 "시살을 적었다, 찬탈을 적었다, 반역을 적었다."는 등의 상벌과 화복을 기재한 일에 대해서는 깊이 논하지 않았다. 그는 이렇게 말했다.

나는 《춘추》를 연구함에 있어서 무릇 시살·찬탈·반역……변화를 적은 글에 대해서는 그것이 숨기지 않고 솔직히 말한 것이고, 뜻도 간단하다고 여겨 추리하지 않고 밝히려 하지 않았으며 깊이 논하지도 않았다. 그러나 은폐적으로 쓴 것과 우회하면서 군말을 쓴 데 대해서는 그 뜻을 얻어내기를 각별히 즐기었다. 그리고 크게 우회한 것에 있어서는 5시(五始)를 세우고 3세를 펼치며 3통(三統)을 보존하고, 내외를 달리하며 왕의 홍성을 마땅하게 여겼으며 또 연·월·시를 구별하고 이름·자·성씨를 구별하는 것에서는 순수하게 고양씨의 설법을 채용했다. 사실을 밝힐 때는 간혹 좌씨(左氏)의 설법을 채용했고, 잡된 논단을 내릴 때는 간혹 곡량씨의 설법을 채용했으며, 아래로는 한조 대사들의 설법을 채용하여 도합 120가지의 사건을 얻었다. 특히 동중서의 예를 본받기 즐겨 후세의 일을 내놓고 물음을 제기했다. 후세의 일들은 《춘추》를 아득히 벗어났기에 《춘추》에서 듣지 못하여 다 알 수 없었고, 《춘추》에 있는 것이라면 참으로 그와 같았다고 여겼다. 후세에 옥사(獄事)를 결단하는 대사들 가운데서 능히 귀신처럼 밝고 하나를 배우면 열을 아는 사람이 있다는 것을 나는 듣지 못해 알 수 없다. ─《춘추결사비자 서》

그리고 한 가지 일이 끝나면 감탄을 표시하곤 했다. 동중서가 쓴 것이 완벽하다고 한다면 그것이 사실인가? 아닌가? ─(동상서)

그러나 공자진은 미언 대의를 위해서 미언 대의를 말한 것이 아니라 다만 《공양》의 미언 대의를 천명하는 것을 수단으로 삼고 안광을 시국의 정사로 돌렸다. 바로 위원이 말한 바와 같이 공자진은 학문을 함에 있어서 "조정의 제도와 나라의 옛 법·세상 물정·백성 풍속을 줄기로 삼았다." ─위원, 《공정암문록 서》

공자진은 말했다.

"경서를 연구하지 않으면 경술(經術)이 본원(本源)이라는 것을 알지 못하고, 사서를 연구하지 않으면 역사 사실이 거울로 된다는 것을 알 수 없다."

"경서와 사서의 말은 마치 약방문과 같다. 후세의 사람들은 세상을 다스림에 있어서 그것을 약방문처럼 쓸 수 있다."

"지금의 세상일에 통하지 않게 되고, 경서와 사서를 오늘에 사용하면 어느 것을 늦추어야 하고 어느 것을 시급히 해야 하고, 어느 것이 행할 수 있는 것이고, 어느 것이 행할 수 없는 것인가를 알 수 없게 된다."—《대책(對策)》

경서와 사서에서 정밀한 큰 뜻을 발견하고 거울로 삼을 만한 것을 찾아 지금의 세상일에 써먹어야 한다는 것이 바로 공자진의 경세치용학이다. 이것은 공자진이 학문을 하는 목적과 중점이었다.

공자진의 자아 서술에 의하면 이예(李銳)·진환(陳奐)·강번(江藩) 등 친구와 현자들이 그에게 "왜 《주역》·《상서》·《시경》·《춘추》에 주석하지 않는가?"고 물은 적이 있다.

이에 공자진은 "한창 제자백가의 글을 읽고 잡가(雜家)의 언론을 즐기고 있기에 그럴 겨를이 없다."—《고사구침론(古史鉤沈論)》—고 말했다.

또 내각 선정(先正) 요학상(姚學爽)이 공자진에게 왜 여러 경에 주석하지 않았는가고 물었을 때 그는 "또 천지와 동서남북에 관한 학문을 하고 있으므로 겨를이 없습니다."—(동상서)—고 했다.

이것은 공자진의 흥취가 유학의 여러 경을 고증하여 정해 놓는데 있는 것이 아니라 그의 주요한 정력과 흥취가 여러 학파의 학설을 널리 채용하여 당시의 긴박한 형세를 해결할 수 있는, 세상을 구할 수 있는 약방문을 찾는 데 있다는 것을 알 수 있다. 즉 그가 말한 것처럼 흥취가 천하의 여러 가지 학문에 있음을 알 수 있다.

때문에 이러한 의의에서 말한다면 공자진은 비록 경(經) 가운데서 《공양(公羊)》을 근본으로 했지만 학파 관념이 그다지 강하지 않고,

여러 학파의 학설을 비교적 널리 받아들이는 태도를 취했음을 알 수 있다.

그는 전후(前後)의 한학에서 어느 것이 정통인가를 구태여 따지지 않았다. 그는 자신이 시를 지을 때 금고문《시경》에 대해 "숭상하지 않고, 폐기하지 않았다."고 말했다.

그는 의리(義理)와 고거를 결합 통일시킬 것을 주장했다.

"성인의 도는 제도와 명물(名物)을 겉으로 하고, 이(理)와 성(性)을 다하는 것을 안으로 삼으며 실제 있던 일의 훈고를 자취로 하고, 지난 일 가운데서 미래를 아는 것을 신(神)으로 해야 한다."─《강자병소저서 서(江子屛所著書序)》

그는 한학과 송학이 이러한 통일을 갈라놓았다고 비판했다. '이학의 현묘한 언어'는 훈고와 고거를 말살했고 '한학의 학파 관념'은 또 성리(性理)의 대의를 가르쳐 놓았기에 "모두 대도(大道)에 이롭지 못하며"─《포소(抱小)》─정확한 작법은 마땅히 "구할 때는 노력해야 하고 얻은 후에는 창조가 있어야 하며 고증할 때는 넓어야 하고, 설명할 때는 딱딱하지 말아야 한다."─(동상서)─고 했다.

공자진은 시국의 변화에 대하여 특별한 관심을 돌렸다. 그는 약년(弱歲)·창궐한 시기(猖狂之年)(공자진은 청년 시기를 이렇게 스스로 비유했음)로부터 황혼에 가까운 시기에 이르기까지 시종 청왕조의 암흑과 부패를 적발하는 것을 견지했으며, 상앙·왕안석을 본받아 사회적 정치·군사·과거시험 제도의 개혁을 실행하자고 주장했다.

그는 또한 열정이 끓어넘치는 애국자였다. 러시아의 남침을 방지하기 위하여 '서북치행성의(西北置行省議)'를 올려 신강에 행성(行省)을 설치하고, 또 내지의 떠도는 백성들을 이전시켜 거주하게 하며 경작으로써 목축업을 대치하여 변강을 강화해야 한다고 건의했다.

그는 일찍부터 영국 식민주의자들의 교활한 본질에 대하여 일정한 인식을 가졌다. 만년에는 더욱 열정적으로 광주에서 아편을 금지하는 임측서를 지지했고, 임측서에게 꼭 많은 군사를 스스로 거느리고서 무력으로 영국 침략자를 반격해야 하며, 또 한간과 아편 장사꾼들에 대해서는 '한 사람을 죽여 백 사람을 경계하는' 식으로 매를 안겨야 한다고 알렸다.

공자진이 시국에 관심을 갖는 정신은 실로 고귀하다. 이는 큰 국면을 아랑곳하지 않는 한학·송학의 학풍과 선명한 대조를 이루었다. 공자진은 한학·송학에 대해 예리한 비판을 들이댔다.

공자진은 한학이 번쇄하고 잡다하여 실제를 엄중하게 이탈했다고 비판했다. 그는 훈고와 고거학에 대해 이렇게 말했다. "번쇄하고 세세하며 고자만 늘어놓으며, 성(性)의 도를 말하지 않고 공담의 총명성을 버리고 순박한 우회적 수법을 지켜 가며, 사물은 사물이라 하고 이름은 이름이라 하면서 떠나지 못하게 된다." 그러나 흔히 수십 년의 공력을 기울여서야 하나의 학술을 비로소 세우게 되고, 번거롭고 천 마디 말을 던져서야 겨우 하나의 형태나 소리의 원인을 알게 되므로 그야말로 너무나 피로하고 힘겹다.

그러나 만약 고담준론을 하는 자가 있으면 두 손을 마주하고 고맙다 하면서 피하고 만다. 즉 "변화되는 시국을 논하며 모략할 것에 대해서는 피하며 담론하지 않는다."는 것이다. ─진석보가 지은 책의 서언을 보라.

공자진은 또 송학을, 앉아서 성명(性命)을 도리 있게 엮어 대지만 나라의 사업에 있어서는 아무런 도움이 없다고 질책했다. 그는 풍자하여 말했다. "성원(聖源)이 아득히 머니 그 흐름 어렵네. 앉아서 성명(性命)을 담론할 때 그 말씀 화답하듯 귀맛 좋네. 화답하고 화답하니 그 제자 만을 넘네. 하지만 나라에 준 건 무엇이고 유학에 보탠 건 또 무엇인가?" —《정해시(丁亥詩)》

이는 현묘하고 허황한 언론과 성명을 공담하는 송학이 나라의 운명에 조그마한 도움도 없고, 공자의 학설에 대해서도 아무런 도움이 안 된다는 말이다.

공자진은 또 더욱 넓은 범위 안에서 유학의 발전 과정 가운데의 부패한 내용과 황당한 관점에 대하여 비판을 했다.

공자진은 이학에서 도(道)·태극(太極)을 조물주로 여기는 관점을 동의하지 않았고, 또 성인이 역사를 창조했다는 사학 관점도 동의하지 않았으며 "스스로 나라고 부른다."라는 논단을 제출했다. 그는 이렇게 말했다.

"천지는 사람이 만든 것이고 여러 사람은 스스로 만들어진 것이다."

"여러 사람들의 주재는 도가 아니고 극(極)도 아니라 스스로 나라고 불러야 한다. 나의 빛이 일월을 창조했고, 나의 힘이 산천을 창조했다······나의 도리가 문자언어를 창조했고 내가 분별하여 인륜기강을 창조했다." —《임계시기태관 제1》

그가 이렇게 자아를 주장한 것은 비록 합당하지 못했지만 이학과 성인이 역사를 창조했다는 사학 관점의 속박을 타파하는 데 있어서는 진보적 의의가 있다.

공자진은 유학의 천명론을 견책했다.

"유가들의 언론은 하늘을 종(宗)으로 삼고 명을 극(極)으로 삼는다."

"유가들은 평소에 언제나 명에 따를 것을 말한다."—《존명(尊命)》

그는 "유가들은 정을 잃고 그 근본을 따지지 않는다."고 비평했다. 왜냐하면 천명은 흘러가는 것이며 하늘이란 계절이 바뀌고 비오고, 바람 불고 이슬이 내리고, 우레가 우는 등 천상(天象)의 자연적인 운행에 지나지 않으며, 인간의 일과 사회 활동에 대해 천명은 재앙을 주고 길상을 주고 선한 것에 복을 주고, 음탕한 것에 화를 주는 작용을 일으키지 못하므로 하늘과 인간 사이에는 그 어떤 감응관계가 존재하지 않기 때문이다.

공자진은 장존여·유봉록처럼 동중서의 오행을 살리고 재이를 말하는 미신을 찬양한 것이 아니라, 한조 경방(京房)·유향(劉向) 등의 음양 변이 설교에 대하여 비판을 했다. 공자진은 자기가 "경방의《주역》·유향의《홍범(洪範)》을 제일 염오하며 반씨(班氏)의《오행지(五行志)》는 짓지 말아야 했을 것이다."—《진박사에게 주는 편지》—라고 했다.

그는 또 "유향에게 대죄가 있는데 그 죄는《오행전》에 있다."—《오행전을 비난함(非五行傳)》—고 말했다.

공자진은 나아가서 오행 음양 미신과 연계가 있는 추보술(推步術)을 반박했다. "참으로 걸을 수가 있다면 큰 재해가 아니다. 참으로 큰 재해라고 한다면 걸을 수가 없다."고 지적했다.

그는 또 "일식이 나타나면 큰 재해가 든다."는 미신을 반대했다.

공자진은 맹자의 성선설 및 고자(告子)의 "선(善)한 것도 없고 선하지 않은 것도 없다."는 관점에 대하여 전자를 반대하고, 후자를 찬성했다. 그는 인의와 염치 등 도덕관념은 모두 후천적으로 형성된 것이고 선험적으로 구비된 것이 아니라고 인정했다. 그는 이렇게 말했다.

"공자가 성을 말한다면 선한 것도 없고 선하지 않은 것도 없다는 것을 받들 따름이다. 선과 악은 모두 후에 일어난 것이다."—《고자를 천명함(闡告子)》

"선한 것은 고유한 것이 아니고 악한 것도 고유한 것이 아니며, 인의·염치·기만·절도·증오·질투 등도 고유한 것이 아니다."

공자진은 만년에 불교 전적에 깊이 도취되었고 유학에 대해서는 원망과 포기의 마음을 지녔다. 그는 유가는, 선진 시기의 9류(九流) 중 하나에 지나지 않았고 후에 유가의 지위가 갈수록 높아지게 되었고, 유학자들의 얼굴도 갈수록 두텁게 되었지만 "만약 누가 유학이 먼저 망한다고 한다면 이 말을 어떻게 봐야 할 것인가."—《정해잡시(丁亥雜詩)》—고 했다.

즉 유학이 불학보다 먼저 망할지도 알 수 없다는 것이다.

그는 또 공자를 9류 가운데의 으뜸으로 치던 우상적 지위에서 끌어내렸고, 석가모니를 9류의 스승이라는 지위에까지 올려놓았다. 그는 이렇게 말했다.

"유학이 9류(九流)의 하나일진대 명성 높은 유학자가 된들 어떠랴. 서방 나라 대성인의 책, 그것을 품에 안고 유학을 밀어내네. 문장으로 이리저리 논해 보아도 9류의 스승됨이 완연하구나. 석가여래 그 시호 문불(文佛)이라 하오니 연박한 그 지식에 내 마음 끌리누나."—《범책에 쓰노라(題梵冊)》

공자진은 최종에는 유학의 이단으로 나갔는데 이것은 유학의 위기를 더욱 심각하게 폭로했다.

3. 위원이 한학·송학을 모두 질책

위원(魏源, 1794~1857년)은 자가 묵심(默深)이며 호남(湖南) 소양(邵陽) 사람이다. 도광 연간의 진사이고 벼슬이 지주(知州)에 이르렀다. 저작으로 《시고미(詩古微)》·《서고미(書古微)》·《성무기(聖武記)》·《해국도지(海國圖志)》 등이 있다. 지금은 후세 사람들이 편찬한 《위원집(魏源集)》이 세상에 유전되고 있는데 거기에는 그의 논문·시문 및 서문 등도 수집되어 있다.

위원은 15세에 마음을 다하여 양명(陽明) 학설을 연구했고 20세 이후에는 호묵장을 따라 한학의 가법을 배웠으며, 요경당에게서 송나라 유학 학설을 익혔다. 후에는 유봉록에게서 《공양춘추》를 배웠고, 또 도가의 말·경제학·감여술(堪輿術) 등에도 중시를 돌렸다. 만년에는 또 불리(佛理)에 마음을 두고 경장(經藏)을 널리 읽었다.

그는 학문을 연구함에 있어서 주로 《공양학》에 치우쳤다. 그는 한학과 송학이 사회와 인심에 조성해 준 매환(寐患)과 허환(虛患)을 염오하고 포기했다. 한학과 송학에 대한 위원의 질책과 타격은 유학의 위기를 더욱 심화시켰다.

위원은 또 "이적(夷狄)의 훌륭한 기예를 배워 이적을 제압해야 한다."는 구호를 제기하고 서방을 따라 군사 기술과 공업·상업·교통 사업을 배워야 한다고 주장했다. 이것은 유학의 원래 범위를 돌파한 것으로서 유학으로 하여금 재차 충격을 받아 해체의 길을 걷도록 했다.

위원과 공자진의 우의는 매우 두터웠다. 두 사람은 함께 도광 연간의 금문 경학 대사로 있었다. 양계초는 "금문에서 든든한 사람이라 한다면 꼭 공자진과 위원을 꼽아야 한다."-《청대학술개론》-라고 말한 적이 있다.

그런데 위원은 "경(經)은 경으로 전(傳)은 전으로 대해야 한다."는 공자진의 너그러운 태도와는 달리, 공양학의 가법을 엄격히 지키면서 힘을 다해 고문 경학을 배척했으며 한학과 송학을 모두 날카롭게 비판했다.

위원이 《시고미》를 펴낸 목적은 고문 《모시(毛詩)》를 배척하고 《삼가시(三家詩)》를 숭상하기 위해서였다. 그는 《시고미 서(詩古微序)》에서 이렇게 말했다.

"왜 《시고미》라고 이름지었는가? 제(齊)·노(魯)·한(韓)의 《삼가시》의 미언 대의를 발휘하고 비었거나 누락된 것을 보충하며, 숨어 있는 오묘함을 드러냄으로써 노래하고 풍자하고 정통적이고, 변화되었다는 설법을 제거하고 주공과 공자가 예의를 정하고 악(樂)을 바로잡은 그 마음을 후세에 밝혀 주기 위해서이다."

그가 《서고미》를 쓴 목적은 바로 "복생(伏生)이 구두로 전수한 《금문상서》가 70명 제자에게까지 전수되어서 그 미언 대의가 해와 별처럼 밝아졌다."-《서고미예언 중(書古微例言中)》-는 것을 밝히려는 것이었다.

이후 구양씨도 그와 같았고 대소(大小) 하후씨도 그와 같았으며 공안국(孔安國)·사마천도 그와 같았다. "이러한 한조 유학대사들의 설법에서는 가법을 제일 중히 여겼다."-《서고미》 서언

후에 동한 시기에 이른바 두림이 칠서(漆書) 《고문상서》를 다시 얻어 위굉(衛宏)·가규(賈逵)에게 전하여 해석을 하게 했고, 마융(馬融)

이 전을 쓰고 정현이 주해를 달아서 《고문상서》가 세상에 성행되게 했지만 모두가 "시골에서 헛되게 지은 것들로서 스승의 마음을 나름 대로 해석했다."—(동상서)—고 했다.

청조 유학자 강성·왕명성·손성연·단옥재 등은 동진 매색의 《고문 상서》를 공격할 줄 알았고, 따라서 동한 두(杜)·위(魏)·가(賈)·마(馬)의 학설을 참다운 고문이라고 여겼으니 참으로 암내내는 암소와 수말처럼, 타오르는 화롯불과 찬 얼음덩이처럼 서로 용납할 수 없고 도리상에서 통할 수 없었다.

위원은 마땅히 "옛것으로 돌아가고 참다움으로 돌아가야 하며, 동진(東晋) 매색의 위서를 버리고 마(馬)·정(鄭)의 고문본으로 돌아간 것이 제학(齊學)이 노학(魯學)으로 변한 것이며, 마·정의 고문 학설 은 스승에게서 전수받은 것이 아니고 제나름으로 만든 것임을 알고 그것을 분별하여 복생·구양·하후씨 및 사마천·공안국의 문고(問 故) 학설로 돌아가게 한 것은 노학(魯學)이 변하여 지도(至道)로 된 것이다."—《서고미예언 상》—고 인정했다.

위원은 《공양춘추론(公羊春秋論)》을 지어 재차 공양의 조목과 의 법(義法), 예를 들면 '통삼통(通三統)' '삼과 구지(三科九旨)' '치평 (治平)·승평(昇平)·태평 3세(泰平三世)' 등을 열거했다. 공양 학파 에서 위원은 동중서를 제일 숭배했다.

그는 《동씨춘추발미》를 지어 공광삼·유봉록이 하(何)·호(胡)만 숭배하고 동씨를 얕보았다고 비평했다. 그는 삼과 구지·삼세 삼통 (三世三統) 오행음양(五行陰陽) 등 미언 대의는 모두 동중서가 발명 한 것이라고 인정했다. 그는 이렇게 말했다.

"그 책의 삼과 구지는 크게 구비되어 빛을 낼 뿐만 아니라 널리 통했고 정밀하며, 안은 성인의 마음이고 겉은 임금의 마음이며, 하늘에 오르기도 하고 땅에 서기도 하여 호모생(胡母生)·하소공(何邵公)의 《장구(章句)》위에 훨씬 높이 있게 되었다······때문에 경서의 마음을 천명하고 성인의 저울대를 손에 잡고, 천하의 도를 쥔 사람으로서 동중서를 능가한 사람이 없다."-《동자춘추발미 서언》

그러나 위원이 공양학을 연구한 중점은 고문을 배척하고 금문을 숭배하며 동중서를 받드는 데 있는 것이 아니라, 공양의 미언 대의를 인용하여 민족을 위기에서 구하는 데 이론적 근거를 제공하려는 데 있었다.

위원은 아편전쟁 전후 시기에 활동했다. 이 시기는 이미 국내의 사회적 위기가 엄중한 민족적 위기로 전변되었다. 아편전쟁의 실패는 민족의 더없는 치욕이 되었고 문인들은 막대한 자극을 받아 분분히 그 죄의 책임을 한학과 송학의 쓸데없음에 돌렸다.

이때의 학술은 더는 한학·송학의 '학은(學隱)·순유(醇儒)'를 고상하다고 여기지 말아야 했고, 오히려 민족적 위기를 구하기 위하여 계책을 논해야 했다. 위원은 "무릇 혈기가 있는 사람이라면 마땅히 격분해야 하고, 무릇 이목과 심지가 있는 사람이라면 마땅히 계책을 내놓아야 한다."-《해국도지 서(海國圖志序)》-고 말했다.

위원은 "편안할 때 어려움을 생각해야 한다." "소 잃고도 외양간을 고쳐야 한다." "하늘을 걱정하고 백성을 불쌍히 여기는 마음이 있어야 한다." "여러 하(夏)를 안으로 하고 이적(夷狄)을 밖으로 해야 한다."는 등의 유학의 미언(微言)을 인용하여 시국을 분석했고, 천하를 논하고 천하의 대계를 꾸몄다.

위원은 우환의식이 유학 정신의 영혼으로 되어야 한다고 특별히 강조했다.

그는 "육경은 모두 성인들이 우환에 젖어 지은 책이다."—《묵고(默觚)》〈치편 2〉—라고 말했고, 또 "군자들이 《운한(雲漢)》·《거공(車攻)》을 《상무(常武)》·《강한(江漢)》보다 먼저 읽으니 《이아(二雅)》의 시인들이 왜 격분했는가를 알 수 있고, 괘효의 내외 소식을 연구하면 《대역(大易)》의 작가들이 우환에 싸였음을 알 수 있다. 격분과 우환은 천도의 위태함을 기울여서 편안으로 가게 하는 것이고, 인간의 마음이 자는 것을 깨우는 데로 가게 하는 것이다. 이래야만 이 사람이 헛된 것을 혁신하여 실제로 나가게 된다."—《해국도지 서》—고 말했다.

그는 천하의 생령들에게는 다스림과 어지러움이 있는데 다스린 지 오래면 편안함에 습관되고 편안하면 즐기게 되고, 즐기면 어지러워지고 오래 어지러우면 걱정에 빠지고, 걱정이 우려를 나으며, 우려가 있어야 다스려진다고 여겼다.

위원은 민족의 생사존망의 관건적 시기에 특별히 이러한 우환의식을 발양해야 한다고 강조했다. 그는 "초목은 눈서리를 맞지 않으면 튼튼하지 못하고, 인간은 우환이 없으면 지혜가 이루어지지 않는다."—〈치편 2〉—라고 말했다.

오랜 병에 효자가 나고 국난에 재상감이 나온다. 바로 나라와 민족이 어지러움을 겪고 있기에 군자와 호걸을 더욱 필요로 하고, 또 단련해 낼 수 있다.

"천하가 무사하면 평범한 자가 평범하지 않고 천하에 난이 없으면 호걸이 호걸답지 않다. 아홉 번 죽을 병에 의원의 재능을 알 수 있고 천만 번 변하는 군사일에 지혜를 떠볼 수 있다."—〈치편 7〉

어렵고 위태로운 시국에서 할 일이 있느냐 없느냐 하는 이것은 모든 학설의 우열을 가리고 어떠한 사람이든 간에 그 품질과 능력을 알아보는 시금석이다.

위원은 또 "재간은 정(情)에서 나오고, 학문은 묻는 것을 바탕으로 해야 한다."—〈치편 1〉—는 논단을 제기했다. 그는 사람에게 지식과 재능이 있느냐 없느냐가 물론 그의 천부와 일정한 관계가 있기는 하지만, 제일 중요한 것은 국가와 민중에 대해 진지한 감정이 있느냐 없느냐를 보아야 하고 감정이 있다면 그를 독촉하여 지혜를 늘리고 재능을 단련시킬 수 있다고 여겼다.

그러나 "무정한 사람에게 재능이 있을 수 없고, 백성과 만물에 무정한 사람이 백성과 만물을 건진다는 일은 자고로 있어본 적 없다."—(동상서)—고 말했다.

위원은 또 "사람들은 언제나 학문을 논하는데 학문을 함에 있어서 묻는 것을 바탕으로 하지 않을 수 없다."—(동상서)—고 말했다.

그는 만약 자기에게 학문이 있도록 하려면 응당 방문하여 사회와 접촉하고 민중의 의견을 들어야 한다고 여겼다.

"문인으로서 천하의 중임을 맡으려고 한다면 꼭 스스로 부지런히 방문하는 것으로부터 시작해야 한다."

"부지런한 방문은 마땅히 아무런 일이 없는 날에서부터 시작해야 한다."—(동상서)

"세상에 더없는 천부가 있다고 해도 꼭 전문적으로 부지런히 익힌 것보다 못하고, 홀로 얻은 견해는 꼭 여러 사람의 의론을 합친 것보다 못하다……49명의 지혜를 합치면 요·순보다 지혜롭게 된다."—(동상서)

이것은 일반적으로 인식론 문제를 담론한 것일 뿐만 아니라 민족이 위기에 처해 있을 때 사람마다 모두 마땅히 나라·민족·백성에 대한 심후한 감정이 있어야만 모든 지식·재능·방법도 있게 되는데, 그것은 바로 실제에 발을 붙이고 사회에 심입하여 민중을 이해하는 것이며, 아울러 민중에 의거하여 풍랑을 헤쳐 나가야 한다는 것이다.

그러나 당시에 있어서 의연히 정치상에서 통치적 지위를 차지하고 있던 송학과, 학술상에서 통치적 지위를 차지하고 있던 한학을 숭상하는 사람들은 오히려 민정 풍물에 무정하고, 배움에 있어서 묻지 않고, 민족의 생사존망에 대해 아무런 근심 걱정을 하지 않고, 태평성세를 분식하고, 맹목적으로 교오 자만하는 우둔한 유학자와 어리석은 유학자들이었다. 위원은 그러한 사람들로 하여금 사상면에서 잠자게 하고 허공에 뜨게 한 어리석은 유학을 반드시 없애 버려야 만이 민족에게 출로와 희망이 있다고 했다.

위원은 송학에서 심성(心性)의 명리(命理)만 공담하면서 툭하면 "백성을 동포로 보고 만물을 동류(同類)로 보아야 하며, 만물은 일체이다."고 말하는데, 실제에서는 백성들을 고통 속에서 구해주려 하지 않고, 변방의 일을 관심하지 않아 어느 일에서도 천하와 나라에 본보기가 될 것이 없었다고 풍자 비판했다.

"사람들로 하여금 입으로는 심성을 말하고 예의에 맞게 해야 한다고 하며 툭하면 만물이 일체라고 말한다. 그러나 백성을 외로움에서 구해 주지 않고 관리들이 잘 다스리는 방법을 익히지 않으며, 나라의 계책과 변방의 방어 대책을 묻지 않는다. 일단 그들에게 나라를 맡겨 주면 위로는 나라를 운영하고 다스리지 못하고, 밖으로는 강토를 안정시키지 못하며, 아래로는 백성들의 곤핍을 풀어 주지 못한다."

"평소에 백성은 동포이고 만물은 동류(同類)라는 공담만 이야기하다가 견줄 때면 어느 한 가지 일도 백성들의 본보기가 되지 못한다. 천하에서 어찌 이따위 무용한 왕도를 채용할 수 있겠는가?"─〈치편 1〉

송조 유학자들은 입으로 "천리를 간직하고 인욕을 없애야 한다."는 신조를 말하면서 "실제 사실과 실제적 공(功)을 따지는 것을 사욕에 엉키었다."고 공격했고, 농사일을 속된 일이라고 욕을 퍼부으며 불도를 이단이라고 질책했다.

위원은 그들이야말로 진정한 속된 학파이고 이단이라고 질책했다. 그는 이렇게 말했다.

"풍소(風騷)를 다루는 문인들은 농사일을 속된 일이라고 여기지만 속된 학파의 병집이 속된 아전들보다 더 심하다는 것을 모르고 있으며, 현묘하고 허황한 도리에 근거하여 정사를 거치른 재능이라고 여기지만 진부한 유학의 무용함이 이단과 같다는 것을 모르고 있다."─(동상서)

그는 또 "심성이 바르지 않고 담담하다면 어찌 천하를 다스릴 수 있겠는가?"─(동상서)─라고 질문했다.

위원은 또 한학 학자들이 머리가 희도록 경을 읽으며, 글자와 글귀만 익히면서도 장사꾼의 장부를 성인의 학설이 아니라고 한다고 질책했다. 위원은 이렇게 힐문했다.

"전곡(錢穀) 장부를 학문이 아니라 한다면 불필요한 미사여구를 늘어놓은 글을 성인의 학설이라 할 수 있는가?"─(동상서)

위원은 이름을 지명해 비평했다.

"건륭 중엽 이후, 전국의 사대부들이 한학을 흥기시켰는데 정강

남북에서 특히 성행했다. 소주의 혜씨(惠氏)·강씨(江氏), 상주의 장씨(藏氏)·손씨(孫氏), 가정(嘉定)의 전씨(錢氏), 금단의 단씨(段氏), 고우(高郵)의 왕씨(王氏), 휘주(徽州)의 대씨(戴氏)·정씨(程氏)들은 다투어 가며 훈고학과 음성학을 연구했다. 그들은 샅샅이 훑으며 쪼개면서……천하의 총명과 지혜를 모조리 쓸모없는 곳에 쓰게 했다."—《무진이신기 선생전(武進李申耆先生傳)》

위원은 한학과 송학은 번쇄하고 허위적이며, 실제를 떠났고 민정 사물에 무정하며, 시국에 대하여 백해가 있으면 있었지 도움이 조금도 없다고 했다. 그의 이 말은 사실이 확실하고 언어가 절절하며 피부를 째는 듯한 아픔이 골수에까지 미치게 했다.

그는 성심으로 성인 공자를 받들었고 《공양(公羊)》과 《주역》의 상세한 뜻을 발굴하기에 힘을 기울였다. 또한 근심을 불러일으켰으며, "경에 정통하고 그것을 써먹을 수 있도록 해야 한다."—〈학편(學篇)〉—고 창도함으로써, 권력자들에게 이적(夷狄)을 통제하고 이적을 너그럽게 대하는 학술 이론을 제공해 주었고, 정치·군사·경제를 개혁해야 한다는 주장을 제기했다.

그러나 천리가 용납하지 않아 그의 진심은 버림받았고 권력자들은 그의 주장을 용납하지 않았다. 그는 "이적의 장점을 배워 이적을 통제해야 한다."는 주장을 제기했고, 또 임측서의 《사주지(四州志)》의 기초 위에서 "옛것을 파내어 관통시키고 가시덤불을 헤치면서 나아가며"—《해국도지서(海國圖志書)》—서양의 여러 나라의 역사·지리 정황을 소개하는 《해국도지》 60권(후에 100권으로 증가했음)을 지어냈다.

그러나 역시 당국자들의 주의를 환기시키지 못했으며, 도리어 "다

사하고 기이하고 과분한 설을 산포한다고 공격받았으며, '명교(名教)의 죄인'이라고 공격받았다." ―〈주해편(籌海篇)〉

위원의 나라와 백성을 건지자는 이론, 특히 실제적 일을 하고 실제적 공을 세우자는 학설, 서방을 따라 배우자는 주장은 이미 유학이 갖고 있어야 할 범위를 돌파하기 시작했다.

그는 하늘을 걱정하고 백성을 불쌍히 여긴다는 우환의식으로써 유학에 대한 개조를 진행하고, 유학을 외래 민족의 침략을 막아내는 강대한 사상적 무기로 개조하려고 시도했다.

그러나 유학은 자기가 원래부터 가지고 있던 내용의 제한을 받아 이러한 피와 살을 바꾸는 식의 개조를 진행할 것을 거절했으며, 더욱이 거기에 대해 개조를 하려는 사람들을 이단으로 몰려고 시도했다. 그러나 역사의 발전은 정통적인 유학자들의 의지에 따라 전이되지 않았다.

공자진과 위원이 비판을 진행했고, 또 유학에 새로운 내용을 도입한 것은 유학으로 하여금 위기에 빠지게 했다.

서방 학설의 충격과
유학의 곤경

양계초는 일찍이 이렇게 말했다.

"함풍·동치 20여 년 사이는 청나라가 최대의 액운에 처한 시기로서, 간 곳마다 바람 소리와 학이 우는 소리가 들려왔는데 그 처참한 정상은 사람들의 마음을 쓰라리게 했다."—《중국 근 3백 년의 학술사》4

제2차 아편전쟁 전후 시기, 청왕조는 엄중한 곤경에 빠졌다. 동시에 선진적 중국인들의 학습과 전파로 말미암아 서방의 천문·지리·수학·역사·지질·생물 등 과학 지식 및 사회 윤리·정치 법권·종교 철학 등 사상 문화, 즉 이른바 서방 학설이 점차적으로 중국에 전파되었다.

"해상 통로가 열리자 서방 학설이 동으로 전파되었는데 처음에는 군사 무기, 그 후에는 공업 기술, 나중에는 정치 제도가 한 걸음 한 걸음 중국땅에 발을 붙이게 되었다."—양계초《청대학술개론(淸代學術槪論)》20

그 가운데 많은 것들은 수천 년 동안 봉폐 상태에서 발전해 온 유학으로서는 본 적도 들은 적도 없는 것이었다. 이 두 가지 문화는 접촉하자마자 곧 거대한 차이를 나타냈는데, 유학의 낙후성이 뚜렷하게 나타났다. 때문에 유학은 막대한 충격을 받게 되었고 쇠락의 길로 서서히 나가게 되었다.

1. 유학에 대한 태평천국의 엄중한 타격

함풍 원년(1851년)에 홍수전(洪季全, 1814~1864년)이 이끈 태평천국 농민 혁명이 폭발했다. 농민 혁명군은 13년 동안 10여 개의 성(省)을 종횡했으며, 10여 년 동안이나 나라를 세우고 있었으므로 군사상·정치상에서 청왕조를 무겁게 타격했을 뿐만 아니라, 역사상에서 전례 없던 농민 혁명 강령과 서방에서 받아들인 기독교 의식으로써 유가 문화에 대하여 침중한 타격을 안겼다.

홍수전은 농민의 가정에서 출생했다. 어려서부터 유가 학설의 전통적 교육을 받을 대로 받은 그는 한마음으로 과거시험을 통하여 벼슬길에 나서려고 생각했으나, 번번이 실패했다. 고통과 울적한 마음을 지니고 있을 때 그는 우연하게 기독교 교의를 선전하는 소책자 《권세양언(勸世良言)》을 얻어 보게 되었고, 그 가운데의 평등과 평균 등에 관한 교의에서 계발을 얻었으며 또 광동·광서 백성들의 영국 침략군에 반항하는 정서의 영향을 받았다.

홍수전은 끝내 이로 인하여 무장으로 청왕조에 반항하는 길로 나가게 되었다.

혁명을 준비하던 시기, 홍수전의 저작에는 유학 사상의 흔적이 뚜렷하게 보유되고 있었다. 그러나 혁명 운동이 깊어짐에 따라서 홍수전 및 태평천국에서는 봉건적인 삼강 오상·공맹지도에 대하여 갈수록 맹렬한 비판을 전개했다.

홍수전 및 태평천국에서는 삼강 오상과 명교를 반대했고 봉건등급 제도를 적대시했으며 인간은 모두 형제이고 남녀는 모두 평등해야 한다고 제창했다.

홍수전과 태평천국에서는 또 비판의 예봉을 점차 공자에게로 돌렸다. 혁명을 준비하던 시기 홍수전·홍인간은 일찍 사숙(私塾)과 관역(館驛)에 있는 공자의 패위를 박살낸 적이 있었다.

남경에 서울을 정한 다음, 홍수전은 "무릇 공맹과 제자백가들의 요망한 서적들은 모조리 불살라 없애고, 절대 매매하거나 숨겨 두고 읽어서는 안 된다."―황재홍(黃再興)《조서개새반행론》―고 선포했다.

젊은 시기에, 마음이 울적했던 나날에 홍수전은 예수가 공자를 꾸짖는 천계몽(天啓夢)을 꾼 적이 있다. 혁명의 후기, 홍수전이 흠정(欽定)한《태평천일(太平天日)》은 이 꿈을 펼쳐서 황상제(黃上帝)가 공자를 징벌한 신화로 엮었다.

요귀들이 판치는 원인을 캐어 보면 언제나 공자가 사람들을 가르치던 책에 오류가 많은 것과 관계되었다. 천부상주 황상제(皇上帝)께서는 세 가지 책을 배열해 놓으라고 명을 내리고는 주(主, 홍수전을 가리킴)를 보라고 하면서 입을 열었다.

"저기 저 책이 공자가 남긴 책인즉 자네가 인간 세상에서 읽은 책이네. 저 책에는 오류가 너무 많아서 자주 읽으면 그릇된 길로 나아가게 되네."

천부상주 황상제께서는 공자를 꾸짖었다.

"자넨 사람들을 어떻게 멍청이로 가르쳤기에 인간 세상 사람들이 짐(朕)을 알지 못하고 또 자네 명성이 짐보다 높아졌는가?"

공자는 처음에는 우물거리며 대꾸했지만 나중에는 입을 다물고 생각에 잠겼다……공자는 하늘의 사람들이 모두 자기를 나무라는 것을 보고 슬그머니 요귀 우두머리와 함께 인간 세상으로 도망가려고 했다. 이것을 안 천부상주 황상제께서는 곧 주(主)와 천사를 파견하여 공자를 잡아오게 했다.

그들은 공자를 꽁꽁 묶어 천부상주 황상제 앞으로 끌고 왔다. 천부상주 황상제께서는 대로하여 공자에게 곤장을 치라고 명을 내렸다. 공자는 하늘의 형님인 기독(基督) 앞에 무릎을 꿇고 용서해달라고 빌었다. 곤장을 여러 대 맞자 공자는 애걸복걸했다.

이 신화는 상제의 뜻을 빌려 공자의 책에 오류가 많아 인간 세상 사람들을 그릇되게 가르치게 되었다고 꾸짖은 것이며, 또 공자를 묶어다가 곤장을 침으로써 공자를 망신시키고 그의 위풍을 꺾어놓은 것이다.

공자를 이토록 험하게 모욕한 것은 수천 년 내려오면서 처음 있는 일이라고 할 수 있다. 태평천국을 진압한 상군(湘軍)의 우두머리이며 송학의 위사(衛士)인 증국번은 분하여 치를 떨면서 이렇게 말했다.

"중국에서 수천 년을 전해 내려온 예의와 인간 윤리, 그리고《시경》·《서경》 같은 전적들을 하루아침 사이에 깡그리 쓸어버린 것이며, 이것은……천지개벽 이후 명교(名敎)의 기이한 변화인 바 구중천에 있는 공자·맹자가 대성통곡할 일이다."

태평천국 혁명은 청조 말기에 폭발한 한 차례의 거대한 농민 혁명 운동이다. 태평천국 혁명은 전례 없던 농민 혁명의 강령[전기의《천조전묘제도(天朝田畝制度)》와 후기의 홍인간(洪人玕)의《자정신편(資政新篇)》을 포함함]으로써 기어코 봉건왕조를 뒤엎고, 봉건 전체주의를 없애며 유가의 삼강 오상과 명교 및 인의도덕을 비판하려고 했다.

이 혁명은 서방 기독교의 겉옷을 걸쳤고 또 일정한 정도에서 자본주의를 발전시키려는 요구(주요하게《자정신편》에서 체현되었음)를 보여 주었다. 때문에 어떠한 의의에서는 태평천국 혁명에서 유가 문화를 비판한 것은 서방 문화가 유학 문화에게 준 한 차례의 거대한 충격이라고 말할 수 있다.

2. 유학 운명에 대한 양무파의 우려

만약 태평천국이 전통적 유학에 대해 타격을 가했기에 증국번이 공포와 우려를 느끼게 되었다고 한다면, 제2차 아편전쟁이 실패한 이후, 영국·프랑스·러시아·미국 등의 군사적 침략과 서학(西學)의 충격은 유학 문화가 생존하는 토대를 더욱 위협했고, 따라서 이홍장(李鴻章) 등 군사 관료들로 하여금 유가 문화의 운명에 대하여 깊은 우려 속에 빠지게 했다.

제2차 아편전쟁 이후, 영국·프랑스·러시아·미국 등의 침략 세력은 이미 나라의 중심인 서울에까지 뻗쳤다. 당시 직록총독(直祿總

督)과 북양대신이라는 신분을 가진 이홍장은 서양의 대포와 군함의 무서움을 맛보았고, 또 침략자들의 음험한 내심 세계도 깊이 알고 있었다.

그러나 그는, 보수적인 관료들이 그때까지도 의연히 고대 중원 조정에서 외민족을 대하던 안목을 가지고 지금의 서양의 적들을 응대하려 하며, 서양의 적을 일반적인 이적(夷狄)에 불과하다고 하면서 어쨌든 우리 중화의 인의 도덕에 감화되고 말 것이라고 말하는 것을 보았다.

이것은 이홍장으로 하여금 부득이 깊은 우려를 갖게 했다. 그는 조정에 보내는 《해방 사의를 다시 상주하는 소(復奏海防事宣疏)》에서 자기의 조급한 심정을 이야기했다.

지금 동남 해안 만여 리에서는 여러 나라에서 와서 장사를 하고 교를 전수하면서 마음대로 오고가며, 서울 및 여러 성의 중심지에까지 모여들고 있습니다. 겉으로는 친선을 강화한다고 하지만 속으로는 삼켜 버릴 계획을 품고 있습니다. 한 나라에서 일이 생기면 여러 나라에서 선동하는데 이는 실로 수천 년 동안 있어 본 적이 없는 변란의 국면입니다. 기선이나 전보는 순식간에 빨리 천리를 가고 군사 장비가 정예하여 공격력이 백배나 세며, 포탄이 떨어지면 아무리 견고한 것도 부서지며, 수륙 관액들은 그것을 막아내지 못합니다. 실로 수천 년 동안 있어 본 적이 없는 강적입니다. 외적의 재난이 찾아들고 이처럼 변화가 많은데 우리들은 아직도 이미 전에 있던 법으로 그것을 막으려 하고 있습니다. 마치 의사가 병을 치료함에 있어 무슨 병인지 살피지 않고 옛날의 처방에만 의지하는 격이니 참으로 효과

를 볼 수가 없습니다. ─《이문충주고(李文忠奏稿)》

　이는 당시의 시국에 대한 비교적 명석한 견해의 하나라고 할 수 있다. 이홍장의 이러한 견해와 우려는 당시 기타 군사 관료들의 공통적인 식견이기도 했다. 다른 한 관료 주극준(朱克俊)도 이러한 변란의 국면을 보아냈다. 그는 이렇게 말했다.

　"서양 사람들이 중국에 들어선 것은 천고의 기이한 변화이다. 그들이 궁리를 다하여 이익만 도모하고 있는 것 역시 자고로 이적들이 한 적이 없는 일이다." ─《유원신서(柔遠新書)》〈분성(憤成)〉

　이것은 간단하게 청왕조의 운명을 위해 우려한 것이 아니라 역시 수천 년 동안 유가 문화를 나라를 세우는 근본으로 한 중화민족의 생존에 대한 우려이고, 유가 문화의 운명에 대한 우려이다.

　형세를 좀 알고 있는 관료들의 우환 의식 가운데서 사람들은 유가 문화는 기교·기예·술수 등에서 서양 사람보다 못하다는 것을 초보적으로 승인하게 되었다.

　그들은 심사숙고를 거쳐 외국과 교섭하고 서양의 선진적인 군사 무기 기술을 따라 배워 병기 공장을 세우고, 군함과 총·포를 만들 것을 제기함으로써 청왕조 및 유학 문화를 곤경에서 구해 보려고 시도했다. 주극경(朱克敬)은 이렇게 말했다.

　"오늘 나라의 병력으로는 그들과 맞설 수 없으므로 부득이 억울함을 참으면서 그들과 화해를 하고 천천히 물리칠 계책을 꾸며야 한다. 충성을 하려는 선비들은 나라의 수치를 씻지 못한 원한을 품고 마땅히 깊이 사색하여 어떻게 적에게 전승할 것인가를 연구해야 한다. 한 가지 기술이라도 배우면 쓸모가 있게 되고 한 가지 계책이라도 꾸며내면 그만큼 공로가 있게 되며 한 푼의 돈이라도 거두면 그만큼 도움이 된다. 이적의 장점을 따라 배워 이적을 다스려야 한다."—(동상서)

이홍장 등의 외국과 교섭해야 한다는 주장은 임측서(林則徐)·위원(魏源)의 "적의 좋은 선진 기술을 배워 적을 다스리고, 이적(夷狄)의 선진 기술을 따라 배워 이적을 다스려야 한다."는 구호를 고통스러운 실천 가운데서 계속하고 운용한 것이다. 이것은 중국 문명에 대해서 말한다면 커다란 진보가 되지만 유학 문화에 대해서는 모욕이 된다.

왜냐하면 유가 문화는 가족을 본위로 하는 농업 문화로서 어디까지나 줄곧 근본적인 것을 중시하고 지엽적인 것을 경시하는 것을 원칙으로 삼아 농업을 중시하고 상업을 경시했으며, 더욱이 군사 기술과 병장기를 흉기로 보았고 공업 기술을 시시한 기술로 보았다.

그때 봉건 조정에서는 이홍장 등의 상주문을 접수하여 외국과 교섭했다. 이것은 군사 공업 기술이나 근대 기업을 꾸리는 면을 막론하고 어쨌든 첫발을 뗀 셈이므로 진보라고 할 수 있다. 그러나 이것은 또 언제나 예의·염치·인의·도덕·심성 수양만 강조하던 유가 문화에 대해서는 하나의 충격과 침범이 아닐 수 없었다.

그런데 양무파(洋務派)들은 그때까지도 깊은 안목이 없었다. 그들은 중국의 군사 기술이 서양 사람들보다 못하다는 것만 생각하고, 견고한 군함과 위력이 센 대포만 있으면 "우리의 조정을 보위하고 우리의 도통을 보호할 수 있다."고 여겼다. 그들은 서방의 많은 과학 기술과 사회사상 문화를 따라 배워야 한다고 주장하지 않고, 오히려 중국의 삼강 오상과 윤리·치술(治術) 원칙 등이 서방을 퍽 초과한다고 인정했다.

양무파 관원 정일창(丁一昌)은 이렇게 말했다.

"전선(戰船)과 병장기 등 모든 것은 마땅히 서양 사람들을 따라 배워야 한다. 그러나 이런 것을 제외한 기타의 것, 즉 인심·풍속·관리 등용·백성 안정 등 방면에서는 우리의 규례를 따라야 하며, 거기에 실제적인 것을 좀 더 보충해야 한다."—저성박《견정당탁고(堅正堂擢稿)》

주극준도 이렇게 말했다.

"근간에 서방을 따라 배우는 사람들은 툭하면 정주(程朱) 학설을 찌꺼기로 보고, 공맹을 하찮게 보면서 이적(夷狄)을 찬미하고 있다. 그들은 서양이 무슨 일에서나 중국보다 나으며 이적의 법으로써 중국을 개조해야 중국이 강대해질 수 있다고 여긴다. 이것은 큰 잘못이다."

보다시피 그들은 의연히 "중원의 방법으로써 이적을 개변시켜야 하지 이적의 방법으로써 중원을 개변시켜서는 안 된다."는 낡은 관점에 얽매여 있었다.

3. 유학을 구해 보려는 조기 개량파의 강령

양무 운동의 흥기에 따라 그것에 의존한 지식인들이 나타났으며, 양무 운동의 인솔하에 중국에는 민족자본 기업들이 출현했고 그것에 의무하는 한 무리의 지식인들도 나타났다.

그들 중 대표적 인물이 바로 풍계분·왕도·설복성·진치·정관응 등이다.

그들은 더욱 넓은 영역 안에서 서방을 따라 배우고, 상업 전쟁을 실행하고 공업과 상업으로 나라를 세우며, 의원(議院)을 설치하고 민주주의를 실시하며, 사회 정치 방면의 변혁을 진행해야 한다고 주장함으로써 조기 자산계급 개량주의 사조를 형성했다.

그러나 그들은 서방 학설에 대하여 받아들이려 하면서도 거절하는 모순적 태도를 취했다. 그들은 서방에서 따라 배울 것은 다만 기계·기술·공업·상업·교통·의원(議院) 등 몇 가지이며 이러한 것들은 모두 기(器)이고 도(道)가 아니라고 여겼으며, 공맹이 창립한 삼강 오상 등 인도적 원칙은 인류와 함께 생존하며 영원히 변할 수 없다고 인정했다.

그들은 유가의 삼강 오상과 명교를 본체로 삼고 서방의 부강해지는 술법을 보조로 해야 한다고 주장했다. 이것이 바로 그들이 유학 삼강 오상의 통치적 지위를 수호하는 "중국의 것이 근본적인 것이고 서방의 것이 지엽적인 것이며, 중국의 학문은 체(體)이고 서방의 학문은 용(用)이다."는 강령이다.

풍계분(馮桂芬, 1809~1876년)의 자는 임일(林一)이고 강소(江蘇) 오현(吳縣) 사람이다. 도광 연간의 진사였고 한림원 편수를 제수받았으며 일찍이 이홍장의 막부에 드나든 적이 있었다. 그는 임측서의 학생이다.

그는 중국은 "인재를 버리지 않는 면에서 이족(夷族)보다 못하고, 땅에서 나오는 이익이 이족보다 못하며, 명실이 꼭 부합된다는 면에서 이족보다 못하고……견고한 전선(戰船)과 사나운 대포가 이족보다 못하며, 나가기만 하고 물러서지 않는 면에서 이족보다 못하다"―《교빈려항의》〈제양기의(制洋器議)〉―고 했다.

때문에 그는 서방 학설을 채용하고, 서방 기물을 제조할 것을 주장했고 번역 공소(公所)를 설치하고, 공장을 꾸릴 것을 건의했다.

그러나 그는 이렇게 하는 것은 단지 "그 기물을 채용하는 것이고 그 예의는 사용하지 않는 것이다."고 했고, 마땅히 "중국의 윤리와 삼강 오상, 명교를 원본(原本)으로 삼고 여러 나라에서 부강해진 수법을 보조로 삼아야 한다."고 했다.

설복성(薛福成, 1838~1894년)도 "서방 사람들의 기(器)를 만드는 학설을 채납하여 우리 요·순·상·탕·주·무왕·주공·공자의 도를 보위해야 한다."—《주양추의》—고 말했다.

왕도(王韜, 1828~1897년)는 기선·고륜(鼓輪)·화기(火器)·기계 등은 "모두 그들의 기(器)이고 그들의 도가 아니기에 나라를 다스리고 천하를 평정하는 근본이라고 말할 수 없다."고 말했다. 그는 공자의 도가 곧 인도(人道)라고 단언했다.

"인류가 끝장나지 않으면 그 도도 변하지 않는다. 삼강오륜은 사람이 생겨날 초기에 벌써 구비된 것으로서 사람은 해야 할 직분을 다할 수 있어야만이 유감이 없게 된다."—《도원문록》〈변법 상(變法上)〉

정관응(鄭觀應, 1842~1921년)은 서방을 두루 다녀오고 국내에서 공장과 기업을 운영했던 민족 자본가이다. 그는 적극적으로 서방을 따라 배우자고 주장했고, 경제상에서 공업과 상업으로 나라를 세우고 정치상에서 의원을 설치하고 민주주의를 실시해야 하며, 사상 문화면에서 중국의 학설을 위주로 하고 서방의 학설을 보조로 해야 한다고 제창했다.

정관응이 말한, 서방을 따라 배워야 한다는 내용은 이미 양무파의 '든든한 윤선과 사나운 대포'의 범위를 훨씬 초월하여 상업·정치·병법·제조업 및 농업·어업·목축업·광산업 등 여러 가지가 망라된다.

그는 태서(泰西)의 학설은 어느 것 하나 정밀하지 않은 것이 없고 모두 증기학·광학·화학·전기학에 원천을 두고 있기에 서방에서는 "물을 다스리고 불을 다스리고 바람을 다스리고 전기를 다스릴 수 있으며, 혼돈 세계의 비밀을 알아낼 수 있으며, 조화의 재간을 얻을 수 있다."—《성세위언(盛世危言)》〈서학(西學)〉—고 인정했다.

그는 태서의 강대함이 든든한 군함과 위력이 센 대포에 있는 것이 아니라 우선 정교(政敎)에 있다고 단언했다.

그는 자기가 "서방을 배우러 넓은 바다를 건너가서 그 나라 서울의 인사들과 접촉하고 그들의 풍속 습관을 살피었으며, 그들의 정교를 물어보고 그들의 풍속의 병집과 이로운 점, 그리고 득실과 성쇠의 원인을 고찰하여서야 그들의 난을 다스리는 근원과 부강해진 근본이 든든한 군함과 위력이 강한 대포에만 있는 것이 아니라 의원(議院)과 상하의 합심·교양의 합당한 방법에 있음을 알게 되었다."고 말했다.

때문에 그는 중국에서는 응당 영국을 본받아 이원제도(二院制度)를 실시하고, 그 법을 변통하여 상하가 정이 통하게 해야 한다고 제의했다.

동시에 "학교를 짓고 서원(書院)을 많이 세우며 기예를 중시하고, 시험 과목을 달리하여 사람마다 재능을 다하도록 해야 하며, 농학을 강의하고 수로를 파서 척박한 땅을 옥답으로 만든 다음 땅에서 나는 이익을 다하도록 해야 하며, 전선(戰船)을 늘리고 부세를 경감시키고 상업 활동을 보호하여 물질의 유통을 순통하게 해야 한다."—(동상서)〈초간자 서(初刊自序)〉—고 주장했다.

상술한 내용에서 우리는 정관응이 실제에서 상업·공업·농업·교통·문교·과학 기술·정치 등 방면에서 모두 서방을 따라 배워 자본주의의 모든 제도를 실행해야 한다고 주장했음을 알 수 있다.

그러나 그는 중국의 학설과 서방 학설의 관계를 논술할 때 유학의 전통적인 제한을 돌파할 수 없었기에 사상면·이론면에서 혼란과 모순 상태에 빠질 수밖에 없었다.

한편 그는 서방 학술도 자체의 근본과 지엽이 있다고 여겼고, 다른 한편으로는 또 중국 학설을 근본으로 하고 서방 학설을 보조적인 것으로 해야 한다고 강조했다.

그는 서방 학설에 대하여 받아들이려 하면서도 거절하는 태도를 취했고, 중국 학설(실제로는 유학이다)에 대하여는 타파하려 하면서도 보호하는 태도를 취했다. 그는 《성세위언》〈서방학설〉에서 이렇게 말했다.

"때문에 배움에 능란한 사람들은 반드시 먼저 그 근본과 지엽을 밝히고, 나아가서 큰 근본과 지엽을 밝힌 다음에야 서방 학설을 담론할 수 있다. 나누어 말한다면 격치(格致)·제조 등 학설은 그 근본이고, 언어와 문자는 그 지엽적인 것이다. 합쳐서 말한다면 중국 학설이 근본이고 서방 학설이 지엽적인 것이다. 중국 학설을 위주로 해야 하고 서방 학설을 지엽적인 것으로 해야 한다."

그는 그래도 서방의 기(器)로써 유학의 삼강 오상과 윤리의 통치적 지위를 보호하려고 했다. 그러나 그는 전반적으로 서방을 배워야 한다고 주장했고, 더욱이 정교(政敎) 방면에서 서방을 따라 배워 유가의 몸체에 더욱 많은 모래를 섞어야 한다고 주장했다. 실제에서는 유학의 생명·지위로 하여금 더욱 불안정 상태에 처하도록 한 것이다.

후세 양무파의 수령 장지동은 정관응의 사상을 계승했고 나아가서 "중국 학설을 체(體)로 하고 서방 학설을 용(用)으로 해야 한다." 는 구호를 제기하여 더욱 견결하게 유학의 통치적 지위를 수호하려고 시도했다.

장지동(張之洞, 1837~1909년)의 자는 효달(孝達) 또는 향도(香濤)라고 한다. 직록 남피(直錄南皮, 지금은 하북성에 속함) 사람이다. 동치 연간의 진사로서 벼슬이 호광총독(湖廣總督), 군기대신(軍機大臣)에까지 이르렀다.

그는 만기 양무운동의 수령이다. 그는 강유위가 영도한 변법 운동을 처음에는 지지했으나 후에는 반대했다. 저작으로는 《권학편(勸學篇)》이 있는데 거기에서 그는 "중국 학설을 근본으로 하고 서방 학설을 용으로 해야 한다." 는 강령을 제출하여 이론상에서 유신 변법(維新變法)을 제지하고 유가의 삼강 오상 지위를 수호하는 데 사용했다.

장지동은 서방의 기예를 배워야 한다는 기치를 들고 나왔다. 그는 낡은 것만 수호하면서 서방의 기술을 채용하는 것을 거절한다면 변통을 모르는 것이라고 인정했다. 그러나 그는 유신파가 제창한 민권·평등은 삼강 오상과 명교를 흐려지게 한 것으로서 근본을 모르는 것이라고 했으며, 후자가 더욱 위험하다고 여겼다.

"흐리터분한 궤변술과 위태로운 언어로 명분을 어지럽히고 법을 개변시키려 하며, 사악한 학설과 폭행이 천하에 횡행하고 있다. 나는 중국의 재화가 사해(四海) 밖에 있는 것이 아니라 구주(九州) 안에 있을까 두려웁다." ―《권학편(勸學篇)》서언(叙言)

장지동의 《권학편》의 주요 내용과 핵심은 바로 삼강 오상, 삼강 사유(三網四維)의 신성한 지위를 수호하는 데 있다.

첫째, 장지동은 중국 학설이 체(體)이고 서방 학설이 용(用)이며, 서방 학설을 논하려면 응당 먼저 "중국 학설로써 근본을 든든히 하고 그 취미를 단정히 해야 하며, 중국 학설을 내학(內學)으로 하고 서방 학설을 외학(外學)으로 해야 하며, 중국 학설로 신심(身心)을 다스리고 서방 학설로 세상일에 대처해야 한다."고 인정했다.

장씨는 중국의 학술은 정미하여 삼강 오상·명교 및 세상을 다스리는 대법이 갖춰지지 않은 것이 없으므로 서방인들의 제조업의 장점만 취하여 우리들의 부족점을 보충하면 그만이라고 여겼으며, 만약 마음이 성인의 마음이고 행(行)이 성인의 행이며, "효제 충신을 덕으로 삼고 군주를 받들며 백성을 비호하는 것을 정사로 삼는다면 비록 증기기관차를 몰고 철길 위로 달린다고 하여도 성인의 제자로 되는 데 해로움이 없다."고 했다.

둘째, 중국의 삼강 오상은 수천 년 동안 전해 내려왔고 신성한 지교(至敎)이므로 절대 침범할 수 없다. 만약 그것을 떠난다면 중국은 중국이라 할 수 없다. 그는 이렇게 말했다.

"삼강 오상의 요점은 백행의 근원으로서 수천 년간 전해 오며 이의가 없었다. 성인이 성인으로 되고 중국이 중국으로 된 것은 바로 여기에 있다. 때문에 임금이 신하의 강(綱)이 된다는 것을 알면 민권 학설이 행할 수 없고, 아비가 자식의 강이 된다는 것을 알면 부자가 같은 죄를 진다든가 상례를 면한다든가 제사를 폐지한다든가 하는 학설이 행할 수 없으며, 남편이 아내의 강이 된다는 것을 알면 남녀의 권력이 평등해야 한다는 설법이 행할 수 없다."

셋째, 법제와 기술은 변할 수 있고 또 변해야 하지만 윤리·성인의 도, 즉 삼강 사유는 변할 수 없다. 만약 그렇지 않으면 곧 당나귀도 아니고 말도 아닌 격이 되어 천하가 크게 어지러워진다. 그는 이렇게 말했다.

"윤리는 법제가 아니고 성인의 도(道)는 기계가 아니며 심술(心術)은 기술이 아니다. 법은 변화에 적응되어야 하므로 다 같을 수는 없고, 도는 근본적인 것을 확립하는 것이므로 하나가 아닐 수 없다."

"근일 해변의 서양 조계지에서 삼강(三綱)을 폐지해야 한다는 의론이 떠돈다는 소문을 들었다. 그자들은 제멋대로 행동하고 세상을 대단히 어지럽혀야 속 시원한 모양이다. 이보다 더 무시무시한 일이 없다. 중국에서는 이러한 정사가 없었고 서방에서도 이러한 교육이 없으니 그야말로 당나귀도 아니고 말도 아니다. 나는 지구 위의 만국에서 다 삼강을 염오하고 버릴까 두렵다."

유학을 수호하는 장지동의 언론은 보건대 매우 도리가 있는 듯하지만 실제로는 유학이 쇠약해지기 전에 나타난 한시적 현상이다. 강유위·담사동(譚嗣同) 등의 '옛것에 기탁하여 제도를 개변시키는' 개조를 거쳐 유학이라는 외양은 의연히 보류되었지만 그것의 뼈와 살과 영혼은 모두 텅 비게 되었고, 탈바꿈하여 개량적 자산계급식의 문화로 되었다.

그 후 손중산(孫中山)·장태염(章太炎) 등 자산계급 혁명파의 비판을 거치고, 또 봉건 왕조의 멸망에 따라서 삼강 오상과 명교를 지주로 하고 있던 유학은 결국 쇠락의 길로 나가고 말았다.

옛것에 의한 제도의 개변과
유학의 탈바꿈

청대 금문 경학은 강유위·담사동 등에게까지 발전하자 옛것에 기탁하여 제도를 개변하는 형식을 취했다. 공자가 교주(敎主)이고 경학이라는 허울 밑에서, 강유위 등은 서방 자산계급의 자유·평등·박애로써 유학의 삼강 오상·명교·인의도덕을 대체하여 유학으로 하여금 근본적인 탈바꿈이 생기게 했고, 해체되게 했다.

더불어 손중산·장태염 등이 비판을 가했기에 스스로 체계를 이루었던 유가 문화는 종국적으로 쇠락의 길을 걷게 되었다.

1. 강유위가 공자의 공양 삼세설(公羊三世說)을 보충

강유위(康有爲, 1858~1927년)는 원명이 조이(祖詒)이고 자는 광하(廣廈)이며, 호는 장소(長素)이다. 광동(廣東) 남해(南海) 사람이기에 사람들은 강남해(康南海)라고 불렀다. 광서 연간의 진사였고 예부주사를 제수받았다. 그는 무술 변법의 수령이었고, 후에는 보황파

(保皇派)로 타락되었다. 그는 청대 금문 경학의 집대성자이다.

강유위는 경전을 연구함에 있어서 《공양》을 받들었고 극력 '삼세 삼통(三世三統)'의 변화를 주장하면서 옛것에 기탁하여 제도를 개변할 것을 제창했다. 그는 고문 경학을 반대했고 고문 경전은 모두 유흠이 왕망의 한조 권력 찬탈은 도와주려고 거짓으로 만들어낸 것이라고 인정했다.

주요 저작으로는 《예운주(禮運注)》·《신학위경고(新學僞經考)》·《공자개제고(孔子改制考)》·《대동서(大同書)》·《중용주(中庸注)》·《맹자미(孟子微)》·《춘추동씨전(春秋童氏傳)》 등이 있다.

강유위는 젊어서 고문 경학가 주차기를 따라 유가의 전적 및 역사 전적들을 학습했고, 후에는 독립적으로 불경·서방 저작의 번역본을 탐독하고 연구했다.

강유위가 공양을 받든 것은 요평(廖平)의 영향을 받아서였다. 양계초는 일찍이 "강유위는 젊었을 때 《주례》를 매우 즐겼었는데……후에 요평의 저서를 보고서야 낡은 학설을 모두 던져 버렸다."―《청대학술개론》제23―고 말했다.

요평(廖平, 1852~1932년)의 자는 계평(季平)이고 늙어서 호를 육역(六譯)이라 불렀다. 사천(四川) 경연(井研) 사람으로서 전문적으로 금문 경학을 연구했다.

그의 학설은 변화가 많았다. 처음에는 고문은 주공이 편찬한 것이고 금문은 공자가 세웠다는 견해를 지녔으며, 후에는 금문은 공자의 진정한 학문이고 고문은 유흠이 위조한 것이라고 주장했다. 때문에 강유위의 《신 학위경고(新學僞經考)》 등 저작의 관점에 깊은 영향을 주었다.

강유위는 경전을 다스리던 과정을 스스로 서술하여 말했다.

처음에는 송조 사람들의 자취를 따르다가 그것의 '구속감과 협애감'을 깨닫게 되었으며, 이어서 한조 사람들의 길을 따르다가 그것의 번쇄함과 어지러움을 깨닫게 되었다.

이리하여 '고문의 허위적인 학설을 버리고' 금문을 추구하여 제(齊)·노(魯)·한(韓)의 《시》, 구양과 대소 하후씨의 《서》, 맹(孟)·초(焦)·경(京)의 《주역》, 대소 대씨(戴氏)의 《예(禮)》, 공양·곡량의 《춘추》를 얻게 되었고, 《주역》의 음양 변화, 《춘추》의 3세(三世)의 뜻을 얻게 되었다. 그는 말했다.

"공자의 도가 아주 커서 비록 모조리 다 볼 수는 없지만 그 울바자는 거의 보게 되었다."—《예운주 서언》

그는 공자가 죽은 지 2,376년 이후에야 성인이며 교주가 창제한 미언 대의를 발견하게 되었다고 말했다.

하늘은 대지 위의 생민들의 생활이 매우 어려움을 안타깝게 여겼다. 흑제(黑帝)는 그제야 정(精)을 내리시어 백성들을 재난에서 건져 주게 했고 신명이 되게 하고, 성주가 되게 하고 만세의 보증이 되게 하고 대지의 교가로 되게 했다. 난세에 태어났기에 난세에 살면서 3세의 법을 세웠고 정(精)을 드리워 태평하게 했다. 그리고 태어난 나라에 임하여 3세의 의를 세웠으며 대지의 원근과 대소가 하나같은 대일통에 주의를 돌렸었다. 이리하여 원(元)을 세워 하늘을 통합했고 하늘을 인으로 삼았으며, 신기(神氣)의 유행으로써 여러 사물을 가르쳤고 차마 보지 못한다는 마음으로써 인정을 베풀게 했으며, 귀신·산천·공후(公侯)·서민·곤충·초목을 합쳐 그 가르침에 통일되게 했다. 그리고 먼저 머리가 둥글고 발이 모난, 같은 부류를 사랑하여 난세의 어지러움을 맞받아 나가고, 전쟁에서 힘을 비기는 작법을 고쳐 없애 버리고자 《춘추》에서 새로운 임금이 어진 정사를 행해야 한다는 제도를 세워 놓았다. 그 도의 근본은 신명이고 천지에 배합되며, 만물을 무육하고 만세에 빛을 내며 본수(本數)를 밝히고 말도(末度)로 매어 두었으니, 크고 작고 정밀하고 거칠며 6통(六通)과 4벽(四辟) 등이 이 제도 안에 없지 않은 것이 없다. —《공자개제고서(孔子改制考叙)》

이 단락은 첫째, 공자는 흑제가 정을 내려 생기게 한 신명의 교주이고 둘째, 공자가 《춘추》에 근거하여 소왕(素王)의 법을 세웠으며 셋째, 공자는 난세에 태어났지만 이상은 언제나 태평에 두었기에 난세에 살고 승평(昇平)하며 태평스러워진다는 3세의 법을 창제했으며 넷째, 3세 3통의 뜻은 중국 역사 발전의 필연적인 길일 뿐만 아니라 여러 나라 역사 발전의 필연적인 궤도가 되며 다섯째, 공자가 원(元)을 세워 하늘을 통합하고 하늘을 인으로 삼고 우주 만물을 생육하며 아울러 여러 생물에 사랑을 미치고 산천과 하류·귀신·초목 등 사물에도 은혜를 베풀었다는 말이다.

강유위가 발견한 공자의 이러한 업적은 실제에서는 그 자신이 주관적으로 공자에게 덮어씌운 것으로서, 그의 철학·종교·사회·역사·정치·윤리 등 이론 체계의 총강령이 된다.

강유위가 공양의 의법(義法)을 지도로 하여 지은 주요한 저작으로는 《신학위경고》·《공자개제고》·《대동서》 등 세 가지가 있다.

《신학위경고》에서는 《주례》·《일례》·《모시》·《좌전》 등 고문경전은 모두 거짓 경전으로서 그것은 왕망이 한의 권력을 찬탈하려는 수요에 영합하기 위하여 유흠이 위조한 것이라고 인정했으며, 그것을 '신학(新學)'·'위경(僞經)'이라고 이름했다고 했다.

강유위는, 청조 유학자들이 허(許)·정(鄭)을 본받았다고 말하면서 스스로 한학(漢學)이라고 불렀는데 실제로는 신학으로써 한학을 대체한 것이지 진정한 한학이 아니며, 서한의 경학에는 이른바 고문이 없었고 진시황이 책을 불사를 때에도 6경은 그 액을 당하지 않았다고 했다.

또 서한 14박사가 전한 것은 모두 공자의 원본 그대로였고 잃거나 모자라지 않았으며, 공자가 사용한 문자는 진한(秦漢) 시기에 사용하던 대전체(大篆體)였기에 절대로 금문과 고문의 구별이 없었으며, 유흠이 위조한 흔적을 가리기 위하여 자기가 교서중비(校書中秘)로 있을 때 모든 전적에 대하여 전부 뒤범벅을 만들어 놓았으며, 유흠이 위서를 지은 결과 공자의 미언 대의가 완전히 인멸되었다고 했다.

강유위의 이러한 논단을 그의 뛰어난 제자인 양계초는 "이단을 즐기고 연박함을 즐겼고 순전히 주관적인 논단이며, 실제로는 사리에 통하지 않는 것으로서 서슴없이 증거를 말살하거나 증거를 잘못 해석한 것이다."―《청대학술개론》23―라고 말했다.

그러나 그것은 확실히 사상계의 한 차례의 폭풍으로서 "청조 정통파들의 입각점을 근본상에서 동요시켰다."―(동상서)

《공자개제고(孔子改制考)》의 기본 내용은 아래와 같다.

첫째, 《춘추》는 공자가 제도를 개혁(변법)할 때 지은 것이다. 공자는 신명의 교주로서 새로운 왕으로 되었지만 왕위에 있지 않았기에 다만 노나라 왕에 기탁하여 소왕(素王)의 법을 세웠다. 실제로는 만세를 위하여 법통을 세운 것이다.

《춘추》에서 서술한 노나라 왕의 역사는 역사 사건을 기재한 데 있지 않고 공자의 심도의 표현 형식의 하나이다. 문자는 부호일 따름이고 사건에는 전보의 암호·악보의 음부 같은 것이 있다.

《춘추》를 지은 목적은 의(義)에 있고 사건에 있지 않다. 거기에서 말한 3세(三世)·5시(五始)·내외(內外) 등은 모두 공자가 제도를 개혁하려는 뜻을 기탁한 부호이다. 후에는 또 이렇게 말했다.

"《춘추》는 제도를 개혁할 뜻을 담았다. 그 글은 마치 대수와도 같기에 모두 기탁했다고 말하고, 빌려서 숫자를 기록한 데 불과할 따름이다. 숫자는 직접 서술할 수 없기에 '갑자(甲子)·천원(天元)'이라고 대칭했다. 천하에 갑자·천원을 거짓이라고 괴이하게 여기는 자가 없으니 왜 《춘추》를 의심하겠는가?"—《춘추동씨학》3권

"공자의 제도 개혁은 큰 강령만 말했다. 기타의 조목들은 모두 제자들이 제나름대로 보충하게 했다. 때문에 공자 후의 학자들에게는 모두 보충할 권리가 있었다."—(동상서)

둘째, 《춘추》는 공자가 제도 개혁을 위해서 지은 것일 뿐만 아니라 6경도 모두 공자가 제도 개혁을 위해 지은 것이며, 노나라 역사에만 기탁한 것이 아니라 하·상·주 세 조대에 모두 기탁한 바가 있다.

셋째, 공자는 제도 개혁에서 언제나 고대에 기탁했는데 요·순 3왕도 모두 공자가 기탁한 것이다. 역사상에서 이러한 사람의 유무(有無)는 알 수도 없거니와 알 필요도 없으며 있었다고 하더라도 범상한 사람에 불과하다.

전적 가운데의 요·순의 성스러운 덕과 대업은 그것이 꼭 사실이라고 말하기 어려우며 실제로는 공자 자신이 성덕(盛德)과 대업을 기

탁한 것이다.

넷째, 공자가 옛것에 기탁하여 제도를 개혁했을 뿐만 아니라 주(周)·진(秦) 시기의 제자들도 모두 옛것에 기탁했고, 모두 제도를 개혁했다. 공자는 옛날의 황제에게 기탁했고, 묵자는 옛날의 대우에게 기탁했고, 허행(許行)은 옛날의 신농(神農)에게 기탁했다.

다섯째, 공자가 옛것에 기탁한 것은 사실상 부득이한 상황에서였다. 공자는 평민에 지나지 않았는데 제도를 개혁하려면 일이 커서 사람들이 놀랄 수 있었다. 그러므로 저해력을 감소하기 위하여 그는 부득이 옛것에 기탁하는 형식을 채용할 수밖에 없었다.

양계초는 강유위가 《공자개제고》를 쓴 목적과 심사를 밝혀 놓았다.

"이른바 제도 개혁이란 실제로 일종의 정치 혁명이고, 사회를 개혁하려는 의미이므로 3통(三統)을 즐겨 말하고 3세(三世)를 즐겨 말했다. 강유위가 정치상에서 유신 변법을 진행한 것의 근본은 바로 여기에 있다." ―《청대학술개론》 23

즉 공자가 제도를 개혁하려 했다고 말한 것은 강유위 자신이 제도를 개혁(유신 변법)하려고 했기 때문이고, 공자가 옛것에 기탁했다고 말한 것은 강유위가 공자라는 옛것에 기탁하려고 했기 때문이며, 공자가 노나라 역사를 보충했다고 한 것은 강유위가 자유·평등·박애를 채용하여 공자 학설을 보충하려고 했기 때문이다.

또 공자가 요·순을 빌려 성덕 대업을 기탁했다고 말한 것은 강유위가 공자를 빌려 태평·대통(大同)에 관한 자기의 사회적 이상을 기탁하려고 했기 때문이며 공자가 평민 신분으로 제도를 개혁했다고 말한 것은 사실상 강유위 자신이 평민이므로 사람들의 의혹과 저해력을 감소하기 위해서 부득불 공자의 가치를 들 수밖에 없었기 때문이다.

이른바 3세 3통은 원래 동중서와 하휴가 밝혀 낸 《춘추》의 이른바 미언 대의이다. 강유위는 이것을 《예운(禮運)》 가운데에서 말한 대동(大同)·소강(小康) 관념과 결합시켰고, 또 불교에서의 "중생을 고통스레 건너게 한다(苦渡象生)."는 교의와 서방의 진화론적 관념을 취하여 한데 합쳐서 자기의 새로운 공양 3세설을 제출했다.

강유위는 대동·소강의 관념이 공자의 제일 근본적인 미언 대의라고 여겼다. 그는 이렇게 말했다.

《예운》까지 읽으니 호연(浩然)해지고 감탄하게 된다. 여기에는 공자의 3세의 변화에 대도의 참다움이 깃들어 있다. 대동과 소강에 관한 도를 밝혔고 정밀하게 나누었으며 고금의 진화 원인과 신성이 세상을 깊이 불쌍히 여기는 내용이 바로 여기에 있다. 상대하여 실행하고 어김없이 병행시킨다면 시성(時聖)의 변통과 더없는 이익이 바로 여기에 있다. 때문에 강유위는 《예운》 편은 "공자의 미언 대의를 참되게 전한 것으로서 만국의 더없는 보물다운 전적이며, 천하의 중생들을 죽음에서 살려 주는 신비로운 처방이다."라고 단언했다. —《예운주 서문(禮運注叙文)》

강유위는, 인류의 역사는 진화하는데 그 궤도는 난세에서 살던 데서 승평세(昇平世, 즉 小康)로 들어서고, 다시 승평세(소강)에서 태평세(太平世, 즉 大同)에 들어서는 것이라고 인정했다. 그는 이렇게 말했다.

"3세는 공자의 비상한 대의 인데 《춘추》를 빌려 그것을 밝혔다. 어지러운 세상에서 산다는 것을 풍문으로 듣고 승평세에서 산다는 것을 친히 듣고 태평세에서 산다는 것을 보게 되었다. 난세에서 사는 것은 문교가 밝지 않은 탓이고, 승평에서 사는 것은 문교가 점차 밝아진 것이며 태평세라는 대동(大同)……문교가 두루 갖춰진 것이다."─《춘추동씨학》

3세설의 구체적인 역사 단계에 대한 강유위의 전후 설법은 일치하지 않았다. 그러나 변법을 시작하기 이전의 저작을 보면 대체로 난세에 산다는 것은 군주의 전제시대이고, 승평세는 군주의 입헌시대이며 태평세는 민주 공화시대라고 인정했다.

"난세에 살다가 승평세에 들어서고 승평세에서 태평세로 들어선다. 진화는 점진적이고 혁신에는 이유가 있으며 만국에 실험해도 같은 풍속이 아닌 것이 없다."─《논어주》

강유위는 당시의 중국이 바야흐로 승평세의 소강 단계에 처했기에 응당 변법을 실행하여 나라를 태평 대동세로 진화하도록 해야 한다고 말했다.

강유위는 자기 자신의 진화 3세론을 지도로 하고, 서방의 자유·평등·박애를 내용으로 했고, 중생을 구해 주는 것을 자기의 임무로 삼아《대동서(大同書)》를 지었고, 인류사회의 아름다운 미래에 관한 자기의 이상을 천명했다.

《대동서》에서는 현실적인 사회 고난으로부터 출발하여 '인생의 7고(人生七苦)·천재의 8고(天災八苦)·인도의 5고(人道五苦)·인치의 5고(人治五苦)·인정의 6고(人情六苦)·사람들이 받드는 5고' 등을 열거했는데 참으로 "고해가 끝이 없다."고 할 수 있다.

그는 이러한 고난의 근원이 9계(九界) 즉 국계(國界)·급계(級界)·종계(種界)·가계(家界)·형계(刑界)·업계(業界)·난계(亂界)·유계(類界)·고계(苦界)에 있다고 했으며, 고난에서 구해 내는 도는 9계를 없애는 데 있다고 했다.

"국계를 없애 땅을 합치고, 급계를 없애 계급을 소멸하며, 종계를
없애 황인종·백색인·흑인의 구별이 없게 하며, 형계를 없애 남녀평
등을 실현하며, 가계를 없애 가족이 없게 하며, 업계를 없애 재산을
공유로 하며, 유계를 없애 만물을 널리 사랑해야 한다."

《대동서》에서는 하늘이 인권을 내렸다고 주장하면서 봉건 전제
주의를 맹렬히 공격했고, 삼강 오상을 통책했으며 다음과 같이 인
정했다.

자유·평등·박애가 곧 인(仁)이다. 인은 하늘에 있어서는 생(生)
을 낳는 이(理)이고, 인간에게 있어서는 박애의 덕이다. 인간이 인간
으로 되는 것이 인 때문이고, 남을 차마 모질게 대하지 못하는 마음
이 인이다. 인성은 모두 착하고 인은 만 가지 변화의 바다가 되고, 일
체의 근본이 되고 모든 것의 원천이 된다.

《대동서》에서는 태평 대동세계의 아름다운 정경을 묘사했다.

첫째, 천하가 공적인 것으로 되어 계급 없이 모든 것이 평등하다.
귀천의 구분이 없고 빈부의 차이가 없으며 인간과 신선의 구별 점이
없으며 남녀의 다른 점이 없다. 과학이 진보하고 생산이 발전했으며
움직이는 일에는 모두 기계가 있어 손발을 놀릴 필요가 없다. 그 기
이하고 정묘함은 불가사의적이다.

둘째, 국가·군대·감옥이 다시는 존재하지 않으며 사람마다 평등
한 권리를 향수한다. 온 지구 위는 하나의 공동 정부로 합일되고, 관
리를 직접 선거하며 각 곳에서 자치를 실행한다.

셋째, 가정이 없어서 남녀의 혼인을 더는 부부라고 일컫지 않고 시
간에 따라 사귄다는 화의적 조약을 정할 뿐이다. 아동은 양육원·회

유원(懷幼院)에 보내어 부양하고 과부·홀아비·외톨이·장애자들은 양로원·양병원(養病院)에서 공동으로 지내게 한다.

모든 것은 공리라는 데에 근본을 두게 된다. 사람마다 도덕이 고상하므로 더없이 공적이고 공평하며 더없이 어질고 더없이 다스려져 완전히 어질고 아름다운 세상이다.

강유위의《대동서》는 공상적 사회주의 색채를 띠고 있다. 비록 자본주의의 평등·자유·박애에 대한 미화이기는 하지만 객관적으로는 선진 중국인들의 봉건 전제주의·삼강 오상과 명교에 대한 원한과 고도로 되는 물질문명·정신문명에 대한 지향을 표현했기 때문에 그 시대의 진보적 의의가 있다.

그렇지만 그것의 내재적 의미는 기본적으로 공자를 대사(大師)로 하는 유가 학설이 아니라, 다만 공자의 기치를 걸고 경학의 겉옷을 입은 서방 자산계급의 사회·정치·윤리·도덕·종교·철학·문화였다.

이는 금문 경학(이는 유가 학설의 최후의 형태이기도 하다)이 강유위에게까지 변화 발전되어 이미 서방 자산계급의 사상 문화가 깊이 침투되었고, 유가 학설 자신은 이미 탈바꿈했다는 것을 설명해 준다.

2. 담사동의 '속박에서 벗어난' 인학(仁學)

담사동(譯嗣同, 1865~1898년)은 자가 복생(復生), 호는 장비(壯飛)이며 호남(湖南) 유양 사람이다.

그는 일찍이 서북과 동해안 여러 성들에 자취를 남겼다. 심중한 민족적 위기에 직면한 그는 "풍경은 의구하나 산천이 갑자기 변하였네, 성곽은 의연한 옛 성곽이나 사람들이 더는 제 모습이 아니네."—《망창재시(莽蒼齋詩)》—라는 감탄을 던졌다.

갑오 전쟁이 실패한 후, 그는 더욱 큰 자극을 받고 결연히 낡은 학설을 버리고 새 학설을 창도했다.

1898년, 광서 황제는 변법을 실시할 조서를 내렸고 담사동을 서울로 불렀다. 그에게 4품 함경군기장경직을 맡기고 새 정사에 참여하게 했다.

미구에 변법이 실패하자 담사동·강광인·양심수 등 여섯 명이 체포되어 거리에서 사형 당했다. 역사상 그들을 '무술년 여섯 군자'라고 부른다.

담사동은 어려서부터 변려문(騈麗文)을 즐겼고 거기서부터 금문경학을 연구했다. 그의 시구에는 "왕중(汪中)·위원(魏源)·공자진·왕개운이야말로 재간둥이네."라는 말이 있는데 여기서 그가 그들을 얼마나 우러러보았는가를 알 수 있다.

그는 또 왕부지의 학설을 즐기고 명리(名理)를 담론하기 즐겼다. 양계초와 사권 이후, 강유위 사상의 영향을 받아 그의 학설은 변화를 일으켰고, 후에 금릉의 양문회(楊文會)를 따라 불법을 익혔기에 학설이 다시 한 번 변했다. 그는 서방의 《격치(格致)》 등 종류의 번역 서적들을 읽어 보았다.

그는 유가의 태평·대동 관념을 불교 학파의 심력 관념과 결합시켜 또 과학·종교·철학을 하나의 용광로에 넣어 자기의 독특한 사상 체계를 형성했다.

담사동은 유학의 인(仁) 관념을 책 이름으로 하여 《인학(仁學)》을 지었다. 그러나 그의 이른바 인은 인에 관한 유가의 내재적 의미를 훨씬 벗어났다. 그는 인을 도가의 무(無)·묵가의 겸애(兼愛)·불교의 성해(性海)·예수교의 영혼 등과 뒤섞어 매우 혼잡한 관념을 형성했다.

"인(仁)은 이(二)를 따르고 사람(人)을 따르니 서로 짝을 이룬다는 뜻이다. 원(元)은 이(二)를 따르고 아(兒)를 따르는데 아(兒)는 옛날의 인(人)자이니 역시 인(仁)이다. 무(無)를 허〔郵,《설문해자》의 작자 허신(許愼)을 가리킨다. 허씨는 무(無)를 해석하여 '무는 기이한 글자인데 무는 원(元)에 통한다'고 했다〕가 '원(元)과 통하여 무(無)로 된다'고 했으니 역시 이(二)를 따르고 인을 따르니 인이다. 때문에 인을 말하는 사람들은 원(元)을 알지 못해서는 안 된다. 그리고 그것의 효용은 극한으로 무에 이른다. 능히 인의 원(元)이 되고 무에서 신명을 보여준 사람은 세 분인데 여래불과 공자와 예수이다."─《인학자서(仁學自叙)》

"이태(以太, 서방 자연과학에서 가설했던 광, 전기를 전파하는 물질적 미립자)는 용(用)에서 뚜렷하다. 공자는 그것을 인(仁)·원(元)·성(性)이라 했고, 묵자는 그것을 겸애라고 했으며 여래불은 그것을 성해·자비라고 했으며, 예수는 그것을 영혼이라 하고, 남을 자기처럼 사랑하고 적을 벗처럼 보라고 했으며, 격지가(格之家)들은 그것을 사랑의 힘·흡인력이라고 했는데 모두가 다 물질이다."

담사동은 인(仁)의 범주를 사용하여 유가·도가·묵가·불가·예수교·자연 과학을 조화시켰고, 또 인을 물질성을 띤 이태·전력(電力)과 혼동시켰다.

한편으로는 인을 이태의 용(用)으로만 보았고 다른 한편으로는 또 "인은 천지 만물의 본원이므로 유심(唯心)이고 유식(唯識)이다."─《인학계설(仁學界說)》─고 말했다.

한걸음 더 나아가서 또 인과 심력이 이태보다 더 근본적이라고 인정하고, 이태·전력은 인과 심력을 설명해 주는 물질적 재료에 불과하다고 여겼다.

"이태나 전기는 허술한 도구이므로 이 이름을 빌려서 심력의 바탕으로 한다."—(동상서)

담사동이 인을 만물의 근원이라고 인정했기 때문에 인은 더없이 큰 포용성 혹은 관통성을 갖게 되었다. 이로 인하여 담사동은 인의 제일 근본적인 특성은 통(通)이라고 했으며 이렇게 말했다.

"인은 통(通)하는 것을 첫 뜻으로 한다."—(동상서)

"통이란 곧 평등이다. 통의 상(象)을 평등이라 한다."—(동상서)

그의 인에 관한 27개 조목의 계설(界設) 가운데에서 17개 조목이 직접적으로 통과 평등을 언급한 것이다. 예를 들면 통의 뜻에서 "도가 통하여 하나로 된다."는 것이 제일 잘 포괄한 말이며, 평등이란 하나를 이룬다는 말인데 하나면 통할 수 있고 통하면 인이 되며, 마주선 것이 없어야 연후에 평등하며 평등이 만물을 낳는다.

담사동의 '인—통—평등'의 공식은 바로 자유·평등·박애를 추구한 것이다. 즉 그가 말한 "중외가 통하고 상하가 통하고, 남녀와 내외가 통하고, 남과 내가 통한다."는 네 가지 뜻이다.

그는 네 가지가 통한다는 뜻은《춘추》·《주역》및 불경 경전의 미언대의에서 얻었다고 인정했다.

"통한다는 데는 네 가지 뜻이 있다. 중외가 통한다는 것은 대부분이《춘추》의 태평세에는 원근과 대소가 하나같다는 데서 그 뜻을 따온 것이다. 상하가 통한다, 남녀와 내외가 통한다는 것들은 대부분《주역》의 음하 양길(陰下陽吉), 양하 음린(陽下陰吝), 안정과 위해 따위에서 그 뜻을 따온 것이다. 남과 내가 통한다는 것은 대부분 불경의 '남의 상(相)이 없으면 나의 상(相)이 없다.'에서 그 뜻을 따온 것이다."—《인학계설》

"중외가 통한다."는 것은 국제 교류의 평등을 요구하고 침략과 노역을 반대한 것이다. "상하가 통한다."는 것은 전제주의를 배제하고 사람마다 평등을 실현할 것을 요구한 것이다.

"남녀와 내외가 통한다."는 것은 남녀의 평등한 권리를 요구하고 남존여비를 반대한 것이다. "남과 내가 통한다."는 것은 박애·자유를 요구하고 무리를 지어 남을 치거나 강한 것이 약한 것을 업신여기는 행위를 반대한 것이다.

담사동은 이렇게 유가의 인의 학설로 하여금 탈바꿈하게 했고, 중국의 인애 관념을 서방 자산계급의 자유·평등·박애 관념으로 변하게 했다.

담사동은 인(仁)·통(通)·평등의 원칙을 지도사상으로 내세워 봉건 전제주의의 삼강 오상·명교 등에 대해 맹렬하게 공격했다. 이것은 그가 속박에서 벗어나려는 마음을 표현한 선언이다.

담사동은 12세에 모친을 잃고 이후 계모의 학대를 받았기에 삼강 오상에 대해 몹시 증오했다. 그리하여 그는 눈물을 흘리면서 서럽게 울었고 남들이 듣건 말건 요란하게 외쳐대면서 그 그물을 하루속히 찢어 버리려고 했다. 그는 이렇게 말했다.

"겹겹한 그물은 허공에까지 펼쳐져 극이 없다. 처음에는 이록(利祿)이라는 그물을 찢어야 하고 다음에는 속학(俗學), 예를 들면 고거학·사장(詞章) 등의 속박에서 벗어나야 하며, 다음에는 온 지구의 여러 학설의 속박에서 벗어나야 하고, 그 다음에는 군주의 속박에서 벗어나야 하고 그 다음에는 윤리 강상의 속박에서 벗어나야 하고, 그 다음에 하늘의 속박에서 벗어나야 하고 그 다음에 온 지구 여러 교의 속박에서 벗어나야 하고, 끝으로는 불법의 속박에서 벗어나야 한다."—《인학자 서》

이 선언은 인성을 압박하고 속박하는 모든 제도·학설과 윤리에 대한 담사동의 반역 결심을 표명한 것이고, 더욱이 유학을 지도 사상으로 하고 있는 삼강 오상·명교·군주 전제에 대한 지대한 분한을 표현한 것으로서 "남들이 서술하지 못하고, 남들이 감히 말하지 못하는 것"—양계초, 《청의보(淸議報)》〈축사(祝辭)〉—을 그가 소리 높이 외친 것이다.

담사동은 삼강 오상을 통책하여 말했다.

"수천 년 동안 삼강 오상의 참담한 재화와 모진 독은 이로부터 더욱 혹독하게 되었다. 임금은 명교로써 신하들에게 족쇄를 채우고 관리들은 명교로써 백성들을 억누르고, 아비는 명교로써 자식을 압제하고 남편은 명교로써 아내를 괴롭히고 형제와 친구들은 각기 명교를 들고 서로 항거한다."

그는 이 모든 것은 통치자들이 제조한 '아래를 제압하는' 압박의 도구이며 비인도적이고 '백성을 우매하게 만드는 술법'으로서 수천 년 동안 점점 더욱 심해져 끝내 중국을 암흑한 지옥으로 떨어지게 했다고 여겼다. 그는 또 이렇게 적발했다.

"명교가 있는 곳에는 입을 다물게 할 뿐만 아니라 말도 바로 하지 못하게 하며, 또 그 마음을 채워 놓고 감히 생각을 하지 못하게 한다."

"툭하면 명교를 말하며 천명을 공경하듯이 감히 넘어서지 못하고, 나라 헌법을 두려워하듯이 감히 의론하지도 못한다. 삼강 오상은 사람들의 간담을 서늘하게 하고 사람들의 영혼마저 죽이고 있다."

담사동은 5륜(五倫) 가운데서 단지 벗이라는 윤리만 비로소 평등·자유·박애의 원칙에 부합되므로 마땅히 벗이라는 윤리를 기준으로 삼고, 그것으로써 나머지 4가지 윤리를 관통시켜야 한다고 단언했다.

"오륜 가운데서 인생에 있어서 제일 폐단이 없고 유익하며 털끝만한 고통도 없으며, 담수와 같은 즐거움을 느낄 수 있는 것은 오직 벗뿐이다……왜 그러한가? 하나는 평등하고 둘은 자유롭고 셋은 선전이 없는 뜻뿐이기 때문이다. 그 뜻을 총괄하면 자주권을 잃지 않았을 따름이다."

담사동은 민주에 따라 천국의 뜻을 말한다면 군신도 벗이고, 부자도 벗이고 부부도 벗이고, 형제도 벗이며 "벗이라는 윤리만이 홀로 받들어지게 된다. 그런 후에는 다른 네 가지 윤리는 폐지하지 않아도 저절로 폐지된다. 또 유독 네 가지 윤리가 폐지되어야 벗의 권리가 커지게 된다."고 인정했다.

담사동은 삼강 오륜을 비판하는 가운데서 오직 다섯 가지 윤리를 변혁한 다음에야 비로소 변법을 논할 수 있고, 그렇지 않으면 모두가 공담으로 된다고 결론을 내렸다.

"지금 중외에서 모두 변법을 마구 담론하지만 다섯 가지 윤리가 불변한다면 아무리 지리 요도(至理要道)를 들고 나와도 모두 기점이 없게 되는데 하물며 삼강이야 더 이를 데 있는가?"

담사동은 삼강 오상을 비판함에 있어서 공자의 기치를 들지 않았으며, 봉건 전제제도와 향원(鄕愿)이 모두 공자에게서 나왔다고 밝혔다. (향원이란 언행이 일치하지 않고 착한 체하면서 세상을 기만하는 사람이다. 《논어》〈양화〉에서는 "향원은 덕의 도적이다."라고 했고 《맹자》〈진심 하〉에서는 "비난하면서도 적발함이 없고 비판하면서도 가시가 없으며, 세속과 함께 흐르고 더러운 세상에 젖어든다. 사는 것을 보면 충심이 있는 듯하고 행실은 염결한 듯하여 사람마다 좋아한다. 스스로 옳다고는 하지만 요·순의 도에 들 수 없으므로 덕의 도적이라고 한다."고 했다.)

그는 이렇게 말했다.

"2천 년 동안의 정사는 진시황의 정치로서 모두 큰 도적들이다. 2천 년의 학설은 순자의 학설이므로 모두 향원이다. 큰 도적들만이 향원을 이용하고 향원만이 큰 도적들을 공경한다. 이 양자는 서로 중복하여 용(用)으로 되지만 절대 공자에게 의탁하지 않은 것이 없다."

이것은 봉건 전제제도와 향원을 공자의 죄라고 한 것이 뚜렷하다. 이로부터 볼 수 있는 바 담사동은 공자를 배반했다.

그러나 제도 개혁에 대해 언급할 때 담사동은 또 공자의 기치를 들었다. 마치 민권을 흥기하고 민주를 제창하고 자유·평등·박애를 실현하는 것이 공자 제도 개혁의 내용인 것처럼 했다.

이것은 또 담사동도 강유위와 마찬가지로 공자의 간판을 들고 자산계급 변법 유신을 제창했다는 것을 설명해 주고 있다.

"공자는 처음 학설을 세울 때 옛 제도를 버리고 지금의 제도로 개혁했으며, 군주의 통치를 폐지하고 민주를 제창했으며 불평등을 변화시켜 평등하게 했다."

이 역시 공자를 옛것에 기탁하여 제도를 개혁한 선사(先師)라고 인정한 것이다.

담사동은 강유위와 마찬가지로 유가의 대동·태평의 관념을 받아서 나라가 없고 형법이 없고, 빈부의 차이가 없고 귀천의 구별이 없는 일통의 천하를 지향했다. 그는 중국을 구하겠다고 맹세를 했을 뿐만 아니라 전 인류를 구하겠다고 맹세를 했다.

"《춘추》 대일통(大一統)의 뜻은 천지간에 나타나 있는 것이 부당하다는 것이다."

"본국을 구하려는 것이 아니라, 매우 흥성하는 저 서방의 나라와 생이 있는 것들을 모두 구해 주런다."

그의 최고 이상은 "나라가 없으면 밭의 경계가 없는 것처럼 되어 전쟁이 사라지고 의심이 없어지고, 권모(權謀)가 버려지고 피아(彼我)가 멸망하고 평등이 나타난다. 비록 천하가 있다 해도 없는 듯하게 된다. 군주를 폐지하면 귀천이 없어지게 되고, 정당한 도리가 밝아지면 빈부가 균등하게 된다. 천만 리를 가도 한 집안, 한 사람 같다. 집을 만나면 여관 같고, 사람을 만나면 동포 같다. 아비는 자비를 베풀 필요 없고 자식은 효도할 곳이 없으며, 형제간에는 우애와 공경이 무엇인지 모르게 되고, 부부 사이에는 화목이 무엇인지 모르게 된다.

마치 서양의 책 가운데의 백년에 한 번씩 깨어나는 사람과 같고 《예운(禮運)》의 대동의 상(象)을 방불케 된다."라고 했다.

이 역시 서방 자본주의의 자유·평등·박애를 이상화한 유토피아이다.

3. 장병린은 공자를 국원이라고 견책

만약 유학이 강유위·담사동 등에 의하여 탈바꿈을 했고, 유명무실하게 되었다고 한다면 자산계급 혁명가인 장병린에 이르러서는 더욱 보잘것없는 것으로 하찮아 보이게 되었다.

공자는 심지어 장병린에게서 '이익과 봉록에 마음 깊이 동한 국원 (國愿)'이라는 공격을 받았다. (국원이란 온 나라가 모두 언행이 일치하지 않고 세상을 속여, 명예를 따내는 원인이 되었다. 장병린은 공자가 '중용지도'를 제창한 것은 향원보다 심하기에 국원이라고 했다.)

무술 변법이 실패한 이후 일찍이 시대의 변혁에 앞장섰던 강유위·양계초 등은 보황파로 타락했다. 그들과 대립되어 자산계급 정치 무대에서 손중산을 위수로 한 자산계급 혁명파가 출현했고, 진천화·추용·장병린 등 혁명 선전가들이 나타났다. 그들은 보황파와의 투쟁 가운데서 유학의 부패함을 계속 비판하는 임무를 담당하게 되었다.

장병린(章炳麟, 1869~1936년)은 처음 이름이 학승(學乘), 자는 매숙(枚叔)이었다. 후에는 이름을 강(降)이라고 고쳤고 호를 태염(太炎)이라 불렀다. 절강 여항(항주) 사람이다. 고문 경학가였고 자산계급 혁명가였다.

그의 생애는 대체적으로 네 단계로 나뉜다. 청년 시기에는 고문 경학대사 유월을 따라 고문 경학과 역사를 연구했다.

갑오전쟁이 실패한 이후에는 강유위가 영도한 유신 변법 운동에 참가했다. 변법이 실패한 이후 손중산이 영도하는 자산계급 혁명파에 참가했고 혁명적 선전 활동에 종사했다. 신해혁명 이후 점차적으로 손중산을 떠나 학술 연구에 몰두했다.

그의 저작으로는《구서(訄書)》(후에 수개를 거쳐 책명을《檢論》으로 고쳤음)·《장씨총서(章氏叢書)》등이 있다.

장병린은 고문 경학가이다. 그러나 그가 경을 연구한 것은 공자와 유학을 따르기 위한 것이 아니라 경학의 역사를 총화하기 위해서였다.

장병린은 서한 금문 경학가들이 곱씹어 미언 대의를 말했지만 후세에 남긴 것은 흐리고 고린내나는 것뿐이라고 했다. 그는 청대의 금문 경학가들이 청왕조를 위해 복무하기 위하여 "요사스럽게 놀고 아양을 떨었다."고 공격했다. 그는 한학가의 입장에 서서 청대 고문 경학을 총화하고 금문 경학을 배척했다.

장병린은 자기의 혁명적 생애에서 강유위 등의 황제를 보호하고 공자를 존봉하는 언론에 대해 강력하게 비판하고 반박했으며, 또 공자와 유학에 대하여 맹렬한 비판을 전개했다.

장병린은, 유학의 최대 특징이 봉건 전제제도를 수호하고 백성의 사상을 가두어 놓으며 인성의 자유를 말살하는 것이라고 인정했다.

"군(群)은 꼭 독(獨)으로 이루어진다. 대독(大獨)은 대군(大群)의 어머니가 되지만 소독(小獨)은 대군(大群)의 도적이다."─《구서(訄書)》〈명독(明獨)〉

그의 이른바 독(獨)이란 인간의 독립 자주의 인격이고, 이른바 군(群)이란 인간들이 단결과 호조에 의뢰하여 전투력을 갖춘 사회적 군체를 이룩함을 가리킨다.

그는 사람들에게 독립적이고 자주적인 인격이 있어야 강대한 사회 군체를 이룰 수 있고, 이런 인격을 상실하면 사회 군체가 조직되지 못하며, 유교에서는 전적으로 전제주의를 제창하고 사람들의 민주와 자유의 인격을 말살한다고 인정했다.

그는 한무제가 백가를 내치고 유가 학술만 홀로 받들며 공자의 일존(一尊)을 정한 것은 바로 공자가 전적으로 전체주의를 실시했기에 공자의 학설을 황권을 보호하는 데 사용할 수 있었기 때문이라고 말했다.

그렇기 때문에 그는 유가 학술은 "남을 향한 학술이고 백성을 우롱하는 학설이다."—《강유위의 혁명론을 반박하는 책(駁康有爲論革命書)》—라고 했다.

그는 "송조 때에 이학을 제창하여 군신의 뜻이 날로 중해졌다."고는 하지만 "삼강 육기(三網六紀)는 백성의 덕에 추호도 유익한 것이 없었다."—《민보(民報)》제20호 〈몽암에게 회답한다(答夢庵)〉—고 말했다.

그는 대진이 이학을 "이(理)로써 살인한다."라고 질책한 데 대하여 특별히 찬성하여 말했다.

"법에 의하여 죽이는 것은 그래도 구할 수 있지만 이학에 의하여 죽는 것은 구할 수 없다."—(동상서)

강유위 등은 황제를 보호하고 혁명을 반대했지만 "보황(保皇)과 혁명은 이름이 다르지만 기실은 같다."고 했다. 장병린은 이것을 흑백을 전도하고 정치 투기하는 것이라고 인정했다. 사실 보황은 큰 세력을 등에 업기 위한 것이다. 이것은 그들이 유가 사상을 행위의 준칙으로 삼았기 때문이다.

"유가의 병집은 부귀와 이록을 심(心)으로 한 데 있다."—《제자의 학설을 논함(論諸子學)》

"공자의 가르침의 최대 결점은 사람들로 하여금 부귀와 이록의 사상을 떠나지 못하게 한 것이다."—(동상서)

"공자의 가르침은 오직 시세를 따르는 것이며 그는 의(義)를 행함에 있어서 시기에 따라 변했다. 때문에 공자는 '말은 꼭 믿을 필요가 없고 행동은 꼭 결과가 있어야 하는 것이 아니다.'라고 했다."—(동상서)

"구시대에 마음을 다잡아 배움에 힘쓰며 되는 대로 살면서 가난하게 지내는 그러한 사람들은 마음속에 오직 하나의 목적, 즉 영예와 이익을 위해 마음을 다하고, 이익과 봉록을 다투는 길에 들어서기에 열중하는 것이다."—《구서》〈학변(學變)〉

"때문에 유가의 도덕을 사용하면 전례 없이 간고하고 더없이 힘들지만 머리를 수그리고 달리는 자들이 어디에나 다 있다. 속담에 '책 속에 천 종(千鍾)의 좁쌀이 있다'고 했는데 이것이 유가가 꼭 이르게 되는 폐단이다."—(동상서)

장병린은 또 공자가 향원을 반대한 것은 거짓이며, 그가 고취한 중용지도는 바로 속세의 일을 이야기한 것으로서 향원보다 더 심하여 국원이라고 폭로했다.

"이른바 중용이란 사실 향원과 다른 것이 없다. 공자는 향원을 도적이라고 비웃었다. 향(鄕)에서 속인의 인기를 모으는 위선자는 그래도 항간에 몸을 묻고 벼슬을 바라지 않는다. 만약 관복을 입고 관대를 두르고 마음에 없는 말이나 허위적인 행실로써 천하의 군주를 기만한다면 온 나라가 언행이 일치하지 않게 된다. 이른바 중용(中庸)이란 곧 국원이며 향원보다 더 심하다. 공자가 향원을 비웃고 국원을 비웃지 않은 것을 보아 그가 이익과 봉록에 마음이 쏠렸음을 알 수 있다."—(동상서)

그는 공자는 "지나치지도 말고 미치지 못하지도 말며, 기울지도 말고 의탁하지도 않는 것을 자랑해야 한다."고 제창했는데 이것을 허위적이라 했고, 공자는 큰 위군자이며 중용지도는 큰 위군자의 권모술수와 기만술이라고 인정했다.

장병린은 공자를 권술을 잘 쓰는 능란한 자라고 폭로했다.

"공자의 권술은 노자보다 지나치다."—《제자의 학설론(論諸子學)》

그는 공자가 소정묘(少正卯)를 죽인 일을 예로 들어가며 공자는 소정묘마저도 용납하지 못하는 사람이기에, 자기 스승인 노자에 대해서는 더욱 질투하여 노자를 관외로 떠나도록 핍박했다고 말했다.

"소정묘가 노(魯)나라에 있을 때 공자와 명성을 같이했다. 공자의 문하는 세 번 갔다가 세 번 비었다. 그래서 명성을 다투기 위해 죽이는 내기까지 했다. 하물며 노자는 공자보다 높이 계시지 않았는가! 아아! 사생지간에도 이처럼 꺼리면서 각박하게 대했으니 그 심술을 알 수 있고 그가 남긴 해독이 사람들에게 미쳤음도 알 수 있다."—(동상서)

장병린은 혁명이 성공을 얻자면 꼭 혁명적 도덕을 기르고, 사람들의 들끓는 애국적 열정을 불러일으켜야 한다고 강조했다.

그는 〈동경 유학생 환영회에서 한 연설〉에서 혁명적 도덕을 키우는 두 가지 방법을 제출했다.

"첫째, 종교로써 신심을 불러일으켜 국민의 도덕을 증진시켜야 하고 둘째, 국수(國粹)를 가지고 종성(種姓)을 격동시켜 뜨거운 애국적 마음을 증진시켜야 한다."

그가 말한 '나라의 정예'는 공자의 교시가 아니다. 왜냐하면 공자의 교시는 사람들을 부귀와 이록의 사상에서 벗어나지 못하게 하기 때문이다.

"우리는 오늘 혁명을 하고 민권을 제창하고자 한다. 그런데 만약 부귀와 이록의 마음을 조금이라도 갖고 있다면 그것은 마치 세균처럼 몸 전체를 잘못되게 할 수 있다. 때문에 공자의 가르침을 절대 사용할 수 없다."

그가 말한 국수는 한(漢)민족의 역사와 문화 전통이며, 주요하게
는 언어 문자·전장제도·중국 역사상에서 공적을 쌓고 학문이 있는
우수한 인물을 가리킨다. 그는 몇 명의 우수한 인물들을 선택하여 항
상 가슴에 아로새기고 그들의 사적으로써 사람들의 애국적 열정을
증진시킬 것을 특별히 강조했다.

장병린은 화엄종(華嚴宗)·법상종(法相宗)을 이용하여 국민의 도
덕을 증진시켜야 한다고 주장했다. 왜냐하면 화엄종·법상종은 "나
하나를 위한다는 것을 고집하지 않고, 모든 일에서 중생의 이익을 생
각하기 때문이다."―《종교건립론(宗教建立論)》

"화엄종에서 말한 요점이 중생을 잘 구해 주고 머리와 뇌수까지 모
두 남에게 줄 수 있다는 것인데 이것은 도덕상에서 제일 유익한 것이
다. 법상종에서 말한 것은 바로 만법이 유식(唯識)이고, 모든 유형적
인 색상(色相)·무형적인 법진(法塵)은 언제나 환각적인 견상(見相)
으로서 실제 정말 있는 것이 아니다."―〈동경 유학생 환영회에서 한
연설〉

장병린이 공자와 유교에 대하여 진행한 비판은 당시 혁명의 수요
였고, 그 목적은 공자를 받들고 경서를 읽는 보황파와 계선을 긋고
사람들의 혁명적 신념을 견정하게 하려는 데 있었다.

그가 예로 든, 공자가 노자를 핍박하여 관외로 보냈다는 것이나 소
정묘를 살해했다는 것이 꼭 역사적 사실에 부합된다고는 할 수 없지
만 그는 일을 하기 위하여 제기했다.

그는 종교를 이용하여 혁명적 도덕을 키워야 한다고 주장했는데
역시 사람들의 사상을 갈림길로 끌어갔다. 그러나 공자와 유교에 대
한 그의 비판은 매우 많은 면에서 요해처를 친 것이 된다.

장병린 등의 유학에 대한 비판은 유학의 위신을 더욱 납작하게 만들었고 혁명파의 심목 가운데 공자와 유학의 지위가 없도록 했다. 때문에 신해혁명이 성공한 후에 건립된 자산계급 공화국에서는 공자와 유학의 통치적 지위를 없애 버렸다. 그래서 유학은 최종적으로 쇠락되었다.

중국을 이해하는
중국유학사

초판 1쇄 인쇄 2016년 9월 1일
초판 1쇄 발행 2016년 9월 10일

편   역 김동휘
펴 낸 이 신원영
펴 낸 곳 (주)신원문화사

편   집 김순선 최미임
디 자 인 송효영
영   업 이정민 최문섭
총   무 전민정 신주환 강하니
관   리 김용권 박윤식
경영지원 윤석원

주   소 서울시 강서구 금낭화로 135 (금강프라자 B1)
전   화 3664-2131~4 팩   스 3664-2130
이 메 일 bookii7@nate.com 트 위 터 @shinwonhouse
출판등록 1976년 9월 16일 제5-68호

ISBN 978-89-359-1757-0 03100